Carsten Gansel

Kind einer schwierigen Zeit

Otfried Preußlers frühe Jahre

Carsten Gansel

Kind einer schwierigen Zeit

Otfried Preußlers frühe Jahre

Galiani Berlin

Inhalt

Statt einer Vorbemerkung
Schreiben, um zu überleben 9

I. Wohin die Spuren führen 15

II. Herkunft kenntlich machen
Die Eltern Ernestine und Josef Syrowatka 24

III. Josef Syrowatka und das Sudetenland
Heimatforschung als Lebensaufgabe 37

IV. Otfried Preußler – die frühen Prägungen
Von der Macht des Geschichtenerzählens 49

V. Vom Verlust des kulturellen Gedächtnisses
Erinnerungen an den Vater 57

VI. »Im Namen der Republik!«
Das Urteil 70

VII. Josef Preußler und die Jahre ab 1938
Reichenberger Kripplkunst und ihre Folgen 79

VIII. »Verlorene Jahre?«
Ein neu gefundener Nachlasstext 86

IX. Otfried Preußlers Spur führt nach Prag
Das Schreiben beginnt 106

X. Ein junger Autor,
der »mit beiden Beinen im Leben steht«
Otfried Preußler 126

XI. Erzählen über Jugend im Dritten Reich
Otfried Preußlers Erzählung vom »Erntelager Geyer« 130

XII. Eine Postkarte aus der DDR
Autobiografisches 143

XIII. »Eine Woche nach dem Abitur rückte ich ein«
Beginn einer Kriegsbiografie 147

XIV. Stationen einer Kriegsbiografie
Lyrisches Schreiben zwischen Hoffen und Verlust 165

XV. »Bessarabischer Sommer«
Ein unbekanntes Manuskript 175

XVI. »Haltet mir einen Platz frei in eurer Nähe drüben«
Traumatisches Erinnern 191

XVII. »Bei Leoba am Pruth brach alles zusammen«
Der Weg in die Gefangenschaft 211

XVIII. »Den Rest des Weges mußte ich barfuß zurücklegen«
Otfried Preußler und das Kriegsgefangenenlager
in Jelabuga 224

XIX. »Schreib das auf, Preußler! Schreib
das unbedingt auf!«
Im Silikatlager von Kasan 251

XX. Zwischen Agitation und Kunst
Franz Fühmann, Otfried Preußler und das »Künstlerkommando« 276

XXI. Ein Biedermeierschauspiel
Otfried Preußler und die Lagerbühne im Silikatlager Kasan 306

XXII. »Ein frohes Herz und ein unbeugsamer Wille sind alles in der Gefangenschaft«
Kriegsgefangenenpost, der Schock der Aussiedlung und neue Hoffnung 318

XXIII. Vom »Versuch, ein Problemstück zur Debatte zu stellen«
Letzte Monate in der Kriegsgefangenschaft und das Schreiben 349

XXIV. »Aber Pläne sind da und das ist schließlich die Hauptsache«
Otfried Preußlers Neuanfang 380

XXV »Zuerst bin ich stempeln gegangen«
Heimkehrer können nicht heimkehren 404

XXVI. »Dieses dauernd in Zwiespalt geraten – mit sich selber – und seinem Gewissen«
Otfried Preußlers Zeitstück »Mensch Nr. 2301« 420

XXVII. »Mit Ausnahme von Briefen schreibe ich immer noch ziemlich viel«
Der Sagenstoff vom »Spinnradlmacher« 444

XXVIII. »Der Krabat nimmt langsam Gestalt an«
Heranschreiben an Traumatisches 465

XXIX. »Ich bin auf Urlaub gewesen«
Vom »Wegschreiben« des Traumas 478

Danksagung 487

Verzeichnis der Abbildungen 489

Anmerkungen 491

Register der wichtigsten Personen 553

Statt einer Vorbemerkung
Schreiben, um zu überleben

Als Otfried Preußler im Jahr 2013 mit 89 Jahren verstarb, trauerten Menschen verschiedenster Jahrgänge und sozialer Herkunft um ihn. Der Autor hatte Generationen von jungen Lesern geprägt – aber auch Generationen von älteren Vorlesern, die von seinen Büchern genauso fasziniert waren wie ihre jungen Hörer. Der Erfolg hängt sicher damit zusammen, dass Otfried Preußler nie darauf geschielt hat, vorgefertigte Erwartungen zu bedienen. Für ihn waren Kinder ein »ganz besonderes Publikum«, eines nämlich, das sich »nicht manipulieren« und »nicht für dumm verkaufen (läßt). Es kennt keine von außen gelenkten Lese-Trends, keine Bestsellerei«.[1] Seinen Ansatz bringt er so auf den Punkt: »Was ich für richtig halte, daß ich es Kindern erzähle – und was ich vor ihnen und meinem Gewissen verantworten kann, das erzähle ich ihnen«, so sein Credo, und er hat sich daran auch nicht von jenen beirren lassen, die mit »ideologischen Scheuklappen« glaubten, dem »herrschenden Zeitgeist Rechnung zu tragen.«[2]

Im »Spiegel« notierten Leser eindrucksvoll ihren Dank an den Autor, mit dem sie groß geworden waren: »Mit seinen Geschichten bin ich aufgewachsen. Mit ihm hab ich lesen gelernt«, heißt es. »Ein wirklich grosser Mensch ist gegangen, er möge ruhen in Frieden. Um Otfried Preussler trauere ich wirklich«, oder: »Der Räuber Hotzenplotz, der Kleine Wassermann, die kleine Hexe. Ich habe sie geliebt und bin mit ihnen groß geworden.«[3] Durchweg finden sich in Nachrufen und Kommentaren Verweise auf Otfried Preußlers Menschlichkeit und seine Zivilcourage, die er auch in Zeiten unter Beweis gestellt habe, da er sich »schlimmen Anfeindungen« und einer heftigen Ideologiekritik ausgesetzt sah. In den 1970er Jahren nämlich wurde ihm abwechselnd das »Entwerfen einer heilen, anachronistischen Welt zwischen Weiher und Hexentanzplatz« zur Last gelegt oder auch das »Schildern einer magisch grundierten Atmosphäre.«[4] Diese Eskapismusvorwürfe haben dem Werk des Autors allerdings nichts anhaben können. Auch konnte man damals bestenfalls ansatzweise ahnen, welche dramatischen Erlebnisse im Leben des Autors eine Grundlage für seine Texte waren. Andeutungen hat Otfried Preußler zwar gemacht, aber wie bei vielen seiner Zeitgenossen waren es keine Themen, über die er schreiben wollte.

Einen Hinweis, der zum Kern von Preußlers Werk führt, hat die Literaturkritikerin Roswitha Budeus-Budde gegeben, wenn sie betont, dass der Autor seine Texte letztlich aus der »Erinnerung an die eigene Kindheit« geschrieben habe.[5] Otfried Preußler betonte mehrfach, dass sein Partner beim Schreiben das Kind ist, »das ich selber einmal gewesen bin. Ich, der Schriftsteller Otfried Preußler, und ich, das Kind jener frühen Jahre, damals in Reichenberg, weit entfernt von hier, weit entfernt von der Gegenwart dieses Tages – und dennoch stets gegenwärtig in meiner Seele, in meinem Bewußtsein«.[6] Wer also den Schlüssel zu Otfried Preußlers Werk sucht, der wird die frühe Kindheit und Jugend mit einbeziehen müssen. Und in jedem Fall auch seine Erfahrungen in Krieg und Gefangenschaft.

Doch gerade über diese Phasen ist bislang so gut wie nichts bekannt gewesen.[7] In den Nachrufen heißt es entsprechend knapp: »Schon mit zwölf Jahren schrieb er seine ersten Geschichten. Er wollte später als Schriftsteller in Prag leben. Doch nach dem Abitur 1942 wurde er zur Wehrmacht einberufen und kam nach fünf Jahren russischer Gefangenschaft 1949 ins oberbayerische Rosenheim.«[8] Tilman Spreckelsen ist einer der wenigen, der in seinem Nachruf in der FAZ etwas tiefer geht, er macht auf das Tempo aufmerksam, mit dem »Männer seiner

Generation erwachsen werden mussten, als sie von der Schulbank weg in den Krieg zogen und, wenn sie ihn überlebten, nicht selten auf lange Jahre in Gefangenenlagern zurückblickten – Preußler kam 1949 aus russischer Gefangenschaft nach Bayern, und dass er dort seine Reichenberger Verlobte wieder fand, ist ein mittleres Wunder.«[9]

Otfried Preußler kam mit 17 Jahren zur Wehrmacht und geriet mit 20 in Kriegsgefangenschaft. Man kann erahnen, mit welchen Traumata der junge Mann umzugehen hatte. Freilich war er damit nicht allein. Ein anderer großer Autor, der für Kinder und Erwachsene geschrieben hat, nämlich Peter Härtling, hat seine entsprechenden Erfahrungen so auf den Punkt gebracht:

> Es gab ja hier einmal einen Kongress in Frankfurt für Kriegskinder. Das fand ich ganz drollig, dass man die Kriegskinder sozusagen ›zusammentreibt‹. Die lassen sich nämlich ungern zusammentreiben. Traumatisiert sind alle. Es kommt bloß darauf an, wie man mit dem Trauma umgeht. Wie man sozusagen die Wundbehandlung lernt. Das habe ich versucht Schritt um Schritt zu tun, ganz langsam.[10]

Peter Härtling ist allerdings um die zehn Jahre jünger als Otfried Preußler, der das Erlebte eher mit jenen Jahrgängen teilt, die zwischen 1921 und 1926 geboren wurden und aus denen das Dritte Reich »die jungen Soldaten des Zweiten Weltkrieges« rekrutierte. Es waren schließlich jene, »die mindestens in der zweiten Kriegshälfte an allen Fronten im Einsatz waren.«[11]

Weil dies so ist, vergleiche ich in diesem Buch auch immer wieder die Schicksale kriegsgeprägter Autorenkollegen wie Alfred Andersch, Heinrich Böll, Hans Werner Richter, Erwin Strittmatter oder Heinrich Gerlach mit dem von Otfried Preußler und eben auch seiner Generationsgefährten wie etwa Franz Fühmann, Johannes Bobrowski, Erich Loest, Dieter Wellershoff oder Günter Grass[12].

Bei allen spielen die Erfahrungen von Kindheit und Jugend sowie von Krieg und Gefangenschaft eine große Rolle. Auch Otfried Preußlers Texte haben durchaus etwas mit dem zu tun, was man Selbstheilung durch Schreiben nennen kann. Das trifft ebenso für die – in diesem Buch zum großen Teil erstmals präsentierten – Texte aus seiner Gefangenschaft zu, die ich in schwer zugänglichen russischen Archiven fand, wie auf Preußlers Jahrzehnte später entstandenen, zeitlebens unveröffentlichten großen autobiografischen Erinnerungen, nämlich »Bessarabischer Sommer« und »Verlorene Jahre?«. Aus diesen Zeugnissen wird in diesem Band ebenfalls erstmals ausgiebig zitiert. Bezug zu nehmen ist aber auch auf seine bekannten und berühmten Bücher, etwa den »Krabat«. Für die Spurensuche in diesem Buch konnte ich nicht nur diese eindrucksvollen Materialien erstmals nutzen, sondern auch gänzlich unbekannte Dokumente, Briefe und Zeugnisse aus verschiedensten anderen Archiven.

Otfried Preußler hat »im Lauf der Jahre und Jahrzehnte einige zehntausend Briefe von Kindern bekommen« und, »wohlbemerkt, auch beantwortet«, wie er schreibt.[13] Zahlreiche dieser Briefe habe ich im Laufe der Arbeit gesichtet, und einer ließ mich besonders aufhorchen. »Lieber Onkel Otfried« beginnt der Brief, den ein Vorschulkind namens Angelika um Weihnachten 1962 schreiben lässt, das Schreiben ist mit einer Schreibmaschine verfasst. »Meinem Papa habe ich gesagt, daß er Dir einmal schreiben möge. Er liest mir fast jeden Abend etwas aus deinen Büchern vor. Aus dem ›Kleinen Wassermann‹ oder aus der ›Kleinen Hexe‹ (...). Heute Abend hat mir der Pappi von Dir erzählt. Es war genau vor 18 Jahren. Da war mein Pappi gefangen gehalten worden. Und an dem Tag hat er mit Dir im selben Lazarett gelegen. Ich kann den Namen gar nicht behalten, er ist so schwer, ›Jelabuga‹ oder so ähnlich. Pappi hat mir erzählt, daß ihr beide krank wart. Ihr habt in einem grossen Saal gelegen.

Ein Bett neben dem anderen. Und da hast Du damals schon so schöne Geschichten geschrieben.«[14] Und es geht weiter: »Damals hast Du ihm zu Weihnachten ein Büchlein aus Packpapier gemacht. Es war ganz braun und zerknittert. Aber was daraufstand war so schön, dass mein Pappi immer daran denken muss. Es soll Weihnachtstriologie genannt worden sein. Er hat mir auch gesagt: dass jedes Lied einen Namen gehabt hat. Der erste Schnee. – Der Maronimann. – Sankt Niklas. – Barbara. – Weihnachtsbäckerei. – Das Krippenspiel. – ›Es duftet aus der Küche – Es zieht durchs ganze Haus. – Die herrlichsten Gerüche strahlt unser Ofen aus.‹« Und die Erinnerung geht weiter: »wie ihr Euch Kerzen gedreht habt. Du hattest doch noch eine grosse, runde Wachskugel. Und aus Holzscheiten, die zum Anmachen des Ofens waren, habt ihr Krippenpuppen geschnitzt.« Schließlich wird erzählt, welche Überraschung dem Vater zu Weihnachten widerfuhr. Auf einem Holzbrettchen aus Birke lagen viele schöne Sachen:

> Ein grünes Hemd, zwei Portionen Brot (einmal graues, aber einmal auch weisses Brot), eine selbstgebastelte Pfeife. Ein Päckchen Machorka, 20 Zigarettenplättchen aus russischem Zeitungspapier, zwei Portionen Zucker und Butter, ein Paar selbstgestrickte Pulswärmer. Da hat mein Pappi sich aber sehr gefreut. Genau so, wie er sich über Dein Büchlein gefreut hat. Er hat es bis heute nicht vergessen. Als mein Pappi aus Russland zurückkam, war die Mutti sehr froh und nun sind wir zu dritt. Er hat auch ein kleines Gedichtchen behalten, das hat er mir vorgetragen. Es heisst so:
>
> Verlassen sein in fremdem Land/ Es ist ja über mir/ Derselbe Himmel ausgepannt,/ Grad wie zu Haus bei Dir.// Und auch dieselben Sterne steh'n/ Wohl über Deinem Haus./ Du brauchst ja nur hinaufzusehen/ Und kennst Dich wieder aus.//[15]

Wenn die kleine Verfasserin oder deren erwachsenes Alter Ego nun fragt: »Erinnerst Du Dich noch daran?«, dann trifft dies den Kern von Otfried Preußlers Schreiben. Er hat sich ein Leben lang an diese Zeit erinnert, sie hat ihn nie losgelassen. Und die Beschäftigung mit dem Erlebten führte letztlich zu den »veritablen Meisterwerken«, von denen Tilman Spreckelsen spricht.[16] Dazu gehört auch sein Roman »Krabat«, dessen erste Ideen in das Jahr 1950 führen, wie ich in diesem Buch zeigen werde. Schreiben konnte Otfried Preußler den »Krabat« wie auch die vielen Geschichten, angefangen mit dem »Kleinen Wassermann« bis zum »Räuber Hotzenplotz«, nur, weil er in den schweren Jahren etwas erfahren und gelernt hat, das für ihn zu einer Lebensmaxime wurde:

> *Zu meinen Devisen gehört eine ganz einfache: Mit Anstand über die Runden! Ich weiß, daß es schwierig ist, moralische Urteile abzugeben oder gar zu fällen. Man muß, wenn man moralisch urteilen oder gar verurteilen will, das Ganze einer Situation kennen. Anderen gegenüber habe ich soviel Verständnis wie nur irgend möglich, und im Zweifelsfall lasse ich immer mildernde Umstände gelten. Der Mensch ist ein angefochtenes und anfechtbares Wesen, und er wäre kein Mensch, wenn er sein ganzes Leben ohne den Schatten irgendeiner Fehlleistung hinter sich bringen könnte. Und da wiederum vertraue ich ganz entschieden darauf, daß der liebe Gott kein Buchhalter ist, und auch kein Jurist. Und das beruhigt mich ungemein.*[17]

Dieser Lebensmaxime folge ich auch in diesem Buch, das eine biografische Spurensuche ist. Und ich versuche dabei, »das Ganze« von Otfried Preußlers Situation zu sehen. In der Hoffnung, dem Autor und den vielen Leserinnen und Lesern damit gerecht zu werden.

I. Wohin die Spuren führen

Es begann in der früheren Sowjetunion. Dass ich gerade hier dem Autor Otfried Preußler wiederbegegnen würde, hätte ich nie geahnt – im Russland des 21. Jahrhunderts und in Städten wie Moskau, Kasan und Jelabuga. Persönlich getroffen habe ich Otfried Preußler leider nie, und dies, obwohl ich seit vielen Jahren Gespräche mit Autorinnen und Autoren führe.[18] Wer sich mit Literatur beschäftigt, sollte – so meine Auffassung – auch mit jenen im Austausch stehen, die Urheber dieser einzigartigen Form der Weltaneignung sind. Meine Buchbekanntschaft mit dem Autor Preußler reicht dafür in die 1960er Jahre, und es ist eigentlich eine deutsch-deutsche Geschichte. Denn: Die fantastische Erzählung vom »Kleinen Wassermann«, die Otfried Preußler 1956 den Durchbruch als Autor brachte, fand in einem Paket den Weg in den Osten. »Geschenksendung, keine Handelsware« stand in großen Buchstaben auf der Verpackung.[19] Und ich weiß noch heute, dass mir damals die Episode, in der es zum Streit zwischen dem kleinen Wassermann und dem Menschenmann kommt, am besten gefallen hat. Erst viel später wurde mir klar, dass die gewisse Entgegensetzung von Kinder- und Erwachsenenwelt im »Kleinen Wassermann« romantisch motiviert ist. Schon in Ludwig Tiecks »Die Elfen« (1812) oder auch E.T.A. Hoffmanns »Das fremde Kind« (1817) fungieren die kindlichen Protagonisten als Grenzgänger, die zwei Welten miteinander in Verbindung bringen, eine real-fiktive und eine phantastische. Im Rahmen romantischen Selbstverständnisses wird einzig Kindern die Eigenschaft zugeschrieben, in beiden Welten heimisch zu sein; Kinder sind es, die noch nicht das Rationale favorisieren, sie nehmen das Wunderbare an, sind sensibel und offen gegenüber anders gearteten Wirklichkeitserfahrungen. Genau das findet man auch bei Otfried Preußler.

Jahre später, während des Studiums in den späten 1970er Jahren, fiel erneut der Name Otfried Preußler. Egon Schmidt, Professor für deutsche Literatur, machte ihn in einer speziellen Vorlesung mit der deutschen Kinder- und Jugendliteratur von der Mitte des 18. Jahrhunderts bis zum Anfang des 19. Jahrhunderts bekannt.[20] Dabei ging er mehrfach auch auf die böhmische Literatur für junge Leser ein und stellte Bezüge zur tschechischen her, die zunächst stark aus der Folklore, also der mündlichen Überlieferung, gespeist wurde. Wir wunderten uns, woher seine Kenntnisse im Tschechischen kamen, dann deutete Egon Schmidt nebenher irgendwann an, dass er in Nordböhmen geboren worden war. Durchaus mit etwas Stolz in der Stimme verwies er, der selbst erfolgreich Kinderbücher schrieb, auf die böhmischen Märchen und Sagen und darauf, dass Böhmen allem Anschein nach eine Region sei, die die schriftstellerische Phantasie in besonderer Weise anregen würde. Und er nannte auch zwei Namen: Franz Fühmann und Otfried Preußler. Fühmann war in der DDR eine anerkannte literarische Größe, aber Otfried Preußler aus Westdeutschland kannten nur wenige. Ich gehörte zu denen, die mit seinem Namen etwas anfangen konnten, denn auch der »Räuber Hotzenplotz«, dessen erster Band 1961 erschien, hatte es über die innerdeutsche Grenze geschafft. Das Buch wurde – wie man damals sagte – »vergesellschaftet«, also vielfach ausgeliehen. Ich weiß noch ganz genau, wie penibel ich den Freunden einschärfte, pflegsam mit dem Buch umzugehen.

Egon Schmidt, Jahrgang 1927, übrigens stammte aus Klein Priesen, dem heutigen Malé Březno, etwa 150 Kilometer von Reichenberg (Liberec) entfernt, dem Ort, wo Otfried Preußler geboren wurde. Daher Schmidts ausgezeichneten Kenntnisse der böhmischen und tschechischen Literatur.

Einige Jahre später führte mich ein eher trauriger Anlass erneut in die Wohnung der Familie Schmidt. Mein früherer

Lehrer war verstorben, und seine Frau wollte eine kleinere Wohnung beziehen, weshalb sie mir anbot, Bücher aus der umfangreichen Bibliothek zu erwerben. Ich sagte sofort zu, wohl wissend, dass es dort zahlreiche Bücher gab, an die man in der DDR auf normalem Weg nie gelangen würde. So kam es, dass ich mich über mehrere Wochen in der Bibliothek von Egon Schmidt lesend in Texte vergrub. Ich entschied mich vor allem für Bände, deren Publikationsorte im Westen lagen. Dazu gehörten Bücher des Germanisten Hans Mayer (1907–2001), der an der Universität Leipzig gelehrt hatte und 1963 von einem Besuch in der Bundesrepublik nicht zurückgekehrt war. Meine Wahl fiel beispielsweise auf »Thomas Mann. Werk und Wirkung« (1950) und »Von Lessing bis Thomas Mann« (1959). Damals wusste ich nur wenig vom legendären Hörsaal 40, in dem er seine Vorlesungen gehalten hatte, unter den Zuhörern waren Uwe Johnson und Christa Wolf, Hans Joachim Schädlich und Fritz Rudolf Fries. Ich entschied mich auch für das Standardwerk »Der Geist der Goethezeit« (1923–1953) von Hans Mayers Kollegen Hermann August Korff (1882–1963). Auch Karlheinz Deschners »Kitsch, Konvention und Kunst« (1958), Walter Muschg »Die Zerstörung der deutschen Literatur« (1956) und Friedrich Sengles »Arbeiten zur deutschen Literatur 1750–1850« (1965) standen auf der Liste. In der Bibliothek gab es zudem zahlreiche Texte mit Widmungen von Kollegen aus der Bundesrepublik, die zur Kinder- und Jugendliteratur arbeiteten. Darunter waren Alfred Clemens Baumgärtner und Heinz Pleticha, ein Freund von Otfried Preußler. Letztlich hatte ich es auf das abgesehen, was man Kontingentliteratur nannte. Dazu gehörte erstaunlicherweise auch Otfried Preußlers »Krabat«. In der Gegenwart weiß kaum noch jemand, was der Begriff Kontingentliteratur bedeutet. Der mit Otfried Preußler bekannte Autor Erich Loest hat in seinem wichtigen Roman »Es geht seinen Gang oder Mühen in unserer Ebene« (1978) eindringlich beschrieben, was darunter zu verstehen ist. Er lässt nämlich seinen Ich-Erzähler, der den bezeichnenden Namen Wolfgang Wülff trägt, in den sogenannten »Giftturm« der deutschen Bücherei in Leipzig vordringen.[21] Dort, hoch über den Dächern, gibt es einen kleinen Lesesaal, den man nur mit einer Sondergenehmigung betreten kann und in dem es möglich ist, ansonsten verbotene, also kontingentierte Literatur zu studieren. Hier finden sich jene Zeitschriften und Texte, von denen staatliche Instanzen in der DDR annahmen, dass man sie nicht lesen sollte, weil sie andere als die offiziell verfügten Werte, Normen, Codes und Ideen transportierten. Untergebracht waren hier auch jene Wissenschaftler und Schriftsteller, die – wie Hans Mayer und Uwe Johnson – die DDR verlassen hatten.[22]

Wiederum Jahre später kam ich erneut mit Otfried Preußler in Berührung, diesmal im Kinderbuchverlag Berlin. Der Verlag wollte unbedingt Michael Endes »Unendliche Geschichte« in der DDR veröffentlichen. Wegen der Episode mit den Yskalnari gab es aber Probleme. Die Yskalnari kennen bekanntlich das Pronomen »Ich« nicht; was zählt, ist einzig die Gemeinschaft. In der DDR wurde diese Episode als Angriff auf einen gesellschaftlichen Grundansatz gesehen. Dabei hatte der Prosatext »Abendlicht« von Stephan Hermlin bereits Anfang der 1980er Jahre eine Diskussion in Gang gebracht, in der es um die Frage nach dem Verhältnis von Individuum und Gesellschaft ging. Hermlin wendet sich in autobiografisch angelegten Episoden der eigenen Biografie zu und erinnert, wie sein Lehrer Hermann Duncker Vorlesungen über das »Kommunistische Manifest« von Karl Marx und Friedrich Engels gehalten hat. Sich seiner Sache sehr sicher, macht Hermlin im fünfzigsten Lebensjahr eine – wie er sagt – unheimliche Entdeckung. »Unter den Sätzen, die für mich seit langem selbstverständlich geworden waren, befand sich einer, der folgendermaßen lautete: ›An die Stelle der alten bürgerlichen Gesellschaft mit ihren Klassen und Klassengegensätzen tritt eine Assoziation, worin die freie Entwicklung aller die Bedingung für die freie Entwicklung eines jeden ist‹«, so Hermlin. Er hatte sich den Satz aus dem Manifest in dieser Weise eingeprägt. Aber nun macht er eine erstaunliche Entdeckung: »Wie groß war mein Entsetzen, als ich nach vielen Jahren fand, daß der Satz in Wirklichkeit gerade das Gegenteil besagt: ›worin die freie Entwicklung eines jeden die Bedingung für die freie Entwicklung aller ist.‹«[23] Die Debatte, die mit Hermlins Text losgetreten worden war, kam freilich nicht überall an.

Joachim Schmidt, einer der profiliertesten Kinderbuchlektoren des Landes, hatte mich eingeladen, weil er wusste, dass ich mich mit dem Phantastischen in der deutschen Literatur beschäftige, und bot mir an, einen Aufsatz zu Endes Roman zu schreiben. Wenn ein wissenschaftlicher Beitrag vorliege, sei es einfacher, eine Druckgenehmigung vom Ministerium für Kultur zu bekommen. Lektoren in Verlagen waren – so meine Erfahrung – hochgebildete und qualifizierte Literaturkenner, von denen man lernen konnte und denen es darum ging, gute Bücher zu machen, und nicht darum, sie zu verhindern. Jochen Schmidt etwa hatte eine Studie zur »Volksdichtung und Kinderlektüre in der ersten Hälfte des 19. Jahrhunderts« (1977) vorgelegt, damals ein Meilenstein der historischen Forschung zur Kinder- und Jugendliteratur.[24] Ich sagte also sofort zu, auch deshalb, weil es bei den eingeschränkten wissenschaftlichen Publikationsmöglichkeiten ausgesprochen schwierig war, in so hochkarätige Publikationsorgane zu kommen. Bei einem der nachfolgenden Treffen brachte ich einige Einwände gegen Michael Endes Roman vor. Joachim Schmidt nahm diese ernsthaft zur Kenntnis, meldete behutsam Widerspruch an und stellte mir dann eine verblüffende Frage. »Sollte man nicht«, gab er zu bedenken, »bei einem literarischen Text zunächst danach suchen, was der an Neuem, an Interessantem, vielleicht an Innovativem bietet, was also für den Autor und den Roman spricht und nicht gegen ihn?« Eigentlich eine Selbstverständlichkeit, würde man sagen, obwohl die Praxis von Literaturkritik in der Gegenwart mitunter das Gegenteil belegt. Auf jeden Fall hat dieser Impuls eines kenntnisreichen und erfahrenen Buchmachers sich tief in meinem Gedächtnis eingegraben und der Austausch mit ihm motivierte eine nochmalige Lektüre einiger Texte von Otfried Preußler. Entsprechend konnte ich in meinem Aufsatz begründen, warum »Der Kleine Wassermann« und die »Kleine Hexe« frühe Höhepunkte der phantastischen Geschichte in der bundesdeutschen Kinderliteratur waren. Der »Krabat« kam dann 1988 auch wirklich heraus, allerdings nicht in einem Kinderbuchverlag, sondern im Verlag Neues Leben: »KRABAT UND DER SCHWARZE MEISTER. Lizenzausgabe für die DDR. Einband und Schutzumschlag von Karl Fischer, Illustrationen von Herbert Holzing. 256 Seiten. Verlag Neues Leben, Berlin (Ost): 1989«, so das Impressum, in dem auch vermerkt war: »Der Vertrieb in der Bundesrepublik Deutschland, in Berlin (West) und im Ausland ist nicht gestattet, ausgenommen die sozialistischen Länder«. Eine breite Rezeption ergab sich bis zum Herbst 1989 nicht mehr.

Nach meiner Berufung an die Universität Gießen 1995 spielte Otfried Preußler in meinen Seminaren und Vorlesungen durchweg eine Rolle. Immer wieder gab es also über die Jahre Begegnungen mit dem Autor. Und dann, zu einem Zeitpunkt und an einem Ort, an dem ich es nie vermutet hätte, nämlich Moskau, taucht plötzlich sein Name in einer verfremdeten Form wieder auf, nämlich in kyrillischen Buchstaben: Пройслер, Готфрид Йозеф.

Es ist Februar 2012, mein Mitarbeiter Norman Ächtler und ich, wir befinden uns im Russischen Staatlichen Militärarchiv in Moskau. Aber es geht uns gar nicht um Otfried Preußler. Wir sind auf der Suche nach der Urfassung von Heinrich Gerlachs Stalingradroman »Durchbruch bei Stalingrad«.[25] Da Gerlachs

Geschichte an vielen Stellen das Schicksal von Otfried Preußler kreuzt, sei sie hier in Grundzügen erzählt: Wir suchten in Russland nach der Urfassung eines Buches, dessen vom Autor in den 1950er Jahren in der Bundesrepublik aus dem Gedächtnis rekonstruierte zweite Fassung 1957 ein Bestseller und internationaler Erfolg geworden war. Gerlach, der nach der Schlacht um Stalingrad Anfang Februar 1943 als Oberleutnant der geschlagenen 6. Armee in sowjetische Gefangenschaft geriet, hat jenen Roman vom Herbst 1943 bis zum Mai 1945 in der Kriegsgefangenschaft geschrieben, im Offizierslager Susdal und im Lager 27 in Krasnogorsk, etwa 25 km von Moskau entfernt. Zu dem Lager gehört das Sonderlager Lunjowo, das der sowjetische Geheimdienst kontrolliert.[26] Hier kommt es am 12. Juli 1943 zur Gründung des Nationalkomitees »Freies Deutschland« (NKFD) und zwei Monate später, am 11. und 12. September 1943, zur Gründung des Bundes Deutscher Offiziere (BDO). Beide Organisationen schließen sich im Kampf gegen das Hitlerregime zusammen und suchen hohe Offiziere der deutschen Wehrmacht zu bewegen, die Kriegshandlungen einzustellen und sich an die Grenzen des Deutschen Reiches zurückzuziehen. Heinrich Gerlach wird nicht nur Mitglied des Vorstandes des Bundes Deutscher Offiziere, sondern arbeitet auch in der Redaktion der eigens für Kriegsgefangene herausgegebenen Zeitung »Freies Deutschland«.

Im Nationalkomitee arbeiten kriegsgefangene deutsche Offiziere mit Exilkommunisten zusammen. Gerlach hat hier die Möglichkeit, nach der Tätigkeit in der Redaktion am späten Abend eine Schreibmaschine zu nutzen. Und so entsteht in den Nachtstunden sein Roman, der das Grauen im Kessel von Stalingrad beschreibt. Mit dem Schreiben schafft sich der Autor die Möglichkeit, sich seinem Trauma wenigstens ansatzweise zu stellen. Mit dem Ende des Zweiten Weltkrieges setzt für Gerlach eine Odyssee durch verschiedene Gefangenenlager ein; sein dickes Manuskript versteckt er im Rucksack und kann es vor dem Zugriff des sowjetischen Geheimdienstes bewahren. In freien Minuten arbeitet er im Geheimen weiter, er streicht, verbessert und ergänzt die Darstellung. Doch im Mai 1949 wird das Manuskript vom Geheimdienst beschlagnahmt, alle Versuche, den Roman zurückzuerhalten, scheitern.[27] Als Heinrich Gerlach dann endlich am 21. April 1950 aus der Gefangenschaft entlassen wird, kommt er ohne das Manuskript, das ihn am Leben gehalten hat, in Deutschland an.

Heinrich Gerlach hat nach der Rückkehr aus der Gefangenschaft wiederholt versucht, über verschiedene Briefe an das sowjetische Innenministerium sein Manuskript zurückzuerhalten, vergebens. Deshalb macht er sich daran, den Roman neu zu schreiben. Doch es gelingt ihm nicht, das bereits einmal im Sinne einer Bewältigung des Stalingrad-Traumas Geschriebene erneut zu erinnern. Jahre später bestätigt Gerlach, wie ihm davor graute, sich »das Buch noch einmal in dieser Weise abringen zu müssen«, und wie er fast daran verzweifelt.[28]

Aber der Zufall kommt ihm zu Hilfe. Durch einen Beitrag in der Illustrierten »Quick« erfährt er, dass es in München einen Arzt und Psychologen namens Schmitz gebe, der sich mit Hypnose beschäftigt und damit verlorene Gedächtnisinhalte wieder rekonstruieren könne. Gerlach wendet sich an Schmitz und gemeinsam überzeugen sie die »Quick« für die Rechte an dem Bericht, das Experiment zu finanzieren. Letztlich begibt sich Heinrich Gerlach in Behandlung bei Dr. Schmitz. Über Hypnose werden Sätze und Teile des vergessenen Manuskripts rekonstruiert. Aber was noch wichtiger ist: Es gelingt über Hypnose, die Schreibblockade zu lösen.[29]

Das alles wussten wir, als wir im Russischen Staatlichen Militärarchiv in Moskau das Ur-Manuskript suchten, das wir dann mit der neuen Fassung vergleichen wollten. Es dauerte lange, in dem schier unendlich erscheinenden Inventarverzeichnis voranzukommen. Wir stießen auf interessante Fonds, etwa Vorträge, die vor kriegsgefangenen deutschen Offizieren gehalten wurden, Briefe von Kursanten der Antifaschulen, Materialien aus dem bekannten Lager 27, Grußadressen von Stalin an die Kursanten antifaschistischer Lehrgänge oder Dankschreiben von Kriegsgefangenen der einzelnen Lager an Stalin. Endlich kamen wir bei einem Fond an, der Auskunft über die Kulturarbeit in den Lagern gab. Und da fanden wir dann wirklich den Hinweis auf jenen Text, den wir gesucht hatten. In russischer Sprache nicht sofort erkennbar, war dort zu lesen: Gerlach, Heinrich: Roman »Durchbruch bei Stalingrad«! Wir sahen uns an und blieben nach außen ruhig. Nach einer Wartezeit, die endlos schien, erhielten wir alle fünf Dokumente, die wir bestellt hatten. Unsere Furcht war groß, dass Heinrich Gerlach vielleicht doch nicht dabei sein würde. Aber wir waren am Ziel: »Durchbruch bei Stalingrad« lag vor uns! Nun hatten wir noch andere Dokumente vor uns liegen, darunter Gedichte, Lieder und Geschichten, die Rückschlüsse über die Kulturarbeit in den Kriegsgefangenenlagern zuließen und die später Grundlage für eine Ausstellung zu deutschen Kriegsgefangenen in der Sowjetunion wurden.[30] Zu den Dokumenten gehörte auch eine Kriegsgefangenenakte, die unsere Neugier extrem erregte – die von Otfried Preußler. Doch wir waren in Zeitdruck und mussten uns entscheiden: entweder Heinrich Gerlachs Riesentext oder die verschiedenen Dokumente, die uns sehr diffus erschienen. Es war klar, wie das Votum ausfiel: »Durchbruch bei Stalingrad«!

Als wir Moskau verließen, hatten wir 614 Fotos im Gepäck. Otfried Preußler blieb – wenn man so will – in der Gefangenschaft zurück. Das war ein Fehler! Dies umso mehr, als die notierte Signatur nicht stimmte. Es dauerte dann Jahre und kostete viel Zeit, bis die Kriegsgefangenenakte von Otfried Preußler endlich wieder vor mir lag. Doch davon später mehr. Widmen wir uns zunächst der Herkunft Preußlers, die für die dramatischen Ereignisse der Kriegs- und Nachkriegszeit und Otfrieds Preußlers Geschichte von großer Bedeutung ist.

II. Herkunft kenntlich machen

Die Eltern Ernestine und Josef Syrowatka

Otfried Preußler gehörte nicht zu jenen, die darauf aus waren, sich durch Statements zum Privatleben in der Öffentlichkeit Aufmerksamkeit zu verschaffen, seine Töchter berichten sogar, dass »seiner Maxime folgend … Privates aus dem Familienleben weggelassen«[31] wurde.

Gleichwohl ist die Frage nach der Herkunft eine maßgebliche für das Entstehen seines Werks. Und bei einem Welterfolg, den eine Auflage von mehr als 50 Millionen Exemplaren ausweist, darf nach der Familie gefragt werden. Zumindest, wenn jene Herkunft für das Werk so entscheidend ist wie in diesem Fall. Deshalb wird auch ausführlicher auf diese so prägende Zeit eingegangen. Dabei steht nicht zuletzt die Frage, wie aus dem Familiennamen Syrowatka Preußler wurde.

Geboren wird Preußler am 20. Oktober 1923 in Reichenberg (Böhmen) als Sohn von Ernestine und Josef Syrowatka. Seine Schwester Liselotte ist bereits bei der Geburt am 5. Mai 1922 gestorben. Der jüngere Bruder Wolfhart, den später alle nur Wolfi nennen, wird am 23. März 1927 geboren, er verstirbt am 27. Januar 1981 in München.

In Reichenberg geboren wurde auch schon sein Vater Josef (am 27. Mai 1891); die Mutter Ernestine Tscherwenka in Schluckenau (Nordböhmen, am 14. Januar 1897). In Reichenberg findet auch die Heirat der Eltern statt (am 30. Juni 1921). Hier lebt die junge Familie zuerst in der Heinrich-Liebig-Straße 11, dann von 1935 bis 1945 im eigenen Haus in der Pestalozzistraße 18, die zum Ortsteil »Schieferdörfel« gehört. Das Reiheneckhaus hat eine Wohnfläche von ca. 85 und ein Grundstück von 500 Quadratmetern.

Beide Eltern sind literarisch tätig, die Mutter veröffentlicht unter dem Pseudonym Tina Kilian Zeitungsartikel. Raimund Palaczek hat in seinen »Anmerkungen zur böhmischen Herkunft von Otfried Preußler« zusammenfassend zu den Eltern Folgendes herausgestellt:

> Seine Eltern waren Lehrer. Die Großeltern väterlicherseits stammten aus einem rein tschechischsprachigen Umfeld und haben sich erst Ende des 19. Jahrhunderts in Reichenberg niedergelassen. Diese Vorfahren gehörten überwiegend der bäuerlichen Schicht an oder übten Handwerksberufe aus. Es war der Mädchenname seiner Großmutter Agnes, geb. Praitzler, die Josef Syrowatka in der ursprünglich deutschen Form PREISSLER/PREUßLER für sich und seine Familie 1941 annahm.[32]

Raimund Paleczek geht davon aus, dass Josef Syrowatka im Zusammenhang mit der Verfügung, einen sogenannten »Ariernachweis« beizubringen, wozu er nach dem Münchener Abkommen vom 29. September 1938 und dem Abtritt des Sudetenlandes an Nazi-Deutschland als Lehrer verpflichtet war, genealogische Nachforschungen anstellt. Aber der Vater Syrowatka war Heimatforscher, und er hat keineswegs erst in Verbindung mit nationalsozialistischen Forderungen Ahnenforschung betrieben. Es war vielmehr sein lebenslanger Traum hinter die Genealogie der Familie zu kommen. Diese kontinuierliche Spurensuche hat sich in verschiedenen Beiträgen niedergeschlagen, in denen er – literarisch beschlagen – in Berichten zum Entstehen verschiedener Sagen um das Isergebirge der eigenen Familiengeschichte nachgeht.

So erscheint im November 1934 ein Beitrag, der unscheinbar mit »Allerseelen an der Iser« überschrieben ist und den der befreundete Maler Eduard Enzmann mit Handzeichnungen versehen hat.[33] Die Tatsache, dass Josef Syrowatka einen Maler-Freund für die Illustration des Textes gewinnt, ist kennzeichnend für den kulturgeschichtlichen Ansatz des Heimatforschers, den er seit der Übernahme der Schriftleitung der Zeitschrift »Deutsche Jugend« seit 1924 konsequent umsetzt. Dem Aufsatz »Allerseelen an der Iser« geht ein in der Heimatforschung viel beachteter Aufsatz zur »Nacht auf dem Wolfsnest« voraus. Gemeinsam mit Enzmann ist Josef Syrowatka an einem Herbstabend in Klein-Iser unterwegs. Mit dem Maler will er zum Wolfsnest hinauf. In die Geschichte von der abenteuerlichen Wanderung integriert der literarisch versierte Heimatforscher verschiedene Erzählungen über Sagen aus dem Isergebirge, darunter die Sage vom Großen-Junker.[34] Der Aufsatz »Allerseelen an der Iser« setzt so ein:

> Den lieben langen Herbst hatte es mich an die Iser hinauf ins Gebirge gezogen. Aber jeder freie Tag wehrte mit anderer Forderung. Schmerzlich mußte ich ihr nachgeben und die Wanderung von einem Sonntag auf den anderen verschieben. Schon zweifelte ich, den bunten Herbst am Rande der Isermoore noch anzutreffen. Da wurde die Sehnsucht in den Tagen vor Allerseelen übermächtig. Bei uns hatte der Winter schon seine erste Mahnung an die Hänge geschrieben. Buchen und Birken fahlten. Jetzt hieß es schleunigst handeln. Schon stand Allerseelen vor der Tür. Die Menschen sammeln sich an den Gräbern ihrer Vorfahren. Soll ich nicht ein Gleiches tun?[35]

Letztlich ruft es den Erzähler mit »unbeschreiblicher Gewalt« ins Isergebirge, und er macht sich auf den Weg. Mit dem Zug fährt er am frühen Morgen nach Polaun, das heute Polubný heißt, die Entfernung von Reichenberg beträgt rund 30 Kilometer. Auf der Straße nach Wazelsbrunn liegt bereits feuchter Schnee. Und während der Wanderer weiter ausschreitet, erinnert er sich an die Aufschrift an einem Polauner Häuschen: »Preußler stand darauf zu lesen.«[36] Josef Syrowatka wird sich bewusst, wie oft man auf diesen Namen im Umkreis des Gebirges stößt, und dann geschieht etwas Unvorhergesehenes:

> Im Herzen spüre ich, warum ich heute ins Gebirge herauf mußte. Preußler: das ist der Mädchenname meiner Großmutter. Sie entstammte einer Seitenlinie der alten Glasmacherfamilie, die neben den Schürern von Waldheim, den Wandern von Grünwald sich das Gebirge erobert hatten und mit ihrer Arbeitsunrast bis an die Südhänge des Gebirges vorstießen, selbst von Reiditz hinaus bis über die Sprachgrenze. Und nun ist mir, als sähe ich die ersten dieses Namens über die Kämme in die Niederungen an der Iser steigen. Wald fiel, wo sie hinkamen, mächtige Glashütten tauchten auf, und in die Nächte hinein warf der Glasofen seinen gespenstischen Schein. Schleifmühlen surrten an den Wasserläufen und Druckhütten quetschten sich in jeden passenden Winkel.[37]

Bei den Druckhütten handelt es sich um kleine Nebengebäude, in denen aus Sicherheitsgründen die Produktion von einfachem Glasschmuck ausgegliedert war. Da die Temperatur von geschmolzenem Glas mehrere Hundert Grad beträgt und die Öfen mit Holz aus den Wäldern geheizt wurden, war die Feuergefahr groß. Josef Syrowatka jedenfalls fragt sich, was ihn wohl zu den »Allerseelen im Gebirge« getrieben hat, um dann von der fast schon mythisch erinnernden Ebene in die Wirklichkeit zurückzukehren und von den Begegnungen mit Freunden zu berichten, die wiederum etwas von der Familiengeschichte preisgeben. In der Tat ist Josef Syrowatkas Vermutung, dass die Preisslers bzw. Preußlers aus der Seitenlinie einer Glasmacherfamilie stammen, durchaus plausibel.[38] Die Linie führt zurück auf eine Glasmacherfamilie Preußler, die ursprünglich aus dem Erzgebirge stammt. Darunter befanden sich sehr wohlhabende Hüttenbesitzer, die auch in Böhmen ansässig waren. Hier ist es vor allem das Hüttengut von Wolfgang Preußler in Witkowitz, das er und seine drei Söhne bis 1616 betreiben. Später siedeln sie nach

Schreiberhau um und leiten dort ab 1654 eine neue Hütte. Eine andere Linie führt auf die Brüder Christoph und Mathias Preußler, die als Söhne der Weißbachtalhütte nach dem Tod des Vaters nach Böhmen zurückkehren und in Blottendorf und Langenau einen Glashandelsbetrieb gründen, der sehr erfolgreich ist.[39]

In einem späten Text aus dem Jahr 2003 verweist Otfried Preußler auf eine weitere Verwandtschaftslinie, er macht auf die erstaunliche Ähnlichkeit des Vaters mit dem Maler und Kupferstecher Johann Daniel Preisler aufmerksam, der das Amt des »Nürnbergischen Kunst-Mahler-Academie-Directors« innehatte. Von ihm gibt es ein um 1730 entstandenes Porträt, auf das der Vater Josef bei seiner genealogischen Spurensuche gestoßen war. Leider sei dem Vater der »lückenlose genealogische Nachweis unserer Verwandtschaft mit der Nürnberger Künstlerfamilie« verwehrt geblieben, so der Sohn Otfried. Immerhin kann der Vater belegen, dass die Künstler-Preislers wiederum von deutschen Glasmachern aus Böhmen abstammen. Otfried Preußler notiert überzeugt: »Das Porträt des Herrn Johann Daniel, neben das Bild meines Vaters gehängt, wiegt alle fehlenden Einträge in den Matrikeln durch Augenschein auf.«[40]

Und schließlich benennt auch der Sohn die Vorfahren, die im Iser- und Riesengebirge beheimatet waren. »Kaum eine Glashütte hüben wie drüben (und Glashütten gab es zahlreich dort, in den großen Wäldern), wo nicht, zumindest vorübergehend einer von ihnen gearbeitet hätte. Als Glasmeister sind sie ausgewiesen, als Schmelzer und Schürer, als Spiegelschleifer, Gravierer und Glasmaler.«[41]

Mit Blick auf die Genealogie, die Josef Syrowatka im Rahmen seiner Heimatforschungen zu Böhmen und dem Riesen- und Isergebirge betreibt, ist die Namensänderung von Syrowatka in Preußler durchaus konsequent. Hätte Vater Preußler allerdings abgesehen, welche Folgen sich aus der Namensän-

Abb. 1: Porträt Johann Daniel Preisler,
Direktor der Nürnbergischen
Kunst-Mahler-Academie, um 1730

derung später für ihn selbst ergeben werden, er hätte mit Sicherheit darauf verzichtet. Das kann er im Jahre 1941 nicht ahnen, und so werden auf diese Weise auch die Söhne Otfried und Wolfhart zu Preußlers. In dem Dokument, das mit dem 16.12.1941 gezeichnet ist, heißt es:

> Der Hilfsschullehrer Josef Syrowatka in Reichenberg, Pestalozzistraße 18, geboren am 27.5. in Reichenberg führt an Stelle des bisherigen Familiennamens den Familiennamen Preußler.

Diese Änderung des Familiennamens erstreckt sich auf die Ehefrau und diejenigen minderjährigen Kinder des Genannten, die unter seiner elterlichen Gewalt stehen.[42]

Otfried Preußler schreibt in einer späteren Darstellung zum Vater, dass der den »ursprünglichen Familiennamen« abgelegt und »gegen den seiner Großmutter Agnes eingetauscht« habe, »die einer im Vorland des Iser- und Riesengebirges weitverzweigten Sippe von Glasmachern, kleinen Bauern und ländlichen Handwerksleuten entstammte. Die Preußlers und Preißlers (die Schreibweise hat früher bisweilen sogar im Zusammenhang mit ein und derselben Person gewechselt) haben den Vater immer wieder beschäftigt, er ist ihren Spuren zeitlebens nachgegangen.«[43]

Von Ernestine Preußler, der Mutter, ist bekannt, dass sie das älteste von sechs Kindern des k. u. k. Steuerbeamten Josef Tscherwenka war und im nordböhmischen Schluckenau, dem heutigen Šluknov, geboren wurde. Die ersten Schuljahre verbringt sie in Braunau (Broumov). Im Zuge der Versetzung des Vaters nach Reichenberg zieht die Familie um. Ernestine besucht dort die Bürgerschule und danach für vier Jahre eine Lehrerinnenbildungsanstalt. 1920 erwirbt sie die Lehrbefähigung für das Lehramt an Volksschulen und tritt in den Schuldienst ein.[44] Nach der Heirat mit Josef Syrowatka 1921 bleibt sie zunächst weiterhin Lehrerin. In einem handschriftlichen Lebenslauf, der aufschlussreich in Hinblick auf ihre Persönlichkeit ist, fasst Ernestine Preußler nach der Vertreibung aus Reichenberg ihren »beruflichen Lebenslauf« im Juli 1947 so zusammen:

Ich erwarb mir nach Absolvierung der Volks- u. Bürgerschule u. der 4 jähr. Lehrerinnenbildungsanstalt in Reichenberg (Böhmen) daselbst das Zeugnis der Reife mit Auszeichnung (i. Jahre 1915). Nach 2 jähr. praktischer Tätigkeit an der Volksschule zu Harzdorf bei Reichenberg legte ich die Lehrbefähigungsprü-

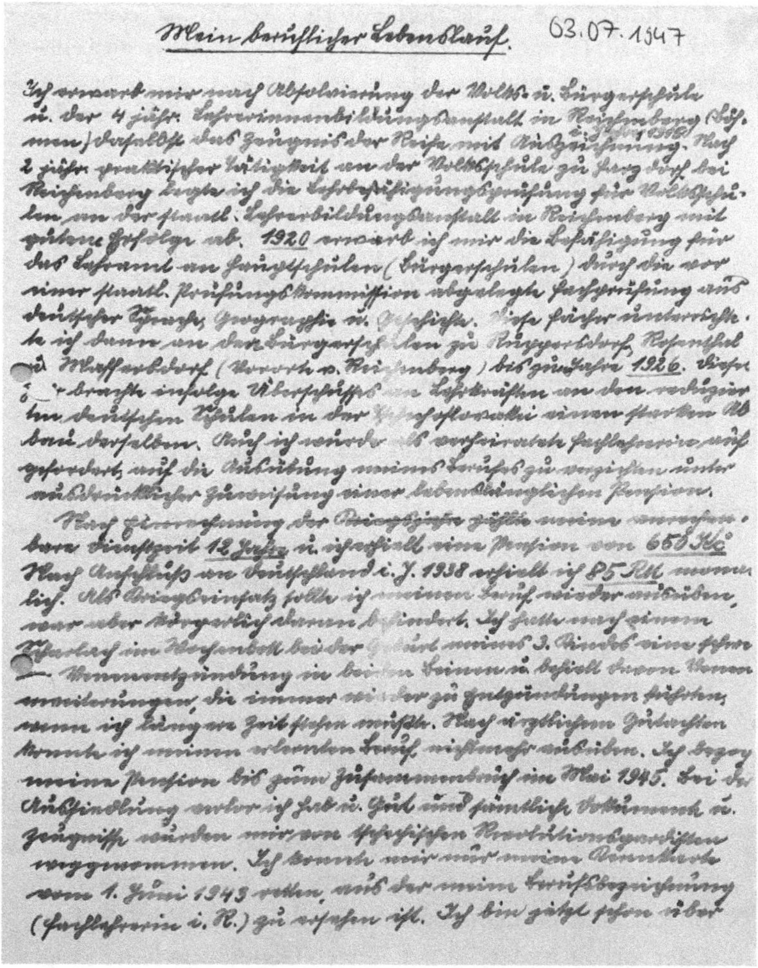

Mein beruflicher Lebenslauf. 03.07.1947

Ich erwarb mir nach Absolvierung der Volks- u. Bürgerschule u. der 4 jähr. Lehrerinnenbildungsanstalt in Reichenberg (Böhmen) daselbst das Zeugnis der Reife mit Auszeichnung. Nach 2 jähr. praktischer Tätigkeit an der Volksschule zu Berzdorf bei Reichenberg legte ich die Lehrbefähigungsprüfung für Volksschulen an der staatl. Lehrerbildungsanstalt in Reichenberg mit gutem Erfolge ab. 1920 erwarb ich mir die Befähigung für das Lehramt an Hauptschulen (Bürgerschulen) durch die vor einer staatl. Prüfungskommission abgelegte Fachprüfung aus deutscher Sprache, Geographie u. Geschichte. Diese Fächer unterrichtete ich dann an den Bürgerschulen zu Ruppersdorf, Rosenthal u. Maffersdorf (Bezirk Reichenberg) bis zum Jahre 1926. Dieses Jahr brachte infolge Überschusses an Lehrkräften an den [illegible] deutschen Schulen in der Tschechoslowakei einen starken Abbau derselben. Auch ich wurde als verheiratete Fachlehrerin aufgefordert, auf die Ausübung meines Berufes zu verzichten unter ausdrücklicher Zuweisung einer lebenslänglichen Pension.

Nach Einrechnung der Kriegsjahre zählte meine anrechenbare Dienstzeit 12 Jahre u. erhielt ich eine Pension von 650 Kč. Nach Anschluss an Deutschland i. J. 1938 erhielt ich 85 RM monatlich. Als Kriegseinsatz sollte ich meinen Beruf wieder ausüben, war aber körperlich daran behindert. Ich hatte nach einem Scharlach im Wochenbett bei der Geburt meines 3. Kindes eine schwere Venenentzündung in beiden Beinen u. behielt davon Venenerweiterungen, die immer wieder zu Entzündungen führten, wenn ich längere Zeit stehen musste. Nach ärztlichen Gutachten konnte ich meinen erlernten Beruf nicht mehr ausüben. Ich bezog meine Pension bis zum Zusammenbruch im Mai 1945. Bei der Ausweisung verlor ich Hab u. Gut und sämtliche Dokumente u. Zeugnisse wurden mir von tschechischen Revolutionsgardisten weggenommen. Ich konnte mir nur meinen [illegible] vom 1. Juni 1943 retten, aus der meine Berufsbezeichnung (Fachlehrerin i. R.) zu ersehen ist. Ich bin jetzt schon über

Abb. 2: Handgeschriebener Lebenslauf von Ernestine Preußler

fung für Volksschulen an der staatl. Lehrerbildungsanstalt in Reichenberg mit gutem Erfolge ab. 1920 erwarb ich die Befähigung für das Lehramt an Hauptschulen (Bürgerschulen) durch die vor einer staatl. Prüfungskommission abgelegte Fachprüfung aus deutscher Sprache, Geografie u. Geschichte. Diese Fächer unterrichtete ich dann an den Bürgerschulen zu Ruppersdorf, Rosenthal u. Maffersdorf (Vororte v. Reichenberg) bis zum Jahre 1926. Dieses Jahr brachte infolge Überschusses an Lehrkräften an den reduzierten deutschen Schulen in der Tschechoslowakei einen starken Abbau derselben. Auch ich wurde als verheiratete Fachlehrerin aufgefordert, auf die Ausübung meines Berufes zu verzichten unter ausdrücklicher Zuweisung einer lebenslänglichen Pension. Nach Einrechnung der Kriegsjahre zählte meine anrechenbare Dienstzeit 12 Jahre u. ich erhielt eine Pension von 650 Kč [Kronen] nach Anschluß an Deutschland i. J. 1938 erhielt ich 85 RM [Reichsmark] monatlich. Als Kriegseinsatz sollte ich meinen Beruf wieder ausüben, war aber körperlich daran behindert. Ich hatte nach einem Scharlach im Wochenbett bei der Geburt meines dritten Kindes eine schwere Venenentzündung in beiden Beinen u. behielt davon Venen-Erweiterungen, die immer wieder zu Entzündungen führten, wenn ich längere Zeit stehen mußte. Nach ärztlichem Gutachten konnte ich meinen erlernten Beruf nicht mehr ausüben. Ich bezog eine Pension bis zum Zusammenbruch im Mai 1945. Bei der Aussiedlung verlor ich Hab u. Gut und sämtliche Dokumente u. Zeugnisse wurden mir von tschechischen Revolutionsgardisten weggenommen. Ich konnte mir nur meine Kennkarte vom 1. Juni 1943 retten, aus der meine Berufsbezeichnung (Fachlehrerin i. R.) zu ersehen ist.[45]

Otfried Preußler erinnert in einem kleinen Text mit der Überschrift »Tinte, Feder, Tafelschwamm« die eigene Kindheit und Schulzeit, und er hebt die Persönlichkeit der Mutter Ernestine hervor, die in der Tat zur »ersten Generation jener jungen Frauen gehört hat, die sich noch zu Kaisers Zeiten emanzipiert und einen selbständigen Beruf ergriffen hatten«. Der Sohn bringt dann allerdings den Verzicht der Mutter, ihren Beruf als Lehrerin auszuüben, stärker mit den politischen Verhältnissen in der Tschechischen Republik in Verbindung:

Nach der Geburt meines jüngeren Bruders, also gegen Ende der Zwanzigerjahre wurde sie im Rahmen der staatlichen

> Einschränkungsmaßnahmen für das deutsche Schulwesen zwangspensioniert, damals hieß das: Sie wurde abgebaut. Ihre Pension war nicht groß, sie entsprach einem besseren Taschengeld. Dennoch war meine Mutter bis zuletzt stolz darauf, daß sie sich bereits in jungen Jahren das Anrecht auf eigene Versorgungsbezüge erworben hatte, die ihr auch nach der Vertreibung ausbezahlt wurden.[46]

Nach der Zwangspensionierung konzentriert sich Ernestine Syrowatka auf die Familie und ordnet die eigenen künstlerischen Ambitionen der Arbeit von Josef Syrowatka unter, den sie nach Möglichkeit in seinem Engagement unterstützt. Der Vater, der in der Familie letztlich die dominante Rolle einnimmt, publiziert bereits 1911 erstmals heimatliche Skizzen in der »Reichenberger Deutschen Volkszeitung«. Im Ersten Weltkrieg ist er an der Front beim Schützenregiment Eger in Serbien und den Karpaten eingesetzt, und im Februar 1915 wird er schwer verletzt. Ein Oberschenkelschuss zertrümmert den Oberschenkelknochen, das Bein ist in Folge etwas verkürzt, Josef Syrowatka hinkt ein wenig und wird frontdienstuntauglich geschrieben. Ab März 1916 leistet er seinen Dienst im Kriegsarchiv in Wien. Später wird er in die literarische Abteilung des Archivs versetzt. Im März 1919 kehrt er nach Reichenberg zurück und arbeitet zunächst als Lehrer an einer sogenannten Hilfsschule, einer Einrichtung, die sich auf lernschwächere Schüler konzentriert. Neben seiner beruflichen Tätigkeit als Lehrer engagiert er sich in der Heimatforschung. Er gehört zu einem Kreis von Heimatkundlern aus Reichenberg, Friedland und Gablonz, die sich um den Bürgerschuldirektor Josef Fischer bildet. Zu der Gruppe gehört auch der Germanist Erich Gierach, der 1921 als Nachfolger von Primus Lessiak als Professor für ältere deutsche Philologie an die Universität Prag berufen wird. 1936 erhält er einen Ruf an die Ludwig-Maximilians-Universität München auf einen Lehrstuhl für Germanistik.[47] Ebenfalls in dem Kreis engagieren sich der Stadtarchivar

Prof. Dr. Volker Lug, der Geologe Dr. Bruno Möller sowie die Oberlehrer Franz A. Ressel, Franz Spatzal, Franz Runge sowie Dr. Stransky. Josef Syrowatka konzentriert sich auf die heimische Schrifttumsgeschichte sowie die Mundartdichtung. Darüber hinaus beschäftigt er sich umfassend mit dem Bereich der Volkskunde im Jeschken-Isergau. In einem unbekannten Bericht, den Josef Preußler um 1961 mit dem Titel »Für meine Söhne« geschrieben hat, versucht er wichtige berufliche Stationen zu markieren, seinen volkskundlichen Ansatz zu beschreiben und das damit in Verbindung stehende didaktische Konzept zu umreißen, besonderes Gewicht legt er auf die Darstellung der heimatkundlichen Aktivitäten.[48] Otfried Preußler hat den stark verblassten Abzug des Berichts später abschreiben lassen.[49]

Zu den zahlreichen Publikationen des Vaters gehört schon 1922 der Band »Sudetendeutsche Heimatgaue. Reichenberg«, ein Heft, das Einblick in die Geschichte der Stadt Reichenberg gibt. Aus verschiedenen historischen Quellen stellt Josef Syrowatka Stadtbilder zusammen, die im Jahr 1500 ansetzen und mit den Stationen 1604, 1650, 1774 bis in die Zeit um 1830 reichen. Aus der Schrift »Böhmen« von Johann Gottfried Sommer (1782–1848), der zu den bekannten Schriftstellern und Sachbuchautoren gehört, wird ein Ausschnitt aufgenommen, der ein Bild der Stadt und ihrer Bedeutung um 1830 liefert:

> Die Stadt sammt der Vorstadt (›Christiansstadt‹) hat gegen 2 St. im Umfange, und ist in Rücksicht und Größe und Volkszahl in Böhmen die erste Stadt nach Prag, und eine der ersten Manufakturstädte in der österreichischen Monarchie. Die Stadt ist in 4 Viertel eingetheilt; die altgebräuchliche Einteilung ist die in die Altstadt und die Neustadt; sie hat 7 Plätze, 95 größere und kleinere Gassen, welche fast durchaus gepflastert sind, und Nachts durch 125 Laternen erleuchtet werden. Die Häuser sind meist von Stein, aber von Ziegeln, 2 Stockwerke hoch, mehrere sehr schön und palastähnlich aufgeführt, mit Schiefer oder Ziegeln,

> auch wohl mit Kupfer gedeckt; doch giebt es auch noch viele niedrige, unansehnliche, von Fachwerk erbaute Häuser, deren Zahl sich aber, so wie die Schindeldächer, von Jahr zu Jahr verringert. Die Straßen und Gassen sind munter enge und winklich, auch hat die Stadt eine unebene Lage.[50]

Im weiteren Teil des Heftes finden sich Beiträge, die einen Einblick in die Historie von Reichenberg geben. Darunter ist ein eigener Aufsatz des Editors zur »Geschichte der Reichenberger Tuchmacherei«, der ins letzte Drittel des 13. Jahrhunderts führt. Besonders wichtig ist Josef Syrowatka, das wird bereits zu diesem Zeitpunkt erkennbar, das Sammeln von Sagen, Legenden, Kinderreimen und Weihnachtsbräuchen rund um das Riesen- und Isergebirge.[51] 1925 bringt Josef Syrowatka dann den Band »Aus Alt-Reichenberger Winkeln« heraus, der ebenfalls im Sudetendeutschen Verlag Franz Kraus in Reichenberg erscheint. Besonders erfolgreich sind seine »Wanderungen in der Heimat«, die im ersten Heft der »Heimatkunde des Bezirkes Reichenberg« in einer Auflage von 3000 Exemplaren publiziert und von Gustav Leutelt, der als »Dichter des Isergebirges« gilt, besonders gelobt werden, was für Josef Syrowatka eine Bestätigung seiner Arbeit ist. Ende der 1930er Jahre erscheinen noch mehrere von ihm verantwortete Bücher, 1938 unter Mitarbeit von Rudolf Kauschka ein »Führer durch Reichenberg«, sodann 1939 ein »Führer durch den Heimartort«, bei dem es um die Präsentation der ortsgeschichtlichen Sammlung der Stadt Reichenberg geht.[52] Für die Söhne fasst er die Intentionen seiner Arbeit so zusammen:

> Mit der Heimatforschungs- und Heimatdarstellungstätigkeit verband sich untrennbar die Betreuung des Heimathortes, wie man die ortsgeschichtliche Sammlung Reichenbergs nannte. Sie wurde vom Baurat Prof. Gustav Lahn noch während des ersten Weltkrieges gegründet und in den Räumen der Reichen-

berger Sparkasse in der Schloßgasse untergebracht. Nach dem Tode des Gründers am 2. Oktober 1922 wurde mir die Fortführung und der Weiterausbau dieser Sammlung amtlich übertragen.[53]

Durch eine Schenkung von Heinrich Jakob erhält die Sammlung 1938 ein eigenes Haus in der Kranichgasse. Das Konzept, das Josef Syrowatka skizziert, folgt einem musealen Ansatz, wie er sich im deutschsprachigen Raum seit dem Ende des 19. Jahrhunderts ausbildet. Den Museen wird in diesem Konzept eine besondere Rolle im nationalen Einigungsprozess zugeschrieben. Diese Zielorientierung gilt nicht nur für das kulturhistorische Heimatmuseum, sondern auch für jene Einrichtungen, die sich auf die Bildende Kunst oder die Literatur spezialisieren.[54]

III. Josef Syrowatka und das Sudetenland

Heimatforschung als Lebensaufgabe

Das Sudetenland, in dem Reichenberg liegt und dem die Familie Syrowatka/Preußler sich zugehörig fühlt, ist seit 1918 in einer besonderen Situation. Es handelt sich um ein Gebiet, das an der Grenze zur Tschechoslowakei, Deutschland und Österreich liegt und in dem überwiegend die deutsche Sprache und Kultur gepflegt wird. Das Sudetenland besitzt kein zusammenhängendes Territorium. Bei dem Kompositum »sudetendeutsch« handelt es sich um eine eher pragmatische Begriffsbildung mit dem Ziel, eine Art Pendant zu den »damals in geographisch-ethnologischen Diskursen üblichen Bezeichnungen ›Alpendeutsche‹ und ›Karpatendeutsche‹ zu schaffen«.[55] Letztlich war es nach der Gründung eines tschechoslowakischen Staates notwendig geworden, »eine geeignete Bezeichnung für die im Land verbliebene deutsche Minderheit einzuführen«. Zu diesem Zeitpunkt wurde der Begriff »Sudetendeutsche« bevorzugt, weil er »am wenigsten auf nationalpolitische Ansprüche hindeutete«.[56] Der ursprünglich neutrale Terminus bekommt nach den dramatischen Ereignissen rund um die Vertreibung der Sudetendeutschen in den Jahren 1945 und 1946 infolge der sogenannten Beneš-Dekrete sukzessive einen anderen Bedeutungsgehalt – darüber später mehr. Wegen seiner »identifikationsstiftenden Funktion« wurde er als Sammelbegriff weiter genutzt, »wobei er wegen revanchistischer Forderungen einzelner Interessengruppen und Institutionen zeitweise ebenso in Verruf geriet wie aufgrund seiner pauschal diffamierenden Gleichsetzung mit reaktionärer Gesinnung.«[57]

Doch diese Entwicklungen ab 1938 sind in jener Zeit, da Josef Syrowatka in den Schuldienst einsteigt und mit seinen Heimatforschungen beginnt, nicht abzusehen. Seine Aktivitäten zielen in den 1920er Jahren auf den Aufbau eines sudetendeutschen Museums, in dem sich historische Dokumente und Darstellungen zur Regionalgeschichte finden, wobei die Übergänge zum literarischen Museum fließend sind.[58] Entsprechend richtet er die Räume so ein, dass die »einzelnen Gegenstände ihrem Zwecke und zugunsten ihrer Wirkung« betrachtet werden können.[59] Vater Preußler bezieht seine Söhne, Otfried und Wolfhart, schon früh in diese heimatkundlichen Arbeiten ein und verweist in seiner Darstellung darauf:

> Nun, meine lieben Söhne, davon brauche ich Euch ja nicht mehr viel zu erzählen. Das habt Ihr alles selber noch gut in Augenschein nehmen können, und Otfried hat darin schon als kleiner Krabblich den Museumsführer gespielt, zum Ergötzen, aber auch zur Bewunderung seiner Zuhörerschaft.[60]

Da Josef Syrowatka von der Profession Lehrer ist, hat er eine genaue Vorstellung von der Ausbildung der zukünftigen Pädagogen. Über Jahresarbeiten aus der Volkskunde will er die »junge Lehrerschaft« an die praktische Beschäftigung mit der heimatlichen Kultur und Literatur heranführen und gleichzeitig empirisches Material erheben. Dahinter steht ein didaktisches Konzept, das darauf aus ist, für alle Lehrerbildungsanstalten im damaligen Sudetenland Rahmenpläne zu erarbeiten, in denen »jahrgangsweise vereinbarte Gebiete der Volks- und Heimatkunde« bearbeitet werden.[61] Josef Syrowatka verfügt nicht nur über ein umfangreiches Wissen zur Kultur und Literatur der Sudetendeutschen, sondern auch zu den Sagen und Mythen der Region. Darüber hinaus ist er – ganz in der Tradition der Brüder Grimm – ein Sammler von mundartlicher Dichtung. In dem Lebensbericht schreibt er:

> Hinzufügen möchte ich noch, daß es mir besonders auch das hohe und einsame Isergebirge angetan hat. Ich bin den Sagen um den alten Hennrich nachgegangen und habe die Geschichten um den ›Großen Junker‹ vom Groß-Iser das erste mal zusammenfassen können. Bei dieser Arbeit stieß ich auch auf den ersten Roman aus dem Isergebirge ›Die Raubjäger im Isergebirge‹, eine Art Nachfolge der Schauerromane und Räubergeschichten des Christian Spieß. Aber ich merkte beim Lesen dieses Buches, wie der Verfasser nicht nur im Gebirge ortskundig war, sondern auch gewisse überlieferte Begebenheiten geschickt zu verwenden wußte, so daß man dieses Buch, das vor 1850 erschienen ist und mit farbigen Bildern des Verlages Gustav Kühn in Neuruppin ›geschmückt‹ war, immerhin mit gewisser Kritik als willkommenen Beitrag zur Volkskunde des hintergründigen Isergebirges ansehen kann.[62]

Zum Profil von Josef Syrowatka gehört nicht zuletzt seine Aktivität als Herausgeber einer Reihe von »Büchern für das Klassenlesen«, die er bereits als Junglehrer nach dem Ersten Weltkrieg verantwortet und anhand derer sich erkennen lässt, in welchem theoretischen wie didaktischen Kontext sich seine Anschauungen bewegen. Er selbst überschreibt einen Abschnitt seines Berichtes mit »Kunsterziehung und Jugendschrifttum«. Damit ist explizit ein Bezug hergestellt zu einer in Deutschland wichtigen Bewegung um Heinrich Wolgast, der mit seiner Schrift »Das Elend unserer Jugendliteratur« von 1896 bis in die 1920er Jahre einen nicht zu unterschätzenden Einfluss auf die Bildung und Erziehung in allen deutschsprachigen Gebieten hatte.[63]

Bei Wolgast wird der von Josef Syrowatka genutzte Begriff »Jugendschrift« ausführlich entwickelt. Wolgast fasst unter »Jugendschrift« bzw. Jugendliteratur keine literarischen Texte, die speziell für junge Leser geschrieben sind, sondern solche, die ihrem Fassungsvermögen entsprechen, daher als eine mögliche Kinder- und Jugendlektüre zur Verfügung stehen und von den entsprechenden pädagogischen Instanzen auch als solche ausgewiesen und damit legitimiert sind.[64] Insofern macht der junge Lehrer sich für das stark, was man heute mit dem Begriff der intentionalen Kinder- und Jugendliteratur versieht, Texte wie Jonathan Swifts »Gullivers Reisen« (1726), Miguel de Cervantes »Don Quichotte« (1605) oder Daniel Defoes »Robinson Crusoe« (1719). Bücher also, die ursprünglich nicht an Kinder adressiert waren, die ihnen im Lauf der Jahre und Jahrhunderte aber – oft in auf sie zugeschnittenen Bearbeitungen – zum Lesen empfohlen wurden.[65] Josef Syrowatka sympathisiert mit Heinrich Wolgasts Ablehnung der spezifisch für Kinder geschriebenen Literatur. Das Verdikt von Wolgast gegen eine spezielle Literatur für junge Leser hat allerdings durchaus einen reformerischen Hintergrund, dem Josef Preußler folgt.

Auch das Konzept einer »nationalen Erziehung«, die einen Kern von Wolgasts Argumentation bildet, ist Josef Preußler nahe. Man kann dieses Konzept durchaus als »spätromantisch-national« bezeichnen. Nur in der Aufnahme »echter« Kunstwerke könne der Einzelne sich selbst in seinem individuellen Wesen erfassen und zugleich als Teil des großen Ganzen, nämlich der Nation. Was bei Wolgast auf die ganze Nation ausgerichtet ist und über alles Trennende hinweg zu einer kulturellen Einheit der verschiedenen sozialen Gruppen und Lebensalter führen soll, wird bei Josef Preußler auf die Sudetendeutschen übertragen.[66] Dahinter steht – wie bei Wolgast – eine durchaus sozialutopisch zu nennende Vision, wonach es darum geht, eine einigende Kultur zu etablieren. Letztlich ist auf diese Weise auf eine »nationale Kunst« bzw. auf das gezielt, was man »Nationalliteratur« nennen kann. Die Qualität einer solchen Literatur, ja Kultur wird in ihrer »einheitsstiftenden Funktion« gesehen, weshalb Wolgast fordert: *»Die Jugendschrift in dichterischer Form muß ein Kunstwerk sein.«*[67] Weil nun einmal »literarische Kunstwerke« zur »allgemeinen Literatur« gehören, hat eine eigens für junge Leser geschaffene »spezifische Jugendliteratur« schlichtweg »keine Existenzberechtigung«.[68]

Josef Syrowatka folgt der Absolutheit dieser Auffassungen nicht, aber sehr wohl schließt er sich an ähnliche Positionen aus der deutschen Romantik an, wie sie sich bei Jacob Grimm finden, der im Kontext mit den Kinder- und Hausmärchen fragt, »ob man überhaupt für Kinder etwas eigenes einrichten müsse«, weil doch das, was man als Volksliteratur besitze, »Alte wie Junge (ertragen).«[69] Noch wichtiger für Vater Syrowatka ist jener Autor, den Wolgast zur Absicherung seiner Argumentation ins Feld führt, nämlich Theodor Storm. Der habe eine literaturästhetische Faustregel vorgegeben, wenn es um das Schreiben für Kinder geht. »Wenn man für die Jugend schreiben will, so darfst du nicht für die Jugend schreiben«, heißt es bei Storm im Zusammenhang mit seiner »köstlichen Novelle«, dem »Pole Poppenspäler«, den er »für die ›Deutsche Jugend‹ schrieb.« Es ist dies ebenjene Novelle, die Josef Syrowatka dann in seiner Reihe »Bücher für das Klassenlesen« herausbringt. Was der junge Lehrer hier bedenkt, ist eine Problematik, die auch bis in die Gegenwart eine Rolle spielt. Es geht nämlich um die Frage, ob es Grenzen in der literarischen Darstellung für Kinder und Jugendliche gibt, geben kann und geben soll. Bis weit in die Mitte des 20. Jahrhunderts ist diese Position gesetzt. Erst mit den 1970er Jahren werden frühere Tabubereiche mit sozialkritischem Anspruch zum Gegenstand literarischer Darstellung für junge Leser, dazu gehören Behinderung, Sterben, Tod, Scheidung, Alkoholismus und Drogen, Arbeitslosigkeit der Eltern, Dritte Welt oder die damals sogenannte Gastarbeiter- und Ausländerproblematik. Otfried Preußler sieht diese Entwicklungen eher kritisch, weil er Forderungen, die darauf hinauslaufen, dass Schriftsteller im Schreiben für Kinder »dem herrschenden Zeitgeist Rechnung zu tragen« haben, nicht folgen mag. »Kinder mit Themen zu konfrontieren, deren Bewältigung doch wohl Sache der Erwachsenen sein müßte«, das ist nicht sein Ansatz.[70] Anders gesagt: Otfried Preußler, und deswegen erscheint der Exkurs in diesem Zusammenhang wichtig, verfolgt nicht nur in den damaligen Umbruchszeiten ein eigenes Konzept, und das hat seine Grundlage in den Erfahrungen von Kindheit und Jugend sowie den Überlegungen des Vaters Josef.[71]

Was Josef Syrowatka in den 1920er Jahren am Konzept von Wolgast interessiert hat, sind nicht zuletzt die Folgerungen für den Leseunterricht und die freie Lektüre, es findet seine Entsprechung in der Praxis von Vater Syrowatka. Er teilt Wolgasts kritische Sicht auf den Leseunterricht, der nicht hinreichend Voraussetzungen für das schafft, was man literarische Bildung und die Fähigkeit nennt, »poetisch zu genießen«. Wie Wolgast richtet auch Josef Syrowatka daher seine Konzentration auf die Volksschule. Hier sieht er größere Defizite, weil nur wenige Texte der klassischen Literatur angeboten werden. Im Sinne einer Vertiefung der »ästhetischen Geschmackskultur« müsse zudem der Literaturunterricht im Lehrplan eine gewichtigere Rolle spielen. Damit wird an Entwicklungen im Schulwesen in den deutschsprachigen Ländern angeschlossen, die seit dem letzten Drittel des 19. Jahrhunderts eine Stärkung des Faches Deutsch anstreben und dabei auf einen sich ausbildenden Kanon an deutschen Autoren setzen. Der in diesem Rahmen hergestellte Bezug auf die »nationale Klassik« ist damals verbunden mit einer Polemik gegen die Übermacht des lateinischen Unterrichts. Wie Wolgast schlägt Josef Preußler sogar die Einbeziehung der klassischen Literatur in deutscher Übersetzung auch für die Volksschule vor.[72]

Noch als junger Lehrer bekommt Josef Syrowatka die Möglichkeit, als Herausgeber einer Reihe mit dem Titel »Bücher für das Klassenlesen« bei Paul Sollors Nachf. in Reichenberg einzusteigen, ein Haus, das sich aus »einem kleinen Provinzgeschäfte zu einer der größten deutschen Buchhandlungen der tschechoslowakischen Republik« entwickelt hat. Als verlegerischer Grundansatz gilt: »Das Hauptaugenmerk der Leitung des ganzen Geschäftsbetriebes war und ist immer darauf gerichtet, in allen Abteilungen nur Gutes und Bestes zu bieten und dadurch Minderwertiges, das meist verderblich wirkt, mit allem Nachdruck zu bekämpfen, um wahrer Volksbildung den möglichst besten Dienst zu leisten.«[73]

Syrowatkas Konzept enthält ganz im Sinne von Wolgast keine spezifische Kinder- und Jugendliteratur, sondern er wählt Kanonautoren und Texte, deren dichterische Qualität bewiesen ist – wir können davon ausgehen, dass gerade diese Texte auch bei der Erziehung seiner Kinder eine Rolle spielten. Dazu gehören die von ihm besorgten Editionen von Adalbert Stifters »Hochwald« (1919), Clemens Brentanos »Das Märchen vom Witzenspitzel« (1920), Gottfried August Bürgers »Des Freiherrn von Münchhausens Abenteuer in Rußland und dem Türkenkriege« (1921), Gustav Schwabs »Die Schildbürger« (1921). Hinzu kommen Ausgaben zu Theodor Storm, Gustav Leutelt oder Frank Karl Ginzkey. Für das jüngere Lesealter verfolgt der Herausgeber einen anderen Ansatz. Dies belegt »Der Jugend Liederborn«, der in der ersten Auflage 1923 erscheint und für die allgemeinen Volksschulen herausgegeben wird. Adressiert ist der Band für das 1., 2. und 3. Schuljahr. Im Vorwort zur ersten Auflage verweist Josef Syrowatka darauf, dass es sich um ein »neugeschaffenes Liederbuch« handelt, das seine »eigenen Wege geht« und »hauptsächlich nur das gute Volkslied« berücksichtigt. Damit ist der Anspruch verbunden, »eine Volksliedsammlung über die Schule hinaus für das Leben« vorzulegen. Ganz im Sinne der Brüder Grimm werden jene Texte abgedruckt, die »vom Volke gesungen« werden.[74] Umdichtungen vermeidend, heißt es: »Was sich jahrhundertlang bewährt hat, aber durch die bisher üblichen Schullieder verdrängt worden ist, das soll wieder zu frischem, gesundem Leben aufwachen. Reime, die das Kind selbst erfunden oder sich zurecht gelegt hat, echter, natürlicher Kindersinn, soll wieder in die Kinderstube, auf die Tanzwiese und auf den Kinderspielplatz einziehen.«[75] Die Auswahl hält das Versprechen, sie beginnt mit »Gut'n Morgen, Herr Spielmann!«, es folgen »Bin gar wohl zu Fuß bestellt« und »Hoppe, hoppe, Reiter«, »Schön ist die Welt«, »Der Bauer«, »Der beste Trank« und schließlich das »Lied von der Mühle«, »Die Mühle« und »Meine Mühle«.

Was Josef Syrowatka hier sammelt, kann man unter dem Stichwort Literatur für Anfänger zusammenfassen. Dazu gehören bis in die Gegenwart Texte, die – wie in historisch vergangenen Kulturstufen – ihren Sitz im Leben haben und die ganz bewusst als Gebrauchsliteratur konzipiert sind, Gute-Nacht- und Geburtstagsgeschichten, Geschichten zu Jahreszeiten oder zu Festtagen (Weihnachten, Silvester, Ostern). Auch aus diesem Grunde sind Texte dieser Art mit dem Spiel verbunden und bleiben dem geselligen Alltagsleben verpflichtet. Sie erweisen sich durchweg als singbar, vorlesebar, nacherzählbar und darstellbar.[76] Daher finden sich im Band auch Schattenbilder. Auffällig ist, dass Josef Syrowatka auch ein Gedicht abdruckt, das aus der späten Aufklärung stammt und von Mozart vertont wurde, nämlich »Komm, lieber Mai!«. Anders als zumeist üblich weiß der Herausgeber, wer der Autor ist, nämlich Christian Adolf Overbeck, ein Autor, der dazu schrieb: Meist höre man »in den Liedern für Kinder ... den herablassenden Lehrer, zwar meist im Ausdruck der Kinder, aber doch mit den Ideen eines Erwachsenen«, doch bei ihm spreche »wenn ich's gut gemacht habe, wirklich ein Kind.«[77] Das Gedicht »An den May« bringt die Wünsche der Kinder exemplarisch zum Ausdruck und erreicht Bekanntheit vor allem durch Wolfgang Amadeus Mozarts Vertonung. In der Folgezeit setzt eine Art »Folklorisierung« des Textes ein, wobei der Autor Overbeck in Vergessenheit gerät und zumeist gar nicht mehr gekannt wird. Lediglich die erste Strophe bleibt im Bewusstsein, die nachfolgenden werden wegen ihres antiautoritären Gestus gestrichen, ja gewissermaßen zensiert. Der Herausgeber Josef Syrowatka, und dies ist die Ausnahme, geht auf die vergessene Quelle zurück und bringt neben der ersten eine weitere Strophe, durch die der von Overbeck angeschlagene Kinderton offenbar wird.[78]

Ab 1925 verantwortet Josef Syrowatka als Hauptschriftleiter der Jugendzeitschrift »Deutsche Jugend«, die monatlich in einer Auflage von 20 000 Exemplaren herauskommt. Sonderausgaben wie das Heft zu Johann Wolfgang Goethe oder zu Albrecht Dürer erscheinen sogar in einer Auflage von 60 000.[79] Das Engagement für die Schülerzeitschrift ist hervorzuheben, weil es sich hier um einen nicht unstrittigen Gegenstand handelt. Ab Beginn des 20. Jahrhunderts gibt es im Kontext mit den »Vereinigten Deutschen Prüfungsausschüssen für Jugendschriften« harte Auseinandersetzungen um die Funktion von Jugendschriften.[80] Im Aufbau der Zeitschrift geht der Editor in Kenntnis der Debatten neue Wege, die ihre Grundlage in seinem didaktischen Ansatz haben. »Ich wollte durch die Schülerzeitschrift den jugendlichen Leser nicht mehr ›zerstreuen‹, indem ich ihm ein Sammelsurium von Beiträgen aus allen möglichen Gebieten vorsetzte«, schreibt er, »sondern ich gruppierte Aufsätze und Geschichten eines jeden Heftes um einen führenden Gedanken.«[81] Einen Schritt weiter geht er 1928 zum 400. Gedenkjahr von Albrecht Dürer, indem nicht nur jedes Heft auf dem Titelblatt mit einem Werk von Dürer eingeführt wird, sondern auch Bilder, Kupferstiche, Holzschnitte, Radierungen und Handzeichnungen als Illustrationen genutzt werden. Darüber hinaus steht jedes der Hefte des Jahrgangs unter einem Leitmotiv.

Das Engagement des Vaters Josef in der Heimatforschung prägt das Familienleben der Syrowatkas, und nach der frühen Pensionierung unterstützt die Mutter Ernestine seine regionalgeschichtlichen Forschungen nach Kräften. Sie verantwortet

Abb. 3: Der siebenjährige Otfried Preußler auf einer Wanderung im Riesengebirge, 1931

zudem gemeinsam mit der Schwiegermutter Dora, die bei ihnen lebt, den Haushalt. Im Winter bricht die Familie zum Skifahren ins Isergebirge auf, im Sommer mieten sie sich – die finanziellen Verhältnisse erlauben dies – im nahe gelegenen Ferdinandsthal bei einer Bauersfamilie ein.

Beide Elternteile haben in Reichenberg zahlreiche Künstlerfreunde, sie gehen regelmäßig in Konzerte und zu Theateraufführungen ins renommierte Stadttheater. Josef Syrowatka agiert in diesem Rahmen auch als Theaterkritiker, wobei er sein Engagement für die Söhne rückblickend so zusammenfasst:

> Der Bühne war ich ja seit meinen Jünglingsjahren zugewendet, hatte es nicht allein mit Hans-Sachs-Spielen bei allen möglichen Gelegenheiten versucht, wohl auch durch Vorlesungen mit verteilten Rollen in kleinen Kreisen, sondern hatte auch versucht, die Bühnenkunst in all ihren theoretischen Erfordernissen zu erfassen. Von der Lessingschen Dramaturgie über Bulthaupt, Wilhelm von Scholz, Ihring bis zu den neuesten Dramenführern, nebenbei auch Herman Behrs Kritiken im Bande ›Wiener Theater‹, wobei mir auch die Monographie über das Wiener Burgtheater von Dr. Rudolf Lothar, die ich in der unvergessenen Bücherei des Gewerbemuseums vorfand, gute Anschauungshilfe leistete, ja selbst Otto Ludwigs Shakespeare-Studien und Vischers ›Kritische Gänge‹, einige Schauspieler-Monographien nicht ausgeschlossen.[82]

Selbstreflexiv notiert er, dass er die Anregungen nach und nach verarbeitete, »manchmal nicht wissend, wozu ich sie eigentlich praktisch brauchen werde«.[83] Jahrzehnte später, im Dezember 1993, wird Otfried Preußler in einem Gespräch mit Martin Blümcke vom Süddeutschen Rundfunk Stuttgart darauf verweisen, wie die Eltern, die »literarisch außerordentlich interessiert waren«, es unter Entbehrungen geschafft hatten, ein eigenes Haus zu bauen, in dem eine kulturvolle Atmosphäre herrschte. Auch die Privatbibliothek von »einigen sechstausend Bänden« wird erwähnt und die Tatsache, dass beide Kinder zu den Büchern »von klein auf unbeschränkt Zutritt hatten. Einzige Bedingung: Jedes Buch wieder an seinen Platz!«[84] Mit Blick auf das eigene Schaffen wird einmal mehr darauf aufmerksam gemacht, dass es die Kindheitserfahrungen und die über Großeltern und Eltern vermittelte »Tradition des Isergebirges« gewesen sei, von der er bis in die Gegenwart zehre. »Ich steckte und stecke«, so Otfried Preußler, »voller Geschichten, die sich alle in meiner Kinderzeit angesponnen haben: eine Tatsache, die mir eigentlich erst im Laufe meines Schriftstellerlebens bewußt geworden ist. Schon mit dem ›Kleinen Wassermann‹ hatte ich mich auf eine Sagenwelt eingelassen, die für unser deutsch-slawisches Grenzgebiet kennzeichnend ist. Später bin ich dazu übergegangen, ganz bewußt in der Wahl der Namen und Schauplätze auf die ferne, verlorene Kinderheimat zurückzugreifen.«[85]

Abb. 4: Die Zeitschrift »Deutsche Jugend«, die Josef Preußler noch unter dem Namen Syrowatka veröffentlichte.

IV. Otfried Preußler – die frühen Prägungen

Von der Macht des Geschichten-Erzählens

Einen ganz ähnlichen Weg wie Otfried Preußler geht anfangs Franz Fühmann, der in der DDR zu den gewichtigen Autoren gehörte. Fühmann wurde 1922 in Rochlitz an der Iser (Rokytnice nad Jizerou) geboren, ist also nur wenig älter als Preußler. Rochlitz, das etwa 50 Kilometer von Reichenberg entfernt liegt, ist damals ein Luftkurort mit etwa 5000 Einwohnern und idyllisch gelegen. Seit den Bestimmungen des Vertrages von Saint-Germain vom September 1919, in dessen Folge es zur Auflösung Österreichs-Ungarns kommt, gehört die Stadt zur neu gegründeten Tschechoslowakei.[86] Fühmann belegt nach dem Besuch der Volksschule vier Jahre das Jesuitenkonvikt in Kalksburg bei Wien, und danach geht er an das Gymnasium in Reichenberg. Das Abitur bzw. die Matura macht er schließlich im Februar 1941 am Reformrealgymnasium in Hohenelbe (Vrchlabí). Danach wird er nicht sogleich zur Wehrmacht eingezogen, was ihn enttäuscht, sondern zum Reichsarbeitsdienst, wo er den 22. Juni 1941 erlebt, mit dem Hitler-Deutschland den Vernichtungskrieg gegen die Sowjetunion beginnt. Im Oktober erfolgt der Gestellungsbefehl zur Wehrmacht. Wie Otfried Preußler – davon wird noch die Rede sein – gerät er in sowjetische Kriegsgefangenschaft, allerdings erst nach der bedingungslosen Kapitulation am 9. Mai 1945 im Bezirk Deutsch-Brod (Německý Brod) in Böhmen. Dieses Datum ist seiner Kriegsgefangenenakte mit der Nummer 01831989 zu entnehmen, die auch ausweist, dass er – anders als der junge Preußler – ab dem 10. Februar 1947 zur zentralen Antifaschule für deutsche Kriegsgefangene nach Noginsk delegiert wird. Hier in der Gefangenschaft setzt das ein, was Fühmann seine wahre »Lebenswende« nennt.[87] Und mehrfach wird er später betonen, dass er »über Auschwitz zum Sozialismus gekommen ist«.[88] Das offizielle Debüt von Fühmann ist allerdings früher anzusetzen als das von Otfried Preußler. Bereits im Februar 1942 veröffentlicht er in der Nummer 5 der monatlich erscheinenden Hefte »Das Gedicht. Blätter für die Dichtung« im Hamburger Verlag Heinrich Ellermann fünf Gedichte.[89] Nach den Angaben von Fühmann soll der Vater die Publikation der ersten Gedichte mit in Gang gebracht haben.[90]

Auch Josef Preußler hat – wenngleich in ganz anderer Weise als der Apotheker Josef Rudolf Fühmann – die Fähigkeiten beider Söhne gefördert. Auf diese frühen Kindheitsprägungen bezieht Otfried Preußler sich später immer wieder. Besonders in den 1970er Jahren, in denen er das Gefühl haben musste, plötzlich zum »Watschenmann« eines einseitig auf Realismus ausgerichteten Literaturbegriffs gemacht zu werden.[91] Mehrfach betont der Autor, warum er ein Geschichten-Erzähler für Kinder geworden ist und was dies bedeutet. In diesem Zusammenhang verweist er auf »Herkunft«, auf »Werdegang«. »Ich bin unter Büchern aufgewachsen«, so setzt eine der Erinnerungen, nämlich die an »Mein Elternhaus im Schieferdörfel«, ein[92], um sodann auf maßgebliche Erfahrungen der »Lektüre der frühen Jahre« zu sprechen zu kommen. Dabei spielen die »Großmutter Dora« wie auch der Vater eine entscheidende Rolle.[93] Die Großmutter habe in der Abenddämmerung, wenn ihr danach zumute war, mit dem Geschichtenerzählen begonnen. Was Otfried Preußler hier nicht mitteilt, das ist der Umstand, dass die Großmutter »geböhmakelt« hat. Das »Böhmakeln«, das auch »Kuchldeutsch« genannt wird, ist schon damals ein österreichisches Deutsch, dass stark durch einen böhmischen Akzent bzw. Mundart geprägt wird. Gesprochen wird es keineswegs nur in Böhmen, sondern auch in Mähren, der Slowakei und nicht zuletzt in Wien. Und natürlich gibt es literarische Figuren, die das »Böhmakeln« in das kulturelle Gedächtnis eingeschrieben haben. Die bekannteste ist die Hauptfigur aus Jaroslav Hašeks Schelmenroman »Die Abenteuer des braven Soldaten Schwejk« (1920–1923). Die Geschichten, um die es damals in der Kindheit geht, sie nehmen sich wie eine Vorwegnahme jener Stoffe aus, die dann im Schaffen von Otfried Preußler zentrale Bedeutung gewinnen:

> Vom Wassermann in der Iser erzählte sie dann, von schlauen Schneidern und dummen Teufeln, von Hexen und Hutzelweibern, vom Riesen Plampatsch, von echten und falschen Wahrsagern, von verwunschenen Schätzen im Wald, von Nachtgespenstern und Poltergeistern – und immer und immer wieder von unserem Lieblingshelden, dem kleinen Däumling (…).[94]

Sich in die damalige Situation als kindlicher Rezipient versetzend, wird auch auf die Qualität der Geschichten und ihre Form verwiesen. »Das waren Geschichten nach unserem Herzen«, so Otfried Preußler, »lustig und bunt, wie Kinder sie mögen, voll unerwarteter Wendungen, häufig an überlieferte Stoffe und Episoden anknüpfend – und doch frei in den Abend hineinfabuliert, nach Laune und Gutdünken der Erzählerin so oder so sich fortspinnend, bis sie nach mancherlei kühnen Schleifen und listig herbeigeführten Verwirrungen doch noch zu einem guten Ende kamen.«[95]

Durchaus vergleichbar beschreibt Franz Fühmann, in welcher Weise ihn die Natur, die Landschaft sowie die literarischen Überlieferungen beeinflusst haben. »Ich komme ja aus einer Landschaft her, wo die Märchen einfach zu Hause sind«, bekennt er im Gespräch:

> Das ist in so einem Gebirgstal im Riesengebirge, wo man jeden Winter einschneite, wo man sich in jedem Winter aus Schneemassen herausgraben mußte, wo es Felshöhlen gab und Quellen und Grotten, und da lebte eben Rübezahl, und da gab es eben

> Gnome und Feen und Gespenster so wie Bäume und Steine. Mit den Märchen bin ich aufgewachsen, mit Grimm und Bechstein und Andersen. Das waren für mich ganz selbstverständliche Realitäten, ganz unmittelbarer Alltag, die Grimmschen Märchen, die klassischen griechischen Sagen von Schwab auch.[96]

Der Vater und die Mutter werden in diesem Rahmen allerdings nicht als Bezugspersonen genannt. Es ist vielmehr eine Hauslehrerin, die bereits für den Fünfjährigen eingestellt wird und die ihm frühzeitig das Lesen und Schreiben beibringen soll. Letztlich aber betont Fühmann die Eigenaktivität, die ihn bewogen hat, Geschichten zu erfinden. »Das Ausdenken von Geschichten war von Kindheit an für mich eine Lebensfunktion, ein selbstverständlicher Teil des Spielens, denn meine Gefährten waren Schrate und Gnome und andere Geister.«[97]

Anders bei Otfried Preußler, für den die Überlieferungen gewissermaßen leibhaftig, nämlich von Mund zu Mund durch Großmutter und Vater, erfolgen. Das Besondere an den Geschichten der Großmutter Dora besteht in ihrer Mündlichkeit. Um ebendiese Spezifik zu verschleiern, macht die Großmutter den Kindern weis, dass alles, was sie erzählt, aus einem dicken alten Geschichtenbuch stammt, das sich in ihrem Besitz befindet. Zunehmend aber irritiert die beiden Jungen, Otfried und seinen Bruder Wolfhart, dass eine Geschichte, die noch vor Kurzem besonderes Gefallen fand, bei ihrer Wiederholung »einen völlig veränderten Lauf nahm und neuen, ganz unerwarteten Nebenfiguren und Dingen sich zuwandte, überwechselnd auf ebenso neue und unerwartete Schauplätze«.[98] Auf die eindringlicher werdende Frage der Kinder nach dem Verbleib des großen Geschichtenbuches findet die Großmutter immer neue Ausreden. Letztlich ahnen die Jungen, dass das Buch möglicherweise gar nicht existiert. Allerdings haben sie eine natürliche Scheu, der alten Dame diese Vermutung mitzuteilen.

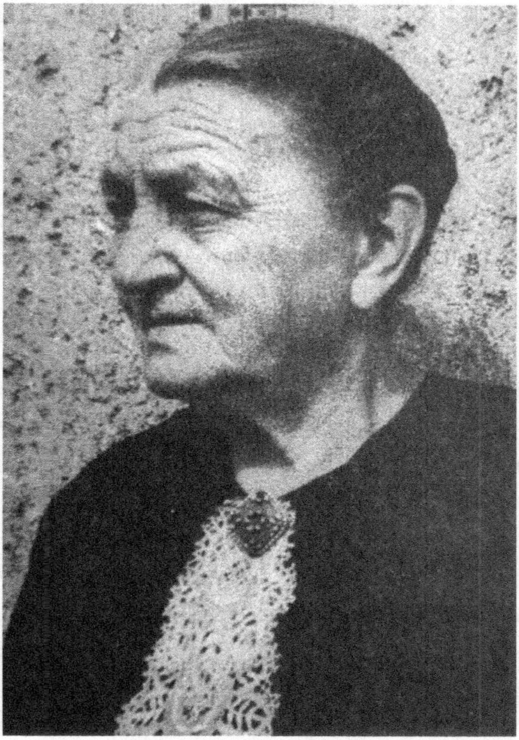

Abb. 5: Großmutter Dora

Rückblickend, im Jahre 1972, ist Otfried Preußler froh darüber, dass es zu dieser Konfrontation nie gekommen ist und das Rätsel ungelöst blieb. »Ich weiß heute nur eines«, schreibt er erinnernd. »Großmutters dickes altes Geschichtenbuch, das es in Wirklichkeit überhaupt nicht gegeben hat, ist das wichtigste Buch aller Bücher für mich, mit denen ich je im Leben Bekanntschaft gemacht habe; und da, wie erwähnt, die Großmutter Dora eine bescheidene Frau war, würde sie hier mit Nachdruck hinzufügen, dass es beileibe nicht ihr, sondern allenfalls jenem Buch zu verdanken sei, wenn der Enkel an ihrem Beispiel gelernt habe, wie man Kindern Geschichten erzählt.«[99]

Jahre später, 1985, wird Otfried Preußler etwas theoretischer in seine »Kunst des Erzählens« einführen und bekennen:

> Als Geschichtenerzähler repräsentiere ich seit Adams und Evas Zeiten das älteste Medium der Unterhaltung, Belehrung, der Nachrichtenübermittlung schlechthin – eine Tatsache, die mich mit Stolz erfüllt, ohne dass sie mich überheblich machte. Vielmehr verleiht sie mir eine gewisse Sicherheit der Einschätzung meiner selbst, zudem meines Handwerks. Oder sollte ich Mundwerk sagen? Die Unterscheidung ist schwierig.[100]

Der Bezug zu Walter Benjamin ist unübersehbar. Als jemand, der eine Geschichte erzählt, »bist Du zugleich Intendant, Regisseur und Ensemble eines glorreichen Einmann-Theaters«, so Preußler. »Je nach Bedarf«, fährt er fort, »kannst du deine Stimme leise und zart machen, polternd und grobschlächtig. Du kannst, wo erforderlich, bellen oder auch zwitschern, blöken wie eine ganze Hammelherde oder auch muhen. Du kannst langsam erzählen, kannst Pausen einlegen, Sätze abbrechen, sie mit einer Handbewegung zum Abschluss bringen. Du kannst mit den Ohren wackeln nach oben, nach unten schielen, dich räuspern, dich schütteln, ängstlich die Hände ringen. Auch kannst du dich, je nach Bedarf, mit deinem Publikum unterhalten. Du kannst Fragen stellen, kannst Gegenfragen provozieren, kannst sie auch gleich beantworten.«[101]

Was Otfried Preußler hier – der eigenen Erfahrung folgend – beschreibt, das ist nicht zuletzt der Weg von der Mündlichkeit zur Schriftlichkeit. Aber es ist noch mehr, es geht um die Unterscheidung zwischen dem Erzähler und dem Schriftsteller. Der Erzähler, der in einer trauten Runde sitzt, hat nämlich einen direkten Kontakt zu seinen Zuhörern. Kindern, die noch nicht lesen können, sieht man sofort an, wie ihnen die Geschichten gefallen. Genau das hat Otfried Preußler mit der Großmutter Dora erlebt. Ihre Geschichten entstammen dem, was man »reine Mündlichkeit« nennt.[102] Das Buch, von dem sie den Kindern permanent berichtet, existiert nicht, und insofern gibt es keine schriftlich überlieferte Quelle. Von daher handelt es sich eben nicht um das, was man »schriftgestützte Mündlichkeit« nennt.[103] Dies ist ein Erzählvorgang, bei dem die Erwachsenen aus dem Gedächtnis eine Geschichte erzählen, die in einer schriftlichen Form vorliegt, wie das bei den Kinder- und Hausmärchen der Brüder Grimm der Fall ist.

Otfried Preußler sieht die große Herausforderung darin, die mündlich geformten Geschichten ohne Verluste ins Schriftliche zu überführen. Anders gesagt: Im Schreibvorgang soll es gelingen, die wundervolle Eigenart der mündlichen Erzählung zu bewahren.[104] Das Faszinosum des Preußler'schen Erzählens ist, dass er die familiären »Prägungen« des Erzählens in seine spezifische, Mündlichkeit und Schriftlichkeit versöhnende Art überführt.[105]

Was für die Großmutter Dora gilt, das trifft auch für den Vater Josef zu. In einer »ganz frühen Erinnerung«, nämlich die eines Drei- bis Vierjährigen, bezieht sich Otfried Preußler auf ebenjene Episode, die auch Josef Preußler in seinem Bericht für die Söhne aufgeschrieben hat. »Hoch auf meines Vaters Schultern sitzend, reite ich in den Abend hinein.«[106] Schon als Kind darf der Junge den Vater zu Vorträgen und Führungen in die Heimatschutzstätte in Reichenberg begleiten und dort erlebt er, »daß er großartig erzählen konnte und immer darauf bedacht war, seine Geschichten so auszuwählen, daß auch der Humor nicht zu kurz kam.«[107] Die Tradition des Geschichten-Erzählens in der Familie erinnert einmal mehr an den Philosophen und Kulturkritiker Walter Benjamin, der in seinem Erzähler-Essay die Auffassung vertritt, dass »Erfahrung, die von Mund zu Mund geht«, jene Quelle ist, »aus der alle Erzähler geschöpft haben«. Dabei seien die besten jene gewesen, »deren Niederschrift sich am wenigsten von der Rede der vielen namenlosen Erzähler abhebt.«[108] Otfried Preußler wird genau dies später gelingen, und die Grundlagen dafür sind in der Atmosphäre der Familie Preußler zu suchen. Hier wird das Geschichten-Sammeln und Erzählen als eine lange Tradition bewahrt. Im Bericht für die Söhne beschreibt der Vater nämlich auch seine volkskundliche Sammler-Tätigkeit:

> Ich selber habe ja über 25 Jahre Heimat- und Volkskundeforschung im Jeschken-Isergebirge betrieben und ein reiches Material zusammengetragen, das alle Gebiete des Lebens erfaßte. Von der Landschaft kommend, wollte ich dann das menschliche Werk in den Mittelpunkt stellen und aufzeigen, wie sich Bodenkraft und Menschenseele gegenseitig bedingen. Es sollte eine Monographie dieser Landschaft werden.[109]

Josef Preußler hat mithin in Jahrzehnten ein umfangreiches Material zusammengetragen, er hat mit kundigen Erzählerinnen gesprochen, ihren mundartlichen Überlieferungen gelauscht und die Texte schriftlich erfasst. So ist über viele Jahre ein umfassendes Archiv entstanden.

V. Vom Verlust des kulturellen Gedächtnisses
Erinnerungen an den Vater

Von diesem über Jahrzehnte entstandenen Archiv wird Josef Syrowatka kein einziges Blatt bleiben, er verliert alles. Er und seine Familie, wie zahlreiche Sudetendeutsche, werden mit dem Ende des Zweiten Weltkrieges Böhmen verlassen müssen, sie werden ausgesiedelt bzw. vertrieben. In Reichenberg treffen um den 8. Mai 1945 die ersten Panzerverbände der Roten Armee ein, größere Kampfhandlungen hat es um die Stadt allerdings nicht gegeben. Die Stadtverwaltung geht an einen tschechischen Nationalausschuss, den Národný Výbor, über, der seine Anweisungen über den Rundfunk verbreitet. Bereits einige Woche später müssen in Reichenberg alle deutschen Beschriftungen entfernt werden. Damit sie sofort erkennbar sind, haben alle deutschen Bürger eine weiße Armbinde zu tragen. Ab Ende Mai gibt es Gerüchte über bevorstehende Ausweisungen aller Deutschen und mögliche Verhaftungen. Josef Preußler kommt schon am 4. Juni 1945 in Untersuchungshaft. Als dann ab Anfang Juli in verschiedenen Stadtvierteln die Räumungen von Wohnungen und Häusern beginnen und die wilden Vertreibungen zunehmen, kann Ernestine Preußler sich zunächst erfolgreich widersetzen, weil sie die Großmutter Dora betreut. Die Großmutter, die weiterhin Syrowatka heißt und besser tschechisch als deutsch spricht, ist im Mai 1945 bei einer Plünderung des Hauses niedergeschlagen worden. Aber beiden bleibt nur noch eine kurze Zeit. Im Sommer müssen auch sie das Haus räumen. Ähnlich ergeht es Otfried Preußlers Verlobter, Annelies Kind. Auch sie muss mit ihrer Mutter Gerda und den Geschwistern Lore und Dieter am 24. Juli 1945 ihr Haus in Reichenberg räumen. Dieter Kind, Otfried Preußlers späterer Schwager, hat in einem Tagebuch den Beginn der Ausweisung fixiert. »Früh um 5 Uhr kommt die Polizei. Wir müssen binnen 3 Stunden das Haus räumen. Wir bringen viele Sachen in den Garten, in die Buden und die Garage. Wir packen unsere Leiterwageln. Ich versuche in die Messehalle an meine Arbeitsstelle zu gehen, die ganze Gegend ist aber abgesperrt. Um 9 Uhr geht es los. Die Polizei versiegelt die Wohnung«, schreibt er.[110] Da sämtliche Familien in der Gegend das gleiche Schicksal ereilt, treffen die Ausgewiesenen viele Bekannte. Allen werden die Ausweise und die Hausschlüssel abgenommen. Dafür erhalten sie farbige Karten, die als Orientierung für den weiteren Einsatz gelten sollen, in der Landwirtschaft oder im Bergbau. In den nächsten Tagen geht es für die Familie Kind, davon ist noch ausführlich zu berichten, Richtung Dresden in die sowjetisch besetzte Zone. Für die Vertriebenen sind es traumatische Wochen und Monate.

Die Erfahrungen der Nachkriegszeit werden in späteren Jahren in den Familien Preußler und Kind mit einem Gedicht assoziiert, das Otfried Preußler in der Kriegsgefangenschaft geschrieben und nach der Rückkehr 1949 erinnert hat. Der Titel »Du meiner bittersüßen Sehnsucht Land« wie auch die erste Strophe deuten an, welche Erinnerungen angesprochen werden: »Wenn Frühlingssonne deine Wangen streichelt,/ du meiner bittersüßen Sehnsucht Land,/ und deinen Birken, deinen Buchen schmeichelt,/ dann ist es meine Liebe, die dich fand,/ und die auf deine Hügel niederschaut/ wie in das Antlitz einer jungen Braut – / wenn Sonne leuchtet, mein geliebtes Land.//«[111]

In der Rückschau, viele Jahre später, spielen allerdings weniger die Entbehrungen jener Zeit eine Rolle, es dominiert das, was man Dankbarkeit dem Schicksal gegenüber nennt, dass nämlich niemand aus der weitverzweigten Familie ums Leben gekommen ist und auch alle aus der Gefangenschaft gesund zurückgekehrt sind.

Die Sicht gilt auch für Joseph Preußler, der im Bericht an die Söhne den Verlust von Hab und Gut sowie seiner Forschungen mit nüchternen Worten so zusammenfasst:

> Seit 1920 bis 1945, ununterbrochen also 25 Jahre hindurch, beschäftigte ich mich mit der Erforschung des Jeschken=Isergebirges. Diese Mappen und Hefte waren in den Schränken IV und X untergebracht, sie wurden in die Berechnung nicht einbezogen. Mit ihrem Verlust ist mir das größte und wertvollste Stück meiner Lebensarbeit unersetzbar verloren gegangen.[112]

Nicht zufällig, so hat der Kultur- und Literaturwissenschaftler Jurij M. Lotman einmal geschrieben, »erfolgt jede Zerstörung von Kultur als Vernichtung von Gedächtnis, als Tilgung von Texten, als Vergessen von Zusammenhängen.« Für Lotman wirken zudem Versuche zerstörerisch, kulturelle Informationen zu monopolisieren, indem Texte verboten oder aber desinformierende hergestellt werden.[113] Freilich geht es Lotman und der Tartuer Schule darum, die Zerstörungen der russisch-frühsowjetischen Kultur bis hin zu den mythologischen wie historischen Ursprüngen zu rekonstruieren.[114] Das ist nicht 1:1 auf jene Vorgänge anwendbar, die nach dem Zweiten Weltkrieg im Sudetenland abliefen. Allerdings ist die gesamte Familie Preußler und insbesondere der Vater Josef von ähnlichen Prozessen existenziell betroffen, denn auch in diesem Fall wird das über Jahrzehnte zusammengetragene Material in kulturloser Weise zerstört, das Archiv vernichtet. Für die Söhne bringt er den Einschnitt später dennoch ausgesprochen gefasst auf den Punkt: »Da kam der schreckliche Niederbruch. Meine Mappen sind vernichtet. Alle wertvollen Aufzeichnungen dahin. Eine Lebensarbeit zwecklos.«[115] Wie die Brüder Grimm oder in anderer Weise Walter Benjamin schätzt er vor allem den Wert des mündlich Überlieferten. »Am meisten schmerzt mich der Verlust der Aufzeichnungen aus dem Volksmunde«, resümiert er, »denn die sind wirklich unersetzbar! Was ich im

Gedächtnis behalten habe, will ich nach und nach aufzeichnen. Aber es reicht an die Frische des unmittelbaren Erlebnisses nicht mehr heran.«[116] Er hat sein Vorhaben mit hoher Intensität umgesetzt und für seine Verdienste um die »kulturelle Integration« der Sudetendeutschen 1961 das Bundesverdienstkreuz erhalten.

Auch der Sohn Otfried hebt in den eigenen Erinnerungen den Verlust des Archivierten hervor und bedauert, dass das über Jahrzehnte Gesammelte »bei der Vertreibung in Reichenberg zurückbleiben (mußte) und für immer verschollen (ist): ewig schade darum.«[117] Schade sei es auch »um die vielen, vielen Geschichten, die Sagen und Schwänke, die der Vater im Lauf der Jahre und Jahrzehnte aus allen Winkeln des böhmischen Isergebirges zusammengetragen hatte: von Hexen und Zauberern, vom Nachtjäger und von mancherlei Geisterspuk, nicht zu vergessen die Raubschützen – ob es sich nun um verwegene Einzelgänger vom Schlage des alten Hennrich gehandelt hat (…) oder um ganze Banden, deren eine sich um den Großen Junker geschart hatte, drüben im Schlesischen allerdings«.[118]

Josef Preußler selbst hat Jahre später, im Dezember 1959, aus dem Gedächtnis eine genaue Liste der Privatbücherei der Familie in der Pestalozzistraße 18 in Reichenberg erstellt und eine akribische Skizze der Bibliothek angefertigt. Die Liste umfasst fünf Seiten, davon sind zwei Blatt der Skizze der Bibliothek vorbehalten. Es folgen Erläuterungen zu den »zwei Blatt Zeichnungen« sowie »Notizen zu den einzelnen Bücherfächern«. Auf dem Blatt mit Erläuterungen gibt Josef Preußler mit den Hinweisen auf die Bibliothek einmal mehr Auskunft über seine volkskundlichen Arbeiten:

> Neben meinem Lehrerberufe beschäftigte ich mich auch als Heimatforscher, Schriftsteller sowie Schauspielkritiker beim Reichenberger Stadttheater (Reichenberger Zeitung). Außer-

dem war ich 1921–1945 ehrenamtlicher Leiter des ›Ortsgeschichtlichen Museums der Stadt Reichenberg‹. Für alle diese Gebiete, nicht bloß für den Lehrer=Erzieherberuf, erwarb ich nach und nach eine reichhaltige Bücherei. Die Reihen ›Sagen‹ u. ›Märchen‹ in Schrank III sind wissenschaftliche Ausgaben, z.g. Teil bei Eugen Diederichs, Jena, erschienen.[119]

Es folgt der Hinweis auf die Tätigkeit als »Schriftleiter der Jugendzeitschrift ›Deutsche Jugend‹« sowie die Verantwortung für die »Lehrmittel=Bücher=Zeitungsschau der ›Freien Schulzeitung‹ (1922–1938)«. Für diese Arbeit erhielt Josef Preußler Bücher zur Besprechung, wofür er »als Gegenleistung selbständig urteilende Berichte schrieb«.[120] In einer Einlassung macht Vater Preußler auf den für ihn gewichtigsten Teil der Bibliothek aufmerksam, den umfangreichen Bestand von eigenständigen Sammlungen zum Jeschken- und Isergebirge.

Bei den Aussagen zur Bibliothek listet Josef Preußler die unterschiedlichen Gruppen und ihren jeweiligen Standort auf: Geschichtswerke in Reihen, Kulturgeschichte, Geschichte, Philosophie, Albrecht Dürer, Literatur=Geschichte, Sprachwissenschaft, Moderne Dichtung, Sudetendeutsche Dichter mit Widmungen, Kunstgeschichte, Klassiker, Liederbücher, Musikgeschichte, Theater=Wissenschaft sowie Text=Bücher.[121] Zurückhaltend verweist Josef Preußler bei dem ausgesprochen geringen Betrag, den er letztlich für die Bücher ansetzt, darauf, dass die »meisten der Bücher teurer waren« als angegeben und sich in vielen Fällen solche darunter befinden, »die heute im antiquarischen Buchhandel oft das Zehnfache kosten, da sie selten zu haben sind, besonders die heimat=volkskundlichen«. Unschätzbar ist für ihn der Verlust jener Bücher, die mit persönlichen Widmungen der Autoren versehen waren.[122]

Die Darstellung der Bibliothek der Preußlers hat Josef Wolf, der über Jahre Lektor und verantwortlicher Schriftleiter des »Sudetendeutschen Verlages Franz Kraus« war, in einer zweiseitigen Erklärung bereits im Jahr 1955 bestätigt. Wolf hebt in diesem Rahmen auch die fach- und volkskundliche Kompetenz des Josef Preußler hervor:

> Josef Preußler war damals bereits nicht nur im Sudetenland, sondern in ganz Österreich und weit über die Landesgrenzen hinaus im Deutschen Reich als hervorragender, fachlich außerordentlich gebildeter volkskundlicher Schriftsteller geschätzt, der über das kulturelle und geistige Leben der Sudetendeutschen sehr wertvolle Artikel, Abhandlungen und Bücher verfasste und veröffentlichte. Ausser seinen volkskundlichen Arbeiten, kritisch literarturhistorischen Publikationen und germanistischen Forschungsarbeiten veröffentlichte er auch schöngeistige Arbeiten, in denen er in erzählender Form das ganze Kulturgut der Sudetendeutschen, ihre Sitten, ihr Brauchtum, ihre Märchen und Sagen usw. aufwies und auf diese Weise in der streng literaturhistorischen Form wie auch in der anmutig erzählenden Weise und Ausdrucksgestalt das Wissen um das sudetendeutsche Geistesleben weitesten Kreisen vermittelte.[123]

Die Würdigung, die Josef Preußler hier erfährt, ist durchaus nachvollziehbar und keineswegs übertrieben. Josef Wolf schätzt abschließend das, »was ich in der Wohnung des H. Josef Preussler sah und kennen lernen konnte, auf mindestens 5000 bis 6000 Bände«. Der Wert sei nicht hinreichend zu ermessen, da auch »bibliophile Kostbarkeiten darunter [waren].« Letztlich vermutet Wolf, dass die ihm »bekannt gewordene Bibliothek« ungefähr einen Wert von »100 000 Reichsmark« gehabt haben müsse.[124] Die Berechnungen sind im Rahmen des Gesetzes über den Lastenausgleich angestellt worden, das im August 1952 für jene Bürger erlassen wurde, die infolge des Zweiten Weltkrieges ihr Vermögen verloren hatten, dazu zählte auch der Umstand der Vertreibung.[125] Die Anträge auf Entschädigung ziehen sich zumeist über mehrere Jahre hin. Dies erklärt, warum das Schreiben von Josef Wolf auf den 18. März 1955 datiert ist und die Aufstellung von Josef Preußler erst vom

Dezember 1959 stammt. Begonnen hat der Antrag auf Lastenausgleich mit einer Erklärung des Diplomarchitekten Ing. Carl Weber vom 9. September 1953. Abschließend wird versichert, dass er Haus und Grundstück so genau bezeugen könne, weil er »nicht nur den Bauplan für dieses Haus schuf, sondern auch die Bauaufsicht führte.«[126]

Otfried Preußler hat im Mai 1981, da ist er um die 58 Jahre, zum 90. Geburtstag des Vaters einen Text begonnen, der bislang unveröffentlicht ist und der die Überschrift »Erinnerungen an meinen Vater Josef Preußler« trägt, ein Erinnerungsstück, aus dem eine in dieser Form nicht häufig anzutreffende Verbundenheit spricht, denn ansonsten erinnern Autoren bevorzugt Distanzierendes vor allem zu den Vätern.[127] Begonnen wird mit einer Geschichte, die auf den ersten Blick nichts mit dem Vater zu tun hat. Der Erzähler berichtet, wie schwierig es war, einen Uhrmacher zu finden, der über das nötige handwerkliche Geschick verfügt, um eine zierliche Standuhr zu reparieren. Schnell aber wird klar, dass dies die Uhr des Vaters ist, die er zum 65. Geburtstag von der Ehefrau, also der Mutter, als Geschenk bekam. Diese Uhr hat ihm in den letzten Lebensjahren, »bis zum 9. Jänner 1967, seinem Todestag«, durch ihren Stundenschlag »das Geleit« gegeben. »Und ich bin dankbar dafür«, bekennt der Erzähler, »daß sie nun auch mich durch die Tage und Jahre begleitet – und daß sie mir immer wieder Anlaß gibt, meines Vaters zu gedenken.«[128] Wiederum folgt eine warmherzige frühe Erinnerung, die versucht, das Wesen des Josef Preußler für die Nachwelt zu fassen. »Es ist Winter, der Abend bricht herein, ganz fein hat es angefangen zu schneien«, schreibt der Sohn Jahrzehnte später. »Hoch auf meines Vaters Schultern sitzend, reite ich in den Abend hinein. Es geht durch einen verschneiten Wald bergauf, mitten in einem Schwarm fröhlicher Leute. Ich genieße es ungeheuer, auf sie hinunterzuschauen, weil ich ja die Erwachsenen für gewöhnlich nur aus dem Blickwinkel des Drei- bis Vierjährigen zu sehen bekomme, von unten her. Der Vater hält mich an den Füßen fest, während ich mit beiden Händen nach seinen Ohren gefaßt habe, um ihn zu lenken. Geduldig pariert er den Anweisungen des Reiters, nicht ohne hin und wieder ein lautes Wiehern von sich zu geben.«[129]

Nun ist bekannt, dass Erinnerungen keine wirklichkeitsgetreuen Abbilder des Vergangenen schaffen können. Es ist immer nur eine teilweise, unvollständige, ja mitunter sogar eine deformierte Re-Konstruktion der Vergangenheit möglich. Der zeitliche Abstand zwischen ›realer Vergangenheit‹ und dem aktuellen Moment, in dem diese erinnert wird, führt dazu, dass die früheren Geschehnisse aus dem Blickwinkel der Gegenwart wahrgenommen und bewertet werden. Damit erfolgt bereits eine Art Umbau. Es werden jene Momente als bedeutsam hervorgehoben, die in der aktuellen Gegenwart für das erinnernde Individuum von größerem Gewicht sind. Aber es gibt noch einen weiteren Grund dafür, warum die erinnerte Vergangenheit nicht der »wirklichen« Vergangenheit entspricht: In die Erinnerungen dringen beständig ›äußere Elemente‹ ein, ohne dass wir uns dessen bewusst sind. So vermischen sich beispielsweise die von anderen erzählten Geschichten, Filmhandlungen oder gar fiktive Romanerlebnisse mit der eigenen Geschichte.[130]

Das gilt auch für das Erinnerungsstück von Otfried Preußler, denn das eigene Erinnern als Kind wird durch das ergänzt, was die Eltern kommentierend mitgeteilt haben: »Später habe ich erfahren, daß mich die Eltern an jenem Winterabend auf den Dreikönigsausflug des Reichenberger Lehrergesangsvereins ›Silcher‹ zur Königshöhe mitgenommen hatten. Alles, was sich sonst noch an diesem Abend ereignet hat, ist mir entfallen.«[131] Gleichwohl besitzt die nicht mehr vollständig zu rekonstruierende Episode für Otfried Preußler eine über sich hinausweisende Bedeutung. Sie ist für den Sohn gewissermaßen zu einem symbolischen Bild geronnen, weil sie auf den Kern der Persönlichkeit des Vaters weist, wie er ihn sieht:

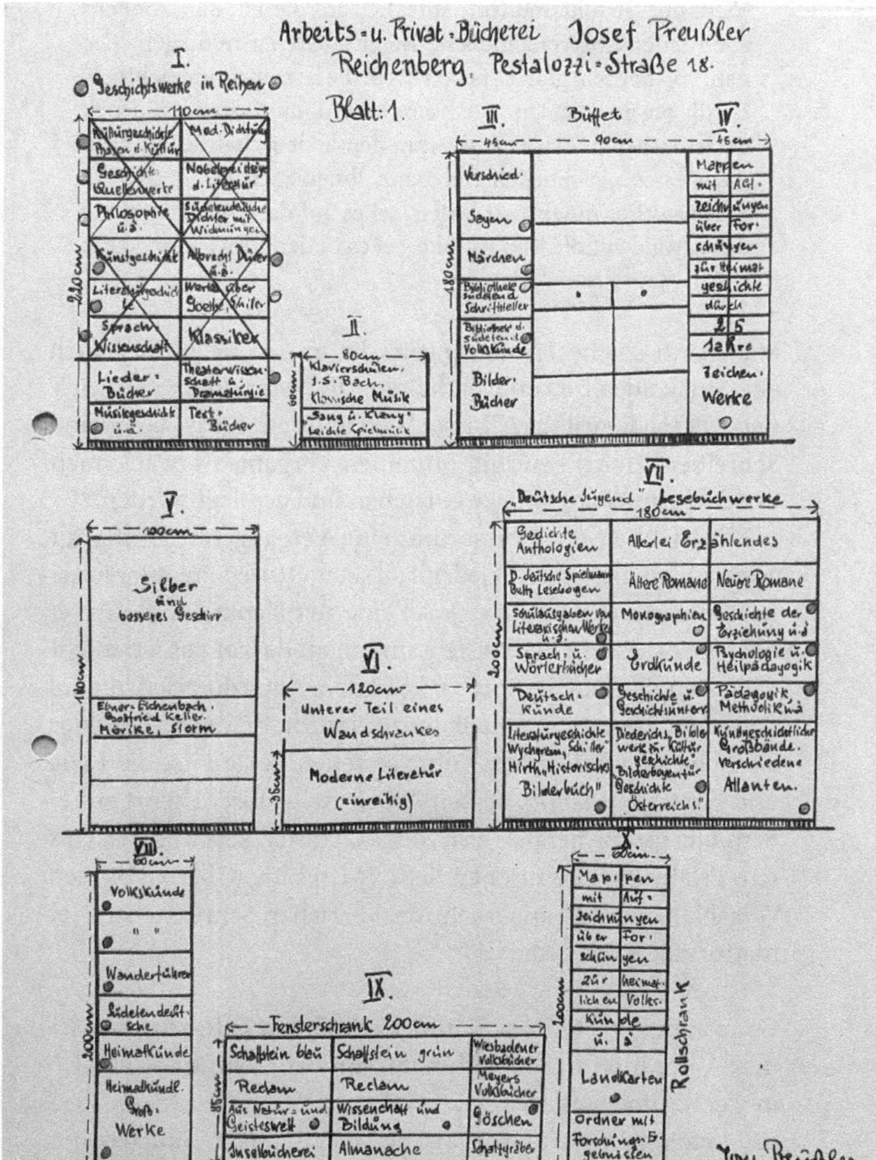

Abb. 6: Skizze der Privatbibliothek der Familie Josef und Ernestine Preußler

> Nicht nur Geduld und Güte sprechen aus diesem Bild, sondern auch jene selbstverständliche Bereitschaft zu freudigem Dienen, von der sein ganzes Leben bis in die letzten Stunden hinein erfüllt gewesen ist. Und noch eins kommt darin zum Ausdruck. Anderen helfen: das war für ihn, den leidenschaftlichen Pädagogen, stets gleichbedeutend damit, ihnen auch gleichzeitig ein Stück »weiter hinauf« zu helfen, sei es auf dem Wege von Friedrichswald auf die Königshöhe, sei es in der Entwicklung zum vollen Menschsein.[132]

Man kann solche Erinnerungen, die in der Tat immer auch ein Stück Idealisierung enthalten, als »Medaillons« bezeichnen. Diesen Begriff hat Christa Wolf in ihrem Essay »Lesen und Schreiben« (1967) gewählt, um einen Vorgang zu bezeichnen, in dem Erinnerungsstücke entstehen und gepflegt werden.[133]

Wird hier in der Erinnerung eine Vergangenheit gefertigt, wie sie so nicht war? Auf jeden Fall setzt Otfried Preußler in seiner Erinnerung dem Vater Josef eine Art Denkmal, in dem er die Lebensleistung hervorhebt und nicht darauf aus ist, möglichen Defiziten auf die Spur zu kommen. Auch die Nachrufe auf den Vater, der am 9. Januar 1967 verstirbt, betonen allerdings ähnliche Charakterzüge. Vom »getreuen Eckart« ist die Rede und von einem Mann, dessen Arbeit »selbstloser Dienst aus einem Idealismus heraus (war), der sich durch keine noch so bittere Erfahrung enttäuschen ließ«.[134] Und im »Oberbayrischen Volksblatt« wird einmal mehr der »Erzieher, Schriftsteller, Heimatforscher« gewürdigt.[135]

Ganz anders als Otfried Preußler geht Franz Fühmann mit seinem Vater Josef Rudolf Fühmann um. Jahrzehnte später, also in der Erinnerung, wird der Sohn notieren: »Jahrgang 1922, rüde nationalistisch-faschistische Lebenssphäre (Sudetenland, Vater Begründer der Ortsgruppe der NSDAP in meinem Heimatdorf)«.[136] Und noch zwei Jahre vor seinem Tod resümiert Fühmann: »Vater war stolz darauf, Begründer der NSDAP zu sein – und es fraß sehr an ihm, daß später jemand anders Ortsgruppenleiter wurde.«[137]

Franz Fühmanns Biograf, der Jenaer Germanist Hans Richter, sieht allerdings nach der Befragung von Zeitzeugen diese Einschätzung ebenso skeptisch wie die Aussage des Sohnes, der Vater habe sich im Juli 1945 aus Furcht vor Repressalien das Leben genommen. Vielmehr entsteht der Eindruck, dass der Vater zu einer »geächteten Figur« stilisiert wird. »Im Gedächtnis seiner Angestellten«, so schreibt Hans Richter, »lebt der Chef des patriarchalischen Kleinbetriebes (Fühmanns Vater – C. G.) als eine geachtete Persönlichkeit weiter, die sich wohl der NSDAP angeschlossen hatte, aber noch vor Kriegsende austrat.« Und es fällt der für Sudetendeutsche kennzeichnende Satz: »Josef Rudolf Fühmann sei ein guter Deutscher gewesen, der auch ein gutes Verhältnis zu den beiden tschechischen Arbeitern gehabt und die ihm im Krieg zugeteilten Fremdarbeiter freundlich behandelt habe.«[138] Weiter heißt es bei Richter: »Die jüdische Familie, die bis zu ihrer Emigration 1938 ein Haus dicht neben der Rochlitzer Apotheke bewohnte, kann sich an keinerlei Anzeichen dafür erinnern, daß Josef Rudolf Fühmann ein militanter Faschist oder erklärter Antisemit gewesen sei.«[139] Anzunehmen ist, dass Franz Fühmann dem Vater ein nationalsozialistisches Engagement unterstellt, das durch die Wirklichkeit nicht gedeckt ist. Das ist rational nachvollziehbar, denn das Erinnern ist durch einen Gegenwartsbezug gekennzeichnet und die Abbilder der Vergangenheit – davon war schon die Rede – haben einen konstruktiven Charakter. Im Fall von Franz Fühmann betrifft dies die 1970er Jahre in der DDR. Er baut für sich eine Art »Wunschbiografie«, die in den damaligen Zeitgeist passt. Allerdings hat der Autor später in seinem großen Georg-Trakl-Essay, da ist er bereits schwer krank, dem Vater ein wenig mehr Gerechtigkeit widerfahren lassen und ihn freundlicher erinnert. Es ist jener Moment, da der Vater sich an den befreundeten Georg Trakl erinnert, mit dem er im Frühherbst 1914 zusammen in einer Sanitätskolonne eingesetzt war.[140]

Otfried Preußler hat die Erinnerungen an den Vater erst nach 1989/90 fixiert, also nach der Aufhebung der deutschen Teilung. Und er erinnert jene Seiten, die seine Herkunft ausmachen, Kindheit und Jugend bestimmt haben und seine Entwicklung zum Geschichten-Erzähler. Aber gab es Seiten, die in der Erinnerung nicht zur Sprache kommen?

In einem Zeitzeugengespräch von 2000 nennt Otfried Preußler einen Einschnitt, der das Leben des Vaters betraf und der als existenziell bezeichnet werden kann:

> Der Vater saß in tschechischer Haft. Dazu muß man auch noch ein Wort sagen: Er saß im Zuchthaus Karthaus. Das ist die Wallensteinsche Kartause, die der Herr Golo Mann als »Erziehungsanstalt« bezeichnet hat in seinen grundlegenden historischen Werken. Ich glaube inzwischen – der Vater ist einer Denunziation zum Opfer gefallen bzw. sogar einer Verwechslung. Man hat ihn für meinen Onkel gehalten, also für seinen Schwager und also erst einmal schrecklich zusammengeschlagen, schrecklich, obwohl er schwer verletzt war vom Ersten Krieg her. Und dann wurde er also verurteilt.[141]

Mit der Kartause, von der Otfried Preußler spricht, ist das Kartäuserkloster gemeint, das Albrecht von Waldstein, der als Wallenstein in die Geschichte einging und der auch Friedrich Schiller zu seiner gleichnamigen Dramentrilogie motivierte, 1627 für seine verstorbene Frau Lukrezia hat bauen lassen. Nach der Ermordung Wallensteins in Eger 1634 werden seine sterblichen Überreste 1636 nach Karthaus überführt und dort in der Krypta beigesetzt. 1856 fällt die Entscheidung, das Kloster zu einem Zuchthaus für sogenannte Schwerverbrecher umzubauen, also Personen, deren Haftzeit mehr als zehn Jahre dauern sollte. Letztlich sei der Vater in ebendiesem Gefängnis gelandet und zu »sieben Jahren Zuchthaus verurteilt worden, weil er Mitglied der NSDAP gewesen ist. Na gut, er hat davon ›nur‹ fünf Jahre abgesessen, und ich muß sagen, das war ein Wiedersehen, das ich nicht vergessen werde!« Otfried Preußler ergänzt: »Ich habe von meinem Vater übrigens niemals ein böses Wort gegen die Tschechen gehört.«[142] Aber was waren die Gründe für die Verhaftung und Verurteilung von Josef Preußler? Otfried Preußler vermutet, dass Denunziation und Verwechslung eine Rolle gespielt haben könnten.

VI. »Im Namen der Republik!«

Das Urteil

Erst im August 2021 ist es mir gelungen, den vollständigen Schriftsatz mit dem bis dahin nicht bekannten Wortlaut des Urteils zu Josef Preußler in einem Archiv in Liberec ausfindig zu machen. In der Begründung des Urteils heißt es:

> »Im Namen der Republik!
>
> Nach der heutigen Hauptverhandlung hat das Außerordentliche Volksgericht in Liberec folgendes Urteil gefällt:
>
> Der Angeklagte Josef Preußler, geb. 1891 in Liberec, Lehrer aus Liberec, Pestalozzi Straße 18, jetzt in Sicherungshaft dieses Gerichtes, ist schuldig der Anklage, in Liberec während der Zeit der verstärkten Aggression gegen die Republik in den Jahren 1938 bis 1945
>
> 1. Schulungsleiter, d.h. ziviles Mitglied der NSDAP, gewesen zu sein;
> 2. Die Nationalsozialistische Bewegung gefördert und unterstützt zu haben;
> 3. Mitglied der SA gewesen zu sein.
>
> Dadurch hat er folgende Verbrechen begangen
>
> Ad 1. gemäß Paragraph 3, Absatz III
> Ad 2. gemäß Paragraph 3 Absatz 3
> Ad 3. gemäß Paragraph 2 des Retributionsdekrets«[143]

Im Weiteren wird das Strafmaß wie folgt festgelegt:

> »Gemäß § 2 des Retributionsdekrets unter Bezugnahme auf § 34 des Strafgesetzbuches zu 7 Jahren Zwangsarbeit (zu 7 Jahren schwerem Kerker) und gemäß § 389 des Strafgesetzbuches sind die Kosten des Strafverfahrens zu tragen.«[144]

Aus dem Urteil wird auch ersichtlich, dass Josef Preußler vom 4. Juni 1945 (16.00 Uhr) bis zum 28. Januar 1946 (10.00 Uhr) in Untersuchungshaft gesessen hat. Laut Paragraph 55 des Strafgesetzbuches wird diese Zeit auf die Strafe angerechnet. Im Urteil ist auch verfügt, dass dem Angeklagten die bürgerlichen Rechte für sieben Jahre entzogen werden, sein Vermögen dem tschechoslowakischen Staat zufällt und er vier Jahre der Strafe in speziellen Arbeitslagern zu verbüßen hat. Ursprünglich soll das Strafmaß höher ausfallen, weil Josef Preußler erschwerend zur Last gelegt wird, dass er »seinen Schwager Bedrich Tscherwenka« (Friedrich Tscherwenka) in seinem Haus versteckt habe. Damit hätte er ein »Verbrechen nach § 20 des Retributionsdekrets Nr. 16/45 Slg. begangen«.[145] Letztlich habe man aber nicht nachweisen können, »dass er seinen Schwager Tscherwenka, der eines Verbrechens im Sinne des Retributionsdekrets verdächtigt wird, vorsätzlich versteckt hat.«[146] Zusammenfassend wird im Urteil notiert:

> »Die Strafe wurde gemäß den oben genannten Bestimmungen festgelegt. Sie wird durch sein Geständnis und seine Unbescholtenheit gemildert. Sie wird durch seine zahlreichen Straftaten erschwert. Die anderen Strafen sind durch die zitierten Bestimmungen begründet.«[147]

Die gegen Josef Preußler erhobenen Vorwürfe erscheinen in der Schriftform nicht durchweg nachvollziehbar. Einerseits ist von »Unbescholtenheit« die Rede, andererseits von »zahlreichen Straftaten«. Als Straftaten werden die Tätigkeit als »Schulungsleiter« im Rahmen der Mitgliedschaft in der NSDAP, die »Förderung der Nationalsozialistischen Bewegung« und die Mitgliedschaft in der SA angeführt. Mehrfach wird das Urteil unter Bezug auf das Retributionsdekret begründet.

Das Retributionsdekret steht im Zusammenhang mit dem Dekret Nr. 16 des Präsidenten der Republik vom 19. Juni 1945 »über die Bestrafung von NS-Verbrechern, Verrätern sowie deren Helfern und über die Außerordentlichen Volksgerichte«, das in der CSR erlassen und als das »große Retributionsdekret« bezeichnet wird. Mit Retribution ist »Vergeltung« gemeint.[148] Freilich: Josef Preußler wird bereits verhaftet, bevor das Gesetz überhaupt existiert hat. Beim Außerordentlichen Volksgericht handelt es sich »im Grunde um so etwas wie Standesgerichte, die schnell und streng urteilen sollten.«[149] Zudem wird die Arbeit dieser Außerordentlichen Volksgerichte von einer breiten Öffentlichkeit verfolgt, was Folgen für die Rechtsprechung hat. In den böhmischen Ländern, also auf dem Gebiet der heutigen Tschechischen Republik, gab es 24 Außerordentliche Volksgerichte, wobei das erste Volksgericht seine Verhandlungen in Brünn begann. Symptomatisch ist die Zahl jener, die sich zu diesem Zeitpunkt im Brünner Gefängnis befanden, im Mai 1945 – wiederum vor Erlass des Gesetzes – waren es insgesamt 1600 Personen, davon 1500 Deutsche. In der Bevölkerung in Brünn kam es in der Folge zu einer Radikalisierung der Stimmung, und es fielen »Forderungen nach strenger Bestrafung der Gefangenen«. Sollte dies nicht in kürzester Zeit geschehen, würde das Volk »›Gerechtigkeit‹ in seine Hände« nehmen.[150] Nicht unproblematisch war auch die Zusammensetzung der Senate der Außerordentlichen Volksgerichte. So stand dem Gericht ein Berufsrichter vor und ihm zur Seite auf Vorschlag der kommunalen Verwaltungsorgane vier Schöffen, also sogenannte »Richter aus dem Volk«. Die Schöffen entschieden dabei unter Ausschluss der Öffentlichkeit nicht nur über Schuld oder Unschuld, sondern zudem über das jeweilige Strafmaß, das auch ein Todesurteil sein konnte. Es wird eingeschätzt, dass »gemessen an der Zahl von Todesurteilen bzw. vollstreckten Todesurteilen (...) die tschechoslowakische Retribution in relativer wie absoluter Hinsicht zu den härtesten Prozessen der Abrechnung mit der Vergangenheit in Europa (gehörte).«[151] Gegen das Urteil gab es keine Berufung und es bestand auch nicht die Möglichkeit, ein Gnadengesuch einzureichen. Katerina Kocová stellt heraus, dass die »mangelnden Rechte der Angeklagten« zu Fehlurteilen führten. Möglicherweise wird man dies auch für Josef Preußler sagen können. Denn bereits in einem zeitgenössischen Bericht vom Mai 1947 wird die Rolle der Schöffen bzw. »Volksrichter« ausgesprochen kritisch beurteilt. Die »Volksrichter« hätten über eine »ungenügende Intelligenz« verfügt und seien nicht in der Lage gewesen, »komplizierte Fälle zu begreifen«. Auch wird auf ihre »Beeinflussbarkeit durch die Umgebung, die Öffentlichkeit und durch ihre politischen Ansichten« verwiesen. Hinzu kommt ein Moment, das in politischen Umbruchsprozessen grundsätzlich eine Rolle spielt: Denunziation. In der Folgezeit stehen die Gerichte vor der Frage, ob nach der Zwangsaussiedlung der nationalen Minderheiten die – so heißt es – »›schuldbeladenen‹ Deutschen« in der CSR vor ein Gericht gestellt oder besser ausgesiedelt werden sollten. Da allein die Tatsache einer Mitgliedschaft in einer nationalsozialistischen bzw. sudetendeutschen Organisation ausreicht, um Anklage zu erheben, ist von einer sehr hohen Anzahl von Deutschen auszugehen, die nach der Gesetzgebung vor die Retributionsgerichte hätten gestellt werden müssen. Noch im Januar 1946 entscheiden die Staatsorgane, dass potenzielle Straftäter dennoch zu erfassen und wenn möglich festzunehmen sind.[152] In Hinblick auf die Aussiedlung gibt es allerdings ein Problem: Zunächst ist nur eine Aussiedlung in die Amerikanische Besatzungszone möglich, die Amerikaner lehnen es aber ab, unvollständige Familien zu übernehmen. Ausnahmen sind nur dann möglich, wenn »ein Elternteil rechtskräftig verurteilt worden war oder sich zumindest in Haft befand«.[153]

Genau dies betrifft – dies sei vorweggenommen – die Familie Preußler, was dazu führt, dass Ernestine Preußler und Großmutter Dora nach der Enteignung und dem Verlust aller Habseligkeiten bei Bekannten unterkommen und auf das Urteil zu Vater Preußler warten, der sich in Untersuchungshaft befindet. Erst nach dem Urteil, das die Gefängnishaft verfügt, werden sie mittellos Reichenberg verlassen. Friedrich Tscherwenka, der Schwager, den Josef Preußler versteckt haben soll, ist wahrscheinlich 1946 geflohen, wie man einem Nachruf aus der Reichenberger Zeitung vom 10. Oktober 1980 entnehmen kann, in dem es heißt: »1946 kam Friedrich Tscherwenka nach Traisa bei Darmstadt, wohin ihm seine Familie noch im gleichen Jahr nachfolgen konnte.«[154]

Man nimmt an, dass in der ersten Phase der Retribution, also 1945/46, etwa 20 000 Personen deutscher Nationalität angeklagt wurden und um die 13 000 Personen tschechischer Nationalität. Mit Blick auf die Sudetendeutschen stellt Katerina Kocová heraus, dass die tschechoslowakische Retribution »in erster Linie gegen die Deutschen (in der Slowakei gegen die Ungarn) gerichtet (war)«.[155]

Nicht nur mit dem Gerichtsurteil stellt sich die Frage, in welcher Weise Vater Preußler in jene Entwicklungen involviert war, die sich ab dem 21. September 1938 im Sudetenland vollzogen. In welchem Klima wuchs Otfried auf? Natürlich war auch Josef Syrowatka bzw. Preußler Teil jener Entwicklungen, die sich nach dem Ersten Weltkrieg und seiner Rückkehr 1919 nach Reichenberg ergaben. Wie viele andere träumt auch er damals von einem »Deutschböhmen« und ist enttäuscht über das, was dann folgt. Seine Positionen werden sich nicht maßgeblich von jenen unterschieden haben, die Josef Rudolf Fühmann, der Vater von Franz Fühmann, vertritt. Auch er unterstützt die damaligen Forderungen nach einem deutsch-österreichischen Staatsgebilde unter Einbeziehung von »Deutschböhmen«. Mit einiger Sicherheit werden beide Väter mit der 1904 in Böhmen gegründeten Deutschen Nationalsozialistischen Arbeiterpartei sympathisiert haben, die sich ab dem 5. Mai 1918 Deutschen Arbeiterpartei Österreichs nennt.[156] Die Besetzung der sudetendeutschen Gebiete durch tschechische Truppen bereitet den Hoffnungen auf ein »Deutschböhmen« 1918/19 ein Ende. Schon am 28. September 1918 wird in Prag von Tomáš Garrigue Masaryk und Edvard Beneš die Gründung des neuen tschechischen Staates verkündet. Der Versailler Vertrag hat die Gebiete Böhmen, Mähren, Slowakei, Mährisch-Schlesien, das Hultschiner Ländchen sowie die Karpato-Ukraine dem neuen Staat zugeordnet. Entstanden ist auf diese Weise ein ausgesprochen heterogenes Staatsgebilde, das einen Minderheitenanteil von 37 Prozent hat. Von Beginn an, so wird in historischen Darstellungen hervorgehoben, sieht sich die Tschechoslowakische Republik als Staat der Tschechen und Slowaken.[157] Das so proklamierte Verständnis bringt Einschränkungen für die deutsche Bevölkerung mit sich, deren Anteil mit über drei Millionen um die 30 Prozent beträgt. Entsprechend kommt es in der Folgezeit zu einer stärkeren Politisierung der deutschen Bevölkerung, die sich mit der nicht hinreichenden rechtlichen Anerkennung nicht abfinden will. In Böhmen liegt um 1921 der Anteil der tschechischen arbeitenden Bevölkerung bei 38 Prozent, der der deutschen bei etwa 47 Prozent. Pavla Tišerová gelangt in einer jüngeren Arbeit zu folgender Einschätzung:

> Das Verhältnis der Tschechen und Deutschen wurde in der Zeit der parlamentarischen Auseinandersetzungen in Wien und in den Landtagen in Prag und Brünn (1864, 1914) erheblich gestört. Nachdem den Sudetendeutschen ihr Selbstbestimmungsrecht im neuen Staat verwehrt blieb, wurde der Wunsch nach Trennung immer stärker. Die tschechoslowakische Staatsfüh-

rung verfolgte eine diskriminierende Politik: Die Verdrängung der Deutschen aus dem öffentlichen Dienst, Beschränkung des deutschen Schul- und Bildungswesens und Tschechisch als Amtssprache waren nur einige Folgen.[158]

Von den genannten Einschränkungen im öffentlichen Dienst und im Schul- und Bildungswesen ist Ernestine Preußler betroffen, die allerdings – davon war bereits die Rede – dezent davon spricht, dass sie infolge des »Überschusses an Lehrkräften an den reduzierten deutschen Schulen in der Tschechoslowakei« aus dem Schuldienst ausscheiden musste.[159] Die skizzierte Situation ist mit ein Grund dafür, dass ab 1933 der Zulauf zu »Parteien rechtsnationaler Prägung« größer wird. Die NSDAP ist allerdings nach Hitlers Machtergreifung in Deutschland in der Tschechoslowakei verboten worden und hat sich am 4. Oktober 1933 für die Selbstauflösung entschieden. Allerdings gründet sich mit dem 1. Oktober 1933 die Sudetendeutsche Heimatfront von Konrad Henlein, die am 19. April 1935 eine Umbenennung in Sudetendeutsche Partei vornimmt. Bei den Parlamentswahlen einige Wochen später kommt sie auf 44 von 300 Sitzen. Kurz danach macht sie die Forderung nach einer Autonomie der Deutschen in der Tschechoslowakei auf. Damit beginnt die sogenannte Sudetenkrise, die sich unter Druck von Nazi-Deutschland weiter zuspitzt und im September 1938 internationale Folgen hat. Der Historiker Wolfgang Schwarz schätzt in einer neuen Untersuchung ein, dass in der SdP Mitte der 1930er Jahre gleichwohl »noch keine Einigkeit über den künftigen Kurs, auch in der Frage der Positionierung zum Deutschen Reich« bestand. Aber spätestens ab 1936, so seine Position, »unterwarf sich die SdP immer stärker den politischen Direktiven der NS-Führung.« Da nicht klar ist, wie der nationalsozialistische Kurs der SdP weitergeht, macht »die tschechische Politik zwar einige Zugeständnisse wie etwa in der Selbstverwaltung der Schulen«. Letztlich existiert aber, so die Einschätzung, kein »stimmiges Konzept zum Umgang mit dieser neuen Herausforderung« und entsprechend ist die tschechische Regierung »in der Frage des Maßes an Entgegenkommen gespalten«.[160]

Die Frage, wie etwa die Familien Syrowatka und Fühmann und vor allem die Väter die Entwicklungen ab 1918 bewerten und wie sie in den 1920er und 1930er Jahren agieren, lässt sich einigermaßen sicher einschätzen. Anzunehmen ist, dass beide durchaus aus freien Stücken bereit sind, Nazi-Deutschland zu folgen. Hans Richter hat mit einigem Recht für Josef Rudolf Fühmann folgende Vermutung angestellt:

> Da hat also ein junger Deutschstämmiger und selbstbewußter Akademiker als Offizier des Kaisers den ganzen Weltkrieg hindurch gedient, sich bis in sein viertes Lebensjahrzehnt wenn schon nicht als Reichsdeutscher, dann doch mit vollem Recht als Deutschösterreicher gefühlt. Als kleiner Unternehmer, sozusagen vor den Türen des Deutschen Reichs niedergelassen, soll er sich aber nun strikt als Bürger eines Staatsgebildes verstehen, das ihm wie vielen willkürlich konstruiert erscheint, das von ungeliebten Tschechen beherrscht wird und wo er Angehöriger einer untergeordneten ethnischen Minorität ist. Sein Betrieb untersteht der Kontrolle von Prager Behörden, denen er regelmäßig Zeugnisse über die Tauglichkeit seiner Produkte nachzuweisen hat.[161]

Selbst wenn Josef Syrowatka kein »kleiner Unternehmer«, sondern im öffentlichen Dienst angestellt ist, kann man annehmen, dass seine Position – vergleichbar dem größeren Teil der Sudetendeutschen – jener von Josef Rudolf Fühmann entspricht. Und es kann als einigermaßen sicher gelten, dass Vater Syrowatka die Wende, die für die Sudetendeutschen mit dem 21. September 1938 eintritt, begrüßt. Dem tschechischen Präsidenten wird an diesem Tag nämlich von Frankreich und Großbritannien die Forderung unterbreitet, jene Gebiete, in denen der deutsche Bevölkerungsanteil mehr als 50 Prozent beträgt, an das Deutsche Reich abzutreten. Das Münchener Abkommen vom 30. September 1938 bedeutet eine neue rechtliche Basis, die international anerkannt wird, allerdings sind Vertreter der tschechischen Regierung bei den Verhandlungen nicht anwesend.[162] Infolge des Abkommens gehören nun auch die Teile mit tschechischer Bevölkerung zum Deutschen Reich, was zu einschneidenden Problemen führen muss.[163]

Als Otfried Preußler im Jahr 2000 im Zeitzeugen-Interview danach befragt wird, wie sich die Situation für Sudetendeutsche um 1938 dargestellt hat, gibt er folgende Einschätzung: »Wir haben uns als Deutsche gefühlt, als Deutsch-Böhmen und es war unser Land, während ja von tschechischer Seite aus der Versuch gemacht wurde, den Nationalstaat durchzusetzen.« Und er ergänzt:

> Man muß sagen: Ich war damals ein kleiner Junge. Jahrgang 23, war also 15 beim sog. Anschluß, und ich müsste lügen, wenn wir uns nicht über den Schellenkönig gefreut hätten. Wir waren also durch diese von tschechischer Regierungsseite praktizierten Maßnahmen der Diskriminierung doch ganz schön aufgebracht. Sie müssen sich vorstellen, in einem rein deutschen Dorf steht also natürlich über jedem Gasthaus oben »Hostinez« und drunter »Gasthaus«.[164]

Vermutlich werden die dann ablaufenden Verhandlungen, die Hitler mit dem neuen Präsidenten Emil Hácha am 15. März 1938 führt, in vielen sudetendeutschen Familien – auch den Familien Preußler und Fühmann – zustimmend zur Kenntnis genommen worden sein. Denn nun kommt es de facto zur Annullierung des Münchener Abkommens, das restliche Gebiet der Tschechoslowakei wird durch den Einmarsch der deutschen Wehrmacht besetzt und zum sogenannten Reichsprotektorat Böhmen und Mähren erklärt.

VII. Josef Preußler und die Jahre ab 1938

Reichenberger Kripplkunst und ihre Folgen

Nun hatten sich die Machtverhältnisse grundlegend geändert – umso mehr stellt sich die Frage, in welcher Weise sich Josef Syrowatka als Familienoberhaupt in die kulturellen Debatten der folgenden Jahre eingebracht hat? Als Leiter der ortsgeschichtlichen Sammlung von Reichenberg bringt er 1941 unter Mitarbeit und Förderung des Verkehrsvereins Reichenberg e. V. im Curt Hermann Weise Verlag in Berlin eine »Chronik der Gauhauptstadt Reichenberg« heraus. Das wirkt auf den ersten Eindruck erst einmal als stark an die neuen Machthaber angepasst. Bei der Chronik handelt es sich allerdings um die erweiterte Neuauflage des Bandes »Reichenberg. Sudetendeutsche Heimatgaue«, die 1922 im Sudetendeutschen Verlag Franz Kraus in Reichenberg erschienen ist. Auch wurde der Terminus »Heimatgaue«, den die Nationalsozialisten ab 1938 zur Bezeichnung des »Reichsgau Sudetenland« oder der »Gauhauptstadt Reichenberg« nutzen, schon in früheren Zeiten verwendet. So existiert zwischen 1919/20 bis 1937 die Zeitschrift »Heimatgaue«, es war dies der Vorläufer der »oberösterreichischen Heimatblätter«, die seit 1847 herausgegeben wurden, einer Zeitschrift für oberösterreichische Geschichte und Volkskunde.[165]

Auf den ersten Blick wird man Wojciech Kunicki zustimmen können, wenn er zu dem Ergebnis kommt, dass Josef Syrowatkas »Perspektiven auf die Heimatgeschichte« in Verbindung mit den historischen Wandlungen stehen, also zunächst in der »alten Monarchie«, dann »in der 1918 entstandenen Tschechoslowakei« und schließlich »auch im Dritten Reich, also nach 1938 bzw. 1939«.[166] Die Einlassungen im Band von 1941 folgen an ausgewählten Stellen den aus dem Dritten Reich bekannten Mustern. In die historischen Aussagen zur Entwicklung der Stadt ist der gängige nationalsozialistische Jargon mit den entsprechenden Schlagworten eingewoben. Allerdings zeigt sich auf den zweiten Blick, dass die Kernaussagen zur Heimatgeschichte von den nationalsozialistischen ideologischen Markern unberührt bleiben.

Isa Engelmann, die eine Arbeit zur Geschichte der jüdischen Bürger in Reichenberg vorgelegt hat, sieht nun in Josef Preußler eine der »maßgeblichen Leitfiguren für Heimatkunde und Reichenberger Deutschtum«.[167] Dem kann man in der Tat zustimmen, allerdings in anderer Weise, als von der Autorin intendiert. Die Wurzeln dessen, was hier mit »Heimatkunde« und »Deutschtum« bezeichnet wird, sind nämlich – wie bereits angedeutet – in »romantisch-nationalen« Kontexten zu verorten. Hier liegen die Gründe für die kontinuierliche Betonung des »Nationalen« sowie der »nationalen Kunst« mit seinen Klassikern. Die Einordnung von Josef Preußler als systemkonform wird von Isa Engelmann auf einen nicht unproblematischen Beitrag zurückgeführt, der am 24. Dezember 1938 in der Tageszeitung »Die Zeit« erscheint.[168] Es ist zunächst der Untertitel, der eine nationalsozialistische Tönung vermuten lässt. Überschrieben ist der Beitrag so: »Reichenberger Krippelkunst als Volksspiegel. Weihnachtsbrauch ins deutsche Leben gestellt – gesunder Volkssinn durchbricht fremde Sitten.«[169] Allerdings ist der Beitrag inhaltlich dann eher das, was Josef Preußlers Ansatz seit seinen Anfängen ausgemacht hat, er beschreibt ein Reichenberger »Brauchtum«, geht in die Historie, erläutert die Spezifik der Reichenberger Kripplkunst, listet wichtige Kripplkünstler seit dem 18. Jahrhundert auf und kennzeichnet ihre Eigenarten. Schließlich liefert er zahlreiche Episoden, die etwas aussagen darüber, auf welche Weise die Motive aus dem Leben der einfachen Leute gewonnen wurden. »Heute noch lebt in Reichenberg die Freude am selbstgebauten Weihnachtskrippl.

Und in Tagen des heiligen Festes werden die Stuben der Kripplbauer von alt und jung gern aufgesucht, ihre Werke bewundert und oft fällt ein Scherflein für irgendeinen wohltätigen Zweck ab«, so beginnt der Beitrag. Und danach steigt der Verfasser fast wie im Märchen in die Geschichte ein und notiert: »In früheren Zeiten wurde die Kunst des Kripplbauens besonders gern von den alteingesessenen Tuchmachern ausgeübt. Schon zu Beginn der Adventszeit mußten mindestens zwei Webstühle zerlegt aufgeräumt (sic) und so Platz für das Wunder der Weihnachtskrippe geschaffen werden.«[170] Dann geht er auf die Besonderheit der Reichenberger Krippen ein: »Die Reichenberger Figuren sind nicht geschnitzt, sondern mit Leim-, Erd- oder Ölfarbe auf Pappe oder Preßspan gemalt. Der Widerspruch zwischen dreidimensionalem Raum und flächenhafter Darstellung wird durch die Kunst des Krippenmalers ebenso ausgeglichen wie durch die Geschicklichkeit und das feine Gespür des Kripplbastlers selbst, der mit besonderem Geschick seine Figuren in den Raum einzuordnen hat, um eine harmonische Wirkung zu erzielen.«[171] Zu höchster Vollendung sei die Entwicklung der Reichenberger Krippe durch Florian Schäfer (1749–1828) gekommen. Der gehört neben Philipp Leubner (1732–1803) und Jakob Ginzel (1792–1862) zu den bedeutendsten Kripplbauern. Florian Schäfer habe nämlich »besonders gern Gestalten seiner eigenen Umgebung« zum Vorbild seiner Figuren gemacht und diese in die Krippe gestellt. Diese hätten vor allem in der beweglichen Krippe ihren Platz gefunden. Den Grund sieht Josef Preußler darin, dass in diesen Fällen der »Mensch bei der Arbeit gezeigt wurde«. Daher habe man »vertraute Hantierungen« gewählt. Als besonders erfreulich hebt er die »Verwendung der damaligen Tracht« hervor, »so daß wir in den Gestalten aus dem Volksleben einzelne Blätter aus dem Trachtenbilderbuch vergangener Tage vor uns haben.«[172]

Josef Preußler ist hier in seinem Element, seine Begeisterung für die Reichenberger Kripplkunst ist klar zu erkennen. Einzig zum Ende des Textes wird mit Blick auf die Figuren, die Florian Schäfer geschaffen hat, seine Distanz gegenüber »dem Juden« benannt, weil dieser »den Stadthauptmann um des eigenen Profits willen zu unerhörten Abgaben angereizt hatte«. Und um seine »Abscheu zu zeigen, bildete Schäfer ihn als Trödler- oder ›Pinkeljuden‹, rothaarig, sommersprossig und mit abgelegten Kleidern handelnd (ab)»[173] Zweifellos reaktiviert der Autor zum Abschluss des Beitrags mit Blick auf die Historie ein gängiges antisemitisches Klischee, allerdings wird man nicht sagen können, dass es sich bei dem Text um einen Propagandabeitrag handelt. Den Kern des Textes bildet der Versuch, eine Reichenberger Tradition ins Bewusstsein zu heben. Unabhängig davon: Es ist zwar nicht belegt, aber davon auszugehen, dass die Headline, also der Titel des Beitrages, nicht von Josef Preußler stammt. Bekanntlich, und das gilt bis in die Gegenwart, hat die Überschrift eine besondere Funktion, sie soll die Aufmerksamkeit der Leser auf sich ziehen und gleichsam pointiert eine Botschaft liefern. Und dass die Redakteure der Reichenberger Zeitung den Verfügungen der nationalsozialistischen Presse folgten, steht außer Frage.[174]

Dass Josef Preußler seinen Sohn Otfried schon früh mit den Traditionen der Kripplkunst vertraut gemacht hat, steht außer Frage. Und dies war nicht ohne Folgen, denn sieben Jahre später agiert der Sohn selbst als Kripplbauer. Allerdings in der Kriegsgefangenschaft! Der junge Mann verbringt das erste Weihnachtsfest 1944 im Lazarett des Kriegsgefangenenlagers für Offiziere in Jelabuga, das in der damaligen Tatarischen Sowjetrepublik etwa 1000 Kilometer von der Hauptstadt Moskau entfernt liegt. Die nachfolgenden Heiligen Abende von 1945, 1946, 1947 und 1948 wird der junge Mann im Silikatlager von Kasan erleben, der Hauptstadt der Tatarischen Sowjetrepublik. Hier entsteht dann zu Weihnachten 1945 die »Weberlegende«, eine Erzählung, die zu Weihnachten spielt und die »Kripplkunst«

ins Zentrum stellt. Der Ich-Erzähler erinnert sich darin geradezu wehmütig an die Kinderzeit und die Geheimnisse um die »Weihnachtskrippen«:

> *O ihr Krippen meiner Kindheit, ihr wunderlichsten aller Wunderwerke, die ein redliches Völklein im Angesicht der blauen Berge und verschneiten Wälder seiner Heimat alljährlich hervorgebracht hat! Was gäbe ich darum, nur noch ein einziges Mal diesen Augenblick erleben zu dürfen: wenn im Scheine der Lichter, unter dem Klange fromm-fröhlicher Weisen der leinene Vorhang sinkt und den Blick freigibt auf eure schimmernde Welt!*
> *Eine Welt, die – je weiter sie gegen den Saum der Ferne hin abrückt von der Heiligen Familie im Stall, und je seltener Palmen und Lotosblumen darin aufwachsen – immer heimlicher, immer vertrauter sich gibt; eine Welt, die schliesslich so ganz und gar eins wird mit jener, daraus sie entstammt …*
> *Freude über Freude, immer wieder und jedesmal anders gewahr zu werden, wie rings um den Stall das Bemühen noch fruchtet, Gewächse und Menschen recht treulich dem biblischen Vorbilde nachzugestalten – und wie dann allmählich-allmählich erst e i n Hirt in heimischer Kleidung sich vorwagt, wie dann immer mehr sich dem Tross der Heiligen Dreikönige zugesellen, bis zuguterletzt n u r noch Bergbauern die Wege bevölkern, Tuchträger und Zimmerleute mit den Glasmachern gemeinsam von den Höhen herniedersteigen und selbst die Buschweiblein mit ihren Buckelkörben nicht fehlen dürfen!*[175]

Die Geschichte, die in den Wirren der Gefangenschaft verloren geht, wird Otfried Preußler nach seiner Rückkehr zu Weihnachten 1950 aus der Erinnerung erneut aufschreiben. Als sie entsteht, gibt es angesichts der schwierigen Verpflegungslage in den Kriegsgefangenenlagern nur eingeschränkte Möglichkeiten, das Weihnachtsfest zu begehen. Das wird sich zum zweiten Weihnachtsfest nach dem Ende des Zweiten Weltkrieges im Silikatlager ändern. Da wird es ein Programm geben, das maßgeblich Otfried Preußler zusammenstellt und für das er eigene Texte schreibt. In neu aufgefundenen Unterlagen im Archiv ist das Programm ab dem 1. Advent verzeichnet. Fixiert sind auch die jeweiligen Verantwortlichkeiten für die einzelnen Teile. So beginnt das Programm nach dem Wecken mit dem Kanon »Erwachet, erwachet«, gefolgt vom Choral »Wir stecken unsere Lichter an« und dem Gedicht von Otfried Preußler »Wo du auch sein magst«. Am Nachmittag gibt es ebenfalls eine Veranstaltung und der Tag wird im Lager mit dem Abendsingen abgeschlossen. Auch der 2. Advent ist minutiös durchgeplant. Nach dem Chor »Ei hört doch welch ein Singen«, den Otfried Preußler leitet, folgt sein Gedicht »Waldläuferlegende«. Auch dieses Gedicht ist nunmehr im Nachlass aufgefunden worden:

Keuchend durch fremden winterlichen Wald
stapft er mit mühsamen Schritten.
Rücken gebeugt und die Fäuste geballt
Schräg vor dem schleifenden Schlitten.
Einmal nur hebt er die Stimme ganz sacht,
wie sie am Forsthaus verhallten;
denn aus dem Samte der sinkenden Nacht
lösen sich liebe Gestalten.
Horch, welch ein Poltern und Ästegeknack
Längs des verwehten Geheges.–-
Kommt nicht Knecht Ruprecht mit Rute und Sack
Kettenbehangen des Weges?
Gleitet nicht dort durch den dunkelsten Tann
Christkind auf silbernen Kufen.
Schweben nicht singende Englein im Wind?
Weiter! Vorbei ist die Pause!
Bruder, du lächelst, so elend wir sind?
Und wie ein großes verwundetes Kind
Stapft er nach Hause, nach Hause.[176]

Wie zum 1. Advent gibt es auch zum 2. Advent ein Abendsingen mit dem Chor »Laßt uns das Kindlein wiegen« und dem nachfolgenden Gedicht von Otfried Preußler »Der Kripplmacher«. Ähnlich verläuft der 3. Advent, bei dem weitere Gedichte des Autors zum Vortrag kommen. Für den 4. Advent steht Otfried Preußlers Märchenspiel »Die drei Freier« auf dem Programm. Am Heiligabend sieht die vom jungen Autor entworfene Dramaturgie vor, zu Anfang den Chor »Heilige Nacht, o gieße du« zu singen, es folgen Teile aus dem Weihnachtsevangelium und danach die Weihnachtsansprache, wiederum gefolgt vom Chor »Die drei Könige« (wie schön leucht uns der Morgenstern). Am 1. Weihnachtstag wird nach dem Wecken der Kanon »Weihnachtsglocken« sowie der Chor »O freudenreicher Tag« gesungen.

Auch die nächsten Jahre gestaltet Otfried Preußler die Programme im Kriegsgefangenenlager zu Weihnachten, er steuert Texte bei und verantwortet die Dramaturgie.

VIII. »Verlorene Jahre?«
Ein neu gefundener Nachlasstext

Ende März 1999 gibt es einen kurzen Briefwechsel zwischen Otfried Preußler und Frank Schirrmacher, dem Mitherausgeber der Frankfurter Allgemeinen Zeitung. Schirrmacher ist zu diesem Zeitpunkt einer der wichtigsten Zeitungsmacher, der das Feuilleton der FAZ für technische und geistesgeschichtliche Debatten öffnet und für Beiträge zunehmend wichtige internationale Intellektuelle gewinnt. Otfried Preußler teilt Frank Schirrmacher in einem Brief vom 23. März 1999 mit, dass er an einer Autobiografie arbeitet, und fragt danach, ob Interesse daran besteht. Frank Schirrmacher antwortet bereits einen Tag später per Fax, am 24. März 1999 schreibt er, dass die Anfrage für ihn »eine wirkliche Ehre« sei. »Sie wissen, wie Sie mich begleiten. Deshalb kann ich es kaum erwarten, einen Blick in das Manuskript zu werfen. Bitte, senden Sie es mir zu.«[177] Wiederum einen Tag danach antwortet Otfried Preußler:

> Über Ihr freundliches Antwort-Fax habe ich mich sehr gefreut: schönen Dank dafür!
>
> Nun bin ich gespannt darauf, was Sie zu den ›Verlorenen Jahren‹ sagen werden. Lange genug hat es ja gedauert, bis ich mich darauf eingelassen habe.
>
> Insgesamt hoffe ich, in Jahresfrist damit fertig zu werden. Sagen Sie mir, bitte, ganz unverblümt Ihre Meinung, ob ich weitermachen soll.[178]

Einen Monat später kommt die Antwort von Frank Schirrmacher. Er teilt mit, dass er hoffentlich bald die Zeit haben werde, um seinen Eindruck, den er schriftlich nur kurz mitteilen kann, mündlich zu vertiefen. Die Einschätzung zum Manuskript fällt so aus:

> Ich habe die »Verlorenen Jahre« ganz gelesen. Ich bin von der Lektüre zutiefst beeindruckt, ja begeistert. Und Ihre wohl nur rhetorisch gemeinte Frage, ob Sie weitermachen sollen, kann ich ernsthaft gar nicht beantworten, ohne mich lächerlich zu machen. Dies ist gar keine Frage, dieses Buch muß erscheinen. Ich bin einigermaßen stolz, daß ich einer der ersten Leser des entstehenden Manuskriptes sein durfte, ich bin gespannt, wie es weitergeht.«[179]

Im Weiteren meldet Frank Schirrmacher »die Option für einen Vorabdruck« in der FAZ an. Er möchte »die Erinnerungen sehr gern dort abdrucken, wo täglich der Fortsetzungsroman erscheint. Auch deshalb, weil dies eine »recht gute Werbung für erscheinende Bücher« ist. Aber wichtiger ist dann folgender Hinweis: »Vor allen Dingen aber drucken wir dort wirklich Bedeutendes. Als Nächstes die Autobiografie von Marcel Reich-Ranicki.«[180] Im Mai 1996 hatte ich Marcel Reich-Ranicki in seiner Frankfurter Wohnung aufgesucht. In dem langen Gespräch korrigierte der wohl wichtigste Literaturkritiker der Nachkriegszeit einige seiner überkommenen Urteile zu Christa Wolf, und es ging auch um die im Entstehen befindliche Autobiografie. Ein wenig augenzwinkernd stand die Frage im Raum, ob die Erinnerungen nicht mehr als 300 Seiten umfassen würden. Der Hinweis griff eine Aussage auf, die Marcel Reich-Ranicki unterschoben worden war, dass nämlich ein Roman nicht mehr als 300 Seiten haben solle. »Das ist eine freie Erfindung«, antwortete der nun. »Ich habe gesagt, ich sehe heute keinen deutschsprachigen Autor, der die Substanz hätte, einen großen gewaltigen Panoramaroman zu schreiben. Wenn er morgen kommt mit einem Roman von 800 Seiten und er wird gut sein, bin ich glücklich.« Ausgehend davon noch einmal auf die eigene Autobiografie angesprochen, notiert Marcel Reich-Ranicki zurückhaltend:

> Ich bin daran zu schreiben. Es wird kein Roman werden, ich kann Ihnen nur sagen, mein Verleger und einige meiner Freunde bedrängen mich. Es soll ein sehr umfangreiches Buch werden. Das heißt, wo immer ich sage, »da habe ich dies und jenes erlebt, aber lohnt es sich denn, darüber zu schreiben?«, erhalte ich zur Antwort: »Ja, unbedingt, das ist ganz wichtig.« Also kurz, ich kann Ihnen nicht sagen, wieviel Seiten es werden. Auf jeden Fall werden es nicht zwei Bände, wie manche behaupten, wohl auch keine 500 Seiten.[181]

Es dauerte noch drei Jahre, 1999 erscheint dann das voluminöse Werk von 566 Seiten unter dem Titel »Mein Leben« in der Deutschen Verlagsanstalt. Zuvor allerdings gibt es den Vorabdruck in der FAZ, von dem Frank Schirrmacher in seinem Brief an Otfried Preußler geschrieben hat. Am 31. Juli 1999 eröffnet er mit der Überschrift »Marcel Reich-Ranicki hat seine Erinnerungen geschrieben« den Vorabdruck. »Als vor einiger Zeit bekannt wurde, dass Marcel Reich-Ranicki munter an seiner Autobiografie schreibe, da wurden Befürchtungen laut im literarischen Betrieb und anderswo«, notiert Frank Schirrmacher. »Leute hoben den Finger oder zeigten mit dem Finger auf andere Leute. Es ging um die Frage, wer wie warum und auf welche Weise in Reich-Ranickis Erinnerungen vorkommen werde. Jetzt ist das Buch fertig, sein Titel lautet ›Mein Leben‹, und am Montag beginnen wir mit dem Vorabdruck des ersten Teils. Die Fahnen, weit über fünfhundert Seiten, liegen auf dem Schreibtisch.«[182]

Der für Otfried Preußlers Erinnerungen »Verlorene Jahre?« reservierte Platz in der FAZ ist dann aber in der Folgezeit letztlich doch nicht gefüllt worden. Frank Schirrmacher fragt beim Autor nach, ob er die Erinnerungen auch dem Mitherausgeber, Johann Georg Reißmüller, zum Lesen geben könne. Reißmüller, der aus Leitmeritz (Litoměřice) in Böhmen stammt, ist allerdings gerade in den Ruhestand gegangen und umgezogen, was den Vorgang etwas erschwert. Otfried Preußler bedankt sich am 4. Mai 1999 für die positive Rückmeldung und stimmt sofort zu, dass das Skript an Johann Georg Reißmüller weitergegeben werden kann. Und zu Frank Schirrmachers Einschätzung schreibt er: »Ihr Urteil über die ›Verlorenen Jahre‹ erfüllt mich mit Stolz, es ermutigt mich zum Weiterschreiben. Dies um so mehr, als ich zur Zeit gesundheitliche Probleme habe.«[183]

Letztlich wurde das umfangreiche Manuskript, mit dem Otfried Preußler bereits weit vorangekommen ist, nicht abgeschlossen. Der Autor war sich nicht sicher, ob die vorliegenden Kapitel ausreichen, um die Frage nach den »Verlorenen Jahren?« zu beantworten. Allerdings geben die vorliegenden Teile, aus denen nachfolgend zitiert werden kann, tiefe Einblicke in jene unbekannten Jahre und die traumatischen Erfahrungen in Krieg und Gefangenschaft. Die Fassungen, die in verschiedenen Staffeln gesammelt sind, fanden sich in Teilen im Nachlass. Ein Konvolut war im Verlag deponiert und gelangt erst später in Familienbesitz. In »Verlorene Jahre?« findet sich nun auch eine Erinnerung, die mit der Kripplkunst in Verbindung steht: Otfried Preußler und ein Mitgefangener, der aus Freital in Sachsen stammt, machen sich zum Weihnachtsfest 1947 an die Herstellung von dreiteiligen Weihnachtskrippen nach der Art kleiner Flügelaltäre. Dabei gehört das Mittelfeld der »heiligen Familie unter dem Dach des Stalles, mit Ochs und Esel im Hintergrund, den linken Flügel nahmen die Hirten mit ihren Lämmern und Schafen ein, den rechten die heiligen Dreikönige aus dem Morgenland. Schräg nach hinten geklappt, verliehen die Seitenflügel dem Ganzen sicheren Stand.«[184] Letztlich stellen Otfried Preußler und Martin Grafe etwa zwei Dutzend von diesen »Transparentkrippen«, wie beide sie nennen, her, und mindestens eine hat die Zeit des Lagers überlebt. »Vor ein paar Jahren meldete sich Fritz Kleine-Möllhof, der in der Schlosserei des Silikatwerks als Eisendreher beschäftigt gewesen war«, erinnert sich Otfried Preußler. »Ihm hatten wir eine der Krippen geschenkt, und nun schrieb er mir aus dem Ruhrgebiet: ›Noch heute steht eure Krippe alljährlich bei uns unterm Weihnachtsbaum, ich lege ein Foto bei.‹«[185] Der Brief des früheren Mitgefangenen setzt einmal mehr einen Erinnerungsprozess in Gang, den Otfried Preußler Mitte der 1990er Jahre so kommentiert: »Welch unverhofftes Wiedersehen nach einem halben Jahrhundert! Und welche Fülle an Erinnerungen, die das bunte Foto bei mir hervorgerufen hat!«[186]

Der Strom der Erinnerung geht weiter und öffnet, wie das für das Erinnern kennzeichnend ist, eine weitere Tür des Gedächtnisses. Hans J. Markowitsch hat diese – wie er sagt – »sehr bildliche Beschreibung« mit der »Tür des Gedächtnisses«, bestätigt und darauf verwiesen, dass es zwei Wege gibt, wie es zu Erinnerungen kommt: »Abrufhinweise können als andere Gedankenassoziationen oder als Hinweise aus der Umwelt auftreten.«[187] Und er verweist darauf, dass die Überlegung, »mit einer Erinnerung werden sich weitere bilden bzw. öffnen – sozusagen ›vom Hölzchen auf Stöckchen kommen‹ – so alt ist wie die Gedächtnisforschung. Die ersten Forschungen hierzu finden sich zum einen in Freuds Assoziationslehre und zum anderen in frühen Untersuchungen von Wilhelm Wundt und anderen frühen deutschen Forschern.«[188] Sigmund Freud hatte seinen Patienten eine Regel mitgeteilt, nach der ihre Erzählung sich insofern von einer gewöhnlichen Konversation unterscheiden solle, als es nunmehr gerade nicht darum ging, alle störenden Gedanken oder Nebensächlichkeiten auszuschalten, um nicht – wie es heißt – vom »Hundertsten ins Tausendste« zu kommen. Die Probanden sollten gerade anders vorgehen, nämlich jene Gedanken, die sie zurückweisen möchten, weil sie vorgeblich unwichtig sind, zulassen. Die Patienten sind also aufgerufen, ihren Einfällen, Gedanken, Erinnerungen freien Lauf zu lassen.[189] Hans J. Markowitsch bringt eine »weitere alte Idee« ins Spiel, die »Endel Tulving in den 1980er und 1990er Jahren wieder aufgegriffen hat. Es ist die von Richard Semon (1904), die besagt, dass wir immer ›zustandsabhängig‹ abrufen, also entsprechend der Umgebung und dem inneren Zustand, in dem wir uns befinden. D. h., in einem euphorischen Zustand kommen andere Erinnerungen an die Oberfläche als in einem depressiven. Außerdem bewirkt die Umgebung – der Kontext, in dem wir uns befinden – was uns in den Sinn kommt.«[190]

Inzwischen ist erwiesen, dass es vor allem ausgesprochen emotionale Zustände sind, die sich in besonderer Weise im Gedächtnis einprägen. Vergleichbar hat das Erinnern bereits bei Heinrich Gerlachs Versuchen funktioniert, seinen Stalingrad-Roman, von dem die Rede war, ein zweites Mal zu schreiben. In einem Brief an seinen Hypnosearzt Dr. Schmitz, der helfen sollte, seine Schreibblockade zu überwinden, schildert Gerlach die Situation, die jeweils eintritt, wenn er sich bemüht, den Stalingrad-Roman zu erinnern:

> Ich habe mich an den Versuch einer Rekonstruktion gemacht, aber auch dieser Versuch ist fehlgeschlagen. Bei jedem Versuch schiebt es sich wie ein Schleier davor. Es geht nicht! Bis auf einen Abschnitt, der mir besonders am Herzen lag, die Schilderung des Weihnachtsabends 1942. Diesen Abschnitt konnte ich in den Weihnachtstagen des vorigen Jahres (1950) in starker Gemütsbewegung in einer halben Stunde ohne jede Korrektur niederschreiben.[191]

Ohne Zweifel ist – zumal in der Kriegsgefangenschaft – das Weihnachtsfest in besonderer Weise emotional aufgeladen. Dies führt dazu, dass Heinrich Gerlach gänzlich ohne Blockade eine Episode erinnert, die den Weihnachtsabend 1942 betrifft. Vergleichbares passiert bei Otfried Preußler. Auch bei ihm ist die Erinnerung an das Weihnachtsfest mit starken Emotionen verbunden. Das hat Folgen. Denn nach Erkenntnissen der Gedächtnisforschung ist das episodisch-autobiografische Gedächtnis »direkt an emotionale Bewertungen gebunden«.[192] Anders gesagt, das Erinnern funktioniert dann am besten, wenn die emotionalen Zustände bei der Einspeicherung und beim Abruf übereinstimmen. Allerdings gilt dies auch für das Erinnern von traumatischen Ereignissen. Im vorliegenden Fall öffnet sich durch das »bunte Foto«, das Otfried Preußler nach einem halben Jahrhundert zugeschickt wird, wie bei einem Weihnachtskalender eine weitere Tür der Erinnerung, nämlich jene »an unsere erzgebirgische Lichterpyramide«. Bei der Herstellung dieser Pyramide nutzt der Kriegsgefangene Preußler jene Kenntnisse von der Kunst des Krippenmalens und der Reichenberger Figuren, die ihm vom Vater überliefert worden sind. Die Erinnerung aus den »Verlorenen Jahren?«, die hier in ihrer Gänze wiedergegeben werden soll, nimmt sich wie folgt aus:

> Das Grundbrett, die vier Seitenstreben, die kreisrunden Scheiben für die Figuren spendierte uns der Modelltischler, desgleichen die Segmente für das waagerecht gestellte Windrad. Die eiserne Mittelachse besorgte uns Kleine-Möllhoff aus der Schlosserei. Die Pyramide war etwa einen halben Meter hoch; das Windrad mit den schräggestellten Flügeln hatte einen Durchmesser von 35 bis 40 Zentimetern. Die bunten Krippenfiguren malten wir nach Art der nordböhmischen Mannlmaler auf Papier, das wir mit Pappe hinterklebten und ausschnitten.
>
> Im Innern der Pyramide befanden sich, fest auf die Achse gesteckt, vier kreisrunde Sperrholzscheiben. Die unterste war am größten, dort hatten die Gabenbringer ihren Platz, die von weither zur Krippe eilten: die Bauersfrau mit dem Buckelkorb voller Eier, der Bäcker mit seinem Weihnachtsstriezel, der Müller mit einem Maltersack auf dem Schubkarren, die Köchin mit ihrer Weihnachtsgans unterm Arm; ein Fischer, aus dessen hölzerner Bütte die Schwanzflosse eines Karpfens hervorschaute durfte nicht fehlen.
>
> Natürlich fehlten auch ein paar Plennis nicht, als solche erkennbar an Pelzmütze, abgetragener Wattejacke und Filzstiefeln; einer hielt einen Machorkabeutel für den heiligen Josef in der Hand, einer hatte für die heilige Familie ein Bündel Brennholz organisiert, ein dritter brachte dem Jesuskind eine Puppe

dar, von ihm selbst geschnitzt. Auf der nächsthöheren Scheibe zogen die Hirten mit ihren Ziegen, den Lämmern und Schafen dahin mit den Hütejungen, den Hirtenhunden. Die dritte Scheibe war den drei Königen aus dem Morgenland vorbehalten und ihrem Gefolge, die vierte und letzte gehörte den himmlischen Heerscharen in Gestalt kleiner und größerer Engel mit Notenblättern und Instrumenten.

Die heilige Familie mit Ochs und Esel hatte ihren Platz ein paar Millimeter oberhalb der Hirtenscheibe. Wir haben lange herumtüfteln müssen, um eine Halterung zu erfinden, die es ihr ermöglichte, unverrückbar an Ort und Stelle zu verharren, wenn alles andere in Bewegung geriet, sobald der warme Luftstrom, der von den auf der Bodenplatte stehenden Kerzen aufstieg und das Windrad zum Kreisen brachte.[193]

Mit der Aufnahme der »Plennis«, eine aus dem Russischen ins Deutsche übertragene Übersetzung für »плен«, nämlich Kriegsgefangener, schließt Otfried Preußler an jene Tradition der klassischen Kripplbauern in Böhmen an, die Figuren aus dem Alltag in die Krippe stellten. In diesem Fall sind es – der Situation entsprechend – Plennis! Auch die Reaktion der Kriegsgefangenen in den Weihnachtstagen rekonstruiert Preußler:

Naturgemäß ließ sich im Lager kaum etwas geheimhalten. Dennoch zeigten sich unsere Kameraden überrascht und strahlend vor Freude, als wir die Pyramide am Abend des vierten Advent zum ersten Mal feierlich in Gang setzten. Dann erschraken wir plötzlich. Von uns unbemerkt, hatte der russische Tageskommandant, der Dejournij (Der Diensthabende – C. G.), die Unterkunft betreten, ein vierschrötiger Unterleutnant des MWD, sonst als harter Bursche bekannt. Indes: Das erwartete Donnerwetter wegen der brennenden Kerzen blieb aus![194]

Die Erinnerung an diese Weihnachtsepisode bringt Otfried Preußler so zum Abschluss:

> Den Namen des Unterleutnants habe ich längst vergessen, nicht aber den Ausdruck des Staunens in seinem Gesicht (…). So mögen die Schafhirten damals gestaunt haben, als um Mitternacht ihnen auf Bethlehems Fluren der Engel des Herrn erschienen war. Und das Wunder geschah. Der Dejournij bedeutete uns, wir sollten uns nicht von ihm stören lassen. Dann nahm er die Mütze ab, schlug, sich verneigend, das große russische Kreuz und entfernte sich in seinen Filzstiefeln aus der Baracke, lautlos wie er gekommen war.[195]

Das Kripplspiel lässt Otfried Preußler übrigens auch nach der Rückkehr aus der Kriegsgefangenschaft nicht los. Jahre später spielt die Krippe in seinem Roman »Die Flucht nach Ägypten«, der 1978 erscheint, eine gewichtige Rolle. Bereits im Titel wird auf das Matthäus-Evangelium angespielt, in dem eine Krippe im Stall vom Bethlehem für kurze Zeit in das Zentrum der Aufmerksamkeit rückt und sinnbildhaft für ein friedvolles Fest steht. Doch das Glück der Heiligen Familie ist nur von kurzer Dauer, denn bekanntlich will Herodes den neugeborenen Jesus töten lassen. In diesem Augenblick erscheint dem biblischen Josef ein Engel des Herrn, der ihm aufträgt, mit Maria und dem Jesuskind nach Ägypten zu fliehen. In Otfried Preußlers Roman führt diese Flucht nun durch das winterlich-verschneite Böhmen. Und genau so setzt der Text ein:

> Der Weg von Bethlehem nach Ägypten muß damals, in jenen heiligen Zeiten, durchs Königreich Böhmen geführt haben, quer durch den nördlichen Teil des Landes, bei Schluckenau etwa herein in das böhmische Niederland, dann nicht ganz bis zum Jeschken hinum, dann weiter im Vorland des Iser- und Riesengebirges, durch vorwiegend ärmliche, meist von Glasmachern, Leinewebern und kleinen Häuselleuten bevölkerten Gegenden bis in die Nähe von Trautenau – und zuletzt auf der Alten Zollstraße über Schatzlar hinaus ins Schlesische, wo es dann nach Ägypten nicht mehr weit gewesen ist.[196]

Auf ihrer Flucht findet die Heilige Familie ein Nachtlager in der Stadt Niemes, die etwa 40 Kilometer von Reichenberg liegt. Dort steht im Möldner'schen Haus in der Stube ein altes Erbstück des Großvaters, »eine von jenen handgemalten Papierkrippen, wie man dereinst um die Weihnachtszeit sie im nördlichen Böhmen häufig in Tuchmacherhäusern hat antreffen können, so dass man geradezu ihnen den Namen ›Tuchmacherkripplnc‹ gegeben hat.«[197] Und wenig später wird dann vom Erzähler, der gewissermaßen im Text anwesend ist und die Leser direkt anspricht, diese Krippe genau beschrieben:

> Die Möldnersche Weihnachtskrippe, wir haben das schon erwähnt, ist ein Tuchmacherkrippl gewesen, bestehend aus einigen hundert Figuren der unterschiedlichsten Größe und Herkunft, jede von ihnen aus mehreren aufeinandergeklebten Lagen Papier oder Pappendeckeln herausgeschnitten und bunt bemalt – von Künstlern, welche man nur zum allergeringsten Teile mit Namen gekannt hat, wie beispielsweise den Florian Schäfer aus Reichenberg, oder bei ihrem Spitznamen wie den Mannlmaler von Oschitz.[198]

Otfried Preußler bezieht sich hier nun auf jenen Florian Schäfer aus dem 18. Jahrhundert, von dem Vater Josef in seinem Beitrag zur »Reichenberger Kripplkunst« ausführlich berichtet hat. »Auch Florian Schäfer wurde nachgemalt«, schreibt der nämlich 1938. Dafür gibt es einen einfachen Grund: Florian Schäfers volkstümliche Kraft war so stark, »daß sie sich auch in die mündliche Überlieferung drängte. Da wird erzählt, einmal habe er in der Prager Straße, der heutigen Schücker-Straße, eine alte Frau aufgehalten, die ihre Ziege zum Bock führte, und sie abgebildet.«[199]

Wie wichtig die Kripplkunst für Otfried Preußler immer wieder gewesen ist, belegen Texte, die bereits kurz nach der Rückkehr aus der Gefangenschaft für den Rundfunk entstehen. Für das Weihnachtsfest 1953 schreibt er einen Beitrag von 15 Seiten zur »Sudetendeutschen Krippenkunst«, der mit der weihnachtlichen Sitte und der Musik vertraut macht. Zum 1. Weihnachtsfeiertag am 25.12.1953 geht der Text unter der Regie von Herbert Kroll beim Bayrischen Rundfunk auf Sendung.[200]

Die »Kripplkunst« und »Die Flucht nach Ägypten« werden Mitte der 1980er Jahre in einem ganz anderen Zusammenhang erneut eine Rolle spielen und zurück in die Kindheit bis zum Jahr 1938 führen. Otfried Preußler erhält Post von Herbert Löwit aus Essex in Großbritannien. Herbert stammt aus einer in Reichenberg bekannten jüdischen Familie, und er ist ein alter Schulfreund, der im Hause Syrowatka bis zu seiner Flucht 1938 ein und aus geht. Der Vater von Herbert Löwit gehört zu den prominenten Sozialdemokraten in der Stadt Reichenberg, und er befindet sich in offener Gegnerschaft zur Henlein-Partei. Sein politisches Engagement macht es möglich, dass die Familie 1938 Asyl in Großbritannien erhält. Herbert Löwit, der seinem ersten Brief an Otfried Preußler zahlreiche Fotos beilegt, gibt Auskunft über die Herkunft der Bilder und die Familiengeschichte:

> Wie durch ein Wunder – und Dank der Bemühungen guter Freunde – ist uns ein Teil des Inhalts unserer Wohnung erhalten geblieben und erreichte uns auf recht abenteuerliche Weise mitten während des Krieges hier in England. In den Kisten fanden sich Bücher, persönliche Dokumente wie z. B. meine Schulzeugnisse und eben viele unersetzliche Bilder. Aber erst vor wenigen Jahren ist das ganze Material bei mir gelandet, meine Frau hat alles durchsortiert und Albums angelegt.[201]

Unter den Fotos von Schulveranstaltungen befindet sich auch eine Aufnahme von »unserer Weihnachtsaufführung in der 5. Klasse, und ich bin mir sicher, dass Du das Theaterstück verfasst hattest. Ich war also Zeuge bei Deinem ersten literarischen Werk«, schreibt er humorvoll. Danach wird der Tonfall ernster, denn er berichtet, wie es ihm und der Familie ergangen ist:

> Nach dem Vertrag von München hatte sich die britische Regierung bereit erklärt, eine gewisse Anzahl politischer Flüchtlinge wenigstens vorübergehend aufzunehmen. Mein Vater war hoch auf der Liste und kam bereits im Oktober 1938 nach England. Meine Mutter und ich folgten zu Weihnachten – über Posen, Danzig nach Gdingen und von dort mit einem polnischen Frachter durch den Kieler Kanal nach London. Im Transport war – für uns beide unbekannterweise – meine zukünftige Frau. (Therese stammt aus Karlsbad). Mein Bruder kam kurz vor Toresschluss im März 1939, meine Schwester war beim Einmarsch der Wehrmacht noch in Prag, konnte sich aber rechtzeitig in Sicherheit bringen.[202]

Herbert Löwit bezieht sich auf das Münchener Abkommen vom September 1938. Vorher, im Frühjahr 1938, hat der amerikanische Präsident Franklin D. Roosevelt die Initiative zu einer Konferenz der westlichen Staaten ergriffen, um gemeinsam über Möglichkeiten der Aufnahme jüdischer Flüchtlinge zu beraten. Den letzten Anstoß gibt der Anschluss Österreichs an das Deutsche Reich vom 13. März 1938, der zu einer rasend schnellen Umsetzung der bereits in Deutschland verfügten Rassengesetze und Berufsverbote führt. An der Konferenz, die am 6. Juli 1938 im Nobelhotel »Roya« im französischen Badeort Évian-les-Bains am Genfer See beginnt, nehmen Vertreter von 32 Staaten teil. Zu einem Erfolg führen die Verhandlungen nicht. Außer wenig konkreten Absichtserklärungen und der Gründung eines Flüchtlingsrates in London gibt es keine greifbaren Ergebnisse. Weder die USA noch Großbritannien wollen eine größere Zahl von jüdischen Flüchtlingen aufnehmen.[203] Allerdings kommt es nach der »Reichspogromnacht« bei der britischen Regierung insofern zu einer gewissen Öffnung, als das Unterhaus am 21. November 1938 eine Einreiseerlaubnis für verfolgte jüdische Kinder genehmigt. In Folge können von Ende November bis zum Ausbruch des Zweigen Weltkrieges etwa 10 000 Kinder im Alter zwischen 3 und 17 Jahren gerettet werden.[204] Es ist klar, dass Herbert und seine Geschwister nicht über die Initiative, die auch »Refugee Children's Movement« genannte Initiative, nach Großbritannien gekommen sind, denn sie sind mit ihrer Mutter unterwegs. Die jüdischen Kinder auf den Transporten reisen sämtlich ohne ihre Eltern, und die meisten von ihnen sehen ihre Angehörigen nie wieder, weil sie die Einzigen sind, die den Holocaust überleben. Ich habe mit einem der letzten Zeitzeugen, dem Schriftsteller Walter Kaufmann, 2019 über den Kindertransport gesprochen. Er hat eindrucksvoll davon berichtet, was geschah:

> Meinem Vater war bekannt, dass Kindertransporte möglich waren. Er hat sich dazu kaum geäußert, meine Mutter hat das alles in die Hand genommen. Ich wusste jedenfalls in den Wochen, über die wir jetzt sprechen, dass ich nach England kommen würde und musste auch – und ich weiß nicht, ob die anderen Kinder das ebenfalls mussten – nach Köln fahren, um mein Visum zu bekommen. Das klappte, und ich hatte auch einen Pass mit dem »J« vorne rein gestempelt. Ich habe ihn nicht mehr, weil ich alles verloren habe auf dem Schiff, Jahre später. Und ich erinnere auch, wie wir in einer langen Schlange vor dem britischen Konsulat standen, und es regnete in Strömen und mein Pass war völlig durchnässt, bis ich ins Gebäude kam, und ich sagte zu dem Konsulatsbeamten: »Sie werden mir das Visum nicht geben. Mit diesem nassen Pass geht das gar nicht, Sie kriegen die Seiten nicht auseinander«. Und er sagte: »Sie bekommen das Visum, wir sind keine Nazis. Warten Sie ab«. Und zog die Seiten vorsichtig auseinander und stempelte das britische Visum in den Pass, und von da an wusste ich, dass ich fahren würde, und ich weiß gar nicht, ob die anderen auch ein Visum hatten. Ich kann mich auch nicht erinnern, dass wir gefragt wurden. Bei der Ausreise nicht und bei der Einreise nach England auch nicht.[205]

Walter Kaufmann kommt in ein Internat, er findet Freunde und spricht nach 1½ Jahren perfekt Englisch, aber im September 1940 wird er interniert und dann in ein Gefangenenlager nach Australien verschifft. Die Gründe, warum jene jungen Leute, die als jüdische Flüchtlinge aus Deutschland kommen, plötzlich als Gegner betrachtet werden, sieht er rückblickend so:

> Die Engländer fühlten sich bedrängt und fürchteten, dass die Deutschen ihr Land besetzen könnten. In der aufgeheizten Stimmung wollte man die Leute irgendwie beruhigen und da entschied Churchill: ›Collar them all!‹ Das bedeutete, alle sollten interniert werden, die aus Deutschland stammten, über 16 Jahre alt waren und im Küstengebiet wohnten. Und ich war im Januar 1940 gerade 16 geworden.[206]

Otfried Preußlers Freund Herbert und seinen Geschwistern, die auf einem anderen Weg nach Großbritannien gekommen sind, bleibt dieses Schicksal erspart, sie gehen weiter zur Schule. Herbert macht dort eine Art Matura, also das Abitur. Letztlich entscheidet er sich aber nicht dazu, zu studieren, sondern wird Soldat in der tschechoslowakischen Auslandsarmee. »Während der nächsten 4 ½ Jahre habe ich mehr gelernt als je vor- oder seither«, schreibt er, »aber davon brauche ich Dir nichts zu erzählen, Du hast viel mehr mitgemacht.« Den letzten Einsatz hat Herbert am 10. Mai 1945 als Dolmetscher bei der Übergabe der »Festung Dünkirchen«, und wenige Tage später ist er bereits im Böhmerwald, im Landkreis Markt Eisenstein (Okres Železná Ruda). Mitte Juni kommt er nach Reichenberg, kann es hier aufgrund der Verhältnisse aber nicht aushalten und geht nach Prag, wo er bis 1947 bleibt. Doch in der »Goldenen Stadt« kommt es für ihn in den zwei Jahren zu einer Art Déjà-vu, denn nunmehr seien die tschechischen Landsleute dem Drang verfallen, »sich und unsere gemeinsame Heimat ins Unglück zu stürzen«. Herbert Löwit entscheidet sich, nach England zurückzukehren und dort neu anzufangen.

In einem weiteren Brief vom 18. Januar 1986 geht es nun wirklich um die »Flucht nach Ägypten«, die »Kripplkunst« und den Vater Josef:

> In einem Deiner Briefe hattest Du das Buch als einen Versuch dargestellt, Dir ›einiges über unsere böhmische Kinderheimat vom Herzen zu schreiben‹. Nun, ich habe in dem Roman sehr viel gefunden, welches Erinnerungen an meine früheste Kinderzeit wachgerufen hat. Da waren es schon die Ausdrücke und Redewendungen, die ich längst vergessen glaubte und die wohl kaum unsere Generation überleben werden. Und dann waren es konkrete Dinge – sagen wir zum Beispiel die so trefflich beschriebene ›Möldnersche Weihnachtskrippe‹ – die kenne ich doch, die hat doch in der von Deinem Vater verwalteten Heimatschutzstätte gestanden?

Für Herbert wird durch den Roman einmal mehr klar, »wie eng bei uns zu Hause das Deutsche und das Böhmische miteinander verwachsen war«. Und es wird eine Gemeinsamkeit der Familien hervorgehoben:

> So war es, wenn ich mich recht erinnere, bei Dir zu Hause, und so war es auch in unserer Familie. Auf der einen Seite mein Vater, der sein ganzes langes Leben lang kein Wort tschechisch sprach, und andererseits meine Mutter, die aus einem winzigen Dorf gerade jenseits der Sprachgrenze stammte: Podsedice, in der Gegend von Lobositz. Dort sprach man tschechisch wie deutsch, manchmal so, manchmal beide Sprachen im selben Satz.[207]

Was Herbert Löwit hier beschreibt, trifft für zahlreiche Familien in Böhmen zu, in der Familie Preußler betrifft es vor allem die Großmutter Dora, die besser Tschechisch als Deutsch spricht. Entscheidend für den »alten Freund«, wie er sich immer wieder bezeichnet, ist das Kapitel 23 der »Flucht nach Ägypten«. Herbert stimmt mit der Botschaft voll überein. »Du hast in diesem Kapitel Worte für die Gefühle gefunden, die ich in meinen gelegentlichen Aufsätzen für die Gesinnungsgemeinschaft meiner heimatlichen Freunde auszudrücken versuche: Meine Überzeugung (…), dass ›Unterschiede in Herkunft und Muttersprache für gleichgesinnte Menschen guten Willens kein Hindernis sind, in Eintracht und gegenseitiger Duldsamkeit für das Wohl ihrer angestammten gemeinsamen Heimat zu wirken‹.«[208]

Otfried Preußler antwortet auf den langen Brief seines Freundes Herbert wenige Tage später, am 23. Januar 1986, und er drückt seine Freude über dessen Sicht auf die »Flucht nach Ägypten« aus. Dabei bringt er die gemeinsame Generationserfahrung auf den Punkt:

> Wir alle sind ja eine mehrfach gebrannte Generation, unsere gleichaltrigen Landsleute tschechischer Sprache ausdrücklich einbezogen. Wie absurd erscheint aus heutiger Sicht alles, was da mit uns (und, natürlich bis zu einem gewissen Grade, auch durch uns) passiert ist. Geschehenes läßt sich nicht zurückdrehen, aber ich möchte wenigstens sagen dürfen, wie sehr mich dies alles noch heute schmerzt.[209]

Zuvor hat Otfried Preußler sich zu einigen der mitgeschickten Fotos von Schulausflügen geäußert. Die meisten der Mitschüler kann er nicht mehr erinnern, »auch wenn mir die Gesichter dieser kleinen Jungen auf seltsame und bestürzende Weise vertraut geblieben sind.« Auch die Mutter, Ernestine, ist auf den Fotos zu sehen, noch als eine »schlanke, dunkelhaarige junge Frau«. Schlank sei sie bis zuletzt geblieben, »mit schlohweißem Haar, bis ins hohe Alter hinein außerordentlich streng und von großer Selbstdisziplin«. Auch über das Schicksal des Vaters Josef informiert Otfried Preußler seinen Freund. Verhaftung und Gefängnisstrafe werden nicht verschwiegen, auch nicht die Namensänderung.

Mein Vater ist schon seit neunzehn Jahren tot. Er war in den Maitagen des Jahres 1945 abgeholt und trotz seiner schweren Verletzung aus dem ersten Weltkrieg brutal mißhandelt worden. Danach hat er fünf Jahre in Karthaus gesessen – wie ich annehme, hauptsächlich wegen der Namensänderung, die er 1941 hatte vornehmen lassen. Er hat dann, nach seiner Entlassung, noch viele erstaunliche Aktivitäten an den Tag gelegt, darunter die Gründung des Reichenberger Archivs, das sich jetzt in Augsburg befindet. Den Großteil der sehr bemerkenswerten Bücherei hat er noch selbst zusammengetragen, dank seiner bibliophilen Spürnase, die ihn bis zuletzt nicht verlassen hat.[210]

Die Vermutung, dass die Namensänderung mit der Verurteilung zu tun hat, ist nicht von der Hand zu weisen, sie findet sich allerdings nicht als Begründung in den Prozessakten wieder. Bei der Situation zu Kriegsende im Sudetenland wie auch in Reichenberg ist es aber nicht unbillig anzunehmen, dass die Namensänderung, die Josef Preußler hat vornehmen lassen, ein Beweggrund gewesen sein kann, um ihn den neuen Behörden als Gefolgsmann der Nazis zu melden.

Damit zurück zu Josef Preußler: Die Einschätzung, Vater Preußler sei in Reichenberg maßgeblich an der Verbreitung der nationalsozialistischen Ideologie beteiligt gewesen, ist weder belegt noch stichhaltig. Josef Preußler und mit ihm die Familie gehört nicht zu jenen, die die Rassenlehre mit ihrem Zentrum, dem Antisemitismus oder gar die Auffassung von der naturhaften Überlegenheit der arisch-nordisch-deutschen Rasse verinnerlicht haben. Wohl empfindet Vater Preußler keinerlei Sympathie für kommunistische Auffassungen, allerdings ist seine Ablehnung nicht rassistisch begründet. Auch sind keine Belege dafür zu finden, dass er einer »Lehre von der Lebensraumeroberung« folgte oder einem an den »Sozialdarwinismus rückgekoppelten Geschichtsbild« huldigte.[211] Selbst in einem Beitrag in der sudetendeutschen Tageszeitung »Die Zeit« vom 21. Mai 1941, in dem eine Gratulation zum 50. Geburtstag von Josef Preußler abgedruckt ist, wird einzig auf die Tätigkeit des Jubilars Bezug genommen, der sich der »künstlerisch-literarischen Erziehung«, der »Heimaterkundung« und der »Heimatdarstellung« verschrieben habe. Hervorgehoben wird seine Sammler- und Herausgebertätigkeit wie auch sein Engagement beim Erhalt der »Reichenberger Mundart«. Anders, als man es erwarten könnte, finden sich in dem Beitrag keinerlei ideologische Marker oder politische Einordnungen. Die Würdigung bezieht ihre Argumente aus dem Nachweis der Qualität der (populär)wissenschaftlichen Arbeit wie dem »selbstlosen Einsatz« Josef Preußlers. Auch von daher kann die spätere Sicht von Otfried Preußler den Kern treffen. Der hat sich in dem bereits angesprochenen Interview mit Martin Blümcke zum politischen Klima im Elternhaus, der Problematik der Sudetendeutschen in der tschechoslowakischen Republik und ihrer Reaktion auf die Machtübernahme Hitlers in Deutschland geäußert. Zur Sprache kommen das Münchener Abkommen von 1938 wie der Einmarsch der deutschen Wehrmacht in das Sudetenland. Auf die Frage, wie das politische Klima im Elternhaus bzw. allgemein beschaffen war, weist Otfried Preußler darauf, dass die »Eltern wie alle Sudetendeutschen gegen ihren Willen« zu Bürgern der tschechoslowakischen Republik gemacht worden seien. »Wir waren nicht deutschnational, wir waren eine deutsche Familie«, so die Aussage. Er verneint die Auffassung, »alle Sudetendeutschen seien rabiate Nationalisten gewesen«, und ergänzt:

> Natürlich waren wir in nationaler Hinsicht besonders empfindlich. So habe ich, außer im Tschechischunterricht, als kleiner Junge in Reichenberg kaum ein tschechisches Wort gehört, aber an jeder Haltestelle der Straßenbahn, da stand eben oben »Zastávka«, und darunter stand »Haltestelle«. (...) All das führte nicht gerade dazu, daß wir uns jener Regierung außerordentlich verbunden fühlten, die uns dergleichen zugemutet hat. Der »Namensstreit« mag heute kleinlich erscheinen, damals war er ein Politikum ersten Ranges.«[212]

Außerdem sei der Vater als Staatsbeamter angehalten gewesen, »sich politisch nicht zu exponieren«, da ein Verstoß dagegen bedeuten konnte, »daß man sehr schnell in eine entlegene Gegend versetzt oder gar außer Dienst gestellt wurde.«[213] Hinsichtlich der Situation der deutschen Bevölkerung in Böhmen wie auch der Reaktionen auf die Machtübernahme der Nationalsozialistischen in Deutschland notiert er:

> Wir Deutschen mußten uns in den böhmischen Ländern als Staatsbürger dritter Klasse fühlen, obgleich statistisch auf jeweils zwei Tschechen ein Deutscher kam. Die Tschechoslowakei war ein ausgesprochener Nationalitätenstaat; regiert wurde er allerdings als zentralistischer Nationalstaat nach französischem Muster. Die deutsche Bevölkerung fühlte sich auf Schritt und Tritt provoziert, gedemütigt und in ihrem Bestand gefährdet.[214]

Nach der Machtübernahme Hitlers habe die »nationalsozialistische Bewegung im Sudetenland Anziehungskraft gewonnen, der ja bei den Olympischen Spielen in Berlin auch viele Ausländer erlegen sind.«[215] Was Otfried Preußler hier zur Aufnahme der Olympischen Spiele von 1936 im Ausland notiert, bestätigt ein Blick in die Familie Fühmann. Auch auf die Fühmanns hat die Inszenierung in Berlin »durchschlagende Wirkung«.[216] Während die Nazis den internationalen Gästen das Bild einer friedvollen Gesellschaft vorspielen, sind bereits im September 1935 die Nürnberger Gesetze einstimmig verabschiedet worden und noch während der Spiele werden Gegner des Systems in Konzentrationslager deportiert.[217] Davon erfährt die Öffentlichkeit nicht zuletzt durch die moderne mediale Inszenierung nichts. Auch die Fühmanns fahren mit dem eigenen Auto nach Berlin und sind bei der Eröffnung der Sommerspiele durch Adolf Hitler am 1. August 1936 dabei. Franz Fühmann selbst erinnert in »Zweiundzwanzig Tage oder Die Hälfte des Lebens« in der ihm eigenen Art, dass er seit dem Sommer 1936 das gewesen sein muss, was man einen Nazi nennt.[218] Dies ist einmal mehr ein Beleg für die hohe Zustimmungsrate für die Nazis im Sudetenland. »Eines muß allerdings betont werden«, notiert Otfried Preußler später, »wäre in der damaligen Situation Deutschland kommunistisch gewesen und Thälmann hätte uns als Reichskanzler die Befreiung von der tschechischen Vorherrschaft versprochen, dann wären wir vermutlich alle für Thälmann gewesen – so wie wir dann halt für Hitler waren.«[219]

IX. Otfried Preußlers Spur führt nach Prag

Das Schreiben beginnt

Die Suche nach dem schriftstellerischen Beginn ist eine immer wieder an Autorinnen und Autoren gestellte Frage. Auch im Falle von Otfried Preußler ist es nicht einfach, seinen literarischen Beginn zu datieren. In einem kleinen Text mit einer Art Selbstinterview beantwortet Otfried Preußler Fragen, die von seinen kindlichen Lesern am häufigsten gestellt werden. Unter der Überschrift »Sagen Sie mal, Herr Preußler« findet sich als Erstes folgende Frage: »Seit wann schreiben Sie Bücher?«, und die Antwort fällt so aus: »Ich habe schon mit zwölf Jahren Gedichte und kleine Geschichten zu schreiben begonnen, die ich damals auch selbst mit Illustrationen versehen habe«, notiert er.[220] Das würde bedeuten, dass die Anfänge in der Schulzeit liegen. Aber wie hat man sich die Schulzeit von Otfried Preußler vorzustellen? Eingeschult wird er im September 1929 in die Deutsche Allgemeine Volksschule an der Schützenstraße in Reichenberg, die früher öffentliche Volksschule hieß und sich in der Erzherzog-Rudolf-Straße befand. Das war ein traditionsreicher Bau, der 1879 errichtet worden war und dann nur noch Rudolfschule genannt wurde. Bereits die Eltern von Otfried Preußler sind hier zur Schule gegangen. In dem Band »Herr Klingsor konnte ein bißchen zaubern« (1987) erzählt der Autor, wie er versichert eine »wirklich wahre Geschichte«, die mit dem Lehrer Klingsor zusammenhängt.

Die Schulzeit beginnt wie für alle Erstklässler auch für den jungen Otfried mit Lesenlernen und Rechnen, wobei das Lesen an allen deutschen Volksschulen der Tschechoslowakischen Republik über den Fibelunterricht führt. Das Lesebuch,

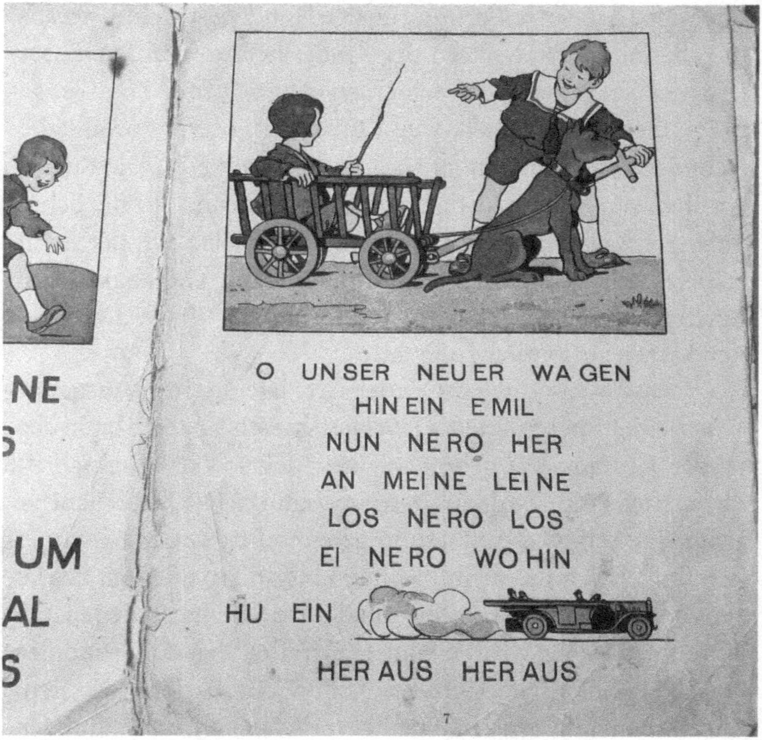

Abb. 7: Kinderfreude. Erstes Lesebuch für unsere Kleinen

das die Grundschüler Ende der 1920er Jahre in der Hand haben, ist mit bunten Illustrationen von Ernst Kutzer versehen und heißt »Mein erstes Lesebuch« oder aber »Kinderfreude. Erstes Lesebuch für unsere Kleinen mit vielen Bildern von Ernst Kutzer«. Kutzer, ein in Böhmen geborener Maler, Grafiker und Illustrator, hat an der Akademie der Bildenden Künste in Wien studiert. Seit den 1920er Jahren zeichnet er verantwortlich für verschiedene Fibeln. Zudem entwirft er zusammen mit Adolf Holst zahlreiche Bilderbücher. Beide ergänzen sich in bester Weise und in Gemeinschaftsproduktionen bringen sie »Hans Wundersam: ein Wintermärchen«[221], »Fridolin der Osterhase«

oder »Fips der Ausreißer. Eine lustige Hundegeschichte« heraus, die allesamt zu Klassikern der Kinderliteratur werden. Diese kongenialen Text-Bild-Geschichten haben Otfried Preußler geprägt, dies auch deshalb, weil Kutzer mit Josef Syrowatka befreundet und mehrfach zu Gast in der Familie ist. Die Bücher sprühen nur so von lustigen Einfällen und sind auf die Schulanfänger zugeschnitten. Gelernt wird damals nach der Buchstabiermethode, wobei die Grundschüler die schon bekannten Buchstaben zu lernen hatten, um sie dann zu Wörtern wie kleinen Sätzen zusammenzufügen.

Erlernt wird zunächst eine Art lateinischer Ausgangsschrift. Im hinteren Teil der Fibel finden sich Texte in der in den 1920er Jahren noch gebräuchlichen deutschen Druckschrift, die Otfried Preußler dann später auch nutzt. Der Siebenjährige hatte eine schnelle Auffassungsgabe und ist das, was man einen flinken Schüler nennt. Seinen Einstand in die Welt des Lesens begleitet der Lesekasten, mit dem in Schulen in den 1920er Jahren gearbeitet wird, einem Lehrmittel, dessen Grundidee auf der Phonem-Graphem-Korrespondenz basiert, also dem Zusammenhang zwischen den gesprochenen Lauten und den geschriebenen Zeichen. Der Lehrer spricht auch in Otfried Preußlers erster Klasse entsprechend ein Wort aus, und die Schüler bemühen sich mit den Kärtchen, auf die die Buchstaben des Alphabets gedruckt sind, dies nachzulegen. Die Mutter Ernestine, das ist überliefert, hat ihren Sohn Otfried in den ersten Schuljahren sehr unterstützt. Als Lehrerin ist sie bestens ausgebildet und hilft bei den Hausaufgaben, die der Junge während der Volksschulzeit am Küchentisch erledigt. Besonders interessiert ist sie bei allem, was mit der deutschen Sprache zusammenhängt, denn der Deutschunterricht ist in der Ausbildung eines ihrer Hauptfächer gewesen. »Hatten wir beispielsweise zehn Wörter mit großem A zu schreiben, schlug sie mir etwa vor, die Aufgabe einzugrenzen und mich auf Namen von Tieren oder Blumen zu beschränken«, erinnert der Sohn später.

»Sätze zu einem bestimmten Rechtschreib- oder Sprachlehrfall stellten wir unter ein übergeordnetes Thema oder wir ersetzten ein bestimmtes Zeitwort, das darin vorkam, durch sinnverwandte, andere Verben.« Und er weiß rückblickend auch, was er der Mutter zu danken hat. »Dies alles waren eigentlich nur Angebote, die mir die Mutter machte, Angebote zum Spiel mit der Sprache und ihren Möglichkeiten«, so die Erinnerung. »Heute weiß ich, dass ich damals unendlich viel für meinen späteren Beruf als Schriftsteller gelernt habe. Meine Mutter hat mich auf spielerische Weise begreifen gelehrt, welche herrlichen und überraschenden Möglichkeiten die deutsche Sprache für denjenigen bereithält, der sie zu handhaben versteht – und zwar richtig zu handhaben.«[222] Nachzutragen bleibt, dass in den deutschen Schulen in Böhmen der Unterricht am Vormittag und am Nachmittag erteilt wird, aber am Mittwoch und Samstag die Nachmittage unterrichtsfrei sind. Otfried Preußler besucht die Volksschule die vorgeschriebenen fünf Jahre, und von 1934 bis 1942 geht er an die Oberschule für Jungen in Reichenberg. Hier beginnt er zu schreiben, aber die Gedichte bleiben unpubliziert. Ab Herbst 1940 entstehen zahlreiche Gedichte für seine Tanzschulpartnerin Annelies Kind. Kennengelernt hat der junge Mann seine spätere Freundin, Verlobte und Frau bereits vor der Tanzstunde. Gemeinsam gelingt es ihm und seinem Freund, Wolf Stade, die jeweils Auserwählten in den Zirkus einzuladen. Annelies und Hilde. Die jungen Männer sind noch nicht 17 Jahre alt. Zum siebzehnten Geburtstag dann darf Annelies zu Besuch ins Schieferdörfel kommen, gemeinsam mit dem Freund und Hilde. Die Tanzstunde, auf der beide dann ein Paar werden, leitet Herr Soukup, und die Schule befindet sich in der Reichenberger Lissegasse. Der Zweite Weltkrieg hat bereits begonnen, daher sind öffentliche Tanzvergnügungen verboten. Auch deshalb schätzen die jungen Leute die Tanzstunden bei Herrn Soukup und den Ausklang danach im Volksgarten. In dieser Zeit beginnt Otfried Preußler, sich der

Lyrik zuzuwenden, er schreibt Liebesgedichte, aber auch Sonette und Naturlyrik.[223] Sonette gelten nicht zu Unrecht als eine ausgesprochen schwierige Gedichtform. Mit Sicherheit hat der Deutschunterricht den Siebzehnjährigen angeregt, obwohl ihm – wie den anderen Jungen – missfällt, dass sie viele und lange Gedichte auswendig lernen müssen. Dazu gehört der klassische Kanon mit Friedrich Schillers »Glocke«, »Kraniche des Ibykus«, »Der Taucher« und »Die Bürgschaft«, alles Gedichte, die auch nach 1945 in Gymnasien und Oberschulen in West wie Ost auf dem Lehrplan zu finden sind.[224] Johann Wolfgang Goethe, Uhland, Mörike, Freiligrath stehen auch in Otfried Preußlers Oberschulzeit auf dem Programm, ebenso Agnes Miegel. Einer der Lehrer ist Professor Hans Dittrich, den die Schüler ob seiner Schrullen belächeln. Der versucht mit Blick auf die Zukunft den adoleszenten Jünglingen das Auswendiglernen von Gedichten wie auch das Interpretieren der klassischen Texte schmackhaft zu machen. Später, so begründet er, würden sie froh darüber sein, dass ihnen ein Thesaurus an Versen zur Verfügung stehe, den sie sich jetzt mit einigem Widerwillen einprägen. Der Lehrer hat recht behalten, in der Kriegsgefangenschaft wird Otfried Preußler von dem erworbenen Kanonwissen wie auch dem Gedächtnistraining profitieren und dankbar an den alten Lehrer zurückdenken. Bedeutsam für den angehenden Dichter ist ein weiterer Lehrer, der am Reichenberger Jungen-Gymnasium der jüngste mit einem Professorentitel ist, sich mit sportlicher Lässigkeit kleidet und die Jungen mit fortschrittlichen Lehrmethoden gewinnt. Sein Name: Prof. Dr. Eduard Eisenmeier. Für den jungen Lyriker sind die Deutschstunden von besonderer Bedeutung. Später erinnert Otfried Preußler, dass der sportliche Lehrer in die Klasse stürmt und die jungen Leute mit der Frage konfrontiert: »Was ist Liebe?« Niemand ahnt, dass dies der didaktische Einstieg in Johann Wolfgang Goethes Gedicht »Maifest« aus den Sesenheimer Liedern ist, in denen die bekannteste Strophe euphorisch so beginnt: »O Mädchen, Mädchen,/ Wie lieb ich dich!« Von einem der Pennäler kommt die über Schüler-Generationen im kollektiven Gedächtnis archivierte Antwort, es handle sich hier um eine vorübergehende Trübung des Verstandes aus biologischen Gründen. Der Lehrer bleibt entspannt und versucht den jungen Männern am Beispiel von Goethe und seinen Gedichten einen Eindruck davon zu vermitteln, was Liebe sein könne. Und Eduard Eisenmeier ist es mit einiger Wahrscheinlichkeit zu verdanken, dass Otfried Preußlers »Prager Sonette« entstehen. In einer Deutschstunde geht es um Goethes Prosastück »Von deutscher Baukunst«, das den Geist der Epoche des Sturm und Drang atmet und dem Erbauer des Straßburger Münsters gewidmet ist. Unter der behutsamen Anleitung des Lehrers finden die Schüler einen Zugang zu dem schwierigen, kunstvollen und vieldeutigen Text. »Damals habe ich erfahren, was es heißt, sich auf schwierige Prosa einzulassen, sie zu begreifen, sie zu entschlüsseln: geduldig lesend, aufmerksam zuhörend, nicht allein mit dem Kopf, auch mit Herz und Sinnen sich ihr zu nähern«, schreibt er Jahrzehnte später in einem Nachruf.[225] Prof. Eisenmeier wird 1942 zur Wehrmacht einberufen und vor Stalingrad in Gefangenschaft geraten. Nach der Rückkehr ist er ab 1948 wieder im Schuldienst, später macht er sich als stellvertretender Rektor eines Würzburger Gymnasiums mit wichtigen Forschungen zu Adalbert Stifter einen Namen.[226]

Vergleicht man Otfried Preußlers Sicht auf die Schule, dann unterscheidet sie sich deutlich von dem in der Literatur über Jahrzehnte etablierten Klischee, das in dem Slogan kulminiert »Wir hatten schlechte Lehrer, das war eine gute Schule«.

Die Gedichte, die der siebzehnjährige Otfried auf dem Reichenberger Gymnasium schreibt, sind allerdings nicht nur an den privaten Kreis und die Freundin adressiert, sondern er denkt durchaus daran, später als Autor wahrgenommen zu werden. Ansprechpartner und Förderer war damals – davon ist auszugehen – Robert Hohlbaum, der mit den Eltern Preußlers bekannt ist. Dies erklärt, warum sich in der Weihnachtsausgabe der sudetendeutschen Zeitung »Die Zeit« von 1941 unter der Überschrift »Ein junger sudetendeutscher Dichter« ein Beitrag von ebendiesem Robert Hohlbaum findet, der Otfried Preußlers Lyrik betrifft und ihn als Autor einführt. »Vor mir liegt eine Auswahl seiner Lyrik«, schreibt der Rezensent und zitiert ein Sonett Preußlers, das dem St. Veitsdom in Prag gewidmet ist:

St. Veitsdom in Prag

Das Unaussprechliche zu Formen fassend,
In Säulen jubelnd, wie mit tausend Stimmen,
Und Ranken, die sich schneidend überklimmen,
Von Sehnsucht nach der Höhe tönend lassend,

Aus spitzen Fenstern, deren Gläser glimmen,
In schlanken Pfeilern, die sich strebend einen
Aus ungezähltem Maßwerk, Bogensteinen,
Dem steilen Dachgebälk mit scharfen Kimmen

Zu einem großen Chor zusammenklingend
Und frei von allem hergebrachten Gemeinen
Sich aus der engbegrenzten Welt des Kleinen

Empor ins Freie, in den Himmel schwingend
So wächst der Dom ins Licht hinauf und steht
Als seines Schöpfers ewiges Gebet. [227]

Hohlbaum lobt das Sonett ausgesprochen und stellt heraus: »Dieses Gedicht wäre ein schönes Stück, hätte es ein alter, reifer, namhafter Dichter geschrieben. Für den Achtzehnjährigen ist es ein unerklärliches Wunder.«[228] Auch im Rückblick wird man sagen können, dass der junge Autor, der sich hier zu Wort meldet, eine beträchtliche Begabung besitzt. Offensichtlich sind die Traditionen, in denen er steht, nämlich Oskar Loerke und Wilhelm Lehmann, mithin das, was vor 1933 als »Magischer Realismus« gilt, eine Kunstströmung, in der es zu einer Verschmelzung von »wirklicher Wirklichkeit« (Anna Seghers) und einer magischen Realität kommt, die etwa durch Träume und phantastische Visionen bestimmt wird. Auch der frühe Günter Eich gehört in diesen Kreis. Hohlbaum zitiert auch aus einem ganz anders gebauten Gedicht, das nicht der Sonettform entspricht, sondern sich kunstloser und architektonisch weniger avanciert gibt:

(...) Und Kinder spielen auf allen Wiesen,
und Masten splittern im Sturmgebraus.
Hier jagen Hexen und dort schlagen Riesen,
und mittendrin ist der Herrgott zuhaus (...)[229]

Es gelingt dem jungen Autor die Atmosphäre des bekannten Breughel-Gemäldes einzufangen, der Titel lautet entsprechend »Bauern-Breughel«. Nach dem Verweis auf weitere Gedichte, die ebenfalls Hohlbaums Zuspruch finden, gelangt er zu dem Ergebnis: Die »Kunst dieses Jungen ist durchaus nicht sekundär, er schöpft auch aus dem Urquell der Natur.«[230] Letztlich sieht Hohlbaum sich als Entdecker des jungen Autors und beschließt seine Besprechung mit dem Hinweis darauf, um wen es hier geht: »Und zum Schluß muß ich wohl, da mir bisher das Werk über die Person ging, doch noch hierhersetzen, wes Nam' und Art dieser Junge ist, der Gott sei Dank, kein Talent zum Wunderknaben hat: Er heißt Otfried Preußler und stammt aus Reichenberg.«[231] Letztlich spielt Hohlbaum hier auf Christian Adolf Overbecks »Fritzchens Lieder« an, den Josef Syrowatka in seine Sammlung »Der Jugend Liederborn« aufgenommen hat. »Mein Fritzchen«, hieß es in der Vorrede des Herausgebers, »es wäre freilich besser, wenn er ein Engel hätte seyn können: aber er ist nun einmal ein Menschenkind.«[232]

Nun sind sämtliche Originale der Gedichte und alle Manuskripte des jungen Otfried Preußler vernichtet. Als die Mutter das Haus in Reichenberg innerhalb weniger Stunden zu verlassen hat – der Vater Josef Preußler befindet sich, wie notiert, bereits in Untersuchungshaft –, kann sie nichts von den Aufzeichnungen mitnehmen. In einem bisher unbekannten Brief von Ende Mai 1946 an Annelies Kind, Otfried Preußlers Verlobte und spätere Frau, informiert Ernestine Preußler über die Situation. Sie befindet sich zu diesem Zeitpunkt in Oberzeuzheim im Kreis Limburg, wohin sie nach der Vertreibung gekommen ist. Der Ort gehört zur amerikanischen Besatzungszone. Im Brief vom Mai 1946 teilt Ernestine Preußler ihrer zukünftigen Schwiegertochter Annelies Folgendes mit: »Ich besitze außer einem frühen nur Otfrieds letzten Brief v. 18. Aug. 44. Sonst bin ich in diesem Punkte bettelarm.«[233]

Einzig ein Gedicht des Sohnes befindet sich in ihrem Besitz. »Das Gedicht ›Halles Haus‹ nahm ich mir schon früher aus dem Gästebuch mit. Sonst durfte ich nichts Schriftliches aus dem Hause bringen u. alle unersetzl. Kostbarkeiten, Arbeiten uns. lieben Vaters u. uns. guten Otfried sind verloren. Wie sehne ich mich oft nach seinen schönen Gedichten! Aber ich habe doch dich gefunden, meine geliebte Annelies u. ich weiß, in deinem Gedächtnis lebt Vieles von Otfrieds kleinen Schöpfungen.«[234] Und Ernestine Preußler hat recht, sie selbst und auch Annelies erinnern zahlreiche Gedichte von Otfried Preußler. Darunter auch jenes vom Bauern-Breughel.

Bauern-Breughel

Ihr zeichnet Kaiser und Potentaten –
ich male Flanderns bunte Welt,
drin werken Bürger, reiten Soldaten,
bestellen Bauern im Schweiß das Feld.

Da blasen die Pfeifer und tanzen die Jungen,
da dröhnt die Diele von ihrem Schritt
und die Lieder, die sie im Krug gesungen,
die klingen in meinen Bildern mit.

Hier spielen Kinder auf allen Wiesen,
dort splittern Masten im Sturmgebraus,
hier jagen Hexen, dort schlafen Riesen
und irgendwo ist der Herrgott zuhaus.

Ihr zeichnet Kaiser und müßt euch zieren.
Ich mal' meiner Heimat Angesicht
und darf die Wahrheit im Pinsel führen –
sie mindert Flanderns Schönheit nicht.

Auch weitere Gedichte können auf diese Weise dem Vergessen entzogen werden. Dazu gehört der »St. Veitsdom in Prag«, den Hohlbaum abgedruckt hat und den die Frauen später nur wenig modifiziert aufschreiben. Das Gedicht gehört zu einem Zyklus, der 1940/41 entstanden ist und den Otfried Preußler damals unter »Prager Sonette« in einem Heft mit Sonetten zusammengebunden hat. Auch dieses Bändchen war verloren, allerdings wurden die Gedichte in den folgenden Jahren aus dem Gedächtnis rekonstruiert. Zum 70. Geburtstag des Freundes Heinrich Pleticha hat Otfried Preußler die Texte in einer Sonderedition dem Jubilar zum Geschenk gemacht. Die Entstehung der Gedichte und die Sicht auf diese Anfänge fasst Otfried Preußler 1994 so zusammen:

> Ich war damals um die siebzehn und hatte beschlossen, ein Dichter zu werden. Und wie es Siebzehnjährige an sich haben, war ich verwegen genug, mich den Zwängen strengster lyrischer Formen zu unterwerfen. Also erprobte ich mein Talent am Sonett.
>
> Den Stoff dazu gaben mir jene mächtigen Impressionen, die mich im Anblick der Goldenen Stadt überwältigt hatten – jener Stadt, in der ich dereinst zu studieren gehofft hatte, der Stadt Peter Parlers, auch Mozarts, der Dientzenhofer. Auch Rainer Maria Rilkes, auch Rudolf des Zweiten Stadt.
>
> Damals besaß ich noch keinen Fotoapparat, wozu auch? Was ich gesehen, was mich in der tiefsten Tiefe meiner jungen Seele ergriffen hatte – ich habe versucht, ihm in Worten Ausdruck zu geben: in meinen Worten, in meinen Versen.
>
> Die ›Prager Sonette‹ (dem Literaturkundigen wird nicht entgehen, daß es darunter eine Ausnahme gibt) haben mich gelehrt, strengen formalen Gesetzen zu entsprechen, mich meiner sprachlichen Mittel mit äußerster Sorgfalt zu bedienen. Noch heute bin ich erstaunt darüber, welcher Verlockung ich damals erlegen bin, welchem Abenteuer.[235]

An den Gedichten, schätzt Otfried Preußler »im Rückblick und mit den Erfahrungen eines langen Lebens« ein, erscheint manches gekünstelt, »gut gemeint, aber nicht ganz lupenrein, nicht ganz frei von Gemeinplätzen«. Aber letztlich falle das nicht ins Gewicht, denn unter schwierigen Bedingungen hätten die Gedichte ihre Wirkung entfaltet:

> In den sowjetischen Lagern hat mich das wenig geschert; immer wieder habe ich sie rezitiert, Dutzende meiner Mitgefangenen haben sie niedergeschrieben: auf Zeitungsrändern, auf Papier, das wir aus den inneren Lagen von Zementsäcken gewonnen hatten, mit selbstgemachter Tinte, mit selbst zurechtgeschnitte-

> nen Federn von Elstern und Krähen. In solchen Niederschriften sind sie buchstäblich über das gesamte Territorium der einstigen Sowjetunion verbreitet, mir im Laufe der Jahre wieder zugesandt worden.[236]

Allerdings weigert er sich standhaft, »diese und andere lyrische Texte aus jenen Jahren zur Veröffentlichung freizugeben«. Die Gründe dafür liegen auf der Hand:

> Zum einen haben sie ihren Zweck ja erfüllt, in den Lagerjahren: ein wenig zu trösten, ein wenig das Heimweh zu stillen, ein wenig Zuflucht und Hoffnung zu bieten – auch jenen von uns, die niemals den Fuß nach Böhmen, nach Prag gesetzt hatten. Und zum andern? Ich meine es diesen Texten schuldig zu sein, sie um keinen Preis dem Zugriff heutiger Rezensenten auszusetzen, entgegen dem Wunsch vieler meiner Schicksalsgefährten aus jener schrecklichen, jener finsteren Zeit, sie gedruckt zu sehen.[237]

Otfried Preußlers Entscheidung, die wieder erinnerten Texte auf keinen Fall in einer Edition zu veröffentlichen, ist verständlich und unantastbar. Aber dennoch hat er 1994 nichts dagegen, dass einige wenige dieser Gedichte aus dem damaligen Zyklus an Vertraute geschickt werden. Das Sonett »Ewiges Prag« gehört ebenso dazu wie »Auf der Kleinseite«, »Barocke Kirche« und »Karlsbrücke«.

EWIGES PRAG

Das ist es, was wir kaum an dir verstehen,
Daß dein Gesicht so gar nicht fremd uns ist,
Daß du uns altvertraut und nahe bist,
Auch wenn wir dich zum ersten Male sehen;

Mag sein, aus deinen stolzen Zügen wehen
Uns noch die Seelen jener Meister an,

Mit deren Meißeln einst dein Stolz begann –
Und wenn wir durch die engen Gassen gehen,

Vermeinen wir die eignen Seelen dann
Im Kelche deiner Formen wach zu finden:
Denn unser Blut und seine Bilder binden

So stark, daß keine Macht es hindern kann,
Uns an das Leben jener Männer fest,
Das dich wie uns erschuf und leben läßt.

AUF DER KLEINSEITE

Im Winkelwerk der Türmchen und Emporen
Und zwischen Giebeln, die im Winde bräunen,
Auf Säulenfüßen, altersschwachen Zäunen,
Auch unter schattenkühlen, breiten Toren,

In stillen Kirchen (auf verstaubten Choren)
Und schiefen Häuschen, die im Schutz der Mauern
Sich schutzbedürftig aneinanderkauern,
Erstarrte, meilentief im Schlaf verloren,

Die Zeit und ließ ihr sonstgewohntes Rinnen,
Als wollte sie sich selber überdauern,
Verfing sich fest im dichten Netz der Spinnen

Und sinkt bloß ab und zu in leichten Schauern
Zu Boden in den märchenstillen Höfen
Wie feiner Ruß aus Alchimistenöfen.

BAROCKE KIRCHE

Kein zerknirschtes auf den Knien kauern,
Kein zu Kreuze kriechen, schuldbewußt:
Wieviel Frömmeres hat solcher Mauern
Himmelan gejauchzte Erdenlust!

Welch lebendige, beschwingte Frische
Singt und klingt durch dieses Gotteshaus –
Selbst die Heiligen in ihrer Nische
Sehn wie stillvergnügte Sünder aus.

Während gleichsam sich in Schäferlaunen
Unser Herr als Guter Hirt gefällt,
Preist ein Schwarm von Englein, auf die Daunen

Zarter Lämmerwolken hingestellt,
Unentwegt mit Pauken und Posaunen
Ihm die Freuden Seiner schönen Welt.

Unter den Gedichten gibt es eine Ausnahme, die nicht in die Kategorie Sonett fällt und bei der Otfried Preußler – er macht darauf in seinem Brief an Heinz Pleticha aufmerksam – eher dem Volksliedhaften folgt. Es ist dies das Gedicht »Karlsbrücke«.

KARLSBRÜCKE

Verwitterte Heilige stehen
In Gruppen zu zweien und drein
Auf dem Gesimse und sehen
Still in die Moldau hinein.

Sie neigen die Häupter vornüber,
Und wie es dem Flusse gefällt,

Schaun sie bald klarer, bald trüber
Eine verwunschene Welt:

Blühn drunten die seligen Züge
Nicht staunend aufs neue hinaus
Über das Quadergefüge
Steinalten Wehrbrückenbaus?

Und dämmern nicht, Garten an Garten
Die schläfrigen Ufer entlang
Mauern mit gähnenden Scharten,
Blinzelndes Efeugerank?

Wogt drüber nicht Dächergewimmel
Bergan bis zur Burg mit dem Dom? –
Gläserner Hochsommerhimmel
Geistert verflimmernd im Strom.[238]

Mit Sicherheit war Otfried Preußler von Stolz erfüllt, als er erfährt, in welchem Maße ein im Sudetenland geschätzter Autor wie Robert Hohlbaum sein Talent hervorhebt. Aber es bleibt ihm keine Zeit, weitere Schritte zu gehen. Am 25. März 1942 wird er einberufen und am 28. Mai 1942 zum Kriegsoffiziersbewerber-Lehrgang (KOB) nach Löbau in Sachsen versetzt.

Bei der Beantwortung der Frage nach den von Otfried Preußler benannten ersten Publikationen hat schließlich einzig die Recherche und der Gang in verschiedene Archive geholfen. Zu Otfried Preußlers Vater fand ich heraus, dass er wegen seiner zahlreichen Publikationen Mitglied der Reichsschrifttumskammer war. Ich vermutete, dass möglicherweise auch der Sohn dort einen Aufnahmeantrag gestellt haben könnte. Und in der Tat: Im Bundesarchiv liegt ein Antrag von Otfried Preußler auf Aufnahme in die Reichsschrifttumskammer vom 9. September

1942 vor. Der Eingang wird von der Reichsschrifttumskammer am 12.10.1942 bestätigt. Die Frage, warum ein noch nicht einmal Neunzehnjähriger einen solchen Antrag stellt, spricht für das Selbstbewusstsein des jungen Mannes, der anscheinend davon überzeugt ist, in Zukunft weitere Schritte in Richtung Autorschaft zu gehen. Dies vorausgesetzt, war mit dem Reichskulturkammergesetz vom 22. September 1933 verfügt worden, dass jeder, der bei der »Erzeugung, der Wiedergabe, der geistigen oder technischen Verarbeitung, der Verbreitung, der Erhaltung, dem Absatz oder der Vermittlung des Absatzes von Kultur« mitwirke, zur Mitgliedschaft in der jeweils zuständigen Einzelkammer verpflichtet ist.[239] Der beigefügte handschriftliche Lebenslauf wurde am 26. August in Löbau geschrieben, also bereits während des Fahnenjunkerlehrgangs.

Auf die Frage 3 im Aufnahmeantrag, wann der Antragsteller die »schriftstellerische Tätigkeit« begonnen hat, antwortet Otfried Preußler mit »1940« und gibt als Publikationsort »Kameraden« an. Die Zeitschrift heißt mit vollem Namen: »Kameraden. Sudetendeutsche Briefe an Wehr- und Werkmänner«. Bei der dort publizierten Geschichte, die nicht mehr als zwei Seiten umfasst, handelt es sich eigentlich um einen Brief, was schon mit dem Titel markiert wird: »Lieber Soldat!«, so die Anrede. Und weiter heißt es: »Es ist ein heller Sommertag, so richtiges Wetter für die große Fahrt. Da steigen vor einem gleich wieder die Bilder aus früheren Ferien auf und locken hinaus ins weite Reich.«[240] Damit ist die Gegenwartsebene benannt, von deren Hintergrund der jugendliche Erzähler dann an den Sommer des letzten Jahres erinnert. Es erfolgt also über eine Analepse, eine Art Rückwendung, ein Wechsel von der sogenannten Basiserzählung (Gegenwart) in die Vergangenheit. »Ich muß gerade fest an meine Niedersachsenfahrt im Vorjahr denken. An die stolzen alten Städte, die ich mit meinen 26 Pimpfen sah«, heißt es.[241] Dann folgt ein Bericht über ein Sommerlager mit Zelten, in dem der Erzähler verantwortlich für einen

Jungzug gewesen ist. Entsprechend wird von Fehden mit einer Nachbargruppe berichtet. Besonders erwähnenswert erscheint dem Erzähler eine Episode, in der – für die Altersgruppe von 10 bis 14 Jahren nachvollziehbar – eine abenteuerliche Episode mit Pferden geschildert wird. »Na, und eine schwere Sache war doch auch das mit dem wilden Pferd!«, schreibt der noch nicht Siebzehnjährige. »Es stand so sanft und unschuldig in der Koppel, als wir vorbeikamen, und verlockte geradezu zum Reiten. Wir stiegen durch den Stacheldraht, und dann ging es los! Keiner hat sich oben gehalten, die meisten kamen gar nicht richtig rauf. Der Bauer stand in der Nähe und hätte sich beinahe krank gelacht über uns. Dabei hat er ganz das Schimpfen vergessen. Als wir nach vielen Versuchen abzogen, sah uns der Gaul freundlich nach und stand dabei wieder so sanft und unschuldig hinter seinem Stacheldraht, wie vorher. Das war Tücke.«[242] Diesem Text fehlt jegliches ideologisches Moment, eher wirkt er jungenhaft unschuldig!

Zurück zum Antrag mit dem handgeschriebenen Lebenslauf: Der junge Otfried gibt an, dass »er seit dem Frühjahr 1940 an kleineren Gedichten« arbeite, sodann im Winter 1940/41 ein Jungenbuch mit dem Titel »Erntelager Geyer« entstanden sei, »welches im Verlag ›Junge Generation‹, Berlin, erscheinen soll.«[243] Für Mai 1942 bestätigt er eine Mitarbeit an der Zeitschrift »Wanderer im Riesengebirge« und nennt hier den Abdruck von zwei Gedichten.[244] Interessant ist, was die Suche nach den beiden Gedichten von Otfried Preußler ergeben hat: sie sind in Verbindung mit dem »Faust des Isergebirges« von Josef Preußler erschienen, gewissermaßen als Fortsetzung. Josef Preußlers Beitrag setzt kenntnisreich mit einem Bezug auf Johann Wolfgang Goethe ein:

> Als Goethe am ersten Herbsttag des Jahres 1790 von Breslau kam, die Schneekoppe bestieg und dann entlang des Hauptkammes im Riesengebirge wanderte, sah er wohl auch das Iser-

> gebirge. Hätte er geahnt, daß am Südhange dieser wälderreichen Bergwelt sieben Jahre vorher ein Mann zur letzten Ruhe gebracht worden war, der nun wieder durch Frächter, Spinnstuben u. a. zu neuem Leben aufstand, weil die Einbildungskraft des Volkes sich an seiner faustähnlichen Gestalt zu entzünden begann: vielleicht hätte es ihn doch verlockt, in Schumburg bei Gablonz einzukehren, wo der Wunderdoktor Kittel gelebt und gewirkt hatte.[245]

Nach neueren Recherchen von Raimund Paleczek ist es sehr wahrscheinlich, dass die Preußlers vom hier genannten »Wunderdoktor« Johann Joseph Kittel abstammen, der von 1704 bis 1783 in Schumburg lebte. Das war Vater Preußler beim Abfassen seines Aufsatzes nicht bekannt. Sehr wohl weiß er aber, dass Goethe sich im Jahr 1790 mit Herzog Carl August zweimal in Breslau aufgehalten hat. Vater Preußler weiß, dass Goethe sich im Jahre 1790 mit Herzog Carl August zweimal in Breslau aufgehalten hat.[246] Dabei will er auch das Riesengebirge kennenlernen. Über seine zweite Reise schreibt Goethe in einem Brief an Johann Gottfried und Karoline Herder aus Breslau am 11. September 1790, dass er hierher »von einer Reise nach Tarnowitz, Krakau, Wilitzka, Czestochowa glücklich zurückgekommen« sei. Im »lärmenden, schmutzigen, stinkenden Breslau, aus dem ich bald erlöst zu sein wünsche«, fühle er sich überhaupt nicht wohl.[247] Ganz anders sei es ihm im Riesengebirge ergangen, wo er auf dem Gut in Langenbielau, unweit von Reichenberg, Station gemacht hat. Im Riesengebirge erwandert der junge Goethe schließlich auch die Schneekoppe. Josef Preußler zielt mit dem Goethe-Verweis auf eine weitere »Faust-Figur«, nämlich jene, die in Böhmen verortet und an den von ihm geschätzten Gustav Leutelt gebunden ist. Der steht nämlich vor Vollendung seines Romans »Dr. Kittl«.[248] Die beiden Gedichte des Sohnes Otfried »Abend« und »Nächtliche Landschaft« stehen von daher in einer Beziehung zum »Faust des Isergebirges«.

Abend

Unermeßlich hoher Himmelsbogen
über frühjahrsfeuchter Ackererde;
Eggen träumen wo am Rain, und Pferde
haben ihre Fuhren heimgezogen.
Hütten ducken sich in müder Herde
Auf den Grund der weiten Hügelwellen,
Bauern sehn noch einmal nach den Ställen,
ob das Vieh auch ruhig schlafen werde,
und bevor sie in die Kammern steigen,
rasten sie ein Weilchen auf den Schwellen.
Ferne Hunde jaulen auf und bellen
dünn und wie verschollen durch das Schweigen. –
Sachte hebt der Abendwind den hellen,
honiggelben Vollmond aus den Zweigen.

Bei »Abend« handelt es sich um einen regelmäßigen Fünfheber, der der Tradition der zeitgenössischen Natur- und Jahreszeitlyrik folgt. Aus der Sicht eines nicht näher benannten Betrachters wird eine entsprechende Stimmung vermittelt. Der Text wirkt anspruchslos, aber ist in seiner offensichtlichen Zurückhaltung durchaus zeitgemäß.

Nächtliche Landschaft

Übertürmt von düstern Schattenbäumen,
schwer ins Schwarz der Büsche hingegossen,
die, ein Heer von drohenden Kolossen,
seine schmalen Uferwiesen säumen,
furchtsam in der Finsternis beschlossen,
lag der Teich und wagte nicht zu träumen.
Doch der Mond verstreute fremde Blüten
auf das Gras mit wunderbarem Scheine,

als er aus den Fichten trat, und seine
feinen Funken in den Nachttau sprühten. –
Aus dem Samt der dunklen Wasser glühten
Sterne auf wie tausend Edelsteine.[249]

»Nächtliche Landschaft« ist vergleichbar aufgebaut wie »Abend«, einschließlich der durch Gedankenstrich abgetrennten letzten beiden Verse mit Schilderung eines finalen Eindrucks. Das Gedicht wirkt wie eine Fortsetzung von »Abend«, ist allerdings durch den Einsatz von Metaphern und Personifikationen wesentlich expressiver und entwirft eine eher düstere Stimmung. Wenngleich sich Bezüge zu Georg Trakl herstellen lassen, ist auch dieser Text in der Natur- und Landschaftslyrik verankert.

X. Ein junger Autor, der »mit beiden Beinen im Leben steht«

Otfried Preußler

Schon als junger Mann sucht Otfried Preußler die Öffentlichkeit, und tatsächlich wird von ihm noch vor Kriegsende ein Erzähltext vorliegen. Selbst in der Zeit, in der der Autor Weltruhm erlangt, bleibt dieser Text weitgehend unbekannt – seine »Wiederentdeckung« im Jahre 2015 gab dann zu einigen Missverständnissen Anlass. Wer etwa den Eintrag der viel besuchten Online-Enzyklopädie Wikipedia über Otfried Preußler konsultiert, findet dort die Einschätzung, es sei ein Buch »im Stil der HJ-Ideologie«, das man »in der Sowjetischen Besatzungszone verboten« und zu dem Otfried Preußler zu Lebzeiten »keinen Hinweis« gegeben habe.[250] Ein genauerer Blick auf den Text und die Entstehungsumstände kann helfen, diesen ersten längeren Prosatext Preußlers genauer zu verorten.

In der ersten Besprechung der Gedichte von Otfried Preußler durch Robert Hohlbaum findet sich der Hinweis auf ein »demnächst erscheinendes Prosabuch«, das »Jungenbuch ›Erntelager Geyer‹«, von dem auch der junge Autor in seinem Antrag vom September 1942 spricht. Für Hohlbaum ist der Text ein Beleg dafür, dass der junge Autor »mit beiden Beinen im Leben steht«, es sei eine »sehr große Talentprobe«.[251] Allerdings dauert es noch zwei Jahre, bis das Manuskript in einem Verlag erscheint. Es wird der Verlag »Junge Generation« in Berlin-Lichterfelde sein, damals ein nicht unbekanntes Haus. Der Inhaber Hellmut Reichel gehört einer Verlegerdynastie an. Noch bis 1936 ist er gemeinsam mit seinem Vater, Hans Reichel, persönlich haftender Gesellschafter des renommierten Georg Westermann Verlages in Braunschweig. Hans Reichel wiederum hat einige Bekanntheit durch die Edition von Westermanns Weltatlas erlangt, der nach dem I. Weltkrieg herauskommt, und zwar in zahlreichen Auflagen noch bis zum Ende der 1940er Jahre. Die verlegerische Leistung von Reichel senior wird von der Universität Greifswald sogar mit der Ehrendoktorwürde geehrt.

Der neue Verlag »Junge Generation« konzentriert sich – wie es der Name zum Ausdruck bringt – auf die Jugend und bringt verschiedene Heftreihen und Serien heraus, die sich sowohl an Mädchen als auch Jungen richten.[252] Dabei ist der Verlag durchaus erfolgreich, etwa mit dem Bestseller von Erika Müller-Hennig »Wolgakinder«, der 1934 erscheint. Im Zentrum der Erzählung steht die Flucht von sechs wolgadeutschen Geschwistern aus dem Gebiet von Saratow. Das Buch, das eigentlich für jugendliche Leser gedacht ist, aber ein breiteres Publikum erreicht, setzt 1914 mit dem Ersten Weltkrieg ein. Der Erzähler berichtet aus der kindlichen Perspektive der Hauptfigur, wie die Mutter im Saal eine »große Landkarte« habe aufhängen lassen, und »dort, wo die roten und weißen Stecknadeln steckten, standen jetzt russische und deutsche Soldaten sich gegenüber und schossen sich gegenseitig tot.«[253] Das Dilemma der Russlanddeutschen wird – bei aller Kritik an der einseitigen und im Kern antisowjetischen Ausrichtung – durchaus nachvollziehbar beschrieben. So heißt es:

> Oh, wie sehr Didi diese furchtbare Landkarte haßte! Da hing sie nun wie ein häßlicher Fleck auf der hellen Tapete, und jeden Morgen standen Vater und Mutter davor und steckten die Nadeln wieder anders, immer tiefer nach Rußland hinein. Manchmal schien es Didi, als freuten sie sich darüber, und doch machten sie und überhaupt jeder Mensch traurige Augen, wenn sie vor der Landkarte standen. Denn das war das Schreckliche an diesem Krieg: es war ausgerechnet Deutschland, welches Vater und Mutter so liebten, gegen das Rußland Krieg machte.[254]

Was die jugendliche Figur hier benennt, ist zwar nicht mit dem Schicksal der Sudetendeutschen vergleichbar, aber es deutet an, in welchem Maße Minderheiten in Konfrontation mit einer Mehrheitsgesellschaft geraten können. Müller-Hennig erhält nicht zuletzt für diese Erzählung den Ernst-Schemm-Preis, bei dem es sich um den ersten in der Zeit des Nationalsozialismus gestifteten staatlichen Kinderliteraturpreis handelt, der 1936/37 zum ersten Mal vergeben wird.[255] Es ist sicher kein Zufall, dass Müller-Hennig, die durchweg wolgadeutsche Schicksale zum Gegenstand kinderliterarischen Erzählens macht, diesen Preis 1940/1941, also kurz vor dem Überfall Nazi-Deutschlands auf die Sowjetunion, erhält.

Christian Adam, der eine gewichtige Studie zu »Lesen unter Hitler« vorgelegt hat, in der es um Autoren, Bestseller und Leser im Dritten Reich geht, betont, wie wichtig es für die Beurteilung des damals Geschriebenen ist, den Buchmarkt im Dritten Reich und die damaligen Produktions- und Rezeptionsbedingungen von Literatur in Betracht zu ziehen.[256] Es ist dies nicht einfach, zumal es aus nachvollziehbaren Gründen zunächst im Nachkriegsdeutschland erst einmal darum gehen musste, sich mit jenen zu beschäftigen, die Opfer der Bücherverbrennungen des Jahres 1933 waren, die ins Exil gehen mussten oder dem Holocaust zum Opfer fielen.[257] Was auf jeden Fall von Bedeutung ist, sind Kenntnisse über die Rahmenbedingungen der Textproduktion und -vermittlung wie auch der Möglichkeiten der Rezeption. Das gilt nicht zuletzt für an Kinder und Jugendliche adressierte Texte. In diesem Rahmen ist vereinfachten Auffassungen von einer radikalen Instrumentalisierung der jungen Leser mit der NS-Ideologie widersprochen worden. »Eine unmittelbar auf Ideologisierung und Indoktrination abhebende KJL entsprach keineswegs den Leitlinien der offiziellen KJL-Lenkung«, betonen Norbert Hopster, Petra Josting und Joachim Neuhaus, die Verfasser des verdienstvollen wie grundlegenden Handbuches zur Kinder- und Jugendliteratur im Dritten Reich. »Gewünscht war vielmehr eine KJL, die echt, wahr und erlebnisbezogen und zugleich auch literarisch anspruchsvoll sein sollte«, schreiben sie. Die damalige Literaturkritik habe – etwa in der repräsentativen »Jugendschriften-Warte« – »viele Titel positiv bewertet, die gar keinen Bezug zum Nationalsozialismus erkennen ließen.«[258] Das hatte Folgen insofern, als die Leitlinien »an die gängige Kinder- und Jugendliteratur aus der Zeit der Weimarer Republik« anschlossen. Diese Texte verblieben nicht nur auf dem Buchmarkt, sondern wurden sogar neu aufgelegt. Von daher bewahrte der Kinder- und Jugendbuchmarkt in der NS-Zeit »trotz aller staatlichen und parteiamtlichen Eingriffe in relativ hohem Grade seine Eigendynamik und Eigenständigkeit«.[259]

Wann genau die Geschichte vom »Erntelager Geyer« publiziert wurde, ist zunächst nicht auszumachen, da sich im Impressum – anders als bei anderen Publikationen des Verlages – keine Jahresangabe findet. Einer Anmerkung von Hohlbaum kann man entnehmen, dass die Erzählung von Otfried Preußler 1944 erscheinen soll, also zu einem Zeitpunkt, da Joseph Goebbels mit seiner Sportpalastrede vom 18. Februar 1943 bereits den »totalen Krieg« ausgerufen hat. Zwei Wochen vor der martialischen Inszenierung musste die 6. Armee an der Ostfront kapitulieren. Nach der Niederlage der 6. Armee im Kessel von Stalingrad hat die beginnende totale Kriegsführung Folgen für die Situation in Deutschland. Bereits 1943 kommt es zu Verlagsschließungen, die mit den wirtschaftlichen Engpässen zusammenhängen. Otfried Preußlers Erzählung erscheint von daher in einer Situation, die zunehmend unübersichtlich geworden ist.

XI. Erzählen über Jugend im Dritten Reich

Otfried Preußlers Erzählung vom »Erntelager Geyer«

Zu Otfried Preußlers Frühwerk hat es in den letzten Jahren Fragen gegeben, nachdem von Peter Becher 2015 ein kurzer Beitrag unter dem Titel »Ein unbekannter Roman von Otfried Preußler« in der Zeitschrift »Sudetenland« erschienen ist.[260] Allerdings war Otfried Preußlers Erzählung nicht »unbekannt«. Im Handbuch »Kinder- und Jugendliteratur 1933–1945«, das Norbert Hopster, Petra Josting und Joachim Neuhaus verantwortet haben und das bereits 2001 herauskommt, wird der Text unter der fortlaufenden Nummer 4173 verzeichnet. Es heißt entsprechend: »Preussler, Otfried: Erntelager Geyer / (Einbd. u. Zeichn. Von Ferdinand Spindel). – 1. Dr. – Berlin-Lichterfelde: Junge Generation Verl., (1944). – 141 S.: Ill. Standort: 101«.[261] Mit dem Standort 101 ist die Deutsche Bücherei in Leipzig bezeichnet. Der Text wird auch im kommentierenden Teil im Kontext mit Hinweisen zu »wichtigen Diensten« als Titel erwähnt, also etwa zum »Pflichtjahr« oder zum »Landjahr«, und es findet sich auch ein kurzes Zitat aus dem Text, nämlich die Reflexion eines Protagonisten.

Aber Peter Becher geht es in seinem kurzen Artikel auch um mehr, nämlich zunächst einmal um den Umstand, dass man über »die Jugendjahre Preußlers, speziell die Zeit vom ›Anschluss‹ des Sudetenlands an das Dritte Reich, den er mit fast 15 Jahren erlebte, bis zu seiner Matura, die er im Jahr 1942 ablegte«, so gut wie nichts wisse.[262] Offensichtlich werde »diese Lücke, wenn man sie mit den Angaben zu Preußlers Landsmann Franz Fühmann (1922–1984) vergleicht«, so Becher, über den ungleich mehr bekannt ist, auch die Tatsache, dass er »bereits 1944 erste Gedichte (publizierte)«.[263] Weitaus wichtiger als der Vergleich mit Fühmann ist Peter Becher aber der Inhalt des Textes. Eine »erste Ebene« betreffe das »Zusammenwachsen der Jungen zu einer verschworenen Gemeinschaft« während der Zeit im Lager, eine »zweite Ebene« schildere »das Leben der Bauern« und den »Einsatz der Jungen bei der Ernte«. Schließlich existiere eine »dritte Ebene«, die das »bäuerliche Leben nicht nur achtet und bewundert, sondern auch ideologisiert«.[264] Peter Becher filtert Zitate aus dem Text und gleicht sie mit den realen historischen Fakten um 1939/40 ab. Als Quintessenz ergibt sich dann die Aussage, im Text würde eine »heile deutsche Welt« geschildert, »eingebettet in den Sommer der größten Zuversicht und Siegesbegeisterung, wenige Wochen nach der Einnahme von Paris und der Kapitulation Frankreichs, fast ein Jahr vor dem Beginn des Russlandfeldzuges«.[265] Allerdings spielen derartige Implikationen in der Adoleszenzgeschichte an keiner Stelle eine Rolle und sie werden auch nirgendwo assoziiert.

Carola Leitner hat den Hinweis in einem ORF-Beitrag vom 6. September 2015 aufgegriffen und neben Peter Becher auf den Germanisten Murray G. Hall verwiesen, der den Text gelesen habe. Hall, der ein Kenner der österreichischen Verlagsgeschichte ist, war der Information von Becher nachgegangen und hat später seine Überlegungen in einem Beitrag zusammengefasst. Sein Aufsatz setzt mit einer buchgeschichtlichen Darstellung zum Verlag »Junge Generation Berlin« ein, jenem Verlag, in dem Preußlers Erzählung erschienen ist.[266] Umfassend werden Gründung, Geschichte und Programm des Verlages erfasst. Mit Blick auf den Text ist auch er sich nicht sicher, »wann genau Preußler den Roman schrieb (die Vorlaufzeit beim Verlag muss mindestens ein Jahr gewesen sein)«. Da sich aber in der Erzählung der Hinweis findet, »Im Herbst war der Krieg ausgebrochen«, könne man von einer »Entstehungszeit zwischen Sommer 1940 und seinem Abitur 1942« ausgehen.[267]

In der Tat lässt auch die Hohlbaum-Besprechung, von der bereits die Rede war, den Schluss zu, dass der Text bereits Mitte 1941, wenn nicht sogar früher vorgelegen hat. Bei den knapp ausfallenden Aussagen zum Text hebt auch Murray G. Hall – wie schon Peter Becher – auf »inhaltliche« Aspekte ab und deutet diese »ideologisch«. Die adoleszenten und in dieser Hinsicht überzeitlichen »Jungenspiele« sieht er von daher als Einübung von »Einsatz- und Opferbereitschaft«. Ja, er vermutet gar, dass es zur »Übernahme der Blut-und-Boden-Ideologie des Nationalsozialismus und damit zur Verklärung des Bauerntums« kommt.[268] Dem ist ebenso zu widersprechen wie der Vermutung, der Autor habe sich später für den Jugendroman »geniert«, nach dem Motto: »Ich stehe nicht mehr dazu oder ich kann und will mich nicht dazu bekennen«.[269]

Ein neu aufgefundener Lebenslauf und Werkbericht von Otfried Preußler vom Februar 1953 lässt andere Rückschlüsse zu.[270] In einem Schreiben an die Künstlergilde (Fachgruppe Schriften) in Eßlingen vom 26. Februar 1953 kommt Otfried Preußler der Aufforderung nach, für eine geplante Anthologie einen Beitrag einzusenden. Preußler schickt vier Gedichte und notiert:

> Ich würde mich sehr freuen, wenn das eine oder andere der beigefügten Gedichte in das (sic) Sammelwerk Aufnahme fände, und hoffe, daß auch Lebenslauf und Werkbericht in dieser Form entsprechen werden.[271]

Im beigefügten Lebenslauf heißt es zu den eigenen Anfängen:

> Mit sechzehn schrieb ich die ersten Gedichte, mit achtzehn das Manuskript meines Jugendbuches ›Erntelager Geyer‹. Eine Woche nach dem Abitur rückte ich ein.[272]

Explizit wird also auf das »Erntelager Geyer« verwiesen. Was allerdings auffällt, ist der Umstand, dass lediglich vom Manuskript die Rede ist. Dies ist ein Indiz dafür, dass Preußler am Lektorat keinen Anteil hatte. Im Werkbericht von 1953 listet Otfried Preußler dann akribisch sämtliche Texte auf, die von ihm bis dahin erschienen sind:

> »Erntelager Geyer, Jugendbuch, Berlin 1944, Junge Generation Verlag.
> Kinder- und Jugendlaienspiele, alle München 1951 ff., Val. Höfling Verlag:
> Die vier heiligen Dreikönige
> Das fremde Bleichgesicht
> Kasperl hat ein gutes Herz
> Frau Nachbarin, Frau Nachbarin
> Das Spiel vom lieben langen Jahr
> Das kleine Spiel vom Wettermachen
>
> Mensch Nr. 2301, Schauspiel, Donaueschingen 1952, Andreas Rohrbacher.
> Hörspiele:
> Wetter nach Wunsch, Stuttgart 1951
> Die Geschichte vom Johannes und Jaköble, Stuttgart 1951
> Das Spiel vom lieben langen Jahr, Stuttgart 1952
> Was Urban der Schäfer erzählt, Stuttgart 1952
> Was kommt uns da gegangen, Stuttgart 1953
> Nordböhmen (Landschaftsbild), München 1951
> Das Isergebirge (Landschaftsbild), München 1953«.[273]

Verschwiegen hat Otfried Preußler also seine ersten Publikationen nicht. Von dem Umstand, dass der Text 1946 auf der »Liste der auszusondernden Literatur« stand, die von der »Deutschen Verwaltung für Volksbildung in der Sowjetischen Besatzungszone« herausgegeben wurde, konnte er selbst nichts wissen.

Zu diesem Zeitpunkt befindet er sich noch in Kriegsgefangenschaft, und als er im Frühjahr 1949 zurückkehrt, war der Kalte Krieg bereits in vollem Gange. Zudem hatte man in der SBZ aus Zeitgründen – es war nicht möglich, über eine Million Bücher auf ihren Inhalt zu prüfen – einfach die Gesamtproduktion einzelner Verlage aufgenommen.[274] Das führt dazu, dass sich auch Titel auf der Liste finden, die vom Inhalt her keinen expliziten Bezug zum NS-System aufweisen.

Dass Otfried Preußlers Beginn in der Folgezeit zumeist mit dem Kinderbuch »Der kleine Wassermann« (1956) in Verbindung gebracht wird, hängt schlichtweg damit zusammen, dass dieser Kindertext Preußler den Durchbruch als Autor bringt und ihn einer breiten Öffentlichkeit bekannt macht. Die dann ab Mitte der 1950er Jahre erfolgte Konzentration auf die Kinder- und Jugendliteratur geht einher mit seinem Abschied von der Lyrik, vom Laienspiel sowie vom Drama. Die umfangreiche lyrische Produktion wie auch das 1953 erfolgreich aufgeführte Schauspiel »Mensch Nr. 2301« (1950), von dem noch die Rede sein wird, sind ihm nicht mehr wichtig, ebenso wenig wie verschiedene abgeschlossene Manuskripte. Dazu gehört die umfangreiche Erzählung vom »Spinnradlmacher«, auf die ebenfalls noch einzugehen ist. Otfried Preußler hat als ungemein produktiver Autor mit diesem Teil seines Schaffens abgeschlossen. Alle diese Texte spielen weder in Interviews, noch in autobiografischen Reflexionen eine Rolle. Auch in der umfangreichen Forschung zu Otfried Preußler gibt es keine einzige Arbeit, die den Spuren aus der Jugend, der Gefangenschaft und der Zeit nach der Repatriierung bis 1956 nachgeht. Das hängt natürlich damit zusammen, dass bis dahin Archivarbeit nicht von Interesse gewesen ist und Zugangsmöglichkeiten erschwert waren.

Die »Erntelager«-Erzählung ist mit Blick auf den anvisierten kindlichen bzw. jugendlichen Adressatenkreis mit neun Zeichnungen von Ferdinand Spindel versehen, der für zahlreiche Bücher des Verlages »Junge Generation« das Cover und die Gestaltung verantwortet hat.[275] Die Zeichnungen liefern eine bildhafte Veranschaulichung ausgewählter Episoden und entsprechen in der Formgebung gängigen kinder- bzw. jugendliterarischen Adaptionsformen.

Erzählt wird im Text von einer Gruppe von etwa 10- bis 15-jährigen Jungen bzw. »Pimpfen«, die im Sommer 1940 mit dem Zug von Reichenberg nach Wernersdorf aufbrechen.[276] Sie haben sich freiwillig für einen vierwöchigen Arbeitseinsatz auf Bauernhöfen gemeldet. Gemeinsam wird die Gruppe ihr Erntelager in einer Schule aufschlagen. An der Spitze steht ein Lagerführer, der nur wenig älter ist. Es gibt verbindliche Regeln für die Gruppe, angesagt sind Frühsport, Fahnenappelle, Schwimmen, Boxen, Wandern oder Raufball, es wird gesungen, und der sportliche »Jungenwettstreit« spielt eine große Rolle.[277] Diese Aktivitäten zielen darauf, Werte wie Ehrlichkeit, Gemeinschaftsgefühl, Vertrauen auszubilden. Die Mitglieder der Gruppe sollen Selbstvertrauen gewinnen und ihre jeweiligen Stärken und Schwächen erkennen. Letztlich geht es um die für die Adoleszenz maßgebliche Identitätssuche und Ich-Findung. In Verbindung damit lernen die Stadtjungen durch körperliche Arbeit, wie das Leben auf einem Bauernhof funktioniert und welche Tätigkeiten maßgeblich sind. Einen Höhepunkt bildet in der Mitte des Ernteeinsatzes die Erzählung des jugendlichen Lagerleiters, Jörg, von »Florian Geyer« und der Zeit des Bauernkrieges. Als Auszeichnung für die gewachsene Gemeinschaft erhält das Lager symbolisch den Namen des Bauernführers. Nach einer Reihe von Aktivitäten, die eine Mischung aus kindlichen bis adoleszenten Abenteuern und Herausforderungen darstellen, endet der Text mit der Heimfahrt und dem Eintreffen der Jungen in der Heimatstadt.

Das erste Kapitel mit der Überschrift »Ein bunter Haufen« beginnt so:

> Ein langer Zug verließ die Stadt und dampfte in den Morgen hinaus.
>
> An allen Fenstern standen Jungen in Braunhemd und ließen sich den Fahrtwind um die Köpfe pfeifen. Ihre Tornister oben in den Gepäcknetzen waren zum Platzen voll von den vielen Dingen, die einer mitnehmen muß, wenn er vier Wochen hindurch Erntearbeit machen will.
>
> Im hintersten Abteil ging es hoch her. [278]

Dann werden sukzessive die Figuren eingeführt: ein »langer Jungenschaftsführer«, der noch dazu auf einer Mundharmonika ein Lied blies, sodann »Pimpfe«, aber die »kannten einander nicht«. Wenig später teilt der Erzähler mit, dass die Jungen einem »Aufruf der Hitlerjugend und des Arbeitsamtes« gefolgt sind und sich »freiwillig zum Ernteeinsatz« gemeldet haben.[279] Mit diesen Markierungen ist klar, in welcher Zeit der Text zu verorten ist: Erzählt wird nachfolgend offensichtlich von Jugend im Dritten Reich. Und auch auf das Alter der Gruppe, um die es hier geht, ist verwiesen: Da es sich um »Pimpfe« handelt, ist grundsätzlich das Alter von 10 bis 14 Jahren angesprochen. Der Erzähler liefert allerdings eine Präzisierung, in der er darauf verweist, dass sie die Schule verlassen haben und »am ersten September eine Lehre oder ihren Beruf beginnen wollten«. Es muss sich von daher um eine Gruppe handeln, deren Mitglieder um die 14 bzw. 15 Jahre alt sind, denn bis zur 9. Klasse war in Österreich und Deutschland Schulpflicht. Sie kommen alle aus »derselben Stadt«, kennen bislang das »Bauernleben nur aus Büchern« und haben »keine rechte Vorstellung« davon. Anzunehmen ist, dass die Jungen aus Reichenberg (Liberec) stammen. Und wenig später wird auch das Ziel der Gruppe angegeben, es soll nach Wernersdorf (Vernéřovice) gehen. Die Ortschaft liegt, so weiß eine der Figuren zu berichten, »da hinten an der alten Reichsgrenze, und die Höfe sehen ganz stattlich aus.«[280] Der topografisch nachweisbare Ort Wernersdorf liegt ca. 140 Kilometer von Reichenberg entfernt und befindet sich an der ehemaligen deutsch-tschechischen Grenze. In Chroniken wird Wernersdorf schon früh erwähnt, im Jahr 1375 gibt es dort bereits eine eigene Pfarrkirche und ab 1582 besitzt das Dorf eine eigene Schule. Um 1930 sollen im Dorf 1046 Deutsche und 33 Tschechen gelebt haben. Nach dem Münchener Abkommen 1938 wird Wernersdorf dem Deutschen Reich angegliedert und gehört bis 1945 zum Landkreis Brunau.[281] Nächste Ortschaften sind Halbstadt (Meziměstí) und Braunau (Broumov). In einem der beiden Orte muss die Wernersdorfer Gruppe den Zug verlassen haben, denn es heißt: »Sie hatten eine Stunde Marsch bis in ihr Dorf.«[282]

Bereits auf den ersten Seiten wird im Dialog auch eine der Hauptfiguren eingeführt, Jörg Fischer, der »Fähnleinführer aus der Stadt«, von dem einer der Jungen wertschätzend zu berichten weiß, dass er »ganz groß« ist:

> Doch das bekommt ihr schon noch rechtzeitig heraus. Wir können uns auf allerlei gefaßt machen, denn verwegene Einfälle hat er immer, und der Dienst bei ihm wird nie langweilig, das könnt ihr mir glauben. Ich will euch eine Sache erzählen, die wir vorige Ostern mit ihm auf Fahrt erlebt haben.[283]

Dann leistet sich Preußler einen erzählerischen Kniff: Die Figurenrede bricht ab, der Handlungsfortgang wird unterbrochen und die Lösung der »Sache«, die erzählt werden soll, aufgeschoben, ja sie bleibt ungewiss. Offensichtlich ist, dass der knapp achtzehnjährige Otfried Preußler, der bisher vor allem lyrische Texte geschrieben hat, hier Möglichkeiten der Spannungserzeugung in der Prosa ausprobiert. Im Text wird nun auf jene Figur übergeleitet, von der soeben noch die Rede war: »Unterdessen stand Jörg Fischer am hintersten Ende des Ganges, dort, wo ein Fenster den Blick auf den Schienenstrang freigab.« Der erinnert sich nunmehr an jene Fahrt, auf die anscheinend angespielt worden war:

> Er schaute hinaus, und während Schwelle nach Schwelle, über die sie hinratterten, unter dem Wagen hervorraste, nach hinten jagte und undeutlich wurde, dachte er an den vorigen Sommer und erinnerte sich an einen frühen Morgen, an dem er mit seinen Jungen genauso ganz hinten in einem Zuge gestanden und auf die Strecke geblickt hatte.[284]

Für einen literarischen Anfänger und für ein Jugendbuch ist dieser Wechsel von Gegenwarts- und Vergangenheitsebene durchaus nicht der Normalfall. In der Erinnerung des jungen Mannes scheint sodann auch das auf, was in der Gegenwart nicht mehr möglich sein wird. Einmal mehr gibt der Erzähler einen Einblick in die Gedankenwelt der Figur, wenn es heißt:

> Damals waren sie auf Großfahrt gezogen.
>
> Eine herrliche, freie Zeit hatte vor ihnen gelegen, und sie waren ihr mit jeder Drehung der Achsen, mit jedem Stampfen der Kolbenstangen und mit jedem Dampfstoß der Maschine näher gekommen. Bäume waren zurückgeblieben, Brücken, Büsche, Flüsse, Dörfer und Städte. Sie hatten versucht, die Kilometersteine zu zählen, an denen sie vorübersausten, und waren froh und stolz, weil sie wußten, das irgendwo drüben im Braunschweigischen oder in der Heide Abenteuer auf sie warteten.[285]

Erinnert man sich des kleinen Textes »Lieber Soldat«, dann wird offenbar, dass Otfried Preußler auf eigene Erlebnisse zurückgreift. Von »hannoverschen Pimpfen« ist damals die Rede und man befindet sich in der Nähe des »Braunschweigischen«. Der Ich-Erzähler teilt darüber hinaus mit: »Ich habe die Führung eines Ernteeinschlaglagers übernommen. Da stehe ich vor einer Einheit von zwanzig Kerlen, die ich vorläufig noch nicht einmal kenne«.[286] Allerdings sollte man sich davor hüten, aus der Tatsache, dass hier Autobiografisches eine Rolle spielt, abzuleiten, die Hauptfigur des »Erntelager-Textes«, nämlich Jörg, sei einlinig mit Otfried Preußler gleichzusetzen – auch bei ihm haben wir es mit einer fiktiven Figur zu tun.

Mit dem Verweis auf die »Großfahrt«, die »herrliche Zeit«, sind auch Traditionen benannt, auf die der gesamte Text sich bezieht, nämlich Formen der Jugendkultur im Rahmen der bündischen Jugend. Die neue Jugendbewegung ab Beginn des 20. Jahrhunderts hatte einen emanzipatorischen Ansatz, sie zielte auf Selbstbestimmung und war ein Gegenprogramm zum Kaiserreich. Aufgebrochen wurde der Ehrbegriff einer noch ständisch gegliederten Gesellschaft, in der die sozialen Gruppen scharf voneinander getrennt waren, was bei Verstößen gegen den Ehrenkodex zu tragischen Konsequenzen führen konnte. Emanzipatorisch waren die Forderungen auf dem ersten »Freideutschen Jugendtag« im Jahre 1913. Jugend müsse, so hieß es, in »eigener Bestimmung, vor eigener Verantwortung und in innerer Wahrhaftigkeit« ihr Leben gestalten.[287] Diesem Ideal entsprach damals die Propagierung eines jugendspezifischen Gemeinschaftslebens. Der emanzipatorische Anspruch in Tradition der Aufklärung stand – wie Helmut Fend herausgearbeitet hat – freilich in einem Gegensatz zum »konservativen und neoromantischen Charakter« des inhaltlichen Konzepts, das nicht zuletzt in einem »antiintellektualistischen Zug« von Teilen der Jugendbewegung zum Ausdruck kam.[288] Dies betraf die zivilisationskritische Einstellung, die Überbetonung des Nationalgedankens, der verbunden war mit dem »Bekenntnis zum Deutschtum«, von dem bereits in Verbindung mit Josef Preußler die Rede war. Zu diesen Traditionen gehören auch Ideen von Führerprinzip und Gefolgschaftstreue. Durchweg Momente, die im frühen »Erntelager-Text« durchscheinen. Gleichwohl – und dies ist zu betonten – stellte die damalige Jugendbewegung ein Gegenprogramm zu Leitbildern des sogenannten ›Wilhelminischen Obrigkeitsstaates‹ dar. An diese »Herkunft« knüpft Otfried Preußler an. Von daher erscheint es wenig begründet, dem autobiografischen Text des Achtzehnjährigen die »Übernahme der Blut-und-Boden-Ideologie des Nationalsozialismus« anzulasten.[289]

Den Kern der (literarischen) Traditionen des frühen Textes von Otfried Preußler bildet mithin die Jugendbewegung, wobei der Autor auch hier aus Autobiografischem schöpft.[290] Später verweist Otfried Preußler auf sein Herkommen aus der Jugendbewegung am Beginn des 20. Jahrhunderts: »Ich selbst bin in der Jungturnerschaft aufgewachsen«, betont er und stellt die Bedeutung der Vereine heraus: »Die Turnvereine bildeten bei uns, wie übrigens auch bei den Tschechen, einen wichtigen außerschulischen Erziehungsfaktor. Wir waren noch sehr stark bündisch eingefärbt. Das Bekenntnis zum Deutschtum, wie man es damals nannte, gehörte da maßgeblich mit dazu.«[291]

Im »Erntelager Geyer« bezieht sich der Autor somit auf ein kulturell hinreichend bekanntes Begriffsnetz, das seit dem 19. Jahrhundert in Turnvereinen, den Burschenschaften oder der Jugendbewegung gepflegt wurde. Die Metaphern von Jugend, Männlichkeit, Geselligkeit, Gemeinschaft, Fahrt, Lager, Naturverbundenheit, Trommel, Fahne, Feuer, Himmel, Kameradschaft, Gemeinschaft, Führer und Gefolgschaft waren ebenso in breiten Kreisen bekannt wie die auf katholische Wurzeln verweisenden Begriffe von Ländlichkeit, Bauerntum, Arbeit, Handwerk oder den flinken Händen. Für die von Preußler markierte »bündische Einfärbung« spielte zudem die Autonomie der jungen Leute eine große Rolle.[292] Genau davon wird im »Erntelager Geyer« erzählt. Selbst bei der in der Geschichte angesprochenen »Grenzlandthematik« muss die besondere historische Situation im Sudetenland beachtet werden. So erinnert Jörg sich in Wernersdorf an einen Ausflug mit dem Vater, der »lag schon ein paar Jahre zurück. Er war damals noch ein winziger Bub, und trotzdem konnte er sich jetzt an alles erinnern, als sei es erst gestern geschehen.«[293] Als Vater und Sohn oben auf dem Hahnenberg stehen, muss er feststellen, dass »am halben Hang der Staat zu Ende (war), dem er angehörte«. Beim Gang mit seinem Vater an der »Staatsgrenze entlang« habe er letztlich erkannt, das »die Steine das Land ohne jeden sichtbaren Grund teilen«.[294] Was hier aus der Sicht der Figur mitgeteilt wird, das ist eine Auffassung, die aus sudetendeutschen Kontexten stammt, letztlich also eine »recht verbreitete Metapher für die deutschen Gebietsverluste nach 1919, vor allem im Osten«, wie Murray G. Hall mitteilt.[295]

Diese mentalitätsgeschichtlichen Aspekte, die auch die Alltags- und Jugendkultur der Sudetendeutschen betrafen, sollten bei der Bewertung des Textes beachtet werden. Auch die titelgebende historische Figur des Florian Geyer ist in der deutschen Historie vielfach zum Bezugspunkt gemacht worden. Es hängt dies damit zusammen, dass Florian Geyer als Adliger im Bauernkrieg aufseiten der Bauern kämpfte, maßgeblich deren Strategie mit entwarf und 1525 den sogenannten »Schwarzen Haufen« führte. Letztlich soll er im Juni 1525 gefallen oder ermordet worden sein. Florian Geyer, der sich nicht korrumpieren ließ und zu seinen Auffassungen stand, bildet daher in der Folgezeit über die Jahrhunderte eine Identifikationsfigur sehr unterschiedlicher politischer Gruppierungen. So spielt er auch in Friedrich Engels' materialistischer Analyse »Der deutsche Bauernkrieg« eine Rolle. Engels zielt dabei auf eine zusammenfassende Darstellung der unterschiedlichen Gruppen, legt ihre Interessen offen und macht die gesellschaftlichen Verhältnisse im Übergang von Mittelalter zu Neuzeit einsehbar.[296] Von Gerhart Hauptmann stammt schließlich das Drama »Florian Geyer« (1894/95), auf das Otfried Preußler in der Bibliothek seines Vaters gestoßen war:

> Ich habe beim Vater z.B. den Pocci gelesen, der großen Eindruck auf mich gemacht hat. Ich meine, der Kasperl ist mein – ich möchte fast sagen – mein Lebensbegleiter (…). Und ich habe dort gelernt, wie man dramatische Texte liest, und ich bin also davon nahtlos auf den Florian Geyer übergegangen, den ich nicht verstanden habe. Und das war also ein ganz großes Bildungserlebnis.[297]

Weitere Spuren des Bildungserlebnisses und der Lektüre finden sich im »Erntelager«-Text, wenn der die Handlung überschauende Erzähler mitteilt, wie die Jungen auf die Erzählung von Jörg reagieren, der ihnen vom Bauernkrieg berichtet:

> Und vor den Augen der Jungen stiegen die Bilder dieser Zeit auf. Sie sahen unterdrücktes Volk, geknechtet und verachtet von einem Adel, der nur auf seinen Vorteil schaute. Sie sahen geschundene Menschen, gepreßt und ausgesaugt von einer Geistlichkeit, die Liebe predigte und Haß säte. Und sie hören, wie diese Bauern in Mühsal und Not sich selber fanden, wie sie sich auf ihr altes Recht und ihren Gott besannen, auf ihre Fäuste und ihre unzähligen Leidensgefährten.[298]

Was der Erzähler von der Stimmung der jungen Leute mitteilt, wirkt nicht tendenziös und ideologisch aufgeladen, es entspricht vielmehr gängigen historischen Einschätzungen, die kritisch die Lebensverhältnisse vor und im Deutschen Bauernkrieg reflektieren. Von daher nimmt es nicht wunder, wenn die Jungen zu Ende der Episode gemeinsam stolz ein Lied singen, das nach dem Ende des Ersten Weltkrieges in der Bündischen Jugend entstanden ist, nämlich das »Lied von Geyers schwarzem Haufen«.[299]

XII. Eine Postkarte aus der DDR
Autobiografisches

Einen indirekten Hinweis darauf, dass das »Jungenbuch« autobiografisch angelegt war und vermutlich wirklich erst 1944 erschienen ist, findet sich auf einer Karte, die Otfried Preußler nach seiner Rückkehr aus der Kriegsgefangenschaft erhält. Die Postkarte ist auf den 12.3.1951 datiert und trägt den Stempel vom 14.3.1951. Abgesendet wurde sie in der DDR, von Toni Krause aus Döblitz, einem Ortsteil der Stadt Wettin im Saalkreis, etwa 20 Kilometer nördlich von Halle. Unübersehbar ist die Briefmarke mit dem Bild des Ersten Staatspräsidenten der DDR versehen, Wilhelm Pieck – jenem Wilhelm Pieck, von dem der junge Kriegsgefangene Preußler im Kriegsgefangenenlager Jelabuga hören wird. Die Karte hatte eine Odyssee hinter sich, denn die Anschrift war falsch. Ursprünglich soll die Nachricht an »Herrn Otfried Preußler« nach München gehen. Die handschriftlich korrigierte Anschrift lautet nunmehr »Höhensteig 13b, Post Schloßberg b. Rosenheim«. Toni Krause schreibt:

> *Lieber Herr Preußler!*
> *Habe durch Zufall Ihre Adresse gelesen, somit sende ich Ihnen herzl. Grüße. Können Sie sich noch auf Ihr Landdienstjahr besinnen, welches Sie bei Krause in Wetzwalde machten? Nachdem hatten Sie doch das schöne Buch »Erntelager« geschrieben, wo unser Wilfried eine Rolle drin spielt. Unser Oberlehrer Motz welcher bekannt mit Ihrem Herrn Vater war, schenkte das Büchlein deswegen meinem Jungen. Lange Jahre sind seitdem vergangen und vieles hat sich ereignet. Unser Wilfried ist inzwischen ein großer Junge von 12. Jahren und ein guter Schüler geworden. Würde mich wirklich freuen,*

von Ihnen ein paar Zeilen zu erhalten, denn jede alte und kleineste Erinnerung bringt ein Stückchen Heimat. In diesem Sinne grüßt Sie Toni Krause.«[300]

Nun hat Otfried Preußler, soweit bekannt ist, weder in Wetzwalde noch anderswo ein Landdienstjahr absolviert. Wohl aber hat er während der Sommerferien 1940 auf einem Bauernhof gearbeitet.[301] Insofern verweist die Einlassung, dass der »Wilfried eine Rolle drin (spielt)«, auf den autobiografischen Hintergrund der Erzählung. Im »Erntelager« ist der kleine Flachs, eine Figur im Text, ausgesprochen unzufrieden mit seinem bisherigen Einsatz auf dem Hof. Der Erzähler lässt die Leser Folgendes wissen:

> Der kleine Flachs kam sich ausgesprochen überflüssig vor. Er schaute sehr oft auf die Küchenuhr, denn er konnte es kaum mehr erwarten, bis die Zeit zum Umziehen schlug. Was er bisher zu tun bekommen hatte, war doch alles andere als Männerarbeit gewesen. Allein der heutige Nachmittag hätte vollauf genügt, um einen mißmutig zu machen. Drei volle Stunden lang auf dem Schüttboden Kornkaffee mahlen. Drei Stunden hindurch an der Kaffemühle kurbeln wie ein irrsinniger Leiermann und dabei höchstens das Kreischen der Walzen zu hören kriegen, statt eines armseligen Liedels, womit doch selbst die schäbigste Drehorgel die Mühe ihres Besitzers entschädigt. Wäre das nicht ein Grund gewesen, sich zu fuchsen? Er hatte sich so auf die Landarbeit gefreut. Und nun bestand sein Tagewerk daraus, Kaffee zu mahlen und andere äußerst nebensächliche und lächerliche Dinge zu verrichten, von denen er nicht geträumt haben würde, weil sie seiner Meinung nach nicht das Mindeste mit Bauernarbeit zu tun hatten.[302]

Geschickt liefert der Erzähler einen Blick in das Innere der jugendlichen Figur, auf die Hoffnungen und Wünsche, die er mit dem Erntelager verbunden hat und die sich bisher so gar nicht erfüllt haben. Aber es kommt sogar noch schlimmer. Er muss zum »zweiten Mal Kindermädchen spielen«, denn die Frau hat ihm auch heute wieder ihr Kind, den kleinen Wilfried, übergeben:

> Und jetzt hatte er den kleinen Mann mit den riesenhaften Pumphosen zu betreuen, der andauernd in einem unmenschlichen Kauderwelsch die unwichtigsten Dinge erzählen mußte und seinen unbeholfenen Beinen zum Trotz das ganze Haus unsicher machte. Als er vorgestern schon einmal diese schwierige Aufgabe mit Ach und Krach bewältigt und den Dreikäsehoch mit vielen Worten und Grimassen, mit Pfeifen und Singen, Auf-allen-Vieren-Kriechen, Hoppe-Hoppe-Reiter und anderen zweifelhaften Künsten von Übeltaten abgebracht hatte, staunte er nachher über sich selber.[303]

Doch letztlich erfüllt Flachs seine Aufgabe bestens, er stellt sich auf den Zweijährigen ein und entschlüsselt mithilfe der Mutter dessen Rufe nach »Buh-buh«:

> Buh-buh, das heißt bei unserem Wilfried »Schwein«. Und wenn er das sagt, dann will er in den Schweinestall getragen werden. Dort ist er nämlich gern. Flachs schleppte den kleinen Mann über den Hof und freute sich, weil Wilfried zusehends normaler wurde. Dann hob er ihn im Stall hoch und ließ ihn auf die grunzenden Säue herunterschauen, Wilfried lachte und quiekte mit den Ferkeln um die Wette. Flachs grunzte auch, und das machte dem anderen unbändigen Spaß. Er schlug ihm mit den Fäusten vor die Brust, zupfte ihn an den Haaren und wollte nun Huckepack reiten. Flachs parierte Order und trabte mit seinem Reiterlein rund um den Hof. Er war froh, daß ihn hier keiner seiner Kameraden aus dem Lager sehen konnte, denn eigentlich war das ja eine unwürdige Beschäftigung. Aber morgen – ja morgen wurde das anders![304]

Die »Wilfried- bzw. Kinderspiel-Episode« geht über vier Seiten und sie belegt, in welchem Maße der Siebzehnjährige nicht nur genau beobachtet hat und in der Lage ist, sich in Kinder hineinzuversetzen, sondern sie zeigt auch, dass er die Fähigkeit besitzt, eine Figur zu entwerfen, die sich mit einer auf den ersten Blick »unwürdigen Beschäftigung« abzufinden hat, die ihm aber letztlich »unbändigen Spaß« macht. Aber noch etwas anderes in Hinblick auf das nicht gesicherte Erscheinungsjahr des frühen Textes ist von Interesse: Wenn Wilfried 1951 zwölf Jahre alt ist, dann war er 1940 in der Tat um die zwei Jahre alt. Da – wie Toni Krause mitteilt – der »Oberlehrer Motz welcher bekannt mit Ihrem Herrn Vater war«, dem Jungen das Büchlein schenkte, ist anzunehmen, dass er zu diesem Zeitpunkt bereits lesen konnte. Insofern wird die Erzählung in der Tat erst 1944 im Verlag »Junge Generation« erschienen sein. Ob die Familie Preußler davon etwas erfahren hat, ist zweifelhaft. In keinem der Briefe, die Ernestine Preußler an ihre spätere Schwiegertochter schreibt, ist von dem Buch die Rede. Wohl aber von den nicht veröffentlichten Gedichten. Wenn die Familie vom Erscheinen des ersten Buches Kenntnis gehabt hätte, wäre es mit Sicherheit ein Gesprächsgegenstand gewesen. Mit hoher Wahrscheinlichkeit hatte auch Otfried Preußler keine Kenntnis von der Publikation des Buches. Als die Erzählung im Herbst 1944 auf den Buchmarkt kommt, ist er bereits in sowjetischer Kriegsgefangenschaft.

XIII. »Eine Woche nach dem Abitur rückte ich ein«
Beginn einer Kriegsbiografie

In dem bereits zitierten Schreiben von Otfried Preußler an die Künstlergilde in Eßlingen vom 26. Februar 1953, in dem auf das Manuskript seiner Erzählung »Erntelager Geyer« verwiesen wird, teilt er zudem mit, dass er eine Woche nach dem Abitur zur Wehrmacht einrückte.[305] Aber wie ist Otfried Preußlers Weg seit der Einberufung im März 1942 verlaufen?

Über diese Zeit gibt es wenige Quellen. Aber Recherchen im Bundesarchiv in Freiburg lassen einige Rückschlüsse zu. Es findet sich dort eine Karteikarte des Wehrbezirkskommandos Reichenberg, auf der Name, Vorname, das Geburtsdatum, der Truppenteil sowie der Dienstgrad Leutnant – Preußler ist da also Offizier – und das Rangdienstalter verzeichnet sind. Ein weiteres Dokument der 235. Infanterie-Division belegt die Verleihung des Eisernen Kreuzes II. Klasse, datiert auf den 15.5.1943. Auf der Verteilungsliste findet sich Preußler, Otfried, zu diesem Zeitpunkt noch mit dem Dienstgrad Gefreiter. Sodann gibt es eine Beurteilung, die von der Schule I für Fahnenjunker in Dresden ausgefertigt ist und die in allen Bereichen Bestwerte notiert. Diese Fahnenjunker-Lehrgänge der Infanterie waren von der Wehrmacht ab 1942/43 in Fortführung der Offiziersanwärterschulen aufgestellt worden. Die Kurzausbildung, an der Otfried Preußler in Dresden teilnimmt, läuft vom 8. Dezember 1943 bis zum 15. März 1944. Ab 1939, mit Beginn des II. Weltkrieges, befinden sich in dem traditionsreichen Garnisonsort zahlreiche Regimenter und Bataillone, darunter das Infanterie-Regiment 10, das MG-Bataillon 7, das Artillerie-Regiment 4, die Nachrichten-Abteilung 4 oder die Sanitäts-

Abb. 8: Otfried Preußler vor dem Abitur 1941/42

Abteilung 4. Auch der Stab der 12. Fliegerdivision und die Luftkriegsschule sind hier untergebracht. Das IV. Armeekorps des sogenannten »Friedensheeres« wird als Teil der unter General Paulus stehenden 6. Armee bei der Schlacht von Stalingrad vernichtet. Die Infanterieschule, die Otfried Preußler ab Dezember 1943 besucht, ist 1926 eröffnet worden. Zur dienstlichen Befähigung des Offiziersanwärters heißt es: »Ausgeprägte, verstandesmäßige Anlagen. Schnelle Auffassungsgabe. Denkt gründlich, logisch und selbständig. Positive Kritikfähigkeit. Vielseitig interessiert. Körperlich kräftig und gewandt.

Abb. 9: Otfried Preußler beim letzten Urlaub in Reichenberg, 1944

Voll leistungsfähig.« Das Schlussurteil lautet: »Über Durchschnitt«, und als Eignung zum Offizier ist ausgewiesen »besonders geeignet«. [306] Danach kommt Otfried Preußler an die Front, es existiert die Abschrift der Offiziers-Stellenbesetzungsliste des Feldersatz-Bataillons 294 vom 16.7.1944, also sechs Wochen vor seiner Gefangennahme. Preußler, Otfried, ist mit der Stellennummer, dem Dienstgrad Leutnant der Reserve und dem »Lebensalter 21« genannt. Mehr ist hinsichtlich der Stationen von Otfried Preußler in den Unterlagen des Bundesarchivs nicht verzeichnet. Aber in der Autobiografie »Verlorene Jahre?« findet sich eine Erinnerung an einen letzten Heimaturlaub, den der junge Leutnant erhält, bevor er nach Rumänien an die Ostfront abkommandiert wird. Der Grund für den Sonderurlaub ist der Tod der Großmutter Tina:

> Damals hatte ich gerade die traditionsreiche Schule I für Fahnenjunker der Infanterie absolviert, die sogenannte Kriegsschule in Dresden. Ich hatte den besten Abschluß innerhalb meines Jahrganges erzielt und war sofort zum Oberfähnrich befördert worden. Als Oberfähnrich trug man bereits die Uniform eines Offiziers, versehen mit den Rangabzeichen eines Oberfeldwebels. Ich war sehr stolz auf die neue Montur, die ich mir in Dresden hatte schneidern lassen – aber es bestand wenig Aussicht, mich in Reichenberg damit sehen zu lassen.
>
> Zunächst wurden wir alle, mehr pro forma, zu einem Reit- und Fahrlehrgang auf den Truppenübungsplatz bei Dresden verlegt, bevor man uns zu den einzelnen Divisionen und Regimentern im Feld abgestellt hat.
>
> Wir alle befanden uns in einer merkwürdigen Stimmung der Ausgelassenheit und der Ungeduld. Wenn es schon keinen Urlaub gab, dann wollten wir doch wenigstens so schnell wie möglich ins Feld. Das wird man sich heute kaum vorstellen können, aber so war es.[307]

Otfried Preußler gibt in dieser Episode seiner unveröffentlichten Autobiografie authentisch Einblick in die Situation auf der Fahnenjunkerschule I in Dresden. Man kann davon sprechen, dass der Autor sich in sein damaliges Ich versetzt und versucht, neben den Ereignissen, sein Denken und Fühlen zu re-konstruieren. Jahrzehnte später sucht der erfahrene Autor einen Einblick in die damalige Innenwelt eines jungen Offiziersanwärters zu geben, der das ist, was man kriegsbegeistert nennen kann. Es ist dies etwas, das sich durchweg in Erinnerungen jener Jahrgänge findet. Der Schriftsteller Erich Loest hat in persönlichen Gesprächen ähnlich wie Otfried Preußler davon gesprochen, dass er in den Kriegsjahren gefürchtet hatte, er würde bei diesem Krieg zu spät und nicht mehr zum Einsatz kommen. Vorbilder waren für ihn der U-Boot-Kommandant Günther Prien, der durch seine Fahrt nach Scapa Flow und die Versenkung des britischen Schlachtschiffes HMS Royal Oak zur Kultfigur aufstieg. Erich Loest erinnert, wie Prien nach Leipzig kam, »in seine Stadt und Zehntausende standen an den Straßen und jubelten ihm zu. Freiwillig.«[308] Priens Autobiografie mit dem Titel »Mein Weg nach Scapa Flow« war ein Bestseller und erreichte eine Auflage von um die 900 000 Exemplaren, es gehört damit zu den 20 bestverkauften Büchern im Dritten Reich.[309] Nachdem Prien mit seinem U-Boot im März 1941 versenkt wurde, wird er zum Helden aufgebaut und in zahlreichen Beiträgen und Bildheften, die sich insbesondere an die Jugend wenden, propagandistisch genutzt. Dazu gehört auch eine Sammelpostkarte für den Volksbund für das Deutschtum im Ausland.

Otfried Preußlers Erinnerung an den letzten Urlaub geht weiter, denn er wird überraschend in die Schreibstube bestellt:

> Dort eröffnete mir der Hauptfeldwebel: »Ihre Frau Großmutter ist verstorben, Herr Oberfähnrich. Wenn Sie an der Beerdigung teilzunehmen wünschen, erhalten Sie einen kurzen Sonderurlaub. Selbstverständlich müssen Sie während der ganzen Zeit erreichbar sein, für den Fall, daß Sie überraschend abgestellt werden. Damit müssen Sie rechnen, man wird Sie dann telegraphisch zurückbeordern. Im übrigen bitte ich, Ihnen mein Beileid aussprechen zu dürfen, Herr Oberfähnrich.«
>
> Die Oma Tina war also gestorben. Sie war gestorben, ohne ernstlich krank gewesen zu sein. So weiß ich es von den Tanten. Ich gestehe, daß mich ihr Tod nicht übermäßig betroffen hat. Während der letzten Jahre waren viele mir bekannte junge Menschen gewaltsam gestorben. Vor dem Hintergrund solcher Erlebnisse fand ich es eher tröstlich, daß es der Großmutter vergönnt gewesen war, nach einem so langen Leben in Frieden heimzugehen. Außerdem überwog die Freude über den unverhofften Urlaub, zu dem sie mir verholfen hatte. Den Urlaubsschein in der Tasche fuhr ich noch einmal nach Reichenberg,

und zwar dritter Klasse, da ich als Oberfähnrich noch nicht Offizier war.[310]

Die Trauerfeier findet in der Reichenberger Feuerhalle statt, also im damaligen Krematorium. Die gesamte Familie ist anwesend. Auch Otfried Preußlers Verlobte Annelies Kind. Angereist sind auch Onkel Fritz und Tante Poldi aus Prag. Bei Onkel Fritz handelt es sich um Friedrich Tscherwenka, den der Vater Josef laut dem Urteil in der Hauptverhandlung des Außerordentlichen Volksgerichts in Liberec im Mai 1945 versteckt haben soll. Es ist das letzte Treffen der Familie in Reichenberg. Am nächsten Tag erhält Otfried Preußler die telegrafische Nachricht, dass er zum Leutnant der Reserve befördert worden ist und sich innerhalb der nächsten 24 Stunden beim Kommandeur zu melden hat. Der junge Leutnant lässt sich von seiner Verlobten noch die Schulterstücke auf die Uniform nähen und fährt gegen Abend etwa 200 Kilometer zu seinem Truppenteil nach Döbeln, das zwischen Dresden und Leipzig liegt. Hier bleibt er nur wenige Stunden und über Prag und Wien geht es an die Ostfront nach Rumänien.

Die Unterlagen zu Otfried Preußler im Bundesarchiv Freiburg geben keine konkreteren Hinweise über seine Stationen im Krieg. Aber nach mehrfachen Versuchen gelingt es mir, endlich jene Kriegsgefangenenakte wiederzufinden, die ich im Februar 2012 kurzzeitig im Russischen Militärarchiv in Moskau in der Hand hatte. Seit der Entdeckung der Urfassung von Heinrich Gerlachs »Durchbruch bei Stalingrad« bin ich jährlich immer wieder in Moskau gewesen und konnte im Militärarchiv arbeiten. Der Weg von der Metrostation »Vodny stadion« war mir inzwischen geläufig. Und auch der Fußweg von etwa 8 Minuten bis man zu dem schmucklosen Bau mit zwei Etagen in der ulica Makarowa gelangt. Wenn man die schwere Holztür zum Russischen Staatlichen Militärarchiv geöffnet hat, signalisiert eine Sperrschranke, hinter der russisches Wachpersonal mit Schutzwesten steht, dass es sich hier um einen Ort handelt, an dem eine entsprechende Sicherheitsstufe gilt. Aber wenn man bereits mehrfach hier gewesen ist, entwickelt sich eine gewisse Routine, und nachdem man seine Taschen in einem Schrank eingeschlossen hat, geht es mit einem Passierschein in die 2. Etage, wo sich der Lesesaal befindet. Von der Treppe aus ist es möglich, den hinteren Teil der Gebäude einzusehen. Man kann auf einen siloartigen Turm schauen, in dem sich die Dokumente aus einer Reihe von russischen Archiven befinden. Das Russische Staatliche Militärarchiv, das war mir schon vor 2012 bekannt, hatte im Laufe seiner Geschichte verschiedene Namen und war 1918 als »Archiv der Roten Armee« gegründet worden. Nach dem Zerfall der Sowjetunion wurde es 1992 in Russisches Staatliches Militärarchiv (RGVA) umbenannt.[311] Hier lagern umfangreiche Fondsbestände der sowjetischen Streitkräfte und von Spezialtruppen aus der Zeit des Bürgerkrieges bis zum Zweiten Weltkrieg, einschließlich der entsprechenden Personalunterlagen. Zum Militärarchiv gehört seit 1999 auch das sogenannte »Sonderarchiv«, in dem sich der größte deutsche Aktenbestand befindet. Zugang zum Sonderarchiv, das vom sowjetischen Geheimdienst im August 1945 für Beuteakten gegründet wurde, hatte zunächst einzig das Volkskommissariat für innere Angelegenheiten (NKWD) und ab 1954 das Komitee für Staatssicherheit, bekannt als KGB.[312] Die dort deponierten Akten dienten nach 1945 auch als Beweismaterial für Kriegsverbrecherprozesse und für die Arbeit des KGB im In- und Ausland. Die Aufnahme der Bestände erfolgte bis in die 1970er Jahre in einem Karteisystem, dessen Systematik aber nicht bis zu Ende geführt wurde.[313] Folglich konnten bis heute nicht alle Dokumente erfasst und erschlossen werden. Insofern sind manche Unterlagen, von denen man sich sicher ist, dass sie sich im Militärarchiv befinden, schlichtweg nicht auffindbar, was bei dem Umfang nicht verwunderlich ist.

Hinzu kommt, dass alle Archivalien einen komplizierten Deklassifizierungsprozess durchlaufen, bevor sie für die Öffentlichkeit zugänglich werden. Mit anderen Worten: Eine Spezialkommission hat die Dokumente freizugeben, und in dem Fall, da sie nur in deutscher Sprache vorliegen, sind vor der Entscheidung Übersetzungen anzufertigen. Klar ist auch, dass es ohne russische Sprachkenntnisse unmöglich ist, auch nur ansatzweise die Fonds, so werden die jeweiligen Bestände in Russland bezeichnet, zu nutzen. Nun hatte ich einmal Slawistik studiert, was sich schon bei der Beschäftigung mit Heinrich Gerlach als entscheidend für die Weiterarbeit erwiesen hatte. Und dies nicht nur, weil es möglich war, die entsprechenden Daten der Bestände schnell durchzusehen und zu selegieren.[314]

Auch im Falle von Otfried Preußler ist die Kenntnis des Russischen grundlegend für das Nachverfolgen der Spuren in der Gefangenschaft. Das beginnt allein schon bei der Entzifferung der in russischer Sprache erfolgten handschriftlichen Einträge. Auf dem Dokument steht der Name wie folgt: Пройслер, Готфрид Йозеф. Man muss sich bei der Umschrift der Namen im Russischen konzentrieren, um hinter den kyrillischen Buchstaben auf Preußler, Gotfried Josef, zu kommen. Dies umso mehr, als in diesem Fall ein falscher Vorname, nämlich Готфрид, also »Gotfried«, fixiert war. Den sowjetischen Verhöroffizieren ist der Vorname »Otfried« nicht geläufig gewesen. Auf dem Deckblatt ist dann abschließend notiert, wann die Akte beendet wurde. Ins Deutsche übertragen, wird mitgeteilt, dass der Vorgang wegen »der Überstellung des Kriegsgefangenen in das Lager 69 zwecks Repatriierung« zu schließen ist. Beim Lager 69 handelt es sich um Frankfurt/Oder. Und schwarz auf weiß kann man das Datum lesen: 19. Juni 1949. In der Akte von Otfried Preußler kann ich dann auch jene Angaben finden, die mir bereits bekannt sind, zunächst den Wohnort, nämlich die Pestalozzistraße 18 in Reichenberg/Böhmen. Als Fremdsprachen, die der Kriegsgefangene Preußler be-

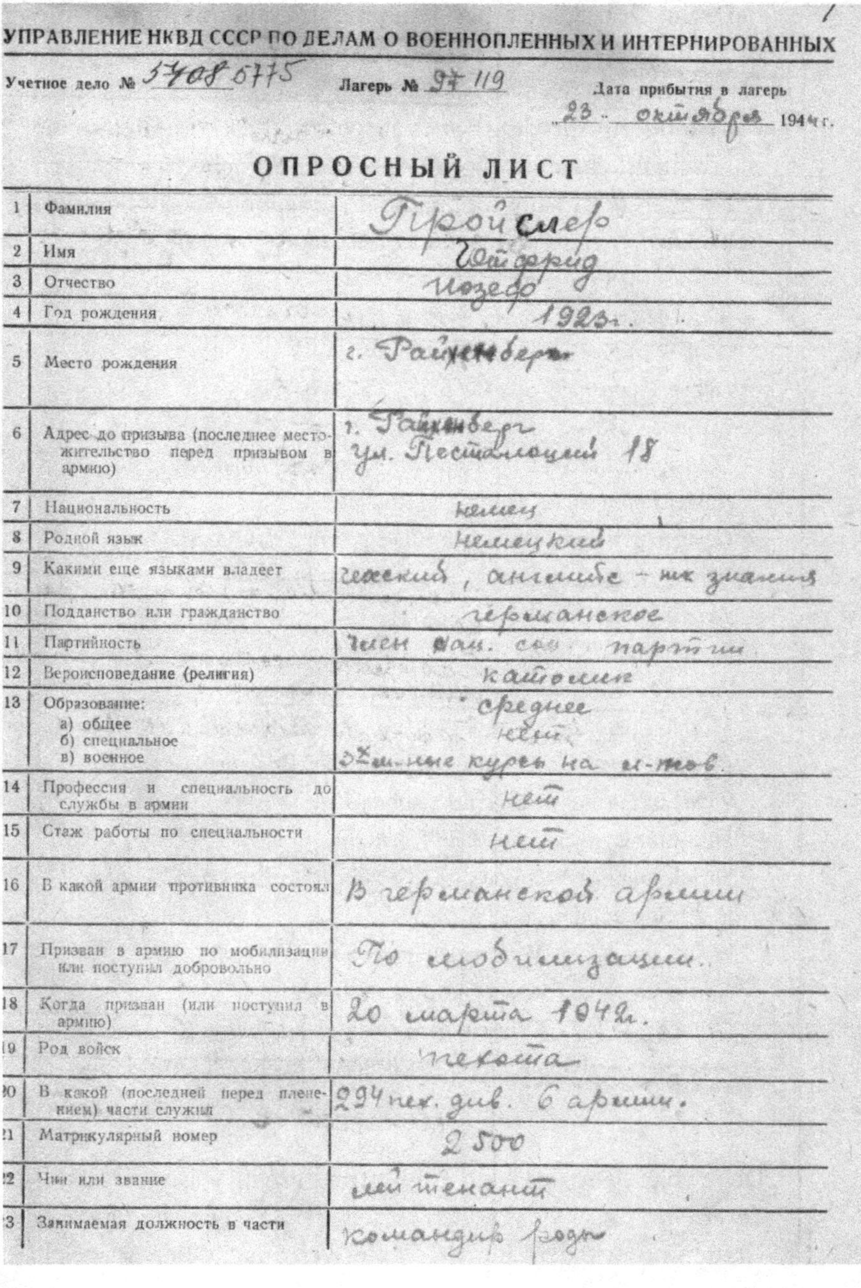

1

УПРАВЛЕНИЕ НКВД СССР ПО ДЕЛАМ О ВОЕННОПЛЕННЫХ И ИНТЕРНИРОВАННЫХ

Учетное дело № 57408 6775 Лагерь № 97 119 Дата прибытия в лагерь „23“ октября 1944 г.

ОПРОСНЫЙ ЛИСТ

1	Фамилия	Пройслер
2	Имя	Отфрид
3	Отчество	Иозеф
4	Год рождения	1923 г.
5	Место рождения	г. Райхенберг
6	Адрес до призыва (последнее местожительство перед призывом в армию)	г. Райхенберг ул. Песталоцци 18
7	Национальность	немец
8	Родной язык	немецкий
9	Какими еще языками владеет	чешский, английс – их знания
10	Подданство или гражданство	германское
11	Партийность	член нац. соц. партии
12	Вероисповедание (религия)	католик
13	Образование: а) общее б) специальное в) военное	 среднее нет 3-х-мес. курсы на л-тов.
14	Профессия и специальность до службы в армии	нет
15	Стаж работы по специальности	нет
16	В какой армии противника состоял	В германской армии
17	Призван в армию по мобилизации или поступил добровольно	По мобилизации.
18	Когда призван (или поступил в армию)	20 марта 1942 г.
19	Род войск	пехота
20	В какой (последней перед пленением) части служил	294 пех. див. 6 армии.
21	Матрикулярный номер	2500
22	Чин или звание	лейтенант
23	Занимаемая должность в части	командир роты

Abb. 10: Kriegsgefangenenakte von Otfried Preußler

herrscht, verzeichnet das Dokument Tschechisch und Englisch. In Gefangenschaft gerät Otfried Preußler mit 20 Jahren als Leutnant in der Dienststellung eines Kompaniechefs, auch das ist fixiert. Allerdings ist es ausgesprochen kompliziert, die handschriftlichen Einträge in russischer Sprache zu entziffern. Die weiteren Informationen, die im Fragebogen erhoben sind, nehmen sich in der deutschen Übersetzung wie folgt aus:

Wann eingezogen: am 20. März 1942
Waffengattung: Infanterie
Letzter Truppenteil: 294 ID, 6A
Nummer: 2500
Dienstgrad und Stellung: Leutnant, Kompanieführer
Auszeichnungen: EK II, 1943, in Russland
Gefangengenommen oder freiwillig ergeben: Gefangengenommen
Wann gefangengenommen: am 31. August 1944
Wo: Rumänien, Fast ...?
Familienstand: ledig
Vater: Preussler Josef Josef, 55 Jahre alt, Schullehrer
Mutter: Preussler Ernestina Josef, 49 Jahre alt, Hausfrau
Bruder: Preussler, Wolfhart, 17 Jahre alt, bei der Armee
Vaters soziale Lage: bürgerlich, Angestellter
Eigentumslage des Vaters: kein Eigentum
Soziale und Eigentumslage des KGF: Intellektueller, kein Eigentum
In der Sowjetunion gewohnt: nein
Wohnt jemand von Verwandten in der Sowjetunion: nein
Gibt es Vorverfahren oder Gerichtsurteile: nein
Genaue praktische Tätigkeit: 1929–1934 Volksschule in Reichenberg, 1934–1942 – Gymnasium in Reichenberg, 1942 in die Armee eingezogen.[315]

Die zweite Seite der Akte von Otfried Preußler ist von besonderem Interesse. Sie verzeichnet selbst bei Fragen, die sensibler Natur sind, wie dem Eintritt in die Wehrmacht, der Auszeichnung mit dem Eisernen Kreuz II. Klasse wie auch der Parteimitgliedschaft, authentische Antworten. Der junge Mann gibt an, sich freiwillig zur Wehrmacht gemeldet zu haben, das Eiserne Kreuz hat er 1943 erhalten und als Datum der Einberufung ist der 20. März fixiert. Ebenfalls notiert wird die Mitgliedschaft in der NSDAP. Das ist durchaus nicht der Normalfall. Gerade bei Fragen nach der Mitgliedschaft in der NSDAP existiert unter den deutschen Kriegsgefangenen eine verstärkte Angst, die Parteizugehörigkeit zu benennen. In der reichen Memoiren- und Erinnerungsliteratur habe ich nur vereinzelt Hinweise darauf gefunden. So bei Otto Rühle, der sich zum gleichen Zeitpunkt wie Otfried Preußler im Kriegsgefangenenlager Jelabuga befindet, nämlich im Winterhalbjahr 1944/45. Allerdings ist Rühle, der 1914 in Stuttgart-Zuffenhausen geboren wird, fast zehn Jahre älter als Otfried Preußler. Als Oberzahlmeister in der 6. Armee gerät er im Range eines Oberleutnants nach der Schlacht von Stalingrad in sowjetische Kriegsgefangenschaft und kommt wie Heinrich Gerlach und andere Stalingrad-Offiziere nach einer Zwischenstation im Lager Krasnoarmeisk nach Jelabuga. Im Lager Jelabuga beginnt Otto Rühles Wandlung, er nimmt an ersten Antifa-Veranstaltungen teil, später wird er in das Lager 27 nach Krasnogorsk abgeordnet und bereits im November 1947 repatriiert. In seinem sehr viel später in der DDR geschriebenen Erinnerungsbuch »Genesung in Jelabuga« erinnert Otto Rühle, wie ein sowjetischer Offizier mit einem Dolmetscher in die Unterkunft der Kriegsgefangenen kommt und die Frage stellt: »›Wer von Ihnen war Mitglied der NSDAP? Sagen Sie es ehrlich. Es passiert Ihnen nichts.‹« Otto Rühle sieht sich in einer Zwickmühle. Den damals ablaufenden Prozess beschreibt er so:

> Alle vierundzwanzig schwiegen. Ich schaute mich um. Einigen stand die Angst im Gesicht, aber keine redete. Warum sollte ich die Russen belügen. Ich hatte doch als Pg. kein Verbrechen be-

> gangen. »Ich war Mitglied der NSDAP«, sagte ich. »Sagen Sie Ihren Namen, Vornamen, Vatersnamen, letzten Dienstgrad und Truppenteil. Wann wurden Sie Mitglied der faschistischen Partei?« Ich beantwortete die Frage wahrheitsgemäß. Der Offizier schrieb die Angaben auf ein Blatt Papier. »Gut. Wer noch?« übersetzte der Dolmetscher. Ein Kamerad meldete sich. Die anderen schwiegen weiter. »Ich nicht glauben, daß chir nur zwei Faschisti«, sagte der Offizier kopfschüttelnd. Mit einem »nix gutt« verließ er zusammen mit dem Dolmetscher den Raum.[316]

Rühle erinnert sich daran, wie ein kriegsgefangener Kamerad auf die Frage nach der Mitgliedschaft in der NSDAP reagiert hatte. »›Bei uns? Da kam so ein Offizier an mit einer blauen Dienstmütze. Wissen Sie, was diese Farbe bedeutet? Das ist die Truppe des sowjetischen Geheimdienstes. Ich bin doch nicht verrückt, dem die Wahrheit zu sagen. Auf unserer Stube hat kein einziger zugegeben, daß er Pg. war‹«, betont er. Rühle kommt ins Grübeln und fragt sich, ob die Russen in der Mitgliedschaft ein Aussonderungskriterium sehen. »Der Offizier sprach von Faschisten, nicht von Nationalsozialisten«, notiert er. »Hatte das etwas zu bedeuten? Ganz unvermutet, bestürzend überfiel mich der Gedanke, daß die Russen in den NSDAP-Mitgliedern die Verantwortlichen, die Schuldigen all des Leides und all der Zerstörungen sehen könnten, die ihnen widerfuhren. Wenn es so war, dann gute Nacht, meine Lieben, gute Nacht Heimat. Dann gab's kein Wiedersehen! –«[317] Damit bricht die Reflexion über die Mitgliedschaft in der Nazi-Partei und ihre möglichen Folgen ab.

Doch das Bekenntnis zur Mitgliedschaft hat weder für Otto Rühle Folgen noch für Otfried Preußler. Dass beide eine entsprechende Angabe gemacht haben, die in der Kriegsgefangenenakte verzeichnet ist, weist die Antwort auf die Frage 9 aus, bei Otfried Preußler ist es Frage 11, in der es um die Parteimitgliedschaft (партийность) geht.

Von Interesse ist, in welcher Weise Rühle die Mitgliedschaft in seinen Erinnerungen reflektiert. Immerhin ist er 1967 bei Erscheinen des autobiografischen Berichts als Volkskammerabgeordneter und Professor eine Person des öffentlichen Interesses in der DDR. Warum er der NSDAP beigetreten ist, beschreibt Rühle – in gewisser Weise stellvertretend für viele seiner Generation – so:

> Bei Hitlers Machtantritt war ich noch keine neunzehn Jahre alt. Mancher meiner damaligen Freunde wurde 1933 Mitglied der NSDAP. Ich fand an einem solchen Schritt nichts, was man hätte verurteilen müssen. Mochte das jeder halten, wie er es für richtig befand. Hitler versprach eine neue Blüte des Deutschen Reiches. Wer sollte damit nicht einverstanden sein?[318]

Rückblickend erstaunt die Offenheit, mit der Otte Rühle seine positive Sicht auf Hitler und die Nationalsozialisten artikuliert. »Mir schien das, was Hitler wollte, ein Fortschritt zu sein«, schreibt er und fährt weiter fort: »Auch mir schwebte ein Deutschland vor, das groß und stark war, das in der Welt Ansehen und Einfluß genoß. Hitler beteuerte, dieses Ziel friedlich, und nur friedlich, erreichen zu wollen. Mußte nicht auch ich für seine Politik sein?« Dennoch tritt Rühle nicht 1933 in die Hitler-Partei ein, sondern erst 1937. In diesem Rahmen bekennt er, dass er Hitlers »Mein Kampf«, Hans Grimms »Volk ohne Raum« und Walther Darrés »Neuadel aus Blut und Boden« als »Lernender« aufnahm, allerdings der Rassentheorie von Hans F. K. Günther habe nicht beipflichten können. Davon habe ihn der »Humanitätsgedanke der deutschen Klassik« abgehalten.[319] Er bekennt, dass letztlich Karrieregründe ausschlaggebend für den Eintritt in die Nazi-Partei gewesen sind. »Den unmittelbaren Anstoß für diesen Schritt gab meine berufliche Laufbahn«, so Otto Rühle. »Um in der öffentlichen Verwaltung eine befriedigende und entwicklungsfähige Anstellung zu bekommen, mußte ein junger Mensch Mitglied der NSDAP oder einer ihrer

Gliederungen sein. Das sagte der Personalchef jeder Dienststelle, bei der man sich bewarb, ganz offen. Ich hatte die Wahl zwischen Partei, SA und SS – ich entschied mich für die Mitgliedschaft in der Partei, nicht zuletzt deshalb, weil ich von den zwei Jahren Kommiß bereits genug hatte.«[320]

Die Erinnerung ist deshalb erstaunlich, weil sie insofern aus den in den 1960er Jahren gültigen Vereinbarungen herausfällt, als Otto Rühle seine frühere Sicht nicht durch die späteren Erkenntnisse zum Nationalsozialismus korrigiert, also eine Einpassung der eigenen Biografie in die gängige Geschichts- bzw. Gesellschafsauffassung in der DDR vornimmt. Die Aussage, dass es neben sachlichen Argumenten auch berufliche Gründe gewesen sind, die zum Eintritt in die NSDAP geführt haben, finden sich auch bei Heinrich Gerlach. Meine Recherche im Landesarchiv Berlin ergab damals, dass er am 8. Juni 1950 als »Heimkehrer« – so die Bezeichnung – den Antrag auf Einleitung eines Entnazifizierungsverfahrens stellt.[321] Dem Antrag ist zudem ein ausführlicher Lebenslauf beizugeben. Beides wird von Heinrich Gerlach in der ihm eigenen Akribie ausgefüllt. Eine Woche später schickt er als Ergänzung der Unterlagen zwei Leumundszeugnisse an die Behörden. Der von Heinrich Gerlach verfasste Lebenslauf stellt die eigene Entwicklung minutiös dar, er geht auf Gründe ein, warum er im Mai 1933 Mitglied der NSDAP wurde. Keineswegs abwiegelnd stellt Gerlach heraus, dass der Eintritt »zum Teil aus wirtschaftlichen Erwägungen [erfolgte] (ich wollte heiraten, hatte aber ohne die Parteizugehörigkeit damals keine Aussicht, im Schuldienst Beschäftigung zu finden)«. Andererseits hätten aber auch »einige Programmpunkte der NSDAP (Beseitigung des Versailler Unrechts, Brechung der ›Zinsknechtschaft‹) starken Eindruck« auf ihn gemacht. Er stellt im weiteren Verlauf heraus, dass er durch die Politik gegenüber den Kirchen und der jüdischen Bevölkerung zunehmend in Gewissenskonflikte geriet, die »sichtbar wurden, als der Direktor der Heinrich v. Platen-Schule, Dr. Kurt

Gerstenberg, ein fanatischer Nazi, der heute in der Bundesrepublik seit Jahren wieder im Amt ist, meine Anstellung an der Schule von dem Austritt aus der Kirche abhängig machte. Ich weigerte mich energisch und konnte erst während des Krieges durch die vorgesetzte Behörde meine Anstellung erwirken.«[322] Letztlich sei es aber zu keinem Bruch mit der NSDAP gekommen, weil dies mindestens »den Verlust meiner Stellung bedeutet hätte.«[323] Heinrich Gerlachs Darstellung ist sachlich, selbstkritisch und in keiner Weise devot. Das Leumundszeugnis von Kurt Feyer, der Gerlach seit 1928 kennt, bestätigt seine Angaben und betont, dass er zu jüdischen Freunden gestanden und Kenntnis von der Flucht der Familie Rehfeld aus Deutschland hatte.[324]

Nun ist Heinrich Gerlach Jahrgang 1908, Otto Rühle Jahrgang 1914, Otfried Preußler Jahrgang 1923, mithin deutlich jünger. Die spezifische Situation im Sudetenland, aus der sich für Hitler und die Nazi-Partei hohe Zustimmungswerte ergaben, ist bereits angedeutet worden. Auch von den Familien Preußler und Fühmann war die Rede. Schließlich zeigt die Sicht von Erich Loest gewissermaßen exemplarisch wie stark die Naziideologie junge Leute beeinflusst hat. »Der Nazi-Einfluss war total«, antwortet der befreundete Autor auf eine entsprechende Frage. »Die Ideologie herrschte von morgens bis abends. Sie war in der Stadt, sie war in den Zeitungen, sie war im Radio, das wir damals bereits hatten, sie war im Kino – damals ging der normale Mensch zweimal die Woche ins Kino. Und überall wehten Fahnen. An Feier- und Gedenktagen marschierte SA, später Wehrmacht.«[325] Erich Loest bekennt, dass er gern dabei war, auch beim Jungvolk und den in der Tradition der bündischen Jugend stehenden Vorhaben: »Exerzieren macht zwar niemand so gern, aber es wurde Fußball gespielt, es wurde auf Fahrt gegangen und im Zelt geschlafen, alles Unternehmungen, die auch die Bürgerlichen, die Pfadfinder und andere Jugendverbände getrieben haben. Vieles war mit Spaß und Abenteuer verbunden. Nur die Unsportlichen versuchten all dem aus dem Weg zu gehen.«[326] Erich Loests Erinnerung stimmt im Kern mit dem überein, was Otfried Preußler benennt und was sich in seiner Erzählung »Erntelager Geyer« wiederfindet. Auch auf Ernteeinsätze, wie sie in dem Buch geschildert werden, kommt Erich Loest zu sprechen. »Ich gehörte zu denen, die gern mitmachten«, bekennt er. »Mit 13 wurde ich das erste Führerlein, also Jungenschaftsführer. Da hatte ich etwa zehn Jungs unter mir. Innerhalb der Hierarchie stieg ich bis zum Jungzugführer auf, mit dreißig Jungen im Zug. Wir mussten viele Kriegshilfsdienste leisten, an Ernteeinsätzen teilnehmen. Altmaterial oder auch Heilkräuter sammeln.«[327] Im Gespräch, das der befreundete Autor und ich im Oktober 2009 führten und dann am 9. Juni 2010 fortsetzten, kam Erich Loest dann von sich aus auf etwas zu sprechen, das bis dahin nicht bekannt war, seine Mitgliedschaft in der NSDAP:

> Zunächst möchte ich etwas erzählen, was noch nirgendwo steht. Ich habe mich selbstverständlich als NSDAP-Mitglied beworben, wurde aber drei Wochen später zum Militär eingezogen. Nun galt die Regel, dass in der Wehrmacht jede NSDAP-Mitgliedschaft ruhte. Auf meinen Antrag erhielt ich keine Rückmeldung. Als ich dann später aus der Gefangenschaft zurückkam, ging ich in Mittweida zum Meldeamt, wo sie eine Liste über NSDAP-Mitglieder führten. Ich fragte, ob ich noch aufgenommen worden wäre. Es fand sich nichts. Prima, dachte ich, eine Schwierigkeit weniger. Nun bekam ich vor einem halben Jahr einen kurzen Brief von einem Bundesamt in Berlin, der mich darüber informierte, dass sie auf Anfrage eines Journalisten in dieser Sache recherchiert hätten. ›Sie haben am 13. Februar 1944 einen Antrag auf Mitgliedschaft gestellt und sind am 20. April in die NSDAP aufgenommen worden, mit der Nummer x …‹ usw. Ich bin also doch Mitglied der NSDAP gewesen. Das konnte ich nicht in meine Bücher aufnehmen, auch nicht in »Durch die Erde ein Riß«, weil ich es schlichtweg nicht wusste.[328]

Auf die Rückfrage, warum er mit dieser Information nicht selbst an die Öffentlichkeit gegangen sei, notiert Erich Loest sachlich:

> Wenn ich das zu einer Meldung gemacht hätte, wäre ihm zu viel Gewicht beigemessen worden. Denn was besagt der Vorgang? Dass im Bombenjahr 1944 zwischen München und Mittweida eine Nachricht nicht angekommen ist. Ansonsten besagt das gar nichts – zumal ich immer betont habe, wie beeinflusst ich von der NS-Ideologie war. Es hat auch mit meinem Charakter überhaupt nichts zu tun. Dieser Fakt ist in meinen Lebenslauf nachzutragen.[329]

Was haben die Hinweise zu Heinrich Gerlach, Otto Rühle und schließlich Erich Loest mit Otfried Preußler zu tun und dem Umstand, dass sich in seiner Kriegsgefangenenakte der Eintrag findet, dass er Mitglied der Nationalsozialistischen Partei gewesen sei? Zunächst einmal nichts, aber bei genauerer Betrachtung wird einmal mehr einsehbar, in welchem Maße nicht nur junge Leute in das Dritte Reich involviert wurden. In Hinblick auf Otfried Preußler reichte mir aber die Aussage in der Kriegsgefangenenakte nicht. Nachforschungen im Bundesarchiv haben schließlich ergeben, dass keine Mitgliedskartei vorliegt. Da sich aber auch in dem bereits genannten Antrag an die Reichsschrifttumskammer vom 9. September 1942 der handschriftliche Eintrag von Otfried Preußler findet, dass er im September 1941, also mit noch nicht ganz 18 Jahren, in die NSDAP eingetreten ist, scheint die Angabe aus der Kriegsgefangenenakte bestätigt. Aber – Erich Loest hat es geschildert – eine Mitgliedschaft muss durch die Mitgliedskartei bestätigt sein, denn Untersuchungen haben ergeben, dass das »Aufnahmeverfahren stark reglementiert« war. Die Reichsmitgliederkartei mit 14 Millionen Karteikarten befand sich seit 1937 in feuerfesten Panzerschränken im Verwaltungsbau der NSDAP am Königsplatz in München. Und eigentlich konnten nur Personen aufgenommen werden, die das 18. Lebensjahr vollendet hatten. Erst am 07.01.1944 wurde das Eintrittsalter für Angehörige der Hitlerjugend (HJ) und des Bundes Deutscher Mädel (BDM) auf 17 Jahre herabgesetzt. Aufnahmeanträge, die persönlich zu stellen waren, gingen von den jeweiligen Ortsgruppen über die Kreis- und Gauleitungen in Sammelsendungen an den Reichsschatzmeister. Erst nach der formalen Prüfung wurde eine Mitgliedsnummer vergeben und eine Mitgliedskarte erstellt. Die Aufnahmeanträge verblieben beim Reichsschatzmeister.[330] Wie ist nun die Frage hinsichtlich der Mitgliedschaft zu beantworten: Es kann sein und entspräche den damaligen Verhältnissen, dass die Aufnahme mit einem Mitgliedernummernkontingent in Reichenberg vorab vorgenommen wurde. Ob es dann aber zu einer Weiterleitung kam, kann nicht gesagt werden, aber allem Anschein nach war dies nicht der Fall. Ein Grund mag darin liegen, dass Otfried Preußler bereits zur Wehrmacht eingezogen war. Es bleibt also offen, ob der junge Mann formal Parteimitglied war oder nicht.

XIV. Stationen einer Kriegsbiografie
Lyrisches Schreiben zwischen Hoffen und Verlust

Die Akte im Bundesarchiv Freiburg bietet keine Informationen zu Otfried Preußlers weiterem Weg in der Wehrmacht. Aber in der Kriegsgefangenenakte aus dem Russischen Staatlichen Militärarchiv in Moskau findet sich ein zweiter Fragebogen, der ebenfalls zur Personalakte gehört und den der Kriegsgefangene Preußler am 28.11.1944 mit der eigenen Unterschrift beglaubigt. Dort sind u. a. die Nummer der »Pistole 56736« notiert, schließlich die 4. Kompanie. Auch Preußlers Auszeichnung mit dem Eisernen Kreuz wird vermerkt, ohne dass nähere Details genannt würden. Als Stationen in der Wehrmacht sind angegeben: Mai bis September 1942 4. Kompanie des 425. Infanterieersatzbataillons, September 1942 bis Juli 1944 Kompanie 255, Juli 1943 bis April 1944 Leutnant in der 4. Kompanie, Zugführer. Ab April 1944 in der 4. Kompanie, 294 ID, Leutnant und Kompanieführer.[331] Und einmal mehr ist der Zeitpunkt der Gefangennahme fixiert: der 31.08.1944! – aber was lag dazwischen? Wie erging es Otfried Preußler? Womit war er im Krieg konfrontiert? Eine Antwort geben jene lyrischen Texte, die er gewissermaßen – so der Terminus – »an der Front« in den Jahren 1942 bis zur Gefangennahme 1944 geschrieben hat. Die Gedichte sind von Preußlers Schwager Dieter Kind und seiner Ehefrau Waltraud Kind nach 1945 aus dem Gedächtnis rekonstruiert und aufgeschrieben worden.[332] In dem Anschreiben, mit dem die Abschrift 2013 an die Töchter von Otfried und Annelies Preußler gesendet wurde, fragt Dieter Kind seine Nichten, ob sie die Gedichte des Vaters aus den Kriegsjahren bis 1945 kennen. Und es heißt weiter:

> Viele davon sind uns Beiden fest mit der Erinnerung an ihn verbunden. Wir wissen nicht, ob wir sie je irgendwo gedruckt gesehen haben. Sie stehen aber neben anderen in einer kleinen Sammlung von Gedichten, die ich 1945 in den ersten Wochen nach der Vertreibung aufgeschrieben habe und viel später binden ließ. Hin und wieder schlagen wir das Büchlein heute noch auf.[333]

Otfried Preußler selbst hat diese Sammlung nicht gekannt und Dieter Kind verweist darauf, dass er es versäumt habe, »mit Eurem Vater einmal darüber zu sprechen und ich weiß daher nicht, wie er später dazu stand«.[334] Die Gedichte belegen eine enorme Formstrenge und zeigen einen jungen Autor, der versiert mit Grundmustern lyrischen Sprechens umgeht. Sämtliche der Gedichte folgen – ganz im Sinne der frühen Prägungen im Hause Syrowatka/Preußler – volkstümlichen Strophenformen. Der junge Mann nutzt vor allem die Romanzenstrophe, eine vierzeilige Strophenform aus sogenannten trochäischen Vierhebern. Dabei stehen die Verse zumeist im Kreuzreim.[335]

Am großen Himmelswagen

Am großen Himmelswagen
der kleine Deichselstern,
der soll dir immer sagen:
Es hat dich einer gern.

Es mag dich einer haben,
der fern im Felde steht
und irgendwo im Graben
die Abendrunde geht.

Es läßt dich einer grüßen
Du liebe kleine Braut,

wenn er hinauf zu diesen
vertrauten Sternlein schaut.

Eine weitere Form, die der junge Autor in jenen Gedichten einsetzt, die im Kriegseinsatz entstehen, ist die Vagantenstrophe, die ihren Ursprung in der mittellateinischen Vagantendichtung hat und auch in der deutschen Lyrik über eine lange Tradition verfügt.

Abendlied

Du, im Walde bin ich gern,
wenn der Abend dunkelt.
Wenn vom Himmel Stern um Stern
auf uns niederfunkelt.

Du, bin ich mit dir allein
in dem großen Rauschen,
möchte ich nirgend anders sein
und mit keinem tauschen.

Du, wenn wir fein stille sind
und den Wald nicht stören,
können wir im Abendwind
seinen Herzschlag hören.

Du, so möchte ich immerfort
durch das Dunkel gehen,
wo wir ohne jedes Wort
uns so ganz verstehen.

Frag' doch die Dinge allesamt,
ob eins sich recht versteht –
das Feuer frag', warum es flammt,
den Wind, warum er weht;

Frag' doch den Star, warum er pfeift,
den Keim, warum er sprießt,
den Apfel frag', warum er reift,
den Fluß, warum er fließt.

Frag' doch das Licht, warum es scheint,
warum sie kreist, die Welt;
die Wolke frag', warum sie weint,
den Schnee, warum er fällt.

Und wenn dir eines Antwort weiß,
nichts jedes schuldig blieb,
dann komm zu mir und frag' mich leis:
Warum hast du mich lieb?

Die Vagantenstrophe ist in besonderer Weise zu Ende des 18. und zum Beginn des 19. Jahrhunderts in der romantischen Dichtung genutzt worden, etwa in Joseph von Eichendorffs »Im Walde«: »Es zog eine Hochzeit den Berg entlang,/ Ich hörte die Vögel schlagen,/ Da blitzten viel Reiter, das Waldhorn klang,/ Das war ein lustiges Jagen!//Und eh ich's gedacht, war alles verhallt,/ Die Nacht bedecket die Runde,/ Nur von den Bergen noch rauschet der Wald/ Und mich schauert im Herzensgrunde.« Dass die Vagantenstrophe zu einer der am häufigsten verwendeten lyrischen Formen in der Romantik zählt, hängt einmal mehr mit der offensichtlichen Nähe zum Volksliedhaften zusammen, der gerade Otfried Preußler sich verpflichtet fühlt. Dies ist auch ein Grund, warum vor allem Josef von Eichendorff von Kindheit an für ihn ein zentraler Bezugspunkt gewesen ist. Neben Rainer Maria Rilkes »Weise von Liebe und Tod des Cornets Christoph Rilke« (1899) ist es Eichendorffs »Aus dem Leben eines Taugenichts« (1822/1826), der ihn in der Jugend besonders fasziniert. Und an Eichendorffs schätzt er – so notiert er später – die »Schlichtheit des sprachlichen Ausdrucks« und die

Fähigkeit, »kunstvoll den Volkston« zu treffen.[336] Auch Heinrich Heine nutzt in seinem Gedicht »Die Grenadiere« (1818), das inhaltlich zum Kriegskontext passt, die Vagantenstrophe: »Nach Frankreich zogen zwei Grenadier,/ Die waren in Rußland gefangen./ Und als sie kamen ins deutsche Quartier,/ Sie ließen die Köpfe hangen.«[337] Otfried Preußlers »Ich hab' heut Nacht«, das von der fernen Geliebten träumt, lehnt sich an diese Form an:

Ich hab' heut Nacht …

Ich hab' heut Nacht von dir geträumt,
und sag' es ohne Hehl,
drum bin ich auch so aufgeräumt,
so munter und fidel.

Ich hab' heut Nacht von dir geträumt
Als wär ich wirklich wach
und alles was ich je versäumt,
ei nun, das holt' ich nach.

Ach du, wie war das wunderschön
nach dieser langen Zeit,
mit dir sich flink im Tanz zu drehn
und deine Augen hell zu sehn,
vor lauter Fröhlichkeit. –

Ach du, und vorhin hielt ich gar
den Feldrock in der Hand,
ob nicht ein feines blondes Haar,
zum Zeichen, wo ich nächtens war,
sich auf dem Tuche fand.

Die Gedichte, die an der Front entstanden sind, bewegen sich um zwei Motivkreise: Es überwiegen lyrische Texte, die man im weitesten Sinne als Liebesgedichte bezeichnen kann und in denen eine Freundin bzw. Geliebte direkt angesprochen wird.

Soldatenglück

Käme jetzt das Glück vorbei
Und spräche: »Herr Soldat,
meine Gunst steht ihm heut frei,
wünsche er sich dreierlei!«
So wüßt' ich mir schon Rat.

Ganz zu Anfang wünscht' ich mir,
und mit gutem Grund,
ganz zu Anfang wünscht' ich mir
einen Kuß, ja Kuß von dir,
mitten auf den Mund.

Und sodann als Nummro zwei
stünde fest im Nu,
wünscht' ich mir, was wär' dabei
wieder einen, ei, ei, ei,
Kuß, ja Kuß dazu.

Ja, und endlich dann zum Schluß,
wünschte ich mir klug:
wieder einen Kuß, ja Kuß! –
Wer so lange warten muß,
kriegt nicht gleich genug.

Ein zweites Motiv betrifft die Gedanken an die Heimat. Dabei ruft das lyrische Ich sich Erinnerungsbilder ins Gedächtnis. Auch von der böhmischen Heimat Otfried Preußlers, dem Iser- und Riesengebirge, ist die Rede.

Zuhause wird jetzt Frühling sein

Zuhause wird jetzt Frühling sein,
das hab' ich so im Blut.
Es glucksen tausend Wässerlein,
die Erde blinkt und Sonnenschein
macht alles licht und gut.

Zuhause wird im Gärtel jetzt
die Krokuswiese blühn.
Und unser Strauch am Zaun zuletzt,
hat auch vielleicht schon angesetzt
zum ersten zarten Grün.

Zuhause wird der Wald jetzt wach
und rauscht sein altes Lied,
und alle Welt singt es ihm nach,
sogar ein silberheller Bach,
der durch das Land sich zieht.

Zuhause wird ein Mädel sein,
das denkt jetzt oft zurück
und bleibt in all dem Sonnenschein
mit seinem bangen Herz allein
und einem Traum von Glück.

Das Gedicht »Trost« verbindet beide Motive, die Sehnsucht nach der Geliebten und die Verlassenheit im »fremden Land«.

Trost

Verlassen sein im fremden Land?
Schau s' ist doch über mir
der gleiche Himmel ausgespannt,
grad wie daheim bei dir.

Und ganz dieselben Sterne stehn
wie über deinem Haus.
Ich brauch ja nur hinauf zu sehen!
Und kenn mich wieder aus.

Noch während seiner Ausbildung zum Fähnrich in Döbeln schreibt er das Gedicht »Bauernkind«:

Bauernkind

Läufst an einem Wiesenrain
barfuß in die Welt hinein.

Hast den Nacken braungebrannt
wie ein Streiflein Ackerland.

Blonder Schopf vom Wind gewellt
duftet an dem Weizenfeld.

Deine beiden Augen klar
sind ein helles Kornblumpaar.

Tief im Roggen blüht der Mohn –
ist dein Mund ein Blatt davon?

Läufst an einem Wiesenrain
barfuß in die Welt hinein.

Staunst der Wunder und vergißt,
daß du selbst das größte bist.

In der militärischen Ausbildungsphase kommt der junge Mann kaum zum Schreiben, es fehlt ihm weniger, wie er später eingestehen wird, »an der nötigen Zeit, als vielmehr an der nötigen Einstellung – am Anlaß – an der Notwendigkeit, etwas schreiben zu müssen«. Der militärische Drill in der Infanterieschule in Döbeln ist eigentlich nicht der Rahmen, der zu lyrischen Gedanken motiviert. Aber während eines langen Marsches mit vollem Gepäck, der ausgesprochen anstrengend ist, marschiert die Gruppe müde, wund gelaufen und verschwitzt die Döbelner Landstraße entlang. Lust zum Singen hat niemand. Und in diesem Moment geschieht Folgendes: »Quer über die Straße huschte ein kleines barfüßiges Mädchen«, erinnert der junge Lyriker später. »Fünf Jahre alt, vielleicht auch schon sechs. Zunächst war ich viel zu abgespannt, mir darüber Rechenschaft zu geben, weshalb auf einmal etwas wie frischer Wind um meine Nase blies.« Dass hier unterbewusst ein lyrischer Impuls freigesetzt wird, das bemerkt der junge Mann erst im Nachhinein. »Erst später«, notiert er, »kam es mir zu Bewußtsein, daß der sekundenschnelle Anblick des fröhlichen, munteren Kindes etwas wie eine Erfrischung für mich gewesen sei. An diesem Abend setzte ich mich in der Kaserne hin und schrieb das ›Bauernkind‹ nieder – ein Gedichtel, das noch heute zu den liebsten zählt, die ich habe.«[338]

Alle Gedichte, die Otfried Preußler dann an der Front schreibt und die die Sehnsucht nach der geliebten Freundin, der heimatlichen Landschaft, Orte oder Plätze thematisieren, orientieren sich an jenen volkstümlichen Stil- und Strophenformen, die ihre Ursprünge in der Volksdichtung und in der Folge in der deutschen Romantik haben. Im Zentrum steht ein Ich, dass sich der Heimat und der Gefühle für die ferne Verlobte versichert. Die Texte sind unmittelbarer Ausdruck von Gefühlen und fangen eine konkrete Stimmung ein. Der martialische Ton propagandistischer Blut-und-Boden-Ideologie fehlt ihnen gänzlich. Dies wird einmal mehr offensichtlich, wenn man die Gedichte Otfried Preußlers von der Front mit jenen vergleicht, die einer der bekanntesten Lyriker der NS-Zeit geschrieben hat, Hans Baumann. Dessen Gedichte und Lieder sind »formal traditionell, voller Stereotype und fraglos epigonal«, wie das Wilhelm Haefs formuliert hat.[339] Preußlers Texte wird man mit der Hinwendung zum Volksliedton ebenfalls als »formal traditionell« bezeichnen können, aber stereotyp und epigonal sind sie nicht. Bei Baumann finden sich traktathafte lyrische Texte, in denen der Einzelne auf den Krieg orientiert wird, auf Mobilisierung, auf den Einsatz wie das Opfern des eigenen Lebens »im Auftrag eines Höhern«. Gefordert ist vom Ich mithin die Unterordnung unter einen sogenannten Volkswillen und eine Volksgemeinschaft. Auch solche Anklänge fehlen beim jungen Preußler.[340]

Als lyrischer Äußerungsform kann man den Texten freilich auch keine »Informationen« über den Alltag an der Front entnehmen. Mimetische Darstellungen über die Kriegswirklichkeit sind nicht zu finden, und Antworten auf die Frage, in welcher Situation sich der Zwanzigjährige befindet, werden nicht geliefert. Auskunft darüber wird Otfried Preußler erst Jahrzehnte später geben.

XV. »Bessarabischer Sommer«
Ein unbekanntes Manuskript

Ab Mitte der 1980er Jahre öffnen sich bei Otfried Preußler die Schleusen des Gedächtnisses und er wendet sich den bis dahin nicht formulierten traumatischen Erfahrungen zu. Vor der unveröffentlichten Autobiografie »Verlorene Jahre?«, die in den 1990er Jahren entsteht, hat der Autor mit einem zweiten autobiografisch angelegten Projekt versucht, den Stoff von Krieg und Gefangenschaft zu verarbeiten. Auch dieses umfangreiche Konvolut kann für die vorliegende Darstellung erstmals genutzt werden. Der Titel des Textes verweist auf den Ort und die Zeit der Handlung, also auf den bearbeiteten »Stoff Wirklichkeit«: Der Arbeitstitel für den Text aus den 1980er Jahren lautet »Bessarabischer Sommer«. Und im Untertitel ist markiert, um welche Textsorte es geht, nämlich um »Fragmente zu einem Roman«. Es handelt sich hier also um den Versuch, die Kriegszeit an der rumänischen Front im Jahre 1944 und den Weg in die Gefangenschaft in romanhafter Form zu fassen. Dazu nutzt Otfried Preußler das fiktionale Moment, er erfindet als Erzähler ein Alter Ego namens »Trenkler«. In einer Vorbemerkung zu dem großen Projekt, das ihn über viele Jahre beschäftigt, schreibt Otfried Preußler:

> Bessarabien, Sommer 1944: Trenkler, damals noch keine einundzwanzig, ist Leutnant und Kompanieführer im Feld-Ersatzbataillon der 264. Infanteriedivision, das zur Zeit in der von der Zivilbevölkerung evakuierten Ortschaft Chimiseni liegt, etwa 5 Kilometer hinter der Front. Die Offiziere des Bataillons haben Befehl, das FEB als besonders schlagkräftige Truppe aufzu-

bauen, die nach dem Willen des Divisionärs von Lindstett, notfalls als »Feuerwehr« eingesetzt werden soll.[341]

Sein Alter Ego heißt also »Trenkler« und ist wie Preußler selbst »noch keine einundzwanzig, Leutnant und Kompanieführer im Feld-Ersatzbataillon der 264. Infanteriedivision«. Es existiert also eine Art autobiografischer Pakt zwischen dem Autor Otfried Preußler und dem Leser.[342] Die Hauptfigur und der Autor sind nicht nur eng aneinandergerückt, wie dies bei vielen Autoren der Fall ist, sondern sie sind nahezu identisch. Der Leser kann daher eine weitgehende Übereinstimmung zwischen der Hauptfigur Leutnant Trenkler und Otfried Preußler annehmen. Insofern handelt es sich um die Geschichte einer »tatsächlichen Person über ihre eigene Existenz«, es geht um das »persönliche Leben« von Otfried Preußler, die Vernichtung der 294. Infanterie-Division und seinen Weg in die Gefangenschaft. Anders als in einem Roman, bei dem die erzählte Geschichte von »nichtwirklichen Ereignissen, nicht-wirklichen Figuren, nicht-wirklichen Orten oder nicht-wirklichen Zeiten« handelt[343], geht es bei Otfried Preußler genau um das Gegenteil: Die Figuren und Ereignisse sind verbürgt, wenngleich Namen und teilweise Divisionsbezeichnungen verändert werden.

Eine Episode soll nachfolgend aus zwei Gründen ungekürzt wiedergegeben werden. Einmal, weil sie ein Bild dessen gibt, was man das »Was« und »Wie« des Erzählens nennt, und weil offenbar wird, wovon Otfried Preußler erzählt, also welche Figuren, Handlungen und Ereignisse eine Rolle spielen. Zudem wird einsehbar, auf welche Art und Weise in diesem Fall die Darstellung des Krieges und seiner Schrecken erfolgt. Das Kapitel hat Otfried Preußler mit »Eine Nacht, ein Morgen« überschrieben, es ist im Herbst 1986 entstanden.

Eine Nacht, ein Morgen

Die Nacht war kalt, wie in Bessarabien häufig um diese Jahreszeit. Sie froren in ihren nassen Sachen so jämmerlich, daß an Schlaf kaum zu denken war. Die Männer lagen zu dreien, zu vieren neben den abgesoffenen Schützenlöchern eng aneinandergedrängt. Von Zeit zu Zeit wechselten sie die Plätze. Wer außen gelegen hatte, durfte für eine Weile nach innen, zum Aufwärmen. Trenkler, eigentlich nur für den ersten Zug verantwortlich, hatte das so befohlen. Da sich Schulz nicht bemüßigt sah, nach oben zu kommen, oblag dem Leutnant praktisch die Führung der Kompanie. Einer mußte die Sache hier in die Hand nehmen, nicht umsonst war man Offizier.

Nachdem sie die Hügelstellung wiedergewonnen hatten, war Trenkler versucht gewesen, hinunterzugehen und Schulz die Meinung zu sagen. Er hatte es bleiben lassen. Bei nüchternem Hinsehen konnte er hier nicht weg. Es hätte ja sein können, daß der Iwan plötzlich den Rappel bekam und verrückt spielte. Außerdem war es klüger, wenn er es gar nicht erst darauf ankommen ließ, mit Schulz zu sprechen; das wäre nicht nur ein böses Gespräch geworden, es hätte vermutlich auch nichts genützt.

Was die allgemeine Situation betraf, so waren sie auf Vermutungen angewiesen. Auch Bredtschneider hatte ihnen nichts Näheres sagen können. Zu höheren Kommandostellen gab es keine Verbindung, die schienen im permanenten Stellungswechsel begriffen zu sein.

Wie hatte der Russe es bloß geschafft, ihnen in den Rücken zu kommen? Die nächstliegende Erklärung war und blieb einleuchtend. Sich den Durchbruch bei Bender zunutze machend, war er mit einigen leichten Verbänden vorgestoßen, so weit er gekommen war. Allzu viele konnten es drüben nicht sein, sonst hätten sie stärker nachgefaßt, als die Dritte stiftengegangen war. Im übrigen war es nicht Trenklers Sache, sich über die große Lage Gedanken zu machen. Das war Sache der Generäle und ihrer Stäbe. Er selbst war für seine Leute, für seinen Abschnitt verantwortlich, und das reichte ihm.

Seit es dunkel war, hatten die Fahrzeugkolonnen wieder zu rollen be-

gonnen. Das war deutlich zu hören, von Gura Galbina herauf. Auch Zugmaschinen mußten dabei sein, auch schwere Brummer, Artillerie vermutlich. Sie mieden die Brücke. Anscheinend gab es weiter oben noch einen anderen Übergang, den der Iwan mit Infanteriewaffen nicht erreichen konnte. Bis alle durch waren, so Old Shatterhand, mußte die Ortschaft gehalten werden.

»Und dann?« hatte Trenkler gefragt.

»Dann verduften wir! Jedenfalls habe ich nicht die Absicht, hier oben Wurzeln zu schlagen. Ich geh auch nicht freiwillig in Gefangenschaft, wie der Doktor … Ach so, das können Sie ja nicht wissen. Unten haben wir einen Oberarzt, in der Scheune neunzehn Verwundete, nicht transportfähig. Wenn der Russe kommt, und, das kann ja nicht ausbleiben – wenn der Russe kommt, will der Doktor ihm die Verwundeten übergeben. Er meint, man kann sie nicht einfach sich selbst überlassen, die armen Schweine. Krombholzner hat ihm das auszureden versucht, aber der Doktor hört nicht auf diesem Ohr.«

Schwer zu sagen, wie Trenkler sich in der Situation des Arztes verhalten hätte. Man mußte beim Iwan mit allem rechnen. Aus Feigheit blieb dieser Doktor gewiß nicht zurück. Hoffentlich ging seine Rechnung einigermaßen auf. Das war alles, was man ihm wünschen konnte.

Das Geräusch der marschierenden Panzerkolonne bildete für die Dauer der Nacht den Grundton aller Geräusche. Nur gut, daß es diesen Übergang weiter oben gab, obgleich das auf einen Umweg hinauslief …

Wenn man doch wenigstens Karten hätte von dieser verfluchten Gegend! Auch Bredtschneider hatte keine, selbst Krombholzner nicht. Karten für den Gebrauch auf dem Rückzug gab es nicht. Nicht bei der Truppe. Man hatte es höheren Ortes nicht ohne Absicht versäumt, sie vorsorglich auszugeben. Weil ja der Blick des deutschen Soldaten nach vorne gerichtet zu sein hatte, weil schon der bloße Gedanke an Rückzug verpönt war. Rückzüge waren nicht vorgesehen, höchstens Begradigungen der Front in begrenztem Ausmaß.

Der Iwan verhielt sich still. Möglich, daß er Verstärkung abwarten wollte. Er lag keine hundert Meter von ihnen entfernt. Manchmal hörten sie Stimmen drüben, kehlige Laute. Da kontrollierte wohl einer den Posten. Sonst gab es nicht viel zu hören. Kaum Schanzgeräusche, kaum sonstwas. Geschossen wurde auf beiden Seiten so gut wie nicht. Ab und zu eine Leuchtkugel. Manchmal ein schwacher Lichtschein drüben, wenn einer sich hinter vorgehaltener Hand seinen Glimmstengel ansteckte. Eine von diesen Selbstgedrehten, aus Zeitungspapier und Machorka. Auch bei den Ersten wurde geraucht, an Zigaretten herrschte kein Mangel. Die Gasmaskenbüchse, normalerweise als Mißgeburt militärischen Ausrüstungswesens verflucht, war zur regensicheren Aufbewahrung von Zigarettenvorräten wie geschaffen.

Trenkler hatte den Männern in vorderster Linie für die Dauer der Nacht das Rauchen verbieten wollen, aber er hatte darauf verzichtet. Wer rauchen wollte, mußte ein Stück zurückkriechen, in den Schutz des Hanges, das machte er zur Bedingung. Und selbstverständlich durfte von jedem Posten immer nur einer weg. Wenn sie schon nichts zu beißen hatten, sollten sie wenigstens ihren blauen Dunst inhalieren können. Morgen in aller Frühe, mußte er zusehen, daß er Verpflegung heranschaffte.

Gegen ein Uhr nachts gab es weiter rechts eine kurze heftige Schießerei. Ein paar russische Maschinenpistolen waren daran beteiligt. Auch Handgranaten krepierten. Trenkler rannte sofort hinüber zu Fiebiger auf dem rechten Flügel. Als er dort ankam, war der Gefechtslärm schon wieder verstummt. Einmal noch sägte ein deutsches Maschinengewehr durch die Nacht, mit Leuchtspur dazwischen. Es strich von der Mitte nach links, dann nach rechts hinüber, dann wieder zurück zur Mitte. Offenbar hatte der Iwan versucht, Krombholzners Feldwache auszuheben, die auf dem Sattel zwischen den beiden Höhenzügen in Stellung gegangen war, mit dem Auftrag, die Lücke zwischen den deutschen Linien unter Kontrolle zu halten. Dies wußte Trenkler von Bredtschneider.

Ob er mit zwei, drei Leuten hinausgehen und erkunden sollte, was drüben los war? Er zögerte einen Augenblick, dann gab er dem inneren Schweinehund nach und blieb liegen. Man mußte ja nicht immer die Nase in alles hineinstecken, noch dazu freiwillig. Fiebiger meinte, es könne sich bei der Schießerei höchstens um eine Handvoll Iwans gehandelt haben, ein müder Spähtrupp vermutlich, der sich sofort verdrückt hatte, als es Zunder gab. Im eigenen Vorfeld sei alles friedlich und still geblieben. »Dann ist es ja gut«, sagte Trenkler. »Aber paßt trotzdem auf wie die Schießhunde – ja?« Er wollte sich schon erheben, um an der Postenkette entlang zurückzugehen, da stutzte er plötzlich. »Moment mal, Fiebiger …« Irgend etwas, er hätte nicht sagen können, was es gewesen war, hatte ihn aufhorchen lassen.

»Da ist was, Herr Leutnant!« Fiebiger fuhr mit der Hand zum Abzug und riß die Spritze nach rechts hinüber. »Da kommen welche!«

»Abwarten!« zischte Trenkler. »Erst schießen, wenn ich es Ihnen sage!« Nun hörten sie deutlich, daß jemand sich ihnen von rechts her nähert. Schritte im Gras. Etwas raschelt und schleift. Dann Stille. Dann wieder Schritte von mehreren Leuten. Noch können sie bei der Dunkelheit nichts erkennen. Trenkler hat die Pistole entsichert, er hält sie schußbereit. »Halt! Wer da?« ruft er. »Eigene Truppe.«

»Parole?«

»Tapferes Schneiderlein.«

Die Parole stimmt. Major Krombholzner, sonst kein ausgesprochener Märchenfreund, hat sie am gestrigen Abend für seine Kampfgruppe ausgegeben. Das sollte ihm mal so ein Iwan nachsprechen, ohne daß man es merkte! Trotzdem, auch hier war Vorsicht die Mutter der Porzellankiste. »Stehenbleiben! Und dann einzeln rüber, einer hübsch nach dem andern!«

Sie kommen langsam, sie kommen im Abstand von vier, fünf Schritten. Die erste Gestalt, die sich schemenhaft aus der Dunkelheit löst, ist Old Shatterhand. Also hat Trenkler ihn vorhin doch an der Stimme erkannt!

»Mein Gott, Herr Bredtschneider! Und wir hätten Sie fast für den Schrecklichen in Person gehalten! Was treiben Sie bloß da draußen?«

»Unzucht, Herr Trenkler – was sonst wohl?« Old Shatterhand war auf

Befehl des Majors unterwegs. »Sozusagen als Lückenprüfer. Unsere Feldwache hat sich brav geschlagen, ohne Verluste übrigens. Außerdem hat man dem Alten etwas von russischen Panzern gemeldet, die auf dem Anmarsch seien. Haben Sie da was festgestellt?«

»Nein«, sagte Trenkler. »Jedenfalls ist mir nichts aufgefallen.«

Auch Fiebiger hatte nichts gehört. Bis auf das dumpfe Geräusch der eigenen Fahrzeugkolonnen. Da konnten natürlich auch Panzer dabei sein. Und Zugmaschinen. Und Sturmgeschütze vielleicht. Anscheinen hörte jemand bei Krombholzners Haufen die Flöhe husten.

»Hoffen wir's«, meinte Bredtschneider achselzuckend, »und wie, Herr Trenkler, steht's um das werte Befinden im Allgemeinen?«

»Danke der Nachfrage. Bis auf die Kleinigkeit, daß wir Kohldampf schieben. Wir haben seit gestern – ach nein, seit vorgestern abend nichts mehr zu fressen gekriegt. Irgendwas müßte da wohl geschehen, Herr Bredtschneider.«

»Gewiß doch!« Old Shatterhand lachte trocken auf. »Verpflegung, Herr Trenkler, könne Sie gerne haben. Sie brauche mir bloß zu verraten, woher wir sie nehmen sollen. Jetzt aber mal im Ernst! Wir werden natürlich versuchen, morgen etwas heranzuschaffen. Falls uns dazu noch Zeit bleibt.«

»Was wollen Sie damit sagen, Bredtschneider?«

»Möglich, daß wir gezwungen sein könnten, die Stellung hier oben zu räumen – und das sehr schnell.«

»Auf gut deutsch also, daß Ihr glorreiches Bataillon sich verkrümeln muß? Ich will doch sehr hoffen, daß ihr uns dann hier oben nicht hängen laßt!«

»Nein doch!« beteuerte Bredtschneider. »Im Fall des Falles kriegen Sie von uns Bescheid. – Übrigens: Gute Nacht einstweilen! Warten wir ab, was der Morgen bringen wird.«

»Gute Nacht auch.« Trenkler blickte Old Shatterhand nach, bis er mit seinen Begleitern im Dunkel der Nacht verschwunden war. Dann ging er die Postenkette noch einmal ab, bis hinüber zum linken Flügel, wo Puschmann mit seinem Gewehr lag. »Alles in Ordnung, Puschmann?«

»Alles in Ordnung, Herr Leutnant. Bloß daß wir Kohldampf schieben …«
»Na, das beruhigt mich, aber kolossal. Ich hab schon befürchtet, ich bin hier der einzige, dem der Magen durchhängt … Aber im Ernst. Ich verspreche euch, daß ich versuchen werde, was Eßbares ranzuschaffen. Ob's klappen wird, weiß ich nicht.«
Trenkler merkte mit einem Mal, daß er hundemüde war. Er kehrte zu seinem Gefechtsstand zurück, wo er Jeschke antraf. »Ich brauch eine Mütze voll Schlaf, Jeschke. Wenn nichts dazwischenkommt, wecken Sie mich bei Tagesanbruch.«
Er schnallte den Leibriemen mit der Pistole ab und legte sich auf den nassen Rasen, die Meldetasche unter dem Kopf. Vor dem Einschlafen fiel ihm noch einmal Hochmuth ein. Was mochte nur aus ihm geworden sein? Was aus Schwanke, aus Wilckensen? Ob Wilckensen noch am Leben war? Und Koerber und Veith? Und Schwertner und all die andern? »Morgen«, beschloß er, »muß ich nach Gura Galbina hinunter, Verbindung aufnehmen mit dem Bataillon …« Major Krombholzner würde ihm das gewiß erlauben. Es lag schließlich auch in seinem Interesse, zu erfahren, wie es bei Koerber aussah.

Der Leutnant Trenkler schlief tief und fest, er schlief den Soldatenschlaf. Nur sein Instinkt blieb wach, jenes hochempfindliche innere Alarmsystem, das man den sechsten Sinn nennt. Anders ließe sich kaum erklären, daß Jeschke ihn nicht erst zu wecken brauchte, als sich drüben beim Iwan das Rasseln von Panzerketten vernehmen ließ. Vorerst noch aus der Ferne, aber doch unverwechselbar. Wer je einen T 34 hat rasseln hören, weiß für den Rest seines Lebens Bescheid.
»Herr Leutnant!« Trenkler war schon hell wach, als Jeschke ihn an der Schulter packte. »Hören Sie das, Herr Leutnant? Russische Panzer!«
Noch war es mehr Nacht als Tag, der Morgen begann erst heraufzudämmern. Trenkler hatte ein flaues Gefühl im Magen. Ihn fröstelte in den klammen Sachen, er war überhungert, er fühlte sich wie verkatert. Das Rasseln der Panzerkette kam langsam näher. Kein Zweifel mehr, daß es russische Panzer waren.

»Sausen Sie los und machen Sie unten Meldung, Jeschke! Am besten gleich beim Major. Die Panzer werden bald da sein. Und fragen Sie den Major nach seinen Befehlen!«

»Lossausen, Meldung machen und Herrn Major nach Befehlen von Herrn Major fragen! Jawohl, Herr Leutnant!« Jeschke verschwand in der Dämmerung.

Trenkler schnallte sich den Riemen mit der Pistole um. Das Fernglas, die Meldetasche, die Feldmütze – fertig. Er kroch die paar Meter nach vorn, wo alles noch ruhig war. Das erste Frühlicht lag auf den Hügeln. Mit dem Feldstecher suchte Trenkler das gegnerische Gelände ab. Nichts Besonderes. Nichts, was Verdacht erregt hätte.

Plötzlich – der Feuerstoß eines schweren Maschinengewehrs. Das war Fiebiger an der rechten Flanke! Trenkler hatte sofort das Gefühl, daß da etwas faul war. Er sprang auf, er rannte geduckt hinüber. Keuchend warf er sich neben Fiebiger ans Gewehr. »Was ist los? Was gibt es da zu ballern?«

»Russen, Herr Leutnant! Dort, rechts von mir!«

»Quatsch! Da liegt Krombholzners Feldwache!«

»Eben nicht mehr, Herr Leutnant. Da hockt jetzt der Iwan drin. Einen hab ich genau im Visier. Wenn Sie mal durchgucken wollen, Herr Leutnant?«

Trenkler klemmte sich hinter die Zielvorrichtung. Im Fadenkreuz waren Rücken und Kopf eines russischen Offiziers zu erkennen. Der kesselförmige Stahlhelm der Roten Armee, der Schulterriemen, die breiten russischen Schulterstücke.

»Seit wann?« fragte Trenkler.

»Beim Hellwerden haben wir sie bemerkt«, berichtete Fiebiger. »Das ist alles ganz lautlos gegangen. Und jetzt ist sie ausgebrochen, die große Scheiße.«

Trenkler suchte den Sattel und die dahinter befindliche Höhe ab. Überall Russen. Da einer, dort einer, manchmal in ganzen Rudeln. Krombholzners Bataillon schien den Abschnitt kampflos geräumt zu haben. Und Bredtschneider? Hatte er nicht versprochen, Trenkler im Falle des Falles Bescheid zu geben?

Unten im Tal fiel ein Schuß. Ein Gewehrschuß. Am Fuß des Hanges stand Jeschke, er fuchtelte mit den Armen. »Herr Leutnant! Herr Leutnant! Alle sind abgehauen, Herr Leutnant, wir müssen auch weg!«
»Und der Major? Und der Adjutant?«
»Keiner mehr da, Herr Leutnant! Die haben uns hängenlassen, Sie müssen dort oben weg!«
Die große Scheiße war tatsächlich ausgebrochen, soviel stand fest. Und was nun? »Bleiben Sie unten, Jeschke!« Trenkler hatte fast automatisch geschaltet. Die großdeutschen Fähnriche waren in Dresden und sonstwo auf rasches Schalten getrimmt worden. »Breuer!«
»Herr Leutnant?«
Breuer war Fiebigers Schütze Eins, ein zuverlässiger Mann.
»Laufen Sie an der Postenkette entlang bis zu Puschmann, Befehl an alle: Sie sollen abhauen! – runter ins Tal, Sie auch mit! Und dann auf der Straße weiter! Zehn Minuten geben wir ihnen Feuerschutz. – Fiebiger? Wissen Sie, was das heißt?«
»Jawohl! Zehn lange Minuten sind das, Herr Leutnant.«
»Wir werden sie überstehen, Fiebiger.«
Es war fünf Uhr vierzig. Vom Gegner unbemerkt, räumten die Männer der Ersten die Hügelstellung und rannten ins Tal. »Jetzt sind Sie dran!« Trenklers Befehl galt Fiebigers Schützen Drei und Vier. »Zieht Leine, ihr beiden!«
»Und wir?« fragte Fiebiger.
»Vier Minuten noch – oder haben Sie keine Uhr?«
Die auf dem Sattel in Stellung gegangenen Russen verhielten sich abwartend. Mag sein, daß auch dort welche auf die Uhr schauten, eine bestimmte Minute anpeilend. Daß Trenklers Leute den Hügel geräumt hatten, schienen sie nicht gespannt zu haben. Das Panzergeräusch war nähergekommen und dann verstummt. Aus der Talmulde tauchten russische Schützen auf. Sie bewegten sich auf den Sattel zu, etwa in Zugstärke. Fiebiger wollte dazwischenhalten, Trenkler kam ihm zuvor: »Machen Sie keinen Quatsch, Mann! Sie bringen uns bloß in Teufels Küche!«
Vier Minuten sind vier Minuten. Trenkler bemühte sich, ruhig zu blei-

ben. Nur nicht nervös werden, bloß keine Angst jetzt! Endlich war es so weit! Er gab Fiebiger einen Klaps auf die Schulter. »Abhauen, Fiebiger – und dann weg!«

Sie zerrten das schwere Maschinengewehr zurück in den Schutz des Hanges, rasch war es auseinandergenommen, dann rannten sie los, vom Iwan noch immer unbehelligt. Sie rannten den steilen Grashang hinunter. Fiebiger trug das MG auf der Schulter, er kam ins Stolpern, glitt aus und rutschte ein ganzes Stück auf dem Hosenboden dahin. Dies alles, ohne die Spritze fallenzulassen. »Reife Leistung, Fiebiger!« Trenkler half ihm, sich wieder aufzurichten, dann rannten sie weiter.

Jeschke erwartete sie am Fuß des Hanges. Ungefähr dort, wo Trenkler am gestrigen Nachmittag das Kommando über den ersten Zug übernommen hatte. »Alle weg, Herr Leutnant! Auch der Herr Oberleutnant Schulz mit dem Kompanietrupp. Hab ihn gerade noch wetzen sehen. Da hab ich gedacht, es geht schneller, wenn ich hier unten bleibe und schieße …«

»Natürlich, Jeschke, das haben Sie prima gemacht. Bloß eins – warum sind Sie nicht gleich mit abgehauen? Sie könnten längst weg sein!«

Jeschke blieb ihm die Antwort schuldig. Für ihn gab es ein paar Dinge, die sich von selbst verstanden, darüber brauchte man nicht zu reden.

»Dann aber los!« sagte Trenkler.

Sie rannten zur Straße und bogen an dem Gehöft nach links ein. Auf dem Dach eines Schuppens saßen zwei kleine Mädchen, rotznasig, barfuß, in grauen Hemden. Sie streckten ihnen die Zunge heraus und riefen den Flüchtenden etwas zu, das sie anscheinend schrecklich komisch fanden. Hoffentlich fielen sie nicht vom Dach vor Lachen!

Zur rechten Hand dann die Scheune, einige Schritte zurückgesetzt. Über dem Tor, nicht zu übersehen, eine Rotzkreuzfahne. Am Torpfosten lehnte eine Gestalt. Offiziersmütze, hochgeschlossener weißer Kittel. Der Medizinmann, der seine Verwundeten nicht im Stich lassen wollte. Er rauchte, was hätte er sonst auch tun sollen?

»Machen Sie's gut, Doktor!« Trenkler winkte ihm im Vorbeilaufen einen Gruß zu.

»An mir soll's nicht liegen!« Der Stimme des Arztes war anzumerken, daß er bemüht war, sich kühl und lässig zu geben.
»Kommen Sie gut nach Hause!«
Was wohl mit ihm geschehen würde? Mit ihm und den armen Schweinen, die in der Scheune lagen? Falls sie am Leben blieben, gingen sie schweren Zeiten entgegen, soviel stand fest. Dieser eine Doktor da: Er allein wog mit Leichtigkeit ein paar Dutzend der Sorte Schulz auf.

Die Straße war eigentlich bloß ein Fuhrweg, von Wagenrädern zerfurcht, von den Ketten gepanzerter Fahrzeuge aufgepflügt. Zu beiden Seiten stieg das Gelände steil an. Freie Hänge, mit einzelnen Gruppen von Buschwerk dazwischen, sonst Gras. Von jetzt an mußten sie damit rechnen, unter Beschuß zu kommen. Der Iwan hatte die Höhen zur Linken noch nicht besetzt, das konnte sich jede Minute ändern. Trenkler trieb seine Leute zur Eile an. »Reißt euch zusammen! Wir müssen den Anschluß kriegen!« Die Straße verlief in leichten Krümmungen, sie war leer und verlassen. Ein Vorsprung von sieben bis acht Minuten ließ sich so rasch nicht aufholen.
»Tempo, Tempo! Wir schaffen das, Leute! Wir schaffen das!«
Noch immer, erstaunlicherweise, bleibt alles ruhig beim Iwan, noch werden sie nicht beschossen. Nach fünfhundert Metern etwa: ein Engpaß von beiden Seiten, dort wendet die Straße sich scharf nach links und dann wieder nach rechts. Hinter der zweiten Biegung, der Leutnant traut seinen Augen nicht, etwa fünfzig Landser. Sie haben sich neben der Straße ins Gras geworfen, verschwitzt und erschöpft. »Was ist los mit euch! Wollt ihr euch einfach vom Iwan kassieren lassen? Euch muß ich wohl Beine machen, ihr Idioten!«
In diesem Augenblick setzt Gefechtslärm ein. Hinter ihnen, wo Gura Galbina liegen muß, rattern Maschinengewehre, krepieren Granaten. Dazwischen das kurze trockene Bellen von Panzerkanonen. »Da habt ihr's!« ruft Trenkler.
»Haut ab wie die Feuerwehr! Los, los, los!« Fiebiger ist mit seinen Leuten schon weitergerannt. Nun erheben sich auch die andern wieder.

»Schmeißt weg, was ihr könnt – bloß die Waffen nicht! Bloß nicht die Waffen! Und ab jetzt, ihr blöden Hunde! Haut ab, haut ab!«
Trenkler ist wütend, er hat schon die Pistole gezogen. Nun steckt er sie wieder weg. Was können die armen Teufel dafür, die er da zusammenstaucht? Schulz müßte hier sein, der Drecksack hat sie in dieses Schlamassel hineingebracht! Und Old Shatterhand, das verdammte Großmaul mit seinen Kraftsprüchen von Nichthängenlassen und so!
Ein paar Brotbeutel bleiben liegen, Feldflaschen, Gasmaskenbüchsen, Stahlhelme, fünf oder sechs Munitionskästen. »Tempo, Tempo, verdammtnochmal!« Trenkler und Jeschke liefen als letzte, um zu verhindern, daß einer zurückblieb. Es konnte nicht ausbleiben, daß der Haufen sich weit auseinanderzog. Eine Gruppe von sechs, acht Landsern fiel merklich ab. Darunter ein kleiner, stämmiger Korporal von der Ersten mit einer Panzerfaust, die er wie einen Kurzspieß geschultert trug. »Los doch!« feuerte Trenkler die Leute an. »Los doch, ihr müden Krieger! Wir müssen hier raus, da hilft alles nichts!«
Ein Mann aus der Gruppe, ein dürrer Mensch um die vierzig, begann zu taumeln. Er griff sich ans Herz, dann ging er zu Boden und stöhnte: »Ich kann nicht mehr …« Die Finger des Mannes verkrallten sich in den Knöpfen der Feldbluse, Schaum trat ihm vor den Mund, er verlor die Besinnung. Jeschke beugte sich über ihn. »Tot?« fragte Trenkler. »Noch nicht ganz, Herr Leutnant. Aber dem ist nicht zu helfen, wir müssen weiter.«
Jeschke hatte natürlich recht. Noch gestern hätte sich das der Leutnant Trenkler nicht vorstellen können: einen Verwundeten, einen Erschöpften einfach zurückzulassen, bloß aus dem einen Grund, daß man selber wegkam. Schön weit war's mit ihnen gekommen in diesem Scheißkrieg!
Sie waren ein Stück zurückgefallen, Jeschke und er. Nicht weit, an die fünfzig Meter bloß. Das Tal hatte sich geweitet, nach beiden Seiten hin waren die Hänge flacher geworden, von rechts schien die Sonne herein. Und dann fielen die ersten Schüsse. Links oben hatte der Iwan sich an die Kante des Hanges vorgeschoben und gab ihnen Zunder.
Es gab keine Deckung hier. Von oben war jeder Fußbreit des Tales ein-

zusehen. Wer sich hier flachmachte, bot dem Iwan ein sicheres Ziel. Das einzige, was ihnen helfen konnte, war rennen! Rennen und darauf hoffen, daß es auch in der Roten Armee nicht nur Scharfschützen gab. Trenkler weiß, daß er um sein Leben rennt. Angst zu haben, das wäre ein Luxus, den er sich jetzt nicht leisten kann. Nicht auf den nächsten dreihundert Metern im freien Gelände. Sie gilt es zu überwinden, nichts anderes ist im Augenblick wichtig für ihn. Er darf nicht stolpern, er darf nicht straucheln. Alles, was er an Kraft zur Verfügung hat, ist auf das eine, das einzige Ziel gerichtet: »Ich muß hier durch!« Jetzt ist er nur noch für sich allein verantwortlich. Jeder Schritt, jeder Atemzug, alle Einzelheiten des Weges, die Furchen und Rinnen, die Grasbüschel und die Steine: sie prägen sich unauslöschlich seinem Gedächtnis ein. Noch oft wird er diese verfluchte Strecke zurücklegen müssen, in späteren Träumen noch.

In der Gruppe, die vor ihm herläuft, reißt einer die Arme hoch und schlägt hin. Den Leutnant Trenkler berührt das nicht weiter, er hat nicht die Zeit, nicht die Kraft dazu, irgend etwas an sich heranzulassen. Wem es bestimmt ist zu fallen, dem ist es bestimmt. Und wer durchkommen soll, kommt durch.

Trenkler hat aufgeholt. Keine zwanzig Meter vor ihm läuft der kleine stämmige Korporal mit der Panzerfaust. Nun folgt eine kurze Szene, die einem Trickfilm zur Ehre gereicht hätte. Eben noch hat er ihn deutlich gesehen, den Korporal – und im nächsten Moment ist er plötzlich weg. Buchstäblich weg. Es muß ihn vor Trenklers Augen in tausend Stücke zerrissen haben.

Irgendwie ist für den Leutnant die zeitliche Abfolge durcheinandergeraten. Erst Bruchteile von Sekunden später nimmt er die Detonation wahr, dann erst den Abschuß. Links auf der Höhe hat sich ein russischer T34 nach vorn geschoben, nun klotzt er mit seiner Kanone herunter.

Dem Leutnant Trenkler bleibt keine Zeit, sich Gedanken zu machen. Er rennt und rennt auf die rettende Schlucht zu, die sich am Ende des Tales auftut. Er rennt noch ein Stück hinein, mechanisch, wie aufgezogen.

Er kommt nicht mehr allzu weit. Mit einem Mal hat er Blei in den Knochen. Die Kniegelenke versagen den Dienst, die Wadenmuskeln verkrampfen sich. Trenkler wirft sich zu Boden, keuchend ringt er nach Luft. Jeder Atemzug schmerzt ihn, bis tief in die Lungenspitzen hinein. Er ist vollständig ausgepumpt, ist erledigt.

Liegenbleiben. Bloß liegenbleiben und nie mehr aufstehen müssen …

Bevor es ihm endgültig schwarz wird vor Augen, bevor er unwiderruflich wegtaucht ins Ungewisse, spürt er wie jemand ihn an den Schultern rüttelt. »Herr Leutnant! Herr Leutnant!« Die Stimme kommt ihm bekannt vor – er weiß nicht woher. »Herr Leutnant! Sie dürfen doch jetzt nicht schlappmachen!«

Es ist Jeschke, sein lieber, sein treuer Jeschke. »Wir haben es doch geschafft, Herr Leutnant. Nicht schlappmachen jetzt, Herr Leutnant, nicht schlappmachen … alles ist gut jetzt, Sie blöder Hund Sie! Alles ist gut jetzt, wir haben es hinter uns!«

Mühsam schlägt Trenkler die Augen auf. Ja, es ist alles gut jetzt. Jeschke hat recht wie immer, Jeschke hat immer recht. Alles ist gut jetzt, für diesmal ist alles ausgestanden.

»Kommen Sie nur, Herr Leutnant. Sie dürfen mir da nicht liegenbleiben. Jetzt nicht mehr, Herr Leutnant.« Jeschke redet ihm zu, als sei er ein kleiner Junge. »Komm schon, Herr Leutnant, komm schon! Das kannst du uns doch nicht antun, daß du mir einfach hier liegenbleibst und krepierst …!

Trenkler errappelt sich wieder. »Schon gut, Jeschke«, sagt er, »Sie brauchen sich keine Angst mehr zu machen um mich.«

Er kann jetzt mit einem Mal wieder atmen, das tut ihm wohl. Wie ihm Jeschke beim Aufstehen helfen will, winkt er ab. »Nicht nötig, es geht schon wieder … Weiß selber nicht, was das gewesen ist …«

»Bissel viel halt, Herr Leutnant«, meint Jeschke. »Es ist halt ein bissel viel gewesen für Sie, das alles zusammen.«

»Schon möglich.« Trenkler sagt es mit einem Achselzucken, er möchte nicht weiter darüber reden. »Kommen Sie, Jeschke – wir müssen weg da, wir müssen durchkommen.«

Und nun gehen sie miteinander weiter, der Leutnant Trenkler und

Jeschke. Ohne besondere Eile jetzt, Schritt für Schritt. Sie folgen der leeren Straße, die eigentlich bloß ein Fuhrweg ist. Von Wagenrädern zerfurcht, von den Ketten gepanzerter Fahrzeuge aufgepflügt.
Vorerst sind sie ja nun in Sicherheit. Vorerst kann sie hier unten kein Schützenfeuer erreichen, erst recht keine Panzerkanone. Ruhig, ganz ruhig und zuversichtlich gehen sie ihres Weges weiter – in dem Bewußtsein, daß ihnen nichts mehr passieren kann. Jedenfalls in den nächsten Minuten nicht.[344]

Der Einsatz der Figur des Leutnant Trenkler ermöglicht Otfried Preußler das, was man ein Schreiben in der »dritten Person« nennen kann. Dies ist beim autobiografischen Schreiben kein Einzelfall. Heinrich Gerlach wendet in »Durchbruch bei Stalingrad« dasselbe Verfahren an. Und Erich Loest hat in seinem autobiografischen Bericht »Prozesskosten« Vergleichbares getan. »Ein Bericht also aus einem Abstand von fünfzig Jahren – diese Spanne scheint nötig, um zu werten durch Vergessen«, so Erich Loest.[345] Wenngleich die Gegenstände des Erinnerns sich unterscheiden, eines ist ihnen gemein: das Abarbeiten eines Traumas! Dem Autor Loest ist es auch nach fünfzig Jahren nicht möglich, vom Trauma der Verhaftung, dem Prozess und den verlorenen acht Jahren im Zuchthaus Bautzen zwischen 1956 und 1964 in der ersten Person zu erzählen. Entsprechend heißt es: »Aus dem Bericht in der dritten Person wird nach zwei Jahrzehnten und einigen Buchkapiteln ein Zusammenfließen möglich sein: Der Chronist und sein Objekt vereinen sich zum schlichten Ich.«[346]

Dieses Schreiben in der »dritten Person« ist für die Autor-Erzähler Preußler wie Loest ein Hilfsmittel, weil es um traumatische Ereignisse geht. Damit die eigene Identität keinen Schaden nimmt, scheint das Ich auch nach Jahrzehnten gezwungen, im Erzählen einen Abstand zu den Vorgängen herzustellen. Das lässt eine Vermutung zu: Je stärker das erlittene Trauma, desto schwerer fällt es, dieses identitätsstiftend zu integrieren und frei davon zu erzählen.[347]

XVI. »Haltet mir einen Platz frei in eurer Nähe drüben«
Traumatisches Erinnern

Als Otfried Preußler diese Erinnerungstexte schreibt, ist er Mitte 60, erst jetzt beginnt er, sich dem Trauma von Krieg und Gefangenschaft zu nähern. Ein Brief des Schwagers Hans Herbig belegt, dass diese Texte ab Mitte der 1980er Jahre entstanden sind. Hans Herbig beginnt seine Sendung mit einer beigelegten Notiz. »Lieber Otfried«, notiert er am 16. Februar 1998, »vor ca. 10 Jahren hattest Du mir ›Die stillen Teilhaber‹ geschickt. Deine Zwiesprache mit toten Freunden. Ich hatte damals bereits ähnliche Gedanken und etwas konzipiert, was ich aber erst jetzt zu Papier gebracht habe: Erinnerungen an Weggefährten von einst, die im Krieg geblieben waren.«[348] Bei dem Text »Die stillen Teilhaber« handelt es sich um den erst 2003 zum 80. Geburtstag unter dem Titel »Haltet mir einen Platz frei in eurer Nähe drüben« publizierten Text über die toten Freunde. Die hätten sich »jahrzehntelang im Schatten gehalten, schemenhaft, als stumme Masse im Nebel ferner Erinnerung«, schreibt Otfried Preußler und fragt, was aus ihnen geworden wäre, »wären sie damals nicht im Krieg gefallen?«[349]

Es war bereits einleitend vom zehn Jahre jüngeren Peter Härtling die Rede, der im Gespräch bekannt hatte: »Traumatisiert sind alle. Es kommt bloß darauf an, wie man mit dem Trauma umgeht.«[350] Über Jahrzehnte hat er bestimmte Erlebnisse im Gedächtnis abgekapselt und sich ihnen erst schrittweise und im Alter genähert. Noch im Jahr 2006 besteht er darauf, bestimmte Gedächtnisinhalte nicht freizugeben: »Es gibt nach wie vor Zellen (im Gedächtnis – C. G.), die der Wärter vorsätzlich vergisst, die er verschließt«, notiert er.[351] Und auf die rhetorische Nachfrage, ob es gut ist, dass die Zellen verschlossen bleiben, antwortet er entschieden: »Ja, das ist es!«[352] Peter Härtling ist zu diesem Zeitpunkt 73 Jahre alt!

Es stellt sich die Frage, an welchem Punkt und mit welchem Ergebnis Otfried Preußler die Zellen im Gedächtnis geöffnet hat. Der Prozess setzt bereits Ende der 1950er Jahre ein, als er mit dem »Krabat-Projekt« beginnt. Bereits damals sind vor seinen Augen Krieg und Gefangenschaft aufgetaucht. Aber sich schreibend den Schicksalen von Freunden zu nähern und literarisch zu erfassen, auf wie grausame Weise sie im Zweiten Weltkrieg sterben mussten, das ist etwas anderes. Das wird Otfried Preußler erst im höheren Alter, also etwa ab Beginn der 1980er Jahre, versuchen. Nunmehr, zu diesem Zeitpunkt, wird das »kleine kreisrunde rote Loch in der Stirn, der aufgerissene Leib, die klaffende Wunde am Hals« des Freundes in der Erinnerung aufscheinen.[353] Otfried Preußler fragt sich, ab wann die toten Freunde wiederaufgetaucht sind. »Ich weiß es nicht«, lautet die Antwort, »nicht mit Bestimmtheit«, um dann zu präzisieren:

> Vor ein paar Jahren muß das geschehen sein, als ich so um die Sechzig war. Und es ist nicht von einem Tag auf den anderen geschehen. Allmählich hat sich der Nebel gelichtet, allmählich nahmen sie wieder Gestalt an, allmählich ließen sich ihre Gesichter wiedererkennen, von Tag zu Tag deutlicher und bestimmter. Und nun sind sie also wieder da, sind mir gegenwärtig, als stille Teilhaber meines Lebens. Und, höchst merkwürdig: unversehrt sind sie nun alle wieder, jung geblieben, nicht mehr entstellt vom Todeskampf, ohne Wundmale, ganz und gar unbeschädigt an Leib und Gliedern.[354]

Otfried Preußler gibt an, er habe die toten Freunde weder herbeigerufen, noch hätten sie sich aufgedrängt. Vielmehr gab es eine lange Scheu, »von ihnen zu reden, an sie zu denken«. Im

Zwiegespräch mit ihnen sei zudem der Krieg kein Thema gewesen, »wir haben für immer genug davon, sie und ich, ihnen genügt es zu wissen, daß ich dazu entschlossen bin, niemals mehr ein Gewehr in die Hand zu nehmen, selbst im Spaß nicht, auch nach der dritten Maß Bier auf dem Herbstfest nicht – basta!«[355]

Mit anderen Worten: Das Ich, also Otfried Preußler, hat auf eine Konfiguration in Form einer narrativen Erzählung verzichtet, er schweigt. In welchem Maße das (Ver)Schweigen ein Weg ist, um die eigene Person zu schützen, das hängt jeweils von der Intensität der Störung ab, der »Gesamtstruktur der Persönlichkeit« (Franz Fühmann), dem Zeitpunkt wie dem Ort des Erfahrens wie auch der nachfolgenden kulturellen Bewertung des Geschehenen. Und es kommt ein weiterer Umstand hinzu: Im zeitlichen Abstand kann es zur Veränderung, ja zum Umbau von Primärerfahrungen und Erinnerungen kommen. Es schieben sich, so der Historiker Reinhart Koselleck, »Schemata sprachlicher Übersetzung ein, die rückwirkend den Erfahrungsraum des Krieges umstrukturieren.«[356]

·

Die Töchter von Otfried Preußler bestätigten die Distanz des Vaters zu Krieg und Gefangenschaft. »Als wir Kinder waren«, erinnern sie, »hat er niemals – zumindest nicht in unserer Gegenwart – über seine Erlebnisse während des Krieges und seiner Gefangenschaft auch nur ein Wort verloren.« Es liegt nahe, dass Preußlers Schweigen über seine verstörenden Kriegserfahrungen damals auf die Abwehr der schmerzhaften Erinnerung gerichtet ist und es sich dabei um einen mehr oder weniger bewussten Thematisierungsverzicht handelt.[357] Im Umgang mit Schuld, Scham, Schmerz und Trauma schafft das »strategische Schweigen« mithin eine »Distanz und ist eine wichtige Ressource für die Konstruktion und den Schutz von persönlicher Identität.«[358] Die Töchter weiter: »Jährlich auf dem Rosenheimer Herbstfest mussten wir allerdings enttäuscht feststellen, dass unser Vater nicht bereit war, für uns die so begehrten Plastikblumen an den entsprechenden Ständen zu schießen. Erst später haben wir verstanden wieso: Er hatte sich nach dem Krieg geschworen, niemals mehr – auch nicht zum Spaß – ein Gewehr in die Hand zu nehmen.«[359]

Nun ist mit Otfried Preußlers sukzessiv auftauchenden Erinnerungen an Krieg und Gefangenschaft auf grundlegende Fragen des Gedächtnisses verwiesen und auch auf seine Hinwendung zur Kinder- und Jugendliteratur ab den 1950er Jahren. Die Ereignisse, um die es hier geht, führen letztlich auf das episodisch-autobiografische Gedächtnis, das in dieser Weise nur dem Menschen gegeben ist.[360] Die Neurophysiologen Sina Kühnel und Hans J. Markowitsch sehen das episodisch-autobiografische Gedächtnis als eine »Verbindung zwischen subjektiver Zeit, autonoetischem Bewusstsein und dem sich erfahrenden Selbst«.[361] Das hört sich kompliziert an, aber jeder kennt die damit gemeinten Aspekte aus eigener Erfahrung: Die subjektive Zeit wird als die »zeitliche Wahrnehmung eines Menschen« in Hinblick auf die Dauer wie auch die Aufeinanderfolge von Ereignissen verstanden. Dies bedeutet, dass es dem Menschen möglich ist, auf einer Zeitachse im Geiste Zeitreisen in die Vergangenheit und Zukunft anzutreten. Es sind dies sogenannte mentale Reisen, von denen Endel Tulving spricht.[362] Das »autonoetische Bewusstsein« erfasst die Fähigkeit des Menschen, sich auf der Grundlage der subjektiv erlebten Zeit ein Bild von den eigenen Lebensstationen zu machen. Der Tag der Einschulung kann hier eine Rolle spielen, eine Geburtstagsfeier, eine Abschlussprüfung mit den emotionalen Höhe- und gegebenenfalls Tiefpunkten.[363] Oder wie es bei Otfried Preußler der Fall ist, das Lesenlernen mit der Fibel, eine Deutschstunde mit Lehrer Effenberger in der Volksschule oder die Begegnung als Junge von sechs oder sieben Jahren mit dem Dichter Hans Watzlik und dem Illustrator Ernst Kutzer, die zu

Besuch beim Vater sind. Beim sich »erfahrenden Selbst« handelt es sich um die dritte maßgebliche Voraussetzung für das episodisch-autobiografische Gedächtnis. Dabei geht es darum, dass der Mensch in der Lage ist, sich von außen zu betrachten, damit eine Reflexion der eigenen Lebensgeschichte möglich wird. Dabei werden die ganz unterschiedlichen Erfahrungen in einen (Sinn)Zusammenhang gebracht. In den 1990er Jahren wird Otfried Preußler genau dies versuchen und sich daran machen, seine Autobiografie zu schreiben, die Krieg und Gefangenschaft ins Zentrum stellt und daher mit dem fragenden Titel »Verlorene Jahre?« versehen ist.

Zu beachten allerdings ist, dass das »autobiografische Gedächtnis erst nach den ersten drei Lebensjahren entsteht und nach dem sechsten zu einer relativ stabilen Verarbeitungsform findet«.[364] Hier liegen auch Erklärungsansätze für das, was man »›frühkindliche Amnesie‹« nennt. Es geht um das Phänomen, dass sich Erinnerungen vor dem dritten oder vierten Lebensjahr nicht einstellen. »Ein Gedächtnissystem, das Erlebtes auf ein kontinuierliches Ich bezieht und mentale Zeitreisen zwischen gestern, heute und morgen erlaubt, ist in der frühen Kindheit noch nicht vorhanden«, so Hans J. Markowitsch und Harald Welzer. Hinzu kommt der Umstand, dass bei älteren Menschen »länger zurückliegende Ereignisse (Kindheit, mittleres Erwachsenenalter) stabiler und intensiver erinnert werden als kürzer zurückliegende«.[365] Solche kürzer zurückliegenden Ereignisse scheinen »mit zunehmendem Lebensalter unwichtiger zu werden«. Stattdessen steigert sich die sogenannte »evaluative Dimension des Erinnerns«, also die Bewertung dessen, was einmal geschehen ist. Anders bei Jugendlichen, für die »unmittelbare Ereignisse intensiver (und emotionaler, rechte Hemisphäre) erinnert (werden) als zurückliegende.«[366] Für das Erinnern nicht unwichtig ist zudem die Erkenntnis, dass sich bei Älteren ein »hohes Aktivierungsniveau für die Kindheit und die Phase des frühen Erwachsenenalters« zeigt.[367] Anders gesagt: Ältere erinnern sich besonders gut an Episoden zwischen 10 und 30 Jahren. Dieser Umstand wird bekanntlich als »reminiscence bump« bezeichnet.[368] Im Alter nehmen daher Erinnerungen an Literatur oder Lieder bzw. Musik, die in der Jugend rezipiert wurde, stark zu. Dies hängt damit zusammen, dass das mesolimbische System im Gehirn von Liedern der Jugendzeit stark angeregt wird. In der Folge entstehen »stabile Verknüpfungen zwischen Erinnerungen, Emotionen und dem musikalischen Input«.[369]

Aber natürlich wird vieles nicht nur aus der Kindheit und Jugend schlichtweg vergessen, und das ist nicht nur natürlich, sondern auch gut so. Friedrich Nietzsche hat schon sehr früh die Auffassung vertreten, dass es zwar möglich sei, »fast ohne Erinnerung zu leben, ja glücklich zu leben, aber ganz und gar unmöglich, ohne Vergessen überhaupt zu leben«.[370] Später wird bei Nietzsche die Rede davon sein, dass es ohne das Vergessen letztlich weder Glück noch Heiterkeit oder Hoffnung und keine Gegenwart gebe. Freilich ist das Vergessen niemals allumfassend. Sina Kühnel und Hans Markowitsch, die sich auch mit Fragen des Vergessens auseinandersetzen, stellen zum Einlagern von Erlebtem im Gedächtnis Folgendes heraus:

> Auch wenn wir das ursprünglich vorhandene Wissen nicht mehr bewußt abrufen können, gibt es allem Anschein nach doch noch Spuren in unserem Gedächtnis, die durch erneutes Lernen wieder aktiviert werden können. Es ist demnach unklar, ob wir Informationen tatsächlich vergessen oder ob das Wissen und die Erinnerungen nicht nur eine Stufe absinken und für uns bewusst – zeitweise oder langfristig – nicht mehr greifbar sind.[371]

Allerdings – der Hinweis auf das ›Lernen‹ ist in dieser Hinsicht bedeutsam – rekurrieren Kühnel und Markowitsch hier vor allem auf (›normale‹) Vergessensprozesse, wie sie nach einer erfolgreichen Prüfung einsetzen. Schon wenige Wochen später ist das auswendig Gelernte weitgehend in Vergessenheit geraten. Bei Otfried Preußler geht es um das, was im episodisch-autobiografischen Gedächtnis abgespeichert, aber verschüttet und verdrängt worden ist. Betroffen sind jene ›Ereignisse‹ (Handlungen, Räume, Personen), die Krieg und Gefangenschaft betreffen. Hans J. Markowitsch hat in anderem Zusammenhang vermutet, dass »wir, so lange unser Gehirn gesund ist, nichts verlieren, wenngleich wir vieles nicht spontan abrufen können – oder in Extremfällen nur unter Hypnose, mittels spezieller Therapieverfahren«.[372]

Bei Otfried Preußlers sich einstellenden Erinnerungen an die »stillen Teilhaber meines Lebens« – das sei nochmals betont – sind die Erinnerungen an Ereignisse gebunden, die einen traumatischen Charakter haben, denn es geht um Krieg und Gefangenschaft. Von daher spielen hier nicht »normale« Vergessensprozesse eine Rolle, sondern der Versuch, Traumatisches abzuwehren und – wie das Peter Härtling notiert – in »Zellen« wegzuschließen.

Hans J. Markowitsch betont nun aber, dass »die Erinnerung an das eigene Leid im Alter wiederkehrt« und dies »in der Arbeitsweise des Gehirns angelegt« ist.[373] Täglich verliere das Gehirn um die 85 000 Nervenzellen. Und im Alter habe das auch insofern Folgen, als es zunehmend die »neuronale Sicherung« verliert. »Sekündlich prasseln Informationen auf uns ein«, so Markowitsch im »Spiegel«-Beitrag, »und unser Gehirn ordnet permanent. Es gewichtet und unterdrückt, was uns das Überleben erschwert.« Im Alter würden die »hemmenden Netzwerke immer löchriger, das Gedächtnis verliert zunehmend Kapazität, die verdrängten Erinnerungen zu zähmen.« Es kann dann auch so sein, dass grausame Nachrichten aus den Medien »bestürzende Rückblenden« auslösen. Es können dies »Kämpfe in Tschetschenien, deutsche Soldaten in Afghanistan« sein. Zu schockartigen Reaktionen kam es auch, als im Zusammenhang mit dem 60. Jahrestag des Kriegsendes massenhaft Bilder von damals zu sehen waren. Der Abruf aus dem Gedächtnis ist »grundsätzlich an Assoziationen geknüpft«, notiert Markowitsch. »›Sehen wir im Fernsehen die Bilder, assoziiert unser Gehirn die eigenen Erfahrungen.‹«[374] Auch für das ungewollte Erinnern von traumatischen Erfahrungen gilt, dass das Erinnern am besten gelingt, wenn die Stimmungen bei Einspeicherung und Abruf übereinstimmen.[375] Dann könne es auch dazu kommen, dass früheres Verhalten plötzlich reaktiviert wird: »Flüchtlinge aus Ostpreußen fallen zurück in einst gelerntes Polnisch, ehemalige Kriegsgefangene fühlen sich von unbekannten Polizisten in Uniform bedroht.« Das Gehirn habe über Jahrzehnte sozusagen »gegen sich selbst gearbeitet«. Denn vor allem »gefühlsgeladene Erlebnisse« aus der Kindheit und Jugend lassen sich nur schlecht verdrängen. »Sie sind elementar im Gedächtnis verankert, weil der Verstand sie noch kaum einordnet, bewertet und zensiert«, so Hans J. Markowitsch. In den Fällen, da durch Leid, Schrecken, Furcht der Stresspegel im Gehirn über das Normale steigt, wird eine Art »Notfallprogramm« eingeschaltet. Dies führt dazu, dass die »Gerüche, Geräusche und Bilder von Grauen und Schrecken« nicht bis ins Bewusstsein vordringen, sondern sie »verbleiben sorgfältig abgekapselt im Unbewussten. Manchmal entstehen zusätzlich schützende Deckerinnerungen.«[376] Nochmals danach befragt, bestätigt Hans J. Markowitsch im Gespräch, dass vor allem Kriegsteilnehmer und solche, die danach in Gefangenschaft geraten sind, die für sie schrecklichen Erlebnisse für Dekaden »ausblenden« und sie vergessen wollen und deswegen auch kaum daran denken. Mit Blick auf Otfried Preußlers Erinnerungen bestätigt er, dass »im höheren Alter – und das mag schon ab 60 sein – die Erinnerung mit Macht zurückkommt«. »Wir interpretieren das dahingehend«, so Hans J. Markowitsch weiter, »dass tatsächlich über Jahrzehnte eine aktive Unterdrückung versucht wird, dann aber – mit zunehmendem Alter – es einerseits von psychisch-psychologischer Seite eine Regression in Richtung frühes Erwachsenenalter gibt, andererseits über die Lebenszeit zunehmend Nervenzellen und insbesondere Nervenfasern absterben. Und da das Gehirn mehr über Hemmung als über Erregung arbeitet, entfällt zunehmend die Hemmung bzw. sie wird abgebaut. Entsprechend kommt es zu einer Reaktivierung alter Erinnerungen, die dann sogar ›eruptiv‹ an die Oberfläche kommen können.«[377]

Als sich – wie Otfried Preußler schreibt – »der Nebel« allmählich lichtet und die Freunde zunehmend Gestalt annehmen, sich schließlich auch »ihre Gesichter wiedererkennen« lassen, die »von Tag zu Tag deutlicher« werden, da sucht er nicht, sie wiederum von sich fernzuhalten, sondern er wählt einen Weg, sich den Traumata zu stellen, er nutzt seine Möglichkeiten als Autor, und er beginnt den »Bessarabischen Sommer« zu schreiben. Anders gesagt: Otfried Preußler sucht nach einem Weg, seine traumatischen Erfahrungen literarisch zu verarbeiten. Allerdings – und das ist verständlich – verschließt er diese Ergebnisse vor der Öffentlichkeit, sie werden nicht bekannt! Dazu gehört auch die folgende Episode, die über 20 Seiten umfasst und die hier verkürzt und auf einen Ausschnitt reduziert wiedergegeben werden soll. Überschrieben ist sie mit »Der Fall Hübl«.

Der Fall Hübl

Zu Trenklers Kompanie gehörten drei Kommandierte, die er bisher nur vom Namen kannte, aus den wöchentlichen Bestandsmeldungen. Einer war als Ordonnanz für die beiden Divisionsgeistlichen abgestellt, einer zum Oberstabsintendanten, einer als Pferdepfleger für den Gerichtsoffizier der Division. Kriegsgerichtsrat von Zossen war in Cyncereni ein-

quartiert, einem etwa 10 Kilometer entfernten Dorf. Der Pferdepfleger, auf gut deutsch sein Reitbursche, wurde in den Listen der Kompanie als Obergefreiter Hübl Anton geführt: Hübl Anton aus der Gemeinde Alt-Harzdorf bei Reichenberg. In Alt-Harzdorf war Trenklers Mutter einige Jahre Lehrerin gewesen, während des ersten Weltkriegs und kurz danach. Sie hatte immer wieder gern von den Schulkindern ihrer Lieblingsklasse erzählt, darunter auch von einem gewissen Hübl Toni. Der Obergefreite Hübl war Jahrgang elf. Nicht ausgeschlossen, daß er und der Hübl Toni aus Mutters Klasse identisch waren. Trenkler beschloß, ihn bei nächster Gelegenheit aufzusuchen. Dann könnten sie ja der Mutter eine gemeinsame Karte schreiben

Für Donnerstag mittag war die Ankunft eines neuen Marschbataillons gemeldet. Nach dem Frühdienst machte sich Trenkler fertig. Er wollte gerade losreiten, hatte den Fuß schon im Bügel, da kam Köbes auf die Straße gerannt.

»Anruf vom Bataillon, Herr Leutnant! Sie möchten sofort zu Herrn Hauptmann kommen. Irgendwas Schreckliches ist passiert.« Trenkler überließ Jeschke die Zügel, er lief die paar Schritte zu Fuß. Was konnte passiert sein? Er tippte in Richtung Marschbataillon.

Hauptmann Grützner hatte seinen berühmten roten Kopf. Veith, wie immer mit undurchdringlicher Miene, stand hinter ihm.

»Gut, daß Sie endlich da sind, Herr Leutnant Trenkler!«

Die von Grützner gebrauchte Anrede verhieß nichts Gutes. Sie signalisierte Abstand und dienstliche Förmlichkeit. Im Bruchteil einer Sekunde versuchte Trenkler sich zu vergegenwärtigen, was er verbockt haben könnte – vergebens.

»Sie reiten sofort hinüber nach Cyncereni zu Herrn von Zossen«, hörte er Grützner sagen. »Sauerei, daß der Kerl sich erschossen hat.«

»Der Herr Kriegsgerichtsrat?«

»Ach Quatsch, dieser – wie heißt er gleich?«

»Hübl, Herr Hauptmann. Obergefreiter Hübl.«

Veith hatte in seiner üblichen, unbeteiligten Art gesprochen, als handle es sich um eine rein beiläufige Feststellung. Dafür ereiferte sich Grützner um so mehr.

»Dieser Hübl, Herr Leutnant Trenkler, aus Ihrer Kompanie! Sauerei das, was fällt diesem Idioten eigentlich ein? Und sowas muß in meinem Bataillon passieren, Herr Leutnant, in meinem Bataillon!« Er lief ein paar Schritte auf und ab, mit auf dem Rücken verschränkten Armen, dann blieb er vor Trenkler stehen und schnaubte ihn an. »Sie reiten zu Herrn von Zossen hinüber und bringen die Sache unverzüglich in Ordnung, klar? Sobald Sie zurück sind, erwarte ich Meldung und Tatbericht. Das ist vorläufig alles. Und sagen Sie Herrn von Zossen, es täte mir wirklich leid für ihn. Diese gottverdammte Sauerei! Ekelhaft, einfach ekelhaft.«

Trenkler wählte den kürzesten Weg. Er ritt durch die Weinberge ins freie Gelände hinauf, dann folgte er einem langgezogenen Höhenrücken. Von jetzt an ritt er in leichtem Trab. Nur auf kurzen Zwischenstrecken ließ er Katja für eine Weile in Schritt zurückfallen. An den Hinterhängen lag Artillerie in Stellung. Rechts von ihm, auf der Straße unten, zockelten Troßfahrzeuge dahin. In einer Mulde lagerten Sturmgeschütze, ein ganzes Rudel, bloß andeutungsweise getarnt. Die Besatzungen lagen im Gras und sonnten sich. Ein paar halbnackte Sportsfreunde spielten Fußball, die Tore hatten sie mit Benzinkanistern markiert. Einmal kam Trenkler an einem Akazienwäldchen vorbei, einmal durchquerte er einen Maulbeerhain. Dort hatte sich eine Nachrichtentruppe eingenistet mit fahrbaren Aggregaten und Funkstation. Auch ein paar Sanka standen unter den Bäumen. Auf Abruf, gewissermaßen.

Trenkler hätte eine Menge darum gegeben, wenn er hier nicht hätte reiten müssen. Nicht mit diesem Ziel, nicht aus diesem Anlaß. Im Stillen hoffte er noch, sich getäuscht zu haben. Es gab schließlich in Alt-Harzdorf auch andere Hübls, und Anton war ein zu Hause gebräuchlicher Vorname. Es mußte nicht ausgerechnet der Toni sein, der sich da erschossen hatte. Nicht ausgerechnet der Hübl Toni aus Mutters Schulklasse. So oder so: ein Mensch hatte sich das Leben genommen, ein Mann seiner Kompanie.

In Trenklers Rekrutenzeit hatte sich einmal einer erschossen. Ein Bauernjunge aus Schlesien. Knapp neunzehn war er gewesen. Er hatte es in der Kaserne getan, auf dem Lokus. Eine schlimme Geschichte. Nicht nur für die, die ihn dort gefunden hatten. Und nicht nur für seine Stubenkameraden, die, nachdem man ihn weggebracht hatte, das Blut vom Fußboden und den Wänden abschrubben mußten. Die ganze Rekrutenkompanie war verstört und ratlos gewesen. Wie hatte das nur geschehen können? Was für Gründe konnte es für einen Neunzehnjährigen geben, sich totzuschießen?

Wie jemand sich umbringen konnte, war Trenkler ein Rätsel. Freilich: da war immer wieder einmal die Rede davon, daß man sich lieber einen vor den Latz knallen würde, als in russische Gefangenschaft zu gehen. Vor allem als Offizier. Noch dazu, wenn man vielleicht verwundet war. Aber ob Trenkler das über sich bringen würde? Er hatte sich vor zwei Jahren einmal fast aus Versehen erschossen. Beim Herumspielen mit einer geliehenen Pistole. Als damals der Schuß, der versehentlich noch im Lauf gesteckt hatte (die verfluchte sechste Patrone, die nicht entladen wird, wenn man das Magazin herausnimmt) – als damals der Schuß losgegangen war, haarscharf an Trenklers Schläfe vorbei: da hatte der Schreck ihn buchstäblich umgehauen. Seither war Trenkler im Umgang mit automatischen Waffen die Vorsicht selbst. Außerdem war er seither davon überzeugt, daß es ihm nicht bestimmt sei, in diesem Krieg vor die Hunde zu gehen. Jedenfalls nicht so rasch. Und gewiß nicht von eigener Hand.

Das Thema Selbstmord war im Gespräch unter Kameraden hin und wieder zur Sprache gekommen während der letzten Jahre. Es gab einige probate Methoden (oder solche, die vorgeblich welche sein sollten): Wasser in den Karabinerlauf, die Pistole nach Möglichkeit in den Mund stecken, nicht an die Schläfe setzen, Herzschüsse sind keine hundertprozentig sichere Sache.

Auch Hauptmann von Rantzau hatte sich seinerzeit auf der Kriegsschule mit dem Thema befaßt, allerdings mehr aus der Sicht des Truppenführers. »Hoffe sehr, daß die Herren damit verschont bleiben. Fälle von Selbstentleibung sind bei der Truppe selten, am seltensten *an der Front, aber es gibt sie, natürlich, es gibt sie auch dort. Immer wieder mal gibt es das, daß da einer durchdreht. Meist aus privaten Gründen. Schwierigkeiten zu Hause, Eheprobleme zum Beispiel, Weibergeschichten und so. Manches davon läßt sich abfangen, wenn man rechtzeitig merkt, daß da einer ins Schlittern gekommen ist – manches nicht. Wir sind nicht der liebe Gott, meine Herren Fähnriche. Was beschlossen ist, können wir nicht verhindern. Sie nicht und ich nicht. – Nehmen wir also an, daß ein Mann Ihrer Kompanie sich erschossen hat. Wie haben Sie zu verfahren, was haben Sie zu veranlassen?«*

Der Selbstmord eines Soldaten, so Hauptmann von Rantzau, sei gleichzusetzten mit Fahnenflucht, bewerkstelligt durch vollendete Selbstverstümmelung. Desertion also. Selbstmörder werden nach Kriegsrecht als Deserteure behandelt. Das bedeute im einzelnen: keinerlei militärische Ehren am Grab, keinerlei Ansprüche für die Hinterbliebenen.

»Deshalb, meine Herren, obliegt Ihnen, als dem zuständigen Einheitsführer, die Pflicht, alle Umstände des Falles sorgfältig zu klären. Es könnte ja möglich sein, daß wie ein Selbstmord aussieht, was in Wirklichkeit keiner ist. Es gibt Unfälle mit der Waffe, es gibt Fälle von Unzurechnungsfähigkeit, beispielsweise nach übermäßigen Alkoholgenuß, beispielsweise nach einer Reihe von schweren Erkrankungen. Und erst dann, meine Herren – erst dann, wenn Sie alles, aber auch alles bis in die letzten Einzelzeiten geklärt haben: erst dann setzen Sie sich hin und schreiben Tatbericht. Wobei Sie sich gefälligst immer vor Augen halten wollen, daß es letztlich von Ihren Ermittlungen abhängt, ob da ein Mann Ihrer Kompanie posthum seiner Ehre verlustig geht oder nicht. Denn Selbstmord, ich wiederhole es hier zum Mitschreiben, echter Selbstmord ist Fahnenflucht vor dem Feind. Mit allen Konsequenzen, die sich aus dem Tatbestand der vollzogenen Desertion ergeben. Nicht nur für den Täter selbst, auch für die Hinterbliebenen. – Haben Sie das notiert?«

Und dann hatte der Hauptmann von Rantzau, in einer seiner berühmten Anwandlungen, laut vor sich hinzuphilosophieren, in aller Unschuld hinzugefügt: »Im übrigen ist das ja mit dem Selbstmord so eine Sache, nicht wahr? Wo liegt die Grenze? Wann ist es Selbstmord (und damit Fahnenflucht) – wann liegt Freitod in allen Ehren vor? Ich denke an einige Fälle, in denen höchst ehrenwerte Soldaten die Kugel als letzten Ausweg gewählt haben. Nach der Devise: Der Kommandeur überlebt seine Division nicht, der Chef nicht die Kompanie. Ich frage Sie, ist das Fahnenflucht? Und ich frage das nicht nur Sie. Es gibt diese Redensart, die Sie alle kennen: Der deutsche Offizier kämpft bis zur vorletzten Patrone, die letzte schießt er sich in den Kopf. – Ob das die richtige Lösung ist, weiß ich nicht. Das muß jeder mit seinem Gewissen ausmachen. Ich jedenfalls, meine Herren Fähnriche, habe mich schon entschieden. Im Fall des Falles hoffe ich, bis zur letzten Patrone fechten zu können – alles Weitere stelle ich Gott anheim. Aber das müssen Sie, wie schon gesagt, mit sich selber ausmachen, meine Herren. Mit Ihrem Gewissen. Und, falls vorhanden, mit Ihrem Glauben.«

Herr von Zossens Quartier befand sich in einem Bauerngehöft am südlichen Ortsrand von Cyncereni, am Fuß der Weinberge. Es war gegen Mittag, als Trenkler ankam. In der Schreibstube tippte ein älterer Unteroffizier an einem Bericht herum. Vielleicht auch an einem Urteil des Divisionsgerichts. Bei Trenklers Eintreten fuhr er hoch und nahm Haltung an. »Heil Hitler, Herr Leutnant. Herr Leutnant wünschen?«
»Melden Sie mich bei Herrn Kriegsgerichtsrat von Zossen. Leutnant Trenkler vom Feldersatzbataillon. Es ist wegen Hübl.«
»Wegen Hübl.« Der Unteroffizier wirkte einen Augenblick ratlos. »Wir können es alle noch gar nicht fassen, Herr Leutnant – wenn ich mir die Bemerkung erlauben darf.« Er schluckte, als müßte er etwas hinunterwürgen, dann wurde er wieder förmlich. »Wollen Herr Leutnant sich, bitte, einen Moment hier gedulden?«
Er eilte hinaus. Trenkler bemerkte erst jetzt, daß er auf dem rechten Bein hinkte. Na ja, Gerichtsschreiber brauchen nicht unbedingt felddiensttauglich zu sein. Hauptsache, daß sie tippen können.

Die Tür wurde aufgerissen. »Herr Kriegsgerichtsrat lassen bitten. Wenn Herr Leutnant mir, bitte, folgen wollen.«
Der Hausflur war dunkel, die Decke niedrig. Der Schreiber riß die Tür auf, er schlug die Hacken zusammen. »Bitte, Herr Leutnant!«
Trenkler mußte sich bücken, als er unter der Tür hindurchging. Herr von Zossen kam ihm zwei Schritte entgegen: schlank, mittelgroß, um die Vierzig. Ein drahtiger, überaus korrekt wirkender Herr mit messerscharfer Nase im schmalen Gesicht. Die Augen hinter der Hornbrille leicht zusammengekniffen, der Blick eines Habichts.
»Na endlich, Herr Leutnant.« Der Kriegsgerichtsrat gab Trenkler die Hand, dann winkte er dem Gerichtsschreiber.
»Danke, Garnreiter. Lassen sie uns allein.« Danach wieder zu Trenkler: »Scheußliche Sache das, mit dem Hübl. Ekelhaft. Nehmen Sie einen Schnaps?«
»Danke gehorsamst, ich trinke nicht.«
»Ach nee?« Herr von Zossen leistete sich die Andeutung eines Lächelns. »Verstehe. Deutscher Offizier säuft nicht. – Aber jetzt mal im Ernst, Herr Trenkler. Ich hoffe, Sie wissen, was Sie zu tun haben. Wir haben am Tatort alles belassen, wie vorgefunden. Garnreiter wird Sie führen. – Garnreiter!«

Der Gerichtsschreiber riß die Tür wieder auf. »Herr Kriegsgerichtsrat?«
»Bringen Sie den Herrn Leutnant hinüber, Sie wissen schon. Wir sehen uns nachher, mein lieber Trenkler. Nicht gerade ein schöner Anblick, dem Sie entgegenschreiten.«
Hinter dem Haus befand sich ein niedriger Schuppen, eigentlich nur ein Schilfdach, das wie ein Zelt über einer knietief ausgehobenen Grube stand. Man mußte sich bücken, bevor man hinunterstieg.
»Bitte, Herr Leutnant.« Garnreiter war neben dem Eingang stehengeblieben. Er war bleich im Gesicht, der Schweiß stand ihm auf der Stirn.
»Sie waren mit Hübl befreundet, Garnreiter?«
»Jawohl, Herr Leutnant. Wie das so ist, wenn man längere Zeit im gleichen Quartier liegt.«

»Warten Sie hier auf mich«, sagte Trenkler. »Ich werde Sie wohl noch einiges fragen müssen.«
»Danke, Herr Leutnant.« Der Eingang zum Schuppen war mit einer Wagenplane zugehängt. Als Trenkler eintrat, erhob sich ein Fliegenschwarm. Es war dunkel unter dem Schilfdach. Und brütend heiß. Er benötigte einige Augenblicke, um sich an die Dunkelheit zu gewöhnen. Dann sah er den Toten. Der Obergefreite Hübl lag auf dem Rücken. Barfuß. Den Karabiner zwischen den Beinen, die leicht gespreizt waren. Er hielt mit der Linken den Lauf des Gewehrs umklammert, die Rechte war seitlich abgestreckt. Trenkler trat näher heran. Es war nicht der erste Tote, vor dem er stand. Aber es war der erste Tote aus seiner Kompanie, der Kompanie Trenkler.

Und es war ein Selbstmörder. Daran bestand kein Zweifel. Er hatte den Lauf des Karabiners mit Wasser gefüllt und sich in den Mund geschossen. Nicht zufällig war er barfuß. Er hatte den Abzugshahn mit dem großen Zeh betätigt – so, wie das immer geschildert wurde.
Bis jetzt hatte Trenkler vermieden, dem toten Mann ins Gesicht zu sehen. Nun brachte er's hinter sich. Die gelben Wangen. Der offene Mund. Die starren Augen, weit aufgerissen. Die hochgezogenen schwarzen Brauen. Und drüber nichts mehr. Buchstäblich nichts mehr. Die Schädeldecke geborsten, weggesprengt. Das Schilfdach im hinteren Teil des Schuppens voll Blut. Klebrig wirkende Flecken von unterschiedlicher Größe dazwischen. Gehirnfetzen.
Und die Fliegen. Nur mühsam gelang es Trenkler, den Ekel niederzukämpfen. Er eilte hinaus an die Mittagssonne. »Ihr hättet ihn wenigstens zudecken können, Garnreiter. Holen Sie eine Zeltbahn – und sehen Sie zu, daß er von den Fliegen verschont bleibt.«
Garnreiter rührte sich nicht vom Fleck, er begann zu zittern. Da verlor Trenkler für einen Augenblick die Beherrschung. »Sind Sie taub?« schrie er. »Haben Sie nicht verstanden? Sie wissen doch hoffentlich, was eine Zeltbahn ist!«
»Zu Befehl, Herr Leutnant.« Der Gerichtsschreiber schlug die Hacken zusammen und machte kehrt. Im gleichen Augenblick wurde Trenk-

ler klar, was in Garnreiter vorgegangen war. »Augenblick mal!« rief er. »Damit wir uns recht verstehen: die Zeltbahn, Garnreiter, holen Sie – alles andere übernehme dann ich.«
Kriegsgerichtsrat von Zossen brauchte bei Trenklers Rückkehr nach dessen Befinden nicht erst zu fragen. »Schätze, Sie werden mir jetzt einen Kognac nicht abschlagen, wie?« Er goß ihm ein halbes Weinglas voll.
»Französischer, nebenbei gesagt. Sie dürfen beruhigt trinken, mein Bester, für Sie ist das momentan Medizin.«
»Danke gehorsamst, Herr Kriegsgerichtsrat.«
Trenkler nahm einen kräftigen Schluck. Der Alkohol tat ihm gut, er spürte, wie sich innerhalb weniger Augenblicke eine angenehme Wärme in seinem Körper breitzumachen begann.
»War das Vernünftigste, was Sie tun konnten.« Herr von Zossen rückte an seiner Brille. »Und jetzt zum Geschäftlichen, sozusagen. Sie wissen, was Sie zu tun haben. Stellen Sie alle Beweismittel sicher, Briefe und so – und machen Sie Tatbericht an die Division. Auf dem Dienstweg, versteht sich. Und sorgen Sie, bitte, auf schnellstem Weg dafür, daß der Tote hier weggebracht wird. Den Schuppen lasse ich hinterher abbrennen. Ach – und daß ich es nicht vergesse! Ich darf selbstverständlich erwarten, daß Sie mir umgehend einen neuen Reitburschen – ich meine natürlich: einen Pferdepfleger herüberschicken.[378]

Leutnant Trenkler fragt sich, was das für Personen sind, der Hauptmann Grützner, für den alles irgendwie »lästig« ist. Und vor allem der Herr von Zossen, der jenen Menschen, der ihm über Monate von morgens bis abends zu Diensten war, »jetzt, wo er draußen im Schuppen liegt, unter der Zeltbahn, die Trenkler an den Ecken mit Maiskolben beschwert hat, wegen der Fliegen: jetzt plötzlich wollen der Herr von Zossen nichts mehr vom Hübl wissen.«[379] Und in den inneren Monolog wechselnd, heißt es: »›Was für ein Mensch!‹ mußte Trenkler denken. ›Was für ein Ledergemüt!‹«[380]

Der Selbstmord des Obergefreiten Hübl erschüttert Trenkler ausgesprochen, ja »der Anblick des toten Mannes verfolgte mich«. Und etwas anderes kommt hinzu: jemand der Selbstmord verübt hat, darf auch in der Armee nicht mit kirchlichem Beistand beigesetzt werden. Im Gespräch mit dem Wehrmachtspfarrer gelingt es Trenkler, das Wohlynische Fieber, an dem Hübl im Vorjahr erkrankt war, als Grund für eine verminderte Zurechnungsfähigkeit und eine mögliche Kurzschlusshandlung ins Feld zu führen, die letztlich den Selbstmord ausgelöst hat. Der Pfarrer Kühnelt, der auch aus Reichenberg stammt, folgt dem Vorschlag, und so kann der Obergefreite Hübl am nächsten Tag in Würde beigesetzt werden.

Was Otfried Preußler mit dem »Fall Hübl« in eine literarische Fiktion überführt, das hat seine Grundlage im eigenen Erleben. Der Historiker Reinhart Koselleck, der ebenfalls in sowjetischer Kriegsgefangenschaft war, hat für die historische wie kulturwissenschaftliche Erinnerungsforschung den Begriff der Erfahrung schon frühzeitig zu einer gewichtigen Kategorie gemacht. Er zielt dabei auf die Verbindung von individueller und kollektiver Erfahrung. »Erfahrung«, so Koselleck, »ist gegenwärtige Vergangenheit, deren Ereignisse einverleibt worden sind und erinnert werden können.« Zudem sei in der »je eigenen Erfahrung, durch Generationen oder Institutionen vermittelt, immer fremde Erfahrung enthalten und aufgehoben.«[381] An anderer Stelle hebt Koselleck hervor, welche Bedeutung der »Primärerfahrung«, die im Moment »eines singulären, unwiederholbaren Überraschungseffektes« gemacht wird, zukommt. Solche Primärerfahrungen schließen sich in dem Fall, da sie wiederholt auftreten und evaluiert werden, zu dem zusammen, was man *Lebenserfahrung* nennen kann.[382]

Was ist aber in dem Fall, da das Ich Erfahrungen verarbeiten muss, die – wie im Fall von Otfried Preußler – auf Krieg und

Gefangenenlager bezogen sind.[383] Es handelt sich hier zweifellos um traumatische Ereignisse, die zu einer Störung des Selbst führen und mit ihren grausamen Details nur schwer narrativ zu fassen sind.[384] Allerdings hat es bis ins neue Jahrtausend keine hinreichende Beschäftigung mit Traumafolgestörungen nach dem Zweiten Weltkrieg gegeben.[385]

Inzwischen ist erwiesen, dass das Erfahren von traumatischen Ereignissen eine posttraumatische Belastungsstörung (PTBS) zur Folge haben kann. Das Erleben eines Traumas zieht – darüber herrscht in der Forschung Einigkeit – eine Intrusion nach sich, die sich in unwillkürlichen und belastenden Erinnerungen ausdrückt, die im Extremfall gar dazu führen können, dass der Einzelne regelrecht von den Flashbacks »überwältigt« wird und emotional reagiert.[386] Man kann davon ausgehen, dass traumatische Ereignisse in einem hohen Maße mit »Schrecken, Angst, Verzweiflung, Hilflosigkeit« verbunden sind und daher ein »Gefühl vollständiger Überwältigung entsteht«. Dadurch können Geist und Gehirn in einen Ausnahmezustand versetzt werden, der eine Abspeicherung der Geschehnisse verhindert.[387] Weil die betroffene Person darum weiß, entsteht ein Vermeidungsverhalten, bei dem die bedrängenden Erinnerungen abgeschaltet werden. Teilamnesien sind die Folge, wobei das Erinnerte unscharf rekonstruiert wird. Zu den Vermeidungsstrategien gehört auch die Scheu, »Aktivitäten durchzuführen bzw. Orte aufzusuchen, die an das Trauma erinnern«.[388] Erich Loest, der unschuldig für siebeneinhalb Jahre im Gefängnis Bautzen II saß, bekennt noch 50 Jahre danach gegenüber den Nachgeborenen: »Ich betrete Bautzen II nicht, und denen, die das nicht verstehen, sage ich: Ihr habt keine Ahnung, Kinder.«[389]

Nun ist aus der kulturwissenschaftlichen Erinnerungsforschung bekannt, dass bevorzugt das erinnert wird, was das eigene Selbst stärkt, anderes wird nicht erinnert, umgebaut oder vergessen. Wenn es dem erinnernden Ich nicht gelingt, seine Erinnerungen sinnstiftend an gegenwärtige persönliche oder gesellschaftliche Bedingungen, Bedürfnisse, Werte und Normen anzukoppeln, kann die eigene Identität infrage gestellt werden und ihre Stabilität verlieren.[390] Hinzu kommt die Schwierigkeit, ja Unmöglichkeit, das erfahrene Trauma narrativ zu konfigurieren. Traumatisierte Menschen haben daher große Schwierigkeiten, sich auf einen »narrativen Prozess einzulassen«, weil die Erinnerungen ihnen schlichtweg »nicht als Geschichten zugänglich sind«.[391] Klaus Latzel hat dieses ›Unvermögen‹ zur Narration in einer Untersuchung von Feldpostbriefen deutscher Soldaten aus dem Zweiten Weltkrieg festgehalten und herausgestellt, dass die Dimension des Erlebten das übersteigt, was der Einzelne zu verarbeiten in der Lage ist. Die Folge sei, dass solche Erlebnisse als »unbearbeiteter Rohstoff durch das Gedächtnis« geistern.[392] Was Latzel hier beschreibt, betrifft die Darstellung von Krieg und Gefangenschaft, die vielfach zum Gegenstand des Erzählens wurden.[393] Während traumatisierte Menschen in der Realität nicht vom Trauma erzählen können, ist genau dies aber in literarischen Texten möglich.

Otfried Preußler hat diese Möglichkeiten ab Anfang der 1980er Jahre für sich genutzt und in den beiden großen Projekten auf zwei Wegen zu realisieren versucht. Dabei beginnt er mit dem autobiografisch ausgerichteten Romanprojekt »Bessarabischer Sommer« bereits Anfang der 1980er Jahre. Er nennt es, um die Vorläufigkeit des Vorhabens zu kennzeichnen, »Fragmente zu einem Roman«. Anders sieht es mit dem zweiten Vorhaben aus, das in die 1990er Jahre führt und bei dem er unverstellt in der ersten Person erzählt. Der Titel lautet fragend »Verlorene Jahre?«.

XVII. »Bei Leoba am Pruth brach alles zusammen«
Der Weg in die Gefangenschaft

In Gefangenschaft geraten ist der junge Otfried Preußler an der sogenannten rumänischen Front. »Bei Leoba am Pruth brach alles zusammen«, wird er nach der Rückkehr aus der Kriegsgefangenschaft am 1. März 1951 an einen Angehörigen seiner Kompanie schreiben. Er selbst ist mit 21 Jahren Leutnant in der Funktion eines Kompanieführers. Der Zusammenbruch ist Folge der Operation »Jassy-Kischinew«. Der Großangriff der sowjetischen Armee beginnt am 20. August 1944 in Bessarabien, damals jenes Gebiet in Südosteuropa, das im Süden an das Schwarze Meer und im Westen an den Fluss Pruth grenzt. 1944 gehört diese Region zu Rumänien, nach dem Zweiten Weltkrieg fällt sie an die Sowjetunion und wird zur Moldawischen SSR, und in der Gegenwart ist es ein Teil der Republik Moldau. Ab dem 20. August 1944 gelingt es der Roten Armee, in wenigen Tagen die 6. Armee zu zerschlagen, zu der auch Otfried Preußlers Kompanie gehört. Der junge Leutnant versucht nach dem Zusammenbruch der rumänischen Front der Gefangenschaft zu entgehen. Mit etwa 30 Mann der verbliebenen Division überquert er den Fluss Pruth, der der zweitlängste Nebenfluss der Donau ist. Die Gruppe wird gesprengt als sie »unversehens auf eine russische Feldwache« aufläuft. »Ich versteckte mich mit Mayer und Blummich und noch zwei anderen in einem Weinberg, um die Nacht abzuwarten. Das war der 31. August. Gegen Mittag wurden wir überrascht und ausgehoben. Ich lief noch einmal davon, kam aber nicht weiter. Als sie mich zurückbrachten, war der Ozm. tot. Ob er sich erschossen hat, weiss ich nicht, aber ich nehme es fast an«, schreibt er in dem Brief vom März 1951.[394] 30 Jahre später wird Otfried Preußler detailliert versuchen, diesen Tag, den 31. August 1944, aus dem Gedächtnis zu rekonstruieren. »Bessarabisches Desaster« wird er dieses Kapitel seines Romanprojektes nennen. Der Kommandierende, dem der junge Leutnant Trenkler bzw. Preußler untersteht, ist Generalleutnant Buschenhagen. Bei dem General handelt es sich um eine verbürgte Person. Buschenhagen wird mit seinem Stab am 4. September in Gefangenschaft geraten, aus der er erst im Oktober 1955 entlassen wird. Die jungen Offiziere wollen nachts marschieren und sich tagsüber in den Wäldern verstecken. Aber der Kommandierende lehnt diesen Vorschlag in arroganter Art ab und dekretiert, dass ein deutscher Soldat sich nicht vor den Bolschewiken zu verstecken brauche, er habe bei Tag zu marschieren und bei Nacht Quartier zu beziehen, wie es in der Militärsprache heißt. Einwände wischt er vom Tisch und betont, dass der Führer einen Kampf bis zur vorletzten Patrone erwarte. Mit der letzten Patrone habe man sich der Gefangenschaft zu entziehen. Die fronterfahrenen Offiziere kappen die Verbindung. Und Otfried Preußler schreibt:

Von jetzt an marschierten wir weiter auf eigene Faust. Es gab für uns nur das eine Ziel, uns nach Westen durchzuschlagen. Wir kamen uns vor wie die letzten Mohikaner auf dem Kriegspfad. Ein gewisses Risiko stellte der russische Feldwebel dar. Er war Spieß in einem vorgeschobenen Stützpunkt der Wlassow-Armee gewesen, Starschina also. Ob wir ihm trauen durften? Sicherheitshalber gab ich dem Feldwebel Hochmuth einen dezenten Wink. »Gib acht auf den Russen, Werner!« Dem Starschina war das nicht entgangen. »Gospodin Leitenant«, meinte er, halb auf deutsch, halb in seiner ukrainischen Muttersprache. »Warum haben Sie kein Vertrauen zu mir? Wenn die Roten uns schnappen, dann ist mir der Tod gewiß – für Sie und die andern besteht wenigstens eine kleine Hoffnung.«

Ich war beschämt und entschuldigte mich bei ihm. Wir verbargen uns tagsüber in den Maisfeldern und marschierten nachts. Hin und wieder mußten wir eine Straße überqueren, hin und wieder kamen wir an den Rand eines Dorfes und wurden auf Russisch angerufen: »Kto ijdjot? – Wer kommt da?« Wie gut, daß wir unseren Starschina hatten! »Nu, kto-li, durak? Wer mag es wohl sein, du Trottel? Eigene Truppe natürlich.« Die Posten verlangten die Tagesparole. Ehe sie auf uns schießen konnten, waren wir in der Finsternis wieder untergetaucht.

Auf den Straßen rollten sowjetische Fahrzeuge, oftmals in langer Kolonne, Panjewagen und amerikanische Studebakers. Wie Schleier wehten im Mondlicht die Staubfahnen hinter ihnen her. Als wir an einem Straßenrand wieder mal auf die nächste Lücke warteten, meinte Hochmuth: »Ob wir uns einen von diesen Karren schnappen? Wir könnten als Russkis weiterfahren, mitten unter den Russkis, das wäre doch eine tolle Nummer …«

Wir haben dann doch lieber auf die tolle Nummer verzichtet. Vor allem der Starschina hat davon abgeraten. »Wenn wir auffliegen, und das werden wir, gibt es keinen Pardon – für uns alle nicht.« (…)

Bei Tagesanbruch des 31. August anno vierundvierzig, es kann, wie gesagt, auch der 1. September gewesen sein, hatten wir uns in einem Maisfeld verkrochen, wo wir den Tag verbringen wollten. Der Mais stand schon mannshoch, er wurde allmählich reif. Wir legten uns in den Furchen quer, um den Nähmaschinen, den mehr als windigen russischen Aufklärungsflugzeugen, tunlichst nicht aufzufallen. Bald waren wir vor Erschöpfung eingeschlafen, da weckten uns Schüsse, da weckte uns wildes Geschrei. Ein paar fremde Landser kamen genau auf uns zugerannt, da mußten wir wohl oder übel mit.

Wir blickten zurück. Zwei einsame Reiter auf Panjepferden verfolgten uns, ab und zu in die Gegend ballernd. Oberzahlmeister Meyer blieb stehen. Er legte den Karabiner an, zielte auf einen der beiden – da traf ihn ein Schuß in den linken Oberarm. Keine schwere Verwundung, er hatte Glück gehabt. Dennoch war er seit diesem Augenblick tief verändert: bleich wie die Wand und vollkommen ohne Lebensmut.

Dieser Herr Meyer. Die Offiziere des Bataillons hatten ihn stets ein wenig über die linke Schulter behandelt. Seit ein paar Tagen wußte ich, daß wir ihm Unrecht getan hatten. Bis zuletzt, bis zum Augenblick seiner Verwundung, war er tapfer und zuversichtlich gewesen: Ein korrekter Soldat, wenngleich unerfahren im militärischen Handwerk.

»Kommen Sie, Meyer – die Wunde ist halb so schlimm! Sie werden sich doch nicht aufgeben wegen dieser Schramme!«

Wir rannten im Schutz des Maisfelds hinauf, an den Rand des nächsten rumänischen Dorfes. Unterwegs beharkten die Russen uns mit Granatwerfern und Maschinengewehren. Sie feuerten auf gut Glück – und erreichten damit, daß unsere Gruppe sich aufsplittern mußte. Blumrich, Schliercke und Meyer blieben bei mir, auch zwei, drei andere. Nun konnte uns nur noch die äußerste Frechheit helfen. Am Rand des Dorfes, in einem Weingarten, suchten wir Schutz und Deckung. Blumrich versorgte Meyer mit einem Verband. Natürlich habe ich Wachen eingeteilt, natürlich schliefen die Wachen weg.

Dann Schüsse aus nächster Nähe, Geschrei und Flüche. Wir waren entdeckt, nun hatten sie uns geschnappt! Ich zog die Pistole, sprang auf und versuchte wegzulaufen. Zum Glück, wie ich heute sagen muß, stürzte ich nach dem ersten Aufsprung in einen Graben, der Länge nach auf den Bauch. Die Pistole, mit der ich mich hätte verteidigen und erschießen müssen, entfiel mir. Mag sein, nicht ganz zufällig. Ein paar Russen umringten mich. »Nu dawaj, dawaj! Ruki wjerch! – Los doch, los! Nimm die Pfoten hoch!«

Der Anführer, ein rundlicher Major, durchsuchte mich flüchtig. Er nahm mir die Uhr, er nahm mir das Fernglas ab. Im Brotbeutel fand *sich Rasierwasser, Marke Pitralon. Er schien es für einen besonders Hochprozentigen zu halten, nachdem er daran genippt hatte. Außerdem fiel ihm ein Fläschchen mit Klettenwurzelöl in die Hand. Wir hatten es mit der letzten Marketenderware gefaßt, er hielt es für Kölnischwasser. Freudestrahlend besprengte er seine Brust damit. Bloß gut, daß er die Fettflecke auf der ordensgeschmückten Feldbluse nicht sofort bemerkt hat!*

Die Hände im Nacken, wurden wir unter martialischem Geschrei ins Dorf eskortiert: Blumrich, Schliercke, die paar Landser und ich. Der Oberzahlmeister Meyer lag auf dem Rücken und starrte mit glasigen Augen ins Leere. Er hatte die markigen Sprüche des Kommandierenden wörtlich genommen. Wir mußten ihn liegenlassen, mit seiner Schußwunde in der rechten Schläfe.

Es hat dann nahezu drei Jahrzehnte gedauert, bis ich in einer Suchliste des Deutschen Roten Kreuzes auf Meyers Namen und Foto stieß. Und auf die Adresse seiner Witwe. Jetzt erst konnte ich sie davon benachrichtigen, daß er gefallen sei. Kopfschuß. Ein tapferer Offizier bis zuletzt. Die genaueren Umstände seines Todes habe ich ihr verschwiegen.

Nach der Gefangennahme wird Otfried Preußler mit den anderen Wehrmachtsangehörigen in ein Zwischenlager im rumänischen Vasluj verbracht. Es erfolgt eine erste Registrierung. Im Auffanglager bekommen die Gefangenen das erste Mal Verpflegung, für eine Gruppe von zehn Leuten eine Konservenbüchse mit grünen Erbsen. Die Büchse trägt die Aufschrift »Oscar Mayer, Chicago Ltd.«, ist also aus den USA und aus einem Unternehmen, dem mit Oscar Mayer ein Mann vorsteht, der aus Deutschland kommend, in Chicago ein weltumspannendes Wurstimperium aufgebaut hat. Auf dem gelben Etikett prangt gut sichtbar das Markenzeichen, »Oscar Mayer, Chicago Ltd.«. Da man von den kriegsgefangenen Wehrmachtsangehörigen aus Sicherheitsgründen auch die Büchsenöffner requiriert hat, nutzen sie die zweiteiligen Erkennungsmarken aus Blech, auf die zumeist die Personenkennziffer und die Blutgruppe eingeprägt sind, zum Öffnen. Die Soldaten und Offiziere tragen diese Hundemarke, so heißt sie im Jargon, an einer Kette um den Hals. An den Enden umgebogen, lassen sie sich zu Büchsenöffnern umfunktionieren. In Vasluj verbleiben die Kriegsgefangenen einige Tage, dann geht es auf einen Marsch zur nächsten Station. Otfried Preußler barfuß, da ihm die Stiefel abgenommen worden waren. Die Nächte verbringen sie unter freiem Himmel. Wegen der beginnenden Kälte liegen sie auf dem Boden dicht aneinandergerückt. Ohne die Möglichkeit, sich zu waschen, sind die Kriegsgefangenen zerlumpt und übel riechend, die Bärte wuchern wild, die Uniformreste sind zerschlissen, die Körper von Läusen und Flöhen heimgesucht. An einem flachen Weiher gibt es eine Marschpause und endlich die Möglichkeit, sich zu waschen. Am nächsten Morgen geht es bis zur Stadt Jassy, die etwa 60 Kilometer entfernt liegt. Weitere 90 Kilometer sind es bis zum Sammellager Belcy. Hier setzt erneut das große Sterben ein, diesmal durch die Rote Ruhr. Durchfall, Bauchkrämpfe, Fieber. Eines Morgens liegt im Brunnen ein Toter, wie er hineingekommen ist, weiß niemand. Das verseuchte Wasser wird dennoch getrunken, zum Abkochen ist keine Gelegenheit.

Der September geht zu Ende, und nun werden alle Gefangenen mit einem Offiziersdienstgrad, die es bis nach Belcy geschafft haben, nach einem Zählappell erneut auf den Marsch geschickt. Es sind um die 700. Am Bahnhof erfolgt die Verladung in Güterwagen. Nach ungefähr sechs Tagen kommen sie in Gomel (Гомель/Homel) an, einer Stadt in der Belarussischen Sowjetrepublik. Bis Ende November 1943 war die Stadt von der Wehrmacht besetzt, in dieser Zeit ist etwa ein Drittel der Bevölkerung ums Leben gekommen. Nun befindet sich in Gomel das Kriegsgefangenenlager 189. Der Transport geht über

Smolensk weiter bis nach Moskau, der Hauptstadt der Sowjetunion. Gehalten wird in einem der Außenbezirke, und hier gibt es endlich eine Banja, die ansonsten von der Roten Armee genutzt wird. Es ist dies nicht nur ein kleines Badehaus, sondern eine gut ausgerüstete Hygieneanstalt, die über den notwendigen Komfort verfügt. Auch die sanitären Anlagen sind in einem guten Zustand. Die Kriegsgefangenen bemerken ein großes Feuerwerk – von den sowjetischen Bewachern erfahren sie, dass Winston Churchill, der britische Regierungschef, in Moskau ist; sein Treffen mit Stalin wird als Moskauer Konferenz in die Geschichte eingehen. Dort erfolgt die für die Zukunft so entscheidende Verständigung über die Länder Ost- und Südosteuropas. Auch über die Zukunft Polens wird hier beraten. Es ist überliefert, dass der Vorschlag über die Aufteilung der Interessensphären von Churchill gekommen sein soll. Auf einem einfachen Blatt Papier notiert er, welches Land welcher Siegermacht zugeschlagen wird. Nach einiger Überlegung soll Stalin dem Vorschlag zugestimmt haben.[395] Von diesen historischen Entscheidungen ahnen die Kriegsgefangenen nichts. Sie sind froh, dass sie sich der Lumpen, die sie auf dem Leib haben, entledigen können. Die zerfetzten Kleidungsstücke gehen in die Wäsche, sie werden gereinigt und entlaust. Nach einer erneuten Desinfektion durch professionelle Sanitäter geht es endlich in die Duschräume. Danach zurück in die Güterwagen, die zwei weitere Tage auf einem Abstellgleis stehen. Am dritten Tag fährt der Zug wieder an, aber es kommt nach Kurzem bereits wieder zu einem Halt. Durch die Ritzen der Waggons kann man erkennen, dass sich ganz in der Nähe ein Lager befindet. Der Transport hat in Krasnogorsk gestoppt, nur 25 km von Moskau entfernt. Hier befindet sich das Lager 27, dem das Sonderlager Lunjowo angegliedert ist, das unter Kontrolle des Geheimdienstes der sowjetischen Streitkräfte GRU steht.[396] Am 12. Juli 1943 ist es dort zur Gründung des Nationalkomitees »Freies Deutschland« (NKFD) gekommen und zwei Monate später, am 11. und 12. September 1943, zur Gründung des Bundes Deutscher Offiziere (BDO). Beide Organisationen schließen sich im Kampf gegen das Hitlerregime zusammen und suchen hohe Offiziere der deutschen Wehrmacht zu bewegen, die Kriegshandlungen einzustellen und sich an die Grenzen des Deutschen Reiches zurückzuziehen. Neben dem Wochenblatt »Freies Deutschland« betreibt das NKFD einen Rundfunksender mit dem gleichen Namen, der auf der Kurz- und Mittelwelle mehrere Stunden sendet. Die Offiziere aus dem BDO suchen zudem immer wieder in anderen Gefangenenlagern für das Nationalkomitee zu werben. Dies erklärt, warum an den Gefangenentransport, in dem sich Otfried Preußler befindet, ein Waggon angekoppelt wird. Beim nächsten Halt kommen die erschöpften Kriegsgefangenen in den Waggons mit den früheren Offizieren der Wehrmacht in Kontakt, die nunmehr dem BDO angehören. Otfried Preußler weiß damals, dass General Walther von Seydlitz der Präsident des Offiziersbündnisses gegen Hitler ist. Immer wieder haben die Mitglieder des BDO an den unterschiedlichen Frontlinien mit Lautsprechern, Flugzetteln und Aufrufen versucht, in der Wehrmacht zum Widerstand gegen Hitler aufzurufen. Sich an die Situation auf dem Gütertransport erinnernd, fragt Otfried Preußler rückblickend in den »Verlorenen Jahren?«, was einen General von Seydlitz veranlasst haben könnte, sich auf die Seite des Gegners zu stellen. Dabei sucht er die damalige Position zu rekonstruieren, er verzichtet auf eine Einordnung der damaligen Entscheidung des Generals aus der Sicht der Gegenwart der 1990er Jahre. Von daher bleibt die Motivation des Generals, die Seite zu wechseln, im Dunkeln. Nicht mitgeteilt wird in den »Verlorenen Jahren?«, dass Walther von Seydlitz mit den Resten der 6. Armee in Stalingrad in Gefangenschaft gegangen war, nachdem er zuvor vergeblich versucht hatte, den Oberbefehlshaber der 6. Armee, Generalfeldmarschall Paulus, gegen den Befehl Hitlers zum Ausbruch aus dem Kessel zu bewegen. Auch die zwei weiteren Führungspersönlichkeiten finden keine Erwähnung, Generalmajor Martin Lattmann, dem als Kommandeur die 389. Infanteriedivision unterstand, und Generalmajor Dr. Otto Korfes, der bis zur Gefangennahme die 295. Infanteriedivision befehligt. Die Generäle lehnen zunächst eine Mitarbeit bei der Gründung des Bundes Deutscher Offiziere ab, weil sie sich durch den Fahneneid gebunden sehen und der Auffassung sind, dass jegliche Aktivitäten aus der Gefangenschaft ein Verrat an der kämpfenden Truppe sind.[397] Doch letztlich gelingt es dem NKWD-General Melnikow, die Generäle zu überzeugen. Er übermittelt ihnen Zusicherungen von Stalin: Wenn es antifaschistischen Kräften gelänge, den Sturz der Hitlerregierung und ein Ende des Krieges gegen die Sowjetunion einzuleiten, dann würde Deutschland in den Reichsgrenzen von 1937 erhalten bleiben. Für die drei Generäle ist dies eine Hoffnung. Nach einer erneuten nächtlichen Bedenkzeit stimmen sie einer Mitgliedschaft zu. Walther von Seydlitz beschreibt Jahrzehnte später in seinen Erinnerungen die entscheidende Situation so:

> Letzten Ausschlag gab für mich die Überlegung: Wenn es durch unsere Mitwirkung gelingt, auch nur einen kleineren Teil der russischen Zusicherungen zu verwirklichen, so darf man sich einer Mitarbeit nicht verschließen. Hitlers Wahnsinn führt Deutschland so sicher in den Untergang, daß auch ganz ungewöhnliche Aktivitäten vonnöten sind, um zu retten, was noch zu retten ist. Meine beiden Kameraden, Dr. Korfes und Lattmann, waren völlig unabhängig von mir zu gleichen Auffassung und zum gleichen Entschluß gelangt.[398]

Die Entscheidung der Generäle um Seydlitz, mit der Gründung des Bundes Deutscher Offiziere auf den Sturz Hitlers zu setzen und einen rechtzeitigen Frieden anzustreben, trifft bei einem Teil der Offiziere auf Ablehnung, auch bei Otfried Preußler und den Mitgefangenen. Die Erinnerung von Otfried

Preußler auf dem Transport Anfang Oktober 1944 gibt authentisch Auskunft über die damalige Sicht mit dem Hinweis auf Tauroggen:

> *Die Genossen Aktivisten reisten unter vergleichsweise angenehmen Bedingungen. Sie hatten einen Waggon ganz für sich allein, dort verfügte jeder von ihnen über eine Pritsche und einen Strohsack, versehen mit sauberem Überzug, einer warmen Decke. Für uns kam das einem unvorstellbaren Luxus gleich. Beim nächsten Halt verteilten sich einige der Herren auf die Waggons, um für die Ziele des Nationalkomitees zu werben. Für uns war ein Oberleutnant Wünsche zuständig, eigentlich ein recht netter Kerl. Er stammte aus Schirgiswalde in der Oberlausitz und sprach das gleiche rollende R wie unsere Warnsdorfer Edelroller im böhmischen Niederland. Mit seinem in Krasnogorsk erworbenen Wissen bemühte er sich, uns von der absoluten Wahrheit der marxistisch-leninistischen Weltanschauung zu überzeugen. Kein Wunder demnach, daß die Rote Armee der deutschen Wehrmacht und ihren Verbündeten hoch überlegen war. Dies gehe aus dem historischen Materialismus schlüssig hervor – deshalb gebe es für alle aufrechten Deutschen nur eines: ein Bündnis mit der Sowjetunion!*
> *Als Eideshelfer gegen den Bruch des Fahneneides berief er sich auf den preußischen General Yorck von Wartenburg und die Konvention von Tauroggen zu Beginn der Freiheitskriege gegen Napoleon. Ein ähnliches Bündnis zur Rettung Deutschlands strebe das Nationalkomitee im Verein mit dem Bund Deutscher Offiziere an.*[399]

In der Tat spielt bei der Gewinnung der Generäle für den Bund Deutscher Offiziere der Verweis auf Tauroggen eine wichtige Rolle. Heinrich Gerlach, der einer der Mitbegründer des Offiziersbundes ist, hat in seinem Dokumentarroman »Odyssee in Rot« die damalige Situation beschrieben. Man habe versucht, den General Seydlitz, der eine Beteiligung an der Gründung des BDO strikt abgelehnt hatte, mit dem Verweis auf Tauroggen umzustimmen. Heinrich Gerlach lässt nach vielen Umarbeitungen letztlich den Oberst Steidle einen emotionalen Schlusspunkt setzen, um den General zu gewinnen:

> »Blicken Sie um sich, Herr General! Ergreifen Sie die Hände, die sich Ihnen voll Begeisterung und Vertrauen entgegenstrecken! Treten Sie an unsere Spitze als unser frei gewählter Führer! Und wieder wird ein Seydlitz über das Schlachtfeld reiten, und die Erde wird erzittern bis in die Räume der Reichskanzlei und die verstecktesten Winkel der Wolfsschanze. Herr General! Wir stehen hier als eine verschworene Gemeinschaft, bereit zum Kampf für die Freiheit unseres Vaterlandes und für einen gerechten Frieden. Sie sehen unseren heißen Willen, unsere offenen Herzen. Erkennen Sie die Größe des Augenblicks, ergreifen Sie mutig den wehenden Mantel der Geschichte! Sagen Sie ja!«[400]

Mit Tauroggen, darauf verweist auch Otfried Preußler, ist ein symbolisches Datum in die Diskussion gebracht: Im Dezember 1812 schloss der preußische General von Yorck ohne Zustimmung des Königs Friedrich Wilhelm III. von Preußen einen Waffenstillstand mit Russland, obwohl es Bündnisverpflichtungen gegenüber Napoleon gab. Verfasst hatte die Konvention – zusammen mit dem in russischen Diensten stehenden Carl von Clausewitz – der Adjutant von Yorck, Major Florian von Seydlitz. Ob Tauroggen wirklich in der Rede von Oberst Steidle eine solche Rolle gespielt hat, wie Heinrich Gerlach es darstellt, ist nicht belegbar. In seiner Autobiografie, die einige Jahre nach der »Odyssee in Rot« erscheint, berichtet Luitpold Steidle nur sehr knapp über die Situation, bei der es um die Gewinnung der Generäle geht. Der Name Tauroggen fällt nicht. Gleichwohl findet sich eine Andeutung davon, die er General Dr. Korfes in den Mund legt. Danach habe General von Seydlitz auf den Fahneneid verwiesen, der der Armee und nicht Hitler gelte. Doch selbst in dem Fall, da Hitler die Armee in Stalingrad schmählich verraten habe, dürfe es keinesfalls »in der Gefangenschaft zu einer Opposition innerhalb der Wehrmacht kommen«. Korfes als Historiker hätte daraufhin auf gewichtige Situationen verwiesen, in denen die »Ausführung von Befehlen« verweigert werden könne. »Ist doch klar«, soll Korfes gesagt haben, »kennen wir aus der Geschichte, ich denke da an Yorck und Gneisenau«.[401]

Die Darstellung dieses wichtigen Ereignisses in Heinrich Gerlachs Bericht wird später mit ein Grund für den Bruch zwischen ihm und Walther von Seydlitz sein. In seinen 1976 postum erschienenen »Erinnerungen« wird der ehemalige General »einer falschen Darstellung dieses Treffens und der Rede von Oberst Steidle« entgegentreten und monieren, dass Gerlach hier keinen Tatsachenbericht biete, sondern Phantasien. »Uns allen«, fasst er zusammen, »auch Steidle, war in jenen Tagen keinesfalls hymnisch zumute«.[402] So umstritten also diese Episode ist, über den Fortgang der Vorbereitungen zur Gründung gibt es keine Zweifel. »Und dann machten die Generäle doch mit«, schreibt Heinrich Gerlach zeitraffend.[403] Warum die Generäle plötzlich mit dabei sind, darüber kann zunächst nur gerätselt werden. Schließlich wird im internen Kreis bekannt, dass die sowjetische Seite jenes Angebot macht, das die drei Generäle angesichts des in ihren Augen nicht mehr gewinnbaren Krieges als Chance sehen:

> *Wenn es deutschen antifaschistischen Kräften gelingt, den Sturz der Hitlerregierung und ein Ende des Krieges herbeizuführen zu einem Zeitpunkt, an dem die deutschen Truppen noch nicht über die Grenzen der Sowjetunion zurückgeworfen sind, dann wird die Regierung der Union der Sozialistischen Sowjetrepubliken mit allen ihren Mitteln dafür eintreten, daß Deutschland als ein freies Land in den Grenzen von 1937 erhalten bleibt.*
>
> Schweigen. Eine Erklärung der Sowjetregierung …
>
> Deutschland in den Grenzen von 1937; Rückmarsch auf die Ausgangslage, bevor alles Unheil begann … Man konnte an eine solche Erklärung glauben oder nicht. Jedenfalls wirkte sie zwischen der Drohung von Casablanca und Hitlers Geschrei vom ›Endsieg‹ fast wie eine Verheißung.[404]

In dieser Situation kommt Otfried Preußler im Lager 97 in Jelabuga an. Die dort bereits internierten deutschen Stalingrad-Gefangenen haben Schreckliches hinter sich. Sie waren als Überlebende in der Stadt Beketowka gesammelt worden, weil hier die Zerstörungen im Vergleich zu den anderen Orten noch am geringsten waren, wenngleich auch hier 90 Prozent des Wohnungsbestandes nicht mehr existiert. Allein im Lager Beketowka sterben zwischen dem 3. Februar und dem 10. Juni 1943 mehr als 27 000 Gefangene, die Sterberate der Stalingrad-Überlebenden liegt bei über 90 Prozent.[405]

Ein großer Teil der in Stalingrad in Gefangenschaft geratenen Offiziere kommt nach Jelabuga. »Einige von ihnen«, schreibt Otfried Preußler, »waren schon bald dem Nationalkomitee Freies Deutschland beigetreten, verbittert darüber, wie schamlos der große Führer sie an der Wolga verheizt hatte. Die meisten taten dies nicht. Um die Bedeutung des Fahneneides wurden endlose Debatten geführt, in diesem Punkt war das Lager in sich zerstritten, jeder mißtraute jedem.«[406] Mit dem Streit über den Fahneneid wie auch der geschilderten Distanz gegenüber dem Bund Deutscher Offiziere markiert Otfried Preußler eine Haltung, wie sie in den Kriegsgefangenenlagern in der Sowjetunion vorherrscht. Die Abwehr des Offiziersbundes und des Nationalkomitees wird sich über das Nachkriegsdeutschland bis in die 1990er Jahre durchziehen. Noch 1993 lautet der Titel von Bodo Scheurigs Buch zum Nationalkomitee und zum Bund Deutscher Offiziere fragend »Verräter oder Patrioten«.[407] Allerdings hat Scheurig, der das nachgelassene Manuskript des Generals Walther von Seydlitz redigiert, schon 1977 eine Position formuliert, die in der Gegenwart an Gewicht gewonnen hat: »Heute indes wissen wir, daß die damalige Situation Seydlitz deckte und bestätigte.«[408]

XVIII. »Den Rest des Weges mußte ich barfuß zurücklegen«
Otfried Preußler und das Kriegsgefangenenlager in Jelabuga

Auch Otfried Preußler kommt nach Jelabuga in die Tatarische Republik. Seit der Gefangennahme am 31. August 1944 hat er fast sieben Wochen und 2500 Kilometer Weges hinter sich. Jahrzehnte später erinnert Otfried Preußler die Stadt Jelabuga so:

> Jelabuga (die Betonung liegt auf dem zweiten Vokal), ein Mittelstädtchen am oberen Lauf der Kama, hatte keinen Anschluß an die Eisenbahn. Die Verbindung auf dem Landweg war schlecht, vor allem während der Schlammperioden im Herbst und im Frühjahr. Zwei Klöster aus vorsowjetischen Zeiten bildeten die architektonischen Schwerpunkte des Ortes: zwischendurch hatten sie als Kasernen für Panzertruppen der Roten Armee gedient.[409]

Viele der Mitgefangenen befinden sich in einem katastrophalen körperlichen Zustand. Festes Schuhwerk haben die wenigsten. »Die Fetzen eines bunten rumänischen Teppichs, die ich mir um die nackten Füße gewickelt hatte, lösten sich nach den ersten Schritten in ihre Bestandteile auf«, resümiert Otfried Preußler. »Den Rest des Weges mußte ich barfuß zurücklegen, nicht als einziger übrigens. Wie wir es geschafft haben, den Fußmarsch von vier bis fünf Kilometern im Schnee hinter uns zu bringen, ohne daß uns die Zehen abfroren, ist mir ein Rätsel.«[410] Die beiden Lager, die in Jelabuga existieren, werden von ihm so beschrieben:

> Das A-Lager für kriegsgefangene Offiziere, am Hochufer der Kama gelegen, bestand aus zahlreichen, steinernen, weiß-getünchten Gebäuden, einer schandbar heruntergekommenen Kathedrale und ein paar kleineren Kirchen, alle im Stil des russischen Rokoko erbaut, in der Epoche Peters des Großen. Das entfernter gelegene B-Lager, wo wir bei einbrechender Dunkelheit in dichtem Schneetreiben anlangten, war bedeutend kleiner und weniger imposant. Wir nannten es im Unterschied zum Kama-Lager das Klosterlager.[411]

75 Jahre später, im Mai 2019, werde ich auf den Spuren von Otfried Preußler in beiden Lagern sein. Das damalige A-Lager wird auch heute noch militärisch genutzt. Es ist eine Ausbildungsstätte für Offiziere der Polizei. Wir, ein russischer Freund und eine Kollegin vom Museum in Jelabuga, können in Begleitung eines russischen Majors das Militärobjekt besichtigen. Sämtliche Gebäude, von denen Otfried Preußler berichtet hat, existieren noch. Das damalige Klosterlager ist in der Gegenwart wieder eine funktionierende orthodoxe Kirche, der ein Priester vorsteht. Als wird dort sind, werden gerade Restaurierungsarbeiten durchgeführt, bei denen ich im aufgewühlten Boden ein verrostetes Schloss entdecke. Die Frage, ob dies zum ehemaligen Lager gehört haben könne, bejaht der Priester. Das sei mit Sicherheit so, antwortet er. Mit seiner Genehmigung kann ich es mitnehmen.

Nach der Ankunft und dem üblichen Zählappell gelangt Otfried Preußler in die Banja. In Jelabuga ist das ein hölzerner Vorbau, in dem die Kriegsgefangenen sich entkleiden müssen. »In einem spärlich erleuchteten Raum gab es pro Mann eine halbe Blechschüssel lauwarmen Wassers«, so Otfried Preußler. »Nachdem wir uns notdürftig gewaschen hatten, trat ein Rasierkommando in Aktion, das schabte uns, nicht eben sanft, die Haupt- und Körperhaare herunter. Unterdessen wurden die Kleidungsstücke in der Heißluftkammer des Bades entlaust, das war dringend nötig.«[412] Entkräftet und von der Ruhr gezeichnet kann Otfried Preußler sich nicht mehr an den Auseinandersetzungen bei der Neuverteilung von Kleidung beteiligen. Er bekommt eine russische Sommerhose zugeteilt und eine »speckige deutsche Feldbluse«, die viel zu weit für ihn ist. Schließlich auch »Lagerlatschen, bestehend aus einer klobigen Holzsohle mit kreuzweise darübergenageltem Oberteil aus groben Textilstreifen undefinierbarer Herkunft.«[413]

Die nächsten Tage übersteht Preußler in Quarantäne, aber die Ruhr lässt ihn nicht zur Ruhe kommen. Immer wieder treibt ihn die Krankheit hinaus. Aber er will sich aus Angst auf keinen Fall krankmelden und im Lazarett landen. Doch schließlich überwindet er sich, am Sonntag steht er vor der Tür des Ambulatoriums und wird von einem deutschen Sanitäter abgewiesen. Mit letzter Kraft schleppt er sich zum Lazarett, überwindet einen Zaun und schafft es bis zur Eingangstür, die unverschlossen ist. Im Gang stößt er auf eine energische Dame, die ihm im weißen Kittel entgegenkommt, allem Anschein nach eine Ärztin. Sie ist irritiert und weiß nicht, wie der fast verhungerte junge Mann in das Gebäude gelangt ist. »Heute ist Sonntag, das Ambulatorium hat geschlossen. Ich hab die Ruhr«, das sind die Sätze, die er gerade noch herausbringt. Die Ärztin sieht, wie es um ihn steht. Otfried Preußler erinnert die Situation auch Jahrzehnte später noch genau:

> »Lassen Sie mich mal anschauen. Oj Boze – mein Gott, wie Sie aussehen, bloß noch Haut und Knochen!« Sie rief zwei Krankenschwestern herbei, weißbekittelt auch sie. Ein paar Worte auf russisch, dann packten die Schwestern mich unter Armen und Knien und trugen mich fort. Runter mit den verdreckten Lumpen – und hinein in einen großen hölzernen Badezuber voll heißen Wassers. Welche unbeschreibliche Wohltat! Dann saubere Wäsche, und ab ins Untersuchungszimmer. Eine weiß überzogene Liege, darauf eine Wolldecke. Die energische Dame von vorhin traf ein, sie hatte etwa das Alter meiner Mutter. »Ich

bin Doktor Wolkowa, Kapitän der Roten Armee im Gesundheitsdienst, Chefin des Lazaretts.«[414]

Die sowjetische Ärztin untersucht Otfried Preußler gründlich. Er wiegt zu diesem Zeitpunkt nur noch 46 Kilo. »Ich stecke Sie in ein Krankenzimmer«, teilt sie mit. »Sie müssen sich zwingen, etwas zu essen, Leutnant. Leider fehlt es an Medikamenten, aber Sie sind noch jung. Sie dürfen nicht aufgeben.«[415] Der junge Mann liegt seit Monaten das erste Mal mit sauberer Wäsche in einem Bett. Er kommt sich vor wie im Märchen. »Eine der Schwestern flößte mir eine heiße Brühe ein, sprach mir Mut zu, auf russisch natürlich. Trotzdem verstand ich sie. Einfach so, wie ein Kind seine Amme versteht, selbst dann, wenn sie eine fremde Sprache spricht«, heißt es erinnernd.[416]

Frau Dr. Wolkowa kümmert sich um den jungen Mann, der etwa das Alter ihres Sohnes hat, der im Sommer zuvor als Leutnant an der rumänischen Front gefallen ist. Otfried Preußler erfährt auch, dass im Frühjahr 1944 im B-Lager Fleckfieber, also Typhus, ausgebrochen war und das gesamte Lager unter Quarantäne stand. Es wagten sich weder sowjetische Offiziere noch Angehörige der Wachmannschaften in das Lager. Anders die Ärztin und ihr Team:

> Nur die Frau Doktor Wolkowa war im Lager geblieben, gemeinsam mit ihren Krankenschwestern. Sie ließen sich kahlscheren, wie es die Vorschrift in solchen Fällen verlangte, sie blieben drin. Ich versuche mir vorzustellen, wie schmerzlich es für die Frau Doktor gewesen sein mag, ihre Haupthaare zu opfern. Für kriegsgefangene Fremde, die es zu pflegen galt.[417]

Hinzu kommt, dass Medikamente kaum vorhanden sind. Von daher können die Frauen »nichts weiter tun, als die Kranken zu trösten, den Fiebernden nasse Tücher auf die Stirn zu legen, den Sterbenden ein paar gute Worte zu sagen«. Otfried Preußler gibt an, drei von den russischen Krankenschwestern seien an der Seuche gestorben, eine andere Quelle spricht von fünf! In einem Abschlussbericht, der von den sowjetischen Behörden 1948 zum Lager Jelabuga angefertigt wird und auf den ich 2018 stoßen werde, steht davon nichts, der Tod der Krankenschwestern ist nicht erwähnt. Neben Typhus und Tuberkulose leidet ein großer Teil der Kriegsgefangenen an Dystrophie, die in den meisten Fällen Folge der Erschöpfung wie der permanenten Mangel- bzw. Fehlernährung ist, aber auch in Verbindung mit den erlittenen Traumata steht. Die Krankheit hat in vielen Fällen fatale Auswirkungen, sie führt zu Depressionen und Gedächtnisschwund. Auch Otfried Preußler ist das, was man einen Dystrophiker nennt, deshalb bleibt er im Lazarett. Anfang 1945 wird der deutsche Lazarettkommandant, der Obergefreite Strachotta, der die Krankenstation nie ohne Reitpeitsche betritt und oft rücksichtslos zuschlägt, ersetzt. Danach verbessern sich die Verhältnisse im Lazarett. Zu diesem Zeitpunkt hat der junge Otfried Preußler Probleme mit dem Gedächtnis, es ist in Teilen ausgelöscht! In den »Verlorenen Jahren?« heißt es:

> Der neue Lazarettälteste trat kaum in Erscheinung. Allerdings sorgte er für regelmäßige, wenngleich mäßige Beheizung der Krankenstuben. Die Temperatur in den Räumen wurde halbwegs erträglich, wir waren in dieser Hinsicht ja nicht verwöhnt. Ich war also über den Berg, daran glaubte ich felsenfest. Noch ähnelte ich in meiner Dürre dem Mahatma Ghandi, noch litt ich an den Folgen einer schweren Hungerdystrophie – ein Begriff, der mir neu war. Nun zeigte es sich, daß die Phase der völligen Entkräftung ihre Spuren hinterlassen hatte. Teile meines Erinnerungsvermögens waren ausgelöscht. So mußte ich eines Tages zu meiner Bestürzung feststellen, daß ich das kleine Einmaleins nicht mehr beherrschte, vom großen zu schweigen. Hartnäckig ging ich daran, es mir wieder aufzubauen, Reihe für Reihe, in unermüdlicher Wiederholung.
>
> Auch mit dem Schreiben hatte ich Schwierigkeiten. Gegen einen Kanten Graubrot kaufte ich mir ein Sperrholzbrettchen, einen Bleistiftstummel und eine Glasscherbe. Mühsam be-

kritzelte ich das Brettchen. Die Buchstaben fielen mehr als befremdlich aus. Das Geschriebene schabte ich mittels der Glasscherbe wieder weg. Ich begann mit den Großbuchstaben der Druckschrift. Viele Übungen mußte ich absolvieren, bevor ich mich an die Schreibschrift heranwagte.

Als Dystrophiker hatte ich Aussicht, vorerst im Lazarett verbleiben zu dürfen. Weiterhin auf Schonkost gesetzt, kam ich allmählich etwas zu Kräften. Jetzt begann mich der Hunger zu quälen, auf schandbare Weise. Und nicht nur mich! Die Gespräche von Bett zu Bett, die Gespräche der Überlebenden: von jetzt an kreisten sie in der Hauptsache darum, wie herrlich man früher gelebt und gepraßt hatte. Ersatzweise wurden Kochrezepte ausgetauscht und memoriert – eine Art von Gesprächen, bei denen ich nicht imstande war mitzureden. Vom Kochen und Braten verstand und verstehe ich etwa soviel wie der Hund vom Grünkohl.

Die Stunden im Lazarett schlichen quälend langsam dahin, besonders die Nachtstunden. Auf der Suche nach anderen Arten des Zeitvertreibs unternahm ich es, mir bestimmte Orte, bestimmte Wege vorzustellen, wie ich sie von zu Hause kannte. Erstaunlicherweise verfügte ich bald wieder über ein ungetrübtes bildhaftes Erinnerungsvermögen. Wie oft bin ich fortan mit meinem Mädchen nach Buschdorf hinaufgewandert. Jeden Abschnitt des Weges, jede Felsengruppe im Hochwald, jeden Stein, jede einzelne Wurzel vermochte ich mir in allen Einzelheiten zu vergegenwärtigen. Was für Wanderungen im Geiste, wenn wir das Isergebirge durchstreiften, Seite an Seite! Die frische, von Harz und vom Duft der abgerindeten Stämme gewürzte Luft, das Rauschen der Wipfel, der Ruf des Hähers, die Wolkenschatten über den Wäldern, das Gurren der wilden Tauben. Und immer die Gegenwart meines Mädchens. Ich höre sie atmen, ich höre sie sprechen, ich bin ihr dankbar für diese Nähe.

Manchmal sind wir auch im Theater gewesen, wie vormals so oft. In unserem Reichenberger Stadttheater, dessen Aufführungen wir gemeinsam besucht hatten. Manche Stücke waren mir

> Szene für Szene in Erinnerung geblieben. Schillers »Wallenstein« etwa, mit dem jüdischen Oberspielleiter Heinrich Orell in der Titelrolle; Shakespeares »Was ihr wollt« mit dem nachmals berühmt gewordenen Komiker Hansi Böhm als Junker Bleichenwang. Beide Hörbigers haben wir spielen sehen in Reichenberg, den Hans Moser, den Leo Slezak, die Bleibtreu, die Wessely – und einen jungen Schauspieler, der damals Karl Hödl hieß und sich später Hans Holt nannte.
>
> Auch Erich Ponto haben wir einmal erlebt. Aus Dresden war er herübergekommen zu uns, als Kopernikus in einer unsäglich faden Klitterung, die sich »Blutsbrüder« nannte; gemeint waren Luther, Thomas Müntzer und eben er, der Domherr aus Frauenburg. Als er auftrat, war das krampfhaft um völkische Größe bemühte Spektakel entlarvt als läppisches Lügenspiel. Noch ehe er eine Silbe gesprochen hatte, standen wir alle in seinem Bann. Welche Kraft, die da von ihm ausging! Welch überwältigende Verachtung dem dubiosen Text gegenüber!
>
> Später habe ich Ponto noch einmal in Dresden gesehen, bei einer sonntäglichen Matinee; als Zugabe trug er die Fabel vom Mäuserich und vom Löwen vor; und stets hat er, ehe der Mäuserich mit piepsender Stimme zu sprechen anhob, den Beginn von Beethovens Schicksalssinfonie gepfiffen: Ta – tatta – taa! Wir alle wußten, wie das gemeint war; es war umwerfend komisch und zugleich von apokalyptischer Deutlichkeit.[418]

Die Gespräche auf der Krankenstation, von denen Otfried Preußler berichtet, kreisen permanent um ein Thema, nämlich das Essen. Es ist dies der Normalfall überall dort, wo fortwährend Hunger herrscht und das Dasein bestimmt. Der Volkskundler Albrecht Lehmann bringt das so auf den Punkt: »Hungrige reden vom Essen! Es muß hier (…) geradezu phantastische Gedächtnisleistungen und entsprechend detaillierte Erzählungen gegeben haben. In manchen Fällen gaben sich die Erzähler aber nicht mit der Wirkung ihrer Geschichten auf sich selbst und ihr Publikum zufrieden, sondern legten ihr Wissen schriftlich nieder. (...) Teilweise waren in den Sammlungen Menüs für ganz außergewöhnliche Gelegenheiten aufgeführt: Jagdessen, Hochzeitsessen, Familientag.«[419] Als sich in den Gefangenenlagern ab 1947 die Lebensbedingungen langsam verbessern, gehen die Geschichten über das Essen zurück. Der junge Preußler kann zu den Kochrezepten, die ausgetauscht werden, nichts beitragen, dafür berichtet er von früheren Theatererlebnissen.

Dass Otfried Preußler im Lazarett verbleiben kann, rettet ihn, denn hier ist die Verpflegung besser als im Lager. Es gibt in Abhängigkeit von der Erkrankung Normalkost, Schonkost und Wunschkost. Wunschkost bekommen nur die Todeskandidaten. Trotz der schwierigen Versorgungssituation kann man sich, das weiß Otfried Preußler von den Sterbenden um ihn herum, »so märchenhafte Speisen wünschen wie Bratkartoffeln mit Speck, süßen Hirsebrei, eine richtige Buchweizengrütze mit brauner Butter und ein Kompott, das aus aufgeweichtem Dörrobst bestand«.[420] Normalerweise gibt es zum Frühstück eine dünne Suppe, zum Mittag einige Löffel Brei und abends eine Art Wassersuppe. Die Tagesrationen variierten von Lager zu Lager. Allerdings waren sie in jenen Lagern, die wie Krasnogorsk, Jelabuga, Oranki oder Woikowo Offizieren vorbehalten blieben, deutlich besser. Auch die Sowjetunion machte bei der Behandlung von kriegsgefangenen Soldaten und Unteroffizieren auf der einen und Offizieren und Generälen auf der anderen Seite Unterschiede. Die Brotration betrug um die 400 Gramm pro Tag. Das gilt auch noch für die Zeit, in der Otfried Preußler sich bereits im Silikatlager in Kasan befindet. Die Zuteilung von Brot ist zu diesem Zeitpunkt bereits an die Arbeitsleistung gebunden. »Auf russischer Seite war Oberleutnant Rybalkin zuständig für den Arbeitseinsatz. Und für dessen Bewertung in Prozenten, bezogen auf die jeder Brigade vorgeschriebene Norm«, schreibt Preußler. Und er notiert

74

Tagesration im Lager 160

	Generäle	Offiziere	Soldaten
Butter	90 Gramm	70 Gramm	50 Gramm
Zucker	100 "	90 "	60 "
Fleisch	150 "	120 "	100 "
Fisch	100 "	100 "	80 "
Brot	600 "	600 "	600 "
Milch	40 "	40 "	30 "
Eier	40 "	30 "	30 "
Speck	30 "	30 "	20 "
Oel	40 "	30 "	20 "
Früchte	60 "	50 "	40 "
Krupa	100 "	80 "	60 "
Reis	40 "	20 "	12 "
Makaroni	50 "	30 "	20 "
Gemüse	700 "	700 "	500 "
Zigaretten	20 St.	15 St.	10 St.

Abb. 11: Tagesrationen für Mannschaftsdienstgrade, Offiziere, Generäle im Lager

weiter: »Die Prozente hätten uns kaltgelassen, wären sie nicht gekoppelt gewesen mit der täglichen Brotration. Lag die Leistung im Durchschnitt unter 100 Prozent, gab es 400 Gramm nasses Schwarzbrot, bei hundertprozentiger Erfüllung der Norm bekamen wir 600 Gramm. Wurden mehr als 100 Prozent erfüllt, winkte ein Zusatzbrot von weiteren 200 Gramm.«[421] Die 400 Gramm, die es 1945 im Silikatlager gibt, sind weniger als im Lager 160 in Susdal, zu dem eine Aufstellung von Tagesrationen von 1943 existiert.

Das Dokument fand ich im Nachlass von Wilhelm Pieck, der vom 18. bis 28. Juni 1943 in Susdal ist, um Gespräche mit kriegsgefangenen Offizieren zu führen und für die ins Auge gefasste Gründung des Nationalkomitees Freies Deutschland zu werben.[422] Wilhelm Pieck war früher Reichstagsabgeordneter der KPD, er wird am 1. Juli 1945 mit anderen führenden KPD-Funktionären nach Berlin zurückkehren und von 1949 bis 1960 der erste und einzige Präsident in der DDR sein. Im Juni 1943 ist der

64-jährige als Vorsitzender der in der Illegalität befindlichen KPD einer der wichtigen Exilpolitiker. In Auswertung der verschiedenen Treffen mit den Offizieren in Susdal und auch Jelabuga gelangt er zu einer präzisen Beschreibung der Situation. Die Offiziere »sehen es als taktlos an«, so Pieck, »sie so schnell zur Entscheidung zu drängen«. Überhaupt sei es nicht möglich gewesen, den Gefangenen in kurzer Zeit bewusst zu machen, dass das Nationalkomitee »dem deutschen Volk helfen soll, dem Krieg ein Ende zu machen«.[423] Die Antifa-Zeitung der Kriegsgefangenen »Das freie Wort«, so die Erkenntnisse von Wilhelm Pieck, würde abgelehnt, ihre Redakteure, die Leutnante Bernt von Kügelgen und Heinrich Graf von Einsiedel, der Urenkel des ersten deutschen Reichskanzlers Otto von Bismarck, gelten als zu jung und unerfahren, die Machart des Blattes sei tendenziös und »undeutsch«.[424] Otfried Preußler kommt mehr als ein Jahr später in das Offizierslager Jelabuga. An der Ablehnung des Nationalkomitees »Freies Deutschland« und des Bundes Deutscher Offiziere hat sich nichts geändert. Das ist insbesondere im Lager Jelabuga der Fall, in das auch deshalb mehrfach Delegationen von hochrangigen Offizieren des Bundes Deutscher Offiziere fahren. Besonders deplatziert wird von kriegsgefangenen deutschen Offizieren der Abdruck eines Beitrages von General Dr. Otto Korfes im »Freien Deutschland« empfunden. Korfes hat in einem Beitrag, der den Titel »Brief an einen Freund« trägt und eigentlich an seinen Schwager Oberst Albrecht Mertz von Quirnheim gerichtet ist – in der Familie wird er nur »Ali« genannt –, versucht, ein positives Bild von der Sowjetunion und der Gefangenschaft zu geben.[425] Um den Schwager zu schützen, adressiert Korfes den Brief an einen vermeintlichen »Herrn Dr. Alexander K., Professor der neueren Geschichte, Berlin«.[426] Selbst im Offiziersbund ist der Beitrag umstritten, er wird von einigen wegen seines propagandistischen Zuschnitts als lächerlich empfunden. Gerlach schildert die Auseinandersetzung, die im Offiziersbund geführt wird, in der »Odyssee in Rot« so:

»In allen größeren Städten gibt es Theatergebäude, teilweise sehr großen Ausmaßes, und Konzertsäle. Sowohl das Schauspiel wie die Oper sind viel besucht.« Welch ein elendes Gewäsch! Woher wollte der Narr das wissen? Etwa von den zwei, drei Fahrten zum Moskauer Sender, wohin man ihn zu Direktaufnahmen gebracht hatte? »Ich habe einige große Künstler und Künstlerinnen, Sänger, Pianisten und Geiger gehört …«. Ja, den dicken Michajlow bei der Gründungsfeier. Wem wollte man hier etwas vormachen? Oder machte man sich selbst etwas vor? Machten sie sich alle hier etwas vor? Was wußte man denn schon … Bonte ging im Zimmer auf und ab, um Fassung bemüht. Jetzt blieb er stehen. »Als Flugblatt das Ganze, na schön! Da wird ohnehin Mist genug verzapft. Aber in den Lagern draußen habt ihr damit verschissen für alle Zeiten.« »Ihr? … Wieso Ihr«? »Na ja, wir natürlich. Wenn die dort Schreikrämpfe kriegen vor Lachen, dann können wir noch froh sein. Aber ich fürchte, die hauen von jetzt ab jeden von uns zum Tempel raus.«[427]

Genau das, was die Figur des Bonte in Gerlachs Dokumentarroman vermutet, das geschieht, als die Vertreter des Bundes Deutscher Offiziere in die Gefangenenlager kommen, um für eine Mitgliedschaft zu werben. Ende 1944 – Otfried Preußler befindet sich zu diesem Zeitpunkt noch im Lazarett in Jelabuga und kämpft dort um sein Leben – werden sich chaotische Szenen abspielen, als die Gruppe des BDO im dortigen Lager auftaucht:

Den »Brief an Ali« bekam bereits die Delegation zu spüren, die für ein paar Wochen in das kritische Lager Jelabuga abfuhr. Dort befanden sich jetzt auch die Offiziere aus Oranki. Die Verhältnisse waren unerträglich geworden. Immer noch führte Major Kudrjatshow, der »Gardebulle«, sein despotisches Regiment, und der berüchtigte Instruktor Wagner hatte von Oranki das Spitzelwesen importiert zugleich mit der ganzen Korruption, in die sich das knappe Drittel Offiziersbund-Mitglieder mit dem Bevollmächtigten Oberst Pickel verhängnisvoll verstrickt sah. Von fanatischen Nazis war eine wirksame Opposition organisiert worden, die offen den »deutschen Gruß« anwendete, SA-Lieder sang, Hakenkreuze an die Wände schmierte und jede Versammlung sabotierte. Der »Gardebulle«, Elefant im Porzellanladen, hatte die Hauptschreier in einen Isolierblock mit vernagelten Fenstern sperren lassen und dadurch Märtyrer geschaffen. »Wie geht's denn Ali? – Schönen Gruß an Ali!« schrie es aus allen Ecken, und in der zwangsweise anberaumten Lagerversammlung kamen die Generäle Lattmann und Schlömer kaum zu Wort.

»Verräter! Verräter!« – »Und wenn wir nur noch zwölf Millionen sind, wir kämpfen bis zum Endsieg!« – »Wir wollen auch mal auf der Schokoladenseite …«

»Und dafür wollt ihr Deutschland opfern?« schrie Lattmann dagegen. »Millionen Frauen und Kinder dem Bombenhagel preisgeben?«

»Meine Frau ist eine Soldatenfrau! Sie hat zu sterben wie ich!«

»Ihr seid ja gar nicht gestorben! Ihr lebt ja, alle! Gegen Hitlers Befehl! Selbst Verräter!« Tierisches Gebrüll.

»Na, Bubi, Sie altes Arschloch?« begrüßte den Grafen sein Kumpel »Assi« Hahn, als Brillantenträger einer der prominentesten Gefangenen, um den sich die Russen besonders bemühten. »Politisch sind Sie ja ein Idiot; aber gegen die Tommis möchte ich doch noch mal mit Ihnen fliegen.«

Es war hoffnungslos.[428]

Mit dem Bubi bzw. dem Grafen, der in dieser Episode der »Odyssee in Rot« erwähnt wird, ist Heinrich Graf von Einsiedel gemeint, der in den Erinnerungen von Otfried Preußler ebenfalls vorkommt und den ich Anfang der 1990er Jahre persönlich kennengelernt habe.[429] Otfried Preußler hört nach der Entlassung aus dem Lazarett von den Auseinandersetzungen, und er weiß auch um den Block 6. »Eine Anzahl von Mitgefangenen, des hartnäckigen ›Faschismus‹ bezichtigt, hatte die Politverwaltung von der übrigen Belegschaft abgesondert und in den sogenannten Block 6 gesteckt. Dessen Insassen wurden in strengster Isolation gehalten. Man raunte sich draußen zu, als aufrechte deutsche Männer würden sie von den Russen mit größtem Respekt behandelt«, schreibt er.[430] Die Einschätzung von Otfried Preußler ist zutreffend. Nicht nur im Lager Jelabuga stoßen die Vertreter des Bundes Deutscher Offiziere auf Ablehnung.

In der Wehrmacht – weder an der Ost- und schon gar nicht an der Westfront – werden diese Aufbruchssignale gegen Hitler und für Deutschland unterstützt. Heinrich Gerlach schätzt dies rückblickend sehr realistisch ein, aber er widerspricht Auffassungen, die aus dem Bund Deutscher Offiziere eine Gruppe von Verrätern und »Handlangern« für sowjetische Interessen machen. Solchen Vorwürfen entgegnend, bringt er die Strategie des BDO vor der Teheran-Konferenz im November/Dezember 1943 so auf einen einfachen Nenner: »Ansprache der oberen milit. Führung mit dem Ziel der Rückführung des Ostheeres auf die Reichsgrenzen, um dadurch den Sturz Hitlers zu erzwingen und den Weg für einen Kompromißfrieden.«[431] Und er unterstreicht, dass diese Konzeption gegen das von Exilkommunisten dominierte Nationalkomitee und mit Unterstützung der Russen durchgesetzt worden sei. Diese Strategie bleibt eine Utopie, denn mit der Teheran-Konferenz hat sich das historische Zeitfenster bereits geschlossen. Stalin wird mit der in Aussicht gestellten Invasion der Normandie die »Zweite Front« zugesichert und auch seine Vorstellungen über die neuen Grenzen akzeptieren Churchill und Roosevelt. Von nun an geht es um die bedingungslose Kapitulation Deutschlands, was Folgen für das Nationalkomitee und den Offiziersbund hat: An die Stelle des Rückzugs an die Reichsgrenzen und den Abschluss eines Friedensvertrages tritt nun die defensive Losung vom »Übertritt an die Seite der Bewegung ›Freies Deutschland‹«, die nichts anderes bedeutet, als zu kapitulieren oder zur Roten Armee überzulaufen.[432] Dies ist für den größten Teil der Wehrmachtsangehörigen nicht nur aufgrund der

Angst vor »den Russen« nicht annehmbar, sondern auch, weil der Fahneneid auf den Obersten Befehlshaber Adolf Hitler als bindend empfunden wird.

Dass die sogenannten »Block-6-Leute« im Lager Jelabuga deutlichen Widerstand leisten können und in gewisser Weise »von den Russen mit größtem Respekt behandelt« werden, lässt Rückschlüsse darüber zu, welche Spielräume selbst für jene bestehen, die sich weiterhin offen zum Nationalsozialismus bekennen. Anders als Hitler-Deutschland hat die Regierung der Sowjetunion am 1. Juli 1941 »Bestimmungen über Kriegsgefangene« erlassen und auf diese Weise Verpflichtungen der Genfer Konvention »Über die Behandlung der Kriegsgefangenen« übernommen.[433] Diese Situation ändert sich, als 1949 der größere Teil der deutschen Kriegsgefangenen entlassen bzw. repatriiert wird. In der Sowjetunion verbleiben allerdings ca. 30 000 deutsche Kriegsgefangene, die in Prozessen Ende 1949 wegen nachgewiesener oder vermeintlicher Kriegsverbrechen verurteilt werden.[434] Die Schnellverurteilungen nehmen Militärtribunale vor, die nach der Praxis der Stalin'schen Säuberungen der 1930er Jahre funktionieren. Die Kriegsgefangenen haben keine Möglichkeit, sich zu verteidigen. Das Urteil lautet zumeist 25 Jahre Zwangsarbeit im Straflager.[435] In diese Massenverurteilungen geraten auch Kriegsgefangene, die zum Bund Deutscher Offiziere gehört haben. Auch Heinrich Gerlach, wie sein Alter Ego Oberleutnant Breuer in der »Odyssee in Rot«, muss im Militärgefängnis erkennen, dass selbst früher umworbene Gäste des Lagers Lunjowo wegen vermeintlicher Kriegsverbrechen zu 25 Jahren Zwangsarbeit verurteilt werden. Gerlach ahnt, dass ihm das gleiche Schicksal droht, weil er sich mehrfach geweigert hat, mit den sowjetischen Behörden zu kooperieren. Der Erzähler erfasst das quälende Nachdenken von Gerlach so:

> Er kann an den sowjetischen General schreiben, seinen Entschluß von damals widerrufen und sich bereit erklären. Und

vielleicht frei kommen … Und er kann es bleiben lassen. Kann 25 Jahre Zwangsarbeit auf sich nehmen und irgendwo in Sibirien verrecken. Es ist in seine Hand gegeben … Ja sagen und überleben, oder nein sagen und verrecken, ohne Namen, ohne Gesicht – welch eine Wahl![436]

Es handelt sich hier einmal mehr um eine existenzielle Krisensituation in der Kriegsgefangenschaft. Heinrich Gerlach fragt sich, wie weit er gehen kann, ohne sich untreu zu werden. Mit Blick auf die frühchristlichen Märtyrer kommen ihm Zweifel. Die ließen sich »verbrennen oder von Löwen zerfleischen für ihren Glauben. Und brauchten nur abzuschwören, nur zu ›unterschreiben‹, nur ein Bekenntnis zum Cäsar zu lügen und sie waren frei.«[437] Letztlich unterschreibt Gerlach im Bewusstsein, die abgegebene Verpflichtung zur Zusammenarbeit mit dem sowjetischen Geheimdienst nie zu erfüllen. Und er ist damit gerettet. Otfried Preußler befindet sich ebenfalls in einer Entscheidungssituation, die allerdings auf einer ganz anderen Ebene liegt. Es geht um eine mögliche Mitgliedschaft im Bund Deutscher Offiziere. In den »Verlorenen Jahren?« wird er Jahrzehnte später darauf zu sprechen kommen, als er versucht, die Monate in Jelabuga zu erinnern.

Ich ertappe mich dabei, daß meine sonstigen Erinnerungen an das Klosterlager ziemlich verschwommen sind. Wo und wie haben wir die Verpflegung gefaßt? Gab es einen Speisesaal – oder mußten wir unsere spärlichen Mahlzeiten am Küchenfenster abholen? Worauf ich mich in aller Deutlichkeit entsinne, sind die Fischsuppen, die man uns hin und wieder verabreicht hat. Wer Glück hatte, erwischte in der dünnen Brühe ein paar mürbegekochte Gräten und Flossen, gar einen Kopf mit Kiemen und Augen. Genüßlich zwischen den Zähnen zermalmt – und runter damit! Welch ein Hochgenuß für uns arme Schweine! Man zehrte noch lange davon. Ebenso wie von den Innereien, den Knorpeln, den Suppenknochen, die uns bisweilen spendiert wurden.

Die Schneeschmelze hatte eingesetzt. In Jelabuga gingen die Lebensmittel zur Neige, die Verpflegung war miserabel. Wann würde der erste Dampfer am Hafen anlegen, voller Produkte? Der Krieg schien in den letzten Zügen zu liegen. Das Lager schwirrte von Gerüchten. Sobald Deutschland die Waffen gestreckt habe, meinten manche, werde man uns entlassen. Die Aktivisten der Antifa wußten es anders. Ihre Parole lief auf die schlichte Drohung hinaus: Entweder, ihr sagt euch in letzter Minute von Hitler los, oder es gibt für euch keine Rückkehr! So stand es in der Zeitung des Nationalkomitees, so verkündeten es die politischen Instrukteure, so ging es von Mund zu Mund. Das brachte uns in Bedrängnis. Da war der Fahneneid, auf die Person Adolf Hitlers geschworen – da war die Angst, bis zum letzten Atemzug hierbehalten zu werden, als Arbeitssklaven des Großen Stalin.

Die Stimmung im Lager wurde von Tag zu Tag unerträglicher. Wie sollten wir uns verhalten? Bloß kein unbedachtes Wort jetzt! Bloß keinen Verdacht erregen! Arnold Schneider, Jupp Theuer und ich beratschlagten insgeheim hin und her. Schließlich befolgten wir Theuers Rat. Wir gaben uns das feierliche Gelöbnis: Alles, was nun geschehen müsse, geschehe pro forma, bloß um die Rückkehr nicht zu gefährden. Gewiß eine ziemlich fadenscheinige Konstruktion, damals hat sie uns sehr geholfen.

Eines Abends schlichen wir uns nach Einbruch der Dunkelheit in die Unterkunft des antifaschistischen Aktivs. Dort empfing man uns mit spürbarer Herablassung. So, so, die Herren seien also entschlossen, in letzter Minute der Antifa beizutreten? Nein, nicht der Antifa, dem Bund deutscher Offiziere. Na, auch gut!

Die Beitrittserklärungen lagen bereit, wir haben sie unterschrieben. Mit violetter Tinte und nicht ganz unbeschwerten Gewissens. Keiner von uns hat in diesem Augenblick an den famosen Herrn Buschenhagen gedacht. Hätten wir's tun sollen?

> Nach vollzogener Unterschrift hat man uns eine dicke Kascha von Erbsen und Speck und gerösteten Zwiebeln spendiert. Die Kascha allein, konstatierte Jupp auf dem Rückweg: die Kascha allein sei die Unterschrift wert gewesen. Dennoch hatte sie einen faden Nachgeschmack, auch für ihn.[438]

Die Distanz gegenüber den antifaschistischen Aktiven hat einen Grund. Unabhängig von den politischen Überzeugungen der kriegsgefangenen Offiziere und Mannschaften werden Vertreter der antifaschistischen Bewegung als »Konjunkturritter« abgelehnt. Johannes Bobrowski hat als einer der gewichtigsten Autoren aus der DDR in seinem autobiografischen Bericht »Die ersten Jahre in der Gefangenschaft« schonungslos die moralische Fragwürdigkeit von Vertretern der Antifa erfasst, die eine »uneingeschränkte Diktatur« ausgeübt hätten. Wie Otfried Preußler verweist er darauf, dass sie die begehrtesten Posten in der Lagerstruktur erhalten haben: »Die Meister in den Lagerwerkstätten, die Magazinverwalter, Sanitäter, Brigadiere waren solche Antifaschisten und blieben solange in ihren Positionen«, so Bobrowski, »bis kriminelle Vergehen, zu denen sie ihre Befugnisse immer häufiger ausnutzten, zu ihrer Entfernung durch die Administration führten«.[439]

Die Mitgliedschaft im Bund Deutscher Offiziere, so die Hoffnung der Gruppe um Otfried Preußler, kann unter den Bedingungen einer »totalen Institution« gegebenenfalls ein Garant sein, um nicht in ein kafkaeskes Räderwerk zu geraten. »Papier ist geduldig«, so lautet die Devise. Die Kriegsgefangenen wissen, in welchem Maße die sowjetischen Führungskräfte und ihre Untergebenen an die »Magie des Geschriebenen« glauben. Für sie ist das gesprochene Wort »flüchtig«, ja immateriell. Aber alles Geschriebene dagegen ist sichtbar, unvergänglich, ja unwiderruflich. Und es bindet den Schreiber an die materielle Welt.[440] Hier hat auch die Wertschätzung von Losungen, Resolutionen und Deklarationen ihre Grundlage. Allerdings hat

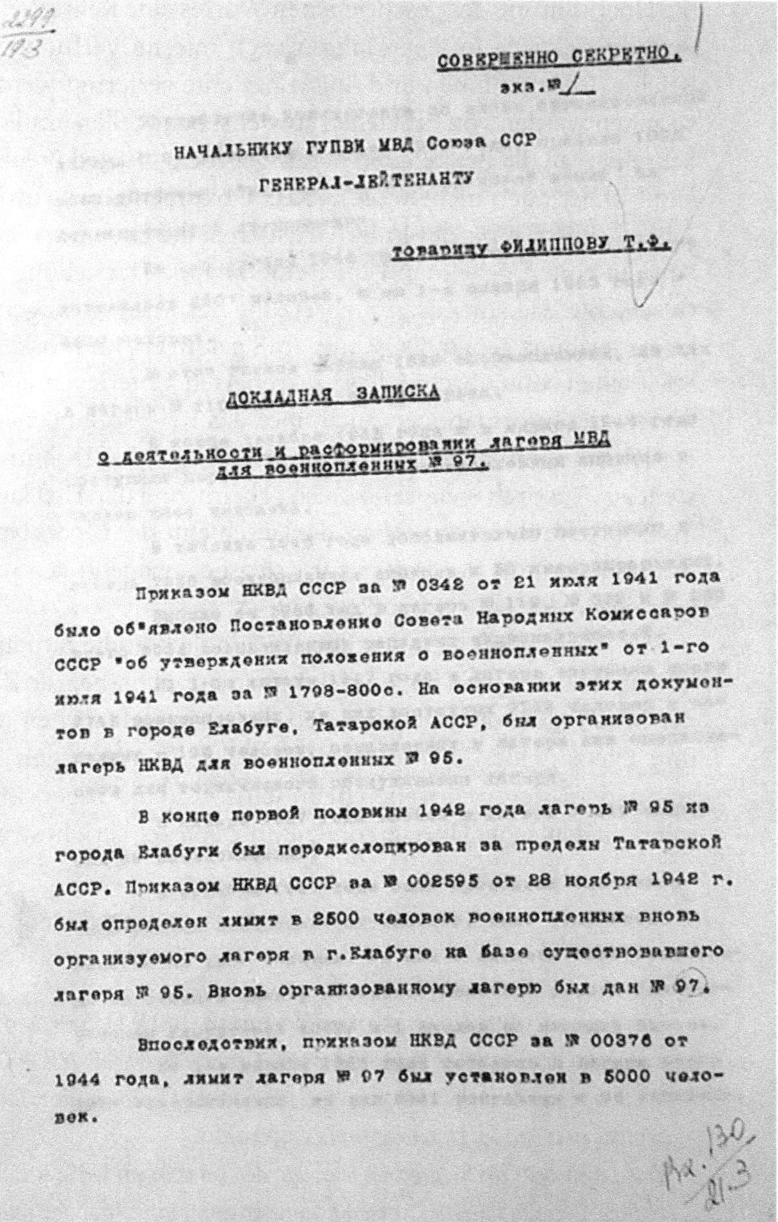

СОВЕРШЕННО СЕКРЕТНО.

экз.№ 1

НАЧАЛЬНИКУ ГУПВИ МВД Союза ССР

ГЕНЕРАЛ-ЛЕЙТЕНАНТУ

товарищу ФИЛИППОВУ Т.Ф.

ДОКЛАДНАЯ ЗАПИСКА

о деятельности и расформировании лагеря МВД для военнопленных № 97.

Приказом НКВД СССР за № 0342 от 21 июля 1941 года было об"явлено Постановление Совета Народных Комиссаров СССР "об утверждении положения о военнопленных" от 1-го июля 1941 года за № 1798-800с. На основании этих документов в городе Елабуге, Татарской АССР, был организован лагерь НКВД для военнопленных № 95.

В конце первой половины 1942 года лагерь № 95 из города Елабуги был передислоцирован за пределы Татарской АССР. Приказом НКВД СССР за № 002595 от 28 ноября 1942 г. был определен лимит в 2500 человек военнопленных вновь организуемого лагеря в г.Елабуге на базе существовавшего лагеря № 95. Вновь организованному лагерю был дан № 97.

Впоследствии, приказом НКВД СССР за № 00376 от 1944 года, лимит лагеря № 97 был установлен в 5000 человек.

Abb. 12: *Auszug aus der Darstellung zur Geschichte des Lagers Nr. 97*

die Hochachtung des geschriebenen Wortes eine Kehrseite: So umfangreich wie in jenen Jahren auch interne Verfügungen, Befehle, Informationen und Spitzelberichte verfertigt werden, so selten werden von offiziellen sowjetischen Stellen amtliche Schreiben an die Betroffenen herausgegeben. Otfried Preußler kann daher auch nicht wissen, dass Dokumente des sowjetischen Ministeriums des Innern existieren, die Ende der 1940er Jahre in einem geheimen Papier eine knappe Darstellung zur Geschichte wie zur Zusammensetzung des Kriegsgefangenenlagers Jelabuga geben. Es ist mir 2018 gelungen, im Moskauer Staatlichen Militärarchiv diese sekretierten Unterlagen aufzufinden, die Informationen auch über das Kriegsgefangenenlager Jelabuga enthalten. Auf dem mir vorliegenden Dokument steht auf Russisch »секретно«, also geheim, und der Titel lautet ins Deutsche übersetzt: »Abriß der Geschichte des Lagers Nr. 97 des Ministeriums des Innern für Kriegsgefangene in der Stadt Jelabuga in der Tatarischen Republik«.[441]

Der Abriß gibt einen detaillierten Einblick in die Situation im Lager Jelabuga, es finden sich Informationen über die Zahl der Mitarbeiter, die Nationalitäten der Kriegsgefangenen und ihre Dienstgrade. Ebenso wird über den »körperlichen Zustand« der Kriegsgefangenen beim »Eintritt in das Lager« informiert. In deutscher Übersetzung nimmt sich der Bericht so aus:

Übersicht

Das Lager des Bundesministeriums des Innern (BMI) UdSSR №97 wurde auf der Basis des Lagers №97 auf Grund des Befehls NKWD (Volkskommissariat für innere Angelegenheiten) №3694 vom 1. Dezember 1942 am 21. Dezember 1942 eingerichtet.
Das Lager liegt im Stadtgebiet Jelabuga der Tatarischen UdSSR am rechten Ufer des Flusses Kama, 3 Kilometer vom Hafen Jelabuga und 79 Kilometer von der Kasaner Bahn entfernt.

Wohnungsraumfonds №1 und 2 besteht aus ein- und zweistöckigen Ziegelgebäuden für 10 000 Kgf., vor allem für ehemalige Offiziere der deutschen Armee.
Unabhängig von der Stadt gibt es eine Ofenheizung und eine elektrische Beleuchtung. Einrichtung der Zimmer 50 % – eiserne Betten, 50 % – zweistöckige Pritschen. Für jeden Kriegsgefangenen sind 2 Quadratmeter Wohnfläche vorgesehen. Die Zimmer sind möbliert: es gibt Tische, Stühle, Schränke und Nachttische in ausreichender Menge und von guter Qualität.
Bei jeder Lagerzone gibt es ein Lazarett für 180 Betten, eine Großküche, eine Wäscherei, Trockner. All dies für 5000 Kgf. In der ersten Zone und 3000 Kgf. In der zweiten Zone.
Wasserversorgung ist städtisch, durch Wassertürme.
Wohnungsraumfonds für Stammoffiziere und Mitarbeiter befinden sich größtenteils auf dem Gelände der Militärsiedlung, was den Bedarf an Wohnungen iHv 50 % deckt.

Arbeiterstamm

Am 22. Dezember 1942 bestand ein Arbeitsstamm aus 9 Mitarbeitern und einem Kommandeur.
Im Juni 1943 betrug der Arbeitsstamm 181 Menschen, davon 4 höhere Vorgesetzte, 54 mittlere Vorgesetzte, 18 jüngere Vorgesetzte, 88 Soldaten, 22 Zivilbeschäftigte.
Am 1. August 1943 gab es 153 Menschen.
Am 1. Oktober 1943 200 Menschen, davon 5 höhere Vorgesetzte, 58 mittlere Vorgesetzte, 11 jüngere Vorgesetzte, 61 Soldaten, 65 Zivilbeschäftigte.
Am 1. Januar 1944 – 251 Menschen, davon 6 höhere Vorgesetzte, 84 mittlere + jüngere Vorgesetzte, 67 Soldaten, 94 Zivilbeschäftigte.
Am 1. Juli 1946 203 Menschen, davon 50 Offiziere, 50 Unterwachtmeister, 91 Soldaten, 12 Zivilbeschäftigte.
Nach dem Personalabbau am 1. Januar 1948 gab es 121 Mitarbeiter.

Am 1. Juni 1948 – 107 Menschen, davon 49 Offiziere, 13 Unterwachtmeister, 23 Soldaten, 22 Zivilbeschäftigte.

Nationalitäten und Rangstufen der Kriegsgefangenen

Das Lager №97 BMI UdSSR wurde für Ober- und Unteroffiziere der faschistischen Armee vorgesehen. 16–19. März 1943 wurden die ersten 1095 Kgf. aus dem Stalingrader Gebiet ins Lager gebracht.
Von 23. Mai bis 8. Oktober 1943 wurden ins Lager 1725 Menschen (vor allem ehemalige Offiziere) aus verschiedenen Lagern transportiert.
Vom 1. Juni bis 11. Oktober 1944 wurden 3051 Kgf., davon 885 Kgf. aus Tiraspoler Verteilungslager geliefert.
Vom 14. Januar 1944 bis 8. Mai 1945 aus den Lagern № 246 257, 260 wurden 2325 Kgf. geliefert.
Insgesamt wurden 8293 Menschen (Offiziere und Soldaten) ins Lager gebracht.
Davon
Oberst (полковник) – 56
Oberstleutnante (подполковник) – 83
Majore -395
Oberoffiziere – 6833
Unteroffiziere (Sergeant und Soldaten) – 898
Arbeiter aus Arbeiterbataillonen – 19
Internierte – 9
7390 davon waren Deutsche.
629 Menschen sind während der Lagerexistenz (insgesamt) gestorben.
7664 Menschen wurden in andere Lager transportiert.
Zum 1. Juli 1948 gab es im Lager №97 keine Kgf. westlicher Nationalitäten.

Der Bericht macht auch Aussagen zum »körperlichen Zustand« der Kriegsgefangenen, die im Lager Jelabuga ankommen.

Der körperliche Zustand der Kgf. beim Eintritt ins Lager No. 97

Von den ersten Kgf. (1096 Menschen), die vom 16. bis 19. März aus dem Lager des Stalingrader Gebiets angekommen waren, hatten 480 Menschen Flecktyphus und eine Diphtherie. Sie wurden im Gebäude des ehemaligen Klosters auf dem Gelände des Lagers und im Lazarett beim Lager untergebracht. Gegen Flecktyphus und Diphtherie wurde außer 4 Ärzten und 6 Arbeitern des mittleren medizinischen Personals ein Personalbestand der Lagerleitung mobilisiert. Als Hilfskräfte wurden auch Studenten des 1. und 2. Studienjahres der Sanitäts- und Hebammenschule in Jelabuga (40 Personen) eingesetzt.
Im Kampf gegen Infektionen wurden 3 Ärzte und 3 Arzthelfer angesteckt, die wieder gesund wurden.
Die Kleidungsstücke der Kgf. wurden dreimal desinfiziert. Außerdem wurde eine regelmäßige vorbeugende Desinfizierung durchgeführt, was dazu führte, dass im April 1943 kein Läusebefall unter den Kgf. existierte.
Für die Behandlung der Kranken mit Flecktyphus wurden genügend Medikamente und Hilfspersonal zur Verfügung gestellt, außerdem wurden Genesene speziellen Gruppen zugeordnet, in denen die Lebensbedingungen und die Verpflegung besser waren.
Nachdem der Flecktyphus und die Diphtherie im Lager erfolgreich bekämpft worden waren, gab es die Erlaubnis, im Lager ab Mai 1943 Kgf. aus anderen Lagern unterzubringen.

Schließlich werden Informationen zum »physischen Zustand« des Lagers mitgeteilt, die für 1. Januar 1947 gelten. Zu diesem Zeitpunkt ist Otfried Preußler bereits im Lager Kasan. Für Jelabuga findet sich eine Einteilung in folgende Gruppen: Die Gruppe 1 umfasst mit 47,9 Prozent jene, die voll arbeitsfähig sind. Bei der 2. Gruppe mit 12,9 Prozent gibt es Einschränkungen. 3,7 Prozent der Kriegsgefangenen sind zu diesem Zeitpunkt im Lazarett. Aufschlussreich sind auch die statistischen

Angaben, die im dem Abschlussbericht zur Ambulanz wie zum Lazarett gegeben werden.

Ambulante Behandlung	1943	1944	1945	1946	1947	1948
insgesamt Arztbesuche		31066	107595	129456	90365	13417
davon primärer Empfang		9600	31088	32652	25214	4925
von der Arbeit befreit		1271	13659	22178	19039	5249
die gesamte Anzahl der Tage		3821	38712	58948	51247	8873
Anzahl der Bett-Tage im Lazarett		31338	63869	72860	83298	13920
Sterblichkeit	435	70	91	56	45	15

Der Übersicht des Ministeriums des Innern der Sowjetunion liefert jene Fakten zum Lager, die den Kriegsgefangenen wie Otfried Preußler natürlich unbekannt sind. Ob die Informationen zum körperlichen Zustand wie auch zur epidemischen Lage zutreffen, muss offenbleiben. Das betrifft auch die Hinweise zu den verstorbenen Kriegsgefangenen.

Aufschlussreich sind auch die Aussagen zu Formen, Methoden sowie dem Inhalt der »politischen Arbeit unter den Kriegsgefangenen«. Im Wortlaut des Dokuments heißt es:

> Die politische und kulturelle Massenarbeit unter den Kgf. hatte ein Ziel – die vollständige Bewältigung des Einflusses von faschistisch-reaktionären Elementen (Gliedern) im Lager, ein loyales Verhältnis von Kgf. zur Sowjetunion und die Zunahme von Antifaschisten, Aktivisten und progressiven Demokraten unter kriegsgefangenen Deutschen und Japanern.

(…) Daneben wurde auch die politische-, kulturelle- und Erziehungsarbeit durchgeführt, die das Ziel hatte, ein gewissenhaftes Verhalten zur Arbeit herauszubilden.

Grundlage für die politische Arbeit unter Kgf. waren Informationen aus der Zeitung »Известия«, es ging um das kollektive Vorlesen aus den deutschen »Nachrichten« und japanischen »Ниппон Симбун«. Darüber hinaus gab es Vorlesungen und Berichte zu verschiedenen politischen, wirtschaftlichen und internationalen Fragen (…) An den Abenden wurden Fragen bezüglich der politischen, internationalen und innerlichen Lagerfragen besprochen; es gab Unterrichtsstunden von verschiedenen Bezirken (AGs). Wichtig waren das Vorlesen von ausgewählter politischer Literatur; die Anfertigung und Herausgabe der Wandzeitung sowie Versammlungen und Meetings.[442]

In dem Bericht wird einmal mehr die Rolle der Wandzeitung angesprochen, für die Otfried Preußler dann später zeitweise im Silikatlager Kasan eingesetzt ist.

Seit den frühen 1950er Jahre sind vereinzelt Fotos zum Lager in Jelabuga in Zeitungen und Zeitschriften in der Bundesrepublik erschienen.[443] Als deren Urheber gilt der sogenannte »Königsberger«, der mitunter auch unter dem Decknamen »Pfennig« erscheint. Aus Furcht vor Verfolgung durch den sowjetischen Geheimdienst gibt der Fotograf seinen Namen nicht preis und hält an dieser Entscheidung bis in die 1990er Jahre fest. Der Zeitzeuge hatte mit einer Kleinstkamera, der Minox Riga 38, die nicht größer als ein Feuerzeug ist, als Gefangener in den Jahren 1945 bis 1947 in verschiedenen Lagern, darunter Jelabuga, fotografiert. Jahrzehnte später, im Dezember 1996, macht der Historiker Friedrich Korte schließlich den Fotografen ausfindig, es ist Klaus Sasse, von dem über Jahrzehnte nur das Pseudonym bekannt war: der »Königsberger«.[444] Jetzt existieren nicht nur vereinzelte Fotos, sondern ein kleiner Band zu Jelabuga und anderen Kriegsgefangenenlagern in der Sowjetunion, in Osnabrück gibt es eine Ausstellung. Sasse hat im Lager Jelabuga und bei den Waldläufern in Kosyltau geknipst. Das Interesse von Otfried Preußler ist groß, denn über die Brigade der Waldläufer hat er in seiner Autobiografie geschrieben, es war harte Arbeit, die an den Knochen zehrte:

> Jeden Morgen mußten sie noch vor Anbruch des Tages ausrücken, nichts weiter im Magen als eine dünne Suppe. Fünfzehn, mitunter zwanzig Kilometer weit trieb man sie in die Wälder hinaus, zu den Holzplätzen. Dort wurden kurzgeschnittene Baumstämme auf primitive Schlitten geladen und festgezurrt. Im Mannschaftszug, je zu viert und viert, mußte die Last dann nach Jelabuga geschleppt werden. Eine Tortur ohnegleichen bei Gegenwind, wenn der Schnee den Waldläufern ins Gesicht peitschte. Nicht minder bei gleißend blendender Sonne. Wenn sie am Abend mit ihren Schlitten im Lager ankamen, hatten sie Anspruch auf eine heiße Suppe, auf ein paar Löffel Kascha, auf ihre Brotration.[445]

Otfried Preußler nimmt 1999 Kontakt zu Sasse auf, da er zu der Ausstellung nicht reisen kann. In einer Notiz zu dem Telefongespräch vermerkt er, dass Klaus Sasse nicht »über den geheimnisvollen Weg« bescheid wisse, auf dem die Schwarz-Weiß-Filme nach Deutschland gekommen sind. »Irgend jemand habe die entwickelten Filme seiner Mutter übergeben, während er selbst noch in Gefangenschaft war. Den Namen des Überbringers habe die Mutter sich nicht gemerkt. Dieser Teil der Angelegenheit bleibt also weiterhin im Dunkeln«, so die Einschätzung. Otfried Preußler notiert zudem: »Dr. Sasse war am Telefon sehr freundlich. Er kann sich zwar nicht mehr persönlich an mich erinnern (wie ich mich nicht an ihn), doch ist ihm mein Name ein Begriff. Ich habe ihm Grüße von Hans Zinsmeister übermittelt, für die er dankbar ist.«[446] Auf den Fotos sind, wie das für ein Gefangenenlager nachvollziehbar ist, einzelne Personen oder Gruppen im Alltag, beim Marsch durch

Abb. 13: Frau Dr. Wolkowa in der Mitte mit den Schwestern und Pflegern des Lazaretts

Kasan, beim Holztransport, auf der Rückfahrt von einem »Kartoffelkommando« auf der Wolga oder auch im Spital.

Weitere Fotos vom Lager 97, auf die ich im Rahmen der Edition von Heinrich Gerlachs »Durchbruch bei Stalingrad« 2015 im Moskauer Archiv gestoßen war, konnte Otfried Preußler damals noch nicht kennen. Es handelt sich um ein Fotoalbum mit einem glänzend braunen Einband und dem Vermerk »НКВД ТАССР« (»NKWD TACCR«), also Innenministerium der Tatarischen Sowjetrepublik. In Goldbuchstaben ist der Titel aufgedruckt: »Елабужский лагерь No. 97«, also »Jelabugaer Lager No. 97«. In dem Band finden sich über 100 Fotos, die einzelne Bereiche des Lagers sowie den Lageralltag erfassen. Allerdings war ich mir nicht sicher, ob es sich um geschönte, ja gegebenenfalls propagandistische Fotos handelt.

Unabhängig davon, mit welcher Absicht die Fotos entstanden, sie vermitteln in jedem Fall einen Eindruck vom Gefangenenleben, angefangen mit der Reinigung in der Banja, der Verteilung der Wäsche, dem Frühsport oder den ärztlichen Kontrollen. Es sind dies genau jene Stationen nach der Aufnahme im Lager, von denen Otfried Preußler berichtet. Auch Fotos vom Lazarett sind in dem Album. Und auf einem anderen Foto ist sogar Frau Dr. Wolkowa zu sehen, die den Einundzwanzigjährigen behandelt hat.

Der Beitritt von Otfried Preußler zum Bund Deutscher Offiziere noch vor der bedingungslosen Kapitulation am 8. Mai 1945 hat keine weiteren Folgen. Der junge Leutnant wird nicht früher entlassen, sondern verbleibt weiterhin in Gefangenschaft. In den folgenden Monaten verliert der Offiziersbund in einem rasanten Tempo seine Bedeutung und die Mitglieder ihre Privilegien, die sie in einigen Lagern besitzen. Am 8. September 1945 stellt der Sender »Freies Deutschland« seinen Betrieb ein. Damit verlieren das Nationalkomitee und der Bund Deutscher Offiziere wichtige Wirkungsmöglichkeiten, denn die von ihnen verantwortete Zeitung »Freies Deutschland« ist nur einem kleinen Kreis in den Kriegsgefangenenlagern zugänglich.[447] Es nimmt nicht wunder, wenn fast zwei Monate später, am 2. November 1945, das Nationalkomitee und der Bund Deutscher Offiziere den Antrag auf Selbstauflösung stellen. Letztlich kommt die Verfügung vom NKWD, dem sowjetischen Innenministerium, und ist von Geheimdienstchef Berija und Stalin persönlich abgesegnet.[448] In der letzten Nummer des »Freien Deutschland«, die einen Tag später, am 3. November 1945, erscheint, heißt es, dass es »nach der völligen Vernichtung des Hitlerstaates und nach der Entfaltung der Tätigkeit des demokratischen Blocks der antifaschistischen Parteien in Deutschland« keinen Grund mehr für Fortsetzung der Arbeit in der Sowjetunion gebe.[449] Die Planung der politischen Arbeit wird nunmehr einzig von sowjetischen Instanzen, nämlich der »Verwaltung für Angelegenheiten der Kriegsgefangenen und Internierten« (UPVI) des NKWD verantwortet.

XIX. »Schreib das auf, Preußler! Schreib das unbedingt auf!«

Im Silikatlager von Kasan

Der Ethnologe Albrecht Lehmann hat unter Bezug auf Karl Jaspers darauf verwiesen, dass das Gefangenenlager eine permanente »Grenzsituation« darstellt. »Vom Menschen werden Grenzsituationen wie Kampf, verhängnisvoller Zufall, Tod, Schuld bereits während sie sich ereignen, als außerhalb der Ordnung des normalen Daseins stehend empfunden«, so Lehmann.[450] Mit Bezug auf Erving Goffman bezeichnet er Kriegsgefangenenlager nach dem Zweiten Weltkrieg als »totale Institutionen«.[451] Die Bewegungsfreiheit des Einzelnen ist radikal eingeschränkt und einer rigiden Ordnung unterworfen. Das beginnt mit dem Frühsport bzw. der gesundheitlichen Ertüchtigung und setzt sich weiter fort über Arbeitseinsätze bis hin zu zunehmenden Möglichkeiten einer regulierten Freizeitbeschäftigung. Insofern bedeutet die Kriegsgefangenschaft für jeden Soldaten, der ihr ausgeliefert ist, eine Erfahrung mit »höchstem Ausnahmecharakter«. Unter solchen existenziellen Bedrohungen gerät der Einzelne in Gefahr, seinen Halt zu verlieren, dies umso mehr, da er sich zumeist körperlich und seelisch in einem Zustand befindet, der außerhalb der Normalität liegt. Dass die Gefangennahme sich mit dem genauen Datum einprägt, unterstreicht, in wie hohem Maße es sich hier um einen lebensgeschichtlich bedeutsamen Akt handelt, der auch später immer wieder zu Flashbacks, Träumen oder Alpträumen führen kann. Mit der Gefangennahme und der Verbringung in ein Lager befinden sich die Gefangenen in einer Art Schicksalsgemeinschaft. Daher spielt der nicht unumstrittene

Begriff der ›Kameradschaft‹ eine wichtige Rolle. Ein Ausschluss aus der Gruppe kann den Verlust der Solidarität zur Folge haben und die soziale und psychische Vereinzelung bedeuten. Auf der anderen Seite gehört es, wie Otfried Preußler berichtet, zu den schlimmsten Belastungen in der Gefangenschaft, »dass du im Lager niemals für dich allein sein konntest, selbst bei Verrichtungen denkbar privatester Art.« Letztlich habe sich das erzwungene Zusammenleben aber keineswegs nur negativ ausgewirkt, ganz im Gegenteil. Unter den extremen Bedingungen des Lagers haben sich Denk- und Verhaltensweisen ausgeprägt, die das weitere Leben bestimmen. Im Falle von Otfried Preußler bilden sich Lebensmaximen, die in Kindheit und Jugend bereits angelegt waren, weiter aus. »Wir haben in diesen Jahren gelernt, tolerant zu sein, Rücksicht zu nehmen, uns über Äußerlichkeiten hinwegzusetzen, die Konzentration auch nach innen zu üben.«[452] Dass das Schreiben mit ein Weg ist, um mit der existenziellen Situation der Gefangenschaft zurechtzukommen, trifft ganz besonders für Otfried Preußler zu, der Ende August 1945 vom Kriegsgefangenenlager Jelabuga auf einen Transport geht. Was das Ziel der Verbringung ist, das weiß er zu diesem Zeitpunkt nicht.

> Ende August, eines freundlichen Morgens in aller Frühe. Der verschleierte Himmel versprach einen schönen Tag. Gestern abend, beim Zählappell, waren die Namen der Auserwählten verlesen worden, die auf Transport gehen sollten. Die Mischung erschien mir nicht schlecht. Kein Vertreter der Antifa war dabei, kein erkennbarer jedenfalls. Sonst vorwiegend Leute, die sich beim Aktiv und bei den sowjetischen Organen auf die eine oder andere Art mißliebig gemacht hatten. Von meinen Landsleuten waren der Grünerhans und Herr Pöndl dabei, auch Herr Wessely und einige andere, darunter der kleine Herr Barwig, im Zivilberuf Maschinenbauingenieur. Jupp Theuer stand nicht auf der Liste, von Arnold Schneider hatten wir seit Monaten nicht mehr gehört. Vor Tau und Tag hieß es auf dem Appellplatz an-

treten, jeder mit seinem Strohsack, jeder mit seiner Decke, mit seinen persönlichen Habseligkeiten. Wiederum hatte ich den Verlobungsring zwischen Oberkiefer und Wange verschwinden lassen. Mein sonstiges Hab und Gut bestand aus der Oscar Meyer-Büchse, aus Löffel und Bleistiftstummel, aus dem Umschlag des Soldbuchs mit den Fotos, aus dem bewußten Sperrholzbrettchen, aus ein paar Päckchen Faschistentod, aus den spärlichen Überresten des bunten rumänischen Teppichs.

Die unvermeidliche Filzung wurde von zwei verschlafenen, als Wächter dienstverpflichteten Roten Veteranen vorgenommen, das dauerte seine Zeit. Dann mußten wir die Strohsäcke zusammenrollen, sie mit Leibriemen oder Decke verschnüren und aufschultern. Am Lagertor wartete der Transportführer mit dem Konvoj. Namentlich hinausgezählt, wurden wir vom Dejournij des Kamalagers dem Chef des Transportkommandos übergeben, nicht ohne Quittung, nicht ohne Gegenquittung.

Dem Aufbruch stand nichts mehr im Wege. Die Strohsäcke geschultert, zogen wir los, im betont lustlosen, schlurfenden Plennischritt. Den hatten wir uns so angewöhnt, zum einen des vorwiegend miserablen Schuhwerks wegen, zum andern aus Gründen des tunlichst sparsamen Umgangs mit unseren Kräften.

Auf dem Weg durch Jelabuga war ich guter Dinge, ich fühlte mich leicht und fröhlich, erfüllt von Neugier und Optimismus. Kunststück, noch war ich nicht einmal zweiundzwanzig! Endlich war wieder Bewegung in unser Dasein gekommen, endlich gab es mal einen Tapetenwechsel.

Wohin ging die Reise? Auf jeden Fall führte sie aus der Eintönigkeit des Kamalagers hinaus. Und sie führte, fürs erste, zum Hafen, wo schon ein Dampfer für uns bereitlag, den Bug flußabwärts gerichtet. Wir schlurften an Bord, auf das freie Achterdeck. Dann dreimal das dumpfe Tuten der Schiffssirene. Die Vertäuung wurde losgemacht, die Landungsbrücke eingezogen. Mit lautem Dröhnen und Rauschen nahmen die Schaufelräder in den beiden Radkästen die Arbeit auf. Der Dampfer hielt auf die Mitte des Flusses zu, dort verlief die Fahrtrinne. Wir fühlten uns wie auf dem Mississippi, obgleich wir doch wußten, daß es die Kama war. Und wir kamen uns vor wie Urlaubsreisende, jedenfalls so, wie wir dachten, daß sie sich vorkommen müßten.

Was die Zukunft uns bringen würde, wußten wir nicht. Wir verschwendeten keinen Gedanken daran, keine Furcht, keine Hoffnungen. Dankbar genossen wir die Annehmlichkeiten des Augenblicks. Der Genosse Transportkommandant lebe hoch! Er hatte verfügt, daß wir auf dem Achterdeck bleiben durften. Der Konvoj hatte ringsum an den Bordwänden Posten gefaßt, mit schußbereiten Gewehren, die Blicke auf uns gerichtet. Wir aber entrollten die Strohsäcke, streckten uns darauf aus und genehmigten uns ein Sonnenbad, getreu der Maxime: Nimm alles mit, was du kriegen kannst – was du hast, kann dir keiner wegnehmen!

Der Grünerhans räkelte sich, die Arme im Nacken verschränkt. »Bloß schade, daß Väterchen uns nicht sehen kann!« Den Namen Stalins ausdrücklich zu erwähnen, verbot sich selbst hier.

Nach anderthalb Stunden steuerten wir das rechte Ufer an. Was denn? Sollten wir etwa hier schon auf eine Kolchose verbracht werden?

Die Kolchose lag auf dem rechten Steilufer. Hinter der Kante des Hanges ließen sich flache Dächer erkennen, mit Blech gedeckt. Von oben führte zum Anlegeplatz eine hölzerne Rutsche herab. Darauf ließen sich Waren ans Ufer befördern, in unserm Fall pralle Säcke voll Mehl und Getreide. »Nu?« befragte uns der Transportführer. »Wer von euch möchte sich nützlich machen? Absolut freiwillig – klar?«

Wir machten uns nützlich. Am Ende der Rutsche nahmen zwei Mann die von oben herniedergeschickten Säcke in Empfang, wir andern standen in einer Reihe bereit und wurden schwungvoll damit beladen. Dann schleppten wir unsere Bürde keuchend zur Ladeluke des Dampfers und kippten sie auf ein paar Gleitplanken ab, die hinabführten in die Tiefe. Zugegeben, das ging ins Kreuz – und den Lohn für die Knochenarbeit kassierte der Kommandant. Wenn schon!

Auf dem Anlegeplatz, am unteren Ende der Rutsche, stand ein fremder Hauptmann des NKWD, die Mütze weit ins Genick geschoben. Armenier oder Jewrej, also Jude? Er schien mit dem Dampfer mitgekommen zu sein, auf dem Passagierdeck. Bewaffnet war er, außer mit einer Pistole, mit starker Brille, mit Kartentasche und Schreibbrett, mit einer Liste, einem Kopierstift und einem Stempel. Ihm gegenüber ein mickriges Männchen, der Buchhalter der Kolchose. Auch er war bebrillt, auch er war versehen mit Schreibbrett, Liste, Stempel und Stift.

Das Mehl, das Getreide waren vom NKWD konfisziert worden, für die Hauptverwaltung aller tatarischen Lager. Bei der Rutschpartie platzte von Zeit zu Zeit einer der Säcke auf. Das gab jeweils Anlaß zu einem langen Palaver zwischen dem Buchhalter und dem Genossen Hauptmann als Repräsentanten der Staatsgewalt. Dabei bot sich der »arbeitenden Bevölkerung« hinreichend Gelegenheit, unbemerkt einiges von den Produkten abzuzweigen. Während der Kapitan und der Buchhalter miteinander stritten, griffen wir zu. Hastig stopften wir uns das zu Tage gequollene Mehl in den Mund. Das gab einen greulichen Papp, kaum hinunterzuwürgen. Aber der Mensch weiß zu lernen. Beim nächsten Zwischenfall füllten wir Mehl und Getreide in Becher und Büchsen ab. Damit kamen wir gegenüber dem Konvojführer auf glatte Rechnung.

Diebstahl unter Plennis war streng verpönt, wurde von der Lagergemeinschaft unerbittlich geahndet. Diebstahl sowjetischen Eigentums hingegen (ein Tatbestand, der dem Ertappten gut und gern ein paar Jahre Straflager einbringen konnte), Diebstahl sowjetischen Eigentums galt uns als Sport. Als ein Sport, dem wir ohne Skrupel oblagen, wo immer sich uns die Möglichkeit dazu bot.

Noch zweimal im Lauf des Tages nahmen wir konfisziertes Getreide an Bord, konfisziertes Mehl. Noch zweimal staubten wir davon ab, was sich abstauben ließ. Später rührten wir draus einen Mehlbrei an. Das Teewasser aus dem Kipjatok (so nannten sich die allgegenwärtigen Kessel mit heißem Wasser) erwies sich als ungeeignet. Man mußte den Mehlbrei zunächst kalt anrühren, dann erst ließ sich daraus ein heißer Brei machen. Ohne Salz, ohne Zucker, das schmeckte abscheulich. Runter damit! Nicht auf den Genuß kam es an, der Nährwert war alles! Und das Getreide? Wir malmten es tapfer hinunter, es füllte den Magen, was wollten wir mehr? Und es förderte die Verdauung heftiger, als es uns lieb sein konnte.

Über Nacht ging der Dampfer vor Anker, weit draußen in der Flußmitte. Die Posten scheuchten uns unter Deck, in die stickige Luft, in den sattsam bekannten sowjetischen Mief. Schweiß und verdreckte Klamotten, es stank nach verschimmelter Ladung, nach ranzigem Öl, nach den Scheißkübeln in der Ecke. Na gut, das mußten wir hinnehmen. Hauptsache, daß wir am nächsten Morgen wieder hinaufdurften, an die frische Luft!

Am Abend des dritten Tages weiteten sich die Wasser der Kama zum See, Mütterchen Wolga hatte uns an die Brüste genommen. Und jetzt? Würde der Dampfer den Bug nach Backbord wenden oder nach Steuerbord? Nach Kasan oder abwärts, in Richtung Stalingrad? Der Tag ging zur Rüste, das Abendrot ließ den Himmel erglühen, man trieb uns hinab in den Rumpf des Schiffes. Selten haben wir eine Nacht so ungeduldig verbracht, so voller dumpfer Ungewißheit. Dann endlich der Morgen. Dann endlich wieder hinauf an die frische Luft. Wir dampften die Wolga aufwärts, in Richtung Kasan!

Wenige Stunden später legten wir in der tatarischen Hauptstadt an. Es mag um den Mittag gewesen sein. Die Posten trieben uns mit Geschrei und Flüchen an Land. Wie es weitergegangen ist, ob zu Fuß, ob mit Lastwagen, ob mit der Straßenbahn, weiß ich nicht. In der Erinnerung gibt es Passagen, die sich nicht wiederherstellen lassen. Wie dem auch sei, gegen Abend langten wir draußen, in einem der Außenbezirke an. Abgeschirmt war er von tristen Wohnblöcken, die sich Sozgorod nannten, das heißt sozialistische Stadt.

Vor uns ein Fabrikgelände, umgeben von Stacheldraht, gesichert mit Wachtürmen, alle besetzt mit Posten unter Gewehr. Namentlich wurden wir durch ein hölzernes Tor gezählt. Der Transportkonvoj blieb zurück, neue Posten nahmen uns in Empfang und trieben uns weiter. Es ging über flache Gleise, an einer Halle mit großen Kesseln vorbei, an Bergen von Bruchziegeln. Dahinter zwei mächtige, aus roten Steinen aufgemauerte hohe Türme.

Unser Herr Wessely (trotz seines Namens, der »Lustig« bedeutet, ein ausgesprochener Pessimist), unser Herr Wessely äußerte den Verdacht, dies alles nehme sich aus wie ein Krematorium … Würden wir jemals lebend von hier davonkommen?

Es zeigte sich glücklicherweise bald, daß Herr Wessely einem Irrtum erlegen war. Bei den Kesseln handelte es sich um Autoklaven, die zur Herstellung von Silikatziegeln dienten. Die beiden Türme gehörten zu einem doppelten Hochofen, worin Kalk gebrannt wurde. Das Werksgelände glich einer einzigen Wüstenei: Kalk, Sand, Silikatstaub. Der leiseste Windhauch wirbelte weißgraue Schwaden auf.

Und wieder ein Tor, und wieder ein Kommandant. Und wieder der Aufruf nach Vor- und Vatersnamen. Dann waren wir endlich am Ziel, wir waren ins Silikatlager einpassiert. Bis gestern noch mit sowjetischen Strafgefangenen vollgestopft, sollte es künftig der Haltung kriegsgefangener deutscher Offiziere dienen. Die einzige Unterkunft, die wir im Lager vorfanden, war ein Erdbunker, eine Zemljanka. Über einer geräumigen, aus dem Boden ausgehobenen Grube ein primitives Zeltdach. Giebel und Vorderseite mit Brettern verschlagen. Im Inneren eine Doppelreihe von rohen Holzpritschen, zweistöckig. Unter den Pritschen der schiere Lehm. Und unvorstellbarer Dreck, zurückgelassen von unseren Vorgängern, offenbar beiderlei Geschlechts. Das bezeugten gewisse Spuren. Und überall Ungeziefer jeglicher Art. Hauptsächlich Flöhe, Läuse und Wanzen. Besonders die Wanzen waren es, die uns zu schaffen machten.[453]

Bei der tatarischen Hauptstadt handelt es sich um Kasan, hier existiert eines von etwa 3000 Kriegsgefangenenlagern, die in der Sowjetunion im Fortgang des Krieges eingerichtet wurden. Die Lager unterteilen sich zumeist in Hauptlager und Teillager. In diesen Lagern leben zwischen einhundert und mehreren Tausend Kriegsgefangene. Im Hauptlager befindet sich jeweils die Lagerverwaltung. Aber auch in den Teillagern gibt es ein eigenständiges System mit Lazarett, Küche, Wäscherei, Friseurstube, Schusterwerkstatt.[454] Otfried Preußler gelangt in das Lager 119, das durchweg als das Silikatlager bezeichnet wird. Hier wird er die nächsten vier Jahre der Gefangenschaft interniert sein. Entsprechend den Verordnungen des Staatlichen Verteidigungskomitees der Sowjetunion vom Dezember 1944 und Februar 1945 werden Kriegsgefangene – dies betrifft zunächst die Mannschaftsdienstgrade – zur »Wiedergutmachung« in Arbeitsbataillonen zu je 750, 1000 bis 1500 Mann untergebracht. Die Gefangenen arbeiten vor allem in der Bauindustrie, der Kohle- und Forstwirtschaft sowie beim Wiederaufbau der zerstörten sowjetischen Städte.[455] Nach der Kapitulation von Hitlerdeutschland am 8. Mai 1945 und der Auflösung der Wehrmacht setzt man auch die kriegsgefangenen Offiziere und Internierten bis zur Repatriierung bei allen größeren Industrieprojekten ein. Dies reicht vom Bau von Kolchosbetrieben in der Ukraine, der Kohleförderung im Donbass und der Moskauer Metro bis hin zum Moskauer Hotel Peking. Auch in Kasan werden die Kriegsgefangenen an zentralen Orten eingesetzt, darunter beim Bau des Opern- und Balletttheaters.

Ein Ende Juni 2021 aufgefundenes Geheimdokument liefert genaue Informationen zum Silikatlager, das die Ziffer 119 trägt und mehrere Teillager hat. Otfried Preußler befindet sich im

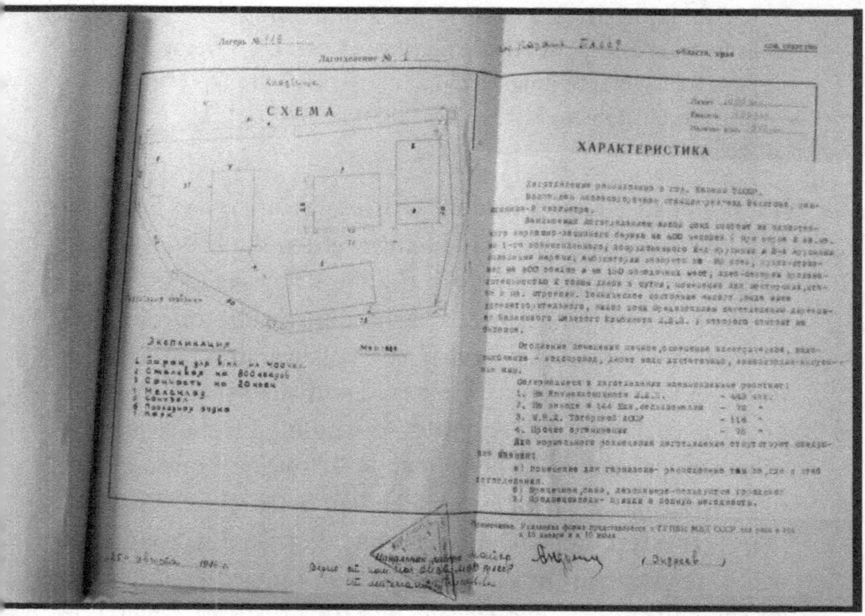

СХЕМА

ХАРАКТЕРИСТИКА

Abb. 14: Skizze mit Lagerplan des Teillagers 119/3 Kasan und der Beschreibung der Struktur

Unterlager 119/3, zu dem Unterlagen des sowjetischen Innenministeriums vorliegen, dazu gehört ein Lageplan mit Charakteristik:

> Charakteristik. Das Kriegsgefangenenlager No. 119, Lagerabteilung No. 3 befindet sich in der Tatarischen Autonomen Sozialistischen Sowjetrepublik (TASSR), 10 km entfernt von der Bahnhofsstation in Kasan. Der Wohnungsbestand der Lagerabteilung ist für 353 Kriegsgefangene vorgesehen. Die Lagerabteilung enthält eine Baracke für 170 Kgf., eine Halberdhütte für 90 Kgf. und einen Steinraum für 90 Kgf., auch ein Lazarett für 12 Betten, eine Ess-Küche für 90 Sitzplätze, Räume für Desinfektionskammer für 30 Plätze, Hauptquartier, Garnisonen, Werkstätten, Sanitärzelle u. a. Die technische Ausstattung des Wohnungsbestandes ist gut. Der Wohnungsbestand wurde von der

Baudirektion des Trusts № 14 des Ministeriums für Luftfahrtindustrie der UdSSR zur Verfügung gestellt. Die Kriegsgefangenen der Lagerabteilung arbeiteten im Trust № 14 des Ministeriums für Luftfahrtindustrie der UdSSR (409 Kgf.).[456]

Im Silikatlager Kasan, in dem Otfried Preußler von Ende August 1945 bis zum Juni 1949 bleibt, werden die Lebensverhältnisse langsam besser. Dies gilt für alle Kriegsgefangenenlager in der Sowjetunion. Albrecht Lehmann macht auf die Ursachen aufmerksam. »Das sowjetische Volk war durch die Folgen des jahrelangen Krieges in seinem Land wirtschaftlich kaum in der Lage, Unterbringung und Versorgung für die eigene Bevölkerung zu sichern«, schreibt er, »geschweige denn die Millionen Kriegsgefangenen ausreichend zu betreuen.«[457] Ab etwa 1947 verbessert sich die Situation in den Lagern kontinuierlich. Das gilt auch für die Situation von Otfried Preußler, der im Frühjahr 1948 in der Ziegelei und im Transport arbeitet. In seinem autobiografischen Projekt schildert er anschaulich eine Episode, die Auskunft über die Situation im Lager gibt wie auch über das, was »sozialistische Arbeit« genannt wird.

Der Ziegelei gegenüber, durch eine Straße von ihr getrennt, befand sich der Aufladeplatz. Brigadier des Kommandos war ein pfiffiger und beherzter Rotschopf, Herr Syol, ehemals Feldpostmeister der sechsten Armee in Stalingrad. Wie Herr Pöndl durchschaute auch er aufs beste die Möglichkeiten und Grenzen, die uns im Rahmen der sowjetischen Realität gesteckt waren.

Von der Stirnseite eines jeden Autoklaven führte das Gleis einer Feldbahn heraus auf den Aufladeplatz. Sobald die Ziegel abgebunden hatten, wurden die Autoklaven geöffnet. Die beladenen Waggonnetten verließen in langen Zügen die Ziegelei. In Syols Bereich verlud man sie dann auf flache Güterwagen, falls welche zur Stelle waren. Auch Lastkraftwagen mußten beladen werden. Nicht immer waren die Steine von ordnungsgemäßer

Beschaffenheit: fest, trocken, von weißgrauer Farbe. Nicht selten brachen ganze Partien nach dem Verlassen der Autoklaven teilweise oder zur Gänze in sich zusammen. Dann wurden die schadhaften Stücke – Polownjaki genannt, das bedeutet Halbziegel – einfach beiseite geworfen, so hatten es unsere Vorgänger auch schon gehalten. Das Resultat? Beidseits der Gleise türmten sich Wälle von Halbziegeln auf. Sie türmten sich höher und immer höher empor.

Im April 1948 besichtigte eine Gruppe leitender sowjetischer Vorgesetzter den Aufladeplatz. »Sieht nicht gut aus«, stellte man fest. Herr Syol gab ihnen recht. »Und was könnte man tun, um dieses Gebirge wegzubringen?« Nun, meinte Syol, da müßte man überlegen, er wüßte vielleicht einen Weg ...

»Und welchen?«

»Das, werte Herren, sollten Sie uns überlassen!«

»Ihnen?«

»Natürlich! Wenn bis zum Feiertag der sozialistischen Arbeit« (am Ersten Mai, also in sechs Wochen) »der Aufladeplatz geräumt ist, was geben Sie uns als Prämie?«

Man nannte ihm einen Betrag, er war nicht besonders hoch. Syol wäre nicht Syol gewesen, hätte er's nicht geschafft, das Angebot um das Dreifache emporzuhandeln, auch dies war nicht allzuviel.

»Nu ladno, abgemacht!«

Man schloß einen sozialistischen Vertrag miteinander ab, man machte es schriftlich. Nun hatte es seine Ordnung damit.

Syol war guter Dinge. Er vertraute auf die Chauffeure der Lastkraftwagen. Er vertraute der sozialistischen Wirklichkeit, er vertraute dem schwarzen, na sagen wir mal dem grauen Markt. Tagsüber hatten die Fahrer ihre Maschinen mit Ziegelsteinen der Ersten Sorte beladen und abtransportiert, zu verschiedenen staatlichen Baustellen.

Einem diskreten Wink Syols folgend, kehrten sie am Feierabend zum Aufladeplatz zurück. Jetzt ließen sie ihre Maschinen mit halben Ziegelsteinen beladen, die auf der Halde lagen. »Was kosten die?«

»Nichts«, meinte Syol mit einem Augenzwinkern. »Aber natürlich bekommt ihr sie nicht umsonst.« Es wurde gehandelt, es wurde gefeilscht, es wurde bezahlt. Die Posten am äußeren Werkstor, dafür hatte Syol vorgesorgt, ließen die Sonderfahrten passieren. Auch für sie fielen ein paar Rubelchen ab, das verstand sich von selber. Das Geschäft florierte, die Schuttberge schmolzen dahin wie Schnee an der Sonne, das Ende war abzusehen. Eigentlich viel zu früh!

Auch hier war Syol um Abhilfe nicht verlegen. Er wandte sich hinter vorgehaltener Hand an die Fahrer. »Wir könnten euch auch mit Ziegeln der Ersten Kategorie versorgen, natürlich nicht ohne Aufpreis …«

Den Aufpreis berappten die Fahrer gern, er lag deutlich unter fünfzig Prozent des normalen Preises. Von jetzt an wurden die Laster bis an den Bordrand mit besten Ziegeln beladen, dann kam, zur Tarnung, eine Schicht von Halbziegeln oben drauf – und hinaus damit!

Bis zum Tag der Arbeit war der Aufladeplatz von jeglichem Schutt geräumt. Syol kassierte ungerührt die mit der Leitung des Silikatwerks vereinbarte Prämie. Das Natschalstwo durfte zufrieden sein, die Deutschen waren es auch. Im Wege der sozialistischen Arbeitsteilung hatte man aus der Sache herausgeholt, was nur möglich gewesen war. Zu niemandes persönlichem Schaden übrigens.

Bei den Feierlichkeiten am ersten Mai rühmte sich das Natschalstwo des Silikatwerks nach allen Seiten hin voller Stolz, man habe es, dank äußerster Wachsamkeit, endlich geschafft, nur noch Ziegel der ersten Klasse zu produzieren. Nun gebe es keine Berge von Schutt mehr auf dem Fabrikgelände. Wie wahr, wie wahr! Die Angehörigen der Werksleitung kassierten nicht unbeträchtliche Pluspunkte bei der Partei und beim Trust. Sie strichen nicht minder beträchtliche Prämien ein. Die Arbeit in der Sowjetunion, man kann es nicht oft genug wiederholen: Die Arbeit in der Sowjetunion war eben eine Sache der Ehre, des Ruhmes, des Heldentums.[458]

Bei dem gewitzten »Herrn Syol«, der in der 6. Stalingrad-Armee Feldpostmeister war, handelt es sich um Oberleutnant Kurt Siol, von dem noch später zu berichten sein wird. Auf ihn bin ich in einem anderen Zusammenhang gestoßen. Er gibt nämlich seinerseits vor der Entlassung aus der Kriegsgefangenschaft einen offiziellen Bericht über die Arbeit in der Ziegelei und im Transportkommando.

Obwohl die Gefangenen in den Lagern arbeiten, stehen sie vor der Frage, auf welche Weise sie die freie Zeit nutzen sollen. Einmal mehr ist darauf verwiesen worden, in welchem Maße das Geschichten-Erzählen in Verbindung mit dem Theater eine gewichtige Rolle zu spielen beginnt. Otfried Preußler schreibt:

> Noch während der letzten Schuljahre hatte ich damit angefangen, Gedichte zu schreiben. Die Welt war so unerhört neu gewesen für mich, so überwältigend hell und bunt! Unbekümmert, wie nur ein Siebzehnjähriger es sein kann, habe ich mir die schwierigste aller poetischen Formen herausgesucht. So waren die Prager Sonette entstanden, die Sonette aus Böhmen. Nebenher hatte ich mich an langen Erzählgedichten versucht, böhmische Schwänke und Schnurren, in strengem Versmaß, mehr als verwegen, mitunter tollkühn zusammengereimt. Nun versuchte ich, sie mir wieder ins Gedächtnis zu rufen, was nicht ganz leicht war. Manche Zeile verweigerte mir den Wortlaut. Ich habe Nächte damit verbracht, sie wieder emporzuholen aus der Vergessenheit. Was wiedergefunden war, habe ich mir im Stillen aufgesagt, viele Male hintereinander, bis ich mir des Besitzes sicher war. Dann habe ich manches davon den Zimmergenossen zum Besten gegeben, um sie von den ewigen Kochrezepten abzulenken. Ihr Kommentar war ermutigend. »Schreib das auf, Preußler! Schreib das unbedingt auf!«
>
> Ich habe sie tatsächlich aufgeschrieben, die frühen Gedichte, freilich erst sehr viel später, im Silikatlager von Kasan. Mit selbstgefertigter Tinte, auf die derben Zwischenlagen von leeren Zementsäcken. Auch die im Lager entstandenen Verse sind dazugekommen, Heimweh- und Trostgedichte zumeist, auch Lustiges, Reimereien zu mancherlei Gelegenheiten, wie

es gerade kam. Mancher Mitgefangene hat sie sich aufgeschrieben, auf Zeitungsränder, in kleine Heftchen, auf die Rückseite von Verpflegungslisten, zumeist in Zierschrift, manchmal mit Zeichnungen versehen. Immer wieder gingen kleine und größere Kontingente des Lagers mit unbestimmtem Ziel auf Transport, mit den Transporten Preußlers Gedichte. In den neuen Lagern wurden sie abgeschrieben und weiterverbreitet. Auf diese Weise sind sie durch weite Teile der Sowjetunion gereist, bis hinunter an die persische Grenze, bis hinauf zum Polarkreis.[459]

Die Aufforderung »Schreib das auf, Preußler! Schreib das unbedingt auf!« hat einen Hintergrund, sie geht zurück auf den »rasenden Reporter« Egon Erwin Kisch, der sich – wie Otfried Preußler und seine Mitgefangenen – in einer existenziellen Krisensituation befindet. Er liegt während des Ersten Weltkriegs im Schützengraben, und er stenografiert jeden Tag: »Die Lebensweise und Gedanken von Hunderttausenden. Stundenlang schreibe ich in mein Notizbuch. Die Kameraden spotten: ›Schreib das auf, Kisch!‹ Der Satz wird zur ständigen Redensart. Auch wenn ich nicht dabei bin, unterstreichen die Soldaten ihre Witze, Flüche, Drohungen, Klagen mit einem ›Schreib das auf, Kisch!‹«, so fixiert er es später in seinem Bericht »Ein Reporter wird Soldat«.[460]

Aber was hat Otfried Preußler aufgeschrieben, und was sind das für Gedichte? Zusammengefasst ist die im Gefangenenlager entstandene Lyrik in einem kleinen Geheft von 9,5 mal 9,5 cm, bestehend aus schwarzem Karton und grob mit einer Leinenschnur gebunden. Die Texte sind handschriftlich fixiert und mit unterschiedlicher Tinte geschrieben. Otfried Preußler hat diese Hefte im Taschenformat selbst angefertigt, sie kursieren unter Mitgefangenen. Er selbst kann aus der Gefangenschaft keine schriftlichen Zeugnisse mitbringen. Das Geheft mit dem Titel »Gruß vom Wege« hat ihm Hans Jürgen Otte, ein Mithäftling, um 1980 geschenkt.

Gruß vom Wege

Fröhlich im Vorübereilen
hebe ich die Hand zum Gruße.
Die ihr schwärmt in alle Weiten,
ob im Sattel, ob zu Fuße,

Diesen Wunsch mit meinem Segen:
Unbill läßt sich nicht vermeiden,
Pfützen gibt's auf allen Wegen,
Scherben, die ins Leder schneiden.

Davor kann euch nichts bewahren
auch mein Wunsch wird nichts erflehen.
Eins nur mögt ihr euch ersparen:
müde werden mit den Jahren
und vorzeiten stille stehen.[461]

Auffällig an den Gedichten von Otfried Preußler ist der Umstand, dass die Themen Gefangenschaft und Lagerhaft nicht zur Sprache kommen. Auch von einer Auseinandersetzung mit der Arbeit im Sinne der Wiedergutmachung findet sich nichts. »Gruß vom Wege« sucht stattdessen symbolisch eine Art faustisches Prinzip insofern zu beschwören, als es darauf ankommt, sich angesichts von Schrecknissen nicht aufzugeben (»Unbill läßt sich nicht vermeiden«), sich nicht in das Schicksal zu fügen und stattdessen aktiv zu bleiben (»müde werden mit den Jahren/ und vorzeiten stille stehen«). Auch hier folgt Otfried Preußler mit dem bevorzugten Kreuzreim den Traditionen der volksliedhaften Strophe.

Ich bin kein ausgeklügelt Buch,
ich bin ein Mensch in seinem Widerspruch
C. F. Meyer.

Ich kann nichts sein, als der ich bin:
ein Mensch von eurem Schlage.
So nehmt mich denn als Menschen hin,
und menschlich, was ich sage.

Und stoßt ihr mir auf Widerspruch,
ist's weiter nicht gefährlich;
ich glaub', für ein durchtüftelt Buch
bin ich mir selbst zu ehrlich.

Ich will nichts sein, als der ich bin:
ein Mensch, der menschlich handelt.
So nehmt mich denn als solchen hin,
doch wisset: daß seit Anbeginn
der Mensch sich wachsend wandelt.

Anders, als dies etwa in der Kriegsgefangenenlyrik bei Günter Eich der Fall ist, der das Lagererlebnis zum Gegenstand macht und zu zeigen sucht, wie diese Ausnahmesituation zum »Totalverlust der bürgerlichen Existenz« führt[462], stellt Otfried Preußler vermehrt die Sinnfrage und geht dem Motiv der Wandlung nach. Dabei setzt das Ich auf Toleranz und hofft darauf, dass er von der Gemeinschaft zunächst mit seinen Widersprüchen angenommen wird (»So nehmt mich denn als solchen hin«). Gleichwohl wird zum Abschluss die Position gesetzt, dass Wandlung möglich ist (»der Mensch sich wachsend wandelt«).

Bitte

Kommt mir nicht mit Silbenmaßen,
rechnet nicht nach Zeilenlängen,
sehet ab in starre Klassen
lebend Lied hineinzuzwängen.

Wollt mir selbst es überlassen,
mich mit Formen abzuplagen
und in glatten Guß zu passen,
was ich brenne euch zu sagen.

Ihr sollt meine Form zerschlagen,
– was ihr auch darin vermutet –
und nach meinem Herzen fragen,

das euch dann entgegenblutet;
das sich – von der Form getragen –
aus der Form an euch verblutet!

In Verbindung mit dem Wandlungsmotiv steht das Moment der Selbstbefragung, am deutlichsten markiert in dem Gedicht »Warnruf«:

Warnruf

Und stündst du auf der falschen Seite,
ein Fechter für verkannte Sach',
und lebtest so in deinem Streite,
als ob dich guter Glaube leite –
ich riefe dir nichts Schlechtes nach.

Doch wisse: einen Schild mit Flecken
kann auch das hehrste Ziel nicht decken;
und dientest du den höchsten Zwecken –
ich tönte Schmach und aber Schmach.

Offensichtlich gibt es bei den lyrischen Texten das Bemühen von Otfried Preußler, zu verdichten, und insofern ist davon auszugehen, dass er schrittweise Schmückendes und vom lyrischen Kern Wegführendes streicht. Seine Position hat er kurz nach der Rückkehr aus der Gefangenschaft gegenüber einem befreundeten Autor so beschrieben: »Ich liebe das Prägnante und Sparsame. Je sachlicher ein Gedicht ist, umso mehr gefällt es mir auch.«[463] Allerdings hat diese Sicht wenig mit Positionen von Autoren aus der Gruppe 47 und dem zu tun, was nach 1945 »Kahlschlagslyrik« genannt wird. Hans Werner Richter bringt 1962 die damalige Intention mit einem Zitat von Wolfgang Weyrauch so auf den Punkt: »Die Kahlschlägler fangen in Sprache, Substanz und Konzeption von vorn an.« Die Rede ist von einer »Methode der Bestandsaufnahme. Die Intention der Wahrheit. Beides um den Preis der Poesie. Wo der Anfang der Existenz ist, ist auch der Anfang der Literatur.«[464] Das ist allerdings so gar nicht der Ansatz von Otfried Preußler. Gleichwohl hat auch er beim Gedicht »An einem Wasserfall«, das in der Zeit der Gefangenschaft entsteht, stark gekürzt und verdichtet. Auf den ersten Blick hat der »Wasserfall« nichts mit der Ausnahmesituation im Lager zu tun, obwohl symbolisch vom Tod die Rede ist.

An einem Wasserfall

Ist so der Tod? –:
In jähem Fall
aus alter Bahn
hinaus ins All
ein scheinbar Sich-Vergießen;
und doch ein Sprung
ins Leben nur,
Bewegung und:
in neuer Spur
ein anders Weiterfließen.

Welches Erlebnis hinter dem Gedicht steht, das legt Otfried Preußler im November 1949 im Brief an den Mitgefangenen

Kingstonne offen. Er bedauert, dass keine früheren Fassungen mehr existieren und daher ein Vergleich mit den weitaus längeren ersten Versuchen nicht möglich ist. Aber er ist sich sicher, dass »auch mit diesen wenigen Worten der Vergleich ausgesagt ist, der mir seinerzeit kam, als ich am Stolpichfalle stand und von jemand gefragt wurde: sag einmal, was ist denn das – sterben?«[465]

Eher ins Humorvoll-Satirische zielend und an Erich Kästners »Gebrauchslyrik« erinnernd, erscheint das Gedicht »Widmung«, in dem sich der Lageralltag angedeutet findet, es geht – ohne dass dies konkret benannt wird – um das, was man »Kameradendiebstahl« nennt.

Widmung

Er war, solang' ihm nichts gefehlt,
als Biedermann zu zählen,
doch als der Hunger ihn gequält,
da fing er an zu stehlen.

Warum er sich so rasch vergaß,
ist keine Kunst zu sagen –:
das machte: sein Charakter saß
ihm allzu dicht am Magen …

In seiner späten Erinnerung verweist Otfried Preußler darauf, dass »Diebstahl unter Plennis«, also unter Gefangenen, »streng verpönt« war und »von der Lagergemeinschaft unerbittlich geahndet wurde«.[466] Durchaus auch auf die Ausnahmesituation der Gefangenschaft verweist »Die Wissenden«, wobei das Gedicht eschatologische Anklänge aufweist.

Die Wissenden

Die nie den Hunger du genannt –
was wissen die vom Brot?
Die niemals in die Nacht verbannt –
was die vom Morgenrot?

Die nie in harter Fron geächzt –
was die vom freien Gang?
Die dürstend nie danach gelechzt –
was die vom frischen Trank?

Die nie, der Willkür ausgespielt,
auf dampfendem Schafott
von tausend Ängsten aufgewühlt
den Satan im Genick gefühlt –
was wissen die von Gott?

Entstanden ist das Gedicht zu Ende der Gefangenschaft. Otfried Preußler hat dabei Goethes Mignon-Gedicht aus »Wilhelm Meisters Lehrjahre« im Kopf und verweist darauf. Bei Goethe heißt es freilich unter anderen Bedingungen: »Nur wer die Sehnsucht kennt,/ Weiß, was ich leide«.[467] Wenige Monate nach der Rückkehr aus der Gefangenschaft wird der Spätheimkehrer einem früheren Mitgefangenen mitteilen, dass er mit den lyrischen Versen versucht habe, die »Quintessenz einer ganzen Entwicklung zu ziehen«.[468] Als ein Gedicht, dass auf den ersten Blick neben den Motiven der Sinnsuche und des Wandels einen zweiten thematischen Block eröffnet, nämlich ein lyrisches Ich einsetzt, dass in der Gefangenschaft der Heimat gedenkt, kann das bereits zitierte Gedicht »Trost« gelten (»*Verlassen sein im fremden Land?/ Schau s'ist doch über mir/ derselbe Himmel ausgespannt,/ grad wie daheim bei dir./ und ganz dieselben Sterne stehn/ wie über deinem Haus./ Ich brauch ja nur hinauf zu sehen! –/ und kenn mich wieder aus*«). Und so ist es auch von den Mitgefangenen gelesen worden. Aber einmal mehr gibt Otfried Preußler einen Hinweis auf die Entstehung des Gedichtes, es geht nämlich auf ein Erlebnis zurück, das früher angesiedelt ist. »Als ich zur Front fuhr«, heißt es in dem Brief an Kingstonne, »wurde unser Zug von Partisanen gesprengt und überfallen. Wir waren zu zwölft und ohne Waffen. Das einzige, was uns blieb, war – das Weite zu suchen und zu hoffen, daß sie uns nicht erwischen.« Der noch Frontunerfahrene steckt sich sicherheitshalber einige größere Schottersteine ein, um sich irgendwie verteidigen zu können. Um sich vor einer möglichen Verfolgung in Sicherheit zu bringen, muss die Gruppe die Nacht, die ausgesprochen kalt ist, in der Steppe verbringen. Im Brief gesteht Otfried Preußler ein, dass er eine »ziemliche Bange« hatte, »so allein und ohne Gewehr. Und da kam mir auf einmal der Gedanke, daß derselbe Sternenhimmel über mir ja jetzt auch in Reichenberg zu sehen sei – na, und dann gab es eben dieses kleine Gedicht. Später allerdings, als die Geschichte vorbei war. Aber es geht eindeutig auf jenen Vorfall zurück.«[469]

Anders als in der Frontlyrik wird in den Texten der Gefangenschaft die ferne Geliebte nur in Ausnahmen thematisiert.

Frühlingstraum

Unter einem Blütenbaum
schlief ich heute Nacht;
und da hab ich noch im Traum
nur an dich gedacht.
Was die Nachtigall ersann
in erwählter Zier,
was der weiche Wind begann,
wie ein Lied von dir.

Was die Zweige so gerauscht,
was der Bach gewußt,

was mein Herz sich abgelauscht
an der Erde Brust,
hat zum schönsten Frühlingstraum
mir dein Bild gemacht –
unter einem Blütenbaum
schlief ich heute Nacht.

–

Was wirst du jetzt so sagen?
Wo wirst du grade sein? –
Ich bin in diesen Tagen
so viel bei dir daheim.

Ich hab' in diesen Stunden
nur einen Wunsch im Sinn:
Ich möchte dir bekunden,
daß ich am Leben bin.

Ich möchte dir nur sagen:
Du sollst nicht traurig sein –
es ist kein Grund zu klagen –
Ich bin in diesen Tagen
so viel bei dir daheim …

Otfried Preußler hat in den 1980er Jahren darüber nachgedacht, welche Rolle die Gedichte in der Gefangenschaft gespielt haben. Mehr als ein paar Dutzend Mal hat er Briefe erhalten, in denen die Frage stand, ob er der Verfasser jener Sammlung von Gedichten gewesen sei, die den Schreiber »begleitet, die mich getröstet hat, über viele Jahre hinweg«. Und in vielen Fällen lag dem Brief eine Sammlung der Gedichte bei. Auf diese Weise sind zahlreiche Gedichte wieder an den Verfasser gelangt, verbunden mit der Frage, ob und wo sie später veröffentlicht worden sind. Die Antwort hat Otfried Preußler zumeist so gegeben:

> Ich sei dankbar dafür, daß es mir mit den schlichten Versen gelungen sei, unter den Schicksalsgefährten ein wenig Mut zu verbreiten, ein wenig Zuversicht. Damit möge es, bitte, sein Bewenden haben. Ohne den Hintergrund zu kennen, vor dem sie entstanden seien, werde niemand dazu in der Lage sein, sie zu verstehen, sie zu bewerten.[470]

Was Otfried Preußler hier auf den Punkt bringt, macht die Rolle von Lagerlyrik unter den bedrückenden Verhältnissen aus: Die Gedichte sind der Versuch, die Ausnahmesituation der Gefangenschaft zu bewältigen. Insofern fungieren die lyrischen Texte als eine Art Erinnerungsmedium, über das die Kindheit und Jugend ebenso imaginiert wird wie die verloren scheinenden Landschaften der Heimat. Es gilt in diesen Texten über das Erinnern Auswege aus einer »totalen Institution« zu finden. Dies erklärt das Themenspektrum und auch den Umstand, dass die Gefangenschaft selbst nicht zum Gegenstand wird. Mit den – so kann man sagen – mnemotechnischen Praktiken werden jene Momente vergangenen Daseins in den gegenwärtigen Blick geholt, die Harmonie verheißen. Insofern agiert Otfried Preußler in seiner Lagerlyrik als eine Art »naiver (Kinder)Dichter«, es ist dies ein Autor-Typ, bei dem eine Selbstverständigung über das eigene Dasein durch die Darstellung von harmonischen Beziehungen erfolgt. Das erscheint vor dem Hintergrund der aktuellen Lagersituation nachvollziehbar. Es gibt in diesen Texten eine Einheit von Ich und Welt, die an die glückliche Kindheit und Jugend ebenso gebunden ist wie an die böhmische Landschaft mit ihren Mythen, Sagen und Legenden.[471] Dies erklärt auch den Einsatz tradierter Gedicht- und Strophenformen, die im Volksliedhaften ihre Grundlage haben. Damit ist einmal mehr auf die Rolle des Vaters Josef verwiesen, durch den der Sohn in die Volksliteratur eingeführt worden ist. Darüber hinaus spielt der volksliedhafte Gestus der Texte für die Situation der Gefangenschaft eine besondere Rolle: Mit dem Vorherrschen von Rhythmus, Reim, Wiederholungen, Reihungen eignen sich die Gedichte in besonderer Weise für eine Art performativen Akt, das heißt, sie lassen sich vor Publikum rezitieren und weiterverbreiten. Otfried Preußlers Gedichte sind in dieser Hinsicht in der formalen Struktur durchaus mit jenen vergleichbar, die Johannes Bobrowski in der Gefangenschaft geschrieben hat.[472] Der gerät als 28-jähriger mit dem Kriegsende in Gefangenschaft. Vom Baltikum aus gelangt er in das Donezbecken und muss hier zunächst im Lager Nr. 430/4 bei Nowoschachtinsk im Bergbau arbeiten. Doch bereits 1947 nimmt er an einem dreimonatigen Antifa-Kurs in der Gebietsschule in Rostow teil. In der von mir im Archiv aufgefundenen Kriegsgefangenenakte von Johannes Bobrowski findet sich eine Beurteilung, die – wie in der Sowjetunion üblich – nach dem Lehrgang verfertigt wird und auf den 23. September 1947 datiert ist: »Während des Aufenthaltes an der antifaschistischen Schule hat sich Bobrowski als disziplinierter Kursbesucher gezeigt, aber besonderen Eifer zum Studium hat er nicht entwickelt. Bobrowski ist ein verschlossener und ungenügend standfester Mensch. Das Kursprogramm hat er gut absolviert. Die Schlussfolgerung: Bobrowski kann bei der Kultur- und Massenarbeit eingesetzt werden.«[473]

Die im Lager entstandenen Gedichte wird Bobrowski nach der Rückkehr aus der Gefangenschaft 1949 aus dem Gedächtnis erinnern, veröffentlichen wird er sie – wie Otfried Preußler – nie.

Nimmt man die Gedichte von Johannes Bobrowski, dann ist es gerade die Einfachheit, die es ermöglicht, dass die Gedichte von Mitgefangenen rezitiert, erinnert und aufgeschrieben werden und auf diese Weise – wie Otfried Preußler sagt – »durch weite Teile der Sowjetunion gereist (sind), bis hinunter an die persische Grenze, bis hinauf zum Polarkreis.«[474] Wie bei Bobrowski liefern auch bei Otfried Preußler die Gedichte einen Hinweis auf traumatische Erfahrungen nur insofern, als »die Lagerwelt allzu augenfällig das leere Zentrum der Lager-Lyrik bildet«.[475] Damit befinden sich Otfried Preußler und Johannes Bobrowski im Gegensatz zu zahlreichen Vertretern der Gruppe 47, die – wie Norman Ächtler zutreffend herausarbeitet – »an der Schaffung des Mythos von der ›Stunde Null‹« wie auch an der Installierung eines soldatischen Opfernarrativs beteiligt sind.[476] Programmatisch hatte Günter Eich die »Nullpunkt-Position«, die einen formalen wie inhaltlichen Neuanfang behauptete, in dem immer wieder zitierten Gedicht »Meine Inventur« artikuliert: »Dies ist meine Mütze,/ dies ist mein Mantel,/ dies mein Rasierzeug,/ im Beutel aus Leinen«. Und es war auch die Rede vom Schreiben: »Die Bleistiftmine/ lieb ich am meisten:/ Tags schreibt sie mir Verse,/ die nachts ich erdacht.«[477] Auch bei Otfried Preußler ist in anderem Zusammenhang vom Schreiben die Rede. Ähnlich wie bei Eich notiert er im autobiografischen Text: »Gegen einen Kanten Graubrot kaufte ich mir ein Sperrholzbrettchen, einen Bleistiftstummel und eine Glasscherbe. Mühsam bekritzelte ich das Brettchen.«[478] Allerdings kommt – wie gesagt – die Metapher der »Inventur« in seinen Lagergedichten nicht vor.

XX. Zwischen Agitation und Kunst
Franz Fühmann, Otfried Preußler und das »Künstlerkommando«

Nach dem Ende des Zweiten Weltkrieges legt die sowjetische Militäradministration in Zusammenarbeit mit deutschen Emigranten ein ambitioniertes Programm zur ideologischen Umerziehung und kulturellen Bildung der ca. 3,2 Millionen in russischem Gewahrsam internierten deutschen Soldaten und Offiziere auf. Diese Initiative beschränkt sich nicht nur auf die Ausbildung administrativer Kader für den sozialistischen Wiederaufbau unter sowjetischer Besatzung. Das Erziehungskonzept zielt darauf, die Kriegsgefangenen zu »Freunden der Sowjetunion« zu machen und die »Pflicht der Wiedergutmachung« ideologisch zu motivieren. Nimmt die Antifa-Schulungsarbeit in den Kriegsgefangenenlagern bereits nach der Schlacht von Stalingrad einen erhöhten Stellenwert ein, so wird sie in den Monaten nach dem Kriegsende weiter ausgebaut. Bereits ab 1943 befindet sich das zentrale Schulungslager in Krasnogorsk bei Moskau. Die von dort aus organisierten Lehrgänge dauern vier, ab 1944 dann sogar sechs Monate. Verantwortlich ist zunächst das sogenannte »Institut Nr. 99«, das im August 1943 seine Arbeit aufnimmt und die gesamte politische Arbeit unter den Kriegsgefangenen inhaltlich wie organisatorisch verantworten soll. Das Institut hat die Aufgabe, die sowjetischen Behörden bei der »politischen Aufklärungsarbeit unter den deutschen Offizieren und Soldaten an der Front und unter den deutschen Kriegsgefangenen« zu unterstützen. Dabei geht es insbesondere um die Herausgabe der Zeitung »Freies Deutschland«, um Flugblätter, Broschüren sowie um die Lautsprecherpropaganda an den Frontabschnitten. Eine besondere Rolle spielt auch die Arbeit im Rahmen des Senders »Freies Deutschland«. Verantwortlich für die Presse- und Rundfunkarbeit sind Rudolf Herrnstadt, Anton Ackermann und Karl Maron. Herrnstadt ist ein erfahrener Journalist, er besitzt ausgezeichnete Kontakte zur sowjetischen Führung. Vor 1933 war Herrnstadt in Warschau und Moskau für das »Berliner Tageblatt« tätig, 1941 emigriert er in die Sowjetunion, wo er ab 1943 wie viele andere kommunistische Emigranten im Moskauer Hotel »Lux« lebte. Der Radiosender strahlt täglich auf den verschiedenen Wellenlängen jeweils zwischen 15 und 90 Minuten aus. Das Programm setzt sich bis zum Kriegsende wie folgt zusammen: 15 Minuten Nachrichten, 15 Minuten Verlesen der Namen von Kriegsgefangenen und 30 Minuten eigene Beiträge. Das Pausenzeichen folgt der Melodie eines bekannten Burschenschaftsliedes, dessen Text Ernst Moritz Arndt 1812 geschrieben hat, »Der Gott, der Eisen wachsen ließ«. Je weiter der Krieg auf das Ende zuläuft, umso intensiver geht es um die Arbeit der antifaschistischen Aktivitäten in den Kriegsgefangenenlagern und Kriegsgefangenenschulen.[479] Was die Inhalte betrifft, so gibt es mehrere größere Blöcke. Durchweg zum Antifa-Programm gehört der Schwerpunkt die »Sowjetunion als Land des Sozialismus«. Zwei weitere Themen beschäftigten sich mit den »Lehren aus dem Krieg Hitler- Deutschlands gegen die Sowjetunion« sowie der »Entlarvung der Theorie und Praxis des deutschen Faschismus«. Nach dem Ende des Zweiten Weltkrieges kommt es zu einer Modifizierung der Antifa-Programme, jene Lektionen, die sich mit dem Verlauf des Krieges und den Aussagen zum Wesen des Faschismus beschäftigten, fallen weg und stattdessen liegt der Schwerpunkt auf dem »Sieg der Sowjetunion über Hitlerdeutschland«.[480] Hinzu kommt als ein Schwerpunkt die Beschäftigung mit der deutschen Literatur.[481] Realisiert wird das Re-Education-Programm neben den zentralen Schulen in Krasnogorsk, Oranki und Iwanowo in 50 weiteren Gebietsschulen, in denen die Teilnehmer Kurse von drei Monaten durchlaufen. Hinzu kommte ein Netz von etwa 120 Landesschulen mit Kursen von vier bis sechs Wochen.[482] Neben der politisch-ideologischen Formierung in den Antifa-Schulen geht es nicht zuletzt um die Ausbildung einer kulturellen Elite, die auch im geistigen Bereich zum Träger eines Neuanfangs in Deutschland werden soll. Daher werden in den Kriegsgefangenenlagern auch Kulturbrigaden und Schreibwerkstätten eingerichtet.

Unabhängig davon spielt in allen Lagern die Wandzeitungsarbeit eine zentrale Rolle. Dies hängt mit jener bereits beschriebenen Auffassung von der Macht des Wortes in der Sowjetunion zusammen und der Überzeugung, dass Kunst und Literatur insgesamt eine zentrale Bedeutung bei der Formung des Neuen Menschen besitzen. Ganz in diesem Sinne hatte Stalin 1932 Schriftsteller als »Ingenieure der menschlichen Seele« bezeichnet. Letztlich gehören die Wandzeitungen zu einer spezifisch sowjetischen Variante der Re-Education, einer Umerziehung im sozialistischen Sinne. In den Lagern und noch stärker in den speziell eingerichteten Antifa-Schulen wird mit den Mitteln der Agitation und Propaganda versucht, die Kriegsgefangenen im Sinne einer antifaschistischen Haltung zu beeinflussen und eine positive Einstellung zum sozialistischen Modell zu erzeugen. Dahinter steht ein Bild der Wandlung, das vereinfacht so aussieht: Nationalsozialist, Feind der Sowjetunion, Krieg und Kriegsgefangenschaft, Wiedergutmachung, Antifaschist, Freund der Sowjetunion, Kämpfer für die Ideale des Sozialismus. Die Wandzeitungen behandeln daher wiederkehrende Themen der Gefangenschaft sowie der gesellschaftlichen Gestaltung. Es geht um den Lageralltag, die Wiedergutmachung, die Propagierung von hohen Arbeitsleistungen, die Kulturarbeit, Entwicklungen in der Politik in Deutschland wie auch um Erfahrungen in der Sowjetunion. Freilich ist eine kritische Reflexion des harten Lageralltags nur bedingt möglich. Auch Otfried Preußlers künstlerische Fähigkeiten werden im Silikatlager in Kasan entdeckt und er wird für die Wandzeitungsarbeit abgestellt. In seinem autobiografischen Projekt gibt er einen authentischen Eindruck dieser Monate.

Künstlerkommando – ein Mann

Anfang September 46 nahm Herr Pöndl mich nach der abendlichen Zählung beiseite. »Die Werksleitung hat einen Künstler angefordert. Das wäre doch was für Sie.« – »Und was soll ich da tun?« – »Keine Ahnung, gehen Sie doch mal hin. Oder möchten Sie unbedingt auf der Steinhalde bleiben?« So wurde ich zum Chudozhnik. Am Morgen darauf, zu Beginn der Frühschicht, haben sie mich als »Künstlerkommando – ein Mann« zum Lager hinausgezählt. Draußen erwartete mich ein Posten, ein Posten für mich allein. Er hat mich zum wenige Schritte entfernten Verwaltungsgebäude eskortiert, dort ging es die Treppe hinauf, wir hielten vor einer Bürotür. Damals kannte ich die kyrillischen Buchstaben noch nicht. Auf dem zweisprachigen Türschild stand unter der russischen die tatarische Aufschrift, sie in lateinischen Lettern. Ich las »POLITRUK«, die Abkürzung für »Politischer Leiter«. Mein Gott, wohin war ich da geraten! Die Bezeichnung war mir nicht unbekannt, aus dem Krieg, von der Roten Armee her. Auch die allseits gefürchteten politischen Kommissare hatten sich so genannt. Wenn ich gekonnt hätte, wäre ich weggelaufen. Ich war wie gelähmt. Schon hatte der Posten angeklopft, schon hieß es »Herein!«, schon stand ich dem Politruk gegenüber.

Er saß an der Stirnseite seines schmalen Büros hinter einem Schreibtisch. Ein dürres Männchen mit schmalen Schultern und hoher Stirn, bekleidet mit einer dunkelblauen Uniform ohne Rangabzeichen. Er musterte mich mit stechendem Blick, das mochte wohl an der starken Brille liegen. Sein Name war Chrunin, betont auf der ersten Silbe.

Im Werk wurde er ausnahmslos mit Vor- und Vatersnamen angeredet: Boris Sergejitsch, fast bis zur Unkenntlichkeit verschliffen zu Barriesergejitsch, sehr schnell gesprochen, der Ton auf dem langen i. Es hat seine Zeit gebraucht, bis ich verstand, was die Floskel bedeutete.

In der Sowjetunion war es üblich, daß vom Zentralkomitee der kommunistischen Partei anläßlich der großen sozialistischen Feiertage eine lange Liste von »Losungen« ausgegeben wurde. Die Auswahl für die Plakate im Bereich des Silikatwerkes traf das Zawkom, zu deutsch das Werkskomitee. Die ausgewählten Losungen wurden mir dann von Boris Sergejitsch vorgelegt, niedergeschrieben in seiner gestochenen Bürokratenhandschrift, und zwar in kyrillischen Großbuchstaben. »Genossen Arbeiter, Ingenieure und Techniker, arbeitet besser und schneller zu Ehren der Großen Sozialistischen Oktoberrevolution!« – »Genossen Werktätige, erfüllen wir unser Plansoll zu mindestens 100 Prozent!« – »Es lebe die Große Sozialistische Oktoberrevolution, es lebe unser geliebter Stalin!« – »Im Sinne Lenins und Stalins: vorwärts zur sozialistischen Weltrevolution!« Es waren insgesamt etwa fünfzehn solche Losungen, die ich auf Plakate zu schreiben hatte. Das Werkskomitee hatte im Verwaltungsgebäude ein geräumiges Büro, dort schlug ich meine Werkstatt auf, die Masterskaja. An Material standen mir mehrere Rollen leichter Pappe zur Verfügung sowie zwei Zimmermannsbleistifte und ein Tiegel mit roter Rostschutzfarbe. Ein Pinsel war leider nicht aufzutreiben, da griff ich zur Selbsthilfe. Auf dem Abfallhaufen neben der Transformatorenstation fanden sich etliche dünne Kupferröhrchen. Ich schnitt mir ein paar Büschel meines damals schon wieder üppig sprießenden Haupthaars ab und klemmte sie als Borsten hinein. Mit diesem improvisierten Handwerkszeug malte ich die Losungen auf die Pappe, dabei lernte ich die kyrillischen Buchstaben kennen. Einige davon machten mir anfangs Schwierigkeiten, besonders das L und das Zh. Per saldo konnte ich sehr zufrieden sein, hatte ich doch einen warmen und trockenen Arbeitsplatz, während draußen das Wetter immer unwirtlicher wurde. Außerdem war ich während der Arbeitsstunden für mich allein, das empfand ich als ausgesprochene Wohltat.

Ein- bis zweimal am Tag schaute Boris Sergejitsch herein, um mein Werk zu begutachten. Ich hatte für die Losungen eine Art Zierschrift entwickelt, im Wechsel von dünnen und dicken Strichen, das trug mir seine Anerkennung ein. Solange ich die Genossen Werktätigen auf Russisch anfeuerte, mehr und besser zu arbeiten, konnte mir das egal sein.

Der Große Oktober wird am 9. November gefeiert. Kurz zuvor wurden die Losungen an geeigneten Stellen im Werksgelände aufgehängt, kurz danach hatten Wind und Wetter sie schon zunichte gemacht. Meine Tage in der warmen Masterskaja waren gezählt, ich versuchte sie zu strecken, indem ich mich umfangreichen Abwicklungsarbeiten hingab. So oft und so hingebungsvoll dürften Tische und Fußboden des Zawkom-Raumes selten geschrubbt worden sein.

Eines Nachmittags, draußen war es schon dunkel, suchte mich Boris Sergejitsch auf, in Begleitung seiner Sekretärin Raja, einer schlanken Schönheit mit üppigem schwarzem Haar. Sie sprach zwar nicht deutsch, sondern jiddisch, jedoch zur Verständigung reichte das völlig aus. Ich nahm an, man werde mir mitteilen, daß meine Tätigkeit als Chudozhnik nunmehr beendet sei. Stattdessen machte der Politruk mir einen Vorschlag. »Sie werden uns eine Wandzeitung zeichnen. Trauen Sie sich das zu? Alles Weitere können Sie dann mit Raja besprechen, ich muß jetzt weg.«

Donnerwetter, das waren ja gute Aussichten! Ich folgte der schönen Raja in Chrunins Büro, dort ließen wir uns an seinem Schreibtisch nieder. Die Wandzeitung sollte »Silikatschik« heißen, »Der Silikatler«. Vielleicht ließe die Überschrift sich aus weißen Ziegelsteinen zusammensetzen, aus Silikatziegeln. Zu ergänzen wäre sie etwa durch eine Ansicht des Werkes. »Ja, das ließe sich machen.« Ich schnappte mir ein Stück Konzeptpapier und zeichnete einen ersten Entwurf, den ich wieder verwarf. Dann den nächsten, den übernächsten, kritisch begutachtet von der schönen Raja. Ich fühlte mich ausnehmend wohl und zufrieden in ihrer Gegenwart. Was für ein Glücksfall war mir da widerfahren! Der warme trockene Arbeitsplatz war für die nächsten Wochen gerettet, was konnte ich mehr verlangen?

Das Schicksal wollte es anders. Wir mußten im Eifer der Planung die Sirene überhört haben, die das Ende der Tagschicht anzeigte. Seit einer Viertelstunde hätte ich im Lager sein müssen. Plötzlich wurde die Bürotür aufgerissen, hereingestürmt kam Major Charitonow, mit dem Gesicht eines chinesischen Drachenhundes. Er packte mich wütend am Ärmel, bugsierte mich zur Treppe und schrie: »Zawtra w ugol! Morgen in die Kohle!«

Den Rest des Winters verbrachte ich im TEZ, das war eines der beiden großen Heizkraftwerke Kasans. Es lag eine ganze Strecke vom Lager entfernt, überragt von zwei riesigen Kühltürmen. Manchmal wurden wir in Bussen zur Arbeit gekarrt, meist auf offenen Lastwagen. Häufig kamen wir völlig durchnäßt und vor Kälte schlotternd dort an. Die Brigade TEZ war eines der lausigsten Kommandos, die man sich denken kann. Unser Arbeitsplatz war eine weite, zugige Halle, in deren Mitte ein Bahndamm verlief. Zu beiden Seiten gab es je eine schmale Arbeitsrampe, dann ging es steil in die Tiefe hinab, zu den Fördergruben. Auf dem Gleis wurden offene Güterzüge hereingeschoben, voll beladen mit Steinkohle. Unsere Aufgabe war es, sie zu entladen. Manche Waggons hatten Seitenwände, die sich herunterklappen ließen. Dann rutschte die Ladung zum Großteil von selbst in die Fördergruben, wir brauchten den Rest nur nachzuschieben – und fertig. Wo es bloß feste Seitenwände gab, mußte die gesamte Ladung von Hand über Bord geschippt werden, das war schon bedeutend schwieriger. Am schlimmsten war es, wenn die angelieferte Kohle zusammengefroren war. Dann mußte die glasharte Masse mit Hammer, Schlegel und Brechstange auseinandergesprengt werden, eine Knochenarbeit. In den Fördergruben wurde die Kohle von je einem mächtigen Schleifbagger erfaßt und in die Öfen des Heizwerks transportiert.
(…)

Nach der Schneeschmelze wurde es im TEZ zunehmend erträglich. Wir verbrachten die Pausen draußen im Park, der sich innerhalb von wenigen Tagen begrünt hatte. Von Birken und niedrigen Hecken gesäumte Wiesen, Vögel zwitscherten, Bienen summten, von fern rief der Kuckuck. Wie schön es doch auf der Welt sein konnte, wenn man im Gras lag, die Arme im Nacken verschränkt, und emporblickte in den blauen Himmel. So ließ sich der ganze Jammer für eine Weile vergessen: das Lager, der Mief in den Unterkünften, die Tote Zone, die Posten, der Stacheldraht.

Mitte April wurde ich zu meiner nicht geringen Überraschung von Boris Sergejitsch erneut als Chudozhnik angefordert. Ich malte die üblichen Losungen zu Ehren des 1. Mai, dann entwarf ich die Wandzeitung. Die schöne Raja war nicht mehr da, ein hochgestellter Funktionär hatte sie weggeheiratet. Dennoch hielt Charitonow ein wachsames Auge auf mich. Von Zeit zu Zeit riß er die Tür zur Masterskaja auf und schaute herein. »Nu, Sie Künstler, werden Sie bloß nicht übermütig! Vor mir sind Sie niemals sicher.« Er zwinkerte mit den Augen und grinste sein unergründliches Grinsen.

Boris Sergejitsch verschaffte mir Wasserfarben und zwei richtige Aquarellpinsel. Zum Dank dafür malte ich ihm auf ein Sperrholzbrettchen eine italienische Landschaft. »Oj, charascho, charascho! Das ist ja wie in der Krim.« Es war der Beginn einer lukrativen Nebentätigkeit für mich. Meine italienischen Landschaften fanden dankbare Abnehmer. Sie trugen mir Tabak und Zigaretten ein, manchmal auch einen Kanten Brot, eine Scheibe Speck. Mit der nötigen Frechheit und ein bißchen Glück schaffte ich es, mich über die Runden zu bringen – bis zu den Vorbereitungen auf den Roten Oktober.[483]

Mit dem »Roten Oktober« meint Otfried Preußler die Feierlichkeiten zum Sieg der Oktoberrevolution von 1917, die seit der Gründung der Sowjetunion im Jahre 1922 im November begangen werden. Wie sich zeigt, hält er sich über ein halbes Jahr mit den lagerspezifischen Kunstarbeiten über Wasser.

Mein Versuch, mir ein konkretes Bild von der Gestaltung der Wandzeitungen zu machen, war nach längerer Recherche auch in diesem Fall erfolgreich. Die von Otfried Preußler im Silikatlager hergestellten Wandzeitungen fanden sich zwar nicht, stattdessen stieß ich auf zahlreiche Wandzeitungen aus verschiedenen Kriegsgefangenenlagern sowie auf weitere Ergebnisse der Arbeit in den Antifa-Schulen.

Zu den im Archiv aufgefundenen Beiträgen gehören neben den literarischen Zeugnissen von Otfried Preußler auch Texte, die Franz Fühmann geschrieben hat. Allerdings wird bereits auf den ersten Blick klar, dass zu diesem Zeitpunkt die künstlerischen Wege der beiden aus Böhmen stammenden und fast gleichaltrigen jungen Männer in unterschiedliche Richtungen gehen. Das ist durchaus nachvollziehbar, denn »der gemeinsame Krieg wird nicht von allen gemeinsam erfahren«, wie das Reinhart Koselleck auf den Punkt gebracht hat. Die Erfahrungsschübe, die durch Krieg und Gefangenschaft die »Bahnen des Gewohnten« verlassen haben, zwingen das Bewusstsein dazu, das Erlebte zu verarbeiten und in Abhängigkeit vom »Grad der Betroffenheit« neue Einstellungen und Verhaltensweisen auszubilden.[484]

Dass Erfahrungen von Krieg und Gefangenschaft sich auf das »Was« und »Wie« des Schreibens unter existenziellen Bedingungen in unterschiedlicher Weise auswirken, zeigen die Texte von Otfried Preußler und Franz Fühmann. Reinhart Koselleck verweist auf synchrone Faktoren bei der Bewusstseinsprägung und zählt dazu auch Kriegserlebnisse, die in konkreten Ereignissen gründen, in die die Betroffenen oder Handelnden verwickelt sind. Hierzu würden die »Erfahrungen des Grabenkrieges, des Bombenkrieges, des Lebens und Sterbens in den Lagern, der Rüstungsarbeit oder auch die Erfahrungen, die den Haushalt der Emotionen umstürzen«, gehören.[485] Während Otfried Preußler – wie geschildert – in direkter Konfrontation mit dem sogenannten Gegner, also der

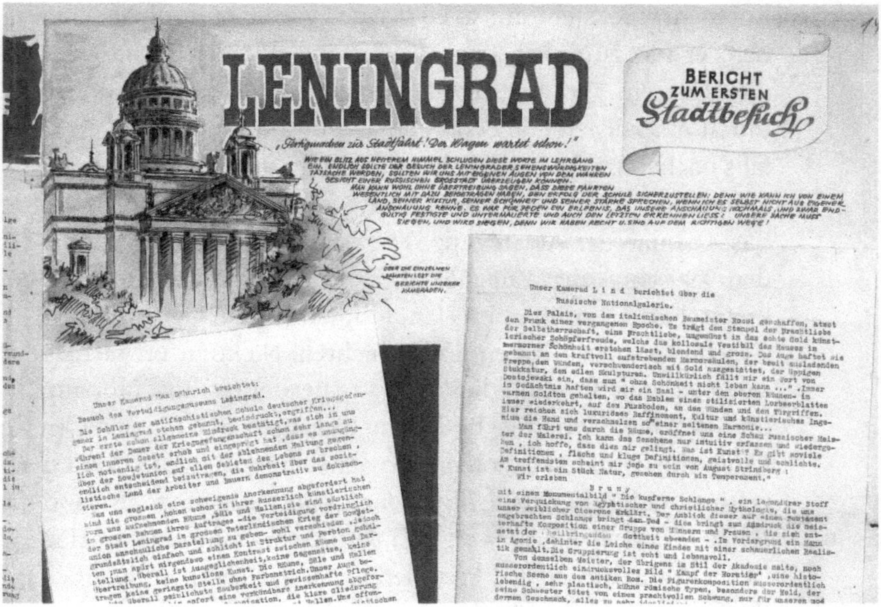

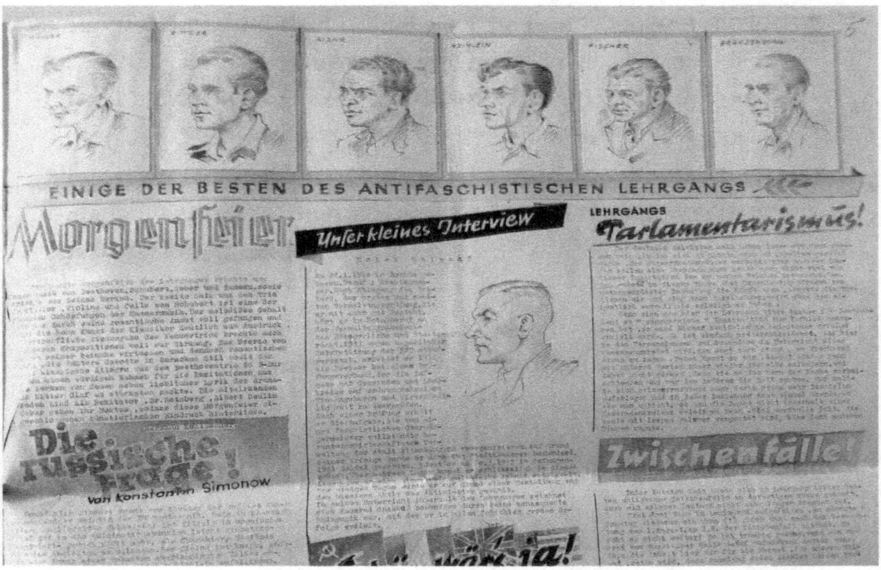

Abb. 15: Wandzeitungen aus den Kriegsgefangenenlagern

Roten Armee, steht, muss Fühmann, wie er sagt, nicht schießen, er hat zunächst keine Berührung mit der Front. Dass die konkrete Verarbeitung der jeweiligen Kriegserfahrungen durch »sozialisierende Bedingungen« bestimmt wird, ist ebenfalls nachvollziehbar, diese liegen »gleichsam als Filter vor den Ereignissen und Erlebnissen im Krieg selbst« und beeinflussen das Ausmaß der Aufstörung. Von daher gilt es zu unterscheiden zwischen der Zugehörigkeit zu bestimmten Sprachgemeinschaften, politischen Handlungseinheiten, Generationen, Geschlecht oder Klassen und Schichten. Nicht zu vernachlässigen ist zudem – und dies gilt ganz besonders für Fühmann und Preußler –, in welche Machtstrukturen der Einzelne im Krieg eingebunden ist, ob er also der Gruppe der Offiziere angehört, mithin in Befehlsfunktionen agiert oder aber als Landser strikt der Befehlsgewalt und dem Gehorsam unterworfen ist.[486] Während Otfried Preußler als junger Leutnant letztlich die Verantwortung für eine Kompanie trägt, ist Fühmann als Obergefreiter von derartigen Funktionen entbunden und hat Befehlen zu gehorchen. Dies mögen mit Gründe dafür sein, dass Fühmann in der Gefangenschaft eine »Lebenswende« vollzieht, von der er in seinen frühen Texten in der DDR permanent berichten wird, etwa in dem Poem »Die Fahrt nach Stalingrad« (1953) oder dem autobiografischen Text »Das Judenauto« (1962). Auch im Trakl-Essay »Vor Feuerschlünden« (1982), also noch Anfang der 1980er Jahre, ist die Rede davon, dass die Kriegsgefangenschaft zur Grunderfahrung seines Lebens zählt. Das gilt auch für Otfried Preußler, nur in anderer Weise, und dies zeigt sich in den entstehenden Texten in der Kriegsgefangenschaft und sodann beim Neuanfang nach der Rückkehr. Fühmann widmet sich in der Antifa-Schule Noginsk, die Wilhelm Zaisser leitet, geradezu mit höchster Intensität dem Studium des Marxismus-Leninismus und schließt den Lehrgang mit Auszeichnung ab. Er erhält zum Abschluss des Kurses, den er seit dem 10. Februar 1947 besucht, eine ausgezeichnete »Charakteristik«. Der Kursant wird als »hochbegabter Mensch« eingeschätzt, der »ausgezeichnete Schulkenntnisse erworben hat«. Die politische Entwicklung, die er genommen hat, wird als bedeutsam herausgestellt. Fühmann sei zu Beginn durch »halbfaschistische und kleinbürgerliche Vorurteile« geprägt gewesen und von einer »deutschen intellektuellen Selbstüberschätzung und einem Individualismus«, der mit einer Missachtung des Kollektivs einhergegangen sei. Durch das »intensive Studium des Schulprogramms und die politisch-erzieherische Arbeit in der Gruppe« habe Fühmann »diese Charakterzüge abgelegt und allmählich im Kollektiv eine große Autorität erworben«. Er habe sich zu einem »vollständigen Intellektuellen-Antifaschisten entwickelt, der die Grundlagen des Marxismus-Leninismus beherrscht, außerdem hat er einige grundlegende theoretische Werke durchgearbeitet und ist immer bereit, mit allen Kräften für die neue Demokratie in Deutschland zu kämpfen. Als Redakteur der Wandzeitung hat sich Fühmann als ein aktiver und begabter Mitarbeiter gezeigt, der gut befähigt ist, einzelne Momente für die allgemeine Erziehungsarbeit zu nutzen. Er hat selbst viele gute Gedichte und Artikel für die Zeitung geschrieben. Er ist ein guter Redner.« Zusammenfassend wird hervorgehoben, dass Fühmann »zahlreiche gute Voraussetzungen zur weiteren Entwicklung und zur Herausbildung eines überzeugten Marxisten« besitzt. Es sei »zweckmäßig, Fühmann an der kulturtheoretischen Front oder als Assistent der Schule einzusetzen.«[487]

Auch Otfried Preußler ist Wandzeitungsredakteur, so die Bezeichnung. Allerdings befindet er sich im Gefangenenlager in einer nicht ungefährlichen Abhängigkeit. Ohne eigenes Verschulden kann man in dieser Tätigkeit in politisch-ideologische Turbulenzen mit fatalen Folgen hineingeraten. Ebendies erfährt auch Otfried Preußler mehrfach.

Wandzeitung

Die Wandzeitung wäre mir eines Tages fast zum Verhängnis geworden. Sie hing an prominenter Stelle, zwischen der Tür des Direktors und der Tür zum Büro des Hauptbuchhalters. Die Texte wurden von Monat zu Monat ausgewechselt. Neben pathetischen Beiträgen einzelner Brigaden gab es kritische Glossen. Einmal kam ich dazu, wie Lazar Jakowitsch und der Genosse Krjukow die Wandzeitung studierten. Jeder von ihnen hatte einen kritischen Beitrag verfaßt. Lazar Jakowitsch über den Genossen Krjukow, der Genosse Krjukow über seinen Freund Lazar Jakowitsch. Beide schienen sich köstlich zu amüsieren. »Habe ich dirs nicht prächtig gegeben, Genosse Krjukow?« – »Ganz prächtig! Und ich dir auch …«

Sie hatten ihrer Pflicht Genüge getan, ohne wirklich gravierende Vorwürfe zu erheben. Leicht möglich, daß sie die Texte gemeinsam ausgeheckt hatten. Niemand im ganzen Betrieb schien die Wandzeitung sonderlich ernstzunehmen. Hauptsache, daß es sie gab, wie es Vorschrift war.
Die Texte wechselten von Zeit zu Zeit. Was blieb, und was allgemein Anklang fand, war der von mir gestaltete Kopf mit dem aus Silikatziegeln zusammengesetzten Titel, darunter die Ansicht des Werkes, belebt von der arbeitenden Bevölkerung. Dennoch sollte es mit dieser Zeichnung nach vielen Monaten unerwartete Komplikationen geben.

Tags zuvor muß ein leitender Funktionär der Politabteilung beim Trust das Silikatwerk inspiziert haben. Diese Burschen waren von notorischem Mißtrauen erfüllt. Immer und überall hatten sie ihre sozialistische Wachsamkeit unter Beweis zu stellen. Nach Tunlichkeit waren offene oder getarnte Verstöße gegen das Wohl der Partei und der Arbeiterklasse aufzuspüren, zu beanstanden und gegebenenfalls nach oben weiterzumelden. Nicht ohne Stolz war dem Schnüffler auch die Wandzeitung präsentiert worden – und da hatte es bei ihm ausgehakt.

Am nächsten Morgen wurde ich zur Chersonskaja zitiert, zur Chefin der betrieblichen Parteiorganisation. Sie saß mit eisiger Miene hinter dem Schreibtisch. »Nu?« fragte sie mich. »Was haben Sie mir zu sagen?« Was sollte ich antworten. Da ich ein höflicher Mensch bin, hatte ich »Guten Tag« schon gesagt.

Vor ihr auf dem Tisch lag die Wandzeitung. »Gestehen Sie, daß Sie ein Feind der Sowjetmacht sind!« fauchte sie mich an. »Ein Verleumder der Arbeiterklasse!«

Das war nun ein lebensgefährlicher Vorwurf, mit einem Bein stand ich vor dem Tribunal! Ich versuchte, so ruhig wie möglich zu bleiben, und fragte sie, wie das gemeint sei.
Sie deutete auf die Wandzeitung, präzise auf die von mir ins Bild gesetzte arbeitende Bevölkerung. »Ist Ihnen nicht bekannt, daß in der Sowjetunion jegliche Form von Kinderarbeit verboten ist? Strengstens verboten!«

»Natürlich«, sagte ich. »So ist es in der glorreichen Verfassung des Großen Stalins verankert.«
»Und?« Abermals zeigte sie auf die arbeitende Bevölkerung.
»Sind dies etwa keine Kinder? Und leisten sie etwa keine Kinderarbeit?!«

Jetzt ging mir ein Licht auf. Zugegeben, einige der Figürchen waren ziemlich kleinwüchsig ausgefallen, sonst hätten sie unter der Titelschrift keinen Platz gefunden. Angst, heißt es, sei ein schlechter Ratgeber, und in diesem Augenblick hatte ich eine Heidenangst. Mir jedoch gab sie, entgegen der gängigen Meinung, blitzschnell die rettende Antwort ein.

»Also, Jekaterina Wassiljewna,« sagte ich. »Was diese kleinen Figuren angeht, so kann ich Sie völlig beruhigen. Sie wissen doch sehr viel besser als ich, daß Tatarinnen und Tataren, daß auch Mordwinen,

Baschkiren und Tschuktschen nicht selten klein sind. Klein und von ausgesprochen zierlicher Gestalt. Im Silikatwerk arbeiten die Vertreter von annähernd fünfzehn Nationen zusammen, es können auch mehr sein. Darunter Tatarinnen und Tataren, Mordwinen, Baschkiren und Tschuktschen. Auf der Wandzeitung wollte ich diese Vielfalt zum Ausdruck bringen. Sie und nichts anderes – nach dem Motto: Es lebe die große, die proletarische Völkergemeinschaft unter der weisen Führung des Großen Genossen Stalin!«
»Ist das Ihr Ernst?« – »Mein heiliger Ernst.« Ich legte die Hand aufs Herz. – »Na gut.« Ihre Miene erhellte sich in Sekundenschnelle. »Sie dürfen sich jetzt entfernen.«

Ich entfernte mich nur zu gern, wenngleich auf wackligen Beinen. Offenbar hatte ich der Chersonskaja ein erstklassiges Argument geliefert, um den Genossen Schnüffler vom Trust zufriedenzustellen. Tags darauf hing die Wandzeitung wieder am gewohnten Platz, zwischen der Tür zum Büro des Direktors und der Tür zum Hauptbuchhalter.

Die Wandzeitungsarbeit, an der Otfried Preußler nicht kontinuierlich beteiligt ist, gehört zum Arbeitsalltag der Kriegsgefangenen. In den freien Stunden schreibt der junge Mann und organisiert eine Theatergruppe. Hans Zinsmeister, mit dem er seit 1947 das Gefangenenschicksal im Silikatlager Kasan teilt, wird in einem als »Bestätigung« ausgewiesenen Zeugnis vom 10. Juni 1951 Auskunft über Otfried Preußler geben. Zinsmeister arbeitet zu diesem Zeitpunkt bereits wieder als Studienrat am Maximiliansgymnasium in München. Der Gymnasiallehrer ist um die 16 Jahre älter als Preußler, geboren 1907. Er unterrichtet die Fächer Griechisch, Latein und Deutsch. Dies ist ein Grund, warum er für den angehenden Autor Preußler in der Gefangenschaft zu einer Art Mentor und zu einem Vertrauten wird. Zinsmeister gerät bereits am 1. September 1941 bei Charkow als Leutnant der Luftwaffe in Kriegsgefangenschaft. Er fliegt eine Ju 88, also eine Junkers mit vier Mann Besatzung.

Als zweimotoriges Flugzeug eignet sich die Ju 88 auch als Fernaufklärer. Zinsmeister ist als Beobachter gleichzeitig der Kommandant. Beim Abschuss gerät die Maschine in Brand und die Besatzung muss aussteigen. Der Bordfunker und der jüngste Mann der Besatzung kommen dabei ums Leben. Zinsmeisters Absprung glückt, er landet auf einem Feld und verliert die Besinnung. »Als ich wieder aufwachte«, erinnert er 1965 in einem Gespräch für die Wissenschaftliche Kommission für deutsche Kriegsgefangenengeschichte, »hatte ein russischer Soldat mich in seinem Schoß liegen und bedeutete mir, ich solle mich ergeben und mit ihm zum Straßenrand gehen.«[488] Bereits fünf Jahre nach seiner Rückkehr aus der Gefangenschaft wird Hans Zinsmeister im Bayrischen Schulbuchverlag eine »Griechische Grammatik« in zwei Bänden vorlegen, die bis in die Gegenwart immer wieder neue Auflagen erhält.[489] Hans Zinsmeister jedenfalls gibt in seiner Darstellung zu Otfried Preußler einen Eindruck von dessen kulturellen Aktivitäten im Lager Kasan. Zinsmeister verfügt als Altgefangener und Gymnasiallehrer über eine hohe Autorität. Der junge Preußler habe, so schätzt er ein, in »mühevollster Arbeit, ohne je zu erlahmen, unter schwersten Bedingungen aus dem Nichts eine Theatergruppe aus jungen Kameraden aufgebaut, die uns in regelmäßigen Zeitabständen durch gediegene Theateraufführungen das Grau unserers Gefangenendaseins erhellte.« Im Weiteren hebt Zinsmeister hervor, dass Preußler einen »unerhörten Idealismus« aufgebracht hat, weil er »nach achtstündiger Arbeit oft bis tief in die Nacht hinein« seine Kraft investiert. Noch wichtiger ist dem Gymnasiallehrer und Mentor aber der Umstand, dass der angehende Autor es verstanden hat, seinen Idealismus auf die »durch die Aussichtslosigkeit unseres damaligen Daseins zum großen Teil pessimistisch und innerlich nachlässig gewordenen jungen Leute zu übertragen«, und es ihm auf diese Weise gelungen ist, »den Mitgliedern dieser Theatergruppe wie auch dem gesamten Lager neuen Lebensmut und Optimismus einzuflößen«.[490] In einem weiteren Punkt kommt Zinsmeister auf die literarische Arbeit von Otfried Preußler zu sprechen, deren Qualität er hoch schätzt:

> Er hat zweitens durch die zum Teil selbst verfaßten Stücke (unter denen sich meiner Meinung nach ganz hervorragende Leistungen befinden, die wert wären, auf einer großen deutschen Bühne aufgeführt zu werden) wertvollste kulturelle Erziehungsarbeit geleistet. Und er hat drittens eines glänzend verstanden; er führte in geschicktester Weise den heruntergekommenen Geschmack der Gefangenen von zunächst einfachen heiteren, aber in der Form schon sehr geschmackvollen Spielchen zum Verständnis und Genuß ernster, auch inhaltlich wertvoller Stücke.[491]

Die Einschätzung von Hans Zinsmeister wird durch eine 2021 neu aufgefundene »Sammlung von Dokumenten über das Leben der deutschen Kriegsgefangenen in den Lagern der T. A. S. S. R« eindrücklich bestätigt.[492]

Auf der anderen Seite gibt ein Band, der dem »Leiter der antifaschistischen Schule Gen. Gladkow als Dank vom deutschen Sektor« – so die deutsche Übersetzung – zugeeignet ist, Auskunft über jene literarischen Zeugnisse, die in der Antifa-Schule Noginsk im Zeitraum bis 1947 entstanden sind. Der Titel des Bandes, der 38 Seiten umfasst, lautet: »Aus der Kulturarbeit des Deutschen Sektors. 9. Lehrgang. Noginsk 1947«. Es ist jener Lehrgang, den Franz Fühmann belegt hat.

Nach dem »Kapitalisten-Song«, für den Willi Niggeling die Melodie geschrieben hat, folgt der von Franz Fühmann verfasste »Thälmann-Sprechchor«.[493]

Niggeling, der 1900 in Iserlohn geboren wird, ist während der Zeit des Dritten Reiches in Deutschland bekannt und tritt auch im Ausland auf. Er gerät in sowjetische Kriegsgefangenschaft und besucht mit Franz Fühmann die Antifa-Schule in Noginsk. Wie Fühmann und Otfried Preußler wird er 1949 ent-

Abb. 16: Aus der Kulturarbeit des deutschen Sektors, 9. Lehrgang, Noginsk 1947

6

ERNST
Thälmann
Sprechchor

Abb. 17: Franz Fühmann: Thälmann-Sprechchor, S. 4

lassen. Von 1951 bis 1955 ist er Rektor der Musikhochschule »Franz Liszt« in Weimar.[494] Die Vertonungen, die Willi Niggeling in Noginsk für die Texte vor allem von Franz Fühmann schreibt, folgen dem Muster der Agitpropsongs aus der Weimarer Zeit, die sich wiederum an der sowjetischen Avantgarde orientieren. Es nimmt daher nicht wunder, dass Wladimir Majakowski für Niggeling von Interesse ist und er »Jetzt hebt Eure Sturmfahnen höher« aus dessen Poem »Gut und schön« vertont. Auch für Franz Fühmanns »Schwaben-Song« liefert er die Melodie. Der Song selbst bezieht sich auf eine Pressemeldung, die im Text wie folgt wiedergegeben wird:

> Ein schwäbisch-alemannischer Heimatbund wurde in Südwestdeutschland gegründet. Dieser Bund fordert die Schaffung eines eigenen schwäbisch-alemannischen Freistaates. Staatsangehöriger dieses Staates kann nur der sein, der von reinem schwäbischen Blut ist. Er begründet die Partikularisierung damit, dass es für kleine Staaten viel leichter sei, sich aus kommenden Kriegen herauszuhalten. Zugleich fordert dieser Bund die Annexion Voralbergs an den zukünftigen schwäbischen Freistaat.[495]

Der »Schwaben-Song« spielt auf den Schwank von den »Sieben Schwaben« an, der aus den Kinder- und Hausmärchen der Brüder Grimm stammt. Der Bezug auf die tölpelhaften Handlungen der sieben Schwaben liefert bereits die Stoßrichtung von Fühmanns Text, in dem vor allem die Vorstellung unter Kritik gerät, das »alte Deutschland« zurückhaben zu wollen. Mit Anklängen an die Lenin'sche Imperialismustheorie vom »faulenden« und »parasitären« Kapitalismus wird das Vorhaben des schwäbisch-alemannischen Heimatbundes als Versuch gekennzeichnet, die Wunschprojektion eines Deutschlands zu entwerfen, dass »zerstückelt, verfaulend, gespalten« ist. Auch die hinter der Bewegung vermutete Blut-und-Boden-Ideologie wird dem Spott preisgegeben. Fühmann setzt einen Erzähler ein, der den Chor der Schwaben wie folgt kommentiert:

> Doch weh – jetzt gibt's einen Widerspruch,/ wie man ihn nicht schreiender findet./ Erst hat man mit der Kleinheit des Lands/ den eigenen Staat begründet// Doch jetzt steigt der Erfolg zu Kopf,/ Jetzt werden sie Imperialisten/ Und treten als streitbare Grossmacht auf/ Mit Annexionsgelüsten[496]

Für den Schwaben-Song hat einmal mehr Willi Niggeling die Melodie komponiert. Es handelt sich um eine einfache, volksliedhafte Melodie, die jedoch nicht ohne Raffinessen ist. Der nicht allzu häufig gebrauchte 6/8-Takt sorgt für eine Art »wiegenden Charakter« und gegen Ende hin gibt es einen reizvollen Harmoniewechsel. Fühmanns Agitprop-Song schließt an eine Tradition an, die auch in Deutschland ab Mitte der 1920er Jahre vor allem von der KPD und linken Intellektuellen vertreten wurde, die verstärkt auf die Rolle der Kunst und die kulturelle Massenarbeit unter den Arbeitern setzen. Die agitatorischen Texte folgen Friedrich Wolfs Auffassung von den eingreifenden Möglichkeiten der Kunst. In seiner Rede »Kunst ist Waffe« von 1928 hatte der u. a. durch sein Stück »Cyankali« bekannt gewordene Arzt und Dramatiker eine Kunst des sogenannten l'art pour l'art, einer Kunst um der Kunst willen, radikal ablehnt und stattdessen gefordert, auch die Literatur müsse im Klassenkampf Position beziehen und etwa die »Tragödie eines Arbeitslosen vor uns hinstellen«.[497] Allerdings warnt Friedrich Wolf vor der falschen Vorstellung, rein agitatorisch wirken zu können. Insofern hält er an literarischen Wertmaßstäben fest. »Gewiß, es ist noch lange kein Arbeiterstück, wenn in ihm unentwegt: Es lebe die Weltrevolution! gerufen und die Internationale gesungen wird«, schreibt er, »wenn Lenin immer wieder persönlich auf der Bühne erscheint. Das ist höchstens eine ›Walze‹, die gerade den Arbeiter sehr bald langweilt.«[498] Gemeinsam ist Friedrich Wolf und zahlreichen linken Intellektuellen sowie jenen, die wie Johannes R. Becher, Willi Bredel, Hans Günther, Egon Erwin Kisch, Alfred Kurella, Berta Lask, Georg Lukács, Ernst Ottwalt oder Erwin Piscator im Bund proletarisch revolutionärer Schriftsteller organisiert sind, die Auffassung vom Schriftsteller als »Soldaten der Klasse«. Erwin Piscator, der auf der Bühne maßstabsetzend wirkt, tritt mit seinem »Proletarischen Theater« in Kneipen und auf öffentlichen Plätzen auf. Und im Exil in der Sowjetunion baut er dann in Dnepropetrowsk ein Kolchostheater auf, eine Art Wanderbühne, dem eine Reihe von exilierten deutschen Schauspielern angehören, neben Erwin Geschonneck zählt auch Mischket Liebermann dazu. Die Schauspielerin wiederum engagiert sich nach dem Überfall Hitlerdeutschlands auf die Sowjetunion in deutschen Kriegsgefangenenlagern und sie ist nicht nur im Lager 190 in Wladimir für die politische Schulung der Kursanten verantwortlich.[499] Hier schließt sich der Kreis zu Franz Fühmann, der in seinem Lehrgang an die Agitprop-Traditionen anschließt und Texte schreibt, die bereits den beginnenden Kalten Krieg zwischen Ost und West zum Gegenstand haben. In eine deutlich politische Richtung geht sein für Feiern produzierter lyrisch anmutender Text, der auf eine Ehrung für Karl Liebknecht und Rosa Luxemburg abzielt. Die theoretischen Wortführer der revolutionären Bewegung waren im Januar 1919 in Berlin von Freikorpsoffizieren ermordet worden. Im Lehrgang in Noginsk stehen auch der Schwerpunkt Novemberrevolution und die Gründung des Spartakusbundes auf dem Programm. Überhaupt handelt es sich um einen differenzierten und abgewogenen Lehrplan, der historisches Wissen und Grundlagen einer materialistisch zu nennenden Geschichtsauffassung zu vermitteln sucht. Betrachtet man die Antifa-Lehrgänge, in denen das entsprechende Wissen vermittelt wird, dann zeigen die Mitschriften von Otto Rühle, von dem bereits die Rede war, dass die Positionen, die hinter Fühmanns Texten stehen, in der

Zu einer

Liebknecht-Luxemburg FEIER

I.

Und furchtbar hob der Krieg sein Flammenhaupt -
Es schien der Mensch vor ihm zum Nichts geworden;
Die Welt erlag dem Schlachten und dem Morden
Ihr aber habt noch an den Mensch geglaubt!

Gewalt riss Euch von den Tribünen fort;
Die Reaktion lief Sturm, euch zu verdammen,
Hass schlug wie Wellen über euch zusammen
Doch über allem klang noch euer Wort

Und dauerte und war nicht überhörbar
Und schrie das hin, was viele heimlich dachten:
"Fasst ihr den Wahnsinn nicht, der euch geschieht?
Steht auf! Empört euch! Endet Krieg und Schlachten!
Die Kraft der Wahrheit wird erst unzerstörbar
Wenn sie der Wille eines Volks vollzieht!"

II.

Das letzte, was entmenschte Mörder konnten,
War euch zu meucheln. Ihr habt's kommen sehn,
Ihr wusstet: dieses letzte wird geschehn
Und dennoch wicht ihr nicht von unsren Fronten.

Ihr wart die ersten nicht. So sanken viel,
Doch mehr noch formten sich zu Marschkolonnen,
Mit jedem Opfer war ein Sieg gewonnen
Und näher kam die Welt dem grossen Ziel.

Wer kann die töten, die die Zukunft halten,
Drin einer Menschheit Träume sich gestalten
Als Leben: dauernd sinnvoll und befreit,
Als nahende Erfüllung unsres Strebens?
Nein! - Euer Opfer es war nicht vergebens!
Ihr lebt in uns! Ihr habt Unsterblichkeit!

Franz Fühmann

Abb. 18: Franz Fühmann: Zu einer Liebknecht-Luxemburg Feier

Tat an den Antifa-Schulen gelehrt und mit zur Grundlage der Auseinandersetzung gemacht wurden. In diesem Fall war es der Zufall einer Bekanntschaft mit Otto Rühles Sohn, der mir nach Kenntnis von Heinrich Gerlachs »Durchbruch bei Stalingrad« und »Odyssee in Rot« mitteilt, dass sich im Nachlass seines Vaters acht dicke Diarien mit akribischen Mitschriften von Vorlesungen sowie handschriftlichen Konspekten befinden, die aus Lehrgängen in Jelabuga und in Krasnogorsk stammen. Da der Stoff in den Antifa-Lehrgängen vom Institut 99 für alle Lager verbindlich geplant wurde, ist davon auszugehen, dass auch Franz Fühmann mit vergleichbaren Schwerpunkten bekannt gemacht wurde.

Die Auseinandersetzung zwischen der KPD und der SPD in der Weimarer Zeit thematisiert der ironisch intendierte und wiederum agitatorisch ausgerichtete Song »Der Arbeiterführer«, der bis in die Gegenwart des Jahres 1946 reicht und mit Kurt Schumacher den Parteivorsitzenden der SPD in der Bundesrepublik zur Zielscheibe der Kritik macht. Ein Kapitel im Lehrgang von Otto Rühle befasst sich ausführlich mit der Weimarer Republik und der Rolle der SPD-Minister Gustav Noske und Philipp Scheidemann. Noske gilt dabei als der politisch Verantwortliche für den Doppelmord.

Der »Dreikönigs-Song« schließlich bezieht sich auf die biblische Überlieferung, die auch Otfried Preußler nicht nur im Rahmen der »Kripplkunst«, sondern auch in seiner in der Gefangenschaft entstandenen »Weberlegende« aufgreift.[500] Allerdings nutzt Fühmann, anders als Preußler, die biblische Überlieferung, um seine neu erworbenen marxistisch-leninistischen Grundkenntnisse in lyrische Verse zu kleiden. Ganz offensichtlich steht hinter dem Text jene Faschismus-Analyse, die Georgi Dimitroff im Rahmen der kommunistischen Bewegung in den 1930er Jahren im Exil entwickelt hat. Danach handelt es sich beim Faschismus um die »Diktatur der am meisten reaktionären chauvinistischen und imperialistischen Elemente

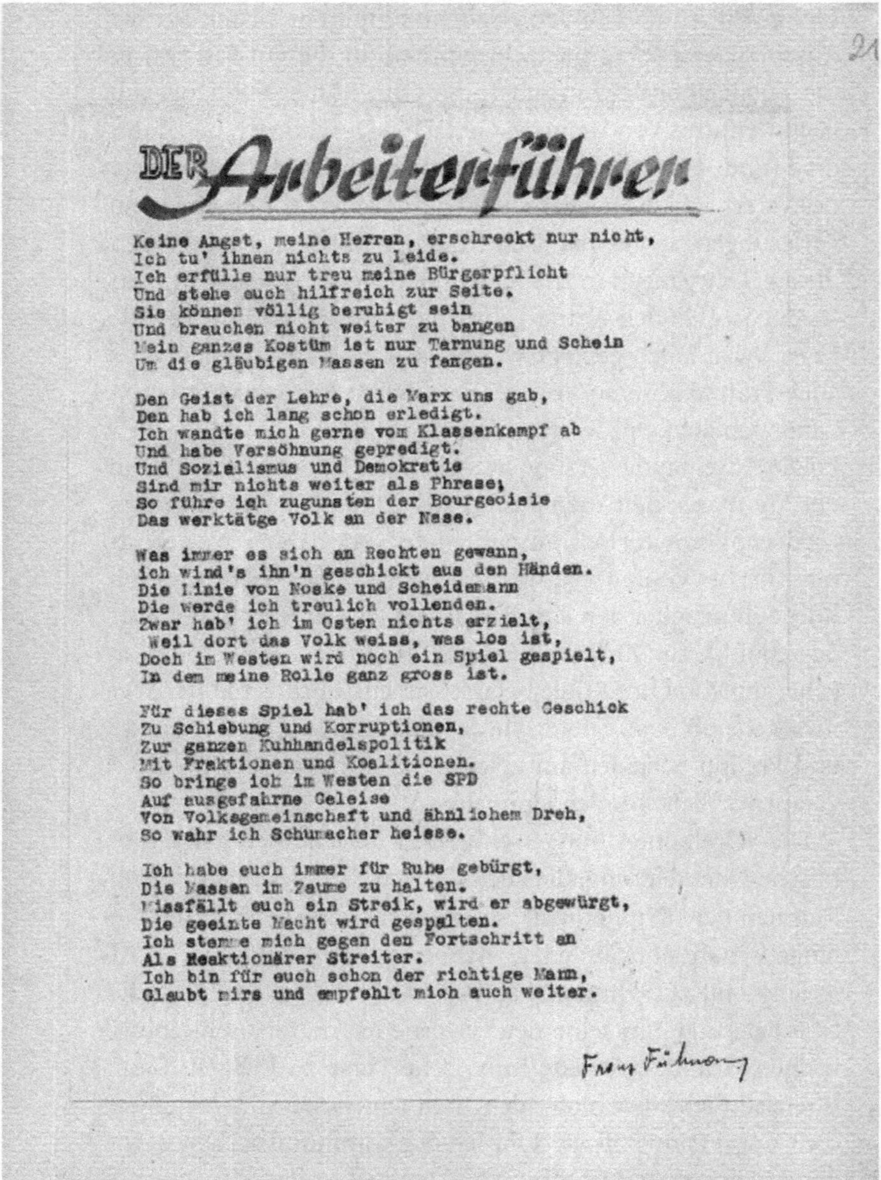

21

DER Arbeiterführer

Keine Angst, meine Herren, erschreckt nur nicht,
Ich tu' ihnen nichts zu Leide.
Ich erfülle nur treu meine Bürgerpflicht
Und stehe euch hilfreich zur Seite.
Sie können völlig beruhigt sein
Und brauchen nicht weiter zu bangen
Mein ganzes Kostüm ist nur Tarnung und Schein
Um die gläubigen Massen zu fangen.

Den Geist der Lehre, die Marx uns gab,
Den hab ich lang schon erledigt.
Ich wandte mich gerne vom Klassenkampf ab
Und habe Versöhnung gepredigt.
Und Sozialismus und Demokratie
Sind mir nichts weiter als Phrase;
So führe ich zugunsten der Bourgeoisie
Das werktätge Volk an der Nase.

Was immer es sich an Rechten gewann,
ich wind's ihn'n geschickt aus den Händen.
Die Linie von Noske und Scheidemann
Die werde ich treulich vollenden.
Zwar hab' ich im Osten nichts erzielt,
Weil dort das Volk weiss, was los ist,
Doch im Westen wird noch ein Spiel gespielt,
In dem meine Rolle ganz gross ist.

Für dieses Spiel hab' ich das rechte Geschick
Zu Schiebung und Korruptionen,
Zur ganzen Kuhhandelspolitik
Mit Fraktionen und Koalitionen.
So bringe ich im Westen die SPD
Auf ausgefahrne Geleise
Von Volksgemeinschaft und ähnlichem Dreh,
So wahr ich Schumacher heisse.

Ich habe euch immer für Ruhe gebürgt,
Die Massen im Zaume zu halten.
Missfällt euch ein Streik, wird er abgewürgt,
Die geeinte Macht wird gespalten.
Ich stemme mich gegen den Fortschritt an
Als Reaktionärer Streiter.
Ich bin für euch schon der richtige Mann,
Glaubt mirs und empfehlt mich auch weiter.

Franz Fühmann

Abb. 19: Franz Fühmann: Der Arbeiterführer

DREIKÖNIGS-SONG

Vor Jahren, da zogen mit ffommem Gesang
Drei Könge die Strasse nach Bethlehem lang,
So berichtet die Bibel getreulich.
Was einstens geschah, das schert uns nicht mehr
Doch heute zieht wieder ein Kleeblatt daher
Und das ist minder erfreulich.

Drei Könige ziehen heut übers Land
Die hat man im Osten entthront und verbannt
Da liessen sie ihre Schlösser
Und haben voll Hast sich nach Westen gewandt,
Dort suchen sie ihren Erlöser.

Der erste, der war einst ein forscher Baron,
Der hielt seine Knechte in strengster Fron
Und lebte in Saus und in Braus
Bis endlich der Knecht zur Besinnung kam
Und das Junkerland sich zu eigen nahm,
da war die Gutsherrschaft aus.

Der zweite, den der Volkszorn vertrieb,
Der hatte einst einen Rüstungsbetrieb
Und verdiente am Schlachten und Morden.
Da kam wie ein Blitzschlag der Volksentscheid,
Zur Flucht aus Sachsen wars höchste Zeit,
Das Volk war sehend geworden.

Der dritte, der leitete einst einen Kreis
Da wurde ihm langsam der Boden zu heiss,
Er konnte sich nicht mehr tarnen.
Ihm bot selbst die CDU kein Asyl,
Zu offen trieb er sein Verbrecherspiel
Um das Volk noch einmal zu umgarnen.

So ziehen die Entthronten der Reaktion,
Fabriksherr, Kreisleiter und Baron
Nach Westen, um neu zu beginnen.
Im Osten ward endlich aufgeräumt,
Der Ausbeutertraum ist dort ausgeträumt,
Wann wird sich ganz Deutschland besinnen?

Drei Könige pilgern wie ehedem;
Die Westzone ist jetzt ihr Bethlehem,
Ihr Christus heisst heut Dr. Schlange.
Der Stern, der sie führt, der heisst Profit -
Wie lang schaun wir zu, wie lang spieln wir noch mit,
Wie lange denn noch, wie lange?

Franz Fühmann

Abb. 20: Franz Fühmann: Dreikönigs-Song

des Finanzkapitals«.[501] Eine solche Argumentation entlastet nach 1945 die vielen Mitläufer und macht frei für die Zukunft. In diesem Sinne argumentiert auch Franz Fühmann im Text, die Schuldigen sind Pars pro Toto der »forsche Baron«, »der Fabrikherr« und der »Kreisleiter«.

Die Mitschriften von Otto Rühle belegen, dass Dimitroffs Faschismus-Analyse in den Antifa-Lehrgängen vermittelt wird und die Grundlage der Auseinandersetzung darstellt. Otto Rühle geht als Assistenzlehrer an die Antifa-Schule in Talizi in der georgischen Republik, Franz Fühmann wird nach dem Abschluss des Lehrgangs in Noginsk Assistenzlehrer an den Antifa-Schulen in Rjasan und Ogre. Für Fühmann sind neben der Literatur, etwa eines Romans von Ilja Ehrenburg, die Vorlesungen wie das Selbststudium von entscheidender Bedeutung. Dazu gehören literaturgeschichtliche Aufsätze von Georg Lukács, die allem Anschein nach zum verbindlichen Lehrprogramm gehören, denn in der Mitschrift von Otto Rühle finden sich Konspekte ebenjener Beiträge von Lukács, die in der Exilzeitschrift »Internationale Literatur« erschienen sind. Dazu zählt nicht zuletzt die Auseinandersetzung mit dem Expressionismus.[502] Betrachtet man die politische Wandlung von Fühmann, dann hat sie ihre Grundlage natürlich in der eigenen Auseinandersetzung mit Grundfragen einer materialistischen Geschichts- und Gesellschaftsanalyse, wie sie ihm bis dahin gänzlich unbekannt war. Fühmann versteht sich nunmehr als »ehrlicher und überzeugter Vertreter des Sozialismus«. Die Gründe für seine doppelte Wandlung wird er im Butzbacher Interview aus dem Jahre 1984 durchaus nachvollziehbar beschreiben. Die Frage, wie es geschehen konnte, dass er »handfest verstrickt« aus dem »Regen des Nationalsozialismus in die Traufe des Stalinismus« gerate konnte, wehrt er nicht ab, sondern verweist darauf, dass er »eigentlich mit allem, was ich schreibe, zu antworten« versucht habe. Es sei dies unvollkommen geschehen, »weil die Fragestellung sich im Laufe der Zeit ständig gewandelt hat«. Fühmann versucht den Schülern anschaulich zu machen, was für ihn und andere seiner Generation 1945 zusammenbrach. Noch in den Maitagen des Jahres 1945 sei er zu Hause bei seinen Eltern gewesen, und gemeinsam hätten sie geglaubt, »es müsse jetzt das Wunder geschehen«. Aber nun »bricht das alles zusammen. Es gibt einen fürchterlichen Knacks. Alles aus. Man ist besiegt, rennt in die Wälder«. Er selbst habe zweimal versucht, »Selbstmord zu begehen, weil ich wirklich dachte, jetzt sei es aus, das absolute Ende da.« Schließlich sei es zu einer großen Erschütterung durch die Nürnberger Prozesse und die Nachrichten über Auschwitz gekommen. Und an die Schüler gewendet notiert er: »Ich kann nur immer wieder sagen und Euch darum bitten, mir das einfach abzunehmen: Von Auschwitz haben wir in der Masse nichts gewußt.«[503] Schließlich habe er auch wegen Auschwitz erwartet, für den Rest seines Lebens in einem Bleibergwerk in Sibirien zu landen. Es kam anders:

> Ich wurde nicht erschossen, nicht umgebracht, nicht gefoltert, ich persönlich wurde auch nicht geschlagen. Es gab Lager, wo geschlagen wurde. Der Hunger war furchtbar, aber da war ein verbranntes Land. An diesem Auschwitz war man mit schuld, und diejenigen, die Auschwitz befreit, die uns nicht umgebracht hatten, die uns deutsche Geschichte lehrten, uns auf eine Schule schickten, das waren die Russen. Den Begriff Stalinismus kannten wir nicht. Wir erlebten die Sowjetmacht, das sozialistische Rußland, und nun fiel uns Dank des Marxismus, der eine große Überzeugungskraft hat, das meiste wie Schuppen von den Augen. Er ist ja per se eine bedeutende Wissenschaft, eine Philosophie. Daß er in ideologisch verkrustetem Dogmatismus erstickt ist, ist eine andere Sache. Was wir damals von deutscher Geschichte hörten, von dem absolut unbekannten Phänomen Russische Geschichte, Parteigeschichte, Geschichte des Sozialismus, – das waren alles Offenbarungen. Das nahm man gierig auf. Dazu kam, daß ich nach 1 ½ Jahren das erstemal wieder die Möglichkeit hatte, Bücher zu lesen, etwas zu lernen. Das fiel in einen rein wie Regen in ein ausgedörrtes Land.[504]

Fühmanns Einschätzung liefert eine Erklärung für jene sich agitatorisch ausnehmenden lyrischen Texte, die in Noginsk entstehen. Ebenso wird anschaulich, warum er sich in späteren Jahren so scharf vom »ideologisch verkrusteten Dogmatismus« des Marxismus abgrenzt.

Otfried Preußler belegt keinen Antifa-Lehrgang, und im Lager Kasan haben die meisten Kriegsgefangenen im Jahre 1946 mit den eigenen existenziellen Nöten zu tun. Die Auseinandersetzung mit deutscher Schuld spielt keine Rolle. Allerdings kommt es zu Weihnachten zu einer Art Aufstörung. Der neu in das Kasaner Lager verlegte Wehrmachtspfarrer Becker hält eine Weihnachtspredigt, die dem jungen Preußler unvergesslich bleiben wird. Er und die anderen Gefangenen, die mit ihrer »Weihnachts- und Heimwehseligkeit« beschäftigt sind, haben das, was dann als Predigt übermittelt wird, nicht erwartet. Es geht nämlich nicht um die himmlischen Chöre und den Stall von Bethlehem, sondern der Pfarrer predigt Buße. »Er sprach«, schreibt Otfried Preußler, »von der namenlosen Verwüstung, die Deutschland, das Deutschland Hitlers, über die Welt gebracht habe. Er sprach von der Ausrottung der Juden, von den Massengräbern in Polen, in Weißrussland, in der Ukraine.« Die Kriegsgefangenen wehren sich gegen diese Weihnachtsbotschaft:

> Natürlich hatten wir seit dem Kriegsende wiederholt von den Nazigreueln gehört; auch dementsprechende Filme waren uns vorgeführt worden. Wir hielten sie für Machwerke der sowjetischen Propaganda. Angesichts der halbverhungerten Elendsgestalten, der Leichenberge in den Todeslagern drängt sich uns der Verdacht auf, dies alles könnte vor ein, zwei Jahren in einem unserer Nachbarlager gefilmt worden sein; nur allzu deutlich standen uns diese Bilder vor Augen. Und Auschwitz und Bergen Belsen und Babi Jar? Bei meiner Seele: ich hatte bis dahin davon nichts gewußt, wie die meisten von uns.[505]

Die Gefangenen sind schockiert, sie wollen von den Fakten nichts wissen, sie sind mit der eigenen Situation beschäftigt und wollen sich nicht aus dem mühsam hergestellten Gleichgewicht bringen lassen. Ausgerechnet zu Weihnachten, so die einhellige Meinung, spricht der Pfarrer von Verbrechen, ein Mann, der – wie Otfried Preußler erinnert – von der Tuberkulose gezeichnet ist. »›Den Frieden auf Erden werden wir uns durch Reue und Buße verdienen müssen, nach diesem Krieg, nach all den Schändlichkeiten, begangen im Namen Deutschlands. Amen.‹« Nur wenige nehmen sich Beckers Wort zu Herzen, andere sind wütend, wieder andere schütteln nur den Kopf. Letztlich dominiert der Versuch, die Predigt so schnell wie möglich zu vergessen. Alle sind froh, dass wieder der Alltag einzieht, »daß es nun wieder ums tägliche Brot ging«, mithin um die »Erfüllung der Arbeitsnormen, im ständigen Kampf gegen Hunger, Heimweh und Kälte.«[506]

XXI. Ein Biedermeierschauspiel

Otfried Preußler und die Lagerbühne im Silikatlager Kasan

Otfried Preußler geht einen anderen Weg als Franz Fühmann, obwohl es zunächst in Hinblick auf Herkunft und Werdegang Gemeinsamkeiten gibt. Preußler steht aufgrund seiner Erfahrungen in Distanz zur Antifa, und es kommt für ihn nicht infrage, einen Lehrgang zu besuchen. Auch sein Mentor Hans Zinsmeister ist eher ein Gegner der sowjetischen Variante der Re-Education. »Einer unserer ältesten Mitgefangenen, sowohl nach dem Lebensalter als auch nach der Dauer der Gefangenschaft, war mein Freund Hans Zinsmeister aus München«, schreibt Preußler später und deutet die Position an, die der Gymnasiallehrer vertritt. »Gleich nach den ersten Tagen des Russlandfeldzuges als Fernaufklärer abgeschossen, hatte er alle Drangsale bei den Verhören und in den verschiedensten Lagern mit strenger Selbstdisziplin und eisernem Willen (aber auch mit sehr viel Glück) überstanden.« Zinsmeister ist für den jungen Mann durchaus eine vorbildhafte Person, deren Widerständigkeit ihm imponiert. Dabei ist der keineswegs ein Nazi. Eine Episode, die Zinsmeister selbst erinnert, liefert ein Bild seiner selbst. In Jelabuga gibt es einen deutschen Politinstrukteur, der sich Wagner nennt und wie Zinsmeister bereits seit 1941 im Lager ist. Seine Aufgabe besteht nicht zuletzt darin, antifaschistisch eingestellte Offiziere zu finden. Dieser Wagner, mit dem Zinsmeister es zu tun hat, kommt auch in Heinrich Gerlachs Erinnerungen »Odyssee in Rot« vor. Gerlach reflektiert darüber, warum die Zusammenarbeit mit den kommunistischen Exilanten zustande gekommen ist. Dafür gibt es einen Grund: »Es wurde ja für uns«, so schätzt Gerlach ein, »die allererste Garnitur aufgeboten (darunter Leute wie Kurella, Bredel, Fr. Wolf, Erpenbeck, Wangenheim, Plievier u. a.), die nicht die Scheuklappen des Parteidogmas vor Augen hatten, sondern sich in Gesprächen und Vorträgen erstaunlich gut auf unsere Mentalität einstellen konnten.« Die eigene Befangenheit in nationalsozialistischen Denkmustern erinnernd, gesteht er selbstkritisch ein, dass den gefangenen Offizieren hier der »Kommunismus in einer Gestalt entgegentrat, wie wir sie dank der Verdummung durch die NS-Propaganda (und vorher durch die bürgerliche Erziehung) nie geahnt oder auch nur für möglich gehalten hätten. Um so verständlicher und entschuldbarer unser Glaube, man könne mit diesen Leuten nicht nur reden, sondern auch gemeinsam handeln.« Und sodann folgt ein bezeichnender Satz, der andeutet, warum Zinsmeister und auch Otfried Preußler mit der Antifa nicht in Berührung kommen wollen: »Wer nur den Instruktor Wagner und Leute seines Schlages in den Lagern erlebte, hatte es leicht Gegner zu bleiben!«[507] Gerlach erfährt später, dass Wagner unter den Gefangenen als »das größte Schwein des Jahrhunderts« gilt. »Wer spitzelt und denunziert und alles bespuckt, was ihm jemals heilig war, der bekommt die dicken Posten in der Küche oder Banja«, so der Kommentar eines Leutnants.[508] Otfried Preußler weiß durch Zinsmeister und andere Mitgefangene von der Rolle, die Wagner spielt. Allerdings hat er nicht direkt mit ihm zu tun, da er in das Gefangenenlager nach Kasan kommt. Wagner wiederum ist später Politinstrukteur im Offizierslager Oranki.

Wer hinter dem Pseudonym Wagner steckt, das ist über Jahrzehnte nicht klar gewesen. Erst jetzt mit den Arbeiten zu Otfried Preußlers Kriegsgefangenschaft kommt Licht ins Dunkel. In seinen »Aufzeichnungen zur Kriegsgefangenschaft«, die er Otfried Preußler schickt, nennt Hans Zinsmeister nämlich einen weiteren Namen, Otto Braun![509] Wie sich dadurch herausstellt, handelt es sich also beim vielgehassten

Politinstrukteur Wagner um Otto Braun, der Ende der 1950er Jahre im DDR-Schriftstellerverband eine herausgehobene Position einnimmt.[510] Er ist nämlich nach seiner Rückkehr aus der Sowjetunion 1954 Nachfolger von Erwin Strittmatter in der Funktion als Sekretär des Schriftstellerverbandes.[511] Auch Hans Zinsmeister macht in Jelabuga Bekanntschaft mit Wagner. Wichtige Posten im Lager sind von Antifaschisten besetzt, dazu gehört neben den Stellen für Verpflegung die Lagerbibliothek. Kurz nach Verhängung der Quarantäne im Lager muss Zinsmeister zum Instrukteur Wagner. Der stellt ihm die überraschende Frage, ob er bereit sei, die Lagerbibliothek zu übernehmen. Als Altphilologe hat Zinsmeister durchaus Interesse daran, aber er wendet ein, dass er kaum in der Lage sein werde, die Bedingungen von Wagner zu erfüllen. Der versichert, er habe keine Bedingungen außer der Zusicherung von Loyalität. Zinsmeister ist sich sicher, dass sich beider Vorstellungen von Loyalität unterscheiden und er die Wagners nicht werde erfüllen können. Daraufhin habe Wagner geantwortet: »›Doch! Sie brauchen mir nur zu versprechen, daß Sie nicht Ihren Goethe und Schiller nach vorn hinstellen (…) Also Sie dürfen nicht den Gefangenen Scholochow und den Lenin und den Marx und den Engels verheimlichen und hinten anstellen in Ihrer Bude und den Goethe und diese Leute vorne hin.‹«[512] Mit dieser Form von Loyalität kann Zinsmeister problemlos umgehen, und so übernimmt er für die Zeit der Quarantäne die Lagerbibliothek. Auch sonst, erinnert Zinsmeister, habe Wagner ihn in Ruhe gelassen, obwohl er für die Russen als »Faschist« galt, »weil ich nicht Antifaschist war, weil ich nicht zu seiner antifaschistischen (sic), später zum BDO, zu der BDO-Organisation gegangen bin.« Zinsmeister kommentiert: »Der Witz war ja, dass ich nun gerade das nicht war, weil ich in meinem Beruf einer der seltenen Lehrer war, ich war unverheiratet, ich will mir jetzt damit nicht ein Lob spenden – sondern ich war halt ein sturer Hund und habe abgelehnt, in die Partei einzutreten oder in die SA oder sonstwas in Gliederungen.«[513] Dieser Hans Zinsmeister wird für Otfried Preußler im Gefangenenlager zu einer wichtigen Bezugsperson, und das betrifft neben der politische Haltung auch die literarische Bildung, über die der Altphilologe verfügt. Dabei ist zu sagen, dass beide über die Gefangenschaft hinaus lange Zeit beim »Sie« bleiben, sich also nicht duzen.

Zutreffend hat Zinsmeister in seiner Einschätzung zu Otfried Preußler hervorgehoben, dass es dem gelungen sei, in »geschicktester Weise den heruntergekommenen Geschmack der Gefangenen« aufzubessern.[514] Der Einschätzung von Hans Zinsmeister kann man auch deshalb folgen, weil es mir über die Jahre gelang, in den russischen Archiven einige jener Dokumente zu finden, auf die sich der Altphilologe und Gymnasiallehrer bezieht und von denen auch Otfried Preußler spricht. In einem Brief an Hans Wulle-Wahlberg, der eine Chronik der Lagertheater verfassen will, fixiert Preußler seine Erinnerungen an das Lagertheater in Kasan.[515] Der Theatermann Wulle-Wahlberg hat das Projekt ins Auge gefasst, weil bislang nur wenig über die Theaterarbeit in zahlreichen Kriegsgefangenenlagern bekannt ist. Die Aufführungspraxis reicht von Gotthold Ephraim Lessings »Minna von Barnhelm« über Adaptionen bekannter Stücke bis zu selbst verfassten Schauspielen. Otfried Preußler beginnt im Sommer 1946 mit Gleichgesinnten gelegentliche Theateraufführungen zu organisieren, bei denen die Rollen entsprechend mit Laienschauspielern besetzt werden. Für eine der ersten Aufführungen hat er in Anlehnung an Hans Sachs den »Roßdieb von Fünsing« geschrieben. Nach der Rückkehr aus der Gefangenschaft rekonstruiert er den Text aus dem Gedächtnis, und das Stück erscheint auch im Höfling Verlag in München. Die Aufführung findet unter einfachsten Bedingungen in einer der Wohnbaracken des Lagers statt. Die provisorische Bühne besteht aus mehreren aneinandergerückten Holztischen. Der Erfolg ist enorm, was motivierend wirkt, und schon wenige Wochen danach kommt ein weiteres Stück auf die Lagerbühne, erneut ein Fastnachtsspiel von Hans Sachs, »Das Kälberbrüten«. Otfried Preußler kann sich bei der freien Bearbeitung auch in diesem Fall auf sein Gedächtnis und den Umstand verlassen, dass er durch den Vater Josef mit zahlreichen Stücken von Hans Sachs bekannt gemacht worden ist, nicht zuletzt auch durch die von ihm verantworteten Abdrucke in der Zeitschrift »Deutsche Jugend«. Man kann es auch so sagen, aus dem Speichergedächtnis, das durch das Aufheben, Konservieren, Ordnen und Katalogisieren gekennzeichnet ist, holt er seine Geschichten heraus. Otfried Preußler kann dies, weil das Wissen in seinem »unbewohnten Gedächtnis« nach wie vor existiert. Die existenzielle Situation der Gefangenschaft motiviert ihn, das verschüttete Wissen in das »bewohnte Gedächtnis« zurückzuholen. In dem Brief an Wulle-Wahlberg findet sich dann auch der Hinweis auf das erste eigene Stück. »Es folgte dann eine kleine Biedermeierkomödie ›Mein geliebtes Porzellan‹«, so der junge Autor. Dabei bestand »der Hauptspaß« nicht zuletzt darin, »daß wir es fertiggebracht hatten, aus allen möglichen und unmöglichen Materialien nahezu ›stilechte‹ Kostüme zusammenzustoppeln.«[516] Die Komödie »Mein geliebtes Porzellan« war über Jahrzehnte verschollen, und Otfried Preußler hat nach der Rückkehr aus der Gefangenschaft nicht versucht, den Text zu rekonstruieren. Nun gelang es mir nach verschiedenen Anläufen, auch dieses Stück in russischen Archiven wiederzufinden.

Das Projekt von Wulle-Wahlberg, eine Chronik der Lagertheater zu schreiben, ist nicht zu Ende geführt worden. Stattdessen hat er 1968 unter dem Titel »Das Lächeln der Klio« einen Band mit Feuilletons der Weltgeschichte herausgebracht, in dem er auch »Stalins Ende« in einer Geschichte zu fassen sucht. Allerdings ist die Revolte des engsten Kreises um Stalin, angeführt von Molotow, Woroschilow und schließlich seinem treuesten Gefolgsmann, dem Geheimdienstchef Berija, nicht bezeugt.[517]

Wenn Hans Zinsmeister feststellt, dass es Otfried Preußler darum ging, mit seinen Stücken von »zunächst einfachen heiteren, aber in der Form schon geschmackvollen Spielchen zum Verständnis und Genuß ernster, auch inhaltlich wertvoller Stücke« zu gelangen, dann trifft dies auf die adaptierten Fastnachtsspiele nach Hans Sachs zu, aber noch mehr auf das »kleine Biedermeierstück«. Der junge Autor war in der Biedermeierzeit bestens bewandert. Schon als Kind und später als Jugendlicher ist er mit zahlreichen Novellen von Otto Ludwig, Eduard Mörike, Franz Grillparzer und natürlich Adalbert Stifter bekannt gemacht worden. Der Literaturwissenschaftler Friedrich Sengle beschreibt, wie die Novelle »dem geselligen Eifer, den ›gemütlichen Neigungen‹, der Andacht zu den kleinen Dingen, der verdrängten Weltgier, der heimlichen Nervosität des Restaurationsmenschen« vollkommen entspräche. Die Gattung verlange »keinen langen Atem und wußte doch alles in sich aufzunehmen, was das Herz und den Verstand bewegte: Idyllisches, Sentimentales, Charakterlogisches, Gedankliches, Märchenhaftes, Kriminalistisches, Phantastisches.« Die Novellen seien keine »klar geformten Dichtungen« gewesen, »sondern Berichte, Skizzen und, wie noch Stifter sagte, ›Studien‹«.[518] Diese Einschätzung bringt Wesentliches der Biedermeierliteratur auf den Punkt und trifft auch den Kern von Otfried Preußlers Lustspiel. Entworfen wird eine bürgerliche Familie, die allerdings von der damals üblichen Haushaltsfamilie, in der zumeist drei Generationen unter einem Dach leben, Großeltern, Eltern und Kinder, abweicht. Oftmals gehören auch die noch unverheirateten Schwestern des Mannes sowie Hausangestellte dazu, die der Familie in besonderer Verbundenheit nahestanden. Otfried Preußler wendet sich von einer solchen Konstellation ab und reduziert die Familie auf den Onkel und seine Nichte. Aber ganz im Sinne des Biedermeier agiert Onkel Melchior als Repräsentant und Ernährer, dessen Einlassungen die übrigen Mitglieder des Hauses zu folgen haben. Freilich setzt der junge Stückeschreiber auf eine Darstellung, die zwischen den Polen einer liebevollen Komik auf der einen und einer impliziten Verspottung auf der anderen Seite angesiedelt ist. Die Figurinen hat der junge Theatermann selbst entworfen und auch den farbigen Einband gezeichnet, mit dem die Komik des Textes vorweggenommen wird. Untermalt wird das Stück durch eine sparsame musikalische Begleitung, bei der das im Lager nicht vorhandene Spinett durch zwei Gitarren ersetzt wird. Zum Figurenensemble gehören fünf Protagonisten: Onkel Melchior (M), seine Nichte Angelika (A), Herr Sebastian (S) sowie die beiden Bediensteten des Onkels, Balthasar, der Diener (D) und Babette, die Köchin (B). Mit den Namen Melchior und Balthasar ist – wie oft bei Otfried Preußler – auf die Weihnachtsgeschichte aus dem Matthäusevangelium angespielt. Der Schauplatz allerdings ist mit dem Haus des begüterten Onkels Melchior fest in der Zeit des 19. Jahrhunderts fixiert. Das Stück hat fünf Akte mit jeweils sechs Szenen. Geschrieben hat Otfried Preußler das Lustspiel auf 52 Seiten mit Tinte auf bräunlichem Packpapier.[519]

Die 1. Szene des 1. Aktes führt ins Haus des Onkels und deutet bereits an, worum es vermutlich in dem Stück geht. Der Nebentext liefert folgende Information:

> *Zimmer bei Onkel Melchior, Spinett, Vitrine mit chinesischem Porzellan. Angelika am Spinett; Sebastian verkleidet als Musiklehrer mit Geige, später Babette. Die beiden mit Rücken zum Publikum musizieren; A. himmelt S. an; sie benehmen sich auffällig verliebt. – Babette tritt ein.*

Sodann beginnt das Stück mit dem Dialog der zwei Verliebten.

A Vorsicht
S *(verstellt)* Die Etüde klang
besser heut' als neulich.
A O, Maestro, vielen Dank.

S Ungemein erfreulich. –
Achten Sie auch weiter mir
auf das linke Däumchen
und vor allen Dingen hier,
auf die Zwischenräumchen

2. *Szene*
(Balthasar (D) mit einer Hutschachtel dazu.)
B Balthasar, ach Balthasar –
auf ein Wort.
D Ich eile
und hab heute ganz und gar
keinen Schnaufer Weile
B Balthasar!
D Der Herr verreist.
B Balthasar!
D Babette
Du bist alt genug und weißt
liebe Freundin, was das heißt.
Geh, ich bitt' Dich, plätte
dieses Halstuch noch einmal –
fast hätt' ich's vergessen
B O, das wäre ein Skandal,
ein Malheur gewesen …
(beide nach verschiedenen Seiten ab
und S. hören auf zu spielen, lachen.)
S So, die haben nichts gemerkt.
A Nein, auch keinen Schimmer,
S darum von Erfolg gestärkt
weiter so.
A – Du Schlimmer![520]

Abb. 21 und 22 (rechte Seite): Otfried Preußler: »Mein geliebtes Porzellan« (Zeichnung und Textseite Otfried Preußler)

Der Inhalt der Verwechslungskomödie, die Preußler mit Blick auf das Publikum in Kreuz- und Paarreimen schreibt, lässt sich nach dem Einstieg, in dem die beiden Liebenden Angelika und Sebastian eingeführt werden, so zusammenfassen: Der Onkel, der für eineinhalb Tage verreist, warnt die Nichte Angelika, sich auf keinen Fall in Vertraulichkeiten mit dem Herrn Sebastian einzulassen. Als der Onkel auf dem Weg zur Postkutsche ist, nimmt Sebastian die kostümierende Nase, die Brille und den falschen Bart ab. Beide wollen die Chance des Alleinseins genießen. Der bekannte Satz »ist die Katze aus dem Haus, freuen sich die Mäuse« wird zitiert. Da Onkel Melchior sich geirrt hat und die Kutsche erst am Nachmittag abfährt, kehrt er nach Hause zurück und überrascht die beiden. Er schmeißt Sebastian aus dem Haus und warnt die Nichte. Das Flehen von Angelika und ihr Geständnis, dass sie Sebastian inständig liebe, helfen nicht. Onkel Melchiors Begründung: Sebastian ist ein Tunichtgut, er hat Schulden und der Gläubiger ist er, der Onkel.

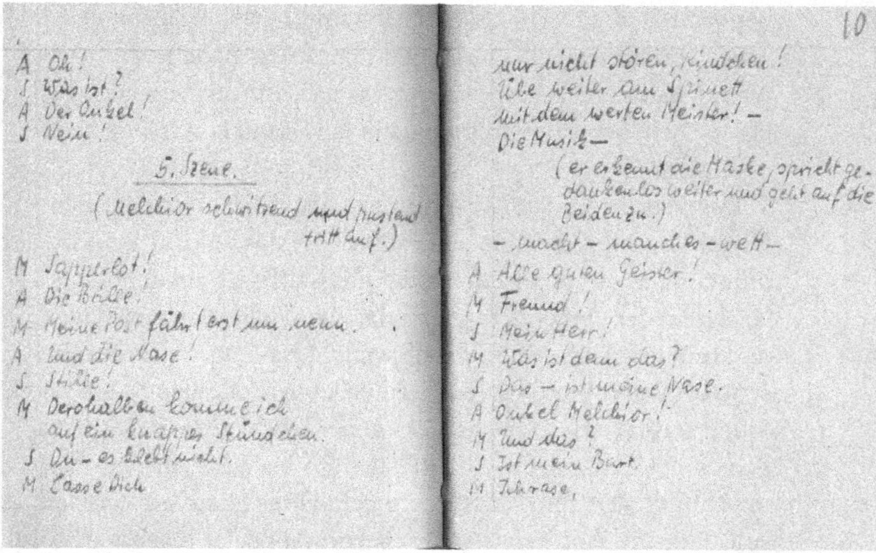
A Oh!
S Was ist?
A Der Onkel!
S Nein!

5. Szene.

(Melchior schwitzend und pustend tritt auf.)

M Sapperlot!
A Die Brille!
M Meine Post fährt erst um neun.
A Und die Nase!
S Stille!
M Deshalben komme ich auf ein knappes Stündchen.
S Du – es klebt nicht.
M Lasse Dich

10

nur nicht stören, Kindchen!
Übe weiter am Spinett
mit dem werten Meister! –
Die Musik –
(er erkennt die Maske, spricht gedankenlos weiter und geht auf die Beiden zu.)
– macht – manches – wett –
A Alle guten Geister!
M Freund!
S Mein Herr!
M Was ist denn das?
S Das – ist meine Nase.
A Onkel Melchior!
M Und das?
S Ist mein Bart.
M Ihr Nase,

Bevor Melchior abreist, bekommt Angelika den Auftrag, die Vasen mit dem Wedel abzustauben: »Staube zweimal täglich hier,/ Kind damit die Vasen./ Keinen Andern sollst Du mir/ dies verrichten lassen!/ Siam, China und Japan,/ bunt und ungewöhnlich –/ mein geliebtes Porzellan/ Hüte Du persönlich,/ wie ich sonst es selbst getan,/ während ich verreise!/ Mein geliebtes Porzellan«. Einen Tag später bittet Angelika die Köchin Babette, sie in die Stadt zu lassen. Aber die bleibt hart und verweigert sich, sie hält sich an den Auftrag des Onkels, über die Nichte zu wachen. Angelika ist verärgert und sie verspürt keinerlei Lust, das Porzellan zu entstauben. Sie gibt den Auftrag an den Diener Balthasar weiter, während sie selbst auf dem Spinett zu spielen sucht. Unlustig schlägt sie nach einer Zeit den Deckel des Instruments zu, Balthasar erschrickt und lässt einen kleinen Porzellanbuddha fallen, das Lieblingsstück des Onkels. Angelika verspricht, die Sache mit dem Onkel ins Reine zu bringen, beide tun geheimnisvoll und werden von Babette beobachtet, die in Eifersucht entbrennt. In der 6. Szene des 2. Aktes verfällt Angelika auf einen Plan: »Was Babette in ihrem Wahn/ sich zurechtgesponnen,/ das gab mir den Ausweg an./ Freue Dich, Sebastian!/ Einen ganz famosen Plan/ hab ich mir ersonnen.«

Der Plan ist einfach strukturiert: Angelika suggeriert dem Onkel Melchior, dass sie einen Vater für das zukünftige Kind braucht, das aus einer Beziehung mit Balthasar entstanden ist. Nachdem der Onkel sich gefasst hat, wird Sebastian eingeladen und ihm die Hochzeit offeriert. Wenn das nichts werden sollte, schwört der Onkel, werde er sein geliebtes Porzellan Stück für Stück zerbrechen. Sebastian ist ob der Hochzeitsofferte glücklich, aber nun kommt die eifersüchtige Babette auf den Plan und hinterträgt ihm, dass er ein gehörnter Ehemann werden soll. Empört sagt Sebastian sich von Angelika los. Letztlich aber wird die Verwechslung von den beiden Bediensteten gelöst. Glücklich kommen die Liebenden zueinander. Onkel Melchior hat die Chance, eine abschließende Botschaft zu formulieren: »Nehmt Euch, liebt Euch, werdet froh/ als demnächst Getraute./ Es war gar nicht nötig so/ mit dem Lügenmärchen, wo/ ich ja gleich durchschaute./ Tragt mir Eure Sorgen vor,/ Kinder; das ist besser!/ gerne leih ich Euch mein Ohr, – / denn der Onkel Melchior/ ist kein Menschen – f – resser – f!« Und der Nebentext abschließend lautet: »bei f bläst er die Kerzen aus (Vorhang)«.

Wie für manche Biedermeierstücke kennzeichnend, wird im lockeren Erzählton ein Ereignis zum Ausgangspunkt, das über die entworfene Handlung letztlich zu einer lehrhaften Situation führt. In diesem Fall: Der Onkel ist vermeintlich doch nicht so borniert und gegenüber den jungen Leuten aufgeschlossen. Die pädagogisch-didaktische Intention ist in eine nette Geschichte gekleidet, die einmal mehr um typische biedermeierliche Elemente rankt. Es geht um Familiensinn, eine in Gefahr geratene Idylle, die letztlich in einem harmonischen

Ende mündet, wobei die Vertreter der verschiedenen Schichten mit ihrer sozialen Stellung zufrieden sind und sich in die Verhältnisse einpassen.

Hans Zinsmeister hat bereits zwei Monate nach seiner Entlassung aus der Gefangenschaft in einem Brief an Josef Preußler vom 28. Juli 1947 eine ausführliche Einschätzung des Sohnes Otfried gegeben. Er selbst habe »als begeisterter Bergsteiger und Skifahrer abgehärteter als viele andere« die acht Jahre »ohne nennenswerte körperliche Schäden und ohne jegliche seelische und geistige Störung überstanden.« Mit Otfried Preußler sei er in engeren Kontakt im Zusammenhang mit dem von ihm verfassten Biedermeierstück gekommen. »Die graziöse Durchführung des an sich anspruchslosen Stoffes und die Leichtflüssigkeit der Verse gefiel mir sehr gut«, schreibt Zinsmeister.[521] Danach war sein Interesse geweckt und er habe andere der von Otfried Preußler geschriebenen Texte gelesen, vor allem seine Gedichte. »Wie es nicht anders sein konnte«, resümiert Hans Zinsmeister, »das eine gefiel mir mehr, das andere weniger«. Der ältere Freund weist gegenüber dem Vater auch darauf, dass der junge Otfried Preußler seine Jugend unter existenziellen Bedingungen hat verbringen müssen, denn darum handelt es sich zweifellos bei Krieg und Gefangenschaft. Autonome Entscheidungsmöglichkeiten hat es für diese Kriegsgeneration in einer wichtigen Lebensphase nicht gegeben. Den für die Jugendphase so wichtigen offenen Problemraum mit vielfältigen Entscheidungs- und Individualisierungsmöglichkeiten gab es nicht.[522] Als Kompanieführer hatte Otfried Preußler bereits als Zwanzigjähriger in hohem Maße Verantwortung in einer permanenten Ausnahmesituation zu übernehmen. Für Größen- und Allmachtsphantasien war unter solchen Bedingungen kein Platz.[523] Gleichwohl und dennoch stellt Zinsmeister heraus, dass gerade Otfrieds Gedichte von einer »erstaunlichen inneren Reife« zeugen würden. Zinsmeister ist sich sicher, »daß er das Zeug in sich trägt, etwas Besonderes zu schaffen«.[524]

XXII. »Ein frohes Herz und ein unbeugsamer Wille sind alles in der Gefangenschaft«

Kriegsgefangenenpost, der Schock der Aussiedlung und neue Hoffnung

In der Ausnahmesituation der Kriegsgefangenschaft, in der über Monate und teilweise Jahre keine Verbindung zu den nächsten Angehörigen besteht, spielt der Tag, an dem die Lagerinsassen das erste Mal Post nach Hause versenden können und erhalten, eine besondere Rolle. Bei solchen Kriegsgefangenenbriefen handelt es sich um sehr persönliche Zeugnisse. Dies auch deshalb, weil die Briefeschreiber oftmals unmittelbar Auskunft über ihren Gefühlszustand geben, soweit dies unter Bedingungen der Zensur möglich ist. Besonders problematisch ist die Situation für jene Soldaten und Offiziere, die in sowjetische Kriegsgefangenschaft geraten sind. Briefe etwa der in Stalingrad eingeschlossenen 6. Armee, die Deutschland ab dem Frühjahr 1943 erreichen, werden nicht ausgeliefert. Da im Dritten Reich der Eindruck erzeugt werden soll, dass deutsche Soldaten in sowjetischer Gefangenschaft nicht nach dem geltenden Völkerrecht behandelt werden, werden Briefe von den deutschen Überwachungsorganen – wie Katrin Anja Kilian feststellt – abgefangen und konfisziert.[525] Diese Verfügung wurde von Hitler direkt erlassen. Heinrich Gerlach lässt seinen Antikriegsroman »Durchbruch bei Stalingrad« aus ebendiesen Gründen so enden:

> Im Frühjahr 1943 meldeten sich Generalfeldmarschall Frh. v. Weichs, der Oberbefehlshaber der aufgelösten Heeresgruppe ›B‹ (dem die Stalingradarmee bis November 1942 unterstand),

> und sein Chef, General von Sodenstern, im Führerhauptquartier. Gerade war die erste Post von Stalingradgefangenen in Deutschland eingetroffen. Da sehe man ja, meinten die beiden Herren beim Mittagessen, daß noch viele Stalingradkämpfer am Leben seien, und sie sprachen von der großen Beruhigung für die Angehörigen. Hitler sah auf mit einem Blick, der die beiden Offiziere verstummen ließ. Und er antwortete: »Die Kämpfer von Stalingrad haben tot zu sein!«[526]

Nach dem Ende des Zweiten Weltkrieges können die Kriegsgefangenen ab Jahresbeginn 1946 in der Sowjetunion über das Rote Kreuz Post nach Deutschland schicken. Weit früher sind sie über Informationen sowie Zeitungen, die ihnen bevorzugt aus der Sowjetischen Besatzungszone (SBZ) zugeteilt werden, über die Verhältnisse in Deutschland informiert, etwa über die Folgen des Potsdamer Abkommens. In seinem Dokumentarroman »Odyssee in Rot« erinnert Heinrich Gerlach, mit welchem Erstaunen die gefangenen Offiziere eine Nachricht registrieren, die ihnen über eine neu gegründete Zeitung, die »National-Zeitung«, zugeht:

> Da kam eine Zeitung ins Haus, die sie alle von den Sitzen riß. *National-Zeitung, Organ der National-Demokratischen Partei Deutschlands.* Eine neue Partei war gegründet worden, in Dresden hatte sie ihre Konferenz abgehalten und ihr Parteiprogramm verkündet. Und da hörte man nun erstaunliche Töne. »Wir fordern die Beseitigung jeder Diskriminierung ehemaliger Soldaten und Angehörigen der NSDAP!« – »Die SED behauptet … Wir aber stellen fest …« – »Wenn die SED meint, es gebe keinen Sozialismus ohne Planwirtschaft, dann sagen wir, daß es sehr wohl Planwirtschaft ohne Sozialismus geben kann!« – »Wir fordern ein einiges Volk in einheitlichen Grenzen, eine Demokratie aller Stände und Klassen!« Das war unerhört. Im Westen lief, wie man in der Heimatpost las, immer noch die Welle der Entnazifizierungen, kleinlich und peinlich mit dickleibigen Fragebogen. Hier im Osten nun forderte eine Partei die Rehabilitierung der Nazis![527]

Die Offiziere wissen also im Lager bereits, dass sie sich gegebenenfalls einem Entnazifizierungsprozess zu stellen haben, der allem Anschein nach im Osten schon abgeschlossen ist. Viel entscheidender aber, als über die Zeitungen ausgewählte Informationen aus Deutschland zu bekommen, ist der persönliche Briefkontakt mit der Familie. Auch über diese Problematik wird in Gerlachs »Odyssee in Rot« vom Erzähler berichtet. Während in Krasnogorsk im Lager 27 die meisten kriegsgefangenen Offiziere des Nationalkomitees »Freies Deutschland« schon Post erhalten haben, wartet Oberleutnant Breuer, also Heinrich Gerlach, immer noch. Ende Oktober wird er in den Block II gerufen, er schlurft missmutig dorthin. Die Dolmetscherin, eine junge Frau aus Polen, ist allein. Breuer ist bekannt, dass sie keine Angehörigen mehr hat, ein Teil von ihnen ist im Vernichtungslager Treblinka umgekommen. Der deutsche Offizier weiß zu diesem Zeitpunkt noch nicht, dass in dem Vernichtungslager im besetzten Polen um eine Million Menschen ermordet wurden. Zwei Brüder der polnischen Dolmetscherin sind beim Warschauer Aufstand 1944 ums Leben gekommen, alle anderen sind verschollen! Die Dolmetscherin fragt:

> »Sie Breuer? Sie immer noch keine Post aus Deutschland?« »Keine Post, nein. Alle tot, alle. Keiner wagte zu schreiben! ...« »Sie geschrieben? Rotkreuzkarte?« Ja, natürlich hatte er geschrieben. Immer wieder, sechsmal, siebenmal. Keine Antwort. Nichts. »Sie Breuer Franz Richard? Oberleutnant? Nun, dann ist diese Karte hier vielleicht für Sie?« Breuer hielt das braune Stück Papier in der Hand. Seine Anschrift, von ihm selbst ausgefüllt. Es war die Rückantwort der Septemberkarte, die er an die Verwandten in Steglitz geschickt hatte. Er wagte sie nicht umzudrehen. »Nun? Ist die Karte für Sie?« Die Rückseite! ... Es waren nur wenige Worte. Die Buchstaben tanzten vor seinen Augen. Es war Irmgards Schrift! ... »Karte an Preußners erhalten. Alle am Leben und wohlauf. Wohnen mit Omi bei Onkel Bruno! ...«

Alle am Leben! … Breuer blickte auf. Das Blatt in seiner Hand zitterte. Die Polin sah ihn an. Er sah, daß sie weinte.[528]

Die emotionale Bewegung von Breuer ist verständlich, aber wohl noch mehr jene der jungen polnischen Übersetzerin, die nicht weiß, ob von ihrer Familie noch jemand lebt. Breuer, der zum ersten Mal Post von seiner Frau erhält, kann nun endlich mit Sicherheit sagen, dass die engsten Angehörigen am Leben sind, seine Frau, die Kinder und auch die Mutter. Sie haben in der zerstörten deutschen Hauptstadt Zuflucht beim Onkel von Gerlach gefunden. Was er damals nicht weiß, das ist der Umstand, dass seine Frau Ilse und die drei Kinder Jürgen, Dorothee und Heinrich schreckliche Monate hinter sich haben. Ab dem Herbst 1944 sind sie – gemeinsam mit den Familien der Attentäter um Graf Stauffenberg – unter Sippenhaft gestellt worden.

Auch Otfried Preußler hat von seiner Familie und von der Verlobten Annelies seit der Gefangennahme Ende August 1944 nichts gehört. Im Spätherbst 1945 erfährt er in einer Lagerversammlung, dass es zukünftig möglich sein wird, einmal im Monat an die Angehörigen zu schreiben. Dafür stehen eigens dazu produzierte Postkarten zur Verfügung. Es gibt Voraussetzungen für die postalische Versendung: Die Mitteilungen dürfen zunächst zehn Zeilen nicht überschreiten. Jegliche Angaben über den Ort des Lagers sowie auch über Mitgefangene haben zu unterbleiben. Zuwiderhandlungen werden als »Geheimnisverrat« bewertet und bestraft. Im Laufe des Tages erhält Otfried Preußler eine der auf braunem Papier gedruckten Postkarten. Die Antworten aus Deutschland sind jeweils auf einer angehängten Postkarte zu verschicken, auf der die Kriegsgefangenen vorab die vorgegebene Anschrift einzutragen haben. Otfried Preußler weiß nicht, wohin er seine Karte schicken soll. In seinen autobiografischen Erinnerungen beschreibt er die problematische Situation so:

> Noch in Jelabuga, wenige Tage nach dem Potsdamer Abkommen, hatte uns ein sowjetischer Instrukteur bei einer Lagerversammlung eröffnet, die deutsche Bevölkerung jenseits von Oder und Neiße, aus der unter Dr. Beneš wiederrichteten Tschechoslowakei sowie aus den übrigen Staaten Ost- und Südosteuropas sei aus ihren bisherigen Wohngebieten nach Deutschland zu ›transferieren‹. Dennoch schrieb ich die erste Karte an mein Mädchen, die zweite nach Monatsfrist an meine Eltern, beide nach Reichenberg in Böhmen. Wohin hätte ich schreiben sollen, wenn nicht dorthin?[529]

Der Empfang der ersten Post wird von den Kriegsgefangenen als Sensation gefeiert, das ist auch in Kasan so, nachdem nach etwa sechs Wochen Antworten aus Deutschland eingehen. In der ersten Zeit überbringt der deutsche Lagerälteste die Postkarten persönlich. Nach der Rückkehr von der Tagesschicht geht er durch die Unterkünfte und ruft die jeweiligen Empfänger öffentlich aus. Es zeigt sich, dass die Post aus der SBZ, der sowjetisch besetzten Zone, früher eingeht, die Antworten aus den westlichen Besatzungszonen brauchen etwas länger. Keinerlei Sendungen gehen aus dem Sudetenland ein.

Dennoch schreibt Otfried Preußler weiterhin jeden Monat seine Postkarte an die Eltern und die Verlobte nach Reichenberg, er will nicht glauben, dass man alte Menschen wie die Großmutter Dora, die Eltern oder auch Frauen einfach aus dem Sudetenland vertrieben hat. Er weiß zu diesem Zeitpunkt nicht, was in Reichenberg und den anderen Städten und Dörfern im Sudetenland geschehen ist: Nach den Massakern von Lidice und Ležáky 1942 macht die Exilregierung um Beneš radikalere Vorschläge, was mit den Deutschen im Sudetenland nach einem möglichen Sieg gegen Hitlerdeutschland zu geschehen hat. In der Öffentlichkeit spielt bereits ab diesem Zeitpunkt die Kollektivschuldthese eine Rolle, die Position also, dass die Deutschen in ihrer Gesamtheit für Hitler und die Folgen verantwortlich sind. In diesem Zusammenhang gewinnen Kräfte an Einfluss, die sich für eine Massenaussiedlung der deutschen Volksgruppe starkmachen und darauf setzen, einen nationalvereinheitlichten Staat zu gründen. Schließlich legt Beneš 1942 in Moskau ein Memorandum vor, das in Hinblick auf die Sudetendeutschen Forderungen aufstellt. Danach soll die deutsche Sprache aus alles Institutionen des öffentlichen Lebens ausgeschlossen werden. Alle Deutschen – so der Vorschlag – verlieren mit Ausnahme jener, die als Antifaschisten ausgewiesen sind, die tschechoslowakische Staatsangehörigkeit. Für die Aus- bzw. Umsiedlung der deutschen Bevölkerungsgruppe wird ein Plan mit verschiedenen Kategorien festgelegt, wobei es zur entschädigungslosen Enteignung der deutschen Bevölkerung kommen soll.[530] Was im Exil noch als Plan existiert, wird mit dem Ende des Zweiten Weltkrieges zur Praxis. Pavla Tišerová fasst die damalige Lage so zusammen:

> Im April 1945 wurde den Sudetendeutschen die tschechoslowakische Staatsbürgerschaft aberkannt, ihr Eigentum beschlagnahmt und sie wurden des Landes verwiesen. Gleich darauf setzten die sog. ›wilden Vertreibungen‹ in Böhmen und Mähren ein. Bis zum Ende der Potsdamer Konferenz der Siegermächte am 2. August 1945 waren bereits bis zu 750 000 Sudetendeutsche vertrieben worden oder geflohen. Die Konferenz von Potsdam bestätigte den Tschechen das Recht zur Vertreibung, doch wurde verlangt, dass diese Ausweisungen in legaler und humaner Weise durchgeführt werden sollen. Die Ausweisungen dauerten etwa bis November 1946 an und hatten eine weitgehende Räumung der sudetendeutschen Gebiete zur Folge.[531]

Nun sind die »wilden Vertreibungen«, von denen die Familie Preußler betroffen ist, aus nachvollziehbaren Gründen über einen längeren Zeitraum nur sehr zurückhaltend oder gar nicht Gegenstand von historischen wie literarischen Darstellungen gewesen.[532] Wollte man die Frage beantworten, warum dies so war, dann sind Durs Grünbeins »Berliner Aufzeichnungen« mit dem Titel »Das erste Jahr« aufschlussreich. Dort findet sich unter dem 19. Juni 2000 folgender Eintrag:

> Wie nebenbei, mehr als ein Jahr nach ihrem Tod und über fünfzig Jahre nach dem schrecklichsten Kapitel deutscher Geschichte, höre ich, dass meine Großmutter 1945 in Dresden von russischen Soldaten vergewaltigt wurde. Es ist meine Mutter, die mit der Sprache herauskommt, unter den seltsamsten Umständen. Weit weg von Deutschland war das, lange nachdem die Mauer gefallen war. Es bedurfte wohl erst dieses doppelten Abstands, im Raum wie in der Zeit, und eines ganz besonderen Anlasses. Meine Eltern hatten mich in Los Angeles besucht […].[533]

Günter Grass' Novelle »Im Krebsgang«, die vom Trauma des Untergangs des Flüchtlingsschiffs »Wilhelm Gustloff« am 30. Januar 1945 erzählt, beginnt so:

> »Warum erst jetzt?« sagte jemand, der nicht ich bin. »Weil Mutter mir immer wieder … Weil ich wie damals, als der Schrei überm Wasser lag, schreiben wollte, aber nicht konnte … Weil die Wahrheit kaum mehr als drei Zeilen … Weil jetzt erst …«[534]

Grünbein spricht vom »doppelten Abstand« und Grass verweist auf das »Weil jetzt erst «. Mit Blick etwa auf die in der Literatur aus seiner Sicht fehlende Darstellung nicht nur der Bombardements auf deutsche Städte im Zweiten Weltkrieg hat W. G. Sebald 1997 gar von der »Unfähigkeit einer ganzen Generation deutscher Autoren« gesprochen, das, »was sie gesehen hatten, aufzuzeichnen und einzubringen in ihr Gedächtnis«.[535] Mit Sebalds Vorwurf, der mit dazu beitrug, die über Jahrzehnte geführte Diskussion vom Täter- hin zum Opferstatuts zu verändern, sind auch die »wilden Vertreibungen« aus dem Sudetenland angesprochen. Reinhard Jirgl, dem 2010 der Büchner-Preis verliehen wurde, ist diesem Trauma der deutschen Bevölkerung in seinem Roman »Die Unvollendeten« auf den Grund gegangen. Der Textanfang der unvermittelt einsetzenden fiktiven Geschichte entspricht den realen Erfahrungen der Familie Preußler in Reichenberg:

> Später rückten Lautsprecherwagen in die Ortschaft ein, danach Miliz.
>
> Zuerst, u wie in Frührenzeiten vor der-Pest, drangen von-Überall-her die Warnschreie menschlicher Stimmen an : !*Heutmorgen sind Viele schon erschlagen & erschossen worden* –.–In der kleinen Stadt Komotou im Sudetenland wurden seit Stunden Straßen & Gassen mit immerdenselben Durchsagen in tschechischer Sprache beschallt.
>
> > 30 MINUTEN ZEIT – MIT HÖCHSTENS 8 KILO GEPÄCK PRO PERSON – AM BAHNHOF SICH EINZUFINDEN – DIEJENIGEN, DIE GEGEN DIESEN BEFEHL VERSTOSSEN, WERDEN NACH DEN KRIEGSGESETZEN BESTRAFT –
>
> Und war nach Kriegsende der Beginn jener *Wilden Vertreibungen* …
>
> Die beiden Geschwister, Hanna u. Maria, mitsamt ihrer Mutter Johanna, gehörten zur *deutschstämmigen Bevölkerung im ehemaligen Sudetengau;* die Schallscherben von den Lautsprecherwagen galten an diesem Morgen auch für sie.«[536]

Otfried Preußlers Mutter Ernestine, hat unter dem Pseudonym Tina Kilian eine eindrucksvoll-emotionale Geschichte um die Vertreibung und die Großmutter Dora unter dem Titel »Großmutter hat keine Uhr« geschrieben. Der erste Satz bezieht sich auf die Überschrift und führt zurück zu den »wilden Vertreibungen« im Juli 1945:

Ja, wie könnte sie denn auch eine haben? – Sie wurde doch im Sommer 1945 aus ihrer sudetendeutschen Heimat vertrieben und lebte dann bis zu ihrem Tode als arme Frau in einem weltvergessenen Dorfe in den Ausläufern des Westerwaldes.
Dieses Gebirge hatte sie daheim nicht einmal dem Namen nach gekannt, und wenn die Rede darauf kam, dann sagte sie schmunzelnd: »Dazumal muß ich wohl ne in der Schule gewesen sein, sonst müßt ich's doch wissen.«
Ja, es war halt auch schon mehr als siebzig Jahre her, da Großmutter als kleines Mädchen die einklassige Volksschule ihres Heimatdorfes besucht, und es stimmte auch, daß sie manchmal nicht in der Schule war; nicht nur, wenn Eis und Schnee ihr den weiten Weg dahin unmöglich machten, sondern viel öfter noch dann, wenn sie daheim notwendig gebraucht wurde.

Ihre Eltern bewirtschafteten ein Gasthaus am halben Wege zur Stadt, und wenn dort Markttage waren, dann kehrten viele vorüberziehende Fuhrleute zu einer Stärkung daselbst ein. Dann hatten die Erwachsenen im Hause alle Hände voll zu tun, und die kleine Dorothea mußte ihre drei jüngeren Geschwister ganz allein betreuen. Da kam es vor, daß die Zwillinge Andreas und Martin zugleich schrieen, weil einer Hunger und der andere Bauchweh hatte; daß die kleine, flinke Emilie die günstige Gelegenheit benützen wollte, um auf die gefährliche Straße hinauszuhuschen, und daß sich zu alldem die Milch noch anschickte, über den Herdrand herunterzulaufen. Da lernte eins zupacken, um alles wieder ins Gleichgewicht zu bringen! –

Dora war auch in der Schule allen voran und erwarb sich viele Kenntnisse und Fertigkeiten.
In ihrem Elternhause hatte sie aber auch die Rechtschaffenheit gelernt und die gehörte zu ihrem Leben wie das tägliche Brot. Und deshalb konnte sie es einfach nicht fassen, als in den Revolutionstagen im Mai 1945 wüste Kerle in das Haus ihres Sohnes eindrangen, Kästen und Schränke aufrissen und alles Wertvolle an sich nahmen. Und

als ein Rohling in ihr Altersstübchen eindrang und lüstern nach der blauen Weckeruhr griff, an deren Klang sie sich so sehr gewöhnt hatte, da wollte sie ihm in den Arm fallen und schreien ... aber ein dumpfes Dröhnen um sie her machte allem ein Ende. – Ein Gewehrkolbenschlag hatte sie auf den Kopf getroffen. Und als sie erst am anderen Morgen aus tiefer Bewußtlosigkeit erwachte, da war viel Schreckliches vorbei, und was noch kam in den Wochen nachher, das erlebte sie auch nicht in voller Klarheit. Ein Schleier umgab mitleidsvoll ihre Sinne und erst, als sie in ihrer neuen Heimat wieder einigermaßen geordnete Verhältnisse um sich hatte, da konnten wir beruhigt feststellen: unsere Großmutter ist wieder die Alte.

Mit bewundernswerter Tapferkeit lebte sie sich in die fremde Umgebung ein. Sie hatte wieder ein Stübchen und das Allernötigste dazu, denn ihr Alter und ihre Hilflosigkeit hatten die Nachbarn doch zu mancher Guttat angeregt. Sie klagte fast nie und fand in der Arbeit, die sie immer als Segen empfunden hatte, auch hier einen großen Trost. Sie kochte ihr bescheidenes Mittagessen, hielt sich und ihr Stübchen blitzsauber und strickte und flickte noch nebenher für die Kinder der Bauersleute in der Nachbarschaft. Wenn die Stricknadeln in ihren Händen klapperten, dann horchte sie anfangs plötzlich auf: die Weckeruhr!? Richtig, das Ticken fehlte, das sie immer so gern gehabt hatte. Ob sie jemals wieder eine Uhr besitzen würde? Sie wagte kaum daran zu denken. Eine Nachbarsfrau hatte ihr erzählt, daß man viel kostbare Tauschware haben müßte: Fleisch, Fett und Mehl, um so etwas Seltenes zu erwerben.[537]

Hier könnte der Auszug aus dem eindrucksvollen Text von Ernestine Preußler abbrechen. Aber Tina Kilian hat die Geschichte hier nicht enden lassen können, denn es geht um nicht mehr und nicht weniger als um ein Menschenschicksal.

Großmutter gab sich zufrieden. Wozu brauchte sie eigentlich eine Uhr? Sie wußte ja auch so die Zeit. Wenn ihre Hausfrau am Morgen aufstand, dann war es bestimmt sechs Uhr. Die ging nämlich täglich zur Sieben-Uhr-Messe in die Kirche, und nach diesem gottvollen Tagesbeginn hätte sie eigentlich schon eine ganz fromme Seele sein müssen. Nun, sie gab sich auch redlich Mühe, gut und hilfsbereit zu sein, nur hatte sie eine unüberwindliche Sucht, Neuigkeiten zu erfahren und weiterzutragen und zur Befriedigung derselben diente auch schon der allmorgendliche Kirchgang. Da hörte sie da was und hörte dort was, und weil sie obendrein schwerhörig war, so braute sie oft ein unglückseliges Gemisch dieser Berichte zusammen, und es gab manchen heillosen Verdruß, worüber sie sich dann selbst schwer kränkte. »Und ich bede doch arch viel, daß Gott mich schweiche lehre«, gestand sie einmal ganz zerknirscht ihrer acht Jahre älteren Hausgenossin. Soviel ich weiß, hat es dann noch vier Jahre gedauert, bis sie das Schweigen endlich gelernt hatte. –

Großmutter verstand es aber auch, aus anderen Vorgängen die Uhrzeit abzulesen. Das Fenster ihres Stübchens gestattete ihr einen schrägen Blick auf die Straße, die an einigen Nachbarhäusern vorbei hinunter zur nächsten Bahnstation führte. Da kamen zur bestimmten Zeit bestimmte Leute des Weges vom Bahnhof herauf, und sie wußte dann, wie spät es war.

Jedesmal, wenn die ersten Schritte der Heimkehrenden auf der Dorfstraße für sie hörbar wurden, da drückte sie die Hand aufs Herz und horchte … Zwei sollten ja auch zu ihr noch heimkehren: ihr braver Sohn aus tschechischen Kerkern und ihr lieber Enkel aus Rußland! – Und erst, wenn die Schritte der Heimkehrenden vom letzten Zug um elf Uhr nachts im Dorfe verhallt waren, dann wußte sie, daß ihr Warten auch heute wieder vergebens gewesen war; aber sie gab die Hoffnung nie auf: »Morgen, vielleicht morgen!«

So war es zum dritten Male Herbst geworden, seit Großmutter in der Fremde lebte. Stürme brausten von den Höhen des Westerwaldes herunter, der Wind pfiff und heulte um die Hausecke und rüttelte gar arg an den Obstbäumen im Nachbargarten. Aber die alte Frau sah ganz vergnügt dem tollen Treiben zu. Sie wußte, jetzt ist die hohe Zeit für die armen Leute. Jetzt durften sie Obst lesen und es kam nur auf die Schnelligkeit an, wenn man die größten und schönsten Früchte erwischen wollte. Längst hatte sie sich umgesehen und wußte, daß drei Häuser weiter unten der Weg zur Mühle abzweigte: eine Obstallee mit auserlesenen Früchten. Frühzeitig mußte man gehen und doch sollte sich niemand vor sechs Uhr auf den Feldern sehen lassen.

Wieder half ihr die Bahnzeit. Um halb sechs Uhr früh gingen die ersten Arbeiter zur Bahn an ihrem Hause vorbei. Zweimal hielt sie die vorgeschriebene Zeit brav ein, aber sie kam immer zu spät und mußte das auflesen, was die andern übrig gelassen hatten.
Heute trieb es der Wind ganz besonders toll in der Nacht, und Großmutter konnte lange nicht einschlafen. Bis in ihre Träume hinein sah sie große, rote Äpfel und honiggelbe Birnen im Grase leuchten. Wenn sie es nur morgen früh nicht verschliefe! Und wehmütig dachte sie an ihre blaue Weckeruhr. –
Ein heller Schein weckte sie auf. Hatte sie es doch verschlafen?
Sie zog sich an, so schnell sie konnte, und bald humpelte sie mit ihrer großen Stofftasche die Straße hinunter. Es war so still, daß sie richtig erschrak, als das Aufklopfen ihres Stockes, tack-tack! an den Häuserwänden widerhallte. Aber nur weiter, heute wollte sie einmal die erste sein! Und sie hat es richtig geschafft!
Als sie schwer beladen heimwärtskeuchte, war es noch immer unheimlich still im Dorfe. Ging das mit rechten Dingen zu? – Wie spät mochte es sein? – Und plötzlich stockte ihr der Atem! Das war doch der Mond, der über einem Giebeldach mit breitem Gesicht auf sie heruntergrinste! –

Da schlich die alte Frau geduckt im Schatten der Häuser weiter, klinkte leise die Haustür auf, stieg behutsam die Treppe hoch und atmete erst erleichtert auf, als sie das schlaftiefe Schnarchen ihrer Hausfrau hörte …

Lange hat Großmutter das Geheimnis ihrer Mondscheinwanderung geheim gehalten, und erst, als sie uns mit Stolz das stattliche Säckchen voll getrockneter Äpfel- und Birnenscheiben zeigte, das sie auch heuer wieder für ihre »Heimkehrer« vorbereitet hatte, da erzählte sie uns leicht verlegen, wie sie damals der Mond genarrt hatte, und entschuldigend setzte sie hinzu: »Ja, soweit kommt's, wenn einer keine Uhr hat!«[538]

Otfried Preußler weiß von diesen Vorgängen im Sudetenland nichts, denn er hat auch im Sommer 1946 noch keinen Kontakt zu seinen Angehörigen. Aber auch für diejenigen, die bereits eine Verbindung zu ihren Familien haben und die deshalb im Lager ein wenig beneidet werden, gibt es nicht nur gute Nachrichten. Nicht selten geschieht es, dass einer jener Kriegsgefangenen, die strahlend und voller Hoffnung eine Karte aus Deutschland erhalten haben, sich wortlos in einem Winkel des Lagers verkriecht: Ganze Familien sind ausgelöscht, Angehörige umgekommen und Ehen nach den Jahren der Trennung zerbrochen. Als bereits einige Monate vergangen sind und Otfried Preußler nach wie vor ohne Antwortpost ist, nimmt ihn ein Obergefreiter zur Seite. Der stammt aus Nordmähren und sitzt im Büro des sowjetischen NKWD-Majors Maksimow, des Lagerleiters. Der Obergefreite teilt im Vertrauen mit, dass es zwecklos sei, Rote-Kreuz-Karten in die Tschechoslowakei, mithin auch nach Böhmen, zu schicken. Die Karten kommen gar nicht aus dem Lager heraus und werden nach einiger Zeit verbrannt. Es sei besser, die nicht nutzbaren Karten mit jenen Gefangenen gegen Brot zu tauschen, die Angehörige in Deutschland haben. Otfried Preußler, der Ähnliches bereits befürchtet hat, gibt die Information an seine Landsleute aus dem Sudetenland weiter, er selbst verzichtet auf das Schreiben und verteilt die ihm zustehenden Karten an Freunde.

Als im Frühherbst ein neuer Transport in das Silikatlager kommt, befindet sich darunter der Oberfähnrich Manfred

Frauenstein aus Leipzig. Der ist etwas jünger, und er bezieht seinen Schlafplatz auf der Doppelstockpritsche neben Otfried Preußler. Beide verstehen sich gut, und nach einigen Wochen fragt Frauenstein, warum keine Post ankomme für den Herrn Leutnant. Otfried Preußler erklärt ihm die Situation und dass er sich keine Hoffnungen machen möchte. Aber der Oberfähnrich lässt nicht locker und fragt, ob es nicht doch irgendwelche Verwandten oder Bekannten in Deutschland gebe, an die er eine Karte schreiben könne. Otfried Preußler muss verneinen.

Ich hatte tatsächlich keine Verwandten oder Bekannten »draußen im Reich«. Lediglich meine Verlobte hatte manchmal die Familie ihres Onkels in Leipzig erwähnt, doch kannte ich weder deren Adresse noch andere Einzelheiten. Sobald die Rede auf die Leipziger Verwandtschaft kam, hatte ich immer abgewinkt: »Laß das, Mädchen, ich will nicht deine Verwandtschaft heiraten, sondern dich.« Das rächte sich nun.

»Und wie heißen die guten Leute?« fragte Frauenstein. »Denken Sie mal scharf nach!«

»Es handelt sich um eine Familie Kind. Wenn ich mich recht entsinne, haben sie zwei Söhne, etwa in unserem Alter. Das ist alles, was ich weiß.«

Frauenstein packte mich an den Schultern: »Kind?« rief er. »Kind! Heißt einer der Söhne Wolfgang?«

»Schon möglich.« Ich wußte es nicht genau.

»Dann kenne ich den, von der Tanzstunde her. Da hatten wir einen in unserm Alter, der Wolfgang Kind hieß. Schreiben Sie doch ganz einfach an den!«

»Und die Adresse?«

»Weiß ich nicht. Schreiben Sie ›Leipzig, Gegend Zoo‹, dann wird das schon ankommen.«

Ich schrieb also meine nächste Karte an Herrn Wolfgang Kind, Leipzig, Gegend Zoo. Und ich teilte ihm mit, daß ich meine Familie suchte. Und meine Braut, Fräulein Annelies Kind aus Reichenberg in Böhmen. Große Hoffnungen hab ich mir nicht gemacht. Und das war wohl auch richtig so, denn ein anderer Leipziger, dem ich davon erzählte, hat bloß den Kopf geschüttelt: »Gegend Zoo? Dort steht kein Haus mehr. Dort ist alles total zerbombt.«

Es vergingen fünf Wochen, längst hatten wir tiefsten Winter bei uns in Kasan. Eines Abends, als wir von der Arbeit ins Lager einrückten, stand unser Lagerältester, Herr Rojahn, neben dem Tor am Stacheldraht und winkte mit einem Zettel. »Preußler, Sie haben Post!«

Die Prozedur des Einpassierens vollzog sich mit quälender Langsamkeit. Manchmal können Minuten zu Stunden werden. Endlich hatte man mich durchs Tor gezählt.

»Gratuliere, mein Lieber!« Damit händigte mir Herr Rojahn eine Karte aus – meine Karte! Ich rannte in den Bereich des nächsten Scheinwerfers an der Verbotenen Zone, warf einen Blick auf die Karte und wußte sofort: Die konnte weder von meinem Mädchen sein noch von meinen Eltern – sie war mit der Schreibmaschine getippt.

Die Absenderin, eine Frau Elfriede Kind aus Leipzig, schrieb mir: »Sehr geehrter Herr Preußler. Woher kennen Sie meinen Sohn Wolfgang? Ist er doch noch am Leben? Mit der Familie Ihrer Braut bin ich weder verwandt noch bekannt. Ich werde versuchen, sie ausfindig zu machen. Und bitte, bitte: Sollte mein Sohn noch am Leben sein, dann geben Sie mir Bescheid!«

Das war nun eine komplizierte Geschichte. Zum ersten Mal kaufte ich mir für einen Kanten Brot eine zusätzliche Postkarte. Dann schrieb ich jener Frau Kind nach Leipzig, ich sei ihr dankbar für alles, was sie auf der Suche nach meinen Angehörigen tun werde. Über den Verbleib ihres Sohnes Wolfgang wüßte ich leider nichts, das täte mir leid.

Drei Wochen später, es war am Tag vor dem Heiligen Abend, stand Rojahn wieder am Zaun.

»Post für Sie, Preußler!«

»Mit der Maschine geschrieben?«

»Nee, mit der Hand.«

Mach dir keine Hoffnungen! sagte ich mir. Mach dir bloß keine Hoffnungen!

Diesmal nahm ich die Karte mit in die Unterkunft, bevor ich sie mir besah. Es war wirklich die Handschrift meines Mädchens, das erste Lebenszeichen nach über zwei Jahren.

Der Mensch macht sich keinen Begriff davon, wie viele Schicksale auf einer einzigen Postkarte Platz haben. Aus der näheren Verwandtschaft sei alles am Leben, schrieb mir mein gutes Mädchen. Ihr Vater und meiner befänden sich in Gefangenschaft bei den Tschechen, die Mutter habe es zusammen mit der Großmutter Dora in den Westerwald verschlagen, mein Bruder Wolfhart sei im Harz gelandet, ihre Schwester habe ein Unterkommen bei Verwandten in Leipzig gefunden, sie selbst lebe mit ihrem Bruder und ihrer Mutter im erzgebirgischen Lichtenberg unweit der Bergstadt Freiberg. »Ich habe auf Dich gewartet,« schrieb sie. »Ich warte weiter. Hoffentlich kommst Du bald zurück.«

Ich weiß nicht, wie lange ich nicht mehr geweint hatte. Jetzt heulte ich einfach los, Glück und Freude hatten mich übermannt.

»Ist was?« Der Grünerhans legte mir voll Sorge die Hand auf die Schulter.

»Im Gegenteil«, schluchzte ich. »Stell dir vor, ich hab Post, ich hab Post von der Annelies!«

Auch Frauenstein war hinzugekommen. »Da sehn Sie mal«, meinte er. »Hab ich es nicht gesagt? Nu kann Weihnachten kommen.«[539]

Etwas anders verhält sich die Situation bei den Angehörigen von Otfried Preußler: Annelies Kind, seine Verlobte, beginnt nach dem Abschluss der Bürgerschule 1943/44 eine Ausbildung als Kindergärtnerin, die sie aber nicht abschließen kann. Am 24. Juli 1945, davon war bereits die Rede, muss sie gemeinsam mit ihrer Mutter Gerda Kind, der Schwester Lore Kind und dem

Bruder Dieter Kind das Haus in Reichenberg verlassen. Vater Kind ist bereits im Mai 1945 verhaftet worden und befindet sich in tschechischer Gefangenschaft, die meiste Zeit in einem Lager in der Nähe von Pilsen. Laut amtlicher Anordnung ist eine Liste über alle im Haus befindlichen Güter zu erstellen, die Betten müssen bei Verlassen frisch bezogen sein und die Wäsche hat ordentlich im Schrank zu liegen. Jedem der Reichenberger ist lediglich erlaubt, einen kleinen Koffer als Gepäck mit den wichtigsten Habseligkeiten mitzunehmen, zuzüglich der Kleidung. Deshalb tragen viele der Ausgewiesenen mehrere Kleidungsstücke übereinander, was bei der Julihitze zum Problem wird. Über die Straßen Waldzeile und Bayerstraße gelangt die Familie Kind dann mit anderen Reichenbergern zu einer provisorischen Unterkunft, die mit Stacheldraht eingezäunt ist. Dort warten sie eine Nacht auf den Abtransport. Der nächste Tag beginnt mit dem Wecken um 5.00 Uhr. Es wird Frühsport verordnet. Um 9.00 müssen alle zu einem Appell antreten. Danach sind alle Wertgegenstände wie Geld, Silber und Uhren abzugeben. Um 17.00 Uhr erfolgt der Befehl zum Aufbruch. An der Reichenberger Handwerkskammer vorbei zieht der Zug in Richtung Bahnhof. Dort werden die Ausgewiesenen in offene Güterwaggons verbracht, vom Roten Kreuz bekommt jeder ein halbes Brot. Gegen 19.00 Uhr setzt sich der Zug in Bewegung. Dieter Kind, Otfried Preußlers Schwager, hat in Tagebuchnotizen den weiteren Verlauf der Fahrt ins Ungewisse aufgezeichnet. Es geht über die Stationen Machendorf, Kratzau bis nach Grottau. Von da aus geht es über die Grenze nach Zittau. Am nächsten Tag fährt der Zug weiter bis nach Sohland. Dort werden alle ausgeladen und laufen bis Schirgiswalde, wo es zur Auflösung des Transportes kommt. Die Familie Kind will sich zunächst nach Leipzig durchschlagen. Sie gelangen nach Oberottendorf und nach zwei Stunden Fußmarsch kommen sie in Neustadt, einem Stadtteil im Osten von Leipzig, an. Von hier aus soll es am nächsten Tag nach Dresden gehen. »Um ½ 6 h geht's los«, schreibt Dieter Kind. »Wir müssen in Dresden-Reick schon aussteigen und dann zwei Stunden mit den Wageln durch die Trümmerstadt gehen. Die Stadt sieht furchtbar aus! Es ist Typhusgefahr, wir dürfen also kein Wasser trinken. Wir müssen in einer entsetzlichen Hitze noch 2 Stunden warten, ehe es losgeht. Wir haben den Entschluss gefasst in Lichtenberg im Erzgebirge zu fragen, ob wir dort bei Walter Heyse unterkommen können.«[540] In Freiberg wird erneut Station gemacht und am 28. Juli fahren Dieter Kind, die Schwester Lore und die Mutter nach Lichtenberg, es sind nur 12 Kilometer. In Lichtenberg erhält die Familie eine befristete Aufenthaltsgenehmigung und Lebensmittelkarten. Umgehend kehren Dieter Kind und die Mutter nach Freiberg zurück, um Annelies zu holen, die bei den wenigen Sachen ausgeharrt hat. Der Eintrag von Dieter Kind für den 29. Juli 1945 lautet so: »Wir werden zu Mittag von einem LKW von der ASW abgeholt. Um ½ 3 Uhr sind wir in Lichtenberg und richten uns in unserem Zimmer ein. Endlich haben wir wieder ein zuhause.«[541] In Lichtenberg lebt die Familie in der sogenannten »Straußenmühle«. Annelies Kind bekommt eine Arbeit im Gemeindebüro und ist mit den Stromabrechnungen beschäftigt. Zu Weihnachten 1948 gelingt es Gerda Kind mit dem Sohn Dieter über die Grüne Grenze bei Helmststedt nach Stephanskirchen in Bayern zu kommen. Erst im Mai 1949 kann Annelies Kind zusammen mit ihrer Schwester Lore der Familie folgen.[542] Zu diesem Zeitpunkt ist der Vater Hans Kind, der im Februar 1948 aus der Gefangenschaft kommt, bereits als technischer Leiter bei der neu gegründeten Nährmittelfabrik PIT Stephanskirchen tätig. Die PIT GmbH wiederum wird vom ehemaligen Reichenberger Süßwarenhersteller Otto Hoffmann in Stephanskirchen in einer ehemaligen Flakkaserne aufgebaut.

Weitaus komplizierter stellt sich die Situation für Otfried Preußlers Mutter Ernestine und die Großmutter Dora dar. Beide bleiben, nachdem sie das Haus vermutlich um den 15. Juli verlassen müssen, in Reichenberg, weil sie auf die Verhandlung des Vaters Josef warten. Auch sie haben ein »Seznam«, also ein »Verzeichnis über Wohnungseinrichtungen und in der Wohnung befindliche Sachen«, auszufüllen. In einer Belehrung heißt es: »Die Verzeichnisse sind tschechisch dreifach auszufüllen, bei Unkenntnis der tschechischen Sprache deutsch.« Zu versichern ist, dass die Angaben »der Wahrheit entsprechen, daß ich nichts verheimlicht habe und daß ich mir der Strafverfolgung unrichtiger Angaben bewußt bin«. Darüber hinaus gibt es die Verpflichtung, »jegliche spätere in diesem Verzeichnis enthaltene Aenderung der Gegenstände, sowie den Grund der Aenderung, unverzüglich dem Wohnungsreferat der Stadt Liberec zum Zwecke des Vermerks in der Erst- u. Abschrift dieses Verzeichnisses zu melden.«[543]

Die amtliche Verfügung ist handschriftlich mit dem ins Tschechische übersetzten Namen von Ernestine Preußler gezeichnet: Arnoštka Preußlerová!

Da alle anderen Familienmitglieder und sudetendeutschen Freunde ebenfalls vertrieben werden, finden Ernestine Preußler und Großmutter Dora im Wechsel bei tschechischen Bekannten Unterschlupf. Die Verhältnisse, unter denen die beiden Frauen leben, sind extrem. Erst im April oder Mai 1946 verlassen sie Reichenberg und werden – davon war bereits die Rede – ins hessische Oberzeuzheim ausgesiedelt. Im dem bereits zitierten Brief vom Mai 1946 teilt Ernestine Preußler ihrer zukünftigen Schwiegertochter Annelies Folgendes mit: »Nach unserem Otfried werde ich jetzt auch forschen, ich empfand es so innig lieb, daß du mir unaufgefordert die Angaben dazu schriebst. Ich besitze außer einem frühen nur Otfrieds letzten Brief v. 18. Aug. 44. Sonst bin ich in diesem Punkte bettelarm.«[544] Bei den »Angaben«, von denen Ernestine Preußler spricht, handelt es sich um einen Brief von Annelies Kind, die sich am 31.05.1946 mit einem Schreiben an das Internationale Komitee vom »Roten Kreuz« und hier an die Zentralstelle für Kriegsgefangene wendet, die ihren Sitz in Genf in der Schweiz

5) Koberce, obrazy, sbírky a jiné cenné předměty — Teppiche, Bilder, Sammlungen und andere Wertgegenstände:

2 Teppiche, 6 Läufer, 3 Vorleger — 24 Bilder
1 Lehrerbibliothek (meist fachwissenschaftl. Inhaltes)
1 Schreibmaschine 1500 RM
1 [illegible] 3000 RM

6) Stroje a jiné přístroje — Maschinen u. andere Apparate:

1 Staubsauger (10 Jahre im Gebrauch-schwach) 300
1 kleine Kochplatte, 1 Bügeleisen
1 Rapid-Einkochapparat u. Gläser
1 Nähmaschine (über 40 Jahre alt)
1 Küchenwage, 1 kleine Fleischmaschine, 1 kl. Fruchtpresse
u. a. — 1600 RM

7) Jiné předměty a součástky byt. zařízení — Andere Gegenstände und Teile der Wohnungseinrichtung:

Waschtrog u. 2 Halzgeschirre u. 2 Emailgeschirre f. d. Waschküche.

Gartengeräte.

Arnoštka Preußlerová

Poučení - Belehrung:

Seznamy vyhotoví se trojmo česky, nezná-li uživatel české řeči, německy.

Seznamy vyhotoví osoby německé národnosti. Osoby slovanské národnosti jen pokud užívají bytu po osobě německé národnosti, bez předchozího schválení bytového úřadu. Potvrzuji tímto, že veškeré údaje jsou pravdivé, že ničeho jsem nezatajil a jsem si vědom trestných následků nepravdivých údajů.

Béřu na vědomí, že jsem povinen jakoukoliv změnu, která by později nastala v předmětech v tomto soupise uvedených a její příčinu neprodleně oznámiti bytovému referátu města Liberec, za účelem vyznačení v propise a opise tohoto seznamu.

Majitelé bytů německé národnosti jsou bezpodmínečně povinni umožniti prohlídku bytu pouze těm uchazečům, kteří se vykáží průkazem vyhotoveným bytovým úřadem v Liberci. Průkaz ten je vystaven na jméno zájemce, opatřen číslem jednacím a razítkem bytového úřadu. Průkaz ten však neopravňuje k prohlídce svršků nebo jeho odebrání.

Prvopis a opis jest předložiti do dne vyhlášení.

Die Verzeichnisse sind tschechisch dreifach auszufüllen, bei Unkenntnis der tschechischen Sprache deutsch. Die Verzeichnisse sind auszufüllen von Personen deutscher Nationalität; von Personen slowakischer Nationalität nur dann, wenn sie eine Wohgaben der Wahrheit entsprechen, dass ich nichts verheimlicht baligung des Wohnungsamtes. Ich bestätige hiermit daß alle Anaben der Wahrheit entsprechen, daß ich nichts verheimlicht habe und daß ich mir der Strafverfolgung unrichtiger Angaben bewußt bin.

Ich nehme zur Kenntnis, daß ich verpflichtet bin, jegliche spätere eintretende in diesem Verzeichnis enthaltene Aenderung der Gegenstände, sowie den Grund der Aenderung, unverzüglich dem Wohnungsreferat der Stadt Liberec zum Zwecke des Vermerks in der Erst- u. Abschrift dieses Verzeichnisses zu melden

Die Wohnungsinhaber deutscher Nationalität sind bedingungslos verpflichtet, eine Besichtigung der Wohnung jenen Bewerbern zu ermöglichen, welche sich mit einem Ausweis des Wohnungsamtes der Stadt Liberec ausweisen. Der Ausweis lautet auf den Namen des Bewerbers, versehen mit der Geschäftszahl und den Stempel des Wohnungsamtes.

Dieser Ausweis berechtigt jedoch nicht zu einer Durchsicht oder Abnahme von Gegenständen.

Abb. 23: Seznam – Verzeichnis über Wohnungseinrichtungen und in der Wohnung befindliche Sachen der Familie Preußler

hat. Die junge Frau sucht nach ihrem Bräutigam. Annelies Kind verweist in dem Schreiben darauf, dass die »letzte Nachricht datiert vom 18. August 1944 geschrieben ostwärts von Kischinew« eingegangen sei. Sie betont, dass sie als »Deutsche aus der CSR evakuiert wurde« und es daher »sehr schwierig geworden (ist), daß mich oder meine Schwiegereltern eine Nachricht aus eventueller russischer Gefangenschaft erreicht.«[545] Das Datum der Aussiedlung ist insofern rekonstruierbar, als Annelies Kind bis zum 24. Juli 1945 wohnhaft in der Humboldtstraße 7 in Reichenberg ist. Ernestine Preußler wendet sich auf Grundlage der Informationen, die sie von Annelies bekommt, ebenfalls mit einer Suchanzeige an den Sanitätshilfsdienst. In dem handschriftlichen Brief vermerkt sie, dass ihr Sohn Otfried seit den Kämpfen »vom 22.-25. August 1944 ostwärts Husi in Rumänien vermißt« ist. Ernestine Preußler vergisst auch nicht, mitzuteilen, dass sie sich erlaubt, zur Begleichung möglicher Portokosten »1.50 RM in Briefmarken beizulegen«.[546]

Noch im November 1946 sind die Familien Preußler und Kind ohne Nachricht von Otfried Preußler. Doch dann geschieht etwas Unerwartetes. Dieter Kind teilt in einem Brief vom 5. Dezember 1946 aus Lichtenberg im Erzgebirge an Waltraud Wagner in Stuttgart die freudige Nachricht mit, dass Otfried lebt. In seinem Brief berichtet er von dem abenteuerlichen Weg, auf dem die Familie ein Lebenszeichen bekommen hat:

> Eine freudige Nachricht kann ich Dir geben: Denk Dir, Otfried hat sich gemeldet. Das kam so: Wir sitzen abends gerade beim Nachtmahl und ganz in weiter Ferne gibt mein Radi irgendwelche Meldungen durch. Kein Mensch hört drauf. Plötzlich höre ich irgendwo im Unterbewusstsein »Otfried Preußler ….« Was ich schrie, weiß ich nicht mehr, jedenfalls trat eisige Stille ein, in der nun ganz deutlich die Worte zu verstehen waren: »Aus Reichenberg in Böhmen«.[547]

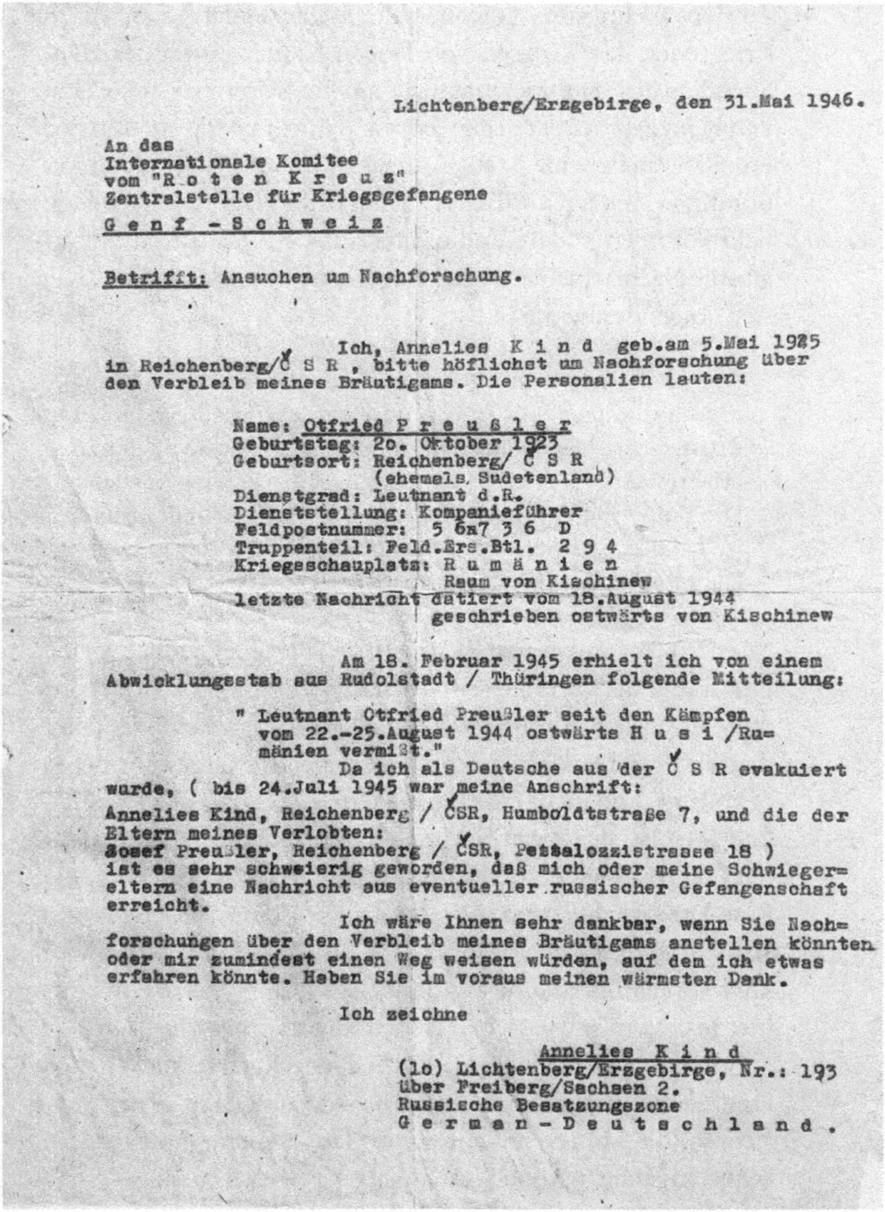

Lichtenberg/Erzgebirge, den 31.Mai 1946.

An das
Internationale Komitee
vom "R o t e n K r e u z"
Zentralstelle für Kriegsgefangene

G e n f - S c h w e i z

Betrifft: Ansuchen um Nachforschung.

Ich, Annelies K i n d geb.am 5.Mai 1925 in Reichenberg/Č S R , bitte höflichst um Nachforschung über den Verbleib meines Bräutigams. Die Personalien lauten:

Name: Otfried P r e u ß l e r
Geburtstag: 2o. Oktober 1923
Geburtsort: Reichenberg/ Č S R
(ehemals. Sudetenland)
Dienstgrad: Leutnant d.R.
Dienststellung: Kompanieführer
Feldpostnummer: 5 6a7 3 6 D
Truppenteil: Feld.Ers.Btl. 2 9 4
Kriegsschauplatz: R u m ä n i e n
Raum von Kischinew
letzte Nachricht datiert vom 18.August 1944
geschrieben ostwärts von Kischinew

Am 18. Februar 1945 erhielt ich von einem Abwicklungsstab aus Rudolstadt / Thüringen folgende Mitteilung:

" Leutnant Otfried Preußler seit den Kämpfen vom 22.-25.August 1944 ostwärts H u s i /Rumänien vermißt."

Da ich als Deutsche aus der Č S R evakuiert wurde, (bis 24.Juli 1945 war meine Anschrift:
Annelies Kind, Reichenberg / ČSR, Humboldtstraße 7, und die der Eltern meines Verlobten:
Josef Preußler, Reichenberg / ČSR, Pestalozzistrasse 18)
ist es sehr schwierig geworden, daß mich oder meine Schwiegereltern eine Nachricht aus eventueller russischer Gefangenschaft erreicht.

Ich wäre Ihnen sehr dankbar, wenn Sie Nachforschungen über den Verbleib meines Bräutigams anstellen könnten oder mir zumindest einen Weg weisen würden, auf dem ich etwas erfahren könnte. Haben Sie im voraus meinen wärmsten Dank.

Ich zeichne

Annelies K i n d
(1o) Lichtenberg/Erzgebirge, Nr.: 193
über Freiberg/Sachsen 2.
Russische Besatzungszone
G e r m a n - D e u t s c h l a n d .

Abb. 24: Suchanzeige von Annelies Kind vom 31. Mai 1946

Zu den wichtigsten Aufgaben der Radiosender gehört nach Kriegsende das Verlesen von langen Namenslisten des DRK-Suchdienstes. Die Meldung, die am 11. November 1946 über den Leipziger Sender gegangen war, lautete knapp so: »Otfried Preußler sucht seine Braut Annelies Kind aus Reichenberg in Böhmen.« Zunächst will es Annelies nicht glauben, aber schon bald kommen andere Radiohörer aus dem Haus und bestätigen die Nachricht. Nach Rückfrage beim Leipziger Sender stellt sich Folgendes heraus:

> Otfried hat durch Zufall die Anschrift von einem Wolfgang Kind bekommen. Da er von unseren Leipziger Verwandten wusste, schrieb er an ihn in der Hoffnung, so etwas von uns zu erfahren. Augenblicklich ist er noch in einem Lager in Russland. Die Mutter von Wolfgang Kind, der selbst seit 2 Jahren vermisst ist, hat nun Otfrieds Karte dem Suchdienst gegeben. Du kannst Dir unser aller Aufatmen vorstellen.[548]

Noch im November 1946 kann Otfried Preußler endlich an die Eltern und die Verlobte schreiben und von ihnen Post bekommen. Es beginnt ein Briefwechsel, der noch zweieinhalb Jahre dauern wird. Die Karten, die er von seiner Mutter und Annelies bekommt, sind nicht erhalten, da Otfried wie fast alle Kriegsgefangenen bei der Repatriierung nicht nur die im Lager verfassten literarischen Texte zurücklassen muss, sondern auch die Rote-Kreuz-Postkarten. Das geht auch Heinrich Gerlach mit seinem »Durchbruch bei Stalingrad« so. Das Manuskript wird kurz vor der Entlassung aus der Kriegsgefangenschaft im Sommer 1950 vom sowjetischen Geheimdienst konfisziert.

Erhalten geblieben sind ein Teil der Karten, die Otfried Preußler nach Hause geschickt hat, darunter die erste Nachricht an die Mutter. Er schreibt sie fast ein Jahr später als die Mitgefangenen, nämlich erst am 20. November 1946:

Meine liebe Mutter,
gestern erhielt ich mit Anneliesens Karte auch Deine Anschrift u. kann Dir schreiben. Laß Dich umarmen, Mutterle, Du u. Wolfhart u. Großmutter Dora. Vater grüßt von mir. Er soll stark bleiben, so wie er sich auf seinen Jungen verlassen kann – also in Oberhessen seid Ihr untergekommen. Da hätte ich freilich lange suchen können, wenn mir nicht eine Verkettung glücklicher Umstände endlich zu Anneliesens Adresse verholfen hätte. Seit 30. August 44 bin ich in russischer Gefangenschaft. Was müßt Ihr in der Zeit alles erlebt haben. Meine Gedanken waren immer bei Euch. Schreibt mir nur ausführlich – möglichst Briefe – aus der Heimat geht das ja. Unter welchen Verhältnissen lebt Ihr? Was arbeitet Ihr? War Wolfhart Soldat u. wo? Wie kommt Vater nach Kolin? Konntet Ihr etwas retten, oder ist alles in R. geblieben? Schreibt nur alles, verschweigt mir nichts. Ich bin durch eine harte Schule gegangen u. stark geblieben.

Ich selbst gesund an Leib u. Seele. Arbeite als Plakatzeichner im russ. Büro. Spreche fließend russisch, habe zeichnerisch viel gelernt. In der Freizeit schreibe ich. Meine Kunst ist mir Halt u. Stütze gewesen in der furchtbaren Zeit der Ungewissheit um Euer Schicksal, die nun Gott sei Dank vorüber ist. Ich war einer der Letzten, der ohne jede Nachricht von daheim in uns. Lager. Nun habe ich nur noch eine Bitte, mein Freund Hans Grüner (geb. 5. III 23), mit dem ich seit über 2 Jahren brüderlich Freud u. Leid teile, kann seine Eltern nicht finden, die auch umgesiedelt. Helft ihm, dann tut Ihr mir die größte Liebe. Ihr habt ja bessere Möglichkeiten! Hier die letzte Anschr. der Eltern: Adam u. Marie Grüner; ehem. Liebenstein, b. Eger (CSR) – Es ist mir immer noch unfaßbar, daß ich Euch endlich schreiben kann! Der liebe Gott, welcher so gnädig seine Hand über mein junges Leben gehalten hat, beschütze Euch u. gebe Kraft, bis wir wieder alle vereint sein dürfen. U. noch einmal: Vater soll sich nicht unterkriegen lassen. Ein frohes Herz u. ein unbeugsamer Wille sind alles in der Gefangenschaft. Ich grüße u. umarme Euch – Otfried. Bitte immer Verbindung zu Annelies halten.[549]

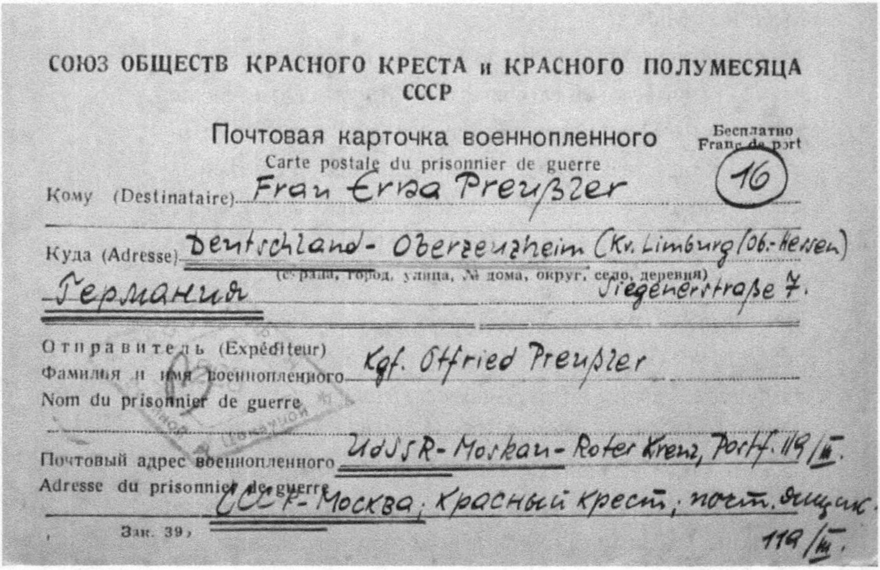

СОЮЗ ОБЩЕСТВ КРАСНОГО КРЕСТА и КРАСНОГО ПОЛУМЕСЯЦА
СССР

Почтовая карточка военнопленного
Carte postale du prisonnier de guerre

Бесплатно
Franc de port

(16)

Кому (Destinataire) Frau Erna Preußler

Куда (Adresse) Deutschland - Oberzeuzheim (Kr. Limburg (Ob.-Hessen)
(страна, город, улица, № дома, округ, село, деревня)
Германия Siegenerstraße 7.

Отправитель (Expéditeur)
Фамилия и имя военнопленного Kgf. Otfried Preußler
Nom du prisonnier de guerre

Почтовый адрес военнопленного UdSSR - Moskau - Roter Kreuz, Postf. 119/III.
Adresse du prisonnier de guerre СССР - Москва, Красный крест, почт. ящик. 119/III.

Зак. 39

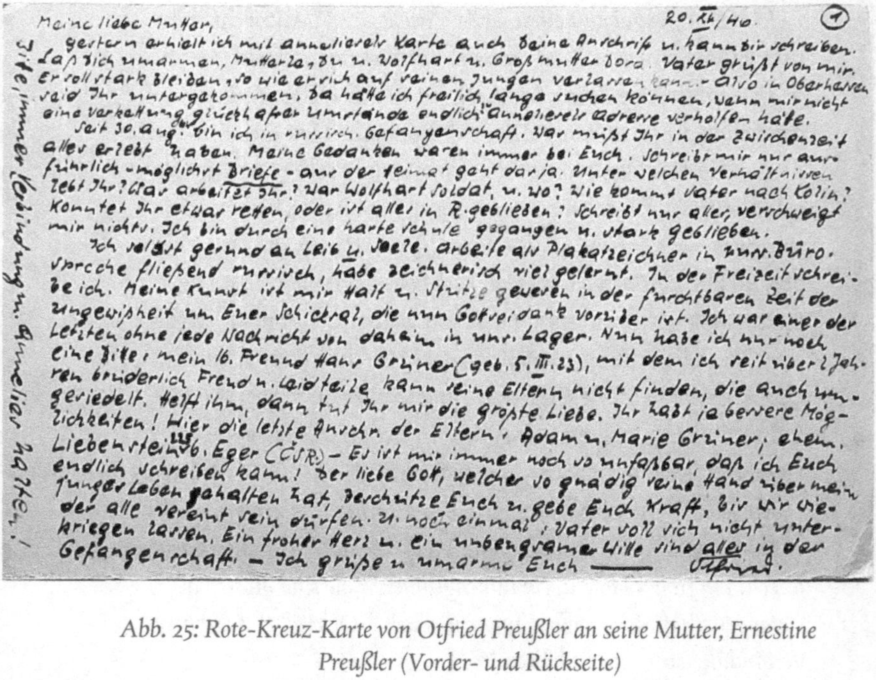

Meine liebe Mutter, 20. XII/40. (1)

gestern erhielt ich mit Annelieses Karte auch Deine Anschrift u. kann Dir schreiben. Laß Dich umarmen, Mutterle, Du u. Wolfhart u. Großmutter Dora. Vater grüßt von mir. Er soll stark bleiben, so wie er sich auf seinen Jungen verlassen kann. – Also in Oberhessen seid Ihr untergekommen, da hätte ich freilich lange suchen können, wenn mir nicht eine Verkettung glücklicher Umstände endlich zu Annelieses Adresse verholfen hätte.

Seit 30. Aug. bin ich in russisch. Gefangenschaft. Was müßt Ihr in der Zwischenzeit alles erlebt haben. Meine Gedanken waren immer bei Euch. Schreibt mir nur ausführlich – möglichst Briefe – aus der Heimat geht das ja. Unter welchen Verhältnissen lebt Ihr? Was arbeitet Ihr? War Wolfhart Soldat, u. wo? Wie kommt Vater nach Kolin? Konntet Ihr etwas retten, oder ist alles in R. geblieben? Schreibt nur alles, verschweigt mir nichts. Ich bin durch eine harte Schule gegangen u. stark geblieben.

Ich selbst gesund an Leib u. Seele. arbeite als Plakatzeichner in russ. Büro. spreche fließend russisch, habe zeichnerisch viel gelernt. In der Freizeit schreibe ich. Meine Kunst ist mir Halt u. Stütze gewesen in der furchtbaren Zeit der Ungewißheit um Euer Schicksal, die nun Gottseidank vorüber ist. Ich war einer der Letzten ohne jede Nachricht von daheim in uns. Lager. Nun habe ich nur noch eine Bitte: mein lb. Freund Hans Grüner (geb. 5. III. 23), mit dem ich seit über 2 Jahren brüderlich Freud u. Leid teile, kann seine Eltern nicht finden, die auch umgesiedelt. Helft ihm, dann tut Ihr mir die größte Liebe. Ihr habt ja bessere Möglichkeiten! Hier die letzte Anschr. der Eltern: Adam u. Marie Grüner, ehem. Liebenstein 115 b. Eger (ČSR.) – Es ist mir immer noch so unfaßbar, daß ich Euch endlich schreiben kann! Der liebe Gott, welcher so gnädig seine Hand über mein junges Leben gehalten hat, beschütze Euch u. gebe Euch Kraft, bis wir wieder alle vereint sein dürfen. U. noch einmal: Vater soll sich nicht unterkriegen lassen. Ein frohes Herz u. ein unbezwingbarer Wille sind alles in der Gefangenschaft. – Ich grüße u. umarme Euch —— Otfried.

Bitte, immer Verbindung m. Anneliese halten!

Abb. 25: Rote-Kreuz-Karte von Otfried Preußler an seine Mutter, Ernestine Preußler (Vorder- und Rückseite)

Auf der Postkarte ist die Adresse von Otfried Preußler unter »UdSSR – Moskau – Rotes Kreuz, Postf. 119/III« fixiert. Mit dem angegebenen »Postf. 119/III« ist – für Dritte nicht erkennbar – das Kasaner Silikatlager bezeichnet. Die Post läuft über Moskau und mit »Красный Крест; Почтовый ящик« ist das »Rote Kreuz, Briefkasten 119/III« angegeben.

Die Karte an die Mutter unterstreicht die enge Beziehung der beiden. Vergleichbares gilt für das Verhältnis zum Vater, dem gleich zweimal Widerstandskraft zugesprochen wird, er soll sich im tschechischen Gefängnis nicht »unterkriegen« lassen. »Ein frohes Herz u. ein unbeugsamer Wille sind alles in der Gefangenschaft«, dieser Satz, der dem Vater Mut machen soll, steht geradezu symbolisch für die Haltung des jungen Mannes in der Gefangenschaft. Es ist zudem bezeichnend für Otfried Preußler, dass er die zehn Zeilen, die auf der ersten Postkarte zur Verfügung stehen, dafür nutzt, um seine Mutter und Annelies zu bitten, die Anschrift der Eltern seines Freundes Hans Grüner herauszubekommen, der nach wie vor ohne Nachricht von seinen Angehörigen ist. Es dauert gar nicht lange, da hat Annelies die Anschrift der Grüners herausbekommen, die etwa 50 Kilometer von der durch seine Burg berühmten Stadt Eger gewohnt haben. Nach der Vertreibung sind sie im oberpfälzischen Hohenburg gelandet.

Am 21. Dezember 1946 schreibt Otfried Preußler die nächste Karte an die Mutter und beginnt so: »Meine liebe Mutter, unendlich dankbar u. unendlich froh bin ich, Euch gefunden zu haben. Jetzt scheint mir die Sonne mitten im Winter und ich freu mich auf das Weihnachtsfest, das wir im fernen und innigen Gedenken an einander begehen wollen.«[550] Er hofft, dass die Karte noch rechtzeitig zum Geburtstag der Mutter eintrifft. Als Gratulation schickt er ein Gedicht, das im vergangenen Jahr um diese Zeit entstanden ist und »seitdem von vielen hundert Kameraden abgeschrieben u. auch hier u. da heimgesandt ist«, es trägt den Titel »Mutters Hände«:

Mutter, Deine lieben Hände/ spürte ich in meinem Haar/ immer, wenn ich fast am Ende/ meines müden Mutes war.// Wie in frühen Kindertagen/ hab ich mich an Dich gewandt,/ wenn ich elend und zerschlagen/ selber keinen Ausweg fand.// Und dann bist Du nur gekommen/ und hast in Deiner stillen Art/ Meinen wirren Kopf genommen,/ wissend und unendlich zart.// Ist kein Wort dabei gefallen,/ sprach dein Blut zu meinem Blut./ Besser, als mit Worten allen/ wurden meine Nöte gut.// Jedes Übel fand ein Ende,/ was auch immer es schon war,/ spürt ich deine lieben Hände/ Mutter, nur in meinem, Haar.[551]

Natürlich ist der Bezug zu Kurt Tucholsky »Mutterns Hände« (1929) offensichtlich und zweifellos wirkt der Text sentimental.[552] Aber unter den Bedingungen der Gefangenschaft entstanden, hat er seinen Zweck erfüllt und in Stunden der Einsamkeit mit der Erinnerung an die Familie den Isolierten Mut gemacht.

Neben der engen Verbindung zu den Eltern ist für Otfried Preußler das wichtig, was man Kameradschaft nennt. Siegfried Kracauer hat in einem wichtigen Essay die »Kameradschaft« bestimmt, die aufgrund einer situativen Notwendigkeit ein gemeinsames Handeln erzeugt. Zunächst muss Kameradschaft kein Gefühl einer Zusammengehörigkeit erzeugen, aber letztlich kann das gemeinsame Handeln zu einer emotionalen Bindung führen und Freundschaft stiften.[553] Dass aus einem Zweckbündnis in der Kriegsgefangenschaft schließlich eine lebenslange Freundschaft wird, belegt die Verbindung von Otfried Preußler und Hans Zinsmeister. Gleichwohl lässt der Einsatz des jungen Mannes Rückschlüsse auf seine Persönlichkeit zu. So beschließt der Dreiundzwanzigjährige seinem Mentor Hans Zinsmeister eine Freude zu machen. Dessen Vater feiert bald seinen 70. Geburtstag, aber es ist klar, dass der Sohn bis dahin nicht aus der Gefangenschaft zurück sein kann. Was macht der junge Preußler? Er »kauft« von einem Mitgefangenen eine Postkarte und schreibt unter dem Namen des Verkäufers an den alten Herrn einige Glückwunschzeilen. Dabei vergisst er nicht hervorzuheben, dass er einen großartigen Sohn hat, den die Mitgefangenen wegen seiner Hilfsbereitschaft und Treue schätzen. Einige Tage später wird Preußler zum Lagerleiter, Major Maksimow, befohlen. Bei der Durchsicht der Post hat die Behörde eine Identität der Handschriften auf den unterschiedlichen Karten festgestellt. Der Lagerleiter beschuldigt Preußler, ein faschistischer Spion zu sein. Otfried Preußler ist erschrocken und gibt den wahren Grund an. Dass es ihm schlichtweg darum gegangen sei, dem Vater des Freundes Zinsmeister eine Freude zu machen, denn der werde möglicherweise nicht einmal mehr die Heimkehr des Sohnes erleben. Der Major akzeptiert die Begründung, zähneknirschend. Hans Zinsmeister hat in dem bereits zitierten Brief an den sich noch im tschechischen Gefängnis befindenden Vater Josef ihr Verhältnis so zusammengefasst:

> Lieber Vater Preußler! Da mich das letzte Jahr meiner Gefangenschaft mit Ihrem Sohne Otfried eine schöne Kameradschaft verbunden hat, da ich außerdem weiß, wie sehr man sich freut, in einer solchen Situation, wie Sie sie gegenwärtig durchmachen müssen, etwas Persönliches über seine Kinder zu hören, will ich Ihnen ein wenig von Ihrem Sohn erzählen und vorplaudern.[554]

Was dann folgt, das ist eine zurückhaltende Einschätzung des jungen Otfried, der nach Hans Zinsmeister trotz seiner Jugend über eine »erstaunliche innere Reife« verfügt.[555]

Auf einer der nächsten Postkarten schreibt Annelies, dass ihr Vater aus dem Gefängnis nach Westdeutschland entlassen worden ist und nun die zerstreute Familie in Oberbayern sammelt, in der Nähe von Rosenheim. Damit ist ein Ort der Hoffnung vorgegeben: Wenn der Tag der Repatriierung kommt, dann wird Otfried Preußler sich nach Rosenheim in Bayern entlassen lassen.

Der Name Rosenheim hatte mir lange Zeit nichts bedeutet – bis Annelies mir mitteilte, ihr Vater sei nach Westdeutschland entlassen worden. Nun gedenke sich die in alle Winde verstreute Familie in Oberbayern wieder zu sammeln, und zwar in der Nähe von Rosenheim. Auch ich solle mich dorthin entlassen lassen, wenn es eines Tages soweit sein werde.

Ich gehörte damals mit etwa zwanzig anderen Mitgefangenen der Kalkzeche an. Die bewußte Karte war mir am Lagertor ausgehändigt worden, unmittelbar vor Beginn der Frühschicht. Nach Rosenheim also! Von einem Augenblick auf den andern war da in meinem Leben ein völlig neuer, ein bis dahin völlig unbeschriebener Ortsname aufgetaucht. Und schon war er für mich zum Programm geworden, zum Fluchtpunkt aller Pläne und Hoffnungen. Dort also sollte unser neues, unser gemeinsames Leben beginnen. Ich fragte in der Brigade herum, ob mir jemand Näheres über Rosenheim sagen könne, die Sache verhalte sich so und so. Rosenheim, meinte der Leutnant Drexl aus Ingolstadt, Rosenheim liege am Inn. Im übrigen hätten wir ja den Krinninger Franz im Lager, der sei doch, soviel er wisse, in Rosenheim aufgewachsen.

Ich kannte den Krinninger Franz, ohne näher mit ihm befreundet zu sein. Er war etwas älter als ich, um die fünfundzwanzig. Zwar wußte ich, daß er aus Bayern stammte. Und möglicherweise hatte ich dann und wann auch den Namen Rosenheim schon gehört von ihm. Aber der hatte mir, wie gesagt, bis zum heutigen Tag nichts bedeutet.
Da wir uns auf dem Gelände des Silikatwerkes ungehindert bewegen konnten, soweit die Arbeit es zuließ oder erforderte, verständigte ich mich mit unserem deutschen Brigadier darüber, daß ich für eine Weile verschwinden müsse. Dann tauschte ich meinen Vorschlaghammer gegen einen anderen um, der einen angebrochenen Stiel hatte und eigens für solche Zwecke unter einer ausrangierten Lore bereitlag. Sollte ich unterwegs Kamyschkin, dem Normierer Krjukow oder sonst einem sowjetischen Natschalnik in die Hände laufen, konnte ich jederzeit behaupten, ich müßte zur Werkzeugmacherei.

Der Krinninger Franz arbeitete damals in der Kalkmühle. Im Bretterschuppen hinter dem Rüttelwerk war er damit beschäftigt, schlecht vermahlenen Kalk durch ein Sieb zu schaufeln. Der Verschlag war vom dröhnenden Lärm der Mühle erfüllt. Dichte Staubschwaden schlugen mir entgegen. Unwillkürlich kniff ich die Augen zu, ich hielt mir die Hand vor Nase und Mund. Der Krinninger Franz bemerkte mich erst, als ich dicht hinter ihm stand. »Krinninger!« schrie ich und klopfte ihm auf die Schulter. »Herr Krinninger! Könnten Sie mal für eine Minute rauskommen?« Er nickte, er warf eine letzte Schaufel Kalk durch das Sieb. Es sei ohnedies, meinte er, höchste Zeit für ihn, Pause zu machen.

Wir setzten uns hinter dem Schuppen auf einen Bretterstapel. Die Sonne schien, es war warm dort, wir hatten das dumpfe Gerumpel der Mühle im Rücken. Der Krinninger Franz schob die Mütze zurück, eine weiße, vom Kalk verkrustete Mütze. Alles an ihm war weiß: die Stirn, die Haare, die Wangen, der ganze Mann. Nur die Augen nicht. Die Augen unter den struppigen weißen Brauen waren vom Kalkstaub gerötet.

»Alsdann, was gibt's?« Er hörte mir ruhig zu, wie es seine Art war. Dann knickte er einen Span aus einem der Bretter. Damit ritzte er eine senkrecht verlaufende Linie in den Boden, der glatt und festgetreten war wie ein Estrich.

»Das da«, begann er, »das ist der Inn. Da liegt Innsbruck – dort oben Passau. Und das da ...« Er kratzte von rechts nach links einen weiteren Strich hin. »Das ist die Autobahn. Dort ist München – da Salzburg. Und hier in der Mitte ...« Er deutete auf den Schnittpunkt der beiden Linien. »Hier liegt Rosenheim. Rosenheim liegt am Inn. Übrigens gar kein schlechter Platz. Nah am Gebirge, da läßt sich's wandern und skilaufen. Und im Sommer, da gibt's Seen ganz in der Nähe.«

Schließlich ritzte er noch die Umrisse eines länglichen Gebildes in den Boden, das mehrere Höcker aufwies. »Das hier, das ist der Wendelstein, unser Hausberg: die schlafende Jungfrau – mit allem, was dran sein muß, Kopf und Busen und Bauch ...«

Wir drehten uns Zigaretten. Aus Zeitungspapier und Machorka, Marke Faschistentod. Während wir rauchten, erteilte mir der Herr Krinninger weitere Auskünfte über Rosenheim. Da gab es den Föhn und die Klepperwerke, da gab es die Wies'n und die Saline, da gab es, im Grunde genommen, nicht allzuviel der Erwähnung Wertes. Der Chiemsee mit seinen Inseln, gewiß, die Nähe von Berchtesgaden (wer kannte damals den Obersalzberg nicht?), die nahe Tiroler Grenze mit Kufstein – und sonst halt, vor allem, das weite, freundliche Umland mit seinen Dörfern, mit Feldern und Filzen, mit Wald und Weide, mit stattlichen Bauernhöfen und alten Kirchen.
»Übrigens«, meinte der Krinninger Franz, nachdem wir zu Ende geraucht hatten. »Übrigens hätte ich einen Vorschlag. Wir beiden sind ja nun, sozusagen, die engsten Landsleute hier im Lager. Und deshalb, find' ich, sollten wir uns von jetzt an du sagen – einverstanden?«
Wir wechselten einen Händedruck, dann wurde es Zeit, an die Arbeitsplätze zurückzukehren. Ich war schon im Gehen, da rief mich der Franz noch einmal zurück. Etwas, meinte er, hätte er fast vergessen! Wo Rosenheim auf der Landkarte liege, das sei mir ja nun bekannt. Aber ob ich auch wüßte, wo Rosenheim drüberliege? Ich wußte nicht, wie das gemeint sein sollte. Da lachte er und belehrte mich: »Über der Höll' und zwar akkurat!« Weil in Rosenheim nämlich der Schnee immer rasch dahinschmelze. »Aber des spannst dann schon selber, baldst amal dorten bist.«

Von diesem Tag an hatte es noch gute vierzehn Monate gedauert bis zu meiner Entlassung. Der Krinninger Franz hatte Glück, der war schon mit einem früheren Transport in Richtung Heimat abgedampft. Er hat dann in München gelebt; wie so mancher von uns ist er früh verstorben. Die letzte Postkarte meines Mädchens habe ich wenige Tage vor der Abfahrt nach Deutschland erhalten. Das war schon im Hauptlager Zelenodolsk an der Wolga. Die erste Karte aus Bayern! Daraus erfuhr ich, sie sei nun herübergewechselt zu ihren Eltern.[556]

XXXIII. Vom »Versuch, ein Problemstück zur Debatte zu stellen«

Letzte Monate in der Kriegsgefangenschaft und das Schreiben

Das sowjetische Innenministerium, MWD, hat 1947 für alle Gefangenenlager die Order erlassen, wonach die deutschen Kriegsgefangenen vor der Repatriierung angehalten sind, ihre Erfahrungen aus der Kriegsgefangenschaft aufzuschreiben. Die handschriftlich verfassten Berichte fassen die sowjetischen Behörden in zahlreichen Lagern oft in Alben zusammen. Für die Erstellung der Dokumentationen werden jene Kriegsgefangenen ausgewählt und von der Arbeit freigestellt, die über entsprechende Fähigkeiten verfügen. Daher nimmt es nicht wunder, dass die von mir im Russischen Militärarchiv aufgefundenen Unterlagen einen erhöhten Anteil von Lehrern ausweisen. Die Berichte werden in landesweiten Aktionen insbesondere im Jahr 1949 verfertigt, denn Stalin hat die Zusicherung gegeben, den größten Teil der deutschen Kriegsgefangenen bis zum Jahresende zu entlassen. Auch Otfried Preußler rechnet seit 1947 immer wieder mit der Entlassung. Aber auch zum Weihnachtsfest 1948 verbleibt er im Lager. Die Karte, die der immer noch Gefangene schreibt, ist voller Trauer. »All mein Denken u. Fühlen in dieser schwersten Weihnachtszeit uns. Lebens gilt Euch u. der Heimat«, so Otfried Preußler, »u. wenn überhaupt eine festliche Stimmung aufkommen konnte, dann nur aus der Erinnerung an gemeinsam Erlebtes u. in der gläubigen Hoffnung auf eine wieder gemeinsame Zukunft –«, schreibt er weiter.[557] Nach dem Gedankenstrich folgt, und dies ist für Otfried Preußler durchweg kennzeichnend, sofort die

Orientierung auf die Zukunft. Die Tatsache, dass »Vater Kind« in Rosenheim fest angestellt ist, beglückt ihn und noch mehr die Gewissheit, »Annelies üb. kurz od. lang auch dort zu wissen! Ein Stein fällt mir vom Herzen u. nicht der kleinste!« Mit Blick auf die eigene Person bittet er die Mutter gemeinsam mit Vater Kind, »Berufsmöglichkeiten« für sich auszuloten, wobei er keinerlei Forderungen stellt: »Welcher Art, ist belanglos. Ich habe ja gelernt, mich um u. einzustellen.«[558] Und erneut gilt die Sorge dem Vater. »Mit unendl. Spannung erwarte ich Nachricht vom Vater. Gilt er als Kgf.? – dann müßte er ja – ich wage es nicht auszusprechen – schon bei Dir sein! Wenn ich beten könnte, würde ich es für ihn tun; so aber sind meine Gedanken immer um ihn, u. das wird er spüren.« Die Karte, die sich mit 22 Zeilen im Umfang genau an die Vorgaben hält, inzwischen sind 25 Zeilen erlaubt, endet mit emotionalen Wünschen und einem Versprechen:

> *Ob die Zukunft halten wird, was ich uns zum Neuen Jahre, was ich insbes. Dir, liebe Mutter, zu Deinem nahen Geburtstag wünsche, kann niemand sagen. Wir sind sehr skeptisch geworden. Aber eins kann ich: ich verspreche Euch, zu leben u. leben zu wollen, was immer geschieht, u. immer, immer zu bleiben, als den Ihr mich lieb habt – Euer Otfried.*[559]

Die Weihnachten 1948 geschriebene Karte, die einmal mehr die berührende Sorge Otfried Preußlers um seine Angehörigen unterstreicht, ist keine Ausnahme. Ebenso wenig wie die Versicherung, die Gefangenschaft durchzustehen! Das Schreiben hilft ihm dabei, über die schwere Zeit zu kommen. »In der Freizeit schreibe ich. Meine Kunst ist mir Halt u. Stütze gewesen in der furchtbaren Zeit der Ungewissheit« stand auf der ersten Karte vom November 1946 aus Kasan.[560]

Zu Weihnachten 1948 gibt es noch keine Hinweise auf eine Repatriierung, aber wenig später lassen die im Silikatlager Kasan eingeforderten schriftlichen Berichte über die Zeit der Kriegsgefangenschaft die Hoffnung zu, dass nunmehr eine

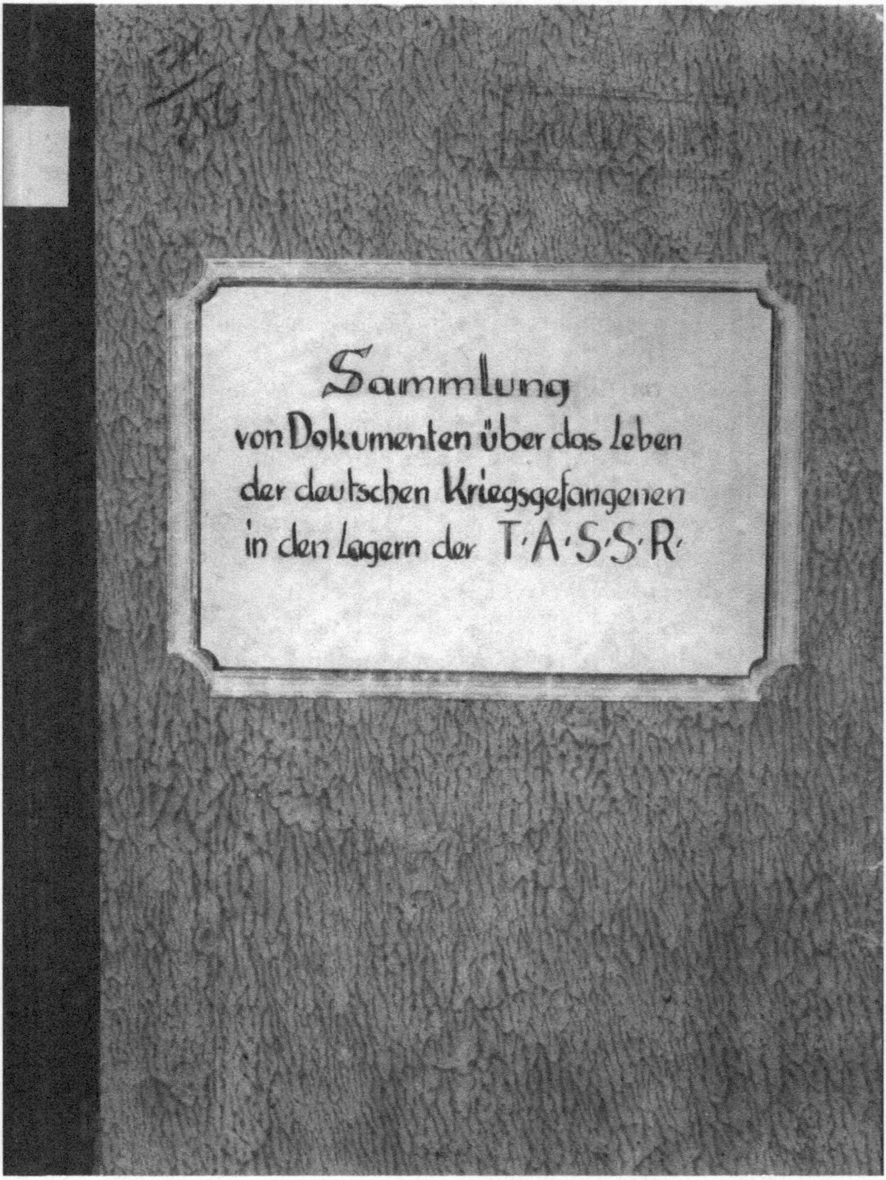

Abb. 26: Cover der Sammlung von Dokumenten über das Leben der deutschen Kriegsgefangenen in den Lagern der TASSR

größere Anzahl von Kriegsgefangenen endlich nach Deutschland zurückkehren kann. Auf die Dokumente, die das belegen, bin ich erst 2021 gestoßen. Sie sind unter dem Titel »Sammlung von Dokumenten über das Leben der deutschen Kriegsgefangenen in den Lagern der TASSR« in einer rotbraunen Mappe gesammelt und eingebunden.

Das Geleitwort des Kriegsgefangenen Hermann Rumpf aus dem Lager 119 in Kasan macht die Intention deutlich:

> Geleitwort. Entgegen den Verleumdungen, die über die Behandlung der deutschen Kriegsgefang. in der S.U. in Deutschland verbreitet werden, soll unser Buch einen wahrheitsgetreuen Bericht über unser Leben geben, es soll die Verhältnisse in der S.U. so schildern wie sie in Wirklichkeit bestehen. Wir deutschen Kriegsgefangenen können und wollen es nicht zulassen, daß ein Land und sein Volk angegriffen werden, wo Humanität und Großmut eine Selbstverständlichkeit sind. Mögen die Berichte einzelner Kgf. unseren Volksgenossen in der Heimat ein beredtes Zeugnis von den wahren Verhältnissen in der S.U. geben.[561]

Nun ist der propagandistische Ton des Geleitwortes nicht zu übersehen, dennoch ist unumstritten, dass die sowjetischen Behörden bemüht waren, die Situation der Kriegsgefangenen zu verbessern und einer gewissen Normalität zuzuführen. Das belegen die streng geheimen Berichte für das Ministerium des Innern. Dass es immer wieder auch zu Unterschlagungen kommt, ist angesichts der permanenten Mangelsituation, in der sich auch die sowjetische Bevölkerung befindet, nicht verwunderlich.

Das nunmehr zugänglich gewordene Dokument von über 100 Seiten umfasst Berichte zu allen grundlegenden Fragen, die eine solche Ausnahmesituation wie die Kriegsgefangenschaft kennzeichnen: Es geht um die Ernährung, die ärztliche Versorgung, die Betreuung im Krankenhaus, den Zahnarzt, die kulturelle und politische Arbeit, die Lagerkapelle und sodann um die verschiedenen Arbeitsbereiche: die Schuhmacherwerkstatt, die Tischlerei oder die Schneiderwerkstatt. Die Rolle von Literatur wird in einem der Berichte aus dem Lager 119 in Kasan hervorgehoben:

> Selbstverständlich war die schöngeistige Literatur ebenso vertreten und immer stark gefragt. Goethe, Schiller, Heine, Shakespeare, vor allem aber auch die Werke der vom Hitler-Faschismus aus Deutschland vertriebenen Schriftsteller von H. Mann, J.R. Becher, Erpenbeck, Fr. Wolf, Bredel, Plievier u.a. Neben dem Selbststudium dieser Werke hatte das Lager dann Gelegenheit, Abschnitte aus den Werken der Klassiker oder denen der zeitgenössischen Dichter und Schriftsteller in regelmäßigen Feierstunden zu hören. Vielen sind diese Stunden, meist von wertvoller Kammermusik umrahmt, zu tiefen Erlebnissen geworden, die auch noch in späterer Zeit als schöne Erinnerungen bleiben werden.[562]

Ein längerer Bericht betrifft die Arbeit in der Ziegelei, in der auch Otfried Preußler zeitweise eingesetzt ist. In seiner Autobiografie hat er einige der dort gemachten Erfahrungen unter der Überschrift »Eine Sache der Ehre, des Ruhmes, des Heldentums« erinnert. Das Erstaunliche bei diesem neuen Archivfund aus dem Jahre 2021 nun ist, dass der Bericht aus den Unterlagen des Russischen Archivs von ebenjenem Oberleutnant Kurt Siol stammt – er wird in der Autobiografie von Otfried Preußler Syol geschrieben –, von dessen Pfiffigkeit in einer Episode erzählt wird. Kurt Siol selbst notiert in seinem ausführlichen Bericht, dass er seit 23 Monaten mit 30 Mann in der Ziegelei arbeitet:

> Wir sind das Transportkommando des Werkes. Alle Waggons, die auf- und abgeladen werden, gehen durch unsere Hände. So

haben wir in dieser Zeit nicht weniger als 28 Millionen Ziegelsteine auf Waggons und Autos verladen. Wir haben 30 000 to. Kalksteine abgeladen, haben tausend Tonnen Kohle, Zement, Kies, Sand und andere Materialien verladen. Die von uns verladenen Ziegel hätten ausgereicht, um eine Stadt für mindestens 10 000 Menschen zu bauen. Und wir sind stolz auf unsere Leistung, eine Leistung, die nicht unter Zwang und Druck erreicht werden kann, sondern nur mit Menschen zu erreichen ist, die aus sich heraus schaffen. Nicht ohne Mühe, nicht ohne Energie ist uns das in den Schoß gefallen. Widerstände gab es zu überwinden. Die Kameraden, die vor 2 Jahren die Arbeiten begannen, sind zum großen Teil nicht mehr hier. Viele sind in andere Lager gekommen, ein Teil bereits in die Heimat. Nicht jeder hat die schwere Arbeit durchgehalten, leichtere Arbeitsplätze mußten ihnen zugewiesen werden. Die Neuen, die kamen, haben die Arbeiten ihrer Kameraden fortgesetzt, und so ist in gemeinsamer Arbeit der Erfolg errungen worden.[563]

In dem Bericht ist auch die Rede von neuen Verpflichtungen. Und erstaunlicherweise spricht Siol genau von jenem Monat, über den auch Otfried Preußler schreibt. »Für den Monat Mai hatten wir uns im Arbeitswettbewerb verpflichtet, 120 % des Planes zu erfüllen«, notiert er. »Das gelang auch, es war eine Herzenssache für uns. Und die anderen Monate haben wir nicht schlecht gearbeitet. Verbissen haben wir das Niveau gehalten.«[564] Von seinen Verhandlungen mit den »leitenden sowjetischen Vorgesetzten« spricht er in diesem Rahmen freilich nicht. Was die umfassende »Sammlung von Dokumenten über das Leben der deutschen Kriegsgefangenen in den Lagern der TASSR« einmal mehr spannend macht, das ist der Umstand, dass ich in der Darstellung auch auf Aussagen stieß, die die »Theatergruppen unter Otfried Preußler« betreffen. In dem Bericht heißt es:

Die Kulturarbeit unseres Lagers steht nicht neben dem politischen Leben, sondern ist von ihm durchdrungen und bewegt. Das zeigt sich z.B. in der musikalischen Umrahmung unserer

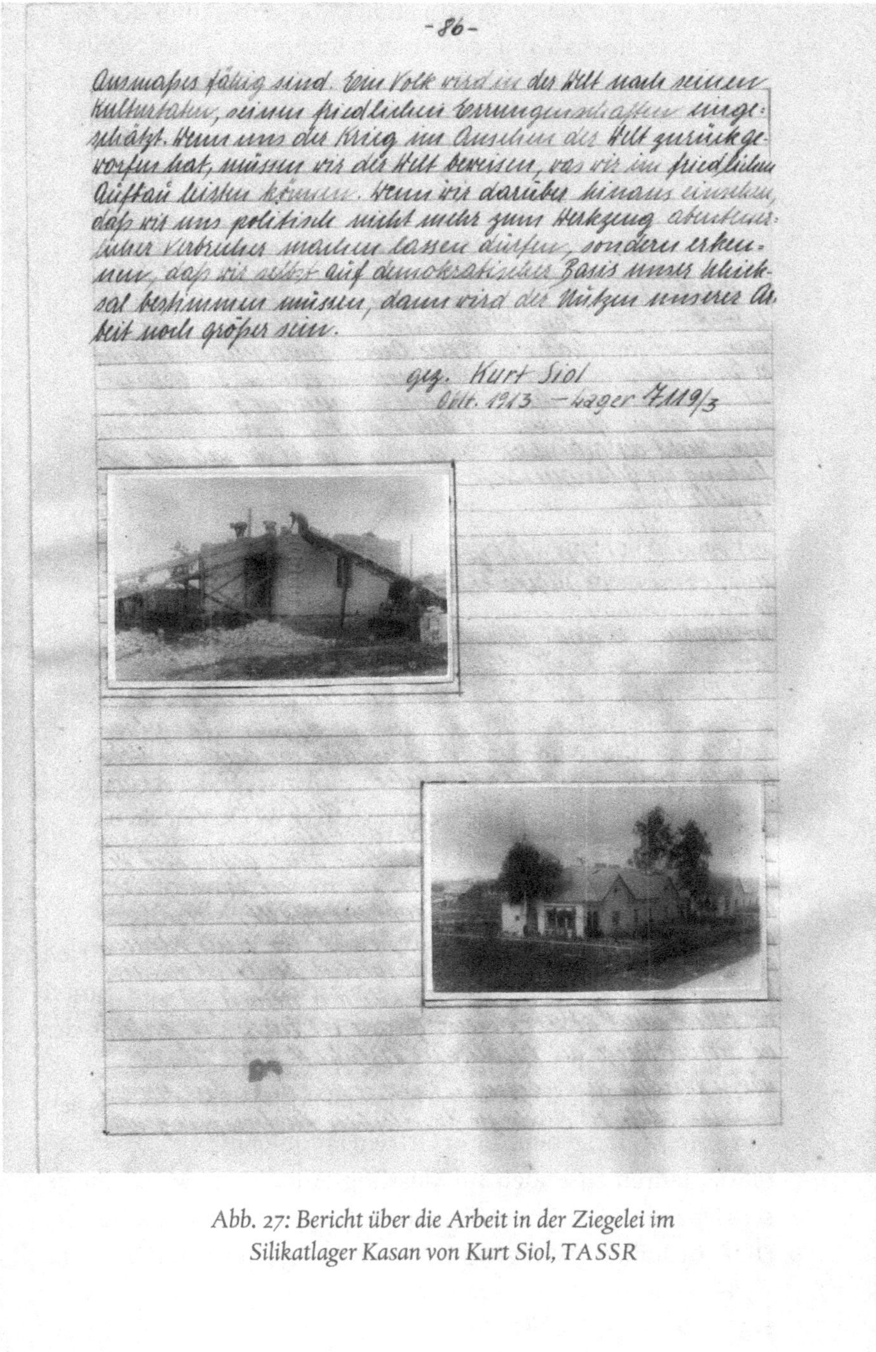

-86-

Ausmaßes fähig sind. Ein Volk wird in der Welt nach seinen Kulturtaten, seinen friedlichen Errungenschaften einge-schätzt. Wenn uns der Krieg im Ansehen der Welt zurückgeworfen hat, müssen wir der Welt beweisen, was wir im friedlichen Aufbau leisten können. Wenn wir darüber hinaus einsehen, daß wir uns politisch nicht mehr zum Werkzeug abenteuerlicher Verbrecher machen lassen dürfen, sondern erkennen, daß wir selbst auf demokratischer Basis unser Schicksal bestimmen müssen, dann wird der Nutzen unserer Arbeit noch größer sein.

gez. Kurt Siol
Okt. 1913 – Lager 7119/3

Abb. 27: Bericht über die Arbeit in der Ziegelei im Silikatlager Kasan von Kurt Siol, TASSR

größeren politischen Veranstaltungen, im Programm der Arbeitsgemeinschaften und Vorträgen und findet seinen Niederschlag in mancher Aufführung unserer Theatergruppe unter Otfried Preußler. Ein Russisch-Lehrgang des Kam. Fleischmann macht in zwei stark besuchten Parallelkursen die Teilnehmer mit der russ. Sprache und Literatur vertraut, die Arbeitsgemeinschaft des Kam. Müller Eugen schafft sich in Vorträgen und Diskussionen über das Thema »Unitarismus und Föderalismus in der deutschen Staats- und Verfassungsgeschichte« ein neues deutsches Geschichtsbild, nachdem einige Monate zuvor über den Verfassungsentwurf der S. v. D. diskutiert worden war. Kam. Flohr vermittelt als Geograf seiner Arbeitsgemeinschaft eine gediegene Kenntnis der wirtschafts- und physisch-geografischen Struktur der Sowjetunion.

Unsere altbewährte Kapelle Wachsmann in Stärke von 13 Mann bringt in bunter Fülle Opern-, Operetten- und Tanzmusik und ihr Streichquartett gestattet besinnliche sonntägliche Feierstunden aus dem literarisch-musikalischen Schatzkästlein. Der Lagerchor unter Goetze erfreut nach altem Lagerbrauch am Sonntag durch seine Wecklieder und Konzerte.

Die Theatergruppe brachte u. a. Nachdichtungen von Hans Sachs, spielt z. Zt. »Mein geliebtes Porzellan« und »Kaisers neue Kleider« aus Preußlers Feder und bereitet als Hörspiel die »Russische Frage« vor.[565]

Der Bericht enthält sogar ein Foto der Aufführung von Otfried Preußlers »Mein geliebtes Porzellan«. Dabei ist anzunehmen, dass die Fotos vom Kriegsgefangenen Massling stammen, der im Silikatlager als Lagerfotograf arbeitet.

Hans Zinsmeister verweist in seiner Aufstellung der Namen von Kriegsgefangenen, die er Otfried Preußler in den 1970er und 1980er Jahren zusendet, auf Massling. Auf der mit Maschine geschriebenen Liste findet sich auch der spätere Botschafter der DDR in Italien, Wolfgang Kiesewetter. Zu ihm notiert Hans

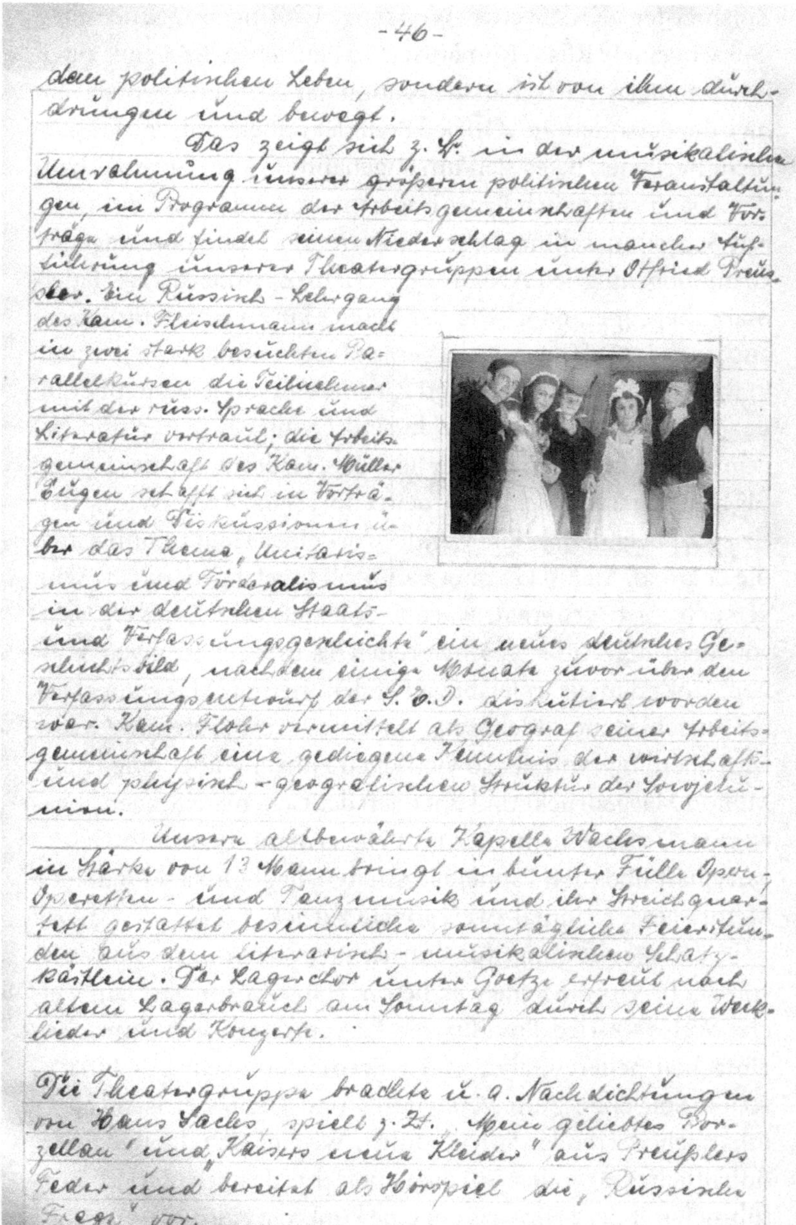

-46-

dem politischen Leben, sondern ist von ihm durchdrungen und bewegt.

Das zeigt sich z. B. in der musikalischen Umrahmung unserer größeren politischen Veranstaltungen, im Programm der Arbeitsgemeinschaften und Vorträge und findet seinen Niederschlag in mancher Aufführung unserer Theatergruppe unter Otfried Preußler. Ein Russisch-Lehrgang des Kam. Fleischmann macht in zwei stark besuchten Parallelkursen die Teilnehmer mit der russ. Sprache und Literatur vertraut; die Arbeitsgemeinschaft des Kam. Müller Eugen schafft sich in Vorträgen und Diskussionen über das Thema „Unitarismus und Föderalismus in der deutschen Staats- und Verfassungsgeschichte" ein neues deutsches Geschichtsbild, nachdem einige Monate zuvor über den Verfassungsentwurf der S.E.D. diskutiert worden war. Kam. Flohr vermittelt als Geograf seiner Arbeitsgemeinschaft eine gediegene Kenntnis der wirtschaftl. und physisch-geografischen Struktur der Sowjetunion.

Unsere altbewährte Kapelle Wachsmann in Stärke von 13 Mann bringt in bunter Fülle Opern-, Operetten- und Tanzmusik und ihr Streichquartett gestaltet besinnliche sonntägliche Feierstunden aus dem literarisch-musikalischen Schatzkästlein. Der Lagerchor unter Goetze erfreut nach altem Lagerbrauch am Sonntag durch seine Volkslieder und Konzerte.

Die Theatergruppe brachte u. a. Nachdichtungen von Hans Sachs, spielt z. Zt. „Mein geliebtes Porzellan" und „Kaisers neue Kleider" aus Preußlers Feder und bereitet als Hörspiel die „Russische Frage" vor.

Abb. 28: Bericht mit Foto der Theateraufführung von »Mein geliebtes Porzellan«, Otfried Preußler, ganz links

Zinsmeister: »Kiesewetter, Wolfgang, Thüringen Dolmetscher (Sprachgenie!): Russ., Rumänisch, Italienisch, lt. SZ Leiter einer hochrangigen Wirtschaftsdelegation der DDR in Ägypten.« Einige der Personen sind Otfried Preußler unbekannt, er ist ihnen nicht begegnet, da es sich um sogenannte »Altgefangene« handelt. Dazu zählt auch Ernst Hadermann, zu dem auf der Liste mit Schreibmaschine steht: »Hadermann Hpt. Altgefangener Gründungsmitglied ANTIFA.« [566] Hans Zinsmeister ist Hadermann begegnet, da er wie der bereits kurz nach dem Kriegsausbruch in Gefangenschaft gerät, Hadermann am 18. Juli 1941 in Rogatschew am Dnepr und Zinsmeister am 1. September in der Nähe von Charkow. Beide sind Gymnasiallehrer und begegnen sich im Offizierslager Jelabuga. Hadermann, der Lehrer für Deutsch und Latein ist, arbeitet dort seine Rede »Wie ist der Krieg zu beenden? – Ein Manneswort eines Hauptmanns« aus, die er am 21. Mai 1942 vor etwa 1000 Mitgefangenen hält. Sein Versuch zu begründen, warum Soldaten und Offiziere sich von dem auf Hitler geschworenen Fahneneid lossagen können, stößt damals in Jelabuga bei den meisten Mitgefangenen auf entschiedene Ablehnung. Auch bei Zinsmeister. Die Rede wird allerdings von der sowjetischen Führung über eine halbe Million Mal gedruckt und über den deutschen Stellungen abgeworfen.[567] Als Zinsmeister und Hadermann bereits in Gefangenschaft über den Fahneneid streiten, liegt Otfried Preußlers Matura gerade einmal zwei Monate zurück.

In der »Bestätigung« für Otfried Preußler vom 10. Juni 1951, von der bereits die Rede war, betont Hans Zinsmeister, auf welche Weise Otfried Preußler die Lagerinsassen von »zunächst einfachen heiteren, aber in der Form schon sehr geschmackvollen Spielchen zum Verständnis und Genuß ernster, auch inhaltlich wertvoller Stücke« führt. Worauf sich die Rede von »inhaltlich wertvollen Stücken« bezieht, das erläutert er ausführlich mit dem Hinweis auf eine konkrete Aufführung:

> Dies bewies die Aufführung eines ernsten, von ihm selbst geschriebenen Schauspiels am 10.4.49: wir hatten natürlich eine Mischung aus allen Bildungs- und Berufsschichten mit verschiedenstem geistigem Niveau: und doch hätte man während dieser Aufführung von 2 ½ Stunden, an der das gesamte Lager teilnahm, zu jeder Zeit eine Stecknadel fallen hören können. Der Ruf dieser von allen Lagerangehörigen als Höhepunkt empfundenen Aufführung drang weit über die Lager in Kasans Umgebung hinaus: selbst in Lagern um Stalingrad in der schwersten Zeit der damals zurückgehaltenen Kameraden (Sommer und Herbst 1949 bemühte man sich, dies Vorbild aus Kasan zu erreichen). Dies Endergebnis erzieherischer Leistung an einem solch buntgewürfelten Publikum unter solch schwierigen Verhältnissen, durch Otfried Preußlers unermüdliche, geschickte Arbeit erreicht, kann nicht hoch genug bewertet werden.[568]

Es steht die Frage, um was für ein Stück es sich hier handelt, das etwa 10 Wochen vor Otfried Preußlers Entlassung mit so großem Erfolg aufgeführt wird. Die Spurensuche führt auf jenen Brief an Hans Wulle-Wahlberg vom 19. August 1958, in dem es um eine Chronik der Lagertheater geht. Otfried Preußler macht Aussagen zur Theaterarbeit und berichtet, dass die Lagerbühne in Kasan »zu einer Art fester Einrichtung« geworden war. »Alle Mitgefangenen«, so schreibt er, »insbesondere die Bastler und Handwerker, wetteiferten darin, unsere Arbeit zu unterstützen. Die Theatergruppe selbst war und blieb bis zuletzt eine Privatangelegenheit ihrer Mitglieder, das heißt, sie besaß keinerlei Privilegien in Bezug auf den Arbeitseinsatz, die Unterbringung oder Verpflegung. Geprobt wurde ausnahmslos in der Freizeit nach Arbeitsschluß. Lediglich hie und da erteilte der russische Kommandant nach der Aufführung einen arbeitsfreien Tag für die Spieler.«[569] Was Otfried Preußler hier beschreibt, gilt für zahlreiche Kriegsgefangenlager in der Sowjetunion. Zunehmend gewinnen Fragen der sogenannten »Kultura« an Bedeutung. Dabei ist die Lagerkultur in den sowjetischen Kriegsgefangenenlagern mit pädagogisch-ideologischen wie kulturpolitischen Implikationen verbunden. Ein Teil der politisch-gesellschaftlichen Funktionselite der SBZ und späteren DDR hat in der Gefangenschaft an entsprechenden Programmen zur politisch-kulturellen ›Umerziehung‹ und ›Weiterbildung‹ teilgenommen. Mehrfach haben Zeitzeugen über das Kulturleben in sowjetischer Kriegsgefangenschaft berichtet. So etwa Kurt Elfering, dessen Erinnerungen im Haus der Geschichte dokumentiert sind. Eines Tages seien alle Kriegsgefangenen im Lager 7270 Borowitschi, das um die 270 Kilometer südöstlich von Leningrad liegt, zur sogenannten »Ungarnbaracke« befohlen worden, um einer Kulturveranstaltung beizuwohnen. Die Lagerleitung habe vorgehabt, die Kriegsgefangenen, die »ewig nichts mehr mit Kultur zu tun hatten«, wieder »›kulturzugänglich‹« zu machen. Zwei Ungarn hätten mit einer Geige und einem Tamburin »ungarische Zigeunermusik« gespielt. Diejenigen, die Ahnung von Musik hatten, »schüttelten den Kopf und sagten es laut und deutlich: Russische Musik hätte uns bestimmt besser gefallen.« Das Erlebnis sei dann aber der Ausgangspunkt für die Gründung eines Lagerorchesters gewesen. Bei immerhin 2000 Kriegsgefangenen gab es »genug Musiker aller Schattierungen«, so Elfering. Unter russischer Mithilfe sei die Aufstellung dann gelungen. Parallel dazu bildet sich eine Theatergruppe, »wozu der Russe auch alle Utensilien besorgte«. Schließlich habe man ein Klubhaus gebaut, das speziell für kulturelle Veranstaltungen reserviert war. Das Kulturleben sei aufgeblüht, es gab Konzertabende und auch Theateraufführungen. »Als dann ›Gräfin Maritza‹ aufgeführt wurde«, erinnert Elfering, »kannte die Begeisterung keine Grenzen. Alle Rollen waren von Männern gespielt.«[570]

Was das Kulturleben betrifft, so gilt für das Lager in Kasan Vergleichbares. Auch dort werden die Frauenrollen von Männern gespielt. Aber anders als Elfering, der sich nicht direkt in der Theaterarbeit engagiert, ist Otfried Preußler Autor und Regisseur zahlreicher Aufführungen. Dabei hebt er im Brief an Wulle-Wahlberg die Solidarität und »Kameradschaft« der Lagerinsassen hervor:

> Ich darf aber auch nicht unerwähnt lassen, daß gelegentlich der eine oder andere Kamerad freiwillig einen arbeitsfreien Tag, den er durch Überstunden oder Sonntagseinsatz erworben hatte, an Mitglieder der Theatergruppe ›abtrat‹ – sicherlich nicht das schlechteste Zeichen der Anerkennung –, um uns die letzten Vorbereitungen für das nächste Stück (Bühnenbau, Kostümherstellung usw.) zu ermöglichen.[571]

Otfried Preußler selbst bringt im Lager verschiedene Stücke zur Aufführung, darunter die von ihm geschriebene Groteske nach dem Märchen der Brüder Grimm, nämlich des »Kaisers neue Kleider«. Das Team der Theaterleute wechselt wegen der Transporte und Neuzugänge häufig. Die Hauptsaison für die Aktivitäten liegt in den Wintermonaten. Ende 1947 kommt mit einer größeren Gruppe fast die gesamte Lagerkapelle aus Jelabuga ins Kasaner Lager. Damit setzt eine Phase von Operettenaufführungen ein, deren Höhepunkt die Inszenierungen von »Maske in Blau« und »Das weiße Rößl« sind. Otfried Preußler ist an diesen Operettenaktivitäten allerdings nicht beteiligt. Er engagiert sich wiederum bei einer Inszenierung von Konstantin Simonows Stück »Die russische Frage« von 1947, das auf Wunsch der sowjetischen Verwaltung gespielt wird.[572] Das Stück spielt man fast zeitgleich im April 1947 am Deutschen Theater in Ostberlin, worauf die Vertreter der amerikanischen Besatzungsmacht öffentlich protestieren. Bereits zu diesem Zeitpunkt sind die Anzeichen des beginnenden Kalten Krieges auf kulturellem Gebiet erkennbar. Mit dem I. Deutschen Schriftstellerkongress, der vom 4. bis 8. Oktober 1947 im Hebbel-Theater und in den Kammerspielen in Berlin stattfindet, werden die neuen Frontlinien unübersehbar.[573] Von diesen Entwicklungen weiß Otfried

Preußler zu diesem Zeitpunkt nichts, er führt im April ein eigenes Zeitstück auf, es ist eines jener Schauspiele, von deren besonderer Qualität Hans Zinsmeister gesprochen hat. Im Brief an Wulle-Wahlberg fasst Otfried Preußler die Koordinaten des erfolgreichen Projektes so zusammen:

> Im Frühjahr 1949 errichteten wir im »Bunker« (das war eine halb in der Erde versenkte geräumige Unterkunftsbaracke, die vorübergehend eine mit unserem Lager nicht enger verbundene Antifa-Schule beherbergt hatte und nun geräumt worden war) eine feste, aus Ziegeln aufgemauerte Bühne mit Orchesterraum, Vorhang und allen sonstigen Schikanen. Sie wurde eingeweiht mit einem von mir verfaßten Schauspiel »Kang-Chen-Dzönga«, dem ein Vorfall während der letzten Himalajaexpedition des Münchener Bergsteigers Paul Bauer zugrunde lag.[574]

Aber was ist das für ein Stück mit dem ungewöhnlichen Titel »Kang-Chen-Dzönga«? Die Notiz von Otfried Preußler liefert bereits Hinweise zu dokumentarischen Details. Paul Bauer (1896–1990) war ein deutscher Bergsteiger, der in den Jahren 1929 bis 1931 zwei Expeditionen zum Kangchendzönga geplant, organisiert und geleitet hat. Spektakulär ist der Versuch, den mit 8586 Metern dritthöchsten Berg der Erde im Himalaja zu besteigen. Bis zur Mitte des 19. Jahrhunderts ging man davon aus, dass es sich beim Kangchendzönga um den höchsten Berg handelt. Am 3. Oktober 1929 erreicht die Seilschaft um Paul Bauer am Nordostgrat eine Höhe von 7400 Metern, muss dann aber wegen eines fünf Tage lang andauernden Sturms umkehren. 1931 startet Bauer eine neue Expedition, aber die Mannschaft muss auf 7700 Metern wegen erhöhter Lawinengefahr erneut abbrechen. Paul Bauer selbst erhält 1930 eine Anfrage des Verlages Knorr & Hirth, ob er nicht ein Buch zur ersten deutschen Himalaja-Expedition schreiben wolle. Bauer zögert lange, aber dann entscheidet er sich, einen Bericht zu geben. Das Buch erscheint 1931, und 1932 wird der Autor dafür auf den

X. Olympischen Spielen in Los Angeles zum Olympiasieger im Wettbewerb der »Freien Künste« in der Sparte »Literatur« gekürt. Das Buch bekommt verschiedene Auflagen, 1934 kommt es unter dem Titel »Kampf um den Himalaja« heraus, 1949 und 1952 gibt es Nachauflagen. Das Buch ist in Hitlerdeutschland auch in den 1930er Jahren ein Bestseller, und es hat vor allem junge Leute stark beeindruckt, nicht zuletzt Otfried Preußler, der in Kindheit und Jugend im Riesengebirge unterwegs gewesen ist. Das Buch hat er, wie viele Jungen damals, gelesen und ist begeistert von den Bergsteigern um Paul Bauer, der in Deutschland besonders verehrt wird. In seinem Vorwort benennt Bauer die bergsteigerische Vision, die der Ausgangspunkt der Expedition von 1929 war. »Etwas aber steht von jeher klar und unverrückbar fest im bergsteigerischen Tun: Das Ziel. Und als höchstes aller Ziele leuchten über allem die Hochgipfel des Himalaja. Wenn auch die meisten sie nie erblicken, so verkörpern sie doch für alle das, nach dem sich der Bergsteiger sehnt.«[575] Im Vorwort benennt Bauer auch die Methoden, die für die damalige Zeit insofern neu sind, als sie die Erfahrungen aus den Alpen auf den Himalaja zu übertragen suchen. Dabei geht vor allem die Organisation von anderen Grundsätzen aus. »Wir beschränkten das Gepäck und damit auch die Ansprüche auf das Äußerste und bauten mehr auf Kameradschaft, Opfertum und straffe Organisation als auf reiche Vorräte und üppige Lagerausrüstung«, so Bauer. Neu ist auch das ausgesprochen sparsame Budget. Der spannende Bericht, der mit 82 Abbildungen und 5 Kartenskizzen ein anschauliches Bild des Vorhabens liefert, schildert die Etappen der Expedition 1929, beginnend mit dem Entschluss, den Vorbereitungen, der Ankunft in Ceylon, den zahlreichen Erkundungen bis hin zum Rückzug. Die entscheidende Situation, die Klarheit über den Rückzug bringt, beschreibt Bauer so:

> Als der Morgen des 4. Oktober graute, war zum erstenmal der Himmel mit unheimlichen schwarzen Wolken überzogen, ein kalter Wind wehte, es schneite leicht. Um 8 Uhr schneite es schon heftig. Wir mußten den Plan ändern und uns auf eine Belagerung einstellen (...). Als es am Abend des 5. Oktober immer noch heftig schneite und nicht nach Besserung aussah, mußten wir schweren Herzens dem Gedanken Raum geben, daß der Kangchen kaum mehr möglich sei, daß er höchstens unter Aufgabe unseres bisherigen Grundsatzes der Sicherheit in einem verzweifelten Ansturm gewonnen werden könne.[576]

Diese Episode wird im Stück von Otfried Preußler zur entscheidenden Konfliktsituation ausgebaut. Bewusst setzt er mit Blick auf die Hauptfigur, also Paul Bauer, auf eine historisch verbürgte Person. Ansonsten nutzt er literarische Freiheiten und weicht von den realen Gegebenheiten ab. Die zweite Himalaja-Expedition um Paul Bauer findet, anders als im Text angegeben, im Oktober 1931 statt. Otfried Preußler verändert die zeitlichen Koordinaten und lässt die Handlung am 27. und 28. Juni 1930 spielen.

Kang-Chen-Dzönga
Schauspiel in III Akten

<u>Personen</u>
Paul Bauer, Leiter der 2. deutschen Himalaja-Expedition
Dr. Hans Bachleitner, Arzt der Expedition
Dr. Willi Wagenknecht, genannt »Mufti« – Assistent am geophysikalischen Institut, München
Werner Augsten, genannt »Ghandi« – Kartograph
Peter Bruck, Sportstudent
Anderl Bogner, stud. phil.
Tsao-Tay, ein tibetanischer Träger
xx

Ort: Zeltplatz auf dem Nordost-Sporn des Kang-Chen-Dzönga.
Zeit: 27. und 28. Juni 1930.[577]

Das Schauspiel verfügt über eine klar gegliederte Struktur mit drei Akten, in denen ein Spannungsbogen entfaltet wird. Im ersten Akt liefert Preußler eine klare Exposition mit der Einführung der Figuren und ihren jeweiligen Handlungsmotivationen. Der Schauplatz des Stückes ist klar umrissen und wird im Nebentext so fixiert:

> Lager 16, auf dem Nordost-Sporn des Kang-Chen-Dzönga. Ein kleiner Schneeplatz mit zwei niedrigen Zelten; links im Hintergrunde eine Anhöhe mit Rückblick auf das Lager 15; nach rechts, in die Kulissen, der Anblick nach dem Gipfel, der zu Beginn des Spieles noch durch eine dichte Wolkenwand der Sicht entzogen ist.

Offensichtlich wird bereits bei den Hinweisen zu den Figuren, dass die beiden jungen Bergsteiger über gänzlich unterschiedliche Persönlichkeiten verfügen, auf der einen Seite Anderl Bogner, der Philosophie studiert, und auf der anderen Seite Peter Bruck, der Sportstudent. Im Nebentext zu Beginn des Stückes markiert Otfried Preußler die gegensätzliche Anlage der jugendlichen Protagonisten, denn die erfahrenen Expeditionsteilnehmer Bauer und Dr. Bachleitner tauschen sich über die jungen Leute aus. Im Nebentext heißt es:

> Bruck und Bogner sind noch mit dem Verspannen der Zelte beschäftigt. Dr. Wagenknecht sitzt in ihrer Nähe, über das Logbuch gebeugt, den Bleistift quer im Munde, und wischt sich die Brille. Bauer und Dr. Bachleitner, rechts, von den übrigen etwas abgesetzt, studieren die Karte.

Gezielt wird somit bereits zu Anfang des Stückes im Dialog zwischen Dr. Hans Bachleitner, dem Arzt der Expedition, und dem Leiter, Paul Bauer, auf die Problematik von Führer und Geführten abgehoben, mithin auf die Dichotomie von »gehorchen« und »befehlen«. Es ist dies eine Konstellation, die den Kriegsgefangenen im Lager nicht nur bekannt ist, sondern in der sie als Wehrmachtsangehörige über Jahre existieren mussten und in der Gefangenschaft unter anderen Bedingungen erneut leben müssen.

> *Bauer:* Der Anderl ist aus dem Holz, von dem die Soldaten geschnitzt werden – die vielen, namenlosen, unbekannten Soldaten aller Zeiten und Länder – die gut sind, und treu, und durch Dick und Dünn gehen, wenn – wenn einer vorangeht. Aber ohne diesen einen – der ihnen das Ziel weist – der sie aufjagt und mitreisst – da vermögen sie nichts.
>
> *Bachleitner:* Und der Bruck?
>
> *Bauer:* Der Peter, weisst du – das ist einer von den andern. Der hat das Zeug, etwas von sich aus zu tun – der besitzt Schwung und Begeisterung für zehn Bogners – vielleicht auch für tausend. – Der, wenn er sich was in den Kopf setzt, dann macht er es wahr – dann kennt so einer nichts – dann rebelliert er auch mal – wenn alle Stricke reissen. – Und so muss es doch sein, wenn was geschafft werden soll in der Welt – nur so kommen wir weiter – und nur dann, wenn solche Kerle das Heft in die Hand nehmen, wird auch aus den vielen Bogners etwas.

Die Einschätzung des erfahrenen Paul Bauer, der den Ersten Weltkrieg überlebt hat, lenkt die Überlegung auf eine Art auratischen Bann von sogenannten Führernaturen. Dahinter stehen Positionen, die im Dritten Reich in besonderer Weise kultiviert wurden und die einen der Bezugspunkte auch bei Friedrich

Nietzsche finden, der für einen »aristokratischen Radikalismus« plädiert und für den »außergewöhnlichen Menschen« besondere Rechte einfordert. In ganz anderer Weise hat Reinhart Koselleck auf die Machtstrukturen verwiesen, in die der Einzelne im Krieg eingebunden ist. Die einen agieren in Befehlsfunktionen und die anderen sind strikt der Befehlsgewalt und dem Gehorsam unterworfen.[578] Darum geht es letztlich auch in dem Stück.

Mit dem Hinweis auf die Wetterbedingungen sind die Schwierigkeiten der bevorstehenden Mission antizipiert. Zudem gibt es Informationen der Figuren zur Größe der Aufgabe. Der Gipfel bekommt eine symbolische Dimension, denn es handelt sich um den »Thron der Götter«. Immer wieder wird betont, dass sie knapp vor dem Endziel stehen, »So nah, der Gipfel – so unwahrscheinlich nah«, stellt Bogner fest, als er durch das Fernglas sieht. Allerdings deutet sich bereits im ersten Akt der Konflikt zwischen dem älteren Paul Bauer und dem ungestümen Peter Bruck an. Bauer weiß, dass es sich beim Aufstieg um eine Rechnung mit vielen Unbekannten handelt und die Risiken genau abzuwägen sind:

> *Bauer:* Wenn ich mich nämlich dahinein wage – ins Ungewisse – und das ist es letzten Endes ja doch – dann will ich wenigstens die e i n e Gewissheit haben: – dass ich nicht in der Luft hänge. – Und deshalb werde ich mir hier eine anständige Basis schaffen – ein festes Lager – mit Proviant – und Brennstoff – und Geräten – und was sonst noch dazugehört. – Wenn man schon was unternimmt, dann muss es auch Hand und Fuss haben – vor allem aber F u s s . – Das ist wie bei jedem Angriff. Was vor einem liegt – sei es nun der Berg, oder ein Graben – das ist immer eine Rechnung mit Unbekannten – dagegen kannst du nichts tun. Aber es ist halb so wild, wenn man den Rücken frei hat – und seines Hinterlandes versichert ist. – So musst du das sehen, Peter.

Der junge Bruck hält permanent dagegen, und er stellt neben der bergsteigerischen Herausforderung – den damaligen historischen Gegebenheiten folgend – die »nationale« Bedeutung der Aufgabe heraus:

> *Bruck:* – und unser Sieg! – Seht doch, seht – da liegt er vor uns – der Thron der Götter, gleissend und weiss – wie ein funkelndes Kleinod steht die Sonne darüber – ein goldenes Zierat in seinem Scheitel – dort, wo wir stehn werden, Freunde – bald, bald stehn werden – du, Paul Bauer – und du, Doktor – ich – wir alle – und doch nicht wir allein, sondern eben – die Deutschen – die D e u t s c h e n !

Ohne dass Preußler vordergründig Bezüge zu jenen nationalsozialistischen Ideologemen herstellt, die auf die jüngeren Generationen im Dritten Reich Einfluss haben, wird sukzessive die eigentliche Problematik erkennbar. Im zweiten Akt kommt es klassischerweise zum Konflikt, der sich bereits angedeutet hat. Die unterschiedlichen Charaktere mit ihren entgegengesetzten Handlungsmotivationen prallen aufeinander. Aber es sind nicht die beiden jungen Männer, sondern Paul Bauer und Peter Bruck, die in der Rolle des Protagonisten und Antagonisten agieren. Der bereits angelegte Konflikt spitzt sich zu, als der Leiter der Expedition die Mannschaft mit der Entscheidung konfrontiert, dass sie kurz vor dem Gipfel umkehren müssen, um das Leben der Expeditionsteilnehmer und den Erfolg der wissenschaftlichen Mission nicht zu gefährden. Paul Bauer als Leiter bringt seine Entscheidung ruhig und bestimmt auf den Punkt:

> *Bauer:* Es gibt Dinge, die stehen ausserhalb jeder Debatte, wie es Situationen gibt, die nur eine e i n z i g e Lösung offenlassen. – In einer derartigen Situation befinden wir

uns augenblicklich. – Und die Lösung heisst: U m k e h r – eine andere gibt es nicht – kann es nicht geben – d a r f es gar nicht geben. – Und deshalb erachte ich es für meine Pflicht, von vornherein in diesem Punkte klare Stellung zu beziehen und kein Wenn und Aber aufkommen zu lassen. – Wenn ihr darüber hinaus meinen Entschluss auch noch versteht – und ihr m ü s s t ihn ja verstehen – so macht ihr mir seine Durchführung e t w a s leichter.[579]

Alle Teilnehmer der Expedition werden nunmehr auf die Probe gestellt, es schälen sich unterschiedliche Vorstellungen von Erfolg und Gemeinschaft heraus. Die Auffassungen, Normen und Werte der Figuren, die für unterschiedliche Generationen stehen, verschärfen den Konflikt. Auf der einen Seite steht der Sportstudent Peter Bruck, der das eigene Leben wie das der Gruppe für die »Aufgabe« und die Erreichung des Ziels opfern will. Bei ihm dominieren adoleszente Größen- und Allmachtsphantasien, die sein starkes Bedürfnis nach sozialer Anerkennung ausdrücken. Auf der anderen Seite steht der abgeklärte, besonnene und integre Leiter der Expedition, der seine Verantwortung für die Gruppe sieht, unnötige Opfer ablehnt und »zwischen Kapitulation aus Feigheit – und freiwilliger Aufgabe eines sinnlos gewordenen Kampfes« unterscheidet. Der Dialog zwischen beiden nimmt sich so aus:

Bruck: Ich sehe weder ein Muss hinter dieser Entscheidung – noch verstehe ich, weshalb du das »man kann« so betonst – als ob es noch eine besondere Tat wäre, sang- und klanglos die Waffen zu strecken.

Bauer: Manchmal gehört d a z u mehr Mut – und Härte als zum Weiterkämpfen.

Bruck: Das sind ja Redensarten – damit entschuldigst du j e d e Kapitulation.

Bauer: Nein. – Denn ich unterscheide noch immer zwischen

Kapitulation aus Feigheit – und freiwilliger Aufgabe eines sinnlos gewordenen Kampfes.

Bruck: Wie aber willst du entscheiden, w a n n ein Kampf sinnlos geworden ist?

Bauer: Dafür lässt sich keine Regel aufstellen – das wird von allzuvielen Umständen abhängig sein. – In e i n e m Falle aber trifft es bestimmt zu: – wenn das erreichbare Ziel die Höhe des Einsatzes nicht mehr aufwiegt.

Bruck: Ist es nicht aber auch umgekehrt möglich – dass die Fülle bereits gebrachter Opfer selbst ein an sich wertloses Ziel über alle Werte erhaben, und jeden Versuch, sich weiterer Opfer dadurch zu entziehen, dass man sich abwendet davon – zum Frevel werden lässt? –

Bauer: Ich schlage vor, die Dinge beim Namen zu nennen, anstatt in Parabeln zu reden. – Du bestehst also darauf, dass wir weitergehen.

Bruck: Ja.

Bauer: Obwohl du dir darüber im Klaren bist, dass dadurch Menschenleben aufs Spiel gesetzt – und mit grösster Wahrscheinlichkeit auch v e r spielt werden? –

Bruck: Ja.

Bauer: Und glaubst das verantworten zu können – im Hinblick darauf, was wir damit erreichen? –

Bruck: Ja. – Aber nicht zuletzt auch in Anbetracht dessen, was wir schon alles gewagt, geleistet und hineingesteckt haben in diese Expedition. –

Im zweiten Akt prallen mithin die von Bauer und Bruck vertretenen Wertauffassungen aufeinander. Bruck lehnt das, was Bauer Verantwortung nennt, ab:

Bruck: Verantwortung! Verantwortung! – wenn ich das Wort schon höre, du – du – dann – *(nimmt sich zusammen und setzt mit bitterem Hohn in der Stimme fort)* – Wenn ich

Expeditionsleiter wäre, mir sollte um d i e s e Verantwortung weissgott nicht bange sein! – Ich wüsste, wer als erster in die Lawine stiege – i c h wüsste das! – und ein Seilpartner, der es genauso freiwillig täte, wie ich – der fände sich auch.

Im Weiteren versucht der Antagonist Bruck alle Kräfte für die Umsetzung seines Ziels zu mobilisieren, er will auf den Gipfel. Als der Zuschauer den Eindruck gewinnt, dass Peter Bruck mit seinen Vorstellungen keinen Erfolg hat, gibt es zu Ende des zweiten Aktes einen klassischen Wendepunkt, der die dramatische Handlung in eine neue Richtung führt. Peter Bruck findet unverhofft in der Person von Bogner einen Unterstützer für die heimliche Umsetzung seines Plans, nämlich den Aufstieg allein zu wagen. Der Dialog zwischen den Protagonisten ist so etwas wie ein retardierendes Moment in einer Phase der höchsten Spannung kurz vor der Auflösung des Konflikts. Allerdings kann die adoleszente Rebellion, die zudem den Versuch einer Grenzüberschreitung bedeutet, abgewendet werden. Am Ende siegt die verantwortliche Haltung des Expeditionsleiters, dessen Entscheidung durch die Erfahrungen des Ersten Weltkrieges geprägt ist. In diesen Dialogen zwischen Bruck und Bauer sind die Verweise auf jene Situationen, die Otfried Preußler und die Mitgefangenen erlebt haben und die ihr Denken bestimmen, unübersehbar. Einmal mehr bringt Bauer seine Verantwortung im Streitgespräch mit Bruck zum Ausdruck.

Bruck: (aufgebracht) – Herrgott, Paul! – im Kriege kannst du es auch nicht verhindern, dass Kameraden fallen …

Bauer: Nein. – Im Kriege lässt sich das auch nicht verhindern. – Aber – w a r s t du im Kriege? – weisst du, wieviele gefallen sind, wo es nicht nötig gewesen wäre? – Wieviele ins Gras beissen mussten – als Opfer blinden Ehrgeizes und rücksichtsloser Ruhmsucht – an untergeordneter – höherer – und höchster Stelle? – Weisst du das? – I c h weiss es, denn ich hab es erlebt. – Und i c h bilde mir mein Urteil von Männern und Führern danach, – wie weit sie V e r a n t w o r t u n g an den Tag legen! –

Bruck: Verantwortung! – Verantwortung! – *(reisst seine Bergmütze vom Kopf und feuert sie zu Boden)* – ich p f e i f auf deine Verantwortung – wenn sie zaghaft macht – wenn sie nichts weiter bedeutet – als eine Entschuldigung für – für persönliche – … *(bricht ab, als habe er doch schon zuviel gesagt).*[580]

Nochmals argumentiert Bauer, nunmehr aber zunehmend erregt, in der Auseinandersetzung um Verantwortung, Mut, Feigheit, wobei wiederum auf das verwiesen ist, was in der Diskussion unter den Kriegsgefangenen seit Jahren eine Rolle spielt.

Anders als vermutet gibt es kein tragisches Ende. Ein Opfernarrativ wird von Otfried Preußler nicht entworfen. Weder Bauer noch Bruck geraten zu tragischen Helden. Stattdessen macht der junge Peter Bruck letztlich sogar eine Entwicklung durch, er bezwingt seine Allmachtsphantasien und bewährt sich in der Gemeinschaft, als es darum geht, einem der tibetanischen Träger zu helfen, der in der Höhe lebensbedrohlich erkrankt. Am Ende des Stückes ist das hohe Ziel nicht erreicht, wohl aber siegen Vernunft und Verantwortung über die »Sache«. In einem Brief an Robert Hohlbaum, seinen früheren Förderer, vom 12. November 1949 beschreibt Otfried Preußler einmal mehr die Wirkung des Schauspiels im Gefangenenlager in Kasan. »Das Spiel hat lebhafte Debatten für und wider die Bauer-Entscheidung ausgelöst. Wochenlang danach gab es im Lager die heftigsten Meinungsverschiedenheiten«, notiert er. »Ein guter, vielleicht der beste Beweis dafür, daß die Problemstellung sitzt. Manche Dinge kommen zur Sprache, die auch heute noch sehr aktuell sind – oder wieder aktuell wurden, weil es Fragen sind, die immer wiederkehren.«[581]

Dass Otfried Preußler sich mit Robert Hohlbaum auszutauschen sucht, hat einen einfachen Grund: Er ist Spätheimkehrer, in einer ihm fremden Region, zunächst mittellos, besitzt keinerlei Verbindungen und kennt keinen aus dem Literaturbereich. Insofern kommt für ihn die sogenannte »Stunde Null« Jahre später, nämlich erst 1949. Ganz abgesehen davon hat er niemanden, mit dem er sich über literarische Fragen austauschen kann.

In dem bereits zitierten Brief von Hans Zinsmeister an Vater Preußler wird der Kontext der Entstehung des Textes noch deutlicher. Zinsmeister ist es, der dem jungen Autor rät, jetzt »Dinge zu gestalten, die aus dem gegenwärtigen Erleben schöpften, d. h. die Probleme, die uns in diesen Jahren der Gefangenschaft umgetrieben hatten, es müßte ein reines Männerstück sein.« Schließlich finden sie gemeinsam einen »Stoffkreis« in den deutschen Himalaja-Expeditionen. Zinsmeister betont gegenüber dem Vater, dass er das Himalaja-Stück herausragend findet, und schreibt:

> Die Formulierung der Gedanken, die uns in diesen schweren Jahren bewegte, ist so einmalig und großartig, daß ich hoffe, wenn das Stück zum Druck kommt, daß Otfried dadurch auf sich wird aufmerksam machen können. Wir führten dieses Stück auch in unserem Lager auf: es war ein voller und ganz großer Erfolg. Ich zitiere Ihnen nur ein Urteil, das mir unmittelbar nach der Aufführung von einem Kameraden gegeben wurde, der alles andere als große Worte liebt und sonst eher einen kaltschnäuzigen Eindruck machte; als ich sagte: »Es freut mich, daß es gefallen hat«, erwiderte er: »Es ist völlig falsch hier von gefallen zu reden; es war ein Erlebnis!«[582]

Und in der Tat: Otfried Preußlers Zeitstück ist nicht nur im Kontext der in Gefangenenlagern entstandenen literarischen Texten eine Ausnahme. Auf der einen Seite setzt sich das Schauspiel deutlich von den Versuchen der Auseinandersetzung mit Nationalsozialismus und Krieg ab, die von Franz Fühmann überliefert sind. Bei den Texten von Fühmann handelt es sich um agitatorische Lyrik, die auf der Grundlage des Studiums des Marxismus-Leninismus im Noginsker Antifa-Kurs entstanden ist. Mit dem, was ein großer Teil der deutschen Kriegsgefangenen erlebt hat und was nunmehr ihr Denken bestimmt, haben diese Texte wenig zu tun. Die Sammlung folgt in der Darstellung Mustern eines sozialistischen Realismus, indem positive Helden und eine sozialistische Perspektivgestaltung aufscheinen. Anders funktioniert der Ansatz der jungen Autorengeneration um die Gruppe 47, die vor allem in der Publizistik ein »soldatisches Opfernarrativ« installiert, wonach die junge Generation im Dritten Reich keine Entscheidungsmöglichkeit hatte. Vereinfacht gesagt lässt sich das Opfernarrativ so auf den Punkt bringen: »Vorn stand der Russe, hinten standen die Kettenhunde. Was sollten wir tun?« Vor diesem Hintergrund werden auch die Schuldigen benannt, und die gehören nicht zur jungen Generation. Insofern erfolgt eine Delegierung von Verantwortung. Alfred Andersch, der kurze Zeit in amerikanischer Kriegsgefangenschaft verbringt, legt in seinem Beitrag »Das junge Europa formt sein Gesicht« die junge Generation auf jene »Männer und Frauen zwischen 18 und 35 Jahren« fest. »Von den Älteren« – so Andersch – würde sie sich »durch ihre Nicht-Verantwortlichkeit für Hitler, von den Jüngeren durch das Front- und Gefangenenerlebnis, durch das ›eingesetzte Leben‹ also« unterscheiden.[583] Damit ist der Abstand zu Exilautoren (»Front- und Gefangenenerlebnis«) ebenso markiert wie zu jenen arrivierten Autoren der inneren Emigration (»Nicht-Verantwortlichkeit für Hitler«). Das Alter von 33 Jahren entschuldet nämlich jene Jungen, die 1933 noch nicht 23 Jahre waren und damit nicht wahlberechtigt. Was Andersch hier fixiert, ist mehrheitlich immer wieder betont worden, wenn es darum ging, die ideologische Beeinflussung und den Opferstatus der jungen Generation zu betonen:

> Wir haben weder vor 1933 gewählt, noch waren wir später je abstimmungsberechtigt. Das nationalsozialistische und militaristische Gedankengut wurde uns von 1933 an in Schule und Lehre als das allein Wahre und das einzig Richtige intensiv gepredigt … Es erniedrigt unsere Vätergeneration, daß sie heute ihre seinerzeitige Einstellung, mit der sie uns erzogen und in tragische Schuld gestürzt hat, verleugnet. […] Was kannten wir denn in unserer Jugend, die diesen Namen wahrhaftig nicht verdient? Zwang und Befehle! Und was erlebten wir in den letzten sechs Jahren, die die glücklichsten und köstlichsten sein sollten? Grauen, Tod und herzzerreißendes Elend![584]

Norman Ächtler hat darauf verwiesen, dass nicht nur bei Andersch in diesem Zusammenhang von »Verrat« die Rede ist. Auch Wolfgang Borchert lässt seinen Protagonisten Beckmann im Drama »Draußen vor der Tür« (1946) über die Schuldigen nachdenken.[585] Dieser Verrat der Generation der Väter an den adoleszenten jungen Männern, dies ist ein Bild, das sich in der Nachkriegsdramatik durchgängig zeigt.[586]

Ganz anders funktioniert Otfried Preußlers Stück, das damit quer zum Opfernarrativ liegt und die ältere Generation eben nicht um den Preis der eigenen Entschuldung auf die Anklagebank setzt. Dem jungen Autor geht es weder darum, die eigene Verstrickung zu begründen, noch darum, die Schuld an die Vätergeneration zu delegieren. Er setzt eine Stufe darunter an, nämlich bei der grundsätzlichen Frage nach Verantwortung, unabhängig von der Generationszugehörigkeit.

Das Drama von Otfried Preußler stellt über die Auseinandersetzung von Paul Bauer und Peter Bruck und ohne explizit den Zweiten Weltkrieg zum Gegenstand zu machen, gleichwohl jene Grundfragen in den Raum, mit denen sich ein Teil der kriegsgefangenen Offiziere auseinandersetzt. Im Brief an Wulle-Wahlberg beschreibt Otfried Preußler Intention wie Wirkung: »Es war der Versuch, ein Problemstück zur Debatte zu stellen, und ich darf sagen, daß es außerordentlich heftige Diskussionen ausgelöst hat, die selbst noch an den Arbeitsplätzen weitergeführt wurden.«[587] Wenige Wochen nach der erfolgreichen Aufführung wird Otfried Preußler endlich aus der Gefangenschaft entlassen, und damit endet auch die Geschichte der Lagerbühne, die maßgeblich an sein Engagement gebunden ist.[588]

Betrachtet man die Stücke, die Otfried Preußler im Lager Kasan schreibt, dann setzt er mit Notwendigkeit auf den Dialog, die Wechselrede zwischen den Figuren. Insofern trainiert er bereits hier für die Zukunft. Denn: Der Dialog wird von zentraler Bedeutung für das Erzählen jener Geschichten sein, die dann nach der Rückkehr aus der Gefangenschaft in den 1950er Jahren entstehen. An Theodor Fontane, der als der gewichtigste Autor des bürgerlichen Realismus gilt, kann man ersehen, in welcher Weise der Dialog die Möglichkeit schafft, die Subjektivität einzelner Anschauungen zu vermitteln. Der Erzähler tritt in dem Moment, da ein Gespräch eröffnet wird, zurück und die Figur erhält die Möglichkeit, ihre Sicht auf die Welt im Gespräch zu äußern. Die jeweiligen Gesprächspartner können an das Gesagte anschließen, sich darauf beziehen, die Positionen bestätigen, relativieren oder widersprechen.

Am Sonntag, dem 6. März 1949, schreibt Otfried Preußler eine seiner letzten Karten aus dem Gefangenenlager an die Mutter. Er teilt mit, dass er seinen Schnurrbart abrasiert hat, den er sich auf Vorschlag des Lagerfrisörs hat wachsen lassen. Dieser Idee sind viele gerade der jüngeren Kriegsgefangenen gefolgt. Er fühlt sich nun ohne das Bärtchen sichtlich wohler, vor allem jünger. Das Stichwort »jung« ist denn auch der Ausgangspunkt für weitere Überlegungen. Otfried Preußler weiß das Glück, jung zu sein, zu schätzen, »habe ich doch noch so unendlich viel vor in meinem Leben!« Der junge Mann setzt auf die Zukunft und hofft, gemeinsam mit Annelies »ganz neu anfangen zu können«. Um in bester körperlicher Verfassung in Deutschland anzukommen, lässt er »nichts außer Acht, was meinem Körper zugute kommt«. Die weiteren Hinweise geben einen Einblick in die Lagerverhältnisse, in denen Otfried Preußler sich inzwischen selbstbewusst bewegt:

> *Das verdiente Geld setze ich restlos in Lebensmittel um, soweit ich es nicht für kleine, aber notwendige Anschaffungen wie Socken, Zahnputz u. ähnli. brauche. Im Rauchen habe ich mich etwas eingeschränkt, qualme anstelle von früher 20–25 Zigaretten jetzt nur noch höchstens 10 am Tage. Da ich das Glück habe, unter Dach zu arbeiten, aber ohne frische Luft mich nicht wohlfühle, habe ich den ganzen Winter über feierabends freiwillig eine bis anderthalb Stunden Schnee geräumt u. mich dabei ausgetobt. Im Frühjahr werde ich mich dann für den Lagergarten zur Verfügung stellen u. dabei an die kleinen Verrichtungen rund um das Häusel denken, die mir als Junge zwar nie recht behagen wollten, aber was gäbe man jetzt darum, wenns wieder so sein dürfte!*

Einmal mehr ist die aktuelle Situation mit Kindheitserinnerungen verbunden. Das, was als Kind als belastend empfunden wurde, ist unter den Bedingungen der Gefangenschaft etwas Wünschenswertes. Auch hier bewegt Otfried Preußler die Frage, wie es um den Vater und die anderen Familienmitglieder und Freunde steht:

> *Was ist mit Vater? Kommt er denn immer noch nicht? – Wie hoffe u. bange ich mit Euch, liebe Eltern, u. wie geht es Omama Dora? – und Mizzi – Grete – Rüdiger – Karin? – und all den anderen, denen ich keinen einzelnen Gruß, sondern nur diesen alle umfassenden mitteilen kann. Bleibt mir nur alle gesund u. guten Mutes – schreibt fleißig – und seid gewiß, dass Euer Otfried weiß, wohin er gehört.*[589]

In den Karten an die Verlobte, die im Nachlass nicht erhalten sind, geht Otfried Preußler noch deutlich stärker auf seine Zukunftspläne ein, wobei im Zentrum der Lehrerberuf steht.

Der Abschied von Kasan Anfang Juni 1949 gestaltet sich, so wird der Heimkehrer später an einen Mitgefangenen schreiben, »bemerkenswert herzlich«. »Die dicke Schapiro weinte wie ein Nilpferd, Alexandra Iwanowna weinte ebenfalls (…). Katja Badylowa seufzte ein paarmal, Ismailov war vor Rührung besoffen, der Normirovtschik Krjukov auf dem besten Wege dazu«, erinnert er. Augenzwinkernd fügt er hinzu, dass er dem Genossen Boris Sergejevitsch Chrunin »am letzten Tage meiner dortigen Amtshandlung erstmalig bewiesen (habe), wie schnell ein Plakat in Wirklichkeit gemalt werden kann, was er mit einem freundlich-erstaunten ›ech chuliganstwo‹ quittierte, was so viel wie ›ihr Rowdys‹ (чулиганство)! bedeutet«.[590] Nach der Verabschiedung geht es vom Lager in Kasan dann zum Hauptbahnhof, anzutreten ist in Sechserreihen, bei vollem Gepäck und mit Marschgesang.

Die Kriegsgefangenenakte von Otfried Preußler weist aus, dass er am 19. Juni 1949 dem Lager 67 »übergeben« wird, so der Wortlaut. Es ist dies Frankfurt/Oder, in dem auch Heinrich Gerlach ankommt. Bis Frankfurt/Oder hat der Transport um die 20 Tage gebraucht. Dabei geht es über folgende Stationen: Kasan, Selendolks (Tatarstan), Judino, dann folgen Moskau, Smolensk, Minsk und Brest. In Brest bringt der Transport der Kriegsgefangenen länger zu, die Züge werden umgespurt, da die Spurbreite der Bahngleise im Westen Europas nur 1435 mm beträgt. Danach geht es nach Warschau und von dort nach Frankfurt/Oder. Aus diesem Lager wird Otfried Preußler in die Freiheit entlassen. Über Leipzig und Oelsnitz geht es Richtung Hof, wo die Sowjetische Besatzungszone endet und das amerikanische Besatzungsgebiet beginnt. Dort kommt er am 22. Juni 1949 an. Nach 3350 Kilometern und siebeneinhalb Jahren ist er endlich zurück, Annelies hat die ganze Zeit auf ihn gewartet, auch die fünf Jahre der Gefangenschaft! Was sich dann abspielt, das hat Otfried Preußler später so erinnert.

> Aus dem Durchgangslager Hof-Moschendorf hatten wir telegrafieren können. »Ankomme Rosenheim morgen 18.58 Uhr«. Mein Mädchen erwartete mich am Bahnsteig. Sie trug ein Dirndlkleid, das ich noch von zu Hause kannte, das einzige Kleidungsstück, das ihr von damals verblieben war. Sie hatte es angezogen, damit ich sie dran erkennen sollte, das hat sie mir später einmal gestanden. Ich hätte sie aber gleichwohl erkannt, auch in jedem anderen Kleid. Selbst dann, wenn nicht fünf, sondern fünfzig Jahre dazwischen gelegen hätten – das weiß ich so sicher wie meinen Namen. Ich sah sie am Bahnsteig stehen. Sie hielt eine Rose in der Hand, eine rote Rose mit langem Stiel.[591]

Ein Kommentar erübrigt sich!

XXIV. »Aber Pläne sind da und das ist schließlich die Hauptsache«
Otfried Preußlers Neuanfang

Der Neuanfang, den Otfried Preußler so sehnsüchtig herbeigesehnt hat, stellt sich schwieriger dar als erwartet. Seinen Antrag auf Entnazifizierung erledigt er sofort. Aus der Kriegsgefangenschaft ist ihm bekannt, dass nach der Direktive JCS auf der Potsdamer Konferenz 1945 die Alliierten gegen die nationalsozialistische Ideologie vorgehen und die Urheber und Repräsentanten des Systems zur Verantwortung ziehen wollen. Zu diesem Zweck wurden in allen drei Besatzungszonen Spruchkammern eingerichtet, die das entscheidende Instrument für den Entnazifizierungsprozess darstellten. Bereits am 14. Juli 1949 erhält Otfried Preußler vom Öffentlichen Kläger bei der Spruchkammer, die beim Hauptgericht München angesiedelt ist, über die Außenstelle Rosenheim den Spruchkammerbescheid. In dem Dokument wird ihm bestätigt, dass er aufgrund der Angaben im Meldebogen »von dem Gesetz zur Befreiung von Nationalsozialismus und Militarismus vom 5. März 1946 nicht betroffen« ist.[592] In dem zweiseitigen Meldebogen war mitzuteilen, welche Mitgliedschaften in der Zeit des Nationalsozialismus bestanden haben (u.a. NSDAP, Allg. SS, Waffen-SS, Gestapo, SD Sicherheitsdienst SS, Geheime Feldpolizei, SA) und »in welche Gruppe des Gesetzes« sich der Antragsteller eingliedert, also I. Hauptschuldige (Kriegsverbrecher), II. Belastete, III. Minderbelastete, IV. Mitläufer und V. Entlastete.[593]

Einen Monat später, am 15. August 1949, tritt Otfried Preußler eine Stelle als kaufmännische Hilfskraft in der Nährmittel- und Süßwarenfabrik Stephanskirchen an, von der schon die Rede war. Bereits wenige Tage später, am 21. August 1949, berichtet er in einem Brief an Willi Koch, einen früheren Mitgefangenen, wie es ihm nach der Rückkehr aus der Gefangenschaft und der Ankunft in Stephanskirchen ergangen ist. Glücklich bestätigt er, dass er sich mit seiner Annelies vom ersten Augenblick an wieder so verstanden habe, als sei er nie fort gewesen. Sodann spricht er von verschiedensten Anstrengungen, »bei der Presse unterzukommem«. Einige Verbindungen des Vater habe er noch nutzen können, aber es sei ihm nicht gelungen, etwas zu erreichen, »da der Überschuß an Fachkräften viel zu groß ist, als daß man auf einen blutigen Anfänger wie mich angewiesen wäre«. Aber dann sei das Angebot der Verwaltungsstelle in dem neuen Betrieb gekommen.[594] Sehr dezidiert skizziert er das Unternehmen in einem nachfolgenden Brief an den frühen Förderer Robert Hohlbaum. Es handle sich hier um ein »Flüchtlingsunternehmen beachtlicher Größe«.[595] Es ist jene Firma, die der aus Reichenberg ausgesiedelte Süßwarenhersteller Otto Hoffmann gegründet hat und in der der zukünftige Schwiegervater, Hans Kind, als technischer Leiter arbeitet. Allerdings, und dies bedrückt den angehenden Schriftsteller, kommt er nur sehr wenig zu dem, was er als seine »ureigenste Arbeit« ansieht. »Zwar liegt mein berufliches Gebiet recht nah und bietet manche Möglichkeit, meine Fähigkeiten einzusetzen – ich bin in einer Werbe-Abteilung – doch heißt es sich da gehörig auf den Hosenboden setzen und erst einmal von Grund auf zu lernen«, schreibt er.[596] Das mit dem Lernen nimmt Otfried Preußler ausgesprochen ernst, so hört er einmal wöchentlich an einem werbewissenschaftlichen Institut in München Vorlesungen. Allerdings hat das eine Kehrseite, denn dabei »geht immer ein halber Tag, will sagen eine halbe Nacht mit Bahnfahrt und Wartesaalsitzen drauf«. Das bleibt nicht ohne Folgen, Otfried Preußler hat, wie er selbst einschätzt, »mehr Pläne auf schriftstellerischem Gebiet«, als sich »vorderhand verwirklichen lassen«, weswegen er bei aller rationalen Einsicht, dass es darum gehen muss, erst einmal eine Anstellung zu finden, darunter leidet. Trotz der gewissen Ernüchterung bleibt er Optimist. »Aber es ist ja noch nicht aller Tage Abend – und auch für uns wird sich das nächste Ziel wohl einmal, wenn auch nicht in allernächster Zeit, verwirklichen lassen: selbständig zu werden und nur ›unserer‹ Arbeit, und von unserer Arbeit zu leben«, notiert er voller Zukunftsgewissheit.[597] Auch von den ins Auge gefassten schriftstellerischen Plänen berichtet er. Er »liebäugelt« weiterhin mit dem Drama. Nach dem Himalaja-Schauspiel, das noch in Kasan entstanden ist, schreibt er von einer neuen Idee für ein Stück. »Als nächstes möchte ich ein Erlebnis aus der Gefangenschaft dramatisieren«, so das Vorhaben, »ein deutscher Arzt operiert entgegen des Verbotes seiner Vorgesetzten einen schwer erkrankten Kameraden, der nurmehr durch operativen Eingriff – und dies bloß mit geringer Aussicht – am Leben erhalten werden kann.«[598] Das Stück soll ein »Beitrag zu dem heute so oft, und manchmal leider nur allzu verlogen erörterten Thema der ›Menschlichkeit‹« sein.[599]

Weil er in Sorge ist, dass ihm vieles von den Ereignissen in Kindheit, Jugend sowie in der Gefangenschaft aus dem Gedächtnis fällt, gewöhnt er sich sofort nach der Rückkehr aus der Gefangenschaft an, permanent Erinnerungen zu notieren. Das hat einen Grund: Im Lager Jelabuga, der Hinweis ist bereits gefallen, war im Herbst 1945 in Folge der durch die Dystrophie eingetretenen völligen Entkräftung das Erinnerungsvermögen gestört. Nun in der Freiheit gewöhnt er sich eine Art enzyklopädischen Arbeitsstil an, er fertigt zu sämtlichen Gegenständen, die ihm für das Schreiben wichtig erscheinen, akribisch Konspekte und Exzerpte. Dazu gehören auch Notizen zu Erlebnissen in der Kindheit, der Jugend sowie im Gefangenenlager. So gibt es einen Notizzettel zu »Jelabuga, A-Lager«, auf dem Folgendes fixiert ist:

> Ankunft, Übernachtung im Block VI – Block d. Sudetendeutschen – Kommandiertenstube – Jogging – Schäfer – ... haft im Speicher – Kulturaktiv – Wagner, Keitel u. Maurer – wahrhafte (?) Kommandos: Holzhacker u. -träger, Wäscherei, Kanalbrigade, Supplementholzschneider, Gärtnerei – Bepflanzung der Krautfelder – Ausblick auf die Kama – In Erwartung des Wunderschiffes (Budetj, budetj) – der polnische Hauptmann – Seljak (?) – Weberschiffchen macht Zährung – Rangordnung in der Küche – Sonderbrigade des Küchenpersonals mit Flußbad – Kriegsende – Potsdamer Beschlüsse (Meeting nach Rückkehr vom Holzkommando) – Wiedersehen mit einem Löbauer KOB-Gefreiten – Major Mandold.[600]

Was Otfried Preußler hier praktiziert, das ist letztlich das Anlegen eines semantischen Netzwerkes. Dabei fungieren bestimmte Begriffe und Namen als Einheiten, die wiederum durch qualitativ unterschiedliche – und für eine fremde Person nicht erkennbare – Relationen miteinander verbunden sind.[601] Otfried Preußler weiß, dass über die Reaktivierung bestimmter Begriffe (Knoten) und Relationen (Kanten) ein Geflecht von Erinnerungen im Sinne eines Netzwerkes entsteht. So ist mit »Wagner« vermutlich jener Politinstrukteur gemeint, mit dem der Freund Hans Zinsmeister konkrete Erfahrungen gemacht hat und der für das Spitzelwesen im Lager Jelabua stand.

Ganz anders ist eine Erinnerung an das Jahr 1938 fixiert, hier notiert Otfried Preußler einen kohärenten Text, der die Situation im Sudetenland betrifft und mit der Überschrift »Vor dem Anschluß. CPO« versehen ist:

> Vor 1938 flohen einige Bewohner aus Reichenberg aus Angst vor Repressalien oder weil sie Sorge hatten als Deutsche ins tschechische Heer eingezogen zu werden ins »Reich«. Bewachung der leeren Häuser im Schieferdörfel durch freiwillige Miliz und CPO, die auch die Wasserversorgung bewachten ...[602]

Aber erst einmal steht ein privates Ereignis vor der Tür: Mit der sich ergebenden gewissen materiellen Sicherheit kann endlich geheiratet werden. Eigentlich hatte Otfried Preußler vor, sofort nach der Rückkehr Hochzeit zu machen.

Aber wie der Brief von Hans Zinsmeister an Vater Preußler belegt, ist es der zukünftige Schwiegervater Kind, der die Pläne der jungen Leute etwas bremst. Vater Kind habe die Verantwortung für das Lebensglück seines Kindes gesehen, schreibt der väterliche Freund Zinsmeister. Er vertrete »die richtige Auffassung, daß man auf die Dauer ein wirkliches Glück von Bestand nicht ohne eine gesunde wirtschaftliche Basis gründen kann«. Für Zinsmeister ist es eine große Freude zu sehen, »daß Otfried, ursprünglich doch recht Brausekopf und manchmal noch ein rechter Junge, sich von dieser klaren Art des Herrn Kind hat beeinflussen lassen und doch wohl selbst so gereift war, daß er – ohne zu schmollen – seinen ursprünglich ›unumstößlichen‹ Vorsatz: 14 Tage nach meiner Rückkehr wird geheiratet, abgeändert hat und einsieht, daß er zuerst wissen muß, worauf er diese Ehe (die bestimmt sehr glücklich werden wird, davon bin ich überzeugt) gründen kann.«[603] Der Erste, dem Otfried die Kunde von der Heirat übermittelt, ist der Vater, der sich zu diesem Zeitpunkt immer noch im Gefängnis in der Tschechoslowakei befindet. Er schickt ihm umgehend Fotos von der Trauung, und auch die anderen Familienmitglieder suchen den Inhaftierten mit Paketsendungen und kontinuierlicher Post materiell wie mental zu unterstützen. Auf der anderen Seite gibt Josef Preußler den jungen Leuten Ratschläge. »Bildet euch in allem aus, was Arbeitsleistung fördert und dem Erfolg dient«, notiert er, »dadurch vertieft sich Eure Lebensfreude. Helft Euch gegenseitig! Nützt Eure Sprachkenntnisse, unterhaltet Euch manchmal in fremder Zunge. Lest anderssprachige Bücher und Zeitungen. Vervollkommnet Eure Stenographie.«[604] An anderer Stelle verweist Josef Preußler auf eine Aussage des von ihm verehrten Aufklärers Gottfried Eph-

Abb. 29: Annelies und Otfried Preußler kurz vor der Hochzeit, 1949

raim Lessing, von dem sich in seiner Reichenberger Bibliothek eine Gesamtausgabe befand, die er bei den Besprechungen von Aufführungen des Stadttheaters nutzte. Lessing hatte selbstbewusst nach der Kündigung seiner Breslauer Stelle dem Vater in einem Brief vom 13. Juli 1764 mitgeteilt: »Wie es weiter werden wird, ist mein geringster Kummer. Wer gesund ist, und arbeiten will, hat in der Welt nichts zu fürchten.« Der Vater Josef hat diesen Leitspruch für sich verinnerlicht, und er gibt ihn nun an seine Kinder weiter.[605]

Die Überlegungen sind gleichermaßen leistungsorientiert und sensibel auf die aktuelle Lage der Kinder ausgerichtet. Und dass die ursprüngliche Überlegung von Otfried, in den Journalismus einzusteigen, nicht erfolgreich war, sieht der Vater gelassen. »Gräm dich nicht als Journalist nicht untergekommen zu sein«, tröstet er den Sohn, »der Zeitungsberuf hätte in Dir nach und nach das Dichterische aufgezehrt.«[606] Josef Preußler kennt seinen Sohn genau, und einmal mehr hat er recht. Was Vater Josef dann dem Sohn auf den Weg gibt, ist ausgesprochen weitsichtig, letztlich geht es ihm darum, dass Otfried die jeweiligen Stationen nicht als Hindernisse auf dem Weg zum Schriftsteller ansieht, sondern sich voll engagiert und möglichst viel Profit aus den speziellen Bereichen für sich zieht. »Einkommen aus der Kunst ist fraglicher Posten. Stehst durch Anstellung auf festen Füßen. Mußt mit Deiner Kunst nicht markten gehen, sondern kannst Deine Feierstundenarbeiten ausreifen lassen und sie ausfeilen und kulturell aufbauend wirken«, schreibt er zutreffend.[607]

Die sicher geglaubte Existenz, von der auch der Vater spricht, ist allerdings nur von kurzer Dauer. Schon Monate später verliert Otfried Preußler seine Stelle, ab 1. April 1950 ist er arbeitslos. In einem kurzen Lebenslauf vom 3.6.1950, den er für neue Bewerbungen schreibt, fasst er die aktuelle Situation wahrheitsgetreu so zusammen:

> Wir haben geheiratet und leben bei schönster Aussicht (auf die Landschaft) mehr oder weniger von der Hand in den Mund. Obwohl das mehr oder weniger besser »mehr weniger« hiesse, haben wir es doch zu einer Schreibmaschine und einem zweiten Preis für mein Schauspiel »Mensch Nr. 2301« im Wettbewerb »Junge Dramatik« des Adalbert Stifter-Vereins gebracht.[608]

Der zweite Preis für das Schauspiel ist für den jungen Mann eine große Motivation, er arbeitet wie besessen. Zwischen dem Silbernen und Goldenen Advent entsteht jene Geschichte aus der Erinnerung, die er zu Weihnachten 1945, nach vier Monaten im Kriegsgefangenenlager Kasan geschrieben hat und der er den Titel »Weberlegende« gab. Es ist das, was man eine schöne Weihnachtsgeschichte nennt. Und sie hat wiederum mit dem »Kripplbau« zu tun. Otfried Preußler setzt einen Ich-Erzähler ein, der sich an seine Kindheit erinnert.

Weberlegende

Diese Geschichte entstand zu Weihnachten des Jahres 1945 im Kriegsgefangenenlager Kasan an der Wolga. Die Niederschrift ging verloren. Sie wurde neugeschrieben zwischen dem Silbernen und dem Goldenen Sonntag des Jahres 1950.

Ganz draussen im letzten Zipfel, wo die Wiesen unseres Weberdörfleins immer schmaler und schmaler wurden, bis sie schliesslich als dürftiges Steiglein zwischen den Fichten versickerten, stand im Schatten der Bäume das Waldwinkelhaus. Dort wohnte der alte Tietz.

So oft wir als Kinder auf unseren Streifzügen oder beim Beeren- und Pilzesammeln in diese entlegene Gegend kamen, tönte uns schon von weitem das Perlicke-Perlacke seines Webstuhls entgegen, und wenn wir unter den niedrigen Fenstern vorbeigingen, sahen wir das verhutzelte Männlein im Rahmen stehen, wie es emsig den Schützen schlug und wachsam wie ein Sperber auf das Gefädel der Kette vor sich niederschaute.

Der alte Tietz war ein fleissiger Mann und ging selten unter die Leute. Nur wenn es galt, seine Ware loszuwerden und die wichtigsten Einkäufe zu machen, kam er wohl einmal ins Dorf. Sonst aber lebte er still und für sich droben in seiner Einsamkeit mit den Rehen und Hirschen des Iserwaldes auf du und du, die oft genug in mondhellen Nächten aus ihrem Gehege traten und ruhig äsend über die Waldwiese schritten.

Im Winter, wenn alle Futterplätze verweht waren, kamen sie zutraulich bis an seine Behausung heran und taten sich an der Schütte Heu gütlich, die ihnen der Alte dann Abend für Abend auf die Schwelle breitete. Dieses Heu brachte er im Sommer eigens für sie ein. Er mähte es dort, wo er wusste, dass die rechten Kräuter beisammenstanden, und zu einer Zeit, da Gras und Blätter am saftigsten waren. Denn er war ein verständiger Wirt und seit alters gewohnt, sich über alles, was er tat und was rings um ihn vorging, seine eigenen grundsätzlichen Gedanken zu machen.

Wenn er feierabends um die Zeit, wo es für die Arbeit zu dunkel, aber noch nicht finster genug ist, um als sparsamer Mensch schon das Licht anstecken zu können, vor das Haus trat und »Luft schnappen« ging, wie er das nannte, dann standen ihm diese Gedanken eines langen Arbeitstages noch auf der Stirn; und es kam vor, dass er – so meilentief darein versponnen, wie nur ein Tuchmacher sich in seine Träume verspinnen kann, und das will etwas heissen! – weder Blick noch Gruss für jeden des Weges Kommenden hatte, selbst wenn es der beste Bekannte war.

Es geschah aber auch, dass er auf solchen Spaziergängen plötzlich mitten unter uns Kindern auftauchte, eine Weile aus seinen feuchten, immer ein wenig rot geränderten Augen über den Falz seiner Nickelbrille zusah, wie wir uns vergeblich mit einem Wasserrade, das nicht gehen, einer Mausefalle, die nicht zuschnappen wollte, oder dergleichen abmühten, sich dann unaufgefordert bei uns niederhockte und uns mit ein paar raschen, gewandten Griffen zeigte, was wir falsch gemacht und wie wir es richtig zu handhaben hätten.

Denn der Waldwinkel-Tietz, ein heller Kopf und tüchtiger Hauser nicht nur, verfügte auch über viel Geschick und Erfahrung der Hand, darum ihn manch ausgelernter Mechanikus drunten in der Stadt hätte beneiden können.

Abende und halbe Nächte lang brachte er in seiner Stube unter dem Herrgottswinkel bei allerlei kniffligen Arbeiten zu.

Dann lagen auf der roten Wolldecke, die er über den Tisch gebreitet hatte, die verschiedensten Wellen, Rädchen und Spulen herum, und mit spitzen Fingern, die Brille weit von den Augen gerückt, passte und probierte er geduldig Teilchen an Teilchen, bis alles zu seiner Zufriedenheit ausgefallen war und er beruhigt zu Bett gehen konnte oder das Flackern der heruntergebrannten Lampe ihn mahnte, dass morgen auch noch ein Tag sei und selbst der liebe Gott ja die Welt nicht in einem Atemzuge erschaffen habe.

Verspätete Wanderer und zeitige Ausgänger, wenn sie ihn zu so ungewohnter Stunde noch Licht brennen sahen, stiessen sich dann im Vorbeigehen an, deuteten hangauf nach dem erleuchteten Fenster und

sprachen untereinander, sofern sie aus unserem Tale oder der Nachbarschaft stammten: »Jetzt baut er wohl wieder am Heiligen Land.«
Dieses Heilige Land aber war eine jener kunstvollen Weihnachtskrippen, wie sie allenthalben in den Flecken und Weilern meiner Heimat zur Winterszeit aufgestellt wurden, Gott zu ehren und jedermann Freude zu tun.
Von Geschlecht zu Geschlecht weiter vererbt und im Laufe vieler Menschenalter zu wahren Wundern an Vielgestalt und einfältiger Buntheit erwachsen, stellte jedes dieser Werke den ganzen Stolz seiner Besitzer dar, und lieber machten die guten Leute wochenlang vor dem Heiligen Abend die Nacht zum Tage, als dass sie auch nur ein einziges Mal auf seine Errichtung verzichtet hätten.
Denn das Einspielen und Aufeinanderabstimmen der mannigfachen, oftmals recht empfindlichen Bestandteile dieser Krippen nahm doch mehr Zeit und Mühe in Anspruch, als der uneingeweihte Betrachter sich auszudenken vermochte, und nicht selten begannen die Vorarbeiten schon mitten im Sommer, wenn andern Ortes noch längst kein Gedanke an Weihnachten war.
Da wurden Steine gesammelt und Borken gedörrt, neues Moos wollte gesucht sein und alte Figuren waren aufzufrischen; dann wieder kam eines Tages die gute Lösung, wie das oder jenes an diesem oder dem anderen Schafgange zu vereinfachen, umzustellen oder hinzuzufügen sei; das Flötenwerk bedurfte eines besseren Balges, die Schnüre des Zuggewichts taugten auch nimmer viel, und die Stadt Jerusalem musste endlich um ein paar stattliche Häuser vergrössert, ihr Zinnenkranz mit einigen weiteren Türmen bestückt werden – und was derlei Anliegen eben so sind.
Wer wie der Waldwinkel-Tietz ganz allein zu solcher Verrichtung und darüber hinaus nicht nur bestrebt war, seine Krippe Jahr für Jahr recht in Ordnung zu halten, sondern sie von Christfest zu Christfest auch immer noch schöner, noch grösser, noch wundersamer erstehn lassen wollte, der durfte getrost schon um Lichtmess, wenn er die heurige abbrach, an den kommenden Aufbau zu denken beginnen – damit er nur ja bis zum nächsten Advent seinen Kram so beisammen habe, dass

pünktlich am Goldenen Sonntag das Heilige Land wieder erstellt sei.
Aber so fleissig und bedacht unser Freund auch das ganze liebe Jahr lang hinter seinen Sachen her war, so viele Lampen er darüber ausbrennen, so viele Gedanken und Griffe er daran verschwenden mochte – der grosse Eifer kam stets doch auch ihm erst im Herbst.
Und wenn dann gar noch der Schnee zu fallen begann, wenn ihn die zeitige Dämmerung immer eher und eher von seinem Webstuhl erlöste, da blies er sein Licht nicht etwa um das Entsprechende früher aus, sondern sass und werkelte, je mehr es auf Weihnachten ging, nur noch länger und mehr.
Wenn wir in diesen Tagen auf einem späten Botengange oder auch bloss unter fadenscheinigem Vorwande bei ihm einsprachen, fanden wir ihn meist mit Farbe und Pinsel hantierend, oder er schnitt, eine kleine Schere in Händen, an einem Stücklein bemalter Pappe herum.
Wenn er guter Laune war, durften wir wohl einen bewundernden Blick auf die neue Figur werfen, die da eben entstand, oder ihm sogar beim Aufkleben der Stäbchen behilflich sein, an denen die Männlein und Weiblein, die Tiere und Pflanzen seines Krippenberges im Moose befestigt wurden.
Denn der alte Tietz war nicht nur ein feiner Tüftler, unter dessen kundigen Fingern Lauf- und Blaswerke, Schafgänge und Pilgerzüge entstanden und zu geheimnisvollem Leben und Tönen erwachten – er malte auch seine Hirten und Könige, seine Böcklein und Lämmer selber. Ja, er war wohl der einzige im ganzen Tale, der stolz von sich sagen konnte, er habe zeit seines Lebens nicht ein einziges Stück dazugekauft und dennoch sein Krippel beständig vermehrt.
Besonders gern suchten wir ihn immer auf, wenn er sechs Wochen vor Weihnachten mit dem eigentlichen Aufbau begann und wir uns durch kleine Handreichungen oder siebengescheite Ratschläge dabei nützlich machen durften.
Er pflegte dann seinen Webstuhl, der sonst die Mitte der Fensterwand einnahm, um ein Beträchtliches der Türe näher zu rücken und räumte alles »Überflüssige«, nämlich den grossen Tisch und die Eckbank samt

einiger Schemel, auf seinen Dachboden über. So schuf er Platz für sein Vorhaben und konnte nach Herzenslust anheben zu schalten.

Bald hatte sich die sonst so ordentliche Stube in ein einziges Durch- und Übereinander von Latten, Leisten, Brettern, Spulen, Kisten, Kästen, Werkzeugen und Rissen verwandelt, aller Enden lag Werg und Abfall herum, es war kaum noch ein Durchkommen bei soviel Wirrwarr und Wust.

Aber Zug um Zug lichtete sich das Gekrempel wieder, und im gleichen Masse, wie die Unordnung abnahm, wuchs im Zimmereck drüben die Rüstung des Heiligen Landes empor.

Wer nicht wusste, zu welchem Ziele die Arbeit führen sollte, hätte den wahren Sinn niemals vermutet.

Wie konnte er aber auch ahnen, dass jene Garnkiste dort hinten den Berg andeutete, darauf sich die Stadt Jerusalem gründen würde, dass diese schräg gestellte und mit vielerlei kreuz und quer weisenden Einschnitten versehene Holzplatte eine künftige Hutweide sei, und dass über die beiden Walzen unterhalb der von Leiste zu Leiste sich wölbenden Brücke über kurz oder lang ein munterer Wasserfall sich in den See stürzen werde, der vorerst noch in Gestalt einer recht unvermittelt in das Lattengewirr hineingestellten Waschschüssel Kopfzerbrechen und Zweifel erregte?

Wir aber, denen das alles nichts Unbekanntes mehr war, wenn wir auch immer wieder an neue rätselhafte Einzelheiten gerieten; wir, die wir wussten, wie schnell und täuschend sich durch geschickt angenagelte Rindenstücke und säuberlich aufgelegte Moosplatten ein Holzklotz zum Felsen, ein Brett in Weideland und Kistendeckel in grüne Hügel verwandeln liessen – wir versuchten stets schon im Unfertigen das Ganze, im Gerippe die Form zu erkennen, und bestürmten den alten Meister jedes Jahr heftiger, uns auch am Verkleiden des Baues und dem Aufsetzen der Figuren teilnehmen zu lassen.

Doch dieses erlaubte er nie.[609]

Die Kinder streichen daher wiederholt um das Tuchmacherhaus, um hinter das Geheimnis zu kommen, aber sie können nichts erkennen, weil der Waldwinkel-Tietz bei seinen Verrichtungen jeweils so im Licht steht, dass sie unverrichteter Dinge abziehen müssen. Aber sie möchten unbedingt wissen, wie das Bild der diesjährigen Krippe aussehen wird. Am letzten Sonntag vor Weihnachten haben sie endlich eine Chance. Es ist nämlich Sitte, dass die Kinder gemeinsam mit dem Schulmeister in dieser Zeit von Haus zu Haus ziehen, um die Geburt Christi zu besingen. Die »Lichtelsinger«, wie sie heißen, werden empfangen und vermeintlich sträubt man sich gegen ihren Besuch, um dann endlich auf die im Chor gesprochene Aufforderung »Das Licht besingen wollen wir, drum öffnet uns, Herr Wirt, die Tür und lasst uns gehen ein!« eintreten zu können. Da er so abgelegen wohnt, ist der Waldwinkel-Tietz immer der Letzte, der an die Reihe kommt. Es ist später Abend, als die Kinder an seinem Haus anlangen. Dass die Neugierde so groß ist, das hängt mit der Besonderheit der Krippe des Waldwinkelwebers zusammen, sie ist mit Abstand die geräumigste, beweglichste und schönste. Nun aber stellt sich heraus, dass der Weihnachtsstall leer ist. Und das bleibt über die Jahre so. Beim Waldwinkel-Tietz fehlen das Jesulein und die Muttergottes, die bei anderen Krippen das Wichtigste sind. Es vergehen Jahre, der Ich-Erzähler geht auf das Gymnasium in der Ferne und ist nur ab und zu zu Hause. Und es ergibt sich, dass wiederum zum Feste der Lehrer seinem früheren Schüler mitteilt, dass der Waldwinkel-Tietz erkrankt sei und ihn gebeten habe, die Krippe aufzubauen. Er fragt den jungen Mann, ob er nicht Lust habe, beim Aufbau mit dabei zu sein. Der Ich-Erzähler sagt sofort zu und nun sind sie dabei, die Krippe unter Hinweisen des alten Mannes aufzustellen. Als sie am nächsten Tag kommen, liegt eine feierliche Stimmung im Raume, und der Waldwinkel-Tietz begrüßt sie, scheinbar bei guter Gesundheit. Was weiter geschieht, teilt der Erzähler so mit:

Bald waren die wenigen Verrichtungen getan, und nachdem wir den letzten Dattelbaum an die vom Waldwinkel-Tietz uns bezeichnete Stelle gepflanzt und einige unwesentliche Veränderungen hie und da vorgenommen hatten, steckte der Schulmeister die Rampenlichter an und wir traten beide hinter des Einschichters Sessel zurück, seines Lobes gegenwärtig.
Leise surrend setzte sich das Laufwerk in Gang, allenthalben kam Leben und Bewegung in die hügelreiche Landschaft, die Pilgerzüge begannen zu wallen, der Wasserfall stürzte zutal, die Viehherden hoben zu ziehen an, auf der fernen Höhe gleich hinter der Heiligen Stadt massen zwei Böcklein ihren Übermut und rannten gesenkten Nackens gegen einander; der römische Wachsoldat vor den Toren Jerusalems, das aus getreuen Wiedergaben aller möglichen Wallfahrtskirchen erbaut und dessen Tempel dem Dome Sankt Peters in Rom nachgebildet war, nahm seinen Postendienst auf: zehn Schritte nach rechts – kehrt! – zehn Schritte nach links – kehrt! – und jedesmal, wenn er seine Wendung ausführte, tat es einen hörbaren Knack, als schlage er stramm mit den erzenen Hacken zusammen.
Ein gespenstisch lautloses Treiben war das, bis endlich die beiden schalmeientragenden Hirten und der Dudelsackbläser vorn in der äussersten Ecke sich auf einen Wink des verkündeten Engels hin von ihren Baumstümpfen erhoben und ihre Instrumente an die Lippen führten. Da fiel dann mit all seinen Pfeifen das Flötenwerk ein, und: »Kommet, ihr Hirten, ihr Männer und Frau'n …« tönte die liebliche böhmische Weihnachtsmusik über den Krippenberg hin, lauter und leuchtend vom ersten verheissenden Auftakt an – bis hin zum getragen-segnenden grossen Halleluja, darin sie verklingt.

Es ist das erste Mal, das beim Probelauf Fremde dabei sind. Als der Schulmeister nach dem Ablauf der ersten Runde wieder das Gewicht aufwinden will, hält ihn der Waldwinkel-Tietz zurück. Er geht an eine Truhe und holt ein sorgsam in Leinen eingeschlagenes Kästchen hervor. Dann schließt er die Truhe und kommt zurück. Er wendet sich an den Schulmeister und den jungen Ich-Erzähler:

»Meine Freunde,« begann er, und diese ungewöhnliche Anrede verdichtete jenes Gefühl festlicher Erwartung noch, das uns allmählich ergriffen hatte. »Meine Freunde. – Da habt ihr nun Abend für Abend bei mir gebaut und einem alten, schwächlichen Menschen geholfen, sein Heiliges Land zu errichten, da er's aus eigener Kraft nimmer konnte und doch gar so gerne noch einmal sehn wollte, woran er sein Lebtag lang hing.

Da habt ihr nun weder den weiten Weg, noch Mühe und Ärger gescheut – denn manchmal, das weiss ich, war nicht eben einfach auszukommen mit mir – und habt geduldig mein Nörgeln in Kauf genommen dabei.

Und nun?

Lohnen kann ich's euch nicht, wenn ich gleich möchte. Was hätte ein armer Schlucker wie ich schon zu geben; und dann, fürchte ich, würdet ihr wohl auch nichts nehmen.

Aber danken will ich es euch – auf meine Art halt. Kann sein, ihr versteht es – kann sein, ihr versteht es auch nicht.

Wie sehr ich's euch aber zu Dank weiss, mögt ihr daraus ersehen, dass ich den schönsten Augenblick meines Alters mit euch zu teilen gedenke, einen Augenblick, nach dem ich seit langen Jahren ausgewesen bin, ohne dass er mir je widerfuhr bis zum heutigen Tag – den Augenblick nämlich, der meinem lieben, sorgsam erfundenen und allezeit um ein Kleines vermehrten Heiligen Lande seine Krönung eintragen soll: d e n Augenblick, da zum erstenmale meine Muttergottes mit dem Kind auf den Weihnachtsberg einzieht.«

Er strich versonnen über das Seidenpapier eines der Päckchen, hob es auf und fuhr langsamer fort.

»Es ist allenthalben ja längst keine Neuigkeit mehr, dass dem Waldwinkel-Tietzen sein Krippenstall leer steht. Die Leute im Dorf haben sich abgefunden damit und es hingenommen, als müsste es eben so

sein. Vielleicht bin ich selber der einzige unter den vielen gewesen, dem es anders erging, der sich d o c h etwas gedacht hat dabei, und dem es so lang keine Ruh liess, als bis er die Liebfraue hatte. Die Liebfraue, wie ihr wisst, von der er zurecht überzeugt ist, dass er sie hinsetzen darf, ohne der Muttergottes zu nahe zu treten.

Jahrelang hab ich versucht und gemalt – jahrelang wieder verworfen – und jahrelang doch immer wieder begonnen im Glauben, es werde mir einmal geraten.

Viele Madonnen sind also entstanden – jedes Jahr mindestens eine, nicht selten auch mehr – und die schönsten davon … ja, die schönsten, die hab ich bewahrt – und hier seht ihr sie alle.«

Er hatte, indem er sprach, eines der Päckchen um das andere geöffnet und die bunten Figuren in seinen Schoss gelegt. Jetzt hielt er sie einzeln ans Licht – gar bedächtig und stumm – liess uns Zeit, sie genau zu betrachten.

Mariengestalten, zwei Dutzend und mehr – immer schöner und schimmernder stiegen die Bilder herauf.

Blonde und braune und schwarze Marien, in Purpur und Atlas und köstlich getöntem Brokat.

Gekrönt und im Perlenschmuck diese – schlichter, mit offenem Haar, das von Blumen geziert war, die nächsten.

Marien, so zart wie ein Hauch und mit feinen, zerbrechlichen Händen – Marien dann, blutwarm und reif, die im Blust ihrer Mutterschaft prangten; demütig ergebene Magd und stolze, huldreiche Königin nebeneinander; diese ein glücküberflutetes, lächelnd erhobenes Weib – eine selig entsagende, ganz in ihr Wunder versunkene Heilige jene.

Mir war es, als liesse der Alte uns da einen Blick in den Spiegel des Fraulichen tun, darin all die unsägliche Vielfalt des ganzen Geschlechtes sich brach, – und ein wenig zu rasch ging der Wechsel mir manchmal vorüber.

Schliesslich, als nur eine letzte Figur noch zu zeigen blieb, von der er die Hülle bisher nicht entfernt hatte, hielt Tietzvater abermals inne, wies mit der Hand über die wieder im Dunkel ruhenden Bilder hin und sagte, mehr zu sich selber, als dass es für uns gedacht schien:

»Das waren sie nun – meine vielen Verfehlten, deren doch jede entstand unter Mühen und Qual.
Denn, weiss Gott ja, ich h a b mich geschunden – und ehrlich geschunden manch einsam durchgrübelte Nacht. Und das Schlimmste war immer der Morgen – wenn ich das Fertige furchtsam besah und mir eingestand: Nein, Alter, Nein doch, – auch dieses war wieder umsonst. Aber es hatte wohl seine guten Wege damit – und vielleicht musste jede von denen gemalt sein, eh diese letzte mir heuer gelang ...«
Er zögerte noch, die Gestalt zu enthüllen.
Mir schien es, als zittere er vor Erregung; es konnte dies aber auch vom Flackern der Lichter herrühren, die langsam niederbrannten.
»So seht sie denn, Freunde,« überwand er sich dann, strich behutsam das raschelnde Blatt auseinander und tastete zaghaften Griffes nach dem, was es barg.
Mir war es bei dieser umständlichen Vorkehr ganz warm geworden ums Herz, auch der Schulmeister hatte sich vorgeneigt, wie um besser sehen zu können. Wir hielten beide den Atem an, eine Zeitlang war in der Stube nichts weiter zu hören als das verstohlene Ticktack des Holzwurms im alten Gebälk.
Dann endlich, nach einer kleinen Ewigkeit, wie mich deuchte, schickte der Graukopf sich an, auch diese letzte Madonna ins Licht zu heben. Und ich erwartete mir ein grosses Wunder.
Wie erstaunt aber und beinahe enttäuscht war ich, anstelle der gemutmassten Königin des Himmels und der Erde nur ein einfaches Bauernweib zu erkennen – ein wenig verhärmt und in dürftige Kleider gehüllt, mit dunklem, schlicht in der Mitte gescheiteltem Haar und einem wollenen Umtuch in der Art, wie es die älteren Frauen unseres Sprengels auch damals noch trugen.
Dieser Frauengestalt haftete so gar nichts Besonderes und, wie ich empfand, Marienhaftes an; jede der vorhin Geschauten schien mir besser zu einer Madonna geschaffen als diese.
Sie war kniend dargestellt, halb über eine roh zusammengezimmerte Wiege geneigt, die mageren, von harter Arbeit entstellten Hände gefaltet; und auf ihrem noch jungen zwar, aber von ersten Sorgenfur-

chen vergröbertem Antlitz zeichneten Freude und Ratlosigkeit sich in einem, als überlegte sie jetzt schon, während das grosse Ereignis noch immer ihr Herz erhöhte, woher sie morgen Windeln und Wäsche für das Kind nehmen sollte, da sie vor Notdurft kaum selber das Nötigste hatte.

»Hier also ist sie nun«, liess sich der Alte vernehmen und hielt seinen Blick unverwandt auf das Bildnis der ärmlichen Frau gerichtet. »Hier ist sie, die Muttergottes für meinen Stall.

Ihr staunt, Freunde, ein so einfaches Weib zu erkennen; ihr sprecht es nicht aus, doch ich weiss es.

Aber ich weiss auch, dass der Herrgott mir's nicht für übel nehmen wird, wenn ich diese erwählte – gerade die eine.«

Und bedeutsam fügte er hinzu:

»Sie, die das Kleid einer dürftigen Webersfrau trägt – und die Züge meiner guten verstorbenen Mutter.«

Als er das sagte, sank mir's wie Schuppen von meinen Augen und: Ja, wollte ich ausrufen – ja, Waldwinkel-Tietz, Ihr habt recht!

Aber vor Rührung kam mir kein Wort von den Lippen, und es wär' auch nicht gut gewesen, jetzt etwas zu sagen.

Denn alsbald erhob sich der Alte, ging mühsamen Schrittes, das Bildnis mit beiden Händen vor sich herhaltend wie eine Monstranz, auf den Krippenberg zu und setzte die Kindlmutter feierlich langsam an ihren Platz, worauf er sich den Männlein und Weiblein seines Heiligen Landes zuwandte und also zu sprechen begann:

»Lang hat es gebraucht, ihr braven Leute – manche Weihnacht seid ihr umsonst unterwegs gewesen und habt eine leere Krippe gefunden. Heut aber soll euer Hoffen und alle Erwartung entgolten sein.

Sehet das Kind in der Wiege – sehet die Mutter dabei – und seid fröhlich und guten Mutes – denn wahrlich, ich sage euch: von heute an wisst nun auch ihr eurer Sehnsucht ein Ziel – von heute an möge die rechte Maria euch segnen und danken – von heute an throne sie hier, an geheiligter Stätte – und bleibe da thronen –

»Amen«, fügten wir leise hinzu.

Dann brachten wir den Kranken, der plötzlich zu schwanken begon-

nen hatte, an seinen Sessel zurück, wo er, dem Krippenberg gegenüber, schwer atmend Platz nahm.
Er wich allen besorgten Fragen nach seinem Befinden aus, hiess uns das Laufwerk und die Flöten in Gang setzen und bat, als Schalmeien und Dudelsack wieder erklangen, wir möchten ihn nunmehr allein lassen.
Anderntags war der Tietzvater tot.
Zwei junge Mädchen aus seiner Verwandtschaft, die ihm zeit seines Siechtums den Hausstand besorgt hatten, fanden ihn am frühen Samstagmorgen vor dem Letzten Advent: aufrecht sitzend im Lehnstuhl, die starren Augen über die niedergebrannten Kerzen des Rampenlichtes hinweg auf den Stall mit der Muttergottes gerichtet. –
An jenem Goldenen Sonntag folgten der Lichtelsingerschar mehr Leute in den Waldwinkel hinauf, als jemals gleichzeitig den verwinterten Pfad beschritten hatten.
Das halbe Dorf war in der niedrigen Stube versammelt, wo der Verstorbene still und zufrieden auf seiner mit Fichtenreisern besteckten Bahre lag – das Gesicht dem Heiligen Lande zugewandt, welches der Schulmeister fürsorglich hatte mit einem Leintuch verhängen lassen.
Und als, ein wenig beklommen erst, dann aber freier und freier, unsere trauten, fröhlichen Weihnachtslieder wie jedes Jahr durch den Raum klangen und wieder der Vorhang zur Seite rauschte – den Blick freigebend auf die wunderliche, kerzenbeschienene, volkreiche Landschaft, inmitten derer nun unter dem schütteren Dach einer brüchigen Scheune die Heilige Maria in Gestalt einer dürftigen Webersfrau thronte – da ahnte ich ferner zum erstenmale, was mir seitdem zur festen Gewissheit wurde und was auch dem Alten, der dort auf der Bahre lag, wohl seinen Pinsel geführt haben mochte: Dass es immerdar um die Weihnachtszeit unser aller andächtiger Krippengang ist, heimzuwandern in das Heilige Land einer ewigen Kindheit, darüber leuchtend und schön ein verklärender Schimmer sich breitet, der ausgeht vom gütigen Mittelpunkt jeglichen Seins, wie er uns sichtbar wurde und bleibt in unserer eigenen Mutter Bild.

Diese Erinnerung an die Kindheit hat Otfried Preußler im Silikatlager von Kasan aktiviert und daraus eine Geschichte gemacht. Die abschließende Kommentierung des Erzählers zur Heimwanderung in das »Land einer ewigen Kindheit« wäre sicher verzichtbar gewesen, freilich steht sie in Zusammenhang mit dem Entstehungsort des Textes, dem Kriegsgefangenenlager, in dem es darum geht, die hoffnungsvolle Botschaft überdeutlich hervorzuheben. Zur Weihnachtszeit 1950 schreibt er sie ein zweites Mal auf und macht davon Robert Hohlbaum Mitteilung. Er habe nun auch eine »kleine Weihnachtsgeschichte geschrieben, die seinerzeit noch in Russland entstanden war und deren erste Fassung mir bei der Entlassung verlorenging.«[610] Die »Weberlegende« geht mit Post als Weihnachtsgeschenk an Hohlbaum ab. Der reagiert umgehend positiv, was Otfried Preußler Mut macht. »Dass die Weberlegende Deine Zustimmung fand, freut mich besonders, denn gerade mit dieser kleinen Arbeit verbinden sich mir viele unvergessliche Erinnerungen«, betont er.[611] Otfried Preußler hat vor, die »Weberlegende« zu veröffentlichen. Dabei denkt er an den Verlag Eugen Diederichs, der in der Zeit des Dritten Reiches in Jena ansässig war. 1949 gründeten die Söhne Niels und Peter Diederichs den Verlag in Düsseldorf und Köln neu. Letztlich ist aber eine Publikation nicht zustande gekommen, die »Weberlegende« hat sich daher erst im Nachlass von Otfried Preußler wiedergefunden.

Die Arbeitslosigkeit von Otfried Preußler, die ihn vor allem wegen der finanziellen Situation frustriert, hält bis Ende Februar 1951 an. Noch im Dezember bekommt er eine Einladung zu einem Winterlager der Sudetendeutschen Jugend an der österreichischen Grenze. Aber er sagt ab, weil er der Auffassung ist, dass es keinen Sinn macht, die »alte Jungturnerschaft in der gleichen Romantik und mit den alten Vorbehalten wieder aufleben zu lassen.«[612] Hier deutet sich bereits eine kritischdistanzierte Position gegenüber den sudetendeutschen Aktivitäten im Nachkriegsdeutschland an. 1961 treten Otfried und Annelies Preußler aus der Sudetendeutschen Landsmannschaft aus, in die sie nie eingetreten waren. Dass beide als Mitglied geführt werden, geht auf den Vater Josef zurück. Am 13. Oktober 1961 erhält der damals bereits bekannte Autor ein Schreiben von der Kreisgruppe Rosenheim. In dem Brief heißt es andeutungsweise empört:

> Sie werden es dem Kreisvorstand nicht übel nehmen, wenn er darüber seine Verwunderung zum Ausdruck bringt, da Sie ja als Kulturpreisträger der SL eine Sonderstellung innerhalb unserer Mitglieder haben.[613]

Otfried Preußler antwortet eine Woche später sehr bestimmt, und er markiert dabei sehr deutlich, wie Annelies und er zur Sudetendeutschen Landsmannschaft stehen. Unmissverständlich heißt es in der Antwort:

> Besten Dank für Ihre Anfrage vom 13. Oktober. Ich darf Ihnen mitteilen, daß meine Frau und ich nicht aus der Sudetendeutschen Landsmannschaft ausgetreten sind, da wir ihr niemals beigetreten waren. Es handelt sich vielmehr um Folgendes: Vor einiger Zeit erfuhren wir durch Zufall, daß mein Vater meine Frau und mich ohne unser Wissen und Einverständnis bereits vor Jahren bei der Ortsgruppe Stephanskirchen der Sudetendeutschen Landsmannschaft als Mitglieder angemeldet und seither auch die Beiträge für uns entrichtet habe. Da ich seit dem Kriege auf Grund persönlicher bitterer Erfahrungen grundsätzlich entschlossen bin, keiner politischen Partei oder ähnlichen Organisationen mehr beizutreten, und da anderseits meine Frau und ich als erwachsene Staatsbürger darauf bestehen müssen, über unsere persönlichen Verhältnisse selbst zu entscheiden, haben wir meinen Vater daraufhin gebeten, die Angelegenheit unserer angeblichen Mitgliedschaft bei der Orts-

gruppe Stephanskirchen der Sudetendeutschen Landsmannschaft wieder in Ordnung zu bringen. Ich bin sicher, daß Sie für unsere Handlungsweise Verständnis aufbringen werden.[614]

Die Position von Otfried und Annelies Preußler ist klar, ein einseitiges politisches Engagement kommt nicht infrage. Josef Preußler freilich ist über diesen Schritt enttäuscht, und es gibt eine der wenigen Auseinandersetzungen zwischen Vater und Sohn. Letztlich akzeptiert er aber die Entscheidung seiner Kinder.

In die Zeit der Arbeitslosigkeit fällt ein glückliches Ereignis, die Geburt des ersten Kindes. Mutter Annelies und Tochter Renate sind wohlauf und können am 30. Januar 1951, bereits kurz nach der Geburt, die Klinik verlassen. Die Wohnverhältnisse sind zwar beengt, aber dies kann den jungen Vater in seinem Optimismus nicht bremsen. Gleichermaßen stolz und zärtlich berichtet er Robert Hohlbaum, dass die kleine Renate sich vor allem darin übt, »tüchtig auszuschlafen«, und mit dem Schreien hat das Baby sich so eingerichtet, dass es »frühmorgens und abends ausführlich je eine geschlagene Stunde lang ihr Stimmlein erschallen lässt.«[615] Positiv vermerkt er, dass die Kleine während der Nacht und in den übrigen Stunden des Tages »grösste Rücksicht« übt, was dem Schreiben zugute kommt. Da er sich als freier Schriftsteller durchzuschlagen versucht, ist die Situation angespannt. Otfried Preußler ist allerdings kein »rasender Reporter«, wie Egon Erwin Kisch, sondern ein »radelnder Reporter«. Per Fahrrad durchquert er in der zur Verfügung stehenden Zeit als Lokalreporter die Region. Vor allem aber schreibt er für den Kinderfunk des Süddeutschen und Bayrischen Rundfunks. Neben der Brotarbeit macht er sich in dieser Zeit an die Fertigstellung seines Schauspiels, von dem er Robert Hohlbaum im Brief vom 12. November 1949 bereits berichtet hat, »ein deutscher Arzt operiert entgegen des Verbotes seiner Vorgesetzten einen schwer erkrankten Kameraden«.[616]

Das Stück hat seine Grundlage in einem Bericht des Mitgefangenen, Dr. med. Willi Koch. Dem hat Otfried Preußler bereits kurz nach der Rückkehr im August 1949 ausführlich von seiner Situation berichtet. Neben dem Hinweis auf eine »verzweifelte Wohnungssuche« benennt er auch die Schreibprobleme. »Es fehlt unter den augenblicklichen Verhältnissen doch die innere Ruhe. Außerdem ist das Profane jetzt eben wichtiger.«[617] Zudem informiert er den Freund darüber, dass er die Hände voll zu tun hatte, »die im Kopf behaltenen Sachen aus Rußland zu rekonstruieren«. Aber die in seinen Augen existierende Unproduktivität wird sofort durch den Hinweis auf neue Pläne revidiert. Dabei geht es nun genau um das Stück, über das er Robert Hohlbaum einige Monate später informieren wird. Willi Koch ist dabei sein erster Ansprechpartner, ihm gegenüber skizziert er den Aufbau des Schauspiels und die Intention. Vom Mediziner wünscht er sich Hinweise zu den medizinischen Belangen. In dem Brief ist auch präziser benannt, in welcher Weise das Schauspiel ein Beitrag zur »heute in so vielfältiger Form erhobenen Proklamation der Menschenrechte« sein soll.[618] Die Intention bringt Otfried Preußler so auf den Punkt:

> Das Stück soll keine Tagespolitik bringen. Seine Problematik liegt jenseits des Heutigen oder Gestrigen allein. Die darin angeschnittenen Fragen waren, sind und werden allzeit aktuell sein. Daß sie hier im Spiel ausgelöst werden durch ganz bestimmte und nur für diese Situation zutreffende Äußerlichkeiten, ändert nichts an dieser Tatsache. Die Gegensätze ergeben sich hauptsächlich aus der Gegenüberstellung der beiden deutschen Ärzte des Lagers, von denen der eine Hilfsbereitschaft ohne Rücksicht auf seine Person vertritt, während der andere, ein Dr. Münthe, in erster Linie seine persönlichen Belange und das eigene Wohlergehen in den Vordergrund stellt. Du wirst zugeben müssen, daß leider Gottes dieser letzte Typ nicht allzu spärlich gesät ist.[619]

In dem Brief entwirft Otfried Preußler sodann einen groben Plan der Aufteilung der drei Akte mit einer ausführlichen Beschreibung ihres Inhalts. Vom Freund möchte er »die schonungslose Meinung über Anlage und Absicht des Stückes«. Vor allem aber geht es ihm um die Details des tatsächlichen Vorfalls, der die Grundlage für die Darstellung bildet. Dabei verweist er auf die notwendige künstlerische Freiheit und betont: »Daß ich die Sache dann doch so zurecht und umbiegen muß, wie sie mir in den Kram paßt, ist ja sowieso klar.«[620] An Willi Koch hat er nun aber ganz konkrete Fragen, er möchte etwas zur Erkrankung erfahren, will wissen, wie lange eine solche Operation dauert, ob man dazu einen assistierenden Helfer benötigt und bis zu welchem Grade man improvisieren kann, also ohne entsprechende Beleuchtung oder Instrumente auskommt. Das Stück selbst bringt Otfried Preußler in den folgenden Monaten zu Ende, und er gibt ihm den Titel »Mensch Nr. 2301«. Es dauert allerdings noch fast vier Jahre, bis es dann endlich aufgeführt wird.

XXV. »Zuerst bin ich stempeln gegangen«
Heimkehrer können nicht heimkehren

Im September 1950 gibt Otfried Preußler Robert Hohlbaum einen umfangreichen Bericht darüber, was sich in den letzten Monaten ergeben hat. Inzwischen ist der Vater Josef aus dem tschechischen Gefängnis entlassen worden, und die Familie tut alles, »um ihn die schwere Zeit soweit vergessen zu machen, so wie sich so was eben vergessen lässt«. Was den jungen Mann betrübt, das ist der Umstand, dass er außer dem Vater eigentlich niemanden hat, bei dem er »in die Lehre gehen könnte und wollte, so wie ich das bei Ihnen herzlich gern tun würde«.[621] Inzwischen gibt es auch Veränderungen im Schreibansatz, Otfried Preußler hat sich vom Drama wegbewegt und schreibt die letzten Monate ausschließlich Prosa, in der »Hauptsache kleine Skizzen und Erzählungen«. Das liegt nicht zuletzt darin begründet, dass ihm schlichtweg die Zeit fehlt, um sich an größere Arbeiten zu machen. Weil die Familie von der geringen Arbeitslosenunterstützung nicht leben kann, ist er auf den Zuverdienst von Zeitungsartikeln angewiesen. Bei den kürzeren Geschichten folgt er dem Rat von Zinsmeister, den eigenen Erfahrungen zu vertrauen und Selbsterlebtes zur Grundlage des Erzählens zu machen. Das betrifft auch die Zeit nach der Rückkehr aus der Kriegsgefangenschaft. In einem Brief an einen Kriegskameraden, der drei Jahre später, nämlich 1953, aus sowjetischer Gefangenschaft nach Deutschland zurückkehrt, lässt Otfried Preußler die Zeit nach der Rückkehr Revue passieren und berichtet von den eigenen Schwierigkeiten, Fuß zu fassen, um dem Spätheimkehrer Mut zu machen. »Freilich ganz ohne Schwierigkeiten und Dämpfer kommt man nicht durch«, resümiert er.[622] Und er notiert, die eigenen Erfahrungen reflektierend, weiter: »Auch Sie werden inzwischen erfahren haben, daß manches Unverständliche, für uns Unverständliche, in Deutschland vorgeht, und daß die Zeit während Ihrer langen Abwesenheit erschreckend rasch weitergegangen ist.«[623] Otfried Preußler meint damit nicht nur die Schwierigkeit, sich eine materielle Existenz aufzubauen, sondern auch die Diskussionen, die im Nachkriegsdeutschland mit der Gründung der beiden deutschen Staaten geführt werden. Er fühlt sich geistig abgekoppelt. Das hängt nicht zuletzt damit zusammen, dass in der jungen Bundesrepublik unterschiedliche Erinnerungskulturen miteinander im Widerstreit liegen und sich durchmischen. Dies ist ein gänzlich normaler Vorgang. Schon vor dem Zweiten Weltkrieg hat Walter Benjamin in seinen viel zitierten »Geschichtsphilosophischen Thesen« darauf aufmerksam gemacht, dass die Geschichte »Gegenstand einer Konstruktion« ist und es sich um eine mit »Jetztzeit geladene Vergangenheit« handelt.[624] Und der französische Soziologe und Philosoph Maurice Halbwachs vermutet in seiner Theorie vom kollektiven Gedächtnis, dass »wir in der Erinnerung von der Gegenwart, vom System der allgemeinen Ideen aus(gehen), das uns immer zur Verfügung steht« […] wir kombinieren sie, um entweder ein bestimmtes Detail oder eine Nuance vergangener Gesichter oder Ereignisse und allgemein unserer früheren Bewusstseinszustände wiederzufinden.« Diese Rekonstruktion, so Halbwachs, würde aber »nur annäherungsweise« gelingen, denn: »Es gibt eine Lücke im Eindruck, die den Anpassungsmangel des sozialen Verständnisses an die Bedingungen unseres persönlichen früheren Bewusstseinslebens misst.«[625] Die leitenden Topoi der westdeutschen Erinnerung, wie sie sich im öffentlichen Bewusstsein artikulierten, hat der Historiker Martin Sabrow für die ersten beiden Jahrzehnte schließlich so zusammengefasst:

> Im Vordergrund standen das Grauen des Bombenkriegs und die Zerstörung der Städte, die Umstände von Flucht und Vertreibung aus den Ostgebieten und das Schicksal der Soldaten in der Kriegsgefangenschaft. Öffentliche Aufmerksamkeit wurde daneben, wenngleich zögernd und heftig umkämpft, dem militärischen und dem christlichen Widerstand gegen das NS-Regime zuteil, während dessen Terrormaschinerie und die in den Holocaust mündende Verfolgung von Juden und anderen als ›fremdrassig‹ aus der Volksgemeinschaft Ausgegrenzten lange Zeit nur einen randständigen Platz in der öffentlichen Erinnerung fanden.[626]

In einer neueren Arbeit hat Jörg Echternkamp belegt, dass die sich im kollektiven Gedächtnis seit den 1970er Jahren festgesetzt habende Auffassung, die Deutschen hätten Krieg, Verbrechen und Schuld vergessen und verdrängt, gerade nicht zutrifft. Erinnern und Vergessen waren nicht Prozesse, die sich gegenseitig ausgeschlossen hätten, sondern vielmehr zwei Seiten einer Medaille. Der Krieg und seine Folgen sind mithin durchaus zentrale Gegenstände von öffentlichen Aushandlungsprozessen.[627] Allerdings, so lässt sich sagen, in einer bestimmten Färbung. Gerade auch die Literatur – von der sogenannten hohen Literatur über die Unterhaltungs- und Kolportageromane bis hin zur Heftchenliteratur – hatte einen nicht zu unterschätzenden Anteil an dieser ›Färbung‹ und der Selektivität der Erinnerung. Dabei spielen die Leiderfahrungen deutscher Kriegsgefangener eine Rolle, auch und gerade in literarischen Texten. So verzeichnet der »Verband der Heimkehrer, Kriegsgefangenen und Vermisstenangehörigen« (VdA), der 1950 gegründet worden war und zahlreiche Ortsverbände hat, bereits 1953 knapp 200 belletristische und populärwissenschaftliche Titel zum »Gefangenschafts- und Heimkehrerlebnis im Buch«.[628] Darüber hinaus wirken Krieg und Gefangenschaft über Jahrzehnte in Familien hinein und spielen in den öffentlichen Debatten der frühen Bundesrepublik eine gewichtige Rolle, zumindest bis zu jenem Zeitpunkt, da die letzten Kriegsgefangenen 1955/56 aus der Sowjetunion zurückkehrten. Im kollektiven Gedächtnis der jungen Bundesrepublik gibt es Gedenktage, Mahnwachen und Wanderausstellungen zum Schicksal der Kriegsgefangenen. Am 26. Oktober 1950 – Otfried Preußler ist zu diesem Zeitpunkt eineinhalb Jahre aus der Gefangenschaft zurück – gibt Bundeskanzler Konrad Adenauer in der 94. Sitzung des Bundestages zum Gedenktag für die deutschen Kriegsgefangenen eine Erklärung ab. »Der heutige Tag und diese Sitzung des Bundestags, der Vertretung des deutschen Volkes«, so leitet Adenauer seine Rede ein, »ist dem Gedenken derjenigen geweiht, der Männer, der Frauen, der Kinder, die noch nicht zu uns zurückgekehrt sind.« Adenauer betont, dass »im gesamten Gebiet der Bundesrepublik« sich »das deutsche Volk zu Kundgebungen der Trauer und des Protestes zusammenfinden und seiner Verbundenheit mit diesen unseren Landsleuten und mit ihren Angehörigen in Deutschland Ausdruck geben (wird).«[629] In der Erklärung verweist er vor allem auf das »Schicksal der Deutschen, der früheren Angehörigen der Wehrmacht, der verschleppten Männer, Frauen und Kinder, die in Sowjetrußland noch zurückgehalten werden«.[630] Adenauer versichert, dass die Bundesrepublik auch in Zukunft alles tun werde, »was in unserer Kraft steht, um die Rückkehr zu ermöglichen«, und gleichzeitig müsse es darum gehen, »den Angehörigen der Zurückgehaltenen an diesem Tage, aber auch weiter unsere herzlichste und innigste Teilnahme auszusprechen und zu versuchen, ihnen zu helfen, wo wir helfen können.«[631] Die politischen Proklamationen haben allerdings wenig mit der konkreten Realität zu tun, in die die Spätheimkehrer dann versetzt werden. Otfried Preußlers Erfahrungen im Alltag sind anderer Natur als die Reden der politischen Repräsentanten. Er hat erleben müssen, wie schwierig es im konkreten Fall ist, Anschluss in der neuen Wirklichkeit zu finden und wirklich

»heimzukehren«. Letztlich handelt er nach der Devise »Hilf dir selbst, so hilft dir Gott.« Dem früheren Mitgefangenen teilt er nunmehr diese, seine Erfahrungen mit. »Vielleicht wird es Ihnen nun auch ähnlich ergehen wie mir seinerzeit: daß Sie plötzlich eine Leere in ihrem Bewußtsein erleben werden, dadurch entstanden, daß jenes große Ziel, dem Sie seit Jahren gelebt haben – die gesunde Rückkehr –, auf einmal erreicht ist«, heißt es. Und weiter: »Ich bin damals im Sommer 49, als ich zurückkam, richtig unsicher geworden dadurch. Die Probleme waren nicht, wie wir gedacht hatten, mit der Rückkehr ein für allemal gelöst; im Gegenteil, sie begannen dann eigentlich erst.«[632] Knapp beschreibt Otfried Preußler, wie seine Rückkehr im Frühsommer 1949 ausgesehen hat, wo er letztlich angekommen ist und wie die ersten Schritte aussahen. »Zuerst bin ich stempeln gegangen«, schreibt er, »dann habe ich für 8 Pfennig Zeilenhonorar als ›radelnder Reporter‹ für eine kleine Zeitung zu schreiben begonnen. Größere Arbeiten unterzubringen war, da ich keine Verbindungen hatte, unsäglich schwer. Meine Frau hat als Hilfsarbeiterin in einer Zuckerfabrik tapfer mitverdient, weil sie in ihrem eigentlichen Beruf – sie ist Kindergärtnerin – als Protestantin in Oberbayern nicht ankommen konnte.«[633] Wie es für ihn durchweg kennzeichnend ist, versichert Otfried Preußler dem Spätheimkehrer seine Unterstützung und macht ihm Mut: »Nun habe ich Ihnen des langen und breiten von meinem augenblicklichen Leben erzählt, und ich wünschte, Sie würden es so auffassen, wie es gemeint ist; als Positionsmeldung nicht nur, sondern, ein wenig, auch als Bericht eines Menschen, der sich vor vier Jahren in einer ähnlichen Lage befand wie Sie jetzt und seitdem seine Erfahrungen gemacht hat. Es soll nicht nur so hingeschrieben sein, wenn ich Sie bitte, meine bescheidenen Kräfte unbedenklich in Anspruch zu nehmen, wo ich Ihnen allenfalls helfen könnte. Manchmal hilft es schon, wenn man sich mitteilen kann.«[634] Die Erfahrung, wie es um jene bestellt ist, die nicht heimkehren können, hat er bereits einer Kurzgeschichte eingeschrieben, die am 4. März 1950 in der in Passau erscheinenden Zeitung »Der Neubürger« unter dem Titel »Heimkehrer können nicht heimkehren« erschienen war.

Heimkehrer können nicht heimkehren

Dieses Gespräch wurde weder erfunden, noch so in Wirklichkeit jemals geführt. Es ist die Zusammenfassung vieler Gespräche – beängstigend vieler sogar, welche ich während der Fahrt im Transportzug vernahm. Und es ist zugleich der Versuch, die Mienen derer zu deuten, von denen eisiges Schweigen ausging und ein entschlossener Ernst, der in bitterem Gegensatz zu dem Uebermut anderer stand. Die Schweigsamen waren die, welche nicht mehr heimfahren können, obwohl man auch sie gedankenlos unter die Heimkehrer zählt.

»Du bist so absonderlich still, seit wir fahren, und kriechst jeden Tag tiefer in dich hinein. Man ist das gar nicht gewohnt, daß du schweigst und an allem vorbeisiehst. Noch kürzlich hast du gesagt: Laß uns erst im Waggon sitzen und das Stoßen der Achsen verspüren – das wird ein Jubel sein, hast du gesagt – ein Jubel wie niemals vorher … Aber jetzt – du hockst in der Ecke auf deinem Gepäck und stierst wie im Traum vor dich hin. Etwas stimmt nicht mit dir, nur weiß ich nicht, was dich bedrückt.«

»Ich denke nach. Weiter nichts. Man kann nicht jubeln und denken zugleich.«

»Und woran denkst du so sehr, daß dieser Gedanke dich ohne Pause bewegt?«

»Ich denke daran, wohin dieser Zug mich wohl bringt.«

»Er bringt uns nach Hause. Das weißt du so gut wie ich auch. Was gibt es zu überlegen dabei?«

»Er bringt mich – nach Deutschland. Aber nach Hause bringt er mich nicht. Das ist es, woran ich denke – und daran denken jetzt viele in diesem – Heimkehrerzug.«

»Weshalb legst du solches Gewicht auf das Wort – Heimkehrerzug? Wir kehren doch heim. Wir sind entlassen und werden in wenigen Tagen frei sein. Bedenke doch: f r e i!«

»Das schon. Aber – Heimkehrer – dies ist ein schiefer Begriff. Wie vielen, glaubst du wohl, ist die wirkliche Heimkehr verwehrt.«

»Ich kann dich verstehen. Es muß bitter sein, keine Heimat zu haben. Doch – du weißt das nicht erst seit gestern und hast dich trotzdem auf diese Reise gefreut.«

»Ich habe gefiebert danach – und mir wunder was vorgestellt bei dem Gedanken – jawohl.«

»Aber jetzt bist du enttäuscht …«

»Nicht enttäuscht – nur nüchtern geworden – aufgewacht, wenn du magst – aus einem lange und sorgsam gehüteten Traum.«

»Und du träumst wovon?«

»Ich träumte wie du und die anderen alle – ich träumte von dem, wie es war – und setzte im Stillen voraus, es würde wieder so sein.

Ich weiß, du hältst mir entgegen, das sei töricht gewesen von mir. Keiner träfe das an, was er vor Jahren verließ. Gut. Ich will dir nicht widersprechen darin. Keineswegs. Nur frage ich dich: was hättest du wohl an meiner Stelle getan? Sieh – von dem Ort, wo ich hinfahre, weiß ich nicht mehr als den Namen und ungefähr, wo er liegt. Das einzig Bekannte dort ist das Gesicht meiner Frau.

Wie sie aussieht, weiß ich noch gut – jede einzelne ihrer Bewegungen ist mir zugegen – auch die Art, wie sie spricht und gewisse Worte verwendet – als sei ich vor Kurzem erst fortgegangen von ihr.«

»Ist das nicht schon viel? Wie kannst du dich fürchten vor einer Fremde, die sie dir vertraut machen wird, mehr als du denkst …«

»Ich fürchte mich nicht. Das wäre zu Unrecht gesagt. Auch wollte ich da nicht hinaus.

Ich versuche dir klarzumachen, wie sich verhält, was du als Torheit bezeichnest – auch wenn es nicht ausgesprochen wurde von dir.

Wenn die Rede vom Heimkehren war – und es war unzählige Male die Rede davon – dann dachte ich an meine Frau. Und wenn ich abends auf meiner Pritsche lag und nicht einschlafen konnte vor Heimweh –

dann dachte ich gleichfalls an sie; und dachte auch, seit ich weiß, wo sie sich aufhält, an den Ort, welcher nur dem Namen nach in meiner Vorstellung lebt. – Indem ich aber das Bild meines Weibes beschwor, stieg zugleich ein Stück ihrer Umgebung herauf – soviel, als erforderlich ist, um sie nicht im luftleeren Raume zu schauen.
Was kann ich dafür, daß diese Umgebung stets die Züge meiner verlorenen Heimat annahm.
Ich mochte mir tausendmal sagen, das sei Trug und entspreche der Wirklichkeit nicht. Sagen konnte ich das – aber begreifen? – nein – begreifen ließ sich das nicht. Ich sah meine Frau im Garten, durch welchen sie schritt. Ich sah sie im Hause – und es war das Haus meiner Eltern, das sie bewohnt. Ich ging mit ihr Hand in Hand – und es war unser Gebirge, welches sich auftat vor unserem Blick.
Und da dachte ich mir – ganz genau aus dem Herzen dachte ich mir: so wird es sein. Denn das Bild meiner Frau war die Zukunft für mich – doch alles ringsum, was ich sah, gehört der Vergangenheit an – ist unwiederbringlich vorbei. Nur wird es mir jetzt erst völlig bewußt, seit ich unterwegs bin zu ihr. Bisher habe ich es mir nicht in dem Maße eingestanden.
Weißt du nun, weshalb ich nicht aufgelegt bin, Jubel und Freude zu rufen – daß mir diese Heimkehr, die gar keine Heimkehr ist, eher Sorgen bereitet, als daß sie mich froh stimmen kann?
Sieh dich doch um, und versuche in den Herzen der Männer zu lesen – dieser rauhen Gesellen, denen das Lager jahrelang Aufenthalt war. Wieviele findest du da, denen der gleiche Gedanke nachstellt wie mir. Ich sage dir – es sind ihrer mehr als du meinst, denen diese Heimkehr eine Fahrt ins Ungefähr ist …
Wenn wir in wenigen Tagen Warschau passiert haben werden – dann achte auf sie. An den Türen werden sie stehen – ernsten Gesichts – und warten, bis ihre Heimatstadt auftaucht – oder ihr Dorf, dessen Bahnhof jetzt polnische Aufschriften trägt. Und auf die Felder werden sie starren, die ihnen früher gehört haben, vielleicht einen Baum, eine Waldspitze suchen, an welche sie eine bestimmte Erinnerung knüpft. Und dann habe den Mut, denen von Heimkehr zu reden. Oder denk

an die anderen, deren Heimat ein Trümmerfeld ist. Auch diese zählen hier mit; ebenso wie alle jene, deren Familien innerhalb Deutschlands von einem Teil in den anderen geflohen sind – über eine Grenze hinweg, die kein Nachhaus mehr erlaubt.
Du wirst sie nicht froher finden als mich, und du kannst nicht verlangen von ihnen, daß sie nach außen hin lachen und scherzhafte Reden führen, wenn ihnen im Innersten bang ist vor allem, was kommt …«
»Du sagtest aber, Furcht sei es nicht. Wie reimt sich das wieder zusammen?«
»Furcht haben und bangen ist zweierlei, Freund. Wer sich fürchtet, hat keinen Willen mehr, etwas zu tun. Er ist unfähig aus Angst, sich an seinem Schicksal zu messen.
Ich aber bin entschlossen, nicht unterzugehen – auch im Ungefähr nicht, wohin diese Reise mich führt. Es bangt mir nur vor dem Wie. – Wie ich es antreffen werde, das alles, von dem ich mir keinen Begriff machen kann. Wie es weitergehen soll, danach frage ich mich. Daß es weitergehen wird, weil es weitergehen muß – daran zweifle ich nicht.«
»Und was gedenkst du zu tun? Hast du schon einen festumrissenen Plan?«
»Es gibt eine russische Redensart, die mir gefällt, und etwa soviel besagt, wie: vonnöten ist, daß das Leben gelebt wird, – so oder so. Sie mag dir als Antwort dienen auf deine Frage.
Nein – ich habe noch keinen fest umrissenen Plan – es sei denn, mein Leben zu leben – und so zu leben, wie es die Stunde verlangt.
Von dieser Seite betrachtet, ist es vielleicht doch der Beginn einer Heimkehr – nur daß sie nicht endet in dem Augenblick, da meine Frau mich durch das Tor eines fremden Bahnhofs, fremde Straßen entlang nach dem Zimmerchen eines fremden Hauses in jener Stadt führt, von der ich nicht mehr als den Namen weiß und ungefähr, wo sie liegt, – sondern daß sie erst dort ihren Anfang nimmt; mit dem Ziel, mir das Ungefähr Schritt für Schritt zu erschließen.«
»Und du glaubst daran, daß du es schaffst?«
»Ich habe den Willen dazu. Das ist mehr, als man glaubt.«[635]

Klar ist, dass keine Identität zwischen dem Ich-Erzähler dieser Kurzgeschichte und Otfried Preußler existiert, wohl aber baut der Text auf den Erfahrungen des Autors auf. Unschwer ist erkennbar, dass mit der verlorenen Heimat das Sudetenland gemeint ist, das Haus der Eltern, das Riesengebirge und die Stadt Reichenberg. Wie für Kurzgeschichten kennzeichnend, wird unvermittelt in den Erzählvorgang eingestiegen, wobei der Standort des Erzählers sofort wechselt und in den Dialog der beiden Figuren übergeht. Das Heimkehrer-Motiv, das Otfried Preußler hier gestaltet, hat eine lange Tradition und reicht bis zur »Odyssee« zurück, in der der Held nach der Fahrt und dem Aufenthalt in der Fremde sich endlich auf den Heimweg macht, dabei viele Gefahren übersteht und endlich zu Hause ankommt. Freilich hat die Heimat sich in den Jahren der Abwesenheit verändert, sie entspricht nicht mehr dem Ersehnten. Was für die »Odyssee« gilt, das findet sich im 20. Jahrhundert bereits in der Kriegsliteratur der Weimarer Zeit, in der ebenfalls der Heimkehrer-Topos auftaucht. In diesem Fall sind die Zurückkehrenden durch das Fronterlebnis geprägt, die schrecklichen Erfahrungen haben sie verändert. Eine bislang unveröffentlichte Geschichte des bedeutenden Erzählers Hans Fallada deutet mit wenigen pointierten Strichen die Veränderungen an, die eine junge Frau an ihrem von der Front kommenden Geliebten wahrnimmt. »Als der nach reichlich einem Jahr auf Urlaub kam, fand sie ihn sehr verändert«, teilt der Erzähler mit. »Aus seinem Gesicht war alles Jungenhafte verschwunden. Er war schmal geworden, und die hellen Augen blickten kühl und oft ein wenig spöttisch. Sie schalt mit ihm, weil er ihr nicht geschrieben hatte, dass er Unteroffizier geworden war und das E.K. hatte, aber er antwortete nicht viel darauf. Er sprach überhaupt wenig.«[636] Nach dem Zweiten Weltkrieg haben dabei die Heimkehrenden nicht nur die Traumata des Krieges zu verarbeiten, hinzu kommen die Jahre der Gefangenschaft und bei Otfried Preußler die Gewissheit, dass es kein Zurück in das

Sudetenland und seine Heimatstadt Reichenberg gibt. Insofern geht er inhaltlich in die Richtung von Wolfgang Borchert, dessen Beckmann in seinem Stück »Draußen vor der Tür« zu denen gehört, »die nach Hause kommen und die dann doch nicht nach Hause kommen, weil für sie kein zu Hause mehr da ist«.[637] Auch Beckmann ist in sowjetischer Gefangenschaft gewesen. »Ich war drei Jahre lang weg. In Rußland. Und gestern kam ich wieder nach Hause. Das war das Unglück. Drei Jahre sind viel, weißt du. Beckmann – sagte meine Frau zu mir. Einfach Beckmann. Und dabei war man drei Jahre weg.«[638] Allerdings spielt in Borcherts Stationendrama der Verlust von Heimat durch Vertreibungen, wie dies in Otfried Preußlers Kurzgeschichte angedeutet wird, keine Rolle.

Wie zielstrebig Otfried Preußler an seinem Ziel festhält, sich als Schriftsteller zu etablieren, zeigt sein Hinweis zu einer Urlaubsvertretung, die er aus merkantilen Gründen in einer Sportredaktion des »hiesigen Käseblättchens« übernommen hat. Der für die damaligen Verhältnisse »ziemlich große Erlös dieser Statthalterschaft versetzt mich nun in die Lage, etwa zwei weitere Monate lang schreiben zu können, ohne auf den Sofortverbrauch Rücksicht zu nehmen.«[639] In dieser Zeit will er nun endlich ein Vorhaben zu Ende bringen, das ihn seit Längerem bewegt. Dabei handelt es sich um eine »recht groteske Raubschützengeschichte aus dem Isergebirge, mit Mord und Totschlag, Gespenstern und grossem Gelächter.« Es geht um eine Sage von den beiden »Tappern«, in denen sich Vater und Sohn »aufs Freikugelgiessen verlegen, zu diesem Zweck einen Totenschädel stehlen und den knöchernen Gehilfen dann nicht mehr loswerden können.«[640] In einem Brief vom Dezember 1949 hat Vater Preußler bereits rückgefragt, wie es mit der Geschichte vorangehe.[641] Die Sage von den »Tappern«, die beiden Preußlern gut bekannt ist, existiert seit langem mit verschiedenen Erzählkernen im Isergebirge. Eine überlieferte Variante stammt vom Heimatforscher Adalbert Pohl, der 1861 in Wurzelsdorf geboren wird, später an der Technischen Hochschule in Prag studiert und dort einen Abschluss für das Lehramt an Mittelschulen in den Fächern Chemie und Naturgeschichte macht. Als sein Vater das Glas- und Holzgeschäft des Großvaters in Grünthal übernimmt, steigt er in das Unternehmen ein. Finanziell abgesichert, gilt sein Hauptinteresse allerdings dem Kulturgut des Isergebirges, er sammelt Sagen, Märchen und Volkslieder sowie mundartliche Redensarten.[642] Josef Preußler ist mit seinen Schriften bestens vertraut, und er kennt auch Pohls erste Variante der Sage:

> In Groß-Iser lebte ein Mann, den hießen sie den »Tapper«. Er war ein gefürchteter Räuber und Wilddieb und verstand die schwarze Kunst. Sechs Siegel von der geheimen Wissenschaft hatte er schon gelöst, doch die drei Fragen, die ihm die Sonne vorlegte, konnte er nicht beantworten. Darum musste er sterben. Hätte er die drei Fragen gelöst, wäre er unsterblich geworden. (Nach der anderen: Hätte er sich unsichtbar machen können).[643]

In einer anderen Variante der »Tapper«-Legende ist davon die Rede, wie der Sohn des Tappers, der die Zauberbücher des Vaters erbt, auf dem »Friedhofe zu Polaun einen Todtenschädel (entwendete), um durch die Augenhöhlen des Schädels Freikugeln zu gießen«.[644] Otfried Preußler hat diese Geschichte als kleiner Junge – wieder einmal – den Vater erzählen hören und sie wegen ihrer gruseligen Momente gut behalten. Josef Syrowatka als begnadeter Erzähler und herausragender Kenner der Sagen des Isergebirges war seit den 1920er Jahren in verschiedenen Aufsätzen für ein breites Publikum auch diesen zentralen Sagen-Figuren nachgegangen. Sein Beitrag mit dem Titel »Nacht auf dem Wolfsnest« hebt so an: »In Groß-Iser lebten die Wildschützen einst so zahlreich, daß sie eine ganze Bande bildeten. Freilich ist dies schon lange her, und die Kunde davon hat sich nur von Mund zu Mund bis auf unsere Tage herübergerettet. Der Große Junker führte die ganze Gesellschaft. Der war kugelfest, denn er verstand sich aufs Zaubern und goß seine nimmerfehlenden Freikugeln durch die Augenhöhlen von Totenschädeln, die von Hingerichteten stammten. War die Arbeit vollbracht, schlug er die knöchernen Gehilfen mit einem Leichenstrang hinaus, damit sie das Wiederkommen vergaßen.«[645] Die positive Aufnahme dieses spannend erzählten Textes motiviert Josef Syrowatka zum Schreiben einer Fortsetzung zu den »Geschichten um den Großen Junker«, die im Dezember 1933 in der Zeitschrift »Wanderer im Riesengebirge« erscheint.[646] Und in dem bereits zitierten Aufsatz »Allerseelen an der Iser« geht Josef Syrowatka in Verbindung mit der Genealogie der Familie weiteren der überlieferten Sagen- und Mythenstoffen auf den Grund.[647] Von den eigenen Phantasien wieder auf die Gegenwartsebene überleitend, berichtet er in dem Aufsatz von der Begegnung mit Freunden, die gerade eine Totenwacht abhalten. Letztlich lädt der Freund ihn ein, nach dem Mittag mitzukommen, denn er hat vor, einige Trauerzettel nach Groß-Iser zu tragen. Der Erzähler begleitet ihn und gemeinsam kommen sie zum Hoyerhaus, wo der Trauerbote die erste Nachricht abgibt. Josef Syrowatka beobachtet genau und beschreibt die Situation:

> Bekannte aus Groß-Iser sitzen in der großen Stube, und eine alte Frau, die schwer auf den Beinen ist, beteuert: »Bis zun Buchbarge do words wull noch lang'n. Bis durthie wöll 'ch wörklich mitgiehn!« »Jo, jo«, besänftigt eine andere, »bis an Polam wärsch fr dich wull zu vill!« Die andern reden nicht lang. Ungeschickt stolpert zwischen ihren Zähnen die Formel vom »Beileid« heraus. Aber man spürt, daß sie die Verstorbene und ihren ganzen Lebensweg genau kennen. An der Iser haben die Leute wenig Geheimnisse voreinander, und der Tag rollt in jedem Hause gleich.[648]

Literarischen Eingebungen folgend, leitet Josef Syrowatka sodann zu den »alten Geschichten« über. Der literarisch geschulte Erzähler nutzt Mittel der Spannungserzeugung, und es tauchen in der Geschichte nunmehr genau jene Elemente auf, die für Otfried Preußler im Jahre 1950 zur Quelle der Inspiration werden. Es geht nämlich nicht zuletzt um den Wassermann und das Wassermann-Haus, das man seit »undenklichen Zeiten« so nennt, weil es »zu allernächst am Wasser steht«. In diesem Fall handelt es sich allerdings keineswegs um mythisch-phantastische Figuren, sondern um ganz reale Geschichten, die in trauter Runde mitgeteilt werden:

> Und dann sind wir auf einmal mitten darin im Erzählen. Ja, ja, die Preußler-Leute haben das Haus damals erworben, als der Wassermann aus der Haft zurückgekehrt war und Groß-Iser ein Lebewohl brummte. Wo mag er hingegangen sein? Vielleicht ins Böhmische hinüber, denn Frau und Sohn waren während seiner Zuchthauszeit gestorben.

Schließlich erkennt der Erzähler einige Zusammenhänge, die mit den Preußlers und der Tappergeschichte zusammenhängen:

> Und nach und nach sehe ich alles klar vor mir, wie es damals geschehen sein muß. Ganz klar. Meines Freundes und meine Fragen haben aus alten Erinnerungen mit Hilfe der Greisin die ganze Geschichte wieder neu erstehen lassen … Aus den Kobelhäusern, wie überall her von Groß-Iser, sind die Leute gern nach Klein-Iser in die Mühle gegangen, um das bessere böhmische Mehl und die leckeren, großen Semmeln, ein Sonn- und Feiertagsessen, zu holen. Bedeutete ihnen das knusprige Weißgebäck vielleicht seine Erinnerung an die Zeiten ihrer Vorfahren? Denn noch vor 1848, als das österreichische Militär durch Häschergewalt aufgefrischt wurde, flohen manche junge Menschen über die Grenze. So kamen denn besonders aus Rochlitz kräftige Burschen in die verrufene Einöde, siedelten sich an, verbanden sich mit den wetterfesten Töchtern der Iserleute und

> sorgten für einen Nachwuchs, dem die rauhen Wetterlaunen des Gebirges nichts anhaben konnten. Es mag wie eine Sehnsucht nach ehemaligen Glücksgütern gewesen sein, wenn die von Groß-Iser sich ihr Sonntagsgebäck jenseits der Grenze holten. Gewöhnlich banden sie sich ein weißes Tuch um, das von der einen Schulter zur anderen Hüfte reichte, und wanderten um das Ersehnte. Am Allerseelentage, vor ungezählten Jahren, ging auch ein Dreizehnjähriger über den alten Isersteg. Um vor dem Grenzjäger sicher zu sein, wollte er erst in der Dämmerung zurückkehren.[649]

In dem Aufsatz von Vater Preußler geht es dann erneut um den Tapper, mithin jene Geschichte, die Otfried Preußler nunmehr im Jahr 1950 ausfabuliert und der er weitere phantastische Elemente hinzufügt. Er denkt darüber nach, den Text sogar mit »eigenen Illustrationen« herauszubringen.[650] Im Dezember 1950 schließt er das Manuskript ab, es sind immerhin um die 80 Seiten zweizeilig auf Maschine geschrieben. Die Erzählung ist im Nachlass von Otfried Preußler allerdings nicht erhalten, sie ist verschollen. Dass sie existiert hat, belegt ein Hinweis in einem Brief an Robert Hohlbaum vom Dezember 1950.[651]

Über die Geschichte tauscht er sich mit dem Vater aus, der nach der Rückkehr aus der Haft zusammen mit dem Sohn seine Pensionsangelegenheiten regelt. Als das geschafft ist, geht Otfried Preußler daran, seine eigenen Ziele umzusetzen, er will studieren. Da der Vater Josef eine gute Pension bezieht, kann er den Sohn finanziell unterstützen. Der meldet sich am 12. August 1951 schriftlich für den Pädagogischen Lehrgang 1951/53 an der Lehrerbildungsanstalt München-Pasing an. Der Bewerbung legt er eine handschriftlich verfasste Bescheinigung seines früheren Lehrers Professor Hans Dittrich bei, der die jungen Gymnasiasten mit der klassischen Literatur vertraut gemacht hat. »Ich habe in den letzten Jahren, da ich an meiner Oberrealschule beschäftigt war, Deutsch in den Klassen der Oberstufe unterrichtet, die Otfried damals besuchte«, schreibt der Lehrer.

»Er war in dieser Zeit mein bester Schüler, mein allerbester in einer langen Reihe von Dienstjahren. Ich erinnere mich noch heute gern und deutlich an seine humoristischen Einlagen, an die trefflichen Illustrationen zu gelesenen Novellen, an die einfallsreichen Phantasieaufsätze von ihm, an seine druckreifen Gedichte, von denen ich mir zwei aufbewahrt hatte, und dergleichen mehr.« Und das Resümee fällt so aus: »Ich sah in ihm einen jungen Menschen von ganz seltener Begabung.«[652]

Der so Gelobte besteht die Aufnahmeprüfung und besucht vom 24. September 1951 bis zum 7. April 1953 die Lehrerbildungsanstalt. Allerdings sind die Rahmenbedingungen nicht einfach. Otfried Preußler fährt während der Ausbildungszeit täglich mit dem Fahrrad sechs Kilometer von Stephanskirchen nach Rosenheim, von dort geht es mit dem Zug weiter nach München-Pasing und abends wieder zurück. Nach anstrengenden 18 Monaten legt er an der Lehrerbildungsanstalt in München-Pasing die Erste Prüfung für das Lehramt an Volksschulen ab, die Gesamtnote lautet »gut«, und mit der Regierungsentschließung Nr. 4480 P 21 vom 7. April 1953 wird Otfried Preußler ab 1. April zum Lehramtsanwärter ernannt. Den Vorbereitungsdienst tritt er am 20. April 1953 an, und er absolviert ihn an der Evangelischen Volksschule in Rosenheim. Dort ist er dem Schulleiter der Knabenschule A als Beihilfe zugeteilt und nimmt ab dieser Zeit auch an den amtlichen Weiterbildungen teil.

Ein freudiges Ereignis gibt es zum Ende des Jahres 1953. Am 29. Dezember 1953 wird die zweite Tochter geboren, Regine. Allerdings wird das Familienglück getrübt, denn Annelies Preußler erkrankt, und sie wird falsch behandelt. Erst langsam beginnt sie sich zu erholen.

XXVI. »Dieses dauernd in Zwiespalt geraten – mit sich selber – und seinem Gewissen«

Otfried Preußlers Zeitstück »Mensch Nr. 2301«

Das Jahr 1953, in dem Otfried Preußler zum Lehramtsanwärter ernannt wird, bringt ihm als Autor auch das, was man eine erfolgreiche Premiere nennen kann. Sein Schauspiel »Mensch Nr. 2301« wird nach vielen Enttäuschungen, die er mit Theaterintendanzen machen muss, endlich am Westfälischen Landestheater, das seinen Sitz in Castrop-Rauxel hat, aufgeführt. Bis dahin war es ein weiter Weg. Aber worum geht es in dem Stück und wie ist es aufgebaut? Wie schon beim Himalaja-Schauspiel hält Otfried Preußler das Figurenensemble begrenzt, denn es geht ihm vor allem um den Konflikt zwischen zwei Figuren, nämlich um zwei Ärzte, die unterschiedliche Haltungen vertreten und geradezu gegensätzlich agieren. Zum Kommando zählen: Capitano Farini (Befehlshaber des Strafgefangenenlagers »Colonie S«), Tenente Pezinna (Ärztin z. V. im Strafgefangenenlager) und ein Sergeant. Zu den Strafgefangenen gehören: Silvestro Granazzi (Lagerältester), Dr. Giuseppe Malipiero (Lagerarzt), Dr. med. et. dent. Taddeo Bosardi (Zahnarzt des Lagers), Dr. Giovanni Caraffa (vormaliger Lagerarzt), Marino Bramante (dessen um vieles jüngerer Freund), der Blaue (Kalfaktor im Lazarett), Ernesto (mit der Gitarre), Beppino und einige andere Strafgefangene. [653] Der Ort ist nicht näher benannt, es handelt sich um ein Strafgefangenenlager im Süden. Als Nebentext notiert Otfried Preußler:

> Die Angehörigen des Kommandos tragen gutsitzende, blütenweisse Tropenuniformen mit Helm. – Die Kleidung der Straf-

> gefangenen ist uneinheitlich, es herrscht aber ein schmutziges Grau als Grundton vor. Jeder Strafgefangene trägt auf der linken Brustseite ein grosses, aufgenähtes Schild mit seiner Kenn-Nummer. Der Strafgefangene Dr. Caraffa trägt die Nummer 2301.[654]

Das Stück beginnt mit einem Vorspiel, in dem der Lagerkommandant die Gefangenen schroff antreten und militärisch stillstehen lässt. Daraufhin verliest der untergebene Sergeant einen Strafbefehl:

> Das Schnellgericht der Strafvollzugskontingente verurteilt den Strafgefangenen Benvenuto Cappone zu sechs Jahren acht Monaten Zuchthaus, weil sich dieser bewusst und in der Absicht, einen längeren Lazarettaufenthalt zu erwirken, eine ernste gesundheitliche Schädigung zugezogen und dadurch dem Staate vorübergehend seine Arbeitskraft mutwillig vorenthalten hat.
>
> Wie die Beweisführung eindeutig ergab, hat sich der Verurteilte durch mehrmaligen Genuss nicht abgekochten Wassers der Übertretung bestehender Vorschriften zu wiederholten Malen schuldig gemacht, was in einem Falle eine schwere typhusähnliche Erkrankung zur Folge hatte.
>
> Der Verurteilte wird nach Wiederherstellung seiner Gesundheit zur Verbüssung der obengenannten Strafe einer Sonder-Abteilung zugewiesen. Die obengenannte Strafe ist zuzüglich des bereits früher verhängten Strafmasses zu verbüssen.
>
> Die Herren Befehlshaber sind angewiesen, in Hinkunft bei allen ähnlichen Fällen unverzüglich Tatbericht einzureichen.[655]

Mit dem hier zu Beginn des Stückes fixierten Tatbestand ist eine Grundfrage berührt, die in Gefangenenlagern, aber ebenso innerhalb der Wehrmacht eine Rolle spielt. Ab 1939 werden Kriegsdienstverweigerung, defätistische Äußerungen und die sogenannte Selbstverstümmelung als Wehrkraftzersetzung bewertet und können zur Todesstrafe führen.[656] Mit dem Vorspiel ist bereits der Rahmen markiert, in dem drakonische Maßnahmen als Sinnbild für den Terror eines Systems und eine Art Ausnahmezustand stehen. Darüber hinaus wird bereits unter den Gefangenen die Frage der Befehlsverweigerung diskutiert. Dr. Caraffa hat Verständnis für den Lagerältesten, der zwischen den Fronten steht und gezwungen ist, Befehle der Macht auszuführen. Anders dagegen der junge und ungestüme Bramante: »Man kann Befehle verweigern. – Man kann sich …« Dr. Caraffa unterbricht an dieser Stelle und die Frage, ob die Möglichkeit besteht, Befehle zu verweigern, bleibt offen. Nicht nur im Kessel von Stalingrad waren die Generäle um den Befehlshaber Paulus mit dieser Frage konfrontiert. Auch Otfried Preußler als Kompaniechef hat mehrfach vor solchen Entscheidungssituationen gestanden. Letztlich läuft das Stück auf genau diesen Konflikt hinaus. Dr. Caraffa wurde von seiner Funktion als Lagerarzt entbunden, weil er sich zu sehr für die Gefangenen eingesetzt hat. Das Problem, um das es geht, bringt er zu Beginn des 1. Aktes so auf den Punkt:

> Aber das alles wiegt doch das andre nicht auf – das Widerliche – dieses dauernd in Zwiespalt geraten – mit sich selber – und seinem Gewissen.
>
> Da steht das Kommando, und diktiert dir täglich, wieviel – oder besser gesagt: wie w e n i g du krankschreiben darfst. – Und da sind die Kameraden – die ein Recht haben auf deine Hilfe, und die verlangen danach. – Und d a h i e r stehst du – mit deinem guten Willen und den wenigen Mitteln, über die du verfügst – stehst in der Mitte – und bist hilflos, wie – na, hilflos eben wie ein Lagerarzt – anders kann man das gar nicht bezeichnen. –
>
> Machst du es d e n e n recht – dann fährt das Kommando dazwischen, weil es Arbeiter braucht; und dem Kommando k a n n s t du's nicht recht machen – denn dazu bist du noch immer – ich kann nicht aus meiner Haut – und ich will es nicht können! –
>
> Lieber mit euch in den Sümpfen, als mir nachsagen lassen, was einem so schnell – und oft nur allzu berechtigt nachgesagt wird.[657]

Otfried Preußler wählt für sein Drama drei Akte, in der Exposition wird der Rahmen gesetzt und bereits auf den Konflikt zugesteuert, der zweite Akt führt zur Zuspitzung zwischen den beiden Ärzten, Dr. Caraffa und seinem Nachfolger, Dr. Malipiero, der als ein Befehlsempfänger agiert. Der ansonsten besonnene Dr. Caraffa reagiert auf den kleinlaut vorgetragenen Einwand von Malipiero, »Aber – Sie setzen sich damit in Widerspruch zu einem ausdrücklich erteilten Befehl des Kommandos«, sehr bestimmt und bringt damit die Problematik des Stückes auf den Punkt, in dem es um die Verantwortung für das Leben anderer geht und um die Pflicht zur Mitmenschlichkeit. Bei den beiden Ärzten kommt noch der mehr als zweitausend Jahre alte hippokratische Eid dazu, alle Verordnungen zum Nutzen der Kranken zu treffen und diese nach bestem Vermögen und Urteil vor Schaden und willkürlichem Unrecht zu bewahren. Dr. Caraffa antwortet entsprechend:

> Es gibt Gesetze, die höher stehen als dies. – Hüten Sie sich, mit d e n e n in Widerspruch zu geraten. Sie kennen das sechste Gebot? –
>
> Wenn man es wissentlich übertritt – heisst das Mord. Fahrlässig übertreten, sagt man wohl – Totschlag dazu. Wie es heisst, wenn ein Arzt durch falsche Behandlung den Tod eines Menschen verschuldet, welcher ihm anvertraut ist – ich weiss im Augenblick nicht das entsprechende Wort … Aber – Sie dürfen mir glauben, Herr – Dr. Malipiero – von nun an gibt es für Sie keine mildernden Umstände mehr![658]

Im zweiten Akt kommt es – wie im Drama üblich – zur weiteren Zuspitzung des angelegten Hauptkonflikts. Allerdings liegen Höhepunkt und Lösung im dritten Akt. Caraffa operiert gegen den ausdrücklichen Befehl des Lagerkommandos den lebensgefährlich erkrankten Mitgefangenen. In der Auseinandersetzung bleibt er konsequent und begründet die Befehlsverweigerung zum Ende des Dramas mit dem Verweis auf den hippokratischen Eid:

> Es gab einen Arzt, der von seinen Schülern verlangte – und sie in Eid nahm dafür –: Sie hätten Diener des Lebens zu sein – und in Ausübung ihrer Pflicht nur das e i n e zu tun – was der Erhaltung des Lebens und dem Wohl ihrer kranken Mitmenschen förderlich sei; – ohne dabei auf sich selber zu sehen – und ungeachtet der Folgen – zum Guten oder zum Bösen – die eine solche Haltung für s i e – die Verschworenen – zeitigen mag.[659]

Daraufhin kommt die fast naiv anmutende Frage der Vertreterin des Lagerkommandanten, der Ärztin Penzinna: »Wer war – dieser Arzt?«, worauf Caraffa antwortet:

> Ein gewisser Hippokrates.
>
> Er lehrte vor mehr als zweitausend Jahren – und stammte von Kos – einer Stadt in Hellas, das heute Griechenland heisst aus – E u r o p a – falls Ihnen das – ein Begriff sein sollte …

Caraffa sagt diese letzten Sätze und geht. Damit endet das Drama, bei dem offenbleibt, was aus dem befehlsverweigernden Arzt wird. Unübersehbar wird mit Dr. Caraffa eine vorbildhafte Hauptfigur ins Zentrum gestellt, an die die Fragen von Verantwortung und Mitmenschlichkeit gebunden sind. Vergleichbar dem in der Gefangenschaft aufgeführten Schauspiel »Kang-Chen-Dzönga« verzichtet der junge Dramatiker auf ein klassisches Dramenende mit dem Tod des Helden und einer auf Katharsis abzielenden Wirkung. Wir »brauchen Einfaches, brauchen Klares. Die Welt wird nicht dadurch entwirrt, dass man künstliche oder künstlerische Wirrniss hineinträgt«, schreibt er dem Freund Kingstonne. »Das Wort vom ›einfachen Leben‹ in dieser Bedeutung hat vieles für sich. Sowenig ich von ismen halte, sowenig halte ich von dem sogenannten l'art pour l'art Standpunkt im Besonderen.« Stattdessen plädiert er für »Angewandte Kunst« insofern, »als sie im, für's und aus dem wirklichen Leben heraus angewandt ist, – das scheint mir das Rechte zu sein.«[660] Nach den Erfahrungen der Kriegsgefangenschaft in der Sowjetunion lehnt er es ab, dass Kunst als »Propagandamittel« verstanden wird. Aber das Einschreiben einer Botschaft oder Lehre ist ihm immer noch lieber, als wenn »das Zeug amorph und weder Fisch noch Fleisch seiend, als höchst überflüssiges und unverständliches Zeugs dahinvegetiert«.[661] Insofern setzt er weiter auf Werte wie Verantwortungsbewusstsein, Anstand, Mitmenschlichkeit, und er bindet diese Verhaltensweisen an sehr konkrete Ereignisse. Dabei vermeidet er – anders, als dies bei den Erfolgsstücken von Borchert oder auch Carl Zuckmayers »Des Teufels General« der Fall ist, die konkrete Bindung an Krieg und Heimkehr. Zuckmayers Stück war bereits 1942 im amerikanischen Exil entstanden und hatte seine Uraufführung 1946 in Zürich. In dem Stück geht es um die Rolle der Offiziere in Hitlers Armee. Den biografischen Hintergrund bildet das Schicksal des Fliegergenerals Ernst Udet. Obwohl er sieht, in welcher Weise der Nationalsozialismus die Rechtsordnung außer Kraft setzt und die Menschenwürde verachtet, führt dies zu keinem Umdenken. Aus dem entstehenden Konflikt mit der Gestapo und im Wissen um die Sabotageakte seines Freundes Oderbruch sieht er einen Ausweg einzig im selbstmörderischen Flug mit einer defekten Maschine. Der Luftwaffengeneral Harras ist mithin das, was man einen tragischen Helden nennt. Zu Ende des Stückes formuliert er die Erkenntnis: »Das Gemeine zulassen ist schlimmer, als es tun.«[662] Ähnlich wie bei Otfried Preußler ist der General Harras im Stück als Identifikationsfigur angelegt, allerdings scheitert er, weil es für ihn nur zwei Möglichkeiten gibt, entweder schuldig zu werden oder unterzugehen. Ralf Schnell hat die Problematik des Stückes rückblickend zutreffend auf den Punkt gebracht. »Da Zuckmayer das Verhalten seines Protagonisten nicht zu kritischer Beurteilung mit

Mitteln der Verfremdung vorstellt, steht sein Stück ständig in der Gefahr, wirkungsvolle dramatische Elemente lediglich zum Zwecke der Kolportage einzusetzen – zur bühnengerechten Feier eines trotz alledem bewundernswürdigen militärischen Einzelschicksals.«[663] Ganz anders Otfried Preußler, der mit Dr. Caraffa eine vorbildhafte Figur und einen positiven Helden entwirft, der eben nicht zugrunde geht. Er setzt auf keinen offensichtlichen Wiedererkennungseffekt, eine direkte Auseinandersetzung mit dem Nationalsozialismus findet sich nicht. Damit liegt Otfried Preußler – wie bereits beim Himalaja-Stück – quer zum dominanten Opfernarrativ, von dem bereits mehrfach die Rede war. Die Autoren um die Gruppe 47 sehen die junge Generation einzig als Opfer von Gewaltherrschaft und Krieg. Hans Werner Richter, Alfred Andersch, Walter Kolbenhoff, Wolfdietrich Schnurre, Günter Eich, Wolfgang Weyrauch wie auch Heinz Friedrich oder Walter Mannzen rekurrieren nach der Rückkehr aus Krieg und Gefangenschaft zunächst in der Publizistik auf einen »gemeinsamen Erlebniskern«, in dem die Jungen als tragische Opfer fungieren.[664] Hans Werner Richter ist es, der den Bogen der gemeinsamen Erfahrung »von der Inquisition bis zum Fronterlebnis, vom Konzentrationslager bis zum Galgen« spannte.[665] Jetzt, in der jungen Bundesrepublik der 1950er Jahre, zielt die Verbreitung eines solchen »soldatischen Opfernarrativs« auf einen stabilisierenden Identitätsrahmen und forciert eine (literarische) Gruppenbildung. Mit dem Narrativ existiert ein Kollektivsymbol, das in der Lage ist, die Erfahrungs- und Erinnerungsgemeinschaft des vom Nazisystem missbrauchten (jungen) deutschen Soldaten zu gründen. Bevorzugt in Romanen und Erzählungen wird auf diese Weise eine Generationsgestalt entworfen, in der der Landser als Opfer der Nazidiktatur erscheint. Heinrich Gerlach bewegt sich mit seiner »Verratenen Armee« in der Nachbarschaft von Romanen wie Theodor Plieviers »Stalingrad« (1945), Hans Werner Richters »Die Geschlagenen« (1949), Heinrich

Bölls »Wo warst du, Adam?« (1951) oder Alfred Anderschs »Die Kirschen der Freiheit« (1952). Selbst in den Fällen, da Stalingrad nicht – wie bei Gerlach oder Plievier – zum Chronotopos des Erzählens wird, existiert mit dem ›soldatischen Opfernarrativ‹ ein ›Masternarrativ‹ bzw. eine ›Meistererzählung‹, die in der Lage ist, für größere Teile der Kriegsgeneration Erfahrung neu zu organisieren und die erlittenen ›Störungen‹ im »Dienst der Herstellung sozialer Verbundenheit und konturierter Identität« in einer gemeinsamen Geschichte zusammenzufassen.[666] Davon setzt sich Otfried Preußler, ohne dass er als Spätheimkehrer die Diskussionen kennen kann, ab: Dr. Caraffa endet nicht auf dem Schafott, und daher bleibt die Hoffnung, dass sein Einsatz sich lohnt. Von daher ist die Diskussion auch auf die Verständigung über Möglichkeiten von Widerstand und den Einsatz für Menschlichkeit in extremen Situationen konzentriert. Freilich entwirft Otfried Preußler damit keine konsensfähige Geschichte im »Dienste nationaler Identitätsstiftung«, wie sie mit dem Opfernarrativ möglich geworden war. Die dominant gewordene »kulturelle Zeitströmung«, die sich in den 1950er Jahren auch medial Gehör verschafft, bedient der junge Autor mit seinem Schauspiel nicht. Unter diesen Bedingungen ist es bereits ein Erfolg, dass Otfried Preußlers Zeitstück schließlich doch auf die Bühne kommt. Allerdings hat dies auch mit der Beharrlichkeit des Autors zu tun, der schlichtweg nicht lockerlässt.

Otfried Preußler reicht das Stück zusammen mit dem in der Gefangenschaft geschriebenen und dort aufgeführten »Kang-Chen-Dzönga« am 13. April 1950 beim Wettbewerb »Junge Dramatik« des Adalbert-Stifter-Vereins ein. Dem Vater teilt er dies einen Tag später mit und ergänzt, dass zu Pfingsten bereits die Entscheidung gefallen sein soll. »Wenn ich das Glück hätte, so würde das schon einen erheblichen Schritt nach vorn bedeuten«, notiert er hoffnungsvoll. »Ansonsten habe ich bisher lediglich mit Zeitungen zusammengearbeitet, welche meine Artikel sehr gern nehmen.«[667] Voller Freude bekommt er zu Pfingsten die Nachricht, dass sein Stück den zweiten Preis erhalten hat. Doch die Freude wird schon bald getrübt. Enttäuscht notiert er, »ich habe noch keinen Pfennig der ausgesprochenen Summe zu sehen bekommen und warte immer noch auf die versprochenen Aufführungen in Düsseldorf und Stuttgart. Aber an das ewige Auf und Ab muss man sich gewöhnen, dann tut's nimmer weh.«[668]

Einige Wochen später entwickelt sich die Zusammenarbeit mit dem Theater Würzburg. Der Intendant, Dr. Edgar Groß, teilt ihm am 26.1.1951 mit, dass im Frühsommer im Rahmen einer Theaterwoche des Adalbert-Stifter-Bundes drei preisgekrönte Dramen aufgeführt werden sollen, darunter »Mensch Nr. 2301«. Das Theater in Würzburg war nach einem Fliegerangriff durch englische Bomber völlig zerstört worden. Aber bereits im August 1946 beginnt es den Spielbetrieb wieder aufzunehmen, zunächst allerdings in der Turnhalle des ehemaligen Lehrerseminars am Wittelsbacher Platz.[669] Intendant Edgar Groß hat vor, jedes Stück in der Woche dreimal zu spielen. Für die Aufführung von »Mensch Nr. 2301« schlägt er Veränderungen im 3. Akt vor. Es fehle dem letzten Akt nach seiner Auffassung »die innere dramatische Spannung der beiden vorhergehenden Akte.«[670] Otfried Preußler antwortet umgehend und notiert, dass er am 3. Akt noch keine Veränderungen vorgenommen habe. Er möchte dies auch erst dann tun, wenn klar ist, worum konkret es überhaupt gehen soll. »Ich habe ihn (den 3. Akt – C. G.) absichtlich sehr nüchtern gehalten«, schreibt er, »die Operation ist ›Tatsache‹ und soll auch als solche wirken. Das Unausgesprochene, das sich erst mit der Verwirklichung im Spiel einstellen kann, müsste den Eindruck eines Mangels an dramatischer Spannung (wie ihn der nur gelesene Text vielleicht aufkommen lässt) meinem Gefühl und meiner Vorstellung nach unbedingt wettmachen. Nicht umsonst wird in diesem Akt vielmehr gespielt als gesagt.«[671] Das ist durchaus plausibel, zumal es in dem Moment, da Dr. Caraffa das Skalpell ansetzt und mit der Operation beginnt, es für ihn kein Zurück mehr gibt. Dieser Akt der Menschlichkeit und Zivilcourage wird von den Zuschauern nicht miterlebt, da die Handlung sich im Hintergrund abspielt. Auf der Bühne sichtbar laufen stattdessen Auseinandersetzungen bis hin zu einem Handgemenge zwischen dem Blauen, dem Kalfaktor des Lazaretts, dienstbereiten Vasallen – wie es sie in allen Gesellschaften gibt – und Marino Bramante ab, der Dr. Caraffa während der Operation den Rücken freizuhalten sucht. Allerdings ist die Handlung nicht mehr aufzuhalten, und auch der Verantwortlichen des Lagers, Tenente Pezinna, sind die Hände gebunden, sie kann nichts weiter tun, als abzuwarten und die Tür des Operationsraumes zu schließen. Otfried Preußler hat mithin den 3. Akt bewusst so angelegt, denn bis zum Ende der Operation liegt eine »atemlose Spannung in der Luft«, wie er zutreffend einschätzt. Und erst in dem Augenblick, da der Arzt Dr. Caraffa die Operation beendet, somit offensichtlich gegen die Verfügungen in der totalitären Welt verstoßen hat und nunmehr wieder in den Vordergrund der Bühne rückt, kann sich die Spannung lösen. Das offene Ende verstärkt die Botschaft des Stückes, zumal das gängige Opfernarrativ dekonstruiert wird und selbstverantwortliches Handeln auch unter existenziellen Bedingungen möglich erscheint. Da Dr. Groß nicht antwortet, sondern lediglich über seinen Dramaturgen nochmalige Veränderungen im 3. Akt fordert, fragt Otfried Preußler erneut nach, welche Stellen im 3. Akt gemeint sind. Er könne nicht auf »Verdacht« hin mit einer Umarbeitung beginnen. Zudem benennt er seine konkrete Situation, die es ihm zeitlich nicht möglich macht, eine größere Arbeit in Angriff zu nehmen. Er ist schlichtweg gezwungen, seine Familie von den »spärlichen Einnahmen zu ernähren, die ich mir buchstäblich von Woche zu Woche erschreibe«. Ein Umschreiben mache erst dann Sinn, wenn er weiß, »wann, wo und zu welchen verbindlichen Bedingungen eine Aufführung stattfinden wird«.[672] Otfried Preußlers Insistieren ist nur verständlich, aber mit diesem Brief endet – soweit nachvollziehbar – die ins Auge gefasste Zusammenarbeit mit dem Theater Würzburg. Allerdings gibt es eine neue Chance, das Westfälische Landestheater und sein Intendant Walter Falk haben großes Interesse an einer Inszenierung. Walter Falk war von 1939 bis 1941 Intendant am Theater in Elbing, jener Stadt, in der Heinrich Gerlach am Gymnasium als Studienrat bis zum Gestellungsbefehl zur Wehrmacht tätig ist. Ende Januar 1945 wird Elbing durch die Rote Armee belagert. 5000 deutsche Soldaten fallen bei der sinnlosen Verteidigung. Am Ende sind 60% der Stadt zerstört, in der Altstadt stehen noch ganze sechs Häuser. Die Zerstörung erlebt Walter Falk nicht mit, denn während des Krieges ist er Generalintendant des Mecklenburgischen Staatstheaters in Schwerin. Die Intendanz am Westfälischen Landestheater, das seinen Sitz in Castrop-Rauxel hat, erhält er 1952. Und er setzt sich zum Ziel, Stücke junger Autoren zu spielen. Otfried Preußlers »Mensch Nr. 2301« gehört dazu, und er bringt es im Oktober 1953 erfolgreich zur Aufführung. Allerdings gibt es eine Veränderung insofern, als Walter Falk aus den drei Akten ein Schauspiel in vier Bildern macht, wobei nach dem dritten Bild eine Pause gesetzt ist.

Das Theaterprogramm zum Stück wird mit einem »Lebensbericht« von Otfried Preußler eröffnet. Der junge Dramatiker gibt dabei einen Einblick in seine Biografie. »Ich bin jetzt dreißig. Meine Heimat ist Reichenberg, die schöne betriebsame Stadt zwischen Jeschken- und Isergebirge«, so setzt der Bericht ein, in dem es weiter heißt: »In Reichenberg ging ich zur Schule, dort schrieb ich mit sechzehn die ersten Gedichte und kleine Geschichten. Als Achtzehnjähriger, wenige Tage nach dem Abitur, rückte ich ein. Freiwillig. Zur Infanterie.« Auch das Datum der Gefangennahme benennt er: »Am 30. August 1944 geriet ich als Kompanieführer beim Zusammenbruch der

Rumänienfront in sowjetische Gefangenschaft.« Die folgenden Jahre bis zur Entlassung fasst Otfried Preußler nüchtern so zusammen: »Fünf Jahre danach, im Sommer 1949, wurde ich entlassen. Inzwischen hatte ich mehrere Lager in der tatarischen Republik, mancherlei Sorten von Menschen und Menschenschicksalen kennengelernt. Im Kasaner Lager haben wir in der Freizeit eifrig Theater gespielt. Die Stücke schrieben wir selbst. Auf Zeitungsränder oder Zementsack-Papier.«[673] Auch den nachfolgenden schweren Anfang kaschiert Otfried Preußler nicht, wobei er die Problematik eines freischaffenden Autors benennt: »Zuerst war ich arbeitslos, dann habe ich es eine Zeitlang mit der freien Schriftstellerei versucht. Man konnte davon zwar leben, aber mit der Freiheit war es nicht sehr weit her. Kann man frei schreiben, wenn man gezwungen ist, unentwegt an Absatz zu denken?«[674] Otfried Preußler löst die offene Frage für sich bereits 1953, indem er den Rat des Vaters Josef umsetzt. »Einkommen aus der Kunst ist fraglicher Posten«, hatte der geschrieben. »Stehst durch Anstellung auf festen Füßen. Mußt mit Deiner Kunst nicht markten gehen, sondern kannst Deine Feierstundenarbeiten ausreifen lassen«.[675] Genau das hat Josef Preußler auch getan, der Lehrerberuf gab ihm die Möglichkeit, auf der Grundlage einer gesicherten Existenz, seine Heimatforschungen zu betreiben. In Kenntnis der Biografien des von ihm verehrten Triumvirats Lessing, Goethe und Schiller wusste er, dass zu Lessings Zeiten die meisten Autoren eher »Lohnarbeiter als selbständige Literaturproduzenten« waren.[676] Selbst der als »Dichterfürst« klassifizierte Johann Wolfgang Goethe konnte nur bedingt von seinen Honoraren leben. Auch der Sohn Otfried muss erkennen, dass es auch 200 Jahre später zu keiner wirklichen Veränderung gekommen ist. Aber er hat für sich einen Ausweg gefunden, der die Grundlage für seinen späteren Erfolg ist. »So bin ich schließlich noch einmal für drei Semester zur Schule gegangen, habe das Volksschullehrer-Examen gemacht und bin froh, daß ich nun einen regelrechten Beruf habe«, schreibt er im Programmheft. »Nebenbei kann ich schreiben, was ich mag, und nicht, was ich unbedingt absetzen muß.«[677]

Das Programmheft ist auch deshalb von Interesse, weil Walter Falk mit Blick auf das Publikum eine Auseinandersetzung mit dem »Schauspiel heute« motivieren möchte. Auf diese Weise soll die Spezifik des Preußler'schen Stückes deutlicher werden. Entsprechend wird das Heft mit einer Aussage eines ungenannt bleibenden jungen Dichters vom Jahrgang 1926 eröffnet:

> Bei jedem großen Wort, das für unsere Väter und Vorväter noch ein fester unumstößlicher Begriff war, »Freiheit« etwa, »Treue« oder »Gerechtigkeit«, wachen in uns so viele Gedankenverbindungen auf, daß wir zu einem klaren unverfälschten Empfinden des Wertens nicht mehr kommen. Die sogenannten »ewigen Werte« sind für uns mit so viel historischen und persönlichen Erfahrungen belastet, daß wir keinen von ihnen ungeprüft hinnehmen können. Wir kämpfen um ihre Gültigkeit, aber das ist eine Lebensaufgabe.[678]

Der Aussage wird ein Wort von Peter Bamm entgegengestellt. »Die Handlungen des Menschen werden nicht von einzelnen Motiven bestimmt, sondern von Motivbündeln, die sehr wohl einander widersprechende Komponenten enthalten können«, schreibt der.[679] Es ist kein Zufall, dass gerade der 1897 geborene Peter Bamm im Programmheft von »Mensch Nr. 2301« zitiert wird. Der hat nämlich 1952 einen Roman vorgelegt, in dem ein Ich-Erzähler von seinen Erfahrungen als Chirurg in der Wehrmacht während des Zweiten Weltkrieges berichtet. In einer späteren Vorbemerkung, die allerdings nicht von Bamm selbst stammt, ist davon die Rede, dass Autoren als Chronisten ihrer Zeit »unterschiedliche Welten vor Augen« führen. »Heroisch-kämpferische Naturen versuchen, sich mit ihren Idealen gegen sinnlose und selbstmörderische Einsätze zu behaupten« steht dort. »Die politischen Parolen und der Ruhm, fürs Vaterland zu sterben, sind dem nackten Kampf ums Überleben gewichen; soldatische Tugenden, Kameradschaftsgeist und christliche Nächstenliebe in einer wahnsinnig gewordenen Welt der Materialschlachten garantieren die letzten Formen von individueller Moral und Integrität und bieten die einzigen Chancen, diese Zeit nicht nur physisch zu überleben.«[680] Dieser Roman hat somit durchaus einen Bezug zum Stück von Otfried Preußler, der für Walter Falk zu jenen jungen Autoren gehört, »die sich selbst nichts vormachen, sich nicht selbst in Szene setzen, sondern der Sache, dem Thema zu dienen suchen.«[681] Für den Regisseur braucht es »Schriftsteller, die nicht durch eine pseudo-philosophische Geheimsprache dichterische Tiefen vortäuschen«. Es sei dies nichts anderes als ein »psychologisches Pathos, das sich im Grunde als hohl erweist«.[682] Das trifft die Vorstellungen von Otfried Preußler, der genau dies im Brief an Kingstonne vom 09.10.1949 notiert hat, in dem er sich für Klarheit und Einfachheit der Darstellung ausspricht. »Die Welt wird nicht dadurch entwirrt, dass man künstliche oder künstlerische Wirniss hineinträgt«, schreibt er ein halbes Jahr nach der Rückkehr aus der Gefangenschaft.[683] In Walter Falk findet Otfried Preußler nun einen Regisseur, der seine Sicht auf die Welt nachvollzieht. Denn der junge Autor geht den »Zweifel an allem, was da ist und was bisher als Wert galt, nicht mit.« Das ist trefflich beobachtet und auch die Schlussfolgerung bringt die Sicht von Otfried Preußler auf den Punkt:

> Er (Otfried Preußler – C. G.) wäre wohl kaum imstande zu sagen: ich weiß nicht, was »Liebe« ist; ich weiß nicht, was »Gerechtigkeit« ist. Er sieht sich um in der Welt, in die er hineingestellt ist, und obwohl sie auch für ihn jahrelang grauenvolle Züge trägt, fragt er doch: was bleibt trotzdem! Was hat Bestand? Was hat sich auch hier bewährt?[684]

Walter Falk verweist entsprechend auf die allgemeinmenschliche Komponente des Stückes, die weit über den Lager-Komplex hinausgeht und die grundsätzliche Frage nach Gerechtigkeit, Humanität und menschlicher Verantwortung insbesondere unter diktatorischen Verhältnissen stellt. Otfried Preußlers Schauspiel, »dessen Handlung in einem Strafgefangenenlager vor sich geht, irgendwo im Süden, Jahre vor dem Kriege, spielt in einer Umwelt, die nicht weniger bedrückend ist als der Krieg oder die Kriegsgefangenschaft (wo auch immer)«, schreibt er und fährt fort: »Die Gerechtigkeit scheint gestorben, es herrscht die brutale Gewalt eines skrupellosen politischen Systems.«[685]

Was Otfried Preußler gerade nicht macht, ist der Versuch, die Gefangenen als Opfer zu zeichnen und die Verhältnisse anzuklagen. Der gegebene Rahmen des Gefangenenlagers, der die Betroffenen täglich vor existenzielle Konfliktkonstellationen stellt, ist für ihn die Grundlage, um ein Beispiel von der Bewährung eines »menschlichen Charakters« auf die Bühne zu bringen. In der Tat hält das Stück an der Botschaft fest, »daß auch in dieser Welt der Hoffnungslosigkeit die ›alten Ordnungen‹ noch Gültigkeit haben können.«[686] Vergleicht man Otfried Preußlers »Mensch Nr. 2301« mit jenen Lager-Texten der Wortführer um die Gruppe 47, dann wird auch hier der Unterschied deutlich. Hans Werner Richters »Die Geschlagenen« (1949), der als einer der ersten Kriegsromane nach 1945 gilt, lässt die Leser im ersten Teil über die Hauptfigur Gühler die Schrecken des Krieges an der Westfront erleben.[687] Der zweite Teil schildert das Gefangenenlager in den USA. Dabei werden beide Teile durch das Motiv der »Maschine« verbunden. Dies deutet insofern auf eine Kontinuität von Krieg und Nachkrieg, als der »Ausnahmezustand« anhält.[688] Seine Hoffnung, nach der Gefangennahme endlich Normalität zu erleben und »aus dieser ganzen, dreckigen Totenmaschine« heraus zu sein, wird enttäuscht, denn nunmehr ist er erneut dem Terror ausgeliefert, jetzt allerdings im Gefangenenlager in den USA.[689] Anders als bei Otfried Preußler wird das Gefangenenlager für Richter und andere Autoren der Kriegsgeneration zum Symbol für »eine Ent-Humanisierung der Welt« – so Alfred Andersch in dem Beitrag »Die Kriegsgefangenen«.[690] Otfried Preußlers Stück gehört zwar in diesen Zusammenhang, allerdings geht es ihm nicht, wie für den Lagerdiskurs kennzeichnend, um die Diskussion der Schuldfrage und den existenzphilosophisch aufgeladenen Versuch einer Sinnstiftung.[691] Hans Werner Richter, obwohl bereits 1908 geboren, hatte in seinem Beitrag zur »Lyrik der Kriegsgefangenen« mit einer Skizzierung des Lagers eingesetzt, die auch den Erfahrungen von Otfried Preußler entspricht:

> Ein Gefangenenlager, das ist ein Quadratkilometer Erde, irgendwo in einem Land, in der Einsamkeit, abgesperrt von jedem Leben. Das Land selbst, dieses kleine Stückchen Erde, ist eingezäunt und scheint gefangen, wie das lebendige Leben, das sich auf ihm erhalten will. Der Stacheldraht engt dieses Leben ein, grenzt es nach außen ab und setzt an die Stelle der bunten Fülle des Erlebens die Illusion, den Traum, die Sehnsucht und das Meer der Wünsche. Gleich Robinson Crusoe auf seiner Insel der Einsamkeit, sind die Gefangenen hinter dem Stacheldraht auf eine verlorene Insel inmitten des Lebens verschlagen.[692]

Richters Beschreibung enthält Merkmale, die man mit Michel Foucault als »Abweichungsheterotopie« bezeichnen kann. Es sind dies Orte, »an denen man Menschen unterbringt, deren Verhalten vom Durchschnitt oder von der geforderten Norm abweicht.«[693] Letztlich ist das Lager ein transistorischer Raum, in dem die Regeln des normalen Zusammenlebens außer Kraft gesetzt sind. Durch die Reduktion zwischenmenschlicher Kontakte auf Fragen des Überlebens entsteht ein Gefühl der seelischen Einsamkeit.[694] Hans Werner Richter beschreibt präzise, in welcher Weise der Raum des Lagers die Handlungsmöglichkeiten des Individuums begrenzt. So zutreffend er damit eine

Signatur der Nachkriegswirklichkeit erfasst, so problematisch wird die Konstruktion in dem Augenblick, da sie dazu dient, eine Opferrolle der »jungen Generation« zu entwerfen, die unterschiedslos Kriegserlebnis, Konzentrationslager und Kriegsgefangenenlager gleichsetzt.[695]

Ganz anders als bei Otfried Preußler, der den Fokus auf das Handeln des Einzelnen richtet, praktiziert Hans Werner Richter letztlich das, was man entlastende Rhetorik nennen muss: Der industriell betriebene Massenmord wird gleichsetzt mit der Wirklichkeit des Gefangenenlagers. Bestimmend wird diese Interpretation dann für den zweiten Teil des Romans »Die Geschlagenen«. Das Gefangenenlager erscheint als eine Art Abziehbild von Nazi-Deutschland. Die Figur des Gühler meint bereits beim Eintreffen im Gefangenenlager »KZ-Luft« zu spüren.[696] Die Amerikaner wollen oder können nicht wahrnehmen, wie Krieg und Nationalsozialismus die deutschen Soldaten gespalten haben. Dem ersten Verhör in amerikanischer Kriegsgefangenschaft kommt dabei eine Schlüsselfunktion zu, die Auskunft über die Zerrissenheit der Hauptfigur gibt. Auf die Frage, ob er glaube, dass Deutschland den Krieg verliere, korrigiert Gühler: »Hitler verliert den Krieg. Es ist Hitlers Krieg, nicht Deutschlands Krieg.«[697] Und auf die Frage, warum er sich dann nicht widersetzt habe, antwortet Gühler: »Ein Toter kann sich nicht widersetzen.«[698] Daher müsse der Krieg von den Alliierten bis zum Ende fortgesetzt werden, weil ein Aufstand gegen Hitler nicht zustande kommen könne:

> Das deutsche Volk ist in der gleichen Lage wie wir an der Front. In einem Trommelfeuer gibt es noch immer die Möglichkeit, mit dem Leben davonzukommen. Vor einem Erschießungskommando nicht.[699]

Die Figur äußert an dieser Stelle Positionen, die mit jenen des Autors weitgehend übereinstimmen, er wird gewissermaßen zum Sprachrohr von Hans Werner Richter und Teilen der »jungen Generation«. Der Roman, der zu einer vergleichbaren Zeit wie das von Otfried Preußler noch in der Gefangenschaft geschriebene Stück »Kang-Chen-Dzönga« entsteht, nämlich um 1948, findet auch international Beachtung, und die französische Übersetzung bringt den Durchbruch. Die Zeitung »Die Welt« kann einen Beitrag vom 2. November 1950 bereits mit der Schlagzeile überschreiben »Ein Buch wirbt für Deutschland«. Die Prognose von Hans Jürgen Krüger, damals Richters Lektor bei Desch, geht auf – in einem Brief vom 13. Februar 1949 an Hans Werner Richter setzt er sich eingehend mit dem Manuskript auseinander und notiert:

> Zunächst: der Roman ist ausserordentlich. Es ist der gueltige Ausdruck fuer das, was geschah und hinter uns liegt und auch heute noch in uns wirkt. Jeder – der politisch gleich oder aehnlich oder verwandt empfindet – wird in diesem Roman gerade seiner herben, phrasenlosen und realistischen Darstellung wegen, so etwas wie eine »Offenbarung nach aussen« sehen.[700]

Otfried Preußler hätte, wenn ihm denn Richters Text bekannt gewesen wäre, diese Sicht nicht geteilt. Ob man Richters Roman rückblickend wirklich als den »gueltigen Ausdruck fuer das« ansehen kann, »was geschah und hinter uns liegt und auch heute noch in uns wirkt«, ist fraglich. Und dies nicht zuletzt deshalb, weil im Text Fragen von Mitmenschlichkeit und eigener Verantwortung eher überdeckt werden und die Schuldfrage einseitig beantwortet wird.

Schuldfragen werden in Otfried Preußlers »Mensch Nr. 2301« nicht gestellt. Gleichwohl sind in der zeitgenössischen Kritik Aufführung wie auch die Thematik des Stückes sehr wohl zur Kenntnis genommen worden. Bei der Premiere am 22. Oktober 1953 ist Otfried Preußler auf Einladung des Oberstadtdirektors anwesend. Er sieht die Aufführung als einen »schönen Erfolg«.

Die Rezension, die eine Woche später, am 29. Oktober 1953, in der Wochenzeitung »Die Zeit« erscheint, nimmt die vom dem 30-jährigen Autor ins Zentrum gerückte ethische Fragestellung sehr wohl wahr, denn es heißt:

> In Castrop-Rauxel wurde ein Schauspiel »Mensch Nr. 2301« von dem dreißigjährigen Sudetendeutschen Otfried Preußler uraufgeführt. Es hatte spürbar Erfolg. Der Autor schrieb es aus russischen Lagererfahrungen, verlegte seine Strafkolonie S aber in die italienischen Sümpfe, damit das ethische Problem als aktuell auch in Westeuropa empfunden werde. Preußler traf reportagehaft sicher die Atmosphäre des Lagers und den Ton des Landsers.[701]

Geschrieben hat die Besprechung mit Johannes Jacobi einer der renommierten Theaterkritiker, der seit 1949 auf allen großen Festspielen ebenso dabei ist wie auf kleineren Bühnen.[702] Er erkennt, wie Otfried Preußler mit der Fragestellung des Stückes eigene Wege geht. »Anders als manche seiner Generationsgenossen flüchtete er nicht in lyrische Stimmungen«, schreibt der Theaterkritiker, »er schürzte einen dramatischen Knoten: das Verantwortungsbewusstsein eines als Lagerarzt wegen Menschlichkeit abgesetzten Strafgefangenen gegenüber den Vertretern einer nur quantitativ die Arbeitskraft wertenden Staatsmaschine.« Jacobi hebt zudem hervor, dass es dem jungen Autor nicht um Selbstinszenierung, sondern vielmehr um das Thema geht, das »sauber und sachlich« über »vier kurze Akte lang spannend, ja, mit Humor entwickelt« (wird). Letztlich aber sei der fünfte Akt ungeschrieben geblieben. Der wäre, so der Kritiker, »die Belastungsprobe des Dramatikers gewesen. So blieb nur eine leuchtende Tat: die Rettung eines sterbenden Gefangenen durch eine verbotene Operation. Immerhin, eine Wanderbühne spielte Zeittheater, das ansprach.«[703]

Die Tatsache, dass Otfried Preußler die Problematik von »Verantwortungsbewusstsein« und »Menschlichkeit« unter extremen Bedingungen ins Zentrum des Stückes stellt, wird nicht als Mangel empfunden, obwohl er damit der Abwehr von Schuld nicht folgt. Diese Abwesenheit eines Gefühls von Schuld ist ein Grund, warum etwa die amerikanischen Truppen – um ein Beispiel zu geben – in Weimar oder Wallern (Böhmen) verfügen, dass die deutschen Einwohner mit den Verbrechen konfrontiert werden, indem sie an den Leichenbergen der Konzentrationslager vorbeizugehen haben. Das Erzwingen von Zeugenschaft soll einer Mentalität entgegenwirken, die darauf aus ist, sich selbst als Opfer zu sehen. Genau diese Mentalität hat der Philosoph Karl Jaspers Ende 1945 als Geleitwort in der Zeitschrift »Die Wandlung« formuliert:

> Wir haben fast alles verloren: Staat, Wirtschaft, die gesicherten Bedingungen unseres physischen Daseins und schlimmer noch als das: die gültigen uns alle verbindenden Normen, die moralische Würde, das einigende Selbstbewußtsein als Volk. [...] Wohl haben wir keinen Besitz, auf dem wir ausruhen können, auch keinen Erinnerungsbesitz; wohl sind wir preisgegeben im Äußersten; doch daß wir am Leben sind, soll einen Sinn haben. Vor dem Nichts raffen wir uns auf.[704]

Karl Jaspers weist auf etwas, das als wesentlich größerer Verlust gelten musste, nämlich der Verlust der »moralischen Würde«. In diesem Rahmen ist auch von ›Schuld‹ die Rede, denn wo »verbindende Normen« nicht mehr existieren und es keinen »Erinnerungsbesitz« mehr gibt, muss die Krise fundamental sein. Otfried Preußlers Schauspiel fragt im Kern durchaus im Sinne von Jaspers nach dem, was man »moralische Würde« nennen kann. Freilich entspricht diese Auffassung keineswegs dem Selbstverständnis eines größeren Teils der Deutschen in West und Ost. In der dann beginnenden Auseinandersetzung um Exil und »innere Emigration« hat Walter von Molo in seinem offenen Brief an Thomas Mann vom 13. August 1945 darauf verwiesen, dass das deutsche Volk nun bereits »seit einem Dritteljahrhundert hungert und leidet« und in seinem »innersten Kern nichts gemein mit den Missetaten und Verbrechen (hat), den schmachvollen Greueln und Lügen, den furchtbaren Verirrungen Kranker«.[705]

Zu diesem Zeitpunkt freilich befindet sich Otfried Preußler erst seit einem Jahr im Kriegsgefangenenlager in der Sowjetunion! Von den Debatten in Deutschland hat er – wie Zehntausende Kriegsgefangene – keine Kenntnis. Von Molos Überlegung ist damals keine Ausnahme, es geht nicht darum, den eigenen Anteil an den Verbrechen der Nazizeit zu bilanzieren und nach möglicher Mitschuld zu fragen, sondern vielmehr darum, sich selbst als Opfer einiger »Kranker« zu sehen. Johannes R. Becher, der spätere Kulturminister in der DDR, hat nach der Rückkehr aus dem Exil in seinen Notizen 1947/48 ratlos diese weitverbreitete Auffassung verzeichnet und beobachtet, dass viele Menschen von den Toten kaum sprachen, aber ihre Stimme ins Zittern geriet, sobald »sie, die total Ausgebombten, von ihren verbrannten Möbeln berichteten«. Becher erlebt diese Anästhesie, die Verdrängung bedeutet, bei der eigenen Mutter: »Auch sie schien«, so Becher, »das Vergangene verschmerzt zu haben, und sie führte mir das gerettete Köfferchen vor und streichelte es liebevoll.«[706] Dass das Bedürfnis nach kritischer Selbstbefragung und Erinnerung nur wenig ausgeprägt sein konnte, erklärt sich auch aus dem Umstand, dass 15 bis 17 % der Deutschen sich noch als überzeugte Nazis bezeichneten und immerhin 47 bis 65 % den Nationalsozialismus für eine durchaus gute Idee hielten, die lediglich falsch umgesetzt worden sei. Die Umfragen, die die amerikanische Militärregierung zwischen 1945 und 1947 durchführt, ergibt zudem, dass 40 % starke Antisemiten und 55 bis 65 % der Deutschen der Meinung sind, bestimmte »Rassen« seien besser zum »Herrschen« geeignet als andere.[707] Trotz der Tendenz zur Verdrängung konnte gelten, dass die Deutschen noch vor der Gründung der beiden deutschen Staaten unmittelbar nach dem Krieg durchaus in anderer Weise bereit sind, das Vergangene zu erinnern, als dies dann ab Beginn der 1950er Jahre einsetzt. Den Nürnberger Prozessen zwischen 1945 und 1949 wie auch der Entnazifizierung stimmte ein nicht geringer Teil der Deutschen durchaus noch zu, in den nachfolgenden Jahren ist dann zunehmend von »Siegerjustiz« die Rede.

Im kulturellen Bereich gibt es in den in Ost und West herauskommenden Zeitschriften wie »Die Wandlung«, »Der Ruf« und »Ost und West«, »Sonntag«, »Aufbau« und »Tägliche Rundschau« eine breite Diskussion über die Fragen von Schuld, Verantwortung, Überwindung des Nationalsozialismus oder nationaler Perspektive. Karl Jaspers geht dann in seiner Schrift »Die Schuldfrage« (1946) einen Schritt weiter bei der Auseinandersetzung mit dem Nationalsozialismus und setzt unterschiedliche Arten von Schuld voneinander ab, eine Schuld im juristischen, politischen, moralischen und metaphysischen Sinn.[708] Die deutschen Soldaten seien in eine »tragisch« zu nennende Situation geraten, weil sie zwischen »soldatischer Ehre« auf der einen und dem »Hitlerstaat« auf der anderen Seite standen. In der Folge hätten sie eine »moralische Schuld« auf sich geladen. Mit dieser Argumentation liefert Jaspers den Angehörigen der Wehrmacht eine Möglichkeit, das eigene Schicksal identitätssichernd und -stärkend zu verarbeiten. »Erwachen und Selbstdurchleuchtung dieser Täuschung ist unerlässlich. Durch sie werden aus idealistischen Jünglingen aufrechte, moralisch verlässliche, politisch klare deutsche Männer, die in Bescheidung das nun verhängte Schicksal ergreifen«, so Jaspers Überlegung.[709] Man wird sagen können, dass Karl Jaspers mit dieser Argumentation den deutschen Landsern eine Art Brücke baut, um in der neuen Gegenwart anzukommen.[710]

An derartige Auseinandersetzungen kann Otfried Preußler nicht anschließen, weswegen sein Stück »Mensch Nr. 2301« auch eher eine Konstellation entwirft, die teilweise an den damaligen Lagerdiskurs anschließt. Norman Ächtler hat eine dieser Diskurslinien herauspräpariert, nämlich jene, die durch den evangelischen Theologen Helmut Gollwitzer präsentiert wird. Gollwitzer, der wie Otfried Preußler bis 1949 in sowjetischer Kriegsgefangenschaft verbleibt, schreibt unmittelbar nach der Rückkehr einen Erlebnisbericht »... und führen, wohin du nicht willst«, der 1951 erscheint.[711] Er unterlegt dem Bericht eine »heilsgeschichtliche Interpretation«, die in der Tat als eine Art »Fortschreibung der unterschiedlichen Ansätze zur Stilisierung des ›Lagermenschen‹ als anthropologische Grundfigur zu werten« ist.[712] Insofern deutet Gollwitzer die Kriegsgefangenschaft »zum persönlichen Läuterungsprozess um, in dem es darauf ankommt, sich der christlichen Verheißung zu vergewissern, um im Leben wie im Lager ›nur partiell zum Sklaven zu werden und sich einen Bereich des Menschseins zu sichern‹.«[713] Nun zielt Otfried Preußlers Stück nicht auf eine »Eschatologie der Gefangenenexistenz«, wie sie Gollwitzer entwirft, allerdings bieten sich christliche Bezüge insofern an, als er Dr. Caraffa mit Blick auf den Gang der beschlossenen Aktion resümieren lässt: »Alles andere – wollen wir d e m überlassen – in dessen Händen die Macht über Leben und Tod – auch des Allergeringsten auf Erden noch ruht.«[714] Diese religiöse Interpretationsmöglichkeit hat auch Walter Falk bemerkt, wenngleich für ihn der »religiöse Gedanke im Verborgenen bleibt«. Denn: »Eine wesentlich einfachere Ordnung bringt den Arzt Dr. Caraffa dazu, unter Einsatz des eigenen Lebens, durch eine heimliche und fast unmögliche Operation, die ihm verboten ist, den Kameraden zu retten: über zweitausend Jahre hinweg spricht zu ihm der griechische Arzt Hippokrates, der seine Schüler lehrte, daß ein Arzt Diener des Lebens zu sein habe, ohne dabei an das eigene Schicksal zu denken.«[715]

Es ist kein Zufall, dass die Aufführung des Stückes am Westfälischen Theater ein Erfolg ist, denn mit Manfred Lucht als Dr. Bosardi, Wolfgang Regentrop in der Rolle des Dr. Caraffa

URAUFFÜHRUNG

MENSCH NR. 2301

Schauspiel in vier Bildern von Otfried Preußler

Inszenierung und Bühnenbild: Walter Falk

DAS KOMMANDO

Der Befehlshaber im Strafgefangenenlager „Colonie S"	Hans Grewolls
Dr. Tenente Pezinna, staatliche Ärztin im Strafgefangenenlager	Frankhild Willott
Sergeant	Max Schramke

DIE STRAFGEFANGENEN

Granazzi, Lagerältester	Johannes Wimmel
Dr. Malipiero, Lagerarzt	Georg Michael
Dr. med. dent. Bosardi, Zahnarzt des Lagers	Manfred Lucht
Dr. Caraffa, vormaliger Lagerarzt	Wolfgang Regentrop
Bramante, dessen um vieles jüngerer Freund	Hans Dieter Schwarze
Cardini, der Gefangene Nr. 2301	Bruno Uepach
Der Blaue, Kalfakter im Lazarett	Max Weiss
Ernesto	Gunther Schüler
Beppino	Herbert Karsten

Beginn: 20 Uhr — Pause nach dem dritten Bild — Ende: 22 Uhr

Ort: Strafgefangenenlager im Süden
Zeit: Samstag und Sonntag

Einhelferin: Christa Becker — Spielwart: Herbert Karsten
Masken: Ewald Menzel — Technische Leitung: Karl Kampe
Das Lied vom Vater Staat komponierte Gunther Schüler

Abb. 30: Theaterprogramm zur Erstaufführung von Mensch Nr. 2301

und Hans Dieter Schwarze als Bramante kann Walter Falk eine ausgezeichnete Besetzung aufbieten. Es handelt sich um Schauspieler, die in der Folgezeit erfolgreich auf den deutschsprachigen Theaterbühnen, im Film und im Fernsehen agieren werden.

XXVII. »Mit Ausnahme von Briefen schreibe ich immer noch ziemlich viel«

Der Sagenstoff vom »Spinnradlmacher«

Endlich ist es geschafft. Otfried Preußler ist als Lehrer erfolgreich, er übernimmt bereits am 1. Februar 1954 die vorübergehende Leitung einer Schulklasse an der Evangelischen Volksschule Rosenheim. Ab dem 1. März 1954 wird er zum Hilfslehrer ernannt und in die Besoldungsgruppe A 4 C2 eingruppiert. Damit ist die Perspektive für eine feste Anstellung gegeben. Allerdings ist das Gehalt als Hilfslehrer ohne Beamtenstatus auch für damalige Verhältnisse ziemlich niedrig.

Otfried Preußler verfügt in der Besoldungsgruppe über ein Nettoeinkommen von 220 D-Mark, hinzu kommen um die 100 D-Mark durch Nebeneinkünfte als Schriftsteller. Für eine vierköpfige Familie sind die Spielräume ausgesprochen eng. Ein Kilogramm Butter kostet 6,32 D-Mark, ein Ei 0,22 D-Mark, der Liter Milch 0,39 D-Mark, das Kilo Schweinefleisch 5,19 D-Mark, das Kilo Kartoffeln 0,45 D-Mark. Noch 1952 hat Preußler sich bei seinem Freund Dr. Eugen Kuhn 300 D-Mark zinslos auf drei Jahresraten geliehen, um eine neue Schreibmaschine kaufen zu können. Eugen Kuhn gehört zu den ältesten Freunden, kennengelernt haben Annelies und Otfried ihn über Eva Bergmann, die mit ihnen in der Tanzstunde in Reichenberg war. Die Eva aus Ruppersdorf (Ruprechtice), das nur 4 Kilometer von Reichenberg entfernt ist, hat den Mediziner, der im Freundkreis nur »der Eugen« genannt wird, noch während des Krieges geheiratet. In der Nähe von Rosenheim finden sich die beiden Paare nach der Rückkehr von Otfried Preußler aus der Gefangenschaft, und sie bleiben über Jahrzehnte eng verbunden. Die beiden Männer un-

Abb. 31: Otfried Preußler 1954 als junger Lehrer mit 49 Schülerinnen und Schülern

ternehmen mehrfach gemeinsam Wanderungen. Otfried Preußler wird 1998 einen Text zum Abschied von Eugen Kuhn schreiben, in dem es heißt: »Der Eugen und wir. Unsere Freundschaft hat sich ein Leben lang bewährt, im Geben und im Nehmen.«[716]

Nachdem es im Dezember 1953 Familienzuwachs gegeben hat, wird die Wohnungssituation immer angespannter. Schon zu dritt ist die junge Familie mit dem einen Zimmer mit Bad kaum ausgekommen. Nun zu viert ist es noch extremer. Obwohl Otfried Preußler als Spätheimkehrer einen gesetzlichen Anspruch auf eine bevorzugte Versorgung mit Wohnraum hat, mangelt es an Unterstützung durch die örtlichen Behörden. Ein wenig Hoffnung liefert aber zunächst die Zusicherung der Vermieterin zusätzlich ein unbeheizbares Zimmerchen von 9 Quadratmetern zur Verfügung zu stellen. Der junge Familienvater hat vor, den Raum mit einem kleinen elektrischen Ofen zu erwärmen. Dann, so die Hoffnung, sollte es möglich sein, dort einen Platz zum Arbeiten mit einem Schreibtisch zu schaffen. Doch auch das kann kein Dauerzustand sein. Letztlich hat der beständige Einsatz Erfolg. Es gibt Signale, dass die Familie möglicherweise im Sommer bei einer Siedlergenossenschaft eine neue Wohnung bekommen könnte. Der Traum erfüllt sich. Endlich, im Herbst 1954, finden die Preußlers eine größere Wohnung in einem Schloßberger Neubau in Stephanskirchen. Die Wohnung ist teuer, aber mit Küche, zwei hellen geräumigen Zimmern, einem Bad und Balkon im ersten Stock sind die jungen Leute in jeder Hinsicht zufrieden. Hinzu kommt eine Art Sensation: Es gibt eine Treppe höher ein kleines und ruhiges Arbeitszimmer, das Otfried Preußler sofort mit Regalen und Büchern ausstattet.

Die finanzielle Situation ist trotz des Zuverdienstes durch literarische Arbeiten weiterhin angespannt. Das ist auch der Grund, warum sich Otfried Preußler im Oktober 1954 auf eine unbefristete und höher dotierte Stelle bewirbt. Dem Lebenslauf fügt Otfried Preußler Auszüge von Karten aus dem Lager Kasan an die damalige Verlobte Annelies Kind bei, die unterstreichen, dass der Lehrerberuf bereits in der Gefangenschaft ein Berufsziel gewesen sei. In einer beigefügten Notiz wird erläutert, »wie ich anhand entsprechender Stellen aus Postkarten an meine Braut nachweisen kann, meine ursprünglichen Berufspläne zu ändern und Lehrer zu werden«.[717] Die ausgewählten Passagen nehmen sich wie folgt aus:

1.: (Sonntag, 28. September 1947)

Lehrer sein – das wäre schön. Ich spiele immer noch mit dem Gedanken. Male ihn mir in buntesten Farben aus … Ich möchte mich an Kinder wenden dürfen, möchte sie formen und erziehen zu frohen, friedlichen Menschen. Und glaube, daß auch ich selber viel

Kraft und Auftrieb für meine eigene künstlerische Arbeit aus der engen Berührung mit dem jungen Volk schöpfen kann.«

2.: *(Palmsonntag, 10. April 1949)*

… das wäre halt schön: Hochzeit halten, einen Sommer lang schwelgen im Glück, und Kräfte sammeln – u. im Herbst dann, wenn meine Lehrerpläne sich verwirklichen lassen, nach M. (München) zum Studium. Von R. (Rosenheim) ist's ja nur eine Schnellzugstunde. Für Wohnung die Woche über will Freund Zinsmeister sorgen. Das Studium soll für uns Spätheimkehrer kostenlos sein, u. 4 oder 6 Semester sind keine Ewigkeit …

3.: *(Sonntagabend, 24. April 1949)*

… meine Gedanken sind bei Dir in der Zukunft. Närrisch, was man da alles erlebt! Unlängst habe ich einen ganzen Vormittag lang – Schule gehalten, – lauter so kleine Wildfänge um mich, barfuß, mit tintenbeschmierten Nasen; und die Dirndl haben derweil bei Dir Handarbeiten gelernt. Was meinst, ob es nicht Spaß machen sollte, als fröhliche Schulmeisterleute irgendwo auf dem Dorf? …[718]

Die Bewerbung hat zunächst keinen Erfolg, es ist keine Stelle frei, von daher bleibt Otfried Preußler an der Evangelischen Schule, wo er seit September 1953 angestellt ist und sich eigentlich wohlfühlt. Allerdings gibt es ein Problem: Einige Kollegen sind permanent krankgeschrieben und der junge Neulehrer hat zwei Klassen zu leiten. Einmal die 3. und 4. und sodann die 5. und 6. Klasse. Mittlerweile hat er die zweite Staatsprüfung erfolgreich abgeschlossen und damit die Voraussetzung erfüllt, um in den Status als Beamter übernommen zu werden. Mit der Prüfung schließt er ein Kapitel der Ausbildung ab, dass ihm eigentlich zu wenig Zeit zum Schreiben gelassen hat. Dennoch arbeitet er unermüdlich, auch in den Nachtstunden. Gegenüber einem Freund notiert er: »Mit Ausnahme von Briefen schreibe ich immer noch ziemlich viel«.[719] Seine Fortbildungsarbeiten verkauft er »meistbietend an Schulmeisterzeitschriften«. Otfried Preußler ist auch in anderer Hinsicht selbstbewusst, er sucht permanent mit Verlagen in Kontakt zu kommen und bietet seine Texte an. Im Stuttgarter Kinderfunk gilt er – so die Selbsteinschätzung – inzwischen als der »Haus- und Hof-Märchenonkel«, und aus München kommen regelmäßig Aufträge zu Hörbeiträgen, die auch Vertriebenenthemen bearbeiten. Akribisch listet er die Veröffentlichungen auf, so für die Jahre 1950 bis 1952. Dazu legt er eine Tabelle mit dem Datum der Publikation und dem Organ an, in dem der Text erscheint. Hinzu kommen Titel, Zeilenzahl, schließlich das Honorar und der Hinweis, ob das Honorar eingegangen ist. Die Liste erstreckt sich über 10 Seiten, und es sind um die 150 Publikationen! Zu den Publikationsorganen gehören: die »Neue Zeitung«, die »Heimatbriefe«, »Der Neubürger«, »Land und Frau« das »Oberbayrische Volksblatt«, »Der Sudetendeutsche«, die »Schwäbische Landeszeitung«, der »Volksbote«, das »Sudetenland«, das »Rosenheimer Tagblatt. Wendelstein«, die »Reichenberger Zeitung«, die »Kumpanei« oder »Bunter Wagen«.[720]

Die Zahl der Beiträge für Zeitungen, Zeitschriften und den Rundfunk ist enorm. Otfried Preußler will um jeden Preis die verlorenen Jahre aufholen und sich Wissen aneignen, bevorzugt von Gegenständen, die ihm nahe sind und mit der böhmischen Heimatgeschichte zu tun haben. Dazu sammelt er Zeitungsausschnitte, legt Stoffsammlungen an, verfertigt Konspekte und Exzerpte. Wie der Vater Josef archiviert er Texte, die Auskunft über Traditionen und Bräuche aus dem Iser- und Riesengebirge geben. Dazu gehören Geschichten um die Glasmacherzunft und das Hüttenwesen. Nach sieben Jahren der gänzlichen Abgeschnittenheit von traditionellen Bildungsmöglichkeiten durch Krieg und Gefangenschaft will er Wissen

43

ob es Haustiere oder Elemente sind.
Wie Olearius und sein Kasaner Wirt dem Ceremissen vorhalten, daß es nicht recht sei, Vieh oder andere Kreaturen zu verehren, antwortet er: Was sind denn wohl aber der Russen Götter, die sie an die Wände hängen? - Holz und Farbe, sonst nichts. Das aber begehre er keineswegs anzubeten; da sei es wohl doch viel besser, die Sonne und das Licht anzubeten!

Sie haben weder Schrift, Pfaffen noch Kirchen. Ihre Sprache hat wenig gemein mit dem üblichen Tatarisch. Wenn sie in Ortschaften mit Russen zusammenwohnen, bedienen sie sich gewöhnlich der russischen Sprache.
Sie nehmen 4, 5 und mehr Weiber auf einmal zur Ehe, auch wenn darunter leibliche Schwestern sind.
Weiber und Jungfrauen gehen mit großen weißen leinenen Tüchern umwunden, bis auf das Angesicht verhüllt. Die Bräute tragen vorn auf dem Kopf einen Zierrat, wie ein Horn fast eine Elle lang in die Höhe ragend, an dessen Spitze in einem bunten Quast ein Glöcklein hängt (auf dem beiliegenden Bild sieht es aus, als sei dieses Horn eine ausgestopfte spitze Kapuze.
Die Männer gehen in langen leinenen Röcken, unter welchen sie Hosen tragen. Die Köpfe lassen sie kahl abscheren. Junggesellen aber lassen sich oben auf dem Wirbel einen langen Zopf wachsen, den sie entweder im Knoten oder aber lang herabhängend "als einen geflochtenen Weiber-Zopff" tragen.

Die Ceremissen, die vom Ufer aus die Gesandtschaft in ihrer für sie ungewohnten Aufmachung vorbeifahren sehen, getrauen sich trotz alles Zuwinkens nicht an Bord (einige laufen sogar davon). Erst gegen abend erkühnt sich einer in der Nähe des Zuflusses Wetluga (l.U.) vor Junka Monastir, das Schiff zu betreten; er will für 20 Altin (60 Kopeken) einen Stöhr verkaufen, gibt ihn aber dann um 5 Altin her.

Von Kusmodemiansk nach Kasan
NNNNNNNNNNNNNNNNNNNNNNNNNNNNNNN

7.8.36: Man kommt zur Stadt Kosmodemiansk (r.U., am Berge gelegen, Sitz eines Woiwoden). In dieser Gegend wachsen ganze Wälder von Linden, von denen sie den Bast abschälen. Dieser wird von da aus durch das Land "hin und wieder" verhandelt, es werden daraus Schlitten, Gefässe und Kisten erzeugt (ist wohl das Holz gemeint - oder wirklich der Bast? Vielleicht das Flechtwerk der Schlittenborde??).
Die Bäume schneiden sie in zylindrische Stücke, höhlen sie aus und gebrauchen sie als Zuber, Tonnen u. dergleichen. Sie hauen auch ganze Boote, Kähne und Totensärge davon aus und verkaufen sie auf den Märkten.

Abb. 32: Auszüge von Otfried Preußler aus Adam Olearius »Die erste deutsche Expedition nach Persien«, 1927

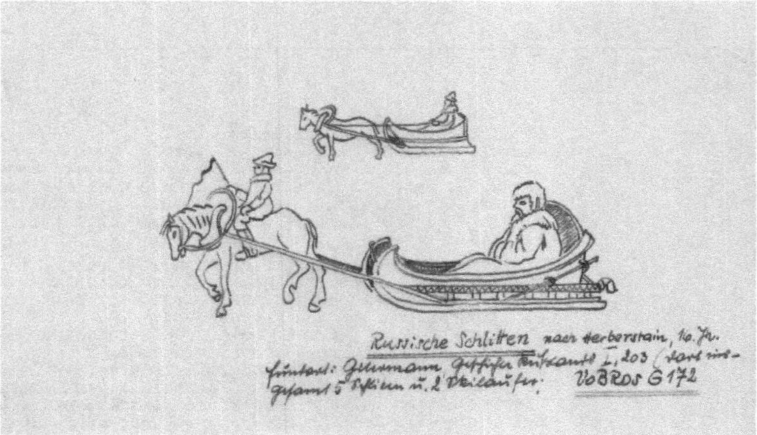

Abb. 33: Russischer Schlitten, Zeichnung von Otfried Preußler aus Adam Olearius' »Die erste deutsche Expedition nach Persien«, 1927

anreichern, durch die Hörfunkbeiträge kann er dies tun und zudem seine Erkenntnisse an ein breites Publikum bringen.[721]

An einem Vorhaben arbeitet Otfried Preußler ab 1953 mit besonderer Intensität. Es geht um die erste deutsche Expedition, die in den Jahren 1633 bis 1639 von Altona über Moskau nach Persien reist. Der Gegenstand interessiert ihn nicht zuletzt wegen der russischen Thematik wie auch wegen des Umstandes, dass die Teilnehmer über Kasan gereist sind. Um ein Buch über den Mitreisenden Adam Olearius mit dem Titel »Die erste deutsche Expedition nach Persien« von 1927 einsehen zu können, fährt er extra in die Landesbibliothek nach Frankfurt am Main, wo er Exzerpte anfertigt, die er später abtippt. Zu den Notaten gehören Landes- und Landschaftsbeschreibungen sowie volkskundliche Exkurse. Zudem existiert die Abschrift eines ausführlichen Teilnehmerverzeichnisses der »Fürstlichen und der Gesandten Hof-Ordnung«. Schließlich zeichnet er Illustrationen und Karten nach, die im Original abgebildet sind. Die Ausarbeitungen von Otfried Preußler

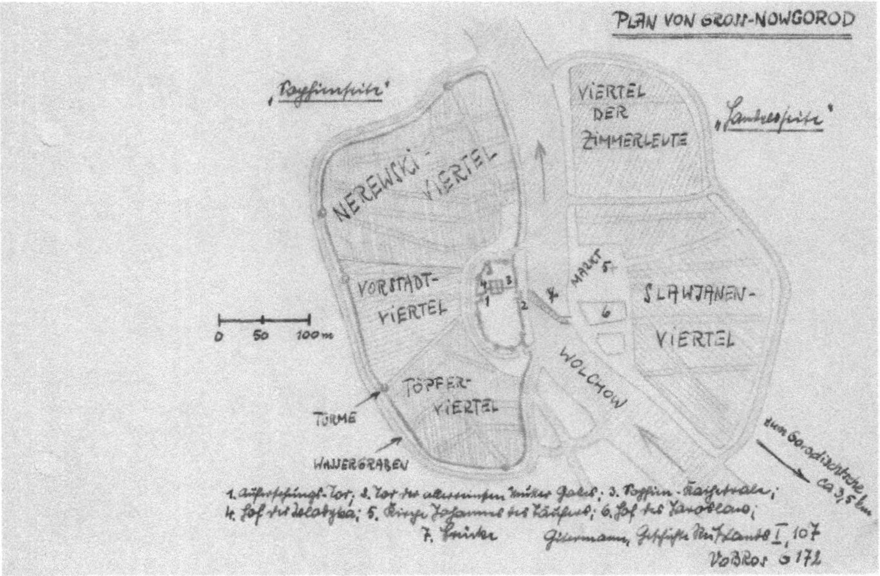

Abb. 34: Plan von Nowgorod, Zeichnung von Otfried Preußler

enden mit einem Teil, der die Reise von »Kosmodemiansk nach Kasan« beschreibt.[722]

Die Vorstellung des Herzogs Friedrich III., der als Geldgeber in die Reise investiert hat und hofft, man würde auf dem Landweg zwischen Ost- und Nordsee einen neuen Knotenpunkt des Ost-West-Handels einrichten können, lässt sich nicht umsetzen. Die Expedition findet sogar ein tragisches Ende, denn einem der beiden Gesandten, dem Hamburger Kaufmann Otto Brüggemann, gibt man die Schuld für das Scheitern, er wird vor Gericht gestellt und am 5. Mai 1640 in Gottdorf hingerichtet.[723]

Das ist mit ein Grund, warum Preußler das Vorhaben nicht weiter verfolgt. Zudem wendet er sich einem Stoff zu, der mit dem mittelalterlichen Universal-Gelehrten Albertus Magnus (1200–1280), der auch Albert von Lauingen und Albert der Große genannt wurde, zusammenhängt. Auch hier fertigt der

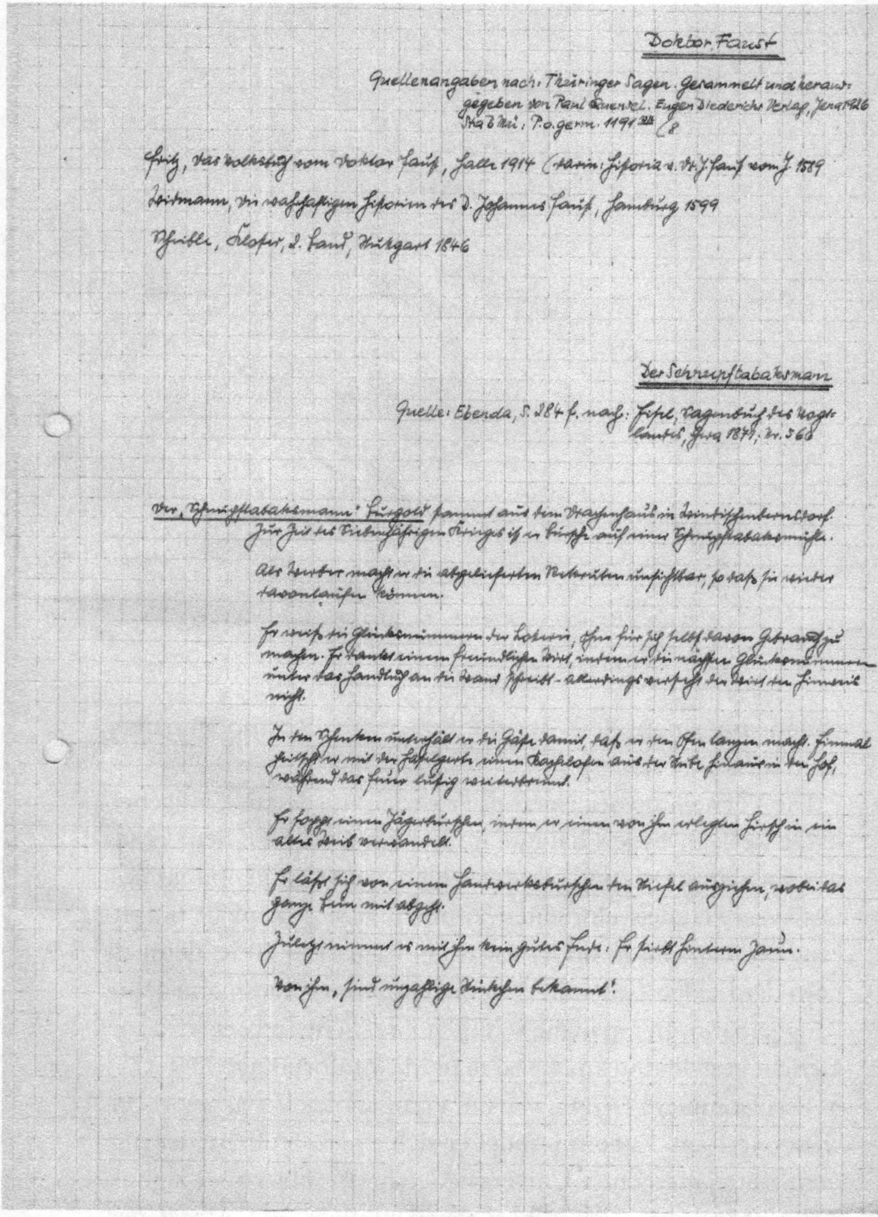

Doktor Faust

Quellenangaben nach: Thüringer Sagen. Gesammelt und herausgegeben von Paul Quensel. Eugen Diederichs Verlag, Jena 1926
StaBMü: P.o.germ. 1191 [illegible] 8

Fritz, Das Volksbuch vom Doktor Faust, Halle 1914 (darin: Historia v. Dr. J. Faust vom J. 1589
Widmann, Die wahrhaftigen Historien des D. Johannes Faust, Hamburg 1599
Scheible, Kloster, 2. Band, Stuttgart 1846

Der Schnupftabaksmann

Quelle: Ebenda, S. 284 f. nach: Eisel, Sagenbuch des Vogtlandes, Gera 1871, Nr. 566

Der „Schnupftabakmann" Burgold stammt aus dem [illegible] in [illegible].
Zur Zeit des Siebenjährigen Krieges ist er Bursche auf einer Schnupftabakmühle.

Als Werber macht er die abgelieferten Rekruten unsichtbar, so daß sie wieder davonlaufen können.

Er weiß die Glücksnummern der Lotterie, ohne für sich selbst davon Gebrauch zu machen. Er dankt einem freundlichen Wirt, indem er die nächste Glücksnummer unter das Handtuch an die Wand schreibt – allerdings versteht der Wirt den Hinweis nicht.

In den Schenken unterhält er die Gäste damit, daß er den Ofen tanzen macht. Einmal peitscht er mit der Haselgerte einen Kachelofen aus der Stube hinaus in den Hof, während das Feuer lustig weiterbrennt.

Er foppt einen Jägerburschen, indem er einen von ihm erlegten Hirsch in ein altes Weib verwandelt.

Er läßt sich von einem Handwerksburschen den Stiefel ausziehen, wobei das ganze Bein mit abgeht.

Zuletzt nimmt es mit ihm kein gutes Ende: Er stirbt hinterm Zaun.

Von ihm, sind unzählige Stückchen bekannt!

Abb. 35: Exzerpt von Otfried Preußler zum »Schnupftabakmann«

junge Lehrer zahlreiche Ausarbeitungen an. Sein besonderes Interesse liegt dabei auf Albertus Magnus zugeschriebenen alchemistischen Studien. Ebenso beschäftigt er sich mit den Sagenstoffen rund um den »Doktor Faustus«.

Hier sind es vor allem die Erzählungen um »Doktor Kittel«, den Otfried Preußler später als den nordböhmischen Faust bezeichnet. In diesem Umfeld steht auch der sagenumwobene Goldsucher und Teufelsbursche, der Brechschmied. Es handelt sich um Stoffe und Figuren, die in den Romanen von Gustav Leutelt eine zentrale Rolle spielen, mit denen er durch den Vater Josef bekannt gemacht worden ist.[724] Noch wichtiger wird schließlich die schillernde Figur des Schnupftabakmannes, dem im Volksmund wundersame Heilkräfte nachgesagt wurden. So soll er im Siebenjährigen Krieg Rekruten unsichtbar gemacht haben, um sie aus den Fängen der Werber zu befreien. Überliefert ist von dieser aus dem vogtländischen Sagenkreis stammenden Gestalt, dass sie die Fähigkeiten der Zauberei auf einer Schnupftabakmühle erworben hat, wo sie über einige Jahre als Müllerbursche tätig war. Der Bezug zum späteren »Krabat-Roman« ist offensichtlich. Otfried Preußler exzerpiert aus dem »Sagenbuch des Vogtlandes« von Robert Eisel, das 1871 in Gera erschienen ist, die Sage dieses »Schnupftabakmannes«. Eisel fasst die Sage so zusammen:

Es stammte derselbe aus dem sogenannten Drachenhause in Wendischenbernsdorf und hieß eigentlich Burgold; zur Zeit des Siebenjährigen Krieges aber war er auf einer Schnupftabaksmühle Bursche und zwar nennt man die Rentendorfer Obermühle.
Eine Zeitlang war er auch preußischer Werber. Er machte aber die kaum abgelieferten Rekruten hinterher unsichtbar, so daß sie ungehindert wieder nach Hause gehen konnten. Die Soldaten verfolgten ihn jetzt und einst hatten sie wirklich auch das Haus schon umstellt, in dem er sich gerade befand; aber da sahen seine Wirthsleute deutlich, wie es nur sein Schnupftabaksranzen war, auf den sie losschlugen und

den sie in der Stube herumzerrten; er selbst aber lehnte in der Thüre und hat lachend zugesehen.
Viele ließen sich von ihm in der Hand lesen. Allen bekam das freilich nicht immer, denn einer Hebamme sagte er in's Gesicht, sie habe zu Gunsten des Gutslohnes einen Meineid gethan.
Die Lottonummern, die gewannen, kannte der Schnupftabaksmann alle; er schrieb sie einmal sämmtlich mit Kreide an die Thür unter's Handtuch (nach Anderen auf den Abort) und weil diejenigen, die ihn darum gebeten, nicht darauf geachtet, machte er ihnen deshalb hernach Vorwürfe. – Wollte er selbst setzen, so mußte er sich einen Thaler dazu borgen; damit er aber nicht spiele, zahlte ihm die Lotterie täglich einen Ducaten. Auch im Kartenspiel hat er seine Künste nie zu seinem Vortheil ausgebeutet; denn er spielte nie um Geld.
Geld hat der Schnupftabaksmann überhaupt nie im Hause gehabt, am wenigsten über Nacht; seiner Frau aber, die einst deshalb klagte, zeigte er gleich eine ganze Backmulle voll silberne Thaler und ließ sie nehmen, was sie wollte.
Arg gefoppt hat er mal einen Jägerburschen, der von Großebersdorf wegging, einen Hirsch zu schießen. »Du kommst zu balde!« sagte er zu ihm und wie nun Jener einen Hirsch sieht und will eben schießen – ist's ein Pferd und ein zweites Mal – eine alte Frau gewesen mit einem Tragkorbe, so daß er wirklich nicht zum Schuße kam. Endlich schießt er doch, aber, o Schrecken! Da er hinkommt hat er doch keinen Hirsch sondern jene Frau geschossen! Jetzt kommt lachend auch unser Schnupftabaksmann herzu und im Umsehen lag statt der Frau ein wohlgetroffener Hirsch vor ihnen.
Ein anders Mal bat Burgold einen Handwerksburschen, den er bei den vier riesigen Eichen auf den Wendischenbernsdorfer Hofwiesen traf, ihm doch einen Stiefel auszuziehen, der ihn drücke. Jener thut's, aber nicht nur den Stiefel, nein, das ganze Bein hat er ihm ausgerissen und ist, wie er's sieht, entsetzt davongelaufen bis Wendischenbernsdorf, so sehr auch der Andere hinterher rief. Kaum nun ist der Handwerksbursche im Wirtshause, kommt auch Burgold herein und lacht ihn aus. Ganz dasselbe that er auch im Sommerthale und in mehreren Gasthö-

fen mit den Stubenmädchen, Gänsemädchen und immer steckt er sich hernach unter unmäßigem Gelächter das Bein selbst wieder zurecht.
Ein anderer Spaß, den er vollführte, war, daß er den Ofen mit einer Gerte zur Thüre hinaus bis auf den Mist peitschte, während das Feuer auf dem Heerde fortbrannte; auch haben schwere Kachelöfen sich tief vor ihm verbeugen müssen.
Endlich hat der Burgold, es war in Kleinbernsdorf in der Schenke, einmal einen gewissen Luft mit sammt seiner Tabakspfeife vor allen Gästen verschlungen, also daß ihm nur noch die Stiefelsohlen des Luft zum Munde heraus gesehen haben. Nachdem er ihn wieder von sich gegeben, meinte Luft auf Befragen: es sei ihm vorgekommen, als befinde er sich in einem Keller.
Einem Bauer, der beim Segen in der Kirche nie sein Käppchen abnahm, verwies es der ihm gegenübersitzende Schnupftabaksmann und da Jener auf seine Drohung nichts gab, hat ihm dieser eine Zipfelmütze auf den Kopf gezaubert.
Obgleich nun eigentlich mit dem Mehrerwähnten Niemand gern Umgang pflog, hat es doch nicht an solchen gefehlt, die gern Eins oder das Andere seiner Stückchen von ihm gelernt hätten und oftmals ist er darum angegangen worden. Gern that er's aber nicht. Einmal, es war in der Neujahrsnacht und auf einem Kreuzwege, hatte er so Einem befohlen, bei Leibe nicht davonzulaufen, es komme, was da wolle. Der alte Hexenmeister hat ihn aber trotzdem nur mit Puffen und Knüffen zum Feststehen bewegen können, denn es hatte jenem geschienen, als wolle ein Heuwagen dicht bei ihnen umwerfen und verredt' und verschworen hat er's mehrmals, jemals wieder auf solche Wege mitzugehen.
Ein Jäger, der gern kugelfest geworden wäre, wandte sich auch an Burgold und empfing den Rath, beim heiligen Abendmahle die Oblate nicht hinunter zu schlucken. Sie wurde dann an einen Baum genagelt, damit der Neuling danach schieße. Aber da wird der Bursche in dem Momente, wo er losschießen will, statt der Hostie – unseres Herrn und Heilandes selbst ansichtig und wie ihm darüber die Flinte entfiel, wurde er von seinem zornigen Meister mit einer tüchtigen Tracht Schläge aus der Lehre gejagt.

Noch vieles Andere vermochte dieser Schnupftabaksmann, z. B. ein ganzes Regiment Soldaten aus dem Boden hervorzuzaubern u. a. – doch nahm es mit ihm kein gutes Ende; er starb elend hinter'm Zaune.[725]

Erstaunlich in dieser Hinsicht ist der Umstand, dass Otfried Preußler eine weitere Variante für den »Krabat«-Stoff bereits in einem Brief vom 22. Dezember 1950 an Robert Hohlbaum erwähnt. Es geht ihm um einen »Stoff aus der Wallensteinzeit«, aus dem er ein Jugendbuch mit eigenen Illustrationen machen möchte. Letztlich ist es die Geschichte von einem Böhmerwäldler Bauernburschen, der bei einem Spinnradlmacher auslernt und sich dann von Soldaten anwerben lässt. Der Junge möchte es zu etwas bringen und glaubt, dass der Soldatenstand genau das Richtige ist. Allerdings wird er gegen seinen Willen nach Jitschin geschickt, wo er Spinnräder bauen muss, denn die sind bis dahin in Nordböhmen noch nicht bekannt. Weil er unbedingt Soldat werden will, desertiert er »aus der Etappe zur kämpfenden Truppe«. Letztlich geht ihm aber, so schreibt Otfried Preußler, »der Seifensieder auf, dass er selbst als Spinnradlmacher immer noch Besseres zu leisten vermag, als wenn er Dörfer ausbrennen, Städte schatzen und Menschen erschlagen darf.«[726]

Auch in diesem Fall ist der Krieg der Ausgangspunkt, und der Protagonist, ein böhmischer Bauernbursche, muss durch eigene Erfahrungen geläutert erkennen, worin das Wesen des Krieges besteht. Die Intention, die der Text verfolgt, wird im Brief an Hohlbaum denn auch explizit formuliert. »Ich glaube«, schreibt Otfried Preußler, »dass ein solches Jugendbuch nicht nur sehr spannend, sondern unter den augenblicklichen Verhältnissen auch (leider wieder) sehr zeitgemäß sein könnte, und will es also versuchen.«[727] Es bleibt allerdings nicht nur bei Andeutungen. Wie es sich für einen professionell arbeitenden Autor gehört, entwirft er ein detailliertes Exposé der Erzählung »Der Spinnradlmacher«:

Hans Adam, der älteste Sohn Meister Severin Grüners, des Spinnradlmachers von Firmiansreuth im Böhmerwalde, hat bei seinem Vater dessen Handwerk erlernt, das in Böhmen noch unbekannt ist; ebenso unbekannt wie das Spinnrad selber.
Eines Tages kommen Reiter des Herzogs von Friedland nach Firmiansreuth und brechen in das Haus Meister Severins ein. Ihr Anführer, ein prächtiger Rittmeister, entpuppt sich beim näheren Hinsehen als jener Vetter Pankraz Imhoffer, der vor Jahren aus der Heimat entlaufen und unter die Soldaten gegangen ist. Dieser Rittmeister Imhoffer lässt in Hans Adam den Wunsch wach werden, ebenfalls sein Glück im Kriege zu versuchen.
In Pilsen, wo er Spinnräder verkaufen soll, trifft Hans Adam mit wallensteinischen Werbern zusammen. Der Werbeoffizier lässt sich die Spinnräder erklären und kauft sie dem Grünerhans ab, der sich in das Dragonerregiment einschreiben lässt. Bei der Musterung im Lager vor Eger wird er als einziger unter den neuen Rekruten dazu ausersehen, nach Jitschin, in die Hauptstadt des Herzogtums Friedland zu reisen. Er hält dies für ein gutes Omen.
In Jitschin aber erfährt er durch den Landeshauptmann Dietrich von Malowetz, dass er vorläufig nicht in den Krieg dürfe. Er muss eine Werkstatt einrichten und Spinnräder bauen. Hans Adam ist bitter enttäuscht. Erst auf Dietrichs Versprechen hin, dass er im nächsten Frühjahr zu seinem Regiment zurückkehren dürfe, wenn er bis dahin zwei tüchtige Nachfolger angelernt habe, gibt er sich zufrieden und arbeitet, was das Zeug hält.
Gross aber ist seine Verzweiflung, als ihm Dietrich von Malowetz im Frühjahr erklärt, dass der Herzog persönlich verboten habe, ihn ins Feld zu entlassen. Er bringt dieses Verbot mit einer seltsamen Vernehmung durch den Sterndeuter Seni in Verbindung, die im Winter stattgefunden hat, als Wallenstein für kurze Zeit in Jitschin weilte.
Hans Adam trachtet danach, aus Jitschin zu entkommen, und »desertiert« bei nächster Gelegenheit zur Armee. Er schliesst sich einer Gruppe von Dragonern an, die einer seiner Mitrekruten kommandiert, der es inzwischen bis zum Korporal gebracht hat. Sie geleiten einen

geheimnisvollen Reisenden, Herrn Sezyma Raschin von Riesenburg, nach Schlesien. Raschin, ein böhmischer Protestant, reist im Auftrage des Herzogs von Friedland als Unterhändler zu den Schweden. Hans Adam verbringt mit seinen Kameraden eine Nacht bei den schwedischen Vorposten und lernt bei dieser Gelegenheit die Feinde kennen, mit denen er später im Kampf zu tun haben wird.

Mit sehr eigenartigen Gefühlen scheidet er von den Schweden, bei denen sich neben vielen anderen Deutschen auch ein Landsmann aus seiner engsten Heimat befindet.

Gleich nach der Rückkehr zum Regiment wird er verhaftet und eingesperrt. Im Gewahrsam wird er mit einem zum Tode verurteilten Mörder bekannt, der auf dem grausamen Standpunkt steht, »im Feld sei das Totschlagen auch keine Sünde gewesen«. Dieses Beisammensein und einige andere Erlebnisse, die er unterwegs hatte, lassen den Grünerhans an der Grossartigkeit des Soldatenlebens zum ersten Male ernstlich zweifeln.

Die Situation ändert sich mit einem Schlage, als er durch den Sterndeuter Seni aus der Hand des Profossen befreit und in das Hauptquartier des Herzogs von Friedland gebracht wird. Auf der Reise erfährt er von Seni, dass sein Horoskop dem des Herzogs von Friedland gleiche. Wallenstein, dem Gefahr drohe, wolle sich dadurch schützen, dass er seinem Sternzwilling alle Gefahren des Krieges fernhalte. Dies sei der Grund gewesen, weshalb Hans Adam habe in Jitschin bleiben sollen.

Im Hauptquartier erwacht in Hans Adam von neuem die Sehnsucht nach Grösse und Ruhm, die er in einem Handwerkerdasein niemals finden würde. Wenn er Wallensteins Unglück teilen solle, so müsse auch die Gunst seiner Sterne für ihn gelten.

Bei einer kurzen Begegnung mit dem Herzog entschliesst sich Friedland dazu, den Grünerhans in seine Leibwache aufzunehmen. Allerdings sei dazu eine besondere Ausbildung erforderlich.

Als Kornett kehrt Hans Adam guter Dinge nach Jitschin zurück, wo ihn der Stadtkommandant Oberst Graf Lodron in allen Dingen unterweist, die er als Offizier in der Leibwache des Herzogs brauchen wird. Wenn diese Ausbildung auch kein Honiglecken ist, so nimmt sie

Hans Adam gerne in Kauf: Der erste Schritt auf dem Wege zur Höhe ist ja bereits getan …
Mitten im Winter, am 21. Februar 1634, erhält der Kornett Hans Adam Grüner den unerwarteten Befehl, sofort ins Hauptquartier nach Pilsen zu kommen. Er kann sich diese plötzliche Order nicht erklären, aber bereits in Prag erfährt er von der Absetzung Wallensteins durch den Kaiser. Das Unheil scheint hereingebrochen zu sein.
Hans Adam kommt zu spät nach Pilsen, der Herzog hat sich inzwischen nach Eger begeben. Unterwegs dorthin erlebt der Grünerhans zu seiner Bestürzung, dass Offiziere und Mannschaften von Wallenstein abzufallen beginnen. Kurz vor Eger wird er sogar von kaisertreuen Soldaten überfallen und als Hochverräter gefangengenommen. Es gelingt ihm zu entfliehen. Am Morgen des 26. Februar trifft er auf der Strasse nach Eger mit Seni zusammen, der ihm von der Ermordung Wallensteins berichtet. Seni legt dem Grünerhans nahe, in seine Heimat zurückzukehren. Auf die Einwände Hans Adams hin erklärt er ihm, dass »das Grosse« auch still sein könne. Er habe dadurch, dass er das Spinnrad nach Böhmen gebracht habe, Besseres und Grösseres geleistet als mancher Soldat.
Dennoch bleibt Hans Adam im Zweifel, ob er sich nicht zu den Schweden schlagen und dort sein Glück versuchen solle. Da begegnet ihm jener Mann noch einmal, der ihn seinerzeit zum Soldatwerden verleitet hatte: als blinder, zerschossener Krüppel bettelt ihn der einst so prächtige Rittmeister Imhoffer an und bestätigt so den bitteren Ausspruch Meister Severins: »Wen der Krieg aufs hohe Ross bringt, den bringt er auch wieder zu Fall …«
Der Kreis schliesst sich: derselbe Pankraz Imhoffer, der ihn zum Fortlaufen aus der Heimat bewog, gibt nun den entscheidenden Anstoss zur Rückkehr. –
Soweit der äussere Ablauf der Erzählung, die vor dem Hintergrunde des Dreissigjährigen Krieges handelt und die unausgesprochene Erkenntnis entwickelt, dass Soldatsein noch längst nicht das Letzte und Höchste im männlichen Leben ist, dass das wirklich und wirksam Grosse nur in friedlicher Arbeit entstehen kann.[728]

Es bleibt keineswegs bei dieser Inhaltsangabe vom Spinnradlmacher Hans Adam. In kurzer Zeit gelingt es ihm, die Vorstellung in die Tat umzusetzen. Letztlich entsteht ein Manuskript von mehr als 200 Seiten. Der unvermittelt einsetzende Textanfang wie auch die Figurendialoge belegen, in welchem Maße Otfried Preußler seine Schreiberfahrungen aus der Gefangenschaft produktiv macht und in der Lage ist, eine spannende Geschichte zu erzählen, die aufgrund der eigenen Erfahrungen eine Botschaft vermittelt: Kriege sind etwas, das zu verhindern ist, und mitspielen darf man dabei nicht.

Erstes Kapitel

So was ist härter als Holz

Auf einmal kam Leben ins Dorf. Man hörte verworrenes Rufen und eilige Schritte. Türen schlugen, Fensterläden polterten zu.

Der Meister sah auf, liess das Schnitzmesser sinken, wollte fragen, was es denn gebe. Aber da war Hans Adam, sein Ältester, schon an der Tür.

»Reiter! Sie kommen vom Walde herunter! Ein Dutzend und mehr!«

Meister Severin Grüner, der Spinnradlmacher von Firmiansreuth, schlug ein Kreuz. Reiter! Das war wie die Pest: keine Gnade und kaum ein Entrinnen.

»Jetzt sind sie im Dorf – an der Kirche – beim Kretscham … Sie reiten vorbei – biegen aus – halten stracks auf uns zu!«

Meister Severin riss seinen Jungen zurück, warf die Türe ins Schloss, schob in fliegender Eile den Riegel davor. »Fort! Auf den Boden, ins Heu!«

Aber es war schon zu spät. Die Reiter umringten das Haus, sassen ab, stiessen grob mit den Kolben ans Tor. »Aufmachen! Wollt ihr, potz Wetter? Wir bringen's euch bei!«

Ehe sich Severin Grüner der Drohung versah, sprang die Tür unter wuchtigen Tritten sperrangelweit auf. Ein gewaltiger Kerl stand im Rahmen, die Reiterpistole gespannt in der Faust.

»Jesus Maria!« Der Spinnradlmacher erbleichte. Er sah, wie der wilde Geselle das Feuerrohr hob, nach ihm zielte …

Dann krachte es.

Hart über Severins Kopf fuhr die Kugel ins weisse Gebälk, dass der Kalk nur so spritzte.

Hans Adam, vom Schreck übermannt, war zurückgewichen bis an die Werkbank im Eck. Wie Halt suchend hatte er um sich gegriffen und irgendein Holzstück erfasst. Als der Schuss brach, erkannte er plötzlich, dass es der Stiel eines Beiles war, den er umkrampfte.

Zuspringen! Dreinschlagen!

Aber es kam nicht dazu.

Denn der Reiter – bevor noch Hans Adam sich aufraffen konnte, dem Vater zu Hilfe zu eilen – der Reiter begann ein Gelächter aus heiterem Himmel, warf die rauchende Pistole über die Schulter einem seiner Kumpane zu, riss sich den breitkrempigen Federhut vom Schädel, pfefferte ihn mitten in die Stube und rief, noch immer vom Lachen gebeutelt: »Ja, Severin, Severin! Kennst du deinen eigenen Vetter nicht mehr?«

»Pankraz!« Nur langsam fand Severin Grüner sich wieder zurecht. »Pankraz …?«

»Wer anders!«

Der Reiter schritt klirrend auf Severin zu und streckte dem Meister die Hand hin.

Dann stutzte er. Wandte sich um.

Was sollte das Lästern und Fluchen da draussen? Ein Huhn wischte aufgeregt flatternd zur Stube herein.

»Wachtmeister!« Scharf klang die Stimme des Reiters, metallen und scharf. »Wachtmeister!«

Schnauzbärtig, säbelvernarbt, trat der Wachtmeister ein.

»Habt mich gerufen, Herr Rittmeister?«

»Halt mir die Racker im Zaume. Hier wird nicht geräubert, verstanden!«

Der Wachtmeister stapfte davon, war ein wenig verwundert, sein Rittmeister nahm es doch sonst mit den Hühnern nicht gar so genau.

Rittmeister … Rittmeister ist er, der Pankraz … – Severin starrte den Vetter noch ungläubig an. – Rittmeister …

»Hätt' sich der Severin damals nicht träumen lassen, wie?«
Nein, beim dreieinigen Gott! Das hätte sich keiner träumen lassen im Dorf: dass der Pankraz Imhoffer, der vor Jahren als lumpiges Bauernbürschlein von seines Vaters Pflug weg in den Krieg gelaufen war, eines Tages als Rittmeister heimkehren würde.
»Haben dich längst für verloren gehalten ...«
»Unkraut verdirbt nicht. 's ist wahr!« Rittmeister Imhoffer lachte. »Geritten – gefochten – gelebt!« Er streifte die ledernen Handschuhe ab.
»Bist wacker montiert!« Severin Grüner verglich in Gedanken den Pankraz von damals mit dem, der vor ihm stand, dem Rittmeister Pankraz von heut. »Trugst, als du fortliefst, noch keinen so vornehmen Rock!«
Hans Adam stand scheu in der Ecke und staunte. So also kam einer zurück, der sich vormals als einfacher Bursch zu den Reitern geschlagen: Brüsseler Spitzen am Kragen, die Ärmel mit silbernen Schnüren betresst und die Feldbinde strotzend von Gold.
»Woher du das Geld nimmst – für solch eine reiche Montur ...« sagte Severin Grüner.
Der Rittmeister Imhoffer reckte sich. »Geld, sagst du, Vetter? Das Geld?« Er riss seinen Pallasch ein Stück aus der Scheide und stiess ihn dann wieder hinein. »Das sind meine Dukaten!« Dann zog er ein zweites Pistol aus dem Gürtel. »Und dies meine Kreuzer! – So zahl ich bei Heller und Pfennig, das ist unter Reitern der Brauch.«
Er trat an die Werkbank.
»Und du? Immer fleissig am Drechseln ... Potz Plunder, was baust du denn da?«
»Das sind Spinnräder.«
»Spinnräder?« Rittmeister Imhoffer schüttelte mitleidig lächelnd den Kopf. »Spinnräder macht er ... Nun sag schon, wozu ist das gut?«
»Das ist besser als Schwert und Pistolen, Gevatter!« sprach Severin Grüner und blitzte den Rittmeister an. Dann erzählte er, wie er vor Jahren als Wanderbursche in Braunschweig das erste Mal solch ein Spinnrad gesehen habe, und dass es sich mit dem neuen Gerät viel leichter, feiner und schneller spinne als mit der Spindel allein.

»Hab lange darüber gesessen und viel Mühe darangewandt, Vetter. Aber jetzt bin ich so weit, dass ich's nachbauen kann« sagte Severin Grüner voll Stolz. »In den Dörfern des Waldes, da schnurren die Spinnräder schon – und kann sein, dass das Spinnradlmachen bald mehr gilt als Fechten und Reiten zusammen!«

»Meinst du?«

Der Rittmeister Imhoffer sah ihn geringschätzig an. Dann, in plötzlicher Laune, ergriff er ein Spinnrad beim Stamm, hob es gestreckten Armes empor, prüfte es, fragte: »Was kostet das Dingsda?« und strich sich dabei mit der Linken belustigt den Bart.

»Bau eine Woche und manchmal auch länger daran ...« holte Severin aus.

»Was es kostet, zum Teufel!« Der Rittmeister war nicht für langes Gerede. »Zehn Taler?«

»Die Hälfte.«

Der Rittmeister griff in den Gurt, zog die Börse. »Wird reichen!« Dann warf er den Beutel vor Severin hin.

»Aber Gevatter!« rief Severin Grüner verwundert. »Ein Spinnrad? – Was willst du damit?«

»Das da!«

Der Rittmeister riss seinen Pallasch heraus, hieb das Spinnrad in Stücke. »Du baust eine Woche daran – und ein Säbel macht Brennholz daraus, eh du Muh sagen kannst!«

Rittmeister Imhoffer legte dem Vetter die Hand auf den Arm. »Nichts für ungut, Gevatter. Nur – so was ...«, er schlug auf die Klinge, »... ist immer noch härter als Holz!«

Severin Grüner stand wie versteinert. Erst als Rittmeister Imhoffer den Hut und die Handschuhe nahm, fuhr er auf.

»Willst schon weiter?«

»Muss, muss!« Rittmeister Imhoffer klirrte zur Tür, stiess sie auf. »Wachtmeister! Holla, wir reiten!«

Schon auf der Schwelle, sah Pankraz noch einmal zurück.

»Hab Depeschen zum Grafen von Werth. Muss mich schicken, Gevatter. Lebwohl!«

Severin Grüner war viel zu bestürzt, als dass er geantwortet hätte. Aber Hans Adam lief Rittmeister Imhoffer nach, hielt ihm draussen den Bügel.
»Der Hansl! – Wie alt bist du, Bursch?«
»Siebzehn, Herr Rittmeister …«
»Siebzehn?«
Der Rittmeister schob sich im Sattel zurecht.
»Ist's möglich? Schon siebzehn – und hast noch kein Pulver geleckt? Als ich ging, war ich sechzehn …«
Dann schwenkte er lachend den Hut.
»Meiner Treu, solltest reiten! Das ist doch kein Leben, zu Fuss!«
Als der Rittmeister Imhoffer mit seinen Leuten längst hinterm Walde verschwunden war, starrte Hans Adam ihm immer noch nach, hatte trockene Lippen und brennende Augen – und glühte – und schämte sich sehr.[729]

Mit einem früheren Kompanieangehörigen ist Otfried Preußler sich in der Einschätzung der aktuellen Situation einig. Am 6. Juni 1951 schreibt er: »Nein, mit uns wird wohl niemand mehr eine reine Freude haben, wenn er uns wieder eine Knarre in die Hand drücken will. Hoffentlich kommt es nicht erst dazu, denn obwohl wir einmal von ganzem Herzen Soldaten gewesen sind – ein zweites Mal wäre das kaum mehr der Fall.«[730] Allerdings legt er die fertige Erzählung vom »Spinnradlmacher« beiseite. Erst Ende der 1950er Jahre greift er den ursprünglichen Plan, wenngleich in anderer Form, wieder auf. Aber es wird bis 1971 dauern, erst dann erscheint der Roman, dem er den Titel »Krabat« gibt.

XXXVIII. »Der Krabat nimmt langsam Gestalt an«
Heranschreiben an Traumatisches

Erst einmal widmet Otfried Preußler seine Zeit einem gänzlich anderen Vorhaben. Es geht um ein Kinderbuch, mit dem er Mitte der 1950er Jahre schon recht weit vorangekommen ist. In einem Brief an seinen Freund Pfeiferle berichtet er von einem Vorhaben, das ihm sehr am Herzen liegt, für das er allerdings noch keinen Verlag gefunden hat:

> Leider hatte ich in einer Sache, die mir sehr am Herzen liegt, bisher noch keinen Erfolg: mit meinem Manuskript für ein Kinderbuch »Der kleine Wassermann«. Da erlebt ein Wassermannjunge im Lauf eines Sommers, von seiner Geburt bis zum Winterschlaf, allerlei Abenteuer mit Menschen und Tieren. Wo ich es bisher vorgelegt habe, bekam ich eine Bombenkritik darüber – aber Märchen und märchenhafte Erzählungen seien heute nicht gefragt, und man sei leider gezwungen, in erste Linie an die Rentabilität zu denken, meinten die Herren Verleger. Aber ich werde es schon noch irgendwie unterbringen, man darf nur nicht nachlassen im Hausieren. Momentan liegt das Manuskript beim Thienemannverlag in Stuttgart, die Entscheidung fällt aber erst Ende des Jahres.[731]

Der »Kleine Wassermann« steht am Beginn der Zusammenarbeit mit dem Thienemann Verlag, der für Otfried Preußler das werden wird, was man einen Hausverlag nennt. Das Unternehmen hat eine lange Tradition, denn es wurde bereits 1849 von Karl Thienemann in Stuttgart gegründet. Nachdem über viele Jahre eine Sparte für das Kinderbuch existierte, wird diese Ende des 19. Jahrhunderts verkauft und erst ab 1940 wiederaufgebaut. Ab 1936 übernimmt Lotte Weitbrecht die Leitung des Verlages, und nach dem Zweiten Weltkrieg holt sie 1951 ihren Bruder Richard in die Verlagsleitung. Beiden gelingt es, das Unternehmen zu einem der renommiertesten Kinder- und Jugendbuchverlage zu machen. Als Programmleiterin hat Lotte Weitbrecht großen Anteil an der Profilierung. Otfried Preußler wird ab Mitte der 1950er Jahre zu einem Autor, der beständig den Kontakt sucht, seine Vorhaben präsentiert und gleichzeitig den Verlag zu motivieren sucht, Werbung für die dann in der Folge entstehenden Bücher zu machen. Da Otfried Preußler neben seiner Tätigkeit als Lehrer schreibt, führt er ein strenges Zeitregime. In einem Brief vom 22. Dezember 1967 beschreibt er seine Situation nach der Rückkehr aus der Gefangenschaft und seine Entscheidung, Volksschullehrer zu werden. Er habe es unter »erheblichen Schwierigkeiten« geschafft. »Rückblickend muß ich sagen«, so Otfried Preußler, »daß dies eine gute Sache war. Ich muß zwar in meinem Lehrerberuf ganz schön ran (eine Klasse mit mehr als 40 Kindern ist keine Kleinigkeit); aber ich habe verhältnismäßig viel freie Zeit neben der Schule, die ich mir einteilen kann, wie mir's paßt. Und bei einiger Erfahrung und einigem Organisationsgeschick läßt sich die häusliche Arbeit für die Schule (Vorbereitungen, Weiterbildung etc.) so einrichten, daß noch immer genügend Zeit zum Schreiben bleibt.«[732] Neben der disziplinierten Arbeit wird Otfried Preußler sich bewusst, dass die Präsenz in verschiedenen Medien, vor allem im Rundfunk, nicht nur ausgezeichnete Möglichkeiten der Wiederverwertung eines Stoffes bietet, sondern in hohem Maße auch der eigenen Vermarktung dient. Dies teilt er seiner Verlegerin mehrfach mit. Mit dem Erscheinen des »Kleinen Wassermannes« 1956, der Otfried Preußler den Durchbruch als Autor bringt, und der »Kleinen Hexe«, die ein Jahr später auf den Markt kommt, weiß Lotte Weitbrecht, was für einen schriftstellerischen Edelstein sie nunmehr an den Verlag gebunden hat. Daher ist sie auch sofort begeistert, als Otfried Preußler ihr von einem neuen Vorhaben berichtet. Am 16.10.1958 bittet er die Verlegerin, ihm ein Buch von Ricarda Huch zur Verfügung zu stellen, »weil ich mir gelegentlich das Manuskript eines Abenteuerbuches, das im Dreißigjährigen Krieg spielt, wieder vornehmen möchte«. Es handelt sich um Ricarda Huchs Roman »Der große Krieg in Deutschland«, der bereits zwischen 1912 und 1914 im Insel Verlag Leipzig in drei Bänden erschienen war. Als Otfried Preußler sich noch im Silikatlager in Kasan in Gefangenschaft befand, hatte Ricarda Huch als Ehrenpräsidentin auf dem Ersten Gesamtdeutschen Schriftstellerkongress 1947 am zweiten Kongresstag, der im Hebbel-Theater mit einer öffentlichen Gedenkfeier für die Opfer des Nationalsozialismus begann, die Bedeutung von Literatur für die Gegenwart herausgestellt. Sie sah Dichter als »Verwalter der Sprache« und damit als »Verwalter des Geistes«. Schriftsteller sollten darum »geistige Führer« sein, aber in welchem Sinne jeder seine »Aufgabe durchführt«, das müsse man der »Überzeugung und dem Gewissen eines jeden überlassen«.[733] Ihr Roman zum Dreißigjährigen Krieg von über 1000 Seiten umfasst den Zeitraum von 1585 bis 1650 und liefert in zahlreichen Episoden, angefangen vom Prager Fenstersturz bis zur totalen Zerstörung Magdeburgs, ein erschütterndes Bild von den Grausamkeiten des Krieges. Nach den Schrecken von Nationalsozialismus und Krieg besaß das noch vor dem I. Weltkrieg geschriebene Epos neue Aktualität, und für Otfried Preußler war mit dem Roman ein Bezug zu den eigenen Erfahrungen in Krieg und Gefangenschaft gesetzt.

Etwa ein Jahr später, am 8. Oktober 1959, kann er Lotte Weitbrecht berichten, dass die »etwas schwierigen Vorarbeiten zu meinem nächsten Buch abgeschlossen« sind. »Sie erinnern sich an den Plan mit den Zaubersagen«, schreibt er: »Ich habe mich nun doch dazu entschlossen, einen einzigen der sich thematisch ohnehin manchmal überschneidenden Sagenkreise herauszugreifen und zu gestalten: den Sagenkreis um den wendischen Zauberkünstler Krabat aus der Lausitz, einen hier kaum bekannten, sehr bunten und zu allem Überfluß noch ›moralisch einwandfreien‹ Stoff (denn Krabat, der zunächst nur aus Jux, dann aus Abenteuerlust zaubert, klärt sich auf die alten Tage zum Menschenfreund ab, hilft den armen Leuten und wird denn auch am Ende seines Lebens erlöst).«[734] Zu diesem Zeitpunkt wird zum ersten Mal der Name des Helden erwähnt, Krabat, und Otfried Preußler ist ausgesprochen optimistisch, was den Fortgang der Arbeit betrifft. Das Manuskript soll etwa den Umfang des 1958 erschienenen »Schilda«-Buches haben und anvisiert ist »dieselbe Lesergruppe (also 10 bis 70)«.[735] Das Buch, um das es hier geht, trägt den Titel »Bei uns in Schilda. Die wahre Geschichte der Schildbürger nach den Aufzeichnungen des Stadtschreibers Jeremias Punktum«. 1961 steht dieses kurzweilige Buch auf der Auswahlliste zum »Deutschen Jugendliteraturpreis. In der Begründung wird das Besondere der Schreibweise auf den Punkt gebracht:

> Mit geschickter Hand hat der Autor die Schildbürgergeschichten zu einer fortlaufenden Erzählung zusammengefasst und kommt damit den kindlichen Wünschen nach Anfang und Ende einer Geschichte sehr entgegen. Eine freierfundene Figur, der Stadtschreiber Punktum, erzählt, was sich seinerzeit unter den närrischen Schildbürgern zugetragen hat. Die bisher auf eine anonyme Masse verteilte Dummheit nimmt persönliche Züge an, und der etwas ungefüge, spröde Stoff gewinnt ungemein an Lebendigkeit und Unmittelbarkeit. Einfall und Ausführung beweisen den guten Erzähler und den Kenner kindlicher Wesensart.[736]

Die Geschichten um Schilda firmieren im Buchhandel zwar unter der Altersangabe »Für Kinder von 8 Jahren«, aber sie werden bereits in den 1960er Jahren das, was man in der Gegenwart »All-Age-Text« nennt, also ein Buch, dessen Adressaten Kinder und Erwachsene sind. Mit dem ins Auge gefassten Roman möchte er bis Mitte Januar fertig sein, und er bittet darum, einen Platz für die Herbstproduktion des Jahres 1960 zu reservieren.[737] Lotte Weitbrecht signalisiert Zustimmung: »Ich freue mich, daß Sie nun an den Zauberkünstler Krabat gehen; und wenn ich das Manuskript bis 15. Januar spätestens habe, kann es noch langen, aber bitte nicht später«, schreibt sie.[738] Otfried Preußler antwortet postwendend. »Der Krabat nimmt langsam Gestalt an – eine Gestalt, von der ich hoffe, daß sie sich wird sehen lassen können. Hoffentlich kommt mir bei der Niederschrift nichts mehr dazwischen, halten Sie mir die Daumen«, heißt es im Brief vom 31. Oktober 1959.[739] Am 23. November 1959 korrigiert Otfried Preußler die Vermutung, der »Krabat« könne schon bis Weihnachten fertig sein, erneut wird Mitte Januar anvisiert, »vorbehaltlich noch nachzutragender kleiner stilistischer Änderungen«. Und er ergänzt: »Ich arbeite täglich mit Hochdruck; aber daß ich noch vor Mitte Januar mit dem Manuskript fertig werden könnte, halte ich für ausgeschlossen.«[740] Bereits knapp eine Woche später vertieft er seine Einschätzung. Der »Krabat ist ein so großartiger Stoff, das merke ich mit jeder neuen Seite deutlicher, daß ich ihn auf keinen Fall hinschludern, sondern ihn mit Liebe und Sorgfalt in Ruhe zu Ende bringen möchte.« Die Einlassung deutet bereits an, dass mit einer schnellen Fertigstellung des Manuskriptes nicht zu rechnen ist. Und spätestens mit dem 20. Dezember 1959 wird Otfried Preußler sich darüber bewusst, dass noch viel Arbeit zu investieren und gegebenenfalls weitaus akribischer vorzugehen ist. Inzwischen hat er sich Bücher über die Lausitz besorgt und vertieft sich in die Landschaft, die Historie und die Sagen der Gegend. Im Bewusstsein der Schwierigkeiten muntert Lotte Weitbrecht ihren Autor auf. »Sagen Sie dem Herrn Krabat bitte, ich wünsche ihm von Herzen viel Gutes und der alte Zauberer möchte sich nicht zu sehr mit Ihnen herumschlagen, sondern sich auch ein klein wenig von der Erfahrung seines geistigen Mentors belehren lassen«, schreibt sie humorvoll. Und weiter: »Zaubern sei schön, aber man braucht ja nicht alle Menschen zu verzaubern. Lassen Sie sich von dem alten Knacker nicht unterkriegen. Ich freue mich bis der Mann kommt.«[741] Dann gibt es eine halbjährige Pause, und Ende Juli 1960 antwortet Otfried Preußler ein wenig mutlos, dass der »Krabat« leider noch nicht fertig sei, und gesteht ein, dass er seit »Anfang Jänner nichts mehr daran gemacht« hat. Er würde ihn sich aber im August wieder »vornehmen«.[742] Dass er nicht mehr konzentriert am »Krabat« schreiben kann, das hängt auch damit zusammen, dass die Familie ein Grundstück erworben hat und nunmehr beim Hausbau ist. Man müsse wegen der Handwerker »schrecklich dahinter sein, mindestens zweimal am Tag bin ich draußen auf dem Bau, verteile Zigaretten und sehe zu, daß alles hübsch flott seinen Gang geht.«[743] Anfang Oktober 1960 ist absehbar, dass das Haus fertig wird, und die Familie hofft, im Dezember einziehen zu können. Die Malerarbeiten und die Fußböden sind bereits abgeschlossen. Otfried Preußler ist sich sicher, dass er dann endlich wieder gezielt an sein Buch gehen kann. Doch aus diesem Vorhaben wird nichts. Am zweiten Weihnachtstag entschließt Annelies Preußler sich, Richard Weitbrecht einen Brief zu schicken und über die aktuelle Situation zu berichten. »Mein Mann darf bis auf weiteres weder lesen noch schreiben, wir hoffen aber sehr, daß sich die Geschichte an seinem Auge wieder ganz beheben läßt«, schreibt sie. Ihr Mann habe »seit drei Wochen täglich ein bis zwei Spritzen bekommen und kurz vor Weihnachten hat der Arzt erstmals eine kleine Besserung festgestellt.«[744] Zudem hat eine Tochter die Masern bekommen und die Schwiegermutter muss zu einer Operation ins Krankenhaus. An einen Abschluss des »Krabat« ist nicht zu denken, das Projekt ist ins Stocken geraten. Ein halbes Jahr später äußert Lotte Weitbrecht Verständnis. »Es geht über Ihre Kraft! Lassen wir ihn ruhig ein paar Jahre schmoren, dann wird er von selbst zum Leben erwachen.«[745] Aber schon ein Jahr später, Anfang August 1962, kommt Lotte Weitbrecht erneut auf den »Krabat« zu sprechen. Offensichtlich sind es nicht nur Probleme bei der Bewältigung des Stoffes, die Otfried Preußler vom Schreiben abhalten. In dem Brief heißt es:

> Ich sitze im Augenblick an den Manuskripten für Weihnachten 1963. Wieder und wieder stolpere ich über den »Krabat«. Wann wird er fertig? Oder haben Sie immer noch Angst davor, daß er Ihnen Krankheit bringt? Ich hoffe so sehr auf dieses Manuskript. Vielleicht können Sie mir darüber erzählen, wenn Sie nächste Woche hier durchkommen.[746]

Allem Anschein nach steckt hinter der Blockade, die den »Krabat-Roman« betrifft, mehr. Das Nachdenken und Schreiben provoziert anscheinend psychosomatische Reaktionen. Das geht über zwei Jahre. Im Juli 1963 signalisiert Otfried Preußler, dass er nunmehr während der Ferien wieder am »Krabat« sitzt. »Ich denke«, schreibt er, »daß mir jetzt endlich die Lösung eingefallen ist, die der Sache weiterhilft.«[747] Otfried Preußler sichtet nunmehr verschiedene Adaptionen zur »Krabat«-Sage. Tilman Spreckelsen verweist in seinem Nachwort auf den Ausgangstext, den Otfried Preußler dem Band »Sagen aus der Lausitz« von 1930 entnommen hat. Es handelt sich dabei um eine um »wesentliche Teile gekürzte Bearbeitung jener Krabat-Nacherzählung ›Die wendische Faust-Sage‹, die der Oberlausitzer Lehrer und Heimatforscher Jurij/Georg Pilk (1858 bis 1926) um die Wende zum 20. Jahrhundert geschaffen hatte.«[748] Und in der Tat gibt es einen Vortrag von Georg Pilk, den er vor dem »litterarischen Verein zu Dresden« gehalten hat, der den Titel trägt: »Die wendische Faust-Sage«.[749]

Die weiteren Stufen des »Krabat«, die hier nicht zur Diskussion stehen, haben wir – Studentinnen und ich – gemeinsam in einem Seminar im Sommer 2017 im Archiv der Staatsbibliothek zu Berlin, in dem sich der Nachlass von Otfried Preußler befindet, untersucht. Hier sind wir dann auch auf die verschiedene Fassungen des »Krabat« sowie akribische Ausarbeitungen, Exzerpte und Zeichnungen des Autors zum Mühlenwesen gestoßen.[750] Allerdings gibt es weit über das Literarische hinausgehende Gründe, die dafür verantwortlich sind, dass Otfried Preußler über Jahre nicht vorankam und den »Krabat« liegen ließ. »Wann wird er fertig? Oder haben Sie immer noch Angst davor, daß er Ihnen Krankheit bringt?«, hatte Lotte Weibrecht gefragt und damit wohl das Grundproblem angesprochen. Freilich haben weder sie, noch möglicherweise Otfried Preußler geahnt, warum der Körper sich gegen die Beschäftigung mit dem »Krabat« wehrt. Was ist der Grund? Otfried Preußler geht mit der »Krabat-Sage« in die Zeit des Dreißigjährigen Krieges zurück und er aktualisiert damit genau das, was er eigentlich über die Jahre verdrängen will und muss: das Trauma des Krieges und der Gefangenschaft!

Reinhart Koselleck, der darum weiß, wie es ist, wenn man traumatische Erfahrungen von Krieg und Gefangenschaft zu verarbeiten hat, spricht davon, dass nach dem Ende des Krieges das Erinnern in besonderem Maße von den Kriegsfolgen mitbestimmt wird. Dabei wird vieles vergessen, »anderes bleibt hartnäckig wie ein Stachel im Bewußtsein stecken« oder wird »glorifiziert«. Mit anderen Worten: »Der Krieg zeitigt Folgen, die die Bewußtseinsleistungen der Erinnerung filtern«.[751] Mit den Texten für Kinder, die vom »Kleinen Wassermann« und der »Kleinen Hexe« erzählen, hat Otfried Preußler für sich zunächst einen erfolgreichen Weg gefunden, um dem Trauma aus dem Wege zu gehen.

Vielleicht hat es ähnlich funktioniert wie bei Peter Härtling, der als Elfjähriger in anderer Weise Traumatisches zu verarbeiten hat. Die Familie lebt in Olmütz/Nordmähren, wo der Vater eine Rechtsanwaltskanzlei führt. Mit dem Kriegsende wird er verhaftet und stirbt im Juli 1945 in sowjetischer Kriegsgefangenschaft. Der Zehnjährige ist 1945 mit der Vergewaltigung der

Mutter konfrontiert, die sich ein Jahr später, 1946, mit Tabletten das Leben nimmt. Härtling und seine Schwester müssen mitansehen wie die Mutter qualvoll stirbt, und können nicht helfen. Der Verlust der Eltern ist für Peter Härtling ein Trauma gewesen, dem er sich schreibend Stück für Stück genähert hat. Und auf die Frage, ob es für einen jungen Menschen »gefährlich sein (kann), sich den Erinnerungen zu nähern«, weil man dazu Stabilität braucht, um »in die Abgründe der Erinnerung zu schauen«, antwortet Härtling durchweg zustimmend. Daher habe er versucht, »Schritt um Schritt« dem »blinden Fleck« näher zu kommen. Beim Vater sei das einfacher gewesen, »weil er schon länger weg ist und auf eine wirklich fatale Weise verschwand, einfach so und ohne Abschied.« Anders bei der Mutter, die sich »so rabiat verabschiedete, dass ich bis heute noch den Atem anhalte.«[752] Auf die Rückfrage, ob »Schreiben als Wundheilung« funktioniert, korrigiert Peter Härtling: »Als Wundbehandlung. Heilung nicht!«[753] Christa Wolf, sechs Jahre jünger als Otfried Preußler, hat im letzten großen Gespräch von 2010 vermutet, dass sie durch die Flucht aus Landsberg/Ostpreußen traumatisiert worden ist. Auf die entsprechende Frage antwortet sie: »Ja, aber das ist mir erst später bewusst geworden.« Und weiter: »Es ist sicher etwas, das ich zunächst verdrängt und in seiner ganzen Dramatik nicht erfasst habe. Im Roman ›Kindheitsmuster‹ kam es dann hoch. Meine Tochter hat einmal zu mir gesagt, ›Ihr habt doch alle ein Trauma, das ist vollkommen klar‹.«[754] Der Hinweis auf die Traumatisierung kommt von Christa Wolfs Tochter, der Psychologin und Psychoanalytikerin Annette Simon, die sich wiederholt mit dem Gegenstand ›Trauma‹ beschäftigt hat.[755] Trotz aller Unterschiede ist anzunehmen, dass die Trauma-Bearbeitung bei Otfried Preußler ähnlich funktioniert hat.

»Der kleine Wassermann«, »Die kleine Hexe« oder auch die »Schilda«-Texte, das sind Mitte der 1950er Jahre Versuche einer »Wundbehandlung«. Und nun gerät Preußler plötzlich –

ohne dass er dies erwartet hat – über die Beschäftigung mit dem »Krabat« mitten in jene Bereiche hinein, die er nicht an die Oberfläche des Bewusstseins lassen will. Damals ist weder ihm noch der Forschung bekannt, dass das Erleben eines Traumas Intrusionen zur Folge haben kann, die sich in unwillkürlichen und belastenden Erinnerungen ausdrücken. Daraus entsteht ein Vermeidungsverhalten, bei dem die bedrängenden Erinnerungen abgeschaltet werden. Teilamnesien sind die Folge, wobei das Erinnerte unscharf rekonstruiert wird. Zu den Vermeidungsstrategien gehört auch die Scheu, »Aktivitäten durchzuführen bzw. Orte aufzusuchen, die an das Trauma erinnern«, ganz genauso wie das im anderen Kontext bei Erich Loest und dem Gefängnis Bautzen der Fall war.[756] Die »Schreibaktivitäten« am »Krabat« führen Otfried Preußler unwillkürlich in den Krieg und die Gefangenschaft. Aber inzwischen ist bekannt, und davon war bereits mehrfach die Rede, dass Personen darauf aus sind bzw. darauf aus sein müssen, vergangene Erfahrungen in ein sinnstiftendes Verhältnis zur jeweiligen Gegenwart zu setzen, weil es nur dann möglich wird, das Ich zu stärken. Wenn es dem erinnernden Ich nicht gelingt, seine Erinnerungen sinnstiftend an gegenwärtige persönliche und gesellschaftliche Bedingungen und Bedürfnisse, Werte und Normen anzukoppeln, kann die eigene Identität infrage stehen, ihre Stabilität und Kohärenz werden untergraben. Genau das wird man im Fall von Otfried Preußler sagen können. Er hat ein neues Selbstbewusstsein aufgebaut, und nun ist er gewissermaßen zurückgeworfen. Ohne es zu wissen, gerät er mit dem »Krabat«-Stoff in eine Situation, die zu einem verstärkten Ausstoß von Stresshormonen führt. Dies wiederum führt zu Blockaden in bestimmten Regionen des Gehirns, was weitere »Schreibaktivitäten« erschwert, ja im vorliegenden Fall sogar verhindert. Für Otfried Preußler hat dies gesundheitliche Folgen!

Dass derartige Störungen beim Entstehen des »Krabat« eine Rolle gespielt haben und mit dem Text die Erfahrungen des

Krieges verarbeitet wurden, hat Otfried Preußler Jahre später in einem Interview mit einer japanischen Zeitschrift unterstrichen. Auf die Frage, ob die Jugenderlebnisse und die Erfahrungen des Krieges einen Einfluss auf sein Werk gehabt haben, verweist Otfried Preußler auf den »Krabat«:

> Ganz sicher. Ich glaube, das Buch, in dem der Nachweis am ehesten zu erbringen ist, wie ich versucht habe, diese Erlebnisse zu verarbeiten, ist der »Krabat«. Der ja, natürlich sehr weit abgesetzt von der Realität, die wir erlebt haben, ein Grundproblem darstellt: die Auseinandersetzung mit der faszinierenden Macht, die sich bei näherem Zusehen als eine böse Macht entpuppt. Das ist ja mit das Hauptthema im »Krabat«. Da kommt aber auch dieses Erlebnis, daß immer mal auf unerklärliche Weise jemand wegstirbt, mit dem man zusammen war, mit dem man eng befreundet war. Das ist ja eine Sache, die uns im Krieg häufig betroffen hat. Es ist der Versuch, den Verlockungen einer solchen als böse oder fragwürdig erkannten Macht gegenüber seine Freiheit zurückzugewinnen. Das sind bestimmt ganz persönliche Erfahrungen aus meiner Biographie, die da mit eingeflossen sind.[757]

Vor dem Hintergrund dieser Aussagen bekommen das »Was« und »Wie« des Erzählens, Inhalt und Form, sowie entsprechend einige ausgewählte Episoden im »Krabat« einen sehr konkreten historischen wie biografischen Hintergrund. Dass im »Krabat« immer wieder einer der Gesellen zu Tode kommt und Rückfragen blockiert werden, wird im Text mit einer fast schon lapidaren Aussage begründet, wie sie ihre Grundlage nur in der Erfahrung des Krieges haben kann. »›Die Toten sind tot‹, sagt Michal. ›Sie werden nicht wieder lebendig, wenn man von ihnen spricht.‹«[758] Etwas später wiederholt Michal diese Sicht, wobei nunmehr eine Begründung angedeutet wird: »›Die Toten sind tot‹, sagte Michal. ›Ich habe es dir schon einmal gesagt und ich sage dir's noch einmal. Wer auf der Mühle im Koselbruch stirbt, wird vergessen, als ob es ihn nie gegeben habe: nur so lässt sich's für die anderen weiterleben – und weitergelebt werden muss. Versprich mir, dass du dich daran halten wirst!«[759] Krabat verspricht es. Hinter der Figur des Lyschko, der die anderen Gesellen beim Meister denunziert, steht die Erfahrung des Spitzelwesens im Gefangenenlager. »Die Burschen konnten sich denken, wer Michal beim Meister verraten hatte«, teilt der Erzähler mit.[760] Und sicher hängt die für den »Krabat« gewählte Struktur, in der Träume und Alpträume den Protagonisten heimsuchen, einmal mehr mit den Erfahrungen von Otfried Preußler in Krieg und Gefangenschaft zusammen, wie auch dem späteren Versuch, ebendiese Traumata zu verdrängen.

Als der »Krabat« dann 1971 endlich erscheint, hat Otfried Preußler es geschafft, die traumatischen Erlebnisse an der Front und im Lager in eine romanhafte Form zu überführen, mithin narrativ zu konfigurieren. Anders gesagt: Otfried Preußler verarbeitet die Ereignisse, die durch die Beschäftigung mit dem »Krabat«-Stoff reaktiviert werden, und er bringt sie in eine für sich »erträgliche« Form. Der Akt des Auf-Schreibens macht ihn freier. Insofern hat der sich über Jahre hinziehende Schreibprozess eine heilende Wirkung. Der »Krabat« fungiert wie eine »Deckerinnerung« und dichtet die Primärerfahrungen bzw. Urerlebnisse ab. Oder anders gesagt: Mit dem »Krabat« erfolgt eine »therapeutische Traumabewältigung«. Und dies betrifft nicht nur den Autor, sondern auch jene, die mit dem Text umgehen. Otfried Preußler berichtet von den häufigen Bearbeitungen seiner Bücher für den Film und den Kinderfunk. Nicht selten hätten auch Laien seine Texte dramatisiert und gespielt, wobei die Bühnenfassung nicht von ihm stammt. Über die Jahre habe er zahlreiche Aufführungen in großen und kleinen Theatern, aber auch in Kindergärten, Schulklassen, Jugendgruppen oder Laientheatern gesehen. Die denkwürdigste der sogenannten »freien Aufführungen«, bei der er mit seiner Frau dabei gewesen sei, fand in einer offenen psychotherapeutischen Einrichtung, der Menterschwaige in München, statt. Und es war eine Aufführung des »Krabat«. Die Macher hatten sich dazu entschieden, weil sich Krabats Geschichte ganz besonders dazu eigne, »seelisch kranken Menschen Gelegenheit zu geben, gegen ihre Ängste, ihre Komplexe, ihre Depressionen anzuspielen«. Den Rahmen der Aufführung und das Ergebnis beschreibt Otfried Preußler so:

> Die Premiere fand im Werkraumtheater der Münchner Kammerspiele statt, meine Frau und ich waren dabei. Und es hat uns zutiefst bewegt zu erfahren, wie das Ensemble sich zusammensetzte: aus Sprach- und Verhaltensgestörten, aus Jugendlichen mit motorischen Problemen – bis hin zu selbstmordgefährdeten jungen Menschen.
>
> Die jungen Leute hatten sich ihre Rollen selbst ausgewählt, unter behutsamer Anleitung durch die Therapeuten. Insgesamt war jede Rolle mit bis zu drei wechselnden Darstellern besetzt, da manche von ihnen die gesamte Dauer der Aufführung nicht durchhielten. Die betrug immerhin fast vier Stunden. Für uns war es faszinierend zu beobachten, wie sich anfängliche Hemmungen lösten, wie die Darsteller sich mehr und mehr freispielten, wie sie fortschreitend sicherer wurden, wie die Resonanz der Zuschauer sie trug, sie im wahrsten Sinne beflügelte.
>
> Die Kantorka beispielsweise wurde von einer jungen Frau gespielt, die schon den zweiten Selbstmordversuch hinter sich hatte. Sie spielte ihre Rolle mit traumhafter Sicherheit – bis zum Beifall am Schluss. Da brach sie in einen Weinkrampf aus, der sich allmählich aufhellte in ein dankbares, ein befreites Lächeln. Sie hatte die schwierige Rolle geschafft! Nun würde es ihr gewiss ein bisschen leichter fallen, mit ihrer seelischen Bedrängnis fertigzuwerden. Wir alle jedenfalls haben es ihr von Herzen gewünscht. Das Publikum ebenso wie die Mitspieler.
>
> Wir alle wissen um die starken seelischen Kräfte, die das Theaterspiel freisetzen kann, und dies nicht nur im Publikum.[761]

XXIX. »Ich bin auf Urlaub gewesen«
Vom »Wegschreiben« des Traumas

Otfried Preußlers autobiografischer Bericht »Die verlorenen Jahre?«, den er 1999 zu Ende bringen will und von dem Frank Schirrmacher »zutiefst beeindruckt, ja begeistert« ist, setzt unvermittelt mit einer »Rückkehr wider Willen« so ein:

> Ich bin auf Urlaub gewesen, zu Hause bei meinem Mädchen in Reichenberg. Urlaub auf Ehrenwort. Und jetzt bin ich also ins Lager zurückgekehrt. Ich stehe allein auf der Ladefläche des kleinen offenen Lastwagens, der die Verpflegung ins Lager bringt, von den Russen Produkty genannt. Die Flügel des Lagertores neben der Durchgangsbude stehen weit offen. Im Rückwärtsgang ist der Laster hindurchgefahren.
>
> Zu meinem Empfang haben sich alle im Halbkreis versammelt, ich blicke auf sie hinunter. Die Offiziere des MWD, die sowjetischen Feldwebel, meine deutschen, die anderweitigen Mitgefangenen. Darunter ein Pole, einige Italiener, zwölf Österreicher und vier rumänische Offiziere, drei von ihnen sind Sachsen aus Siebenbürgen. Die Russen lachen und patschen sich auf die Schenkel. So blöde kann bloß ein Fritz sein! Freiwillig ist er wieder zurückgekehrt in die Tatarei, aus der Freiheit ins Lager!
>
> Die Gefangenen – Wojenna plennije, wie sie auf russisch genannt werden – fassen sich an die Stirn. »Mensch, Preußler! Sind Sie von allen guten Geistern verlassen? Sie haben wohl einen Dachschaden!«
>
> Achselzuckend versuche ich mich verständlich zu machen. Da war doch das Ehrenwort. Freilich – sie haben ja Recht! Fünf lange Jahre habe ich hier verbracht, in den tatarischen Lagern des NKWD/MWD. Zunächst im fernen Jelabuga an der Kama,

danach in Kasan. Und nun bin ich endlich daheim gewesen – und trotzdem wieder hierher zurückgekehrt. Bloß des verdammten Ehrenworts wegen. Wahnsinn! Wahnsinn!!

In Schweiß gebadet erwache ich. Mühsam finde ich mich zurecht in der Wirklichkeit. Nein, ich bin ja in Deutschland, ich liege in einem richtigen Bett. Neben mir, ruhig atmend, mein Mädchen von damals, längst meine Frau. Ist dies alles ein Traum gewesen, ein Alptraum? Bin ich in Wirklichkeit wirklich ein freier Mann? Und dies schon seit Jahren?

Ich habe ihn viele Male erlitten, den Traum von der Rückkehr ins Lager – und nicht nur ich. Kaum einer der ehemaligen Schicksalsgefährten (er habe in einem tatarischen, einem sibirischen, einem kasachischen Lager die Jahre der Kriegsgefangenschaft überlebt oder sonstwo, beispielsweise in Aserbeidschan, in Kolyma, am Baikalsee) – kaum einer, der meinen Traum nicht geträumt und erlitten hätte wie ich, über viele Jahre hinweg. Ein paar Dutzend ehemaliger deutscher Kriegsgefangener aus den sowjetischen Lagern haben es mir bestätigt. Sobald ich begonnen hatte, von meinem Traum zu erzählen, hat nahezu jeder ihn fortgesetzt. Ich denke, es handelt sich da um ein tiefes Trauma. Und die unterschwellige Kombination von Wunschtraum und grausamer Realität.[762]

Ende der 1990er Jahre weiß Otfried Preußler, worum es bei den Erinnerungen an Krieg und Gefangenschaft geht. »Ich denke«, schreibt er, »es handelt sich da um ein tiefes Trauma. Und die unterschwellige Kombination von Wunschtraum und grausamer Realität.« Er erinnert sich, wie sein Freund, Hans Grüner, im Lager Jelabuga vier weiße Kalkziegel nebeneinanderlegt und einen davon zertrümmert. Dieser eine zerstobene Ziegel, der stehe für das Viertel, das umsonst gelebt sei. Otfried Preußler stellt sich die Frage, ob das wirklich so gewesen sei, und im autobiografischen Text heißt es dann:

War es wirklich umsonst gelebt? – Ich versuche mir Antwort darauf zu geben, indem ich es unternehme, den damals von

> meinem Freund zerschlagenen Stein aus den Trümmern wieder zusammenzusetzen. Ein Leben lang habe ich nicht daran rühren wollen. Heute – ein halbes Jahrhundert später – als unverdient in die Jahre gekommenen alten Mann – da bedrängen mich die Erinnerungen an jene Zeit von neuem. Gesichter, Namen, Geräusche, Stimmen. Gerüche von damals, Empfindungen, Bilder. Die knisternden Maisfelder Bessarabiens, die Baracken im Sammellager; die Berge von Hunger- und Seuchentoten; die Kirchtürme von Jelabuga, der Blick auf das Überschwemmungsgebiet der Kama; der frostklare Sternenhimmel über dem Lager; Abschieds- und Ankunftsszenen am Lagertor, wenn ein Transport hinausging ins Ungewisse, wenn neue Transporte ankamen.[763]

Hatte also Hans Grüner, der später in der Freiheit mit 50 Jahren an einem Hirnschlag starb, recht mit seiner Einlassung von damals im Lager an der Kama? Um die Frage zu beantworten, muss Otfried Preußler in der Erinnerung zurück. Ja er hat sich dem zu stellen, woran er Jahrzehnte nicht rühren wollte. Otfried Preußler steigt hinab in den Schacht seiner Erinnerungen, und er setzt den von seinem Freund zerschlagenen Stein wieder zusammen. [764] Es hat ein halbes Jahrhundert gedauert, jetzt kann er es wagen! Aber warum hat es so lange gedauert? Preußler hat am eigenen Leib erfahren müssen, wie schwierig, ja unmöglich es ist, vom erfahrenen Trauma zu sprechen oder es in Geschichten zu verarbeiten. »Eine im klinischen Sinne traumatisierte Person«, so sagt die Forschung heute, »kann nicht über eine traumatische Erfahrung berichten. Sie ist noch nicht aus der traumatischen Szene herausgetreten; es hat, im wörtlichen Sinn, keine Ex-Position stattgefunden. Die Person selbst ist vielmehr das Trauma. Eine räumliche Verortung und zeitliche ›Vergeschichtlichung‹ hat nicht stattgefunden«.[765] Traumatisierte Menschen haben daher große Schwierigkeiten, sich auf einen »narrativen Prozess einzulassen«, weil die Erinnerungen ihnen schlichtweg »nicht als Geschichten zugänglich sind«.[766] Sie können und wollen zu den traumatischen Ereignissen keine anschaulichen Erzählungen liefern. Klaus Latzel, von dem schon die Rede war, hat dieses ›Unvermögen‹ und den ›Unwillen‹ zur Narration in einer Untersuchung von Feldpostbriefen deutscher Soldaten aus dem Zweiten Weltkrieg festgehalten und begründet:

> Kriegserfahrung ist […] oftmals Erfahrung, die nicht gelingen will, da die Dimensionen des Erlebten, insbesondere die Dimensionen von Gewalt und Tod, die Kapazitäten des individuellen wie des gesellschaftlichen Erfahrungshaushalts immer wieder überstrapazieren. Gelingt die Sinnstiftung nicht, dann geistern die Erlebnisse gleichsam als *unbearbeiteter Rohstoff* durch das Gedächtnis, sind darum jedoch nicht weniger virulent.[767]

Was Latzel hier beschreibt, betrifft in besonderer Weise die Schrecknisse von Krieg und Gefangenschaft, die allerdings bei vielen Autoren sehr wohl zum Gegenstand des Erzählens geworden sind. Allerdings nicht bei allen und eben nicht bei Otfried Preußler. Und da ist er keine Ausnahme. Christa Wolf notiert in diesem Zusammenhang, dass es bei ihr eigentlich immer so gewesen sei, dass in dem Fall, da sie über bestimmte Erfahrungen, Erlebnisse und Erinnerungen schreibe, »meistens bereits der Tiefstpunkt überwunden« war. In solchen Fällen kann das Erinnern »nicht mehr wirklich schockieren. Solange mich bestimmte Probleme, Widersprüche, Konflikte besetzt halten, kann ich zumeist noch nicht darüber schreiben. Es ist schon so wie bei vielen Autoren. In dem Augenblick, da man schreibt, da muss bereits eine gewisse Distanz da sein. Mittendrin in einem Wirbel, da schreibt man nicht. Aber das erneute Erleben, das sich Aussetzen, das liefert die Voraussetzungen, um darüber zu schreiben.«[768] Auch Otfried Preußler braucht den zeitlichen Abstand, um den »zerschlagenen Stein« zusammenzusetzen. Und die Stationen, in denen er das realisiert, sind literarisch klar konturiert. Die Stufen lauten nämlich: »Krabat« – »Bessarabischer Sommer« – »Die verlorenen Jahre?«

Dass es sich in der Tat um Stufen der Näherung handelt, ganz ähnlich wie sie Peter Härtling beschrieben hat, betont Otfried Preußler Ende der 1990er Jahre. Er reflektiert die Versuche, sich der Vergangenheit zu nähern und in den »Schacht« hinabzusteigen:

> Schon vor Jahren hatte ich dazu angesetzt, die letzten Wochen der Sechsten Armee im heutigen Moldova zum Gegenstand eines Romans zu machen. »Bessarabischer Sommer« sollte er heißen. Sein Protagonist war der Leutnant Trenkler, eine fiktive Person meines Alters und meiner Herkunft. Damals erhoffte ich mir von diesem Verfahren die nötige Freiheit der Darstellung. War es nicht ungleich leichter, meine Erlebnisse, meine Erfahrungen, meine Gefühle einer dritten Person – nein, nicht anzudichten. Ich wollte sie auf den jungen Herrn Trenkler übertragen. Aus einer gewissen Scheu heraus, mich vor dem Publikum zu entblößen. Seht her, was ich hier erzähle: der junge Trenkler hat es erlebt, nicht ich! Heute denke ich anders darüber. Was Otfried Preußler erlebt und empfunden hat, davon soll Otfried Preußler berichten, ohne sich hinter der Maske einer literarischen Kunstfigur zu verbergen. Kurz und gut: Ich habe mich für die Ich-Erzählung entschieden, basta.«[769]

Basta! Es ist so weit, ein Rollenspiel mit einer Kunstfigur erscheint nicht mehr nötig. Das gelebte Leben steht dagegen, denn die Jahrzehnte haben nicht nur Erfolg gebracht, sondern insgesamt das, was man ein glückliches Leben nennt! Vor diesem Hintergrund kann Otfried Preußler unverstellt »Ich« sagen und von den traumatischen Erinnerungen berichten: »Ich glaube, daß es jetzt an der Zeit ist, sie mir vom Hals zu schaffen, indem ich mich ihnen stelle, indem ich sie niederschreibe.«[770] Und umgehend findet sich das Ich in der Situation des Traumes wieder, des Traumes von damals, des Traumes vom Urlaub auf Ehrenwort. Da steht der Rückkehrer wieder am Lagertor. Und erneut sind auch alle anderen dort versammelt, nach wie vor so jung, wie sie es damals waren. Aber diesmal ist es anders als im Traum:

> Diesmal schlägt mir im Lager kein Unverständnis entgegen, kein Kopfschütteln. Keine spöttischen Zurufe werden laut, kein Gelächter empfängt mich. Der Herr Oberst Czernujanu tritt auf mich zu. Würdevoll mir die Hand auf die Schulter legend, sagt er in seinem gebrochenen, aber korrekten Deutsch: »Gut, daß Sie endlich zurückgekommen sind, junger Freund. Sie haben uns lange warten lassen. Und jetzt, dies wollen Sie, bitte, als einen Befehl betrachten, Herr Leutnant – jetzt fangen Sie an zu schreiben!«
>
> Befehle sind auszuführen, das hat man uns beigebracht. Ich muß wohl gehorchen; nicht blindlings zwar, nicht ohne Vorbedacht. Bevor ich zu scheiben anfange, muß ich mir überlegen, wie das geschehen soll. Die Fülle dessen, was zu erzählen ist, überwältigt mich. Was alles haben wir in den Lagerjahren erlebt! Die Erinnerungen fluten heran. Erinnerungen an Orte, an Ereignisse, an Personen. Ich beschließe zunächst, mir eine Liste anzulegen, vorerst ungegliedert. Manche längst für vergessen gehaltene Namen suchen mich heim; ich notiere sie, ehe sie wieder verblassen. Stichworte fallen mir zu, Gerüche, Berichte, Gesprächsfetzen. Die Liste bleibt offen, damit ich sie ständig ergänzen kann. Es ist wie bei jeder Arbeit. Hat man sich einmal entschlossen, sich darauf einzulassen, kommen neue und immer neue Einzelheiten hinzu, wie von selbst.[771]

Im Weiteren geht Otfried Preußler gezielt vor, er sucht, er sammelt, und er nimmt Kontakt mit früheren Mitgefangenen auf, die ihn mit ihren eigenen Erinnerungen versorgen. Ein wichtiger Gesprächspartner ist einmal mehr der väterliche Freund, Hans Zinsmeister. Beim Schreiben der Autobiografie geht Preußler chronologisch vor, es beginnt in Bessarabien, dann folgen der Weg in die Gefangenschaft, die Ankunft im Lager Jelabuga, die schrittweise Normalisierung des Lebens, das Ende des Zweiten Weltkrieges, die Verlegung in das Silikatlager nach Kasan. Aber dann wird es kompliziert, denn es stellt sich die Frage, wie man fünf Jahre Lager erzählt, mithin das Gefesseltsein an einen abgeschlossenen Ort mit eingeschränkten Möglichkeiten des Handelns und immer in Bezug zu ein und denselben Menschen. Sommer um Sommer, Winter um Winter und durchweg getragen von Heimweh und einem ungewissen Schicksal. Otfried Preußler entscheidet sich, von der Chronologie abzuweichen und nach thematischen Gruppen, Episoden und Personen zu ordnen. Das hat den Vorteil, dass er an »jeder beliebigen Stelle« aufhören kann und durch das Episodenhafte nicht der Zwang zur Vollständigkeit provoziert wird. Und noch etwas anderes kommt hinzu, nämlich die Möglichkeit, »daß ich darüber zu Tode komme. Ein Gedanke, der auf der Hand liegt, ich mag nicht damit kokettieren«, schreibt er. Aber selbst für einen solchen Fall wäre die Arbeit nicht umsonst: »Übrig bliebe dann wenigstens ein Fragment, das zu hinterlassen sich halbwegs gelohnt hätte.«[772]

Es ist anders gekommen: Otfried Preußler hat die Arbeit an der Autobiografie nicht beendet, und dies trotz der begeisterten Zustimmung von Frank Schirrmacher. Für ihn hat der Text seine Funktion erfüllt: Das Vergangene, auch das Traumatische, ist verarbeitet und der »blinde Fleck« getilgt. Damit fällt die Motivation zu einer sich wiederholenden Beschäftigung mit dem Vergangenen weg. Schließlich kann Otfried Preußler die Frage, die der Titel »Verlorene Jahre?« stellt, beantworten. Das Ergebnis ist eindeutig: Es sind ganz und gar keine verlorenen Jahre gewesen. Im Gegenteil. Die Antwort hat Otfried Preußler in einem anderen unveröffentlichten Text so gegeben:

Der Krieg, die Gefangenschaft: das sind Grunderlebnisse meiner Generation. Wer sie überstanden hat, kommt für den Rest seines Lebens nie mehr ganz davon los. Ich betreibe keinen Kult damit, das gibt es ja auch. Trotzdem möchte ich die Erfahrungen jener Zeit nicht missen: Die Erfahrung der Todesnähe, der Angst, des Hungers auf der einen – die Erfahrung der Hoffnung, des Zusammenhalts, der menschlichen Begegnungen auf der anderen Seite.

Ich habe fünf entscheidende Jahre meines Lebens hinter Stacheldraht verbracht: Jahre, in denen ich normalerweise studiert, mich in fremden Ländern umgesehen hätte: »Meine Universitäten«, um bewußt dieses auch von ihm auf Kasan gemünzte Wort Maxim Gorkis zu verwenden, waren Lager. Dort, in Jelabuga und Kasan, habe ich Menschen kennengelernt und studieren können: Menschen verschiedenster Herkunft, alte und junge, ihre Verhalten in extremen Situationen, aber auch im Alltagstrott. Damals bin ich zum Optimisten geworden, denn seither weiß ich, daß der Mensch ein unbeschreiblich zähes, geduldiges und belastbares Wesen ist, das selbst in ausweglos erscheinenden Situationen die Kraft zu entwickeln vermag, sich nicht aufzugeben.

Wer lachen kann, und sei es über sich selbst, wird mit bedrohlichen Zeitläuften ungleich besser fertig, als wenn er sich ständig nur bemitleidet. Auch das habe ich im Lager gelernt – und nicht zuletzt deshalb versuche ich mit vielen meiner Geschichten, Kindern möglichst früh Gelegenheit zu geben, sich im Lachen zu üben.[773]

Was Otfried Preußler hier zusammenfassend notiert, ist auch eine Antwort darauf, warum er für Kinder schreibt und in welcher Weise. Aber er bleibt bei diesem Hinweis auf die eigene Poetologie und seinen Schreibimpuls nicht stehen, sondern er kehrt an den Anfang zurück, indem er einen Bezug zu jenen herstellt, die seinen Lageralltag bestimmt haben.

Ein Wort noch zu Rußland und den Russen. Wir haben im Lager und bei der Arbeit unsere Erfahrungen mit ihnen gemacht, solche und solche, das konnte nicht ausbleiben. Wenn ich den Schlußstrich darunter ziehe, wiegen die Beweise des Mitleids, der elementaren Menschlichkeit alles andere auf. Noch heute habe ich eine starke, fast sentimentale Beziehung zu allem Russischen. Ich bin glücklich darüber, daß ich mittlerweile auch in Rußland Freunde und Leser gewonnen habe – und ich hoffe aus tiefstem Herzen, daß es den Mächtigen dieser Welt gelingen möge, endlich jenen Frieden zustandezubringen, den unsere Völker nach den bitteren Erfahrungen des letzten Krieges längst schon miteinander geschlossen haben.[774]

Danksagung

Der hier vorgelegte Darstellung zu Otfried Preußlers frühen Jahren hätte nicht ohne Unterstützung und Mitarbeit vieler Beteiligter entstehen können. An erster Stelle ist Frau Dr. Susanne Preußler-Bitsch zu danken, die mir nicht nur den Zugang zum Privatarchiv Otfried Preußler (PAOP) ermöglichte und die Genehmigung zum Abdruck der Fotos erteilte. Zudem gab es jederzeit einen produktiven Austausch. Danken möchte ich auch meiner Sekretärin Katja Wenderoth (Universität Gießen), die mich bei der Abschrift von Archivmaterialien unterstützt und Teile des Manuskripts gelesen hat. Für Gespräche und Hinweise danke ich Dr. Gundula Engelhard (Neubrandenburg), die – wie bei anderen Projekten – die Erstleserin war und frühe Stufen des Manuskriptes begleitet hat. Meinem früheren Mitarbeiter, Dr. Norman Ächtler (Universität Gießen), mit dem ich seit vielen Jahren eine Reihe von Projekten erfolgreich realisieren konnte, ist für den Austausch zu einzelnen Texten von Otfried Preußler zu danken. Dies gilt auch für meine Mitarbeiterin Anna Kaufmann sowie meine Kolleginnen und Kollegen, Dr. Monika Hernik, Dr. Jose Fernandez-Perez, Prof. Dr. Thomas Gloning, Dr. Isabelle Hardt (alle Universität Gießen) sowie Prof. Dr. Petra Josting (Universität Bielefeld). Ohne die tatkräftige Unterstützung meines russischen Freundes Alexander Zabelin (Moskau) wäre die Umsetzung des Vorhabens schwieriger gewesen. Mein Dank gilt ebenso Wladmir Korotajew (RGVA Moskau), der die Einsichtnahme in wichtige Archivmaterialien möglich machte. Prof. Dr. Maria Kulkova und Dr. Elena Tulusina (beide Universität Kasan) gilt der Dank für die Unterstützung in komplizierteren Übersetzungsfragen. Prof. Dr. Hans Markowitsch (Universität Bielefeld, Baden-Baden) danke ich für den Austausch zu Fragen von Gedächtnis und Erinnerung. Birka Siwczyk (Kamenz) hat mich – wie bereits bei anderen Vorhaben – bei der Entschlüsselung von Handschriften sowie der Beschaffung von »alten Quellen« unterstützt. Václava Beyerová (Prag) danke ich für die Übertragung von Texten aus den Tschechischen und Dr. Wolfgang Schwarz (München) für Hinweise zur sudetendeutschen Problematik. Zu danken ist auch Prof. Dr. Hellmut Rühle (Neubrandenburg), der mir die Unterlagen seines Vaters, Prof. Dr. Otto Rühle, aus der Kriegsgefangenschaft zur Verfügung gestellt hat. Dem Thienemann Verlag gilt der Dank für die zur Verfügung gestellten Fotos von Otfried Preußler und die Möglichkeit des Abdrucks.

Folgenden Archiven und deren Mitarbeiterinnen und Mitarbeitern bin ich ebenfalls zu Dank verpflichtet: dem Staatlichen Russischen Militärarchiv (Moskau), der Stiftung Archiv der Parteien und Massenorganisationen der DDR im Bundesarchiv (Berlin), dem Bundesarchiv – Abteilung Militärarchiv (Freiburg), der Universitätsbibliothek Gießen, Dr. Ralf Breslau von der Handschriftenabteilung der Staatsbibliothek zu Berlin – Preußischer Kulturbesitz (Nachlass Otfried Preußler), Sabina Dušková vom Staatlichen Regionalarchiv Litomerice (Státní oblastní archiv v Litoměřicích), Lisa Hampel vom Stadtarchiv Duisburg, Dr. Raimund Paleczek vom Sudetendeutschen Institut sowie dem Landeshauptarchiv München.

Ganz besonders ist Wolfgang Hörner vom Galiani Verlag (Berlin) zu danken, der das Vorhaben von Beginn an begleitet, befördert und in das Programm von Galiani aufgenommen hat. Im Rahmen des Lektorats gab es zudem einen produktiven Austausch und wichtige Hinweise.

Verzeichnis der Abbildungen

Abb. 1: Porträt Johann Daniel Preisler, Direktor der Nürnbergischen Kunst-Mahler-Academie, um 1730
Abb. 2: Handgeschriebener Lebenslauf von Ernestine Preußler
Abb. 3: Der siebenjährige Otfried Preußler auf einer Wanderung im Riesengebirge, 1931
Abb. 4: Anthologie »Deutsche Jugend«, die Josef Preußler noch unter seinem alten Namen ›Syrowatka‹ veröffentlichte
Abb. 5: Großmutter Dora
Abb. 6: Skizze der Privatbibliothek der Familie Josef und Ernestine Preußler
Abb. 7: Kinderfreude. Erstes Lesebuch für unsere Kleinen
Abb. 8: Otfried Preußler, vor dem Abitur 1941/42
Abb. 9: Otfried Preußler beim letzten Urlaub in Reichenberg, 1944
Abb. 10: Kriegsgefangenenakte von Otfried Preußler
Abb. 11: Tagesrationen für Mannschaftsdienstgrade, Offiziere, Generäle im Lager
Abb. 12: Auszug aus der Darstellung zur Geschichte des Lagers Nr. 97
Abb. 13: Frau Dr. Wolkowa in der Mitte mit den Schwestern und Pflegern des Lazaretts
Abb. 14: Skizze mit Lagerplan des Teillagers 119/3 Kasan und der Beschreibung der Struktur
Abb. 15: Wandzeitungen aus den Kriegsgefangenenlagern
Abb. 16: Aus der Kulturarbeit des deutschen Sektors, 9. Lehrgang, Noginsk 1947
Abb. 17: Franz Fühmann: Thälmann-Sprechchor, S. 4
Abb. 18: Franz Fühmann: Zu einer Liebknecht-Luxemburg Feier
Abb. 19: Franz Fühmann: Der Arbeiterführer
Abb. 20: Franz Fühmann: Dreikönigs-Song
Abb. 21 und 22: Otfried Preußler: »Mein geliebtes Porzellan«, Zeichnung und Textseite
Abb. 23: Seznam –Verzeichnis über Wohnungseinrichtungen und in der Wohnung befindliche Sachen der Familie Preußler
Abb. 24: Suchanzeige von Annelies Kind vom 31. Mai 1946
Abb. 25: Rote-Kreuz-Karte von Otfried Preußler an seine Mutter, Ernestine Preußler

Abb. 26: Cover der Sammlung von Dokumenten über das Leben der deutschen Kriegsgefangenen in den Lagern der TASSR
Abb. 27: Bericht über die Arbeit in der Ziegelei im Silikatlager Kasan von Kurt Siol, TASSR
Abb. 28: Bericht mit Foto der Theateraufführung von »Mein geliebtes Porzellan«
Abb. 29: Annelies und Otfried Preußler kurz vor der Hochzeit, 1949
Abb. 30: Theaterprogramm zur Erstaufführung von *Mensch Nr. 2301*
Abb 31: Otfried Preußler 1954 als junger Lehrer mit 49 Schülerinnen und Schülern
Abb. 32: Auszüge von Otfried Preußler aus Adam Olearius »Die erste deutsche Expedition nach Persien«, 1927
Abb. 33: Russischer Schlitten, Zeichnung von Otfried Preußler aus Adam Olearius »Die erste deutsche Expedition nach Persien«, 1927
Abb. 34: Plan von Nowgorod, Zeichnung von Otfried Preußler
Abb. 35: Exzerpt von Otfried Preußler zum »Schnupftabakmann«

Der Abdruck der Abbildungen 2, 3, 5, 6, 8, 9, 23, 24, 25, 31, 32, 33, 34, 35 erfolgt mit freundlicher Genehmigung des Privatarchivs Otfried Preußler (PAOP); alle anderen aus dem Privatarchiv Carsten Gansel.

Anmerkungen

1 Otfried Preußler: Der Schriftsteller und das Kind. In: Das Otfried Preußler Lesebuch. Hrsg. von Heinrich Pleticha und Hansjörg Weitbrecht. München: dtv 1988, S. 63–71, hier: S. 65.

2 Ebd., S. 68.

3 Kinderbuchautor Otfried Preußler ist tot. In: Spiegel ONLINE, 20.02.2013 (https://www.spiegel.de/kultur/literatur/kinderbuch-autor-otfried-preussler-ist-tot-a-884477.html, letzter Zugriff: 13.12.2021)

4 Tilmann Spreckelsen: Die vollkommene Sicherheit des Erzählers. In: FAZ, 20.02.2013 (https://www.faz.net/aktuell/feuilleton/buecher/autoren/zum-tod-otfried-preusslers-die-vollkommene-sicherheit-des-erzaehlers-12087583.html)

5 Roswitha Budeus-Budde: Der Ruf aus der Kaffeemühle. »Ich bin ein Geschichtenerzähler«: Otfried Preußler, der große Kinderbuchautor, ist gestorben. In: Süddeutsche Zeitung, 21. Februar 2013, S. 9.

6 Otfried Preußler: Der Schriftsteller und das Kind, a. a. O., S. 71.

7 Siehe dazu meinen Beitrag, der einen Schritt in diese Richtung geht: Carsten Gansel: Kindheit und Jugend erfahren, erinnern und erzählen – Zu Otfried Preußlers literarischen Anfängen. In: Ders./Norman Ächtler/Bettina Kümmerling-Meibauer (Hg.): Erzählen über Kindheit und Jugend in der Gegenwartsliteratur. Berlin: OKAPI Verlag 2019, S. 205–240.

8 Kinderbuchautor Otfried Preußler ist tot. In: Zeit Online, 20. Februar 2013.

9 Tilman Spreckelsen: Die vollkommene Sicherheit des Erzählers, a. a. O.

10 Carsten Gansel/Monika Hernik: »Es gibt nach wie vor Zellen, die der Wärter vorsätzlich verschließt« – Gespräch mit Peter Härtling. In: Carsten Gansel: Literatur im Dialog. Gespräche mit Autorinnen und Autoren. 1989-2014. Hrsg. von Norman Achtler. Berlin: Verbrecher Verlag 2015, S. 344, 345.

11 Rolf Schörken: Jugend 1945. Politisches Denken und Lebensgeschichte. Frankfurt/M.: Fischer 2005, S. 13. (Die Erstauflage erschien bereits 1990 bei Leske + Budrich. Opladen 1990).

12 Zu den hier verhandelten Fragen siehe ausführlich die Nachworte des Verfassers, die auf der Auswertung umfangreicher Archivstudien beruhen: Carsten Gansel: Nach 70 Jahren aus der Kriegsgefangenschaft zurück – Heinrich Gerlachs Roman »Durchbruch bei Stalingrad« und seine abenteuerliche Geschichte. In: Heinrich Gerlach: Durchbruch bei Stalingrad. Herausgegeben, mit einem Nachwort und dokumentarischem Material versehen von Carsten Gansel. Berlin: Galiani 2016, S. 519–693 sowie Ders.: Widerstandsheld, Vaterlandsverräter, wacher Demokrat und Zeitzeuge? – Heinrich Gerlach, seine Odyssee durch die sowjetischen Gefangenenlager und sein Schicksal in der sich neu formierenden Bundesrepublik. In: Carsten Gansel (Hg.): Heinrich Gerlach: Odyssee in Rot. Berlin: Galiani 2017, S. 691–915. Auf beide Nachworte wird nachfolgend zurückgegriffen.

13 Otfried Preußler: Der Schriftsteller und das Kind, a. a. O., S. 69.

14 Angelika an Otfried Preußler, Rheydt, kurz vor Weihnachten 1962. In: Staatsbibliothek zu Berlin – Preußischer Kulturbesitz [SBB-PK], Nachl. 511 (Otfried Preußler), Berlin. Briefe von Kindern. Jahrgang 1962. Derzeit wird eine Edition von Kinderbriefen an Otfried Preußler vorbereitet.

15 Ebd.

16 Tilman Spreckelsen: Die vollkommene Sicherheit des Erzählers, a. a. O.

17 »Das Böhmische beim Namen nennen«. KK-Gespräch mit dem sudetendeutschen Schriftsteler Otfried Preußler. In: Kulturpolitische Korrespondenz 654 vom 5. Juni 1987, S. 11–13, hier: S. 12.

18 Siehe Carsten Gansel: Literatur im Dialog. Gespräche mit Autorinnen und Autoren. 1989–2014. Hrsg. von Norman Ächtler. Berlin: Verbrecher Verlag 2015.

19 Zum Ablauf des deutsch-deutschen Paketverkehrs siehe die instruktive Darstellung von Bernd Lindner: »Dein Päckchen nach drüben«. Der deutsch-deutsche Paketversand und seine Rahmenbedingungen. In: Christian Härtel/Petra Kabus (Hg.): Das Westpaket. Geschenksendung, keine Handelsware. Berlin: Ch. Links Verlag 2000, S. 25–44.

20 Vgl. dazu auch Egon Schmidt: Die deutsche Kinder- und Jugendliteratur von der Mitte des 18. Jahrhunderts bis zum Anfang des 19. Jahrhunderts. Studien zur Geschichte der deutschen Kinder- und Jugendliteratur. 2. Berlin: Der Kinderbuchverlag 1973.

21 Siehe Erich Loest: Es geht seinen Gang oder Mühen in unserer Ebene. Rudolstadt: Greifenverlag 1979, S. 111 ff.

22 Siehe Carsten Gansel: »Ihr habt keine Ahnung, Kinder« – Erich Loest im Kontext der Literatur in der DDR. In: Ders./ Joachim Jacob: Geschichte, die noch qualmt. Erich Loest und sein Werk. Göttingen Steidl 2011: S. 16–35.

23 Stephan Hermlin: Abendlicht. Leipzig: Verlag Philipp Reclam jun. 1981, S. 22 f.

24 Joachim Schmidt: Volksdichtung und Kinderlektüre in der ersten Hälfte des 19. Jahrhunderts. Studien zur Geschichte der deutschen Kinder- und Jugendliteratur. 3. Berlin: Der Kinderbuchverlag 1977.

25 Die Urfassung des Romans konnte dann nach einer langen Editionsphase, die sich über mehrere Jahre erstreckte, 2016 bei Galiani (Berlin) erscheinen. Siehe dazu Carsten Gansel: Nach 70 Jahren aus der Kriegsgefangenschaft zurück, a. a. O.

26 Siehe dazu Andreas Hilger: Deutsche Kriegsgefangene in der Sowjetunion, 1941–1956. Kriegsgefangenenpolitik, Lageralltag und Erinnerung. Essen: Klartext Verlag 2000.

27 Siehe Carsten Gansel: Nach 70 Jahren aus der Kriegsgefangenschaft zurück, a. a. O., S. 615 ff.

28 Schrieb er ›Stalingrad‹ in Hypnose? In: Frankfurter Illustrierte vom 15. März 1958, S. 3, 38–47, hier: S. 38.

29 Vgl. dazu ausführlich Carsten Gansel: Nach 70 Jahren aus der Kriegsgefangenschaft zurück, a. a. O.

30 Siehe dazu den vom Verfasser verantworteten Teil der Ausstellung »Gefangen im Krieg. Deutsche Kriegsgefangene in der Sowjetunion (1941–1956)« in der Regionalbibliothek Neubrandenburg (31.08.2015 bis 18.10.2015). Die Ausstellung wurde im Februar 2020 auch in Jelabuga gezeigt.

31 Otfried Preußler: Ich bin ein Geschichtenerzähler. Hrsg. von Susanne Preußler-Bitsch und Regine Stigloher. Stuttgart: Thienemann 2010, S. 10.

32 Raimund Paleczek: Vom Isergebirge bis in den Böhmerwald: Anmerkungen zur böhmischen Herkunft von Otfried Preußler. In: Ernst Seibert, Kateřina Kovačková (Hrsg.): Otfried Preußler – Werk und Wirkung. Peter Lang, Frankfurt u. a. 2013, S. 87–106, hier: S. 90.

33 Eduard Enzmann (1882–1965), der zunächst das Handwerk des Porzellanmalers in Reichenberg erlernt hatte, gehörte zu den bekannten Landschaftsmalern. Studiert hat er an der Akademie der Bildenden Künste zu Prag. In dem von Karl Richard Fischer verantworteten Buch »Doktor Kittel. Sagen und anderes Volksgut des Isergebirges«, das 1924 erschien,

sind die Zeichnungen ebenfalls von Enzmann. Josef Syrowatka hat sich mit diesem Band von Fischer mehrfach beschäftigt.

34 Josef Syrowatka: Nacht auf dem Wolfsnest. In: Der Wanderer im Riesengebirge. Heft 10/1933, S. 166–169.

35 Josef Syrowatka: Allerseelen an der Iser. In: Der Wanderer im Riesengebirge. Zeitschrift des Riesen- und Iser-Gebirgs-Vereins. Heft 11/1934, S. 173–176, hier: S. 173.

36 Ebd.

37 Ebd., S. 174.

38 Im selben Heft findet sich ein Beitrag von Dr. M. Klante mit dem Titel »Die Glashütte zu Schwarzbach im Isergebirge«. Siehe Ders.: Der Wanderer im Riesengebirge. Zeitschrift des Riesen- und Iser-Gebirgs-Vereins. Heft 11/1934, S. 182–184.

39 Siehe auch Erwin Stranik: Die böhmische Glaskunst und ihre Meister. Wien: Wiener Verlagsgesellschaft 1943.

40 Otfried Preußler: Zwiegespräch mit Herrn Johann Daniel. In: Ders.: Der Geschichtenerzähler, a. a. O., S. 243–251, hier: S. 243, 244.

41 Ebd., S. 244.

42 Aktenzeichen Ib Stand 108/02 (Syrowatka). Ausgehändigt wurde die Urkunde am 20.12.1941. In: Privatarchiv Otfried Preußler. (Da das Privatarchiv Otfried Preußler keine Signaturen für Dokumente verzeichnet, wird es im Weiteren mit PAOP angegeben)

43 Otfried Preußler: Erinnerungen an meinen Vater Josef Preußler. o. J. unv. In: PAOP, S. XI.

44 Siehe dazu Erna Preußler: Mein beruflicher Lebenslauf. 03. Juli 1947 (handschriftlich). Siehe auch: Memoriam Erna Preussler (unv., o. J.). In: PAOP (Unterstreichungen im Original).

45 Ebd.

46 Otfried Preußler: Tinte, Feder, Tafelschwamm. In: Ders.: Gustav Leutelt habe ich noch gekannt. Heimatliche Texte von Otfried Preußler, a. a. O., S. 19–33, hier S. 24.

47 Erich Gierach gehört zu den wichtigen Germanisten in der Zeit des Nationalsozialismus, der sich intensiv in der sudetendeutschen Bewegung engagiert. Er kam bei einem Luftangriff auf München 1943 ums Leben. Einige seiner Schriften standen nach 1945 in der Sowjetischen Besatzungszone auf der Liste der auszusondernden Literatur.

48 Josef Preußler: Für meine Söhne. Ein Entwurf (o. J.). In: PAOP.

49 Dass Otfried Preußler die Darstellung des Vaters wichtig war, unterstreicht seine Vorbemerkung: »Diesen Text hat mein Vater Josef Preußler kurz vor der Vollendung seines siebzigsten Lebensjahres niedergeschrieben. Wir haben ihn aus dem mir vorliegenden, ziemlich verblaßten Durchschlag nochmals abgeschrieben, wobei offensichtliche Tippfehler korrigiert, alles andere aber entsprechend dem Original übernommen worden ist.« (Ebd., S. 1) Das vorliegende Manuskript enthält allerdings nur die Seiten 17–22. In: PAOP.

50 Sudetendeutsche Heimatgaue. Reichenberg. Zusammengestellt von Josef Syrowatka. Flugschriftenreihe der »Heimatbildung«, Heft 21. Reichenberg 1922: Sudetendeutscher Verlag Frank Kraus.

51 Siehe ebd. S. 23, 27 ff.

52 1940, schon nach dem Anschluss an Hitlerdeutschland, legt er die »Kleine Chronik der Gauhauptstadt Reichenberg« vor, die auf den Band von 1923 »Sudetendeutsche Heimatgaue. Reichenberg« zurückgreift.

53 Ebd., S. 18.

54 Vgl. Walter Hochreiter: Vom Museumstempel zum Lernort. Zur Sozialgeschichte deutscher Museen 1800–1914. Darmstadt: Wissenschaftliche Buchgesellschaft 1994; Olaf Hartung: Kleine deutsche Museumsgeschichte. Von der Aufklärung bis zum frühen 20. Jahrhundert. Köln u. a.: Böhlau Verlag 2010. Siehe ausführlich Anna Rebecca Hoffmann: An Literatur erinnern. Zur Erinnerungsarbeit literarischer Museen und Gedenkstätten. Bielefeld: transcript 2018, S. 24 ff.

55 Jörg Krappmann: Begriffe und Kategorisierungen. In: Peter Becher/Steffen Höhne/Jörg Krappmann/Manfred Weinberg (Hg.): Handbuch der deutschen Literatur Prags und der Böhmischen Länder. Stuttgart: J.B. Metzler 2017, S. 5–8, hier: S. 6.

56 Ebd. An anderer Stelle wird darauf verwiesen, dass mit »sudetendeutsch« die »Altösterreiche deutsche Muttersprache und deren Siedlungsgebiete innerhalb der sogenannten ›Länder der Böhmischen Krone, Böhmen, Mähren und Österreichisch-Schlesien« verstanden werden, die »seit 1526 Teil des Habsburgerreiches waren«. Namensgebend sei der »Mittelgebirgszug der Sudeten« gewesen, »der sich zwischen Schlesien, Böhmen und Mähren erstreckt.« (http://www.sudeten.at/wer_sind_die_sudetendeutschen.html, letzter Zugriff: 18.08.2021)

57 Jörg Krappmann: Begriffe und Kategorisierungen, a. a. O., S. 6. Siehe auch die grundlegenden Forschungen, die seit der Gründung 1957 in dem an der Justus-Liebig-Universität assoziierten »Sudetendeutschen Wörterbuch«

realisiert werden. Isabelle Hardt hat in einem gerade erschienenen instruktiven Beitrag der Schriften des »Sudetendeutschen Wörterbuches« die »Aufgaben und Ziele« erfasst. Die Zielsetzung wird wie folgt beschrieben: »Das vor dem Hintergrund der Vertreibung der Sudetendeutschen initiierte Projekt leistet eine wichtige Grundlagenarbeit im Hinblick auf diese in historischer Einmaligkeit erhobenen Dialekte. Erfasst werden diese nicht nur in ihrem Lexikon, ihren Lautungen, Bedeutungen und Redensarten, sondern nach Möglichkeit auch im Spiegel ihres Brauchtums, womit zusätzlich volkskundlich wie kulturgeschichtlich wertvolle Aspekte Eingang in das Werk finden. (…) Die Ziele dieses Wörterbuchprojekts bestehen demnach vornehmlich in der synchronen Dokumentation und damit der Bewahrung der zum Aussterben verurteilten Mundarten Böhmens und Mähren-Schlesiens, die auf dem mundartlichen Sprachstand zur Zeit der Vertreibung um 1945/46 und davor basiert.« (Siehe Dies.: Das Sudetendeutsche Wörterbuch: Aufgaben, Ziele, Quellenbasis und Artikelgestaltung. In: Otfried Ehrismann/Isabelle Hardt (Hg.): Das Sudetendeutsche Wörterbuch. Bilanzen und Perspektiven. Berlin: Frank & Timme 2021, S. 183–236, hier: S. 183.

58 Im deutschsprachigen Raum steht die Etablierung der Literaturmuseen, die sich auf die Würdigung von Autoren spezialisieren, in Verbindung mit der Geniezeit im 18. Jahrhundert und der Aufwertung der Dichterpersönlichkeit. Mit am Anfang steht die Eröffnung des Schillerhauses in Weimar 1847. Siehe ausführlich Paul Kahl: Die Erfindung des Dichterhauses. Das Goethe-Nationalmuseum in Weimar. Eine Kulturgeschichte: Göttingen: Wallstein 2015.

59 Ebd.

60 Josef Preußler: Für meine Söhne. Ein Entwurf. O. J. (1970). In: PAOP, S. 15

61 Ebd., S. 18

62 Ebd., S. 19. Christian Spieß (1755–1799) gilt als einer der Mitbegründer des Schauerromans. Siehe u. a. Alexander Košenina: Schiller und die Tradition der (kriminal)psychologischen Fallgeschichte bei Goethe, Meißner, Moritz und Spieß. In: Alice Stašková (Hrsg.): Friedrich Schiller und Europa: Ästhetik, Politik, Geschichte. Heidelberg 2007, S. 119–139. Bis in die Gegenwart aufgelegt, wird etwa »Das Petermännchen. Eine Geistergeschichte aus dem 13. Jahrhundert«.

63 Heinrich Wolgast: Das Elend unserer Jugendliteratur. Ein Beitrag zur künstlerischen Erziehung der Jugend. Sechste Aufl. Leipzig: Verlag Ernst Wunderlich 1922. Die erste Auflage erscheint 1896, weitere Auflagen folgen 1899 (2. Auflage), 1905 (3. Auflage), 1910 (4. und 5. Auflage). Siehe

auch seinen Band: Vom Kinderbuch. Gesammelte Aufsätze von Heinrich Wolgast. Druck und Verlag B. Teubner: Leipzig und Berlin 1906. Heinrich Wolgast war 1888 einer der Mitbegründer des »Jugendschriftenausschuss« des »Vereins Hamburgischer Volksschullehrer«. Schließlich gehörte er zu den Mitbegründern der »Vereinigten Deutschen Prüfungsausschüsse für Jugendschriften«, von 1896 bis 1912 war er zudem Schriftleiter der Zeitschrift »Jugendschriften-Warte«.

64 Vgl. dazu die profunde Darstellung von Hans-Heino Ewers: Eine folgenreiche, aber fragwürdige Verurteilung aller »spezifischen Jugendliteratur«. Anmerkungen zu Heinrich Wolgasts Schrift »Das Elend unserer Jugendliteratur« von 1896. In: Bernd Dolle-Weinkauff; Hans-Heino Ewers (Hrsg.): Theorien der Jugendlektüre, Beiträge zur Kinder- und Jugendliteraturkritik seit Heinrich Wolgast. Weinheim und München 1996, S. 9–26. Wolgast gebraucht den Begriff »Jugendschrift« synonym mit »Jugendliteratur«.

65 In der Gegenwart werden die Facetten des Begriffs Kinder- und Jugendliteratur so bestimmt. Erstens geht es um die Gesamtheit der für Kinder und Jugendliche als geeignet empfundenen Literatur. In diesem Rahmen wird der Begriff ›intentionale KJL‹ gebraucht. Zweitens kann die Gesamtheit der für Kinder und Jugendliche geschriebenen fiktionalen und nichtfiktionalen Texte gemeint sein. In diesem Fall spricht man von spezifischer Kinder- und Jugendliteratur. Drittens kann der Blick auf die Gesamtheit der von Kindern und Jugendlichen rezipierten fiktionalen und nichtfiktionalen Texte gerichtet sein. Für diese Texte ist der Terminus Kinder- und Jugendlektüre reserviert. Und viertens wird in der Gegenwart Kinder- und Jugendliteratur als Teilsystem des gesellschaftlichen Handlungs- bzw. Sozialsystems Literatur modelliert, womit eine Art Subsystem gemeint ist. Siehe dazu ausführlich Carsten Gansel: Moderne Kinder- und Jugendliteratur. Berlin: Cornelsen 1999 (8. Auflage 2020), S. 13.

66 Vgl. Hans-Heino Ewers: Eine folgenreiche, aber fragwürdige Verurteilung aller »spezifischen Jugendliteratur«, a. a. O., S. 14.

67 Heinrich Wolgast: Das Elend unserer Jugendliteratur, a. a. O., S. 24 (Kursivierung im Original).

68 Heinrich Wolgast: Das Elend unserer Jugendliteratur, a. a. O., S. 24.

69 Ebd.

70 Otfried Preußler: Der Schriftsteller und das Kind, a. a. O., S. 68 f.

71 Vgl. Josef Preußler: Für meine Söhne, a. a. O.

72 Bei Wolgast heißt es entsprechend: »Wenn es möglich und ersprießlich gewesen ist, die deutsche Jugend der Gelehrtenschule durch einen alle anderen Fächer an Stundenzahl und Wichtigkeit überragenden Unterricht in die klassische Literatur der Griechen und Römer einzuführen, sollte es da nicht weit leichter und erfolgreicher sein, die deutsche Jugend der Volksschule in die klassische Literatur der Deutschen einzuführen? Welche Fülle von Bildungsmomenten in intellektueller und sittlicher Einsicht sich ergeben würden, wenn des Kindes Seele im Leseunterrichte mit dem Geiste der großen Dichter erfüllt werden könnte.« (Heinrich Wolgast: Das Elend unserer Jugendliteratur, a. a. O., S. 15).

73 Handbuch der sudetendeutschen Volksbildung: Kulturpolitisches Handbuch in Selbstdarstellungen der sudetendeutschen Verbände. Herausgegeben im Auftrage der »Gesellschaft für Deutsche Volksbildung in der Tschechosl. Republik« von Emil Lehmann. Reichenberg: Sudetendeutscher Verlag Franz Kraus 1931, S. 542–544. Murray G. Hall hat 2016 begonnen, »Bausteine zu einer Geschichte der deutschsprachigen Verlage und Buchhandlungen in den böhmischen Ländern von 1919 bis 1945« online zu stellen (http://www.boehmischeverlagsgeschichte.at, letzter Zugriff: 20.08.2021). Siehe auch die profunden Arbeiten von Murray G. Hall zu Verlagen und Buchhandel: Ders.: Zur Geschichte des Buchhandels in den Böhmischen Ländern im 19. und 20. Jahrhundert. In: Mitteilungen der Gesellschaft für Buchforschung in Österreich, 2015/1, S. 7–21. Siehe weitere Angabe in Ders.: Verlage und Buchhandel. In: Peter Becher/ Steffen Höhne/ Jörg Krappmann/ Manfred Weinberg (H.): Handbuch der deutschen Literatur Prags und der Böhmischen Länder, a. a. O., S. 87–89.

74 Der Jugend Liederborn. Für allgemeine Volksschulen herausgegeben unter Berücksichtigung der Wünsche der deutschen Lehrerschaft Böhmens von Josef Syrowatka und Hugo Wagner. 1. Teil (für das 1., 2., 3. Schuljahr). Mit Schattenbildern von Paul Konewka. Reichenberg: Verlagsbuchhandlung Paul Sollars Nachf. 1931, S. 3.

75 Ebd.

76 Siehe auch Hans-Heino Ewers: Literatur für Kinder und Jugendliche. Eine Einführung. München: W. Fink 2000, S. 129 ff.

77 Christian Adolf Overbeck: Fritzchens Lieder (1781). Neue Ausgabe. Hamburg: Verlag von August Campe 1831, S. 2.

78 Siehe den Beitrag von Hans-Heino Ewers: »Hier spricht, wenn ich's gut gemacht habe, wirklich ein Kind«. Anmerkungen zu Theorie und Geschichte antiautoritärer Kinder- und Jugendliteratur. In: Informationen

Jugendliteratur und Medien. Heft 4/1992, S. 165–179. Vgl. auch Carsten Gansel: Moderne Kinder- und Jugendliteratur. Berlin: Cornelsen Scriptor 1999 (8. Auflage 2020), S. 28 f.

79 Die Zeitschrift erschien bis 1938 und wurde dann vom NS-Lehrerbund eingestellt.

80 Exemplarisch siehe Otto Hild: Die Jugendzeitschrift in ihrer geschichtlichen Entwicklung, erziehlichen Schädlichkeit und künstlerischen Unmöglichkeit. Mit einer Kritik der gangbarsten gegenwärtigen Jugendzeitschriften. Herausgegeben vom Gothaer Prüfungsausschuß für Jugendschriften. Leipzig: Verlag von Ernst Wunderlich 1905.

81 Josef Preußler: Für meine Söhne. Ein Entwurf. o. J. (1970). In: PAOP, S. 20.

82 Josef Preußler: Für meine Söhne, ebd., S. 19. Gemeint sind Friedrich Theodor Vischers »Kritische Gänge«, die zuerst 1844 erschienen. Der 1. Band enthält Reden und Beiträge zu Gervinus, Friedrich Strauß, Direktor Binder und Staatsrat Hehn; der 2. Band Beiträge zu Mörike, Shakespeare, Herwegh, Eugène Sue, zur Literatur über Goethes Faust, zu Uhland und Jean Paul. Die Shakespeare-Studien von Otto Ludwig, auf den der Begriff des »poetischen Realismus« zurückgeht, erschienen 1872 aus dem Nachlass.

83 Ebd.

84 Otfried Preußler: Wir sind Deutsche aus Böhmen. Gespräch mit Martin Blümcke (gesendet vom SDR unter dem Titel »Als in Böhmen Tschechen und Deutsche miteinander lebten«, 25. Dezember 1993.). In: Sudetenland. Europäische Kulturzeitschrift. Vierteljahresschrift für Literatur und Kunst, Heft 2/1994, S. 147–161, hier: 150.

85 Ebd., S. 157.

86 Zur Geschichte der Stadt siehe Hans Pichler: Die alte Heimat. Rochlitz im Riesengebirge. Hrsg. vom Heimatkreis Hohenelbe/Riesengebirge e. V. 1991. In dem Band finden sich auch Erinnerungen von Zeitzeugen.

87 Franz Fühmann: Antwort auf eine Umfrage. In: Ders.: Essays, Gespräche, Aufsätze 1964–1981. Rostock: Hinstorff Verlag 1983, S. 30–33, hier: S. 30.

88 Ebd.

89 Franz Fühmann: Nacht am Peipussee. In: Jugendliches Trio. Gedichte junger Menschen. Hamburg: Heinrich Ellermann Verlag 1942, S. 14. In dem Band finden sich zudem Texte von Franz und Alois Timmersfeld sowie Edith Tohde.

90 Siehe dazu Hans Richter: Franz Fühmann – Ein deutsches Dichterleben.

Berlin und Weimar: Aufbau Verlag 1992, S. 111, 114. Später, Mitte 1944, erscheinen in der Wochenzeitung »Das Reich« noch einmal lyrische Texte, die bereits vom Erleben des Krieges getragen sind. Es fällt dem jungen Autor dabei sichtlich schwer, die Erfahrungen von Sterben und Tod literarisch zu verarbeiten.

91 Siehe Otfried Preußler: Plötzlich war ich der Watschenmann. In: Ders.: Ich bin ein Geschichtenerzähler, a. a. O., S. 138–142.

92 Otfried Preußler: Mein Elternhaus im Schieferdörfl. In: Ders.: Ebd., S. 16–18, hier: S. 16.

93 Otfried Preußler: Erinnerungen an meinen Vater Josef Preußler. In: Das Otfried Preußler Lesebuch, a. a. O., S. 19–30.

94 Otfried Preußler: Ein Buch, das es nicht gegeben hat. In: Ders.: Ich bin ein Geschichtenerzähler, a. a. O., S. 20.

95 Ebd.

96 Josef Hermann Sauter: Interview mit Franz Fühmann. In: Weimarer Beiträge, Heft 1/1971, S. 41.

97 Franz Fühmann: Mein Erstling. In: Sinn und Form, Heft 2/1989, S. 273.

98 Otfried Preußler: Ein Buch, das es nicht gegeben hat, a. a. O., S. 22

99 Ebd., S. 23

100 Otfried Preußler: Die Kunst des Erzählens. In: Ders.: Ich bin ein Geschichtenerzähler, a. a. O., S. 91–96, hier: S. 91.

101 Ebd., S. 92.

102 Siehe zu diesem Komplex Hans-Heino Ewers: Literatur für Kinder und Jugendliche. Eine Einführung. München: W. Fink 2000, S. 256.

103 Ebd., S. 261.

104 Siehe dazu jüngst den Beitrag von Thomas Boyken: Mediale Konventionsbrüche? Narratologische und poetologische Überlegungen. In: Carsten Gansel/Anna Heidrich/Monika Hernik/Ewelina Kamińska (Hrsg.): Aktuelle Entwicklungen und All-Age-Trends in der Kinder- und Jugendliteratur. Göttingen: Vu.R (im Erscheinen).

105 Es sei an dieser Stelle angedeutet, dass in späteren Jahren die Kriegsgefangenschaft jener Ort ist, an dem er durch die gegebene Ausnahmesituation vor einem Erwachsenenpublikum seine besondere Fähigkeit des Geschichten-Erzählens weiter erprobt und vervollkommnet.

106 Otfried Preußler: Erinnerungen an meinen Vater Josef Preußler. In: Das Otfried Preußler Lesebuch, a. a. O., S. 19–32, hier: S. 19.

107 Ebd., S. 22.

108 Walter Benjamin: Der Erzähler. Betrachtungen zum Werk Nikolai Leskows. In: Ders.: Allegorien kultureller Erfahrung. Ausgewählte Schriften 1920–1940. Leipzig: Philipp Reclam jun. 1994, S. 380–406, hier: 380.

109 Josef Preußler: Für meine Söhne, a. a. O., S. 19.

110 Dieter Kind: Tagebuchnotiz, 24. Juli 1945. In: PAOP.

111 Otfried Preußler: Du meiner bittersüßen Sehnsucht Land. In: PAOP.

112 Josef Preußler: Für meine Söhne. Ein Entwurf (o. J.). In: PAOP.

113 Jurij M. Lotman: Zit. nach: Klaus Städtke: Vom Selbstbetrug zur Selbstauflösung. Zur Situation der Gesellschaftswissenschaften in der Sowjetunion. In: Kopfbahnhof. Almanach 2. Das falsche Dasein. Sowjetische Kultur im Umbruch. Leipzig: Reclam 1990, S. 160.

114 Ebd.

115 Josef Preußler: Für meine Söhne, a. a. O., S. 19.

116 Ebd.

117 Otfried Preußler: Erinnerungen an meinen Vater Josef Preußler. In: Das Otfried Preußler Lesebuch, a. a. O., S. 26.

118 Ebd.

119 Josef Preußler: Notizen zu den einzelnen Bücherfächern. Haidholzen, im Dezember 1959. In: PAOP.

120 Ebd.

121 Ebd.

122 Ebd.

123 Josef Wolf: Erklärung, 18. März 1955. In: PAOP.

124 Ebd.

125 Siehe dazu die aktuelle Arbeit von Manfred Kittel: Stiefkinder des Wirtschaftswunders? Die deutschen Ostvertriebenen und die Politik des Lastenausgleichs (1952 bis 1975). Düsseldorf: Droste Verlag 2020.

126 Erklärung, Augsburg, den 9. September 1953. Dipl. Architekt Ing. Carl Weber. In: PAOP.

127 Siehe die grundlegende Arbeit von Peter von Matt: Verkommene Söhne, mißratene Töchter. Familiendesaster in der Literatur. München, Wien: Carl Hanser Verlag 1995. Siehe auch: Kursbuch 140: Die Väter. Juni 2000. Berlin: Rowohlt Berlin Verlag. Siehe auch Tilman Spreckelsen (Hg.): Mein

Vater, der Held. Vom Glanz und Elend des Vatertums. Frankfurt/M.: Eichborn 2005.

128 Erinnerungen an meinen Vater Josef Preußler. In: PAOP. S. 1–12, hier: S. 2.

129 Ebd.

130 Es ist von daher auch problemlos möglich, »falsche Erinnerungen«, sogenannte ›false memories‹, in das eigene Gedächtnis zu importieren. Viele Angehörige der Kriegsgeneration etwa haben – wie der Sozialpsychologie Harald Welzer gezeigt hat – die in Bernhard Wickis Antikriegsfilm »Die Brücke« (1959) erzählte Kriegsgeschichte als ihre eigene erinnert. Siehe Harald Welzer: Das kommunikative Gedächtnis. Eine Theorie der Erinnerung. München: C. H. Beck 2002.

131 Otfried Preußler: Erinnerungen an meinen Vater Josef Preußler. In: PAOP. S. 1–12, hier: S. 2.

132 Ebd.

133 Christa Wolf: Lesen und Schreiben. In: Dies.: Fortgesetzter Versuch. Aufsätze, Gespräche, Essays. Leipzig: Verlag Philipp Reclam jun. Leipzig 1979, S. 7–41, hier: S. 20.

134 Josef Schneider: Josef Preußler in memoriam. Ein getreuer Eckart der heimatvertriebenen Reichenberger. In: Sudetendeutsche Zeitung, 20. Januar 1967.

135 Die Wanderung ist zu Ende. Josef Preußler gestorben – Erzieher, Schriftsteller, Heimatforscher. In: Oberbayrisches Volksblatt, Rosenheim, 11. Januar 1967.

136 Franz Fühmann: Antwort auf eine Umfrage. In: Ders.: Essays, Gespräche, Aufsätze, a. a. O., S. 29–33, hier: S. 30.

137 »Schreiben ist doch im Grund die Erfahrung des Scheiterns.« Klaus Antes im Gespräch mit Franz Fühmann. In: die horen (Berlin), 1982, Ausgabe 128, S. 76. Und in seiner Rede auf E. T. A. Hoffmann, die er in der Akademie der Künste im Januar 1976 hält, scheint erneut deutliche Distanz zum Vater durch, »man sucht sich seine Väter doch nicht aus«, heißt es. »Der meine war stolz darauf, die Ortsgruppe der NSDAP in meinem Heimatort gegründet zu haben« (Franz Fühmann: Ernst Theodor Amadeus Hoffmann. Rede in der Akademie der Künste. In: Ders.: Essays, Gespräche, Aufsätze, a. a. O., S. 217–238, hier: S. 227).

138 Hans Richter: Franz Fühmann – Ein deutsches Dichterleben. Berlin und Weimar: Aufbau Verlag 1992, S. 80. Eine weitere Biografie, die aus neuerer Perspektive gerade auch den DDR-Kontexten sowie Franz Füh-

manns Hinwendung zur Romantik nachgeht, stammt von Gunnar Decker. Siehe Ders.: Franz Fühmann. Die Kunst des Scheiterns. Eine Biografie. Rostock: Hinstorff 2009.

139 Ebd., S. 81.

140 Franz Fühmann: Vor Feuerschlünden. Erfahrung mit Georg Trakls Gedicht. Rostock: Hinstorff Verlag 1984, S. 16.

141 Wortprotokoll des Zeitzeugen-Interviews mit Prof. Otfried Preußler, geführt von Herrn Dr. Treml am 19.04.2000 in Stephanskirchen. Haus der Bayrischen Geschichte-Zeitzeugen-Projekt, S. 54. Mein Dank gilt Dr. Wolfgang Reinicke vom Haus der Geschichte, der eine Kopie des Gesprächs zur Verfügung gestellt hat.

142 Ebd. Zu den Aktivitäten des Vaters heißt es dann: »Er hat dann hier sehr bald damit begonnen, ein Reichenberger Archiv aufzubauen, hat Unmengen an Materialien an Land gezogen, die jetzt in Augsburg gelandet sind beim Reichenberger Heimatverband« (ebd.).

143 MIMOŘÁDNÝ LIDOVÝ SOUD LIBEREC - KATALOG TRESTNÍCH SPISŮ, DÍL I. 1945–1948, 732, Signatur Lsp 1/46. Das Urteil umfasst sechs Seiten. Ich danke Václava Beyerová für die Übertragung aus dem Tschechischen. Danken möchte ich auch Sabina Dušková vom Staatlichen Regionalarchiv Litoměřice (Státní oblastní archiv v Litoměřicích) für die Unterstützung sowie Raimund Paleczek vom Sudetendeutschen Archiv für Hinweise.

144 Ebd.

145 Ebd.

146 Ebd.

147 Ebd.

148 Vgl. nachfolgend Katerina Kocová: Die Außerordentlichen Volksgerichte (»MLS«) in den böhmischen Ländern. In: Justiz und Erinnerung. Hrsg. Verein zur Förderung justizgeschichtlicher Forschungen und Verein zur Erforschung nationalsozialistischer Gewaltverbrechen und ihrer Aufarbeitung, vormals »Rundbrief«, Nr. 10 / Mai 2005, S. 1–11, hier: S. 1. Raimund Paleczek hat 2020 eine erweiterte Fassung einer Publikation aus dem Jahre 2017 vorgelegt, die Fragen der Internierung und Zwangsarbeit der Sudetendeutschen betrifft. Siehe Ders.: Internierung und Zwangsarbeit der Sudetendeutschen 1945/46. Auch 75 Jahre danach ein wenig beachtetes Kapitel der (sudeten)deutsch-tschechischen Geschichte. München: Sudetendeutsches Institut e. V. 2020.

149 Katerina Kocová: Die Außerordentlichen Volksgerichte (»MLS«) in den böhmischen Ländern, a. a. O., ebd., S. 2.

150 Ebd., S. 2.

151 Ebd., S. 5.

152 Sukzessive kam es zu Modifizierungen in der Anwendung der Gesetze. Zur Problematik der hohen Zahlen von potentiell anzuklagenden Deutschen notiert Katerina Kocová: »Alle potentiell schuldigen Deutschen zu inhaftieren – ihre Zahl wurde ›ungefähr‹ auf eine halbe Million geschätzt –, überforderte die Kapazitäten des Polizei- und Justizapparats. Es fehlte an geeigneten Objekten, vor allem an entsprechendem Aufsichtspersonal und an ausreichender Verpflegung. Aufgrund dieser ›unlösbaren Probleme‹ kamen die Staatsorgane zum Entschluss, dass es ›keinen anderen Ausweg‹ gebe, als ›die Zweckmäßigkeit und den Nutzen für die Republik‹ vorzuziehen und der Aussiedlung den Vorrang vor einer Strafverfolgung zu geben.« (Ebd., S. 4) Einschränkend sollte dieser Grundsatz nur bei sogenannten »einfachen Tätern« angewandt werden, wobei nicht ganz klar war, was darunter zu verstehen ist, denn allein die Mitgliedschaft im Sudetendeutschen Freikorps der Sudetendeutschen Partei sollte nach wie vor strafbar sein.

153 Ebd.

154 Zum Tode von Friedrich Tscherwenka. In: Reichenberger Zeitung, 10. Oktober 1980. Die Reichenberger Zeitung erschien in Augsburg, es handelte sich um keine Tageszeitung, sondern um den Versuch, Erinnerungen an Reichenberg (Liberec) zu sammeln. Friedrich Tscherwenka, der 1902 geboren wurde, war in Prag bis 1945 stellvertretender Leiter einer der größten Krankenversicherungen und daher ab 1938 in die nationalsozialistische Politik verwoben.

155 Letztlich traf die Retribution auch die tschechische und slowakische Bevölkerung in einem größeren Ausmaß, als es absehbar war. Es hing dies zum einen mit dem »Maß der tschechischen und slowakischen Kollaboration und der Begleichung von offenen persönlichen Rechnungen in der Nachkriegszeit« zusammen, die die »Außerordentlichen Volksgerichte offensichtlich nur zum Teil zu verhindern vermochten«. Es wird zudem eingeschätzt, dass es gelang, den »Retributionsprozess für politische Ziele zu instrumentalisieren« (Katerina Kocová: Die Außerordentlichen Volksgerichte (»MLS«) in den böhmischen Ländern, a. a. O., S. 6).

156 Siehe auch Hans Richter: Franz Fühmann – Ein deutsches Dichterleben, a. a. O., S. 81.

157 Vgl. Pavla Tišerová: Tschechien. In: Handbuch der deutschen Sprachminderheiten in Mittel- und Osteuropa. Hrsg. von Ludwig M. Eichinger,

Albrecht Plewina und Claudia Maria Riehl. Tübingen: Gunter Narr Verlag 2008, S. 171 – 242, hier: S. 182.

158 Ebd., S. 183.

159 Ernestine Preußler: Mein beruflicher Lebensweg. Handschriftlich, 03.07.1947 In: PAOP.

160 Wolfgang Schwarz: Minderheiten in Tschechien von 1918 bis heute: Die deutsche Minderheit. In: YouTube-Premium: Minderheiten in Tschechien von 1918 bis heute: Deutsche und Roma. Zwei Vorträge und Live-Chat mit Veronika Patočková und Dr. Wolfgang Schwarz auf YouTube. Fünftes Zernack-Colloquium 2020: Volksabstimmungen, Selbstbestimmung und Minderheitenrechte nach dem Ersten Weltkrieg in Mittel- und Osteuropa, 29. Oktober 2020 (https://www.kulturforum.info/de/termine-main-menu/veranstaltungen/1023663-youtube-premiere-minderheiten-in-tschechien-von-1918-bis-heute-deutsche-und-roma, letzter Zugriff: 10.10.2021).

161 Hans Richter: Franz Fühmann, a. a. O., S. 82.

162 Vgl. Pavla Tišerová: Tschechien, a. a. O., S. 183.

163 Pavla Tišerová beschreibt die Folgen so: »Nach den Umsiedlungen lebten im Reichsgau Sudetenland nur noch ca. 290.000 Tschechen. Einwohner deutscher Nationalität erlangten durch das Reichsgesetz vom 21. November 1938 die deutsche Staatsangehörigkeit. Als Datum für den Abzug der Tschechen aus dem Sudetenland wurde der 1. Oktober 1938 festgesetzt. Die Deutschen sollten zwischen dem 1. und 7. Oktober stufenweise vier festgelegte Bezirke übernehmen. (...) Die Sudetendeutschen trennten sich durch die Umsetzung des Münchner Abkommens von den Tschechen, und nun rechnete man damit, dass durch einen Bevölkerungsaustausch die noch im Sudetengebiet verbliebenen Tschechen gegen die in der neuen Tschechoslowakei lebenden Deutschen ausgetauscht würden.« (Ebd., S. 183, 184)

164 Wortprotokoll des Zeitzeugen-Interviews mit Prof. Otfried Preußler, a. a. O., S. 9/10.

165 Siehe auch Dennert's Konversationslexikon. Ein Volks-Universal-Lexikon sowie ein Nachschlage- und Belehrungsbuch. In der 3. neubearbeiteten und wesentlich erweiterten Auflage von 1900 findet sich folgender Eintrag zu »Gau«: »Bezirk im altgermanischen Staate, f. Germanen« (Band 2, S. 1361).

166 Wojciech Kunicki: Otfried Preußlers Vater Josef Syrowatka/Preußler – Volkskundler und Sammler böhmischen und schlesischen Erzählgutes.

In: Jan Kvapil, Rahel Rosa Neubauer, Ernst Seibert (Hrsg.): Hotzenplotz aus Osoblaha. Die böhmische Thematik im Werk Otfried Preußlers. Sonderheft von Libri liberorum (Zeitschrift der Österreichischen Gesellschaft für Kinder- und Jugendliteraturforschung). Wien, Dezember 2009: Praesens S. 30–32, hier: S. 31.

167 Isa Engelmann: Reichenberg und seine jüdischen Bürger. Zur Geschichte einer einst deutschen Stadt in Böhmen. Münster: LIT Verlag 2021, S. 207. In dem knappen Text, der auf etwa zwei Seiten »Die Presse« in Reichenberg zu erfassen sucht, wird einzig ein kurzes Zitat aus dem umfangreichen und in die Historie gehenden Beitrag von Josef Syrowatka aus dem Zusammenhang gerissen und als Beleg für die kritisierte Haltung des Autors ausgewählt.

168 »Die Zeit« erschien zunächst als deutschsprachige Tageszeitung von 1935 bis 1938 in Prag. Sie war das Zentralorgan der Sudetendeutschen Partei (SdP). Chefredakteur der »Zeit« war zunächst Walter Brand. Im September 1938 wurde »Die Zeit« eingestellt und ab Oktober 1938 neu aufgelegt. Nunmehr wurde sie von Dresden aus herausgegeben. Nach der Annektion der Tschechoslowakei und der Gründung des sogenannten Reichsgaues Sudetenland war »Die Zeit« die offizielle Tageszeitung der NSDAP für das Sudetenland und wurde in Reichenberg verlegt. Im zdb-Katalog ist verzeichnet, dass »Die Zeit« im März 1945 ihr Erscheinen einstellte. https://zdb-katalog.de/title.xhtml?idn=015672115 (letzter Zugriff: 31.08.2021).

169 J. P.: Reichenberger Krippelkunst als Volksspiegel. Weihnachtsbrauch ins deutsche Leben gestellt – gesunder Volkssinn durchbricht fremde Sitten. In: Die Zeit, 24.12.1938, S. 11.

170 Ebd.

171 Ebd.

172 Ebd.

173 Ebd. Als »Pinkeljuden« wurden die »jüdischen Dorfgeher und Hausierer Böhmens, Mährens und Österreichs« bezeichnet. Siehe: https://www.jüdischegemeinden.de/index.php/gemeinden/s-t/1730-schaffa-maehren (letzter Zugriff: 31.08.2021). Otfried Ehrismann hat in einer profunden Studie die Historie des Narrativs »Jude« bzw. die Wortstrecke zu »Jude« untersucht. Siehe Ders.: Das Sudetendeutsche Wörterbuch als kulturgeschichtliches Denkmal und die Wortstrecke zu Jude. In: Ders./Isabelle Hardt (Hg.): Das Sudetendeutsche Wörterbuch. Bilanzen und Perspektiven. Berlin: Frank & Timme 2021, S. 11–44.

174 Siehe dazu die kurze Zusammenfassung: NS-Schriftleitergesetz: Journalis-

ten als Staatsdiener. In: Bundeszentrale für Politische Bildung, 29.12.2028. Zur Funktion der Headline bzw. der Überschrift siehe Wolf Schneider/ Paul-Josef Raue: Die Überschrift. In: Dies.: Handbuch des Journalismus. Reinbek bei Hamburg: Rowohlt 1996, S. 170–175. Schneider und Raue betonen auch, inwieweit in der Nähe der Überschrift markante Bilder zu platzieren sind. Untersuchungen belegen, in welchem Maße gerade im Dritten Reich der Presse eine zentrale Rolle beigemessen wurde. Vgl. bereits die frühe Arbeit von Joseph Wulf: Presse und Funk im Dritten Reich. Reinbek bei Hamburg: Rowohlt 1966. Siehe auch Michael Meyen/ Maria Löblich: Klassiker der Kommunikationswissenschaft. Fach- und Theoriegeschichte in Deutschland. Konstanz: UVK 2006.

175 Siehe dazu die Seiten 265 ff.

176 Otfried Preußler: Waldläuferlegende, 7.12.1946. In: PAOP (Die Abschrift wurde Otfried Preußler von einem Mitgefangenen nach der Gefangenschaft zugeschickt. Der hatte den Text auswendig gelernt und nach der Rückkehr sofort aufgeschrieben).

177 Frank Schirrmacher an Otfried Preußler, 24. März 1999. In: PAOP.

178 Otfried Preußler an Frank Schirrmacher, 25. März 1999. In: PAOP.

179 Frank Schirrmacher an Otfried Preußler, 29. April 1999. In: PAOP.

180 Ebd.

181 Carsten Gansel und Marcel Reich-Ranicki. »Die Kritik ist naturgemäß in einer Art Opposition«. Ein Gespräch. In: Carsten Gansel: Literatur im Dialog. Gespräche mit Autorinnen und Autoren 1989–2014. Berlin: Verbrecher Verlag 2015, S. 379–396, hier: S. 392.

182 Frank Schirrmacher: Sein Leben. Marcel Reich-Ranicki hat seine Erinnerungen geschrieben. In: FAZ, 31.07.1999.

183 Otfried Preußler an Frank Schirrmacher, 4. Mai 1999. In: PAOP.

184 Otfried Preußler: Weihnachten hinter Stacheldraht. In: Ders.: Verlorene Jahre?. In: PAOP.

185 Ebd.

186 Ebd.

187 Hans J. Markowitsch an Carsten Gansel (07.09.2021). Siehe auch: Hans Markowitsch/Angelica Staniloiu: Retrieval cues may occur as other thought associations or as cues from the environment. In: Dies. History of memory. In: W. Barr & L. A. Bielauskas (Eds.): Oxford handbook of the history of clinical neuropsychology (in press). Oxford: Oxford University Press 2017, S. 9.

188 Zu Freuds »Assoziationslehre« oder der »Methode der freien Assoziation« siehe: Robert Langnickel/Hans J. Markowitsch: Das Unbewusste Freuds und die Neurowissenschaften. In: A. Leitner/H. G. Petzold (Hrsg.): Sigmund Freud heute. Der Vater der Psychoanalyse im Blick der Wissenschaft und der psychotherapeutischen Schulen. Wien: Krammer Verlag 2017, S. 149–173.

189 Kai Rugenstein: Freie Assoziation und gleichschwebende Aufmerksamkeit. Göttingen: Vandenhoeck & Ruprecht 2019, S. 16, 17.

190 Hans J. Markowitsch an Carsten Gansel (07.09.2021). Siehe dazu auch Hans J. Markowitsch u. a.: Ecphorizing Semi-conscious Information Via the Right Temporopolar Cortex-A PET Study. In: Neurocase (1997) Vol. 3. Oxford University Press 1997, S, 445–449. (https://www.tandfonline.com/doi/abs/10.1080/13554799708405020, letzter Zugriff: 01.09.2021). Siehe Richard Semon: Die Mneme. Als Erhaltendes Prinzip im Wechsel des Organischen Geschehens. Leipzig: Verlag von Wilhlem Engelmann 1904. Die Neuauflage ist 2006 in der Edition Classics erschienen. Zu Richard Semon siehe auch Ders.: Der Engrammschatz des Gedächtnisses [1904]. In: Uwe Fleckner (Hg.): Schatzkammern der Mnemosyne. Dresden: Verlag der Kunst 1995, S. 206–212.

191 Dieses Zitat aus dem Brief von Heinrich Gerlach stammt aus einem Vortrag, den Karl Schmitz zehn Jahre später vor der deutschen Sektion der internationalen Gesellschaft für ärztliche Hypnose in Lindau (3. Mai 1962) gehalten hatte und der dann infolge der Tagung veröffentlicht wurde. Der Beitrag gibt einen guten Einblick in den Ablauf der Therapiesitzungen. Siehe Karl Schmitz: Hypnose und schriftstellerisches Schaffen. Bericht über die Wiedererinnerung eines Romans. In: Praxis der Psychotherapie, 8. Jg., 1963, S. 82–88.

192 Hans J. Markowitsch/Angelica Staniloiu: Verschollene Erinnerungen: Dissoziative Amnesien als Beeinträchtigungen von Selbst und Narration durch unzureichend verarbeitete Traumata. In: Carsten Gansel (Hg.): Trauma-Erfahrungen und Störungen des ›Selbst‹. Mediale und literarische Konfigurationen lebensweltlicher Krisen. Berlin: Walter de Gruyter 2020, S. 9–28, hier: S. 10.

193 Otfried Preußler: Weihnachten hinter Stacheldraht. In: Ders.: Verlorene Jahre?, S. 5, 6.

194 Ebd., S. 6.

195 Ebd., S. 6.

196 Otfried Preußler: Die Flucht nach Ägypten. Stuttgart: Thienemann 1991, S. 13.

197 Ebd., S. 127 f.

198 Ebd., S. 131 f.

199 J. P.: Reichenberger Krippelkunst als Volksspiegel, a. a. O.

200 Herbert Kroll (1902–1985) war Schauspieler und ab 1951 als Regisseur beim Bayrischen Rundfunkt tätig. In den 1950er und 1960er Jahren konnte man ihn in zahlreichen Filmproduktionen sehen, darunter in der Verfilmung von Erich Kästners »Pünktchen und Anton« als Lehrer Bremser. Im ersten Teil der Verfilmung von Hans Hellmut Kirsts »08/15« spielte er den Vater Freitag. 1955 gibt es beim SWR noch einmal eine Sendung zur Sudetendeutschen Krippenkunst von Otfried Preußler, die er im Untertitel »Ein Gang durch die Weihnachtsstuben der Deutschen in Böhmen und Mähren« nennt. Grundlage ist ein Manuskript von 8 Seiten.

201 Herbert Löwit an Otfried Preußler, 1. Oktober 1985 In: PAOP.

202 Ebd.

203 Vgl. Hans-Peter Föhrding: Als die Welt sich abwandte. Flüchtlingskonferenz von Évian. In: Der Spiegel, 06.07.2018.

204 Siehe dazu das von Norman Ächtler und Monika Rox-Helmer verantwortete Heft der Zeitschrift »Der Deutschunterricht« zum Thema »Kindertransport« 1938/39 – Gegenwartsliteratur und historische Zeugenschaft, Heft 6/2019.

205 Carsten Gansel/Walter Kaufmann: »An diesem Punkt bin ich sehr verwundbar« – Ein Gespräch. In: Deutschunterricht, Heft 6/2019, S. 73–78, hier: S. 74 sowie die Fortsetzung: »Eigentlich wollte ich nichts anderes, als Schriftsteller werden« – Carsten Gansel/Walter Kaufmann im Gespräch. In: Der Deutschunterricht, Heft 6/2020, S. 88–93.

206 Carsten Gansel/Walter Kaufmann: »An diesem Punkt bin ich sehr verwundbar«, a. a. O., S. 75.

207 Herbert Löwit an Otfried Preußler, 18. Januar 1986. In: PAOP.

208 Ebd.

209 Otfried Preußler an Herbert Löwit, 23. Januar 1986. In: PAOP.

210 Ebd.

211 Ralf Schörken hat Kernelemente dessen zusammengefasst, was eine nationalsozialistische Ideologie ausmacht. Siehe Ders.: Jugend 1945. Politisches Denken und Lebensgeschichte. Frankfurt/M.: Fischer 2005, S. 17.

212 Otfried Preußler: Wir sind Deutsche aus Böhmen. Gespräch mit Martin Blümcke (gesendet vom SDR unter dem Titel »Als in Böhmen Tschechen und Deutsche miteinander lebten«, 25. Dezember 1993.), a. a. O., S. 151.

213 Ebd., S. 151.

214 Ebd.

215 Ebd., S. 152.

216 Hans Richter: Franz Fühmann, a. a. O., S. 98.

217 Zur Inszenierung der Olympischen Spiele 1936 siehe Alexander Emmerich: Olympia 1936. Stuttgart: Theiss Verlag 2015.

218 Siehe Franz Fühmann: Zweiundzwanzig Tage oder Die Hälfte des Lebens. Leipzig: Verlag Philipp Reclam jun. 1986.

219 Otfried Preußler: Wir sind Deutsche aus Böhmen. Gespräch mit Martin Blümcke, a . a. O., S. 152.

220 Sagen Sie mal, Herr Preußler ... Otfried Preußler hat so die Fragen beantwortet, die von seinen Lesern am häufigsten gestellt wurden. In: http://www.preussler.de/wirken/fragen/ (letzter Zugriff: 15.12.2021).

221 Im Original heißt es: Hans Wundersam. Ein Wintermärchen von Ernst Kutzer. Verse von Adolf Holst. Leipzig: Alfred Hahn's Verlag 1923 (7. Auflage). Die 9. bis 12. Auflage belief sich bereits auf 45.000 bis 60.000.

222 Otfried Preußler: Ich bin gern in die Schule gegangen. In: Ders.: Ich bin ein Geschichtenerzähler, a. a. O., S. 26–29.

223 Annelies Kind, Otfried Preußlers spätere Verlobte und Frau, hat diese Gedichte später in einem »Grauen Geheft« zusammengetragen und teilweise datiert. Darunter sind Titel wie: »In des dunklen Waldes Mitte, steht ein Stall mit seiner Hütte« (Oktober 1940), »Im März« (29.03.1941), »Prager Kleinseite« (05.05.1941), »Kleines Rasenstück« (1941/42).

224 Zur Kanonisierung von Friedrich Schiller im Deutschunterricht der Gymnasien seit dem Ende des 19. Jahrhunderts siehe Carsten Gansel/Michaela Leon-Neuhaus: Zur Kanonisierung von G. E. Lessing und F. Schiller im gymnasialen Deutschunterricht – untersucht an Schulprogrammen von hessischen Gymnasien im 19. und frühen 20. Jahrhundert. In: Carsten Gansel/Norman Ächtler/Birka Siwczyk (Hg.): Gotthold Ephraim Lessing im Kulturraum Schule. Aspekte einer Wirkungsgeschichte im 19. Jahrhundert. Göttingen: Vandenhoeck & Ruprecht 2017, S. 95–174.

225 Otfried Preußler: Ein Dankeswort zum Abschied, Herr Professor. Nachruf auf einen verehrten Lehrer und Literaturwissenschaftler. In: Kulturpolitische Korrespondenz. Bonn, 25. Mai 1992.

226 Als besondere Leistung gilt die 1964 erstmals erschienene Adalbert-Stifter-Bibliografie. Siehe: Eduard Eisenmeier: Adalbert Stifter Bibliographie. Linz: Oberösterreichischer Landesverlag o. J. (1964).

227 Robert Hohlbaum: Ein junger sudetendeutscher Dichter. Robert Hohlbaum über eine außergewöhnliche dichterische Begabung. In: Die Zeit, Reichenberg, Weihnachtsausgabe 1941. Robert Hohlbaum (1886–1955) studierte an den Universitäten Graz und Wien Germanistik und promovierte in Germanistik. Danach nahm er eine Tätigkeit als Bibliothekar an der Universitätsbibliothek Wien auf. Er debütierte mit dem Studentenbuch »Der ewige Lenzkampf«. Noch vor dem Zweiten Weltkrieg wurde er deutscher Staatsbürger und Direktor der Herzogin-Anna-Amalia-Bibliothek in Weimar. 1944 kam es wegen Auseinandersetzungen mit der Gauleitung Thüringen zur Beurlaubung. Nach dem Zweiten Weltkrieg schrieb er weiter, blieb aber zunächst in Weimar und kehrte 1951 in die Nähe von Salzburg zurück. Hohlbaum ist als erfolgreicher Autor von zahlreichen Romanen auch in Gero von Wilperts »Lexikon der Weltliteratur« verzeichnet. Er gilt als Unterstützer der nationalsozialistischen Kulturpolitik. (Siehe die Studie von Johann Sonnleitner: Die Geschäfte des Herrn Robert Hohlbaum. Die Schriftstellerkarriere eines Österreichers in der Zwischenkriegszeit und im Dritten Reich. Wien-Köln: Böhlau 1989).

228 Ebd.

229 Ebd.

230 Ebd.

231 Ebd.

232 Christian Adolf Overbeck: Fritzchens Lieder, a. a. O., S. 2.

233 Ernestine Preußler an Annelies Kind. Mai 1946. In: PAOP.

234 Ebd.

235 Otfried Preußler: Die Spur führt nach Prag. In: Ders.: Die Prager Sonette. O. J. (Entstanden sind die Sonette um das Jahr 1940/1941. Sie wurden dann als Heft gebunden und waren 1994 ein Geschenk zum 70. Geburtstag für den langjährigen Freund Heinrich Pleticha geboren 09.09.1924 in Warnsdorf, in Böhmen – gestorben 14.10.2010 in Würzburg).

236 Ebd., S. 2

237 Ebd., S. 2.

238 Ebd., S. 3ff.

239 Handbuch der Reichskulturkammer. Hg. von Hans Hinkel. Berlin: Deutscher Verlag für Politik und Wirtschaft 1937, S. 27. Siehe dazu: http://www.polunbi.de/inst/rsk.html (letzter Zugriff: 01.09.2021). Zur Reichsschrifttumskammer siehe Jürgen Kühnert: Die Reichsschrifttumskam-

mer. Zur Geschichte einer berufsständischen Zwangsorganisation unter besonderer Berücksichtigung des Buchhandels. In: Leipziger Jahrbuch zur Buchgeschichte, Bd. 17. Wiesbaden: Harrassowitz 2008, S. 255–363; Rolf Düsterberg: Die Reichsschrifttumskammer. Struktur und Aufgaben, Führungspersonal, Konkurrenten. In: Wolfgang Benz u.a. (Hrsg.): Kunst im NS-Staat. Ideologie, Ästhetik, Protagonisten, Berlin: Metropol 2015, S. 117–130.

240 Otfried Preußler: Lieber Soldat! In: Sudetendeutsche Briefe an Wehr- und Werkmänner. 1940, H.6, S. 12–14, hier S. 12.

241 Ebd.

242 Ebd., S. 13

243 R 9561_V9502 Otfried Preussler (Bundesarchiv)

244 Ebd.

245 Josef Preußler: Der Faust des Isergebirges. In: Der Wanderer im Riesengebirge. Zeitschrift des Riesen- und Isergebirgs-Vereins. Heft 5/1942, S. 31–32, hier: S. 32.

246 Siehe dazu Karl-Heinz Ziolko: Goethes Schlesische Reise. Görlitz: Senfkorn 2017.

247 Goethes Briefe in drei Bänden. Erster Band. Berlin und Weimar: Aufbau-Verlag 1984, S. 323.

248 Der Roman »Dr. Kittl« erscheint dann 1943. Siehe auch Ders.: Der Glaswald – Der Brechschmied – Dr. Kittl. 3 Romane. 2. Band der Gesamtausgabe in zwei Bänden. Augsburg o.J.

249 Otfried Preußler: Abend und Nächtliche Landschaft. In: Der Faust des Isergebirges. In: Der Wanderer im Riesengebirge. Zeitschrift des Riesen- und Isergebirgs-Vereins. Heft 5/1942, S. 31–32, hier: S. 32.

250 Otfried Preußler. Wikipedia (letzter Zugriff: 07.12.2021).

251 Robert Hohlbaum: Ein junger sudetendeutscher Dichter. Robert Hohlbaum über eine außergewöhnliche dichterische Begabung. In: Die Zeit, Reichenberg, Weihnachtsausgabe 1941.

252 Zahlreiche Bücher des Verlages sind nach wie vor antiquarisch erhältlich.

253 Erika Müller-Henning: Wolga-Kinder. Berlin: Verlag Junge Generation 1934, S. 5.

254 Ebd., S. 5–6.

255 Siehe dazu Petra Josting: Kinder- und Jugendliteratur. Ein Aktionsfeld literaturpolitischer Maßnahmen im NS-Staat. In: Ursula Härtl/Burkhard Stenzel/Justus H. Ulbricht (Hg.): Hier, hier ist Deutschland. Von nationa-

len Kulturkonzepten zur nationalsozialistischen Kulturpolitik. Göttingen: Wallstein 1997, S. 143–172, hier: S. 160.

256 Christian Adam: Lesen unter Hitler. Autoren, Bestseller, Leser im Dritten Reich. Berlin: Galiani 2010, S. 10. Eine erste gründliche Arbeit zur »Literaturpolitik im Dritten Reich« erschien erst 1993. Siehe: Jan-Peter Barbian: Literaturpolitik im Dritten Reich. Institutionen, Kompetenzen, Betätigungsfelder. München: de Gruyter Saur 1993 (Archiv für Geschichte des Buchdrucks). Siehe die veränderte Neuauflage: Ders.: Literaturpolitik im Dritten Reich. Von der »Gleichschaltung« bis zum Ruin: Frankfurt/M.: Fischer TB 2010.

257 Christian Adam: Lesen unter Hitler, ebd., S. 11. An anderer Stelle verweist er darauf, dass beim Blick auf Bücher aus dem Dritten Reich lange Zeit eine ideologiekritische Sicht maßgeblich war. Gefragt wurde bevorzugt danach, welchen »politischen Interessen oder Verneblungsaktionen« die Texte gedient haben (ebd.).

258 Siehe Norbert Hopster, Petra Josting und Joachim Neuhaus zur Literatur im Dritten Reich, darunter: Hopster, Norbert/Josting, Petra/Neuhaus, Joachim: Literaturlenkung im »Dritten Reich« in zwei Bänden. - Band I: Eine Bibliographie./ Band II: Eine annotierte Bibliographie von Bibliographien. Hildesheim und Zürich: Olms 1993 sowie das grundlegende Handbuch: Hopster, Norbert/Josting, Petra/Neuhaus, Joachim (Hg.): Kinder- und Jugendliteratur 1933–1945. Ein Handbuch. Bd. 1: Bibliographischer Teil mit Registern. Stuttgart, Weimar: Metzler 2001, S. 4; Bd. 2: Darstellender Teil. Stuttgart, Weimar: Metzler 2005. Die Herausgeber betonen, dass das Ziel des Handbuches darin bestand, »das gesamte Spektrum der in der NS-Zeit erschienenen und rezipierten KJL darzustellen und innerhalb der Genres dieses Spektrums die unterschiedlichen Grade der jeweiligen Affinität zum Nationalsozialismus erkennbar werden zu lassen« (Bd. 1, ebd., S. 5).

259 Ebd., S. 5. Die Herausgeber kommen insgesamt zu dem Ergebnis, dass es sich beim KJL-Markt der NS-Zeit »um ein komplexes und zum Teil auch widersprüchliches System (handelt), dessen Widersprüche nicht selten durch den Kompetenzenstreit zwischen den Instanzen der Literaturpolitik erzeugt wurden.« (Ebd., S. 6)

260 Peter Becher: Ein unbekannter Roman von Otfried Preußler. In: Sudetenland. Europäische Kulturzeitschrift. Vierteljahresschrift für Literatur und Kunst, Heft 2/2015, S. 247–251.

261 Norbert Hopster/Petra Josting/Neuhaus, Joachim (Hg.): Kinder- und Jugendliteratur 1933–1945. Ein Handbuch. Bd. 1, a. a. O., S. 1074.

262 Peter Becher: Ein unbekannter Roman von Otfried Preußler, a.a.O., S. 247.

263 Ebd.

264 Ebd., S. 248, 250.

265 Ebd., S. 251.

266 Murray G. Hall: Ein Phantombuch? Otfried Preußlers Hitlerjugend-Roman Erntelager Geyer. In: Stifter-Jahrbuch. Neue Folge 30/2016, S. 135–147.

267 Ebd., S. 137.

268 Ebd.

269 So wird Murray G. Hall in einem Bericht des ORF von Carola Leitner zu »Erntelager Geyer« zitiert. (https://orf.at/v2/stories/2294576/2294577, letzter Zugriff: 06.12.2021)

270 Siehe dazu sowie zum »Erntelager-Text«: Carsten Gansel: Kindheit und Jugend erfahren, erinnern und erzählen, a.a.O.

271 Otfried Preußler: An die Künstlergilde. Fachgruppe Schrifttum. Höhensteig, 26. Februar 1953.

272 Otfried Preußler: Lebenslauf. 26. Februar 1953. Höhensteig, 26. Februar 1953. In: PAOP.

273 Otfried Preußler: Werkbericht. 26. Februar 1953. Höhensteig, 26. Februar 1953. In: PAOP (Unterstreichungen in Original).

274 Siehe dazu die Vorbemerkung. In: Liste der auszusondernden Literatur. Herausgegeben von der Deutschen Verwaltung für Volksbildung in der Sowjetischen Besatzungszone. Vorläufige Ausgabe nach dem Stand vom 1. April 1946. Berlin: Zentralverlag 1946, S. 1–2.

275 Siehe dazu die akribische Auflistung bei: Norbert Hopster/Petra Josting/Joachim Neuhaus (Hg.): Kinder- und Jugendliteratur 1933 – 1945. Ein Handbuch. Bd. 1: Bibliographischer Teil mit Registern, 2001.

276 Vgl. dazu Carsten Gansel: Kindheit und Jugend erfahren, erinnern und erzählen, a.a.O.

277 Otfried Preußler: Erntelager Geyer. Berlin-Lichterfelde: Junge Generation Verlag. O.J., S. 74.

278 Ebd., S. 5.

279 Ebd.

280 Ebd., S. 6.

281 Die Grundlage für die ›Einverleibung‹ hatte das Münchener Abkommen

vom 29./30. September 1938 gegeben. Unmittelbar nach dem Abkommen, nämlich vom 01. bis 10. Oktober 1938, besetzten 24 Divisionen der Deutschen Wehrmacht die an Deutschland und Österreich grenzenden Gebiete und die Tschechoslowakei. Gebel, Ralf: Heim ins Reich! Konrad Henlein und der Reichsgau Sudetenland 1938–1945 (= Veröffentlichungen des Collegium Carolinum. Band 83). 2. Auflage, München: Oldenbourg Verlag 2000.

282 Otfried Preußler: Erntelager Geyer, a. a. O., S. 9.

283 Ebd., S. 7.

284 Ebd., S. 7.

285 Ebd.

286 Otfried Preußler: Lieber Soldat! In: Sudetendeutsche Briefe an Wehr- und Werkmänner, a. a. O., S. 13 f.

287 Auf dem Ludwigstein fanden sich 1913 zwischen 2000 bis 3000 Jugendliche ein. Der Hannoveraner Student Enno Narten erinnert das Ereignis später so: »Wir waren nach dem Freideutschen Jugendtag auf dem Hohen Meißner 1913 noch einige Tage auf der Burg, heimlich, ohne Erlaubnis, hoch romantisch! Wir deuchten uns Herr der Burg. Wie waren wir doch so beneidenswert jung und unbekümmert damals! Die Welt wollten wir aus den Angeln heben, und unser deutsches Vaterland sollte von Grund auf umgekrempelt werden, Lebensreform, Politik der anständigen Gesinnung und Wahrhaftigkeit, das waren unsere Losungen in damaliger Zeit. Erfüllt von diesen Zielen und der unser harrenden Arbeit überraschte uns der Krieg. Wir zogen als Kriegsfreiwillige hinaus, so selbstverständlich, als sei es unser innerstes Gesetz.« (Siehe dazu u. a. auch die aktuelle Homepage der Burg Ludwigstein unter: https://www.burgludwigstein.de/Erwerb-als-Jugendburg (letzter Zugriff am 29.03.2019). Zur Jugendbewegung siehe die grundlegenden Arbeiten von Jürgen Reulecke: Ders./Diethart Kerbs (Hg.): Handbuch der deutschen Reformbewegungen. 1880–1933. Wuppertal: Hammer 1998; Ders./Barbara Stambolis (Hg.): 100 Jahre Jugendherbergen. 1909–2009. Anfänge – Wandlungen – Rück- und Ausblicke. Essen: Klartext 2009; Ders.: Befreiung von »bankrotten Vätern«: Jungmännerbünde in einer »vaterlosen Gesellschaft« im ersten Drittel des 20. Jahrhunderts. In: Carsten Gansel/Pavel Zimniak (Hrsg.): Zwischenzeit, Grenzüberschreitung, Aufstörung – Bilder von Adoleszenz in der deutschsprachigen Literatur. Heidelberg: Winter 2011, S. 75–94.

288 Helmut Fend: Sozialgeschichte des Aufwachsens. Frankfurt/M.: Suhrkamp 1996 (1988), S. 194–196.

289 Murray G. Hall: Ein Phantombuch?, a. a. O., S. 144.

290 Auf diesen autobiografischen Aspekt verweist auch Murray G. Hall, für den das Buch »über weite Strecken ein autobiographischer Text, ein Erlebnisbericht ist«. Siehe Ders.: Ebd., S.142.

291 Otfried Preußler: Wir sind Deutsche aus Böhmen, a.a.O., S. 151.

292 Auch Franz Fühmann war im Deutschen Turnverein, 1937 trat er der Burschenschaft »Hercynia« bei und wurde später Mitglied der Reiter-SA. Auf die Frage, was ihn damals, 1938, als er dem SA-Reitersturm beitrat, »ganz konkret am Nationalsozialismus fasziniert« habe, hat er 1984 im Butzbacher Interview so geantwortet: »Ja, Gott, ich hatte keine Alternative. Eine Alternative wäre vielleicht meine katholische Erziehung gewesen. Das zerbrach durch die Jesuitenerziehung. (...) Ich wollte mich nicht von den anderen unterscheiden. Das war die Welt, in die wir hineinwuchsen: der Turnverein, die sudentendeutsche Ablegerorganisation der Hitler-Jugend. Da war man einfach dabei, wenn man nicht gerade einen ganz klassenbewussten Kommunisten als Vater hatte oder aus einem sehr religiösen Elternhaus kam.« Siehe dazu auch die Erinnerungen von Franz Fühmann an Reichenberg: Franz Fühmann: Eine Biographie in Bildern, Dokumenten und Briefen. Hrsg. von Barbara Heinze. Rostock: Hinstorff 1998, S. 30–32. Der Hinweis von Fühmann, der mit sich selbst bis zu seinem Lebensende ungemein kritisch umging, ist zu bedenken. Auch die Überlegung, dass eine katholische Erziehung in gewisser Weise gegen die Naziideologie immunisierte, trifft zu. Zu denken ist an Heinrich Böll.

293 Otfried Preußler: Erntelager Geyer, a.a.O., S. 29.

294 Ebd., S. 30.

295 Murray G. Hall: Ein Phantombuch?, a.a.O., S. 146.

296 Friedrich Engels hat seinen Text »Der deutsche Bauernkrieg« erstmals 1850 publiziert. In der Einleitung heißt es: »Auch das deutsche Volk hat seine revolutionäre Tradition. Es gab eine Zeit, wo Deutschland Charaktere hervorbrachte, die sich den besten Leuten der Revolutionen anderer Länder an die Seite stellen können, wo das deutsche Volk eine Ausdauer und Energie entwickelte, die bei einer zentralisierteren Nation die großartigsten Resultate erzeugt hätte, wo deutsche Bauern und Plebejer mit Ideen und Plänen schwanger gingen, vor denen ihre Nachkommen oft genug zurückschaudern.« (S.29) Im Abschnitt 5 zum schwäbisch-fränkischen Bauernkrieg geht Engels auf Florian Geyer und seine Rolle ein und schreibt: »Zu Schöntal wurden von den beiden, zum ›hellen Haufen‹ vereinigten Bauernkolonnen die zwölf Artikel angenommen und Streifzüge gegen Schlösser und Klöster organisiert. Der helle Haufen war an 8.000 Mann stark und hatte Kanonen und 3.000 Handbüchsen. Auch

Florian Geyer, ein fränkischer Ritter, schloß sich ihm an und bildete die Schwarze Schar, ein Elitekorps, das besonders aus der Rothenburger und Öhringer Landwehr sich rekrutierte.« Im Weiteren werden auch Bezüge zu Martin Luther und Götz von Berlichingen hergestellt. (S. 382) (Karl Marx/Friedrich Engels, Werke, Band 7, Berlin/DDR: Dietz Verlag 1960, S. 327–413, hier: S. 229).

297 Wortprotokoll des Zeitzeugen-Interviews mit Prof. Otfried Preußler, geführt von Herrn Dr. Treml am 19.4.2000 in Stephanskirchen, S. 1–67, hier: S. 5 (unv.).

298 Otfried Preußler: Erntelager Geyer, a. a. O., S. 96.

299 Ebd., S. 97. Das Lied entstand nach dem Ende des I. Weltkrieges in der Bündischen Jugend. In der Folgezeit wurde es von verschiedenen politischen Gruppen instrumentalisiert, nicht zuletzt von den Nationalsozialisten.

300 Toni Krause an Otfried Preußler. Karte vom 12.03.1951. In: PAOP.

301 Wetzwalde (Václavice) liegt etwa 18 Kilometer entfernt von Reichenberg und gehörte bis 1945 zum Landkreis Reichenberg.

302 Otfried Preußler: Entelager Geyer, a. a. O., S. 30 f.

303 Ebd.

304 Ebd.

305 Otfried Preußler: Lebenslauf. 26. Februar 1953. In: PAOP.

306 Otfried Preußler. In: Bundesarchiv Freiburg. Barch RH 17_876.

307 Otfried Preußler: Verlorene Jahre?, a. a. O., S. 16.

308 Carsten Gansel und Erich Loest: »Hemingway ist eine Stilfrage, Fallada eine Inhaltsfrage«. Gespräch. In: Carsten Gansel: Literatur im Dialog. Gespräche mit Autorinnen und Autoren. 1989–2014. Hrsg. von Norman Ächtler. Berlin: Verbrecher Verlag 2015, S. 278–310, hier: S. 284.

309 Christian Adam: Lesen unter Hitler, a. a. O., S. 150–152.

310 Otfried Preußler: Verlorene Jahre?, a. a. O., S. 16 f.

311 Von 1933 bis 1958 wurde es als ›Zentrales Archiv‹ bzw. ›Zentrales Staatsarchiv der Roten Armee‹ geführt und firmierte danach bis 1992 als ›Zentrales Staatsarchiv der Roten Armee‹.

312 Die Bezeichnung NKWD (Volkskommissariat für Innere Angelegenheiten) wurde zwischen 1934 und 1946 genutzt. Danach erfolgte eine Umbenennung in Ministerium für innere Angelegenheiten (MWD).

313 Vgl. dazu Nicola Tille: Lange Zeit ein geheimer Ort: Das Russische Staat-

liche Militärarchiv. In: Archivar, Heft 2/2012, S. 281–285. Siehe auch Sebastian Pannwitz: Die Geschichte des Sonderarchivs Moskau. In: Deutsches Historisches Institut. Bulletin 2. Moskau 2008, S. 11–20.

314 Die kyrillische Schrift wurde am Beginn des 18. Jahrhunderts im Russischen Reich in Verbindung mit den von Peter dem Großen eingeleiteten Reformen vereinfacht, optisch wurde sie an die lateinische Schrift angepasst. In der Folge nutzt man die kyrillischen Buchstaben auch in anderen ost- und südslawischen Sprachen.

315 Kriegsgefangenenakte von Otfried Preußler, RGVA, Fond (Bestand) 460p, Delo (Personalakte) 1504686.

316 Otto Rühle: Genesung in Jelabuga. Autobiographischer Bericht. Berlin: Verlag der Nation 1967 (5. durchges. Aufl.), S. 203. Die Erinnerungen von Otto Rühle sind 2007 von Reinhold Busch und Hellmut Rühle in einer vollständig überarbeiteten Auflage neu herausgekommen. Neben einer umfangreichen Einleitung haben die Söhne von Otto Rühle, insbesondere Hellmut Rühle, die Darstellung des Vaters in Fußnoten kommentiert. Siehe Otto Rühle: Genesung in Jelabuga. Hrsg. von Reinhold Busch und Hellmut Rühle. Berlin: Verlag Frank Wünsche 2007. Prof. Dr. Hellmut Rühle war Facharzt für Innere Medizin mit den Schwerpunkten Endokrinologie und Diabetologie am Klinikum Neubrandenburg.

317 Ebd., S. 204.

318 Ebd., S. 202.

319 Ebd., S. 203.

320 Ebd., S. 203.

321 Heinrich Gerlach: Landesarchiv Berlin B Rep. 031–01-02, Nr. 8852, Blatt 00021.

322 Heinrich Gerlach: Landesarchiv Berlin B Rep. 031–01-02, Nr. 8852, Blatt 00014.

323 Ebd.

324 Leumundszeugnis von Kurt Feyer vom 11. Juni 1950. In: Ebd., Blatt 00017–00018.

325 Carsten Gansel und Erich Loest: »Hemingway ist eine Stilfrage, Fallada eine Inhaltsfrage, a. a. O., S. 281.

326 Ebd.

327 Ebd., S. 282.

328 Ebd., S. 282 f.

329 Ebd.

330 Vgl. dazu Babette Heusterberg, die in einer virtuellen Ausstellung wesentliche Fakten zur Parteimitgliedschaft zusammengefasst hat. (Siehe Dies: PG – Zum Mitgliedschaftswesen in der NSDAP. https://www.bundesarchiv.de/DE/Content/Virtuelle-Ausstellungen/Pg-Zum-Mitgliedschaftswesen-Der-Nsdap/pg-zum-mitgliedschaftswesen-der-nsdap.html (letzter Zugriff: 01.09.2021). Für Hinweise danke ich Michael Schelter vom Bundesarchiv in Berlin.

331 Kriegsgefangenenakte von Otfried Preußler, a. a. O. Aufgestellt wurde die 294. Infanterie-Division am 6. Februar 1940 in Döbeln, das zum Wehrkreis IV (Dresden) gehörte. Zunächst wurde die Division in Belgien und Frankreich eingesetzt, später in Jugoslawien. Mit Beginn des Krieges gegen die Sowjetunion gehört die Division zur Heeresgruppe Süd und war an der Ostfront an zahlreichen Kampfhandlungen vor allem um Charkow und am Donbogen beteiligt. Die Verluste im November 1943 waren so hoch, dass die Division sich zurückziehen musste und neu eingegliedert wurde. Im August 1944 wurde die 294. Infanterie-Division von der Roten Armee bei Kischinew vernichtend geschlagen, die Soldaten und Offiziere gerieten in Gefangenschaft. https://de.wikipedia.org/wiki/294._Infanterie-Division_(Wehrmacht) (letzter Zugriff: 15.09.2021)

332 Prof. Dr. Dieter Kind war der Bruder von Annelies Preußler, geborene Kind. Nach dem Tod von Otfried Preußler hat er die Gedichte an seine Nichten geschickt.

333 Dieter Kind an seine Nichten, 16.03.2013. In: PAOP.

334 In dem Brief notiert Dieter Kind ergänzend: »Waltraut hat die darin enthaltenen Gedichte von Otfried für unsere Kinder abgeschrieben, das Ergebnis findest du in der Anlage. Die meisten dieser Gedichte hatten Annelies und ich wohl nur in unserem Gedächtnis bewahrt, so mag es kleine Abweichungen zu gedruckten Texten geben, falls es solche in seinem Nachlass überhaupt gibt. Ich habe es leider versäumt mit Eurem Vater einmal darüber zu sprechen und ich weiß daher nicht, wie er später dazu stand.« Es muss allerdings betont werden, dass in den erinnerten Gedichten zahlreiche Texte sind, die bereits in der Jugendzeit und nicht an der Front entstanden sind. Dazu gehören »Bauern-Breughel«, »Karlsbrücke«, »St. Veitsdom«, »Altstädter Kunstuhr«. (ebd.).

335 In der Lyriktheorie wird die Romanzenstrophe als Vierzeiler in Kreuzreimen gefasst, der aus vierhebig alternierenden Versen ohne Auftakt mit meist abwechselnd weiblicher und männlicher Kadenz besteht.

336 Josef von Eichendorff: Im Wald. In: Ders.: Gesammelte Werke. Bd. 1:

Gedichte und Versepen. Frankfurt/M.: Deutscher Klassiker Verlag 1987, S. 329. Siehe auch Otfried Preußler: Immer wieder Eichendorff. In: Ders.: Ich bin ein Geschichtenerzähler, a.a.O., S. 35-48, hier: S. 48, 43.

337 Heinrich Heine: Die Grenadiere. In: Heines Werke in fünf Bänden. Erster Band. Gedichte. Berlin und Weimar. Aufbau-Verlag, 1986, S. 15 f.

338 Otfried Preußler an Kingstonne, 09.10.1049. In: PAOP.

339 Wilhelm Haefs: Lyrik in den 1930er und 1940er Jahren. In: Ders. (Hg.): Nationalsozialismus und Exil. 1933–1945. Hansers Sozialgeschichte, Band 9, S. 392–416, hier: S. 394. Siehe auch Carsten Gansel: Der Autor Hans Baumann vor und nach 1945. Zu Aspekten seiner Poetologie, dem Erzählen von Geschichte(n) und Chancen der Archivarbeit. In: Das Bücherschloss. Mitteilungen aus der Internationalen Jugendbibliothek München. München 2017, S. 40–57.

340 Vgl. Wilhelm Haefs: Lyrik in den 1930er und 1940er Jahren, S. 395. Dies betrifft nicht zuletzt Baumanns bekanntestes Lied von den zitternden ›morschen Knochen‹, das schon 1932 entstanden war und in den zweiten Teil seines Debütbandes aufgenommen wurde. In der communual voice, der »Wir-Stimme«, wird versichert, dass wir weiter marschieren werden, auch »wenn alles in Scherben fällt«. Denn: »heute gehört/uns Deutschland und morgen die ganze Welt«. Im Notizbuch eines Philologen, der »Lingua Tertii Imperii« von 1947, notiert Victor Klemperer: »Der Führer hielt eine Friedensrede um die andere, und seine Pimpfe und Hitlerjungen mussten jahraus, jahrein diesen verruchten Text singen.« (Victor Klemperer: LTI. Notizbuch eines Philologen. Stuttgart 2007, S. 334 f.)

341 Otfried Preußler: Bessarabischer Sommer. Fragmente zu einem Roman. Vorbemerkung. PAOP, S. 1.

342 Philippe Lejeune: Der autobiographische Pakt. Aus dem Französischen von Wolfram Bayer und Dieter Hornig. Frankfurt/M.: Suhrkamp 1994, S. 14.

343 Franz Zipfel: Autofiktion. Zwischen Grenzen von Faktualität, Fiktionalität und Literarizität. In: Fotis Jannidis, Gerhard Lauer, Matías Martínez, Simone Winko (Hg.): Revisionen. Grundbegriffe der Literaturtheorie. Berlin, New York: Walter de Gruyter 2009, S. 285–314, hier: S. 290.

344 Otfried Preußler: Eine Nacht, ein Morgen. In: Bessarabischer Sommer. In: PAOP.

345 Ebd.

346 Ebd.

347 Zu diesen Fragen im Kontext mit der Gegenwartsliteratur siehe zuletzt

Carsten Gansel: Zwischen Stabilisierung und Aufstörung – das ›Prinzip Erinnerung‹ in der deutschen Literatur nach 1945 und 1989. In: Carsten Gansel/Manuel Maldonado-Alemán (Hg.): Literarische Inszenierungen von Geschichte. Formen der Erinnerung in der deutschsprachigen Literatur nach 1945 und 1989. Metzler: Stuttgart 2018, S. 11–34.

348 Brief von Hans Herbig an Otfried Preußler, 16.02.1998. In: PAOP.

349 Otfried Preußler: »Haltet mir einen Platz frei in eurer Nähe drüben«. In: Ders.: Gustav Leutelt habe ich noch gekannt. Heimatliche Texte von Otfried Preußler, a. a. O., S. 107–112, hier: S. 107.

350 Carsten Gansel/Monika Hernik: »Es gibt nach wie vor Zellen, die der Wärter vorsätzlich verschließt«, a. a. O., S. 544.

351 Ebd., S. 548.

352 Ebd.

353 Otfried Preußler: »Haltet mir einen Platz frei in eurer Nähe drüben«. In: Ders.: Gustav Leutelt habe ich noch gekannt. Heimatliche Texte von Otfried Preußler, a. a. O., S. 107–112, hier: S. 108.

354 Ebd.

355 Ebd., S. 109.

356 Reinhart Koselleck: Erinnerungsschleusen und Erfahrungsschichten: Der Einfluß der beiden Weltkriege auf das soziale Bewußtsein. In: Ders.: Zeitschichten: Studien zur Historik. Frankfurt a.M.: Suhrkamp 2003, S. 265–284, hier: S. 272.

357 Vgl. Alois Hahn: Schweigen, Verschwiegen, Wegschauen und Verhüllen. In: Aleida Assmann/Jan Assmann (Hg.): Schweigen. Archäologie der literarischen Kommunikation XI. München 2013: Fink, S. 29–50.

358 Aleida Assmann: Formen des Schweigens. In: Dies./Jan Assmann (Hg.): Schweigen. 2013, S. 51–68, hier: S. 57.

359 Interview mit den Töchtern von Otfried Preußler (https://www.meinebiographie.com/interview-mit-susanne-preusler-bitsch-und-regine/ (letzter Zugriff: 20.09.2021).

360 Siehe dazu bereits Carsten Gansel: Von Versuchen, Kindheit zu erinnern. In: Carsten Gansel/Norman Ächtler/Bettina Kümmerling-Meibauer (Hg.): Erzählen über Kindheit und Jugend in der Gegenwartsliteratur. Berlin: OKAPI Verlag 2019, S. 87–120. Nachfolgend wird hinsichtlich der Erinnerungsprozesse auf diese Überlegungen zurückgegriffen.

361 Sina Kühnel/Hans J. Markowitsch: Falsche Erinnerungen. Die Sünden des Gedächtnisses. Heidelberg: Spektrum 2009, S. 54.

362 Endel Tulving: Episodic Memory and Autonoesis. Uniquely Human? In: Herbert Terrace/Janet Metcalfe (Hrsg.): The Missing Link in Cognition. Origins of Self-reflective Consciousness. New York 2005: Oxford University Press, S. 3–56.

363 Sina Kühnel/Hans J. Markowitsch: Falsche Erinnerungen, a.a.O., S. 54.

364 Hans J. Markowitsch/Harald Welzer: Das autobiographische Gedächtnis. Stuttgart: Klett-Cotta 2005, S. 229.

365 Ebd., S. 230.

366 Ebd.

367 Ebd.

368 Ebd., S. 230.

369 Siehe Lexikon Online: Lexikon für Pädagogik und Psychologie. http://lexikon.stangl.eu/13768/reminiscence-bump-reminiszenzeffekt/ (letzter Zugriff: 18.02.2019)

370 Friedrich Nietzsche: Unzeitgemässe Betrachtungen. Zweites Stück: Vom Nutzen und Nachtheil der Historie für das Leben. In: Kritische Studienausgabe. Hg. v. Giorgio Colli u. Mazzino Montinari, Bd. 1, München/New York: de Gruyter, 2. Aufl. 1988, S. 250.

371 Sina Kühnel/Hans J. Markowitsch: Falsche Erinnerungen, a.a.O., S. 89. Es geht hier u.a. um spezifische Fragen des Vergessens im Zusammenhang mit der Zerfallshypothese (Erinnerungen verblassen mit der Zeit) sowie mit der Interferenzhypothese (altes und neues Wissen beeinflusst bzw. überlagert sich und kann zu Störungen führen).

372 Hans J. Markowitsch an Carsten Gansel, 29.03.2017.

373 Katja Thimm: »Sie sind beste Kriegsware!« 14 Millionen deutsche Kriegskinder haben das Rentenalter erreicht. Viele von ihnen verdrängten traumatische Erlebnisse, im Alter aber versagt der hemmende Mechanismus im Gehirn. In: Spiegel, 12/2008. Der Beitrag von Katja Thimm, in dem die Autorin Hans J. Markowitsch befragt, steht im Zusammenhang mit der Besprechung eines Buches von Gertrud Ennulat: Kriegskinder. Wie die Wunden der Vergangenheit heilen. Stuttgart: Klett-Cotta 2008.

374 Ebd.

375 Vgl. Hans J. Markowitsch/Angelica Staniloiu: Gedächtnis- und Erinnerungsblockaden durch Angst und Stress. In: Anna Beniermann/Michael C. Bauer (Hrsg.): Nerven kitzeln. Wie Angst unsere Gedanken, Einstellungen und Entscheidungen prägt. Berlin: Springer 2019.

376 Ebd. In Hinblick auf die Generation der Kriegskinder bedeutet dies: »Je-

der 20. der über 63-jährigen Deutschen leidet an einer Posttraumatischen Belastungsstörung und jeder dritte an Angst, Schlaflosigkeit, Panikattacken, Hoffnungslosigkeit, Verzweiflung – eine Hochrechnung. ›Oft sind die Beschwerden eine späte Folge des Dauerstresses im Krieg‹, sagt Markowitsch. ›In traumatischen Situationen überschwemmen Stresshormone das Gehirn und können Hippocampus und Amygdala beschädigen, Schaltstellen für Gefühl und Erinnerung. Das äußert sich manchmal erst im Alter.‹« (Ebd.)

377 Hans J. Markowitsch und Carsten Gansel (Gespräch), 22.07.2021.

378 Otfried Preußler: Der Fall Hübl. In: Ders.: Bessarabischer Sommer, a. a. O., S. 1–12.

379 Ebd., S. 13.

380 Ebd.

381 Reinhart Koselleck: Erfahrungsraum und Erwartungshorizont – zwei historische Kategorien. In: Ders.: Vergangene Zukunft: Zur Semantik geschichtlicher Zeiten. Frankfurt/M.: Suhrkamp 1989, S. 349–375, hier: S. 354.

382 Reinhart Koselleck: Erfahrungswandel und Methodenwechsel: Eine historisch-anthropologische Skizze. In: Ders.: Zeitschichten: Studien zur Historik. Frankfurt/M.: Suhrkamp 2003, S. 27–77, hier: S. 34.

383 Vergleichbares gilt – wenngleich es natürlich Unterschiede gibt – für den Holocaust, für Vernichtungslager, Massenmord, Bombentod oder Flucht, Vertreibung und Vergewaltigung. Siehe dazu die Aussagen von Hans J. Markowitsch in dem Beitrag von Katja Thimm: »Sie sind beste Kriegsware!«, a. a. O. Siehe auch Harald J. Freyberger/Heidi Freyberger: Sechzig Jahre danach: Posttraumatische Belastungsstörungen, salutogene Faktoren und gutachterliche Einschätzungen bei Holocaust-Überlebenden im Langzeitverlauf. In: Zeitschrift für Psychosomatische Medizin und Psychotherapie, 53(4), 380–392; Philipp Kuwert/Carsten Spitzer/Anna Träder/Harald J. Freyberger/Michael Ermann: Posttraumatische Belastungssyndrome als Spätfolge von Kindheiten im II. Weltkrieg. Psychotherapeut, 52, 2007, S. 212–217.

384 Vgl. dazu Carsten Gansel: Zur ›Kategorie Störung‹ in Kunst und Literatur – Theorie und Praxis. In: Ders. (Hg.): Störungen in Literatur und Medien. In: Mitteilungen des Deutschen Germanistenverbandes. Heft 4/2014, Göttingen 2014, S. 315–332. Es nimmt nicht wunder, wenn der Trauma-Begriff in den Literatur- und Kulturwissenschaften in den letzten Jahren gerade auch dort genutzt wird, wo es um das Erinnern des Holocaust geht. Siehe dazu auch Stephanie Catani: Geschichtsbergriff

und Historisierungsverfahren in der deutschsprachigen Gegenwartsliteratur. Tübingen: Narr Francke Attempto 2016.

385 Erst in der Gegenwart sind, auch im Zusammenhang mit den Einsätzen in Afghanistan, Arbeiten zu Kriegstraumatisierungen entstanden. Sabine Bode: Die vergessene Generation. Die Kriegskinder brechen ihr Schweigen. Stuttgart: Klett-Cotta 2004; Philipp Kuwert/Harald J. Freyberger: Sexuelle Kriegsgewalt: Ein tabuisiertes Verbrechen und seine Folgen. In: Trauma & Gewalt. Forschung und Praxisfelder, Heft 2/2007, S. 10–16.

386 Siehe dazu den vom Verfasser verantworteten Band: Trauma-Erfahrungen und Störungen des ›Selbst‹. Mediale und literarische Konfigurationen lebensweltlicher Krisen. Hrsg. von Carsten Gansel. Berlin: de Gruyter 2020. Darin u. a.: Ders.: Störungen des ›Selbst‹ – Trauma-Erfahrungen und Möglichkeiten ihrer künstlerischen Konfiguration – Vorbemerkungen, S. 17–25 sowie Ders.: Das ›Trauma Stalingrad‹ verarbeiten und neu erinnern – Heinrich Gerlachs Dokumentarroman »Durchbruch bei Stalingrad« (1945/2016) und erinnerungstheoretische Aspekte, S. 171–196.

387 Frank Neuner u. a.: Narrative Exposition. In: Andreas Maercker: Posttraumatische Belastungsstörungen, ebd., S. 327–350, hier: S. 329.

388 Andreas Maercker: Symptomatik, Klassifikation, Epidemiologie. In: Ders.: (Hrsg.): Posttraumatische Belastungsstörungen, a. a. O., S. 13–34, hier: S. 14, 17.

389 Erich Loest: Prozesskosten, a. a. O., S. 288.

390 Siehe Birgit Neumann: Erinnerung, Identität, Narration. Gattungstypologie und Funktionen kanadischer »Fictions of Memory«. Berlin u. a.: de Gruyter 2005.

391 Franz Neuner u.a.: Narrative Explosion. In: Andreas Maercker (Hg.): Posttraumatische Belastungsstörungen, a. a. O., S. 328. Narrationen werden in der klinischen Traumataforschung verstanden als »bilderreiche, anschauliche, gefühlsmäßig packende Erzählungen, die innere Zusammenhänge des Ablaufs der Ereignisse nachvollziehen. Dazu werden die verfügbaren Informationen aus dem autobiografischen Gedächtnis abgerufen, also die Antwort auf das ›Wann‹ und ›Wo‹« (ebd.).

392 Klaus Latzel: Vom Kriegserlebnis zur Kriegserfahrung: Theoretische und methodische Überlegungen zur erfahrungsgeschichtlichen Untersuchung von Feldpostbriefen. In: MGM 56/1997, S. 1–30, hier: S. 14 f. Siehe dazu Gansel, Carsten: Zwischen Störung und Affirmation? Zur Rhetorik der Erinnerung im Werk von Günter Grass. In: Zeitschrift für Deutsche Philologie, Sonderheft. Berlin: Erich Schmidt 2012, S. 173–198.

393 Siehe Norman Ächtler: Generation in Kesseln. Das Soldatische Opfernarrativ im westdeutschen Kriegsroman 1945–1960. Göttingen: Wallstein 2013.

394 Brief von Otfried Preußler vom 1. März 1951 an Herrn Bartsch. In: PAOP.

395 In diesem Rahmen wurde Griechenland der britischen und Bulgarien und Rumänien der sowjetischen Hemisphäre zugeordnet.

396 Siehe dazu Andreas Hilger: Deutsche Kriegsgefangene in der Sowjetunion, 1941–1956. Kriegsgefangenenpolitik, Lageralltag und Erinnerung. Essen: Klartext Verlag 2000.

397 Siehe Gerd R. Ueberschär: Das NKFD und der BDO im Kampf gegen Hitler 1943–1945. In: Ders. (Hg.): Das Nationalkomitee »Freies Deutschland« und der Bund Deutscher Offiziere. Frankfurt/M.: Fischer TB 1995. Zu den Denkschriften der Generäle siehe auch die bis in die Gegenwart differenzierteste Darstellung zum Nationalkomitee von Jörg Morré: Hinter den Kulissen des Nationalkomitees. Das Institut 99 in Moskau und die Deutschlandpolitik der UdSSR 1943–1946. München: R. Oldenbourg Verlag 2001, S. 61–74.

398 Walther von Seydlitz: Stalingrad. Konflikt und Konsequenz. Erinnerungen. Einleitung Bodo Scheurig. Oldenburg und Hamburg: Verlag Gerhard Stalling 1977, S. 291. Diese Darstellung, die den Konflikt und die Konsequenz der drei Generäle zusammenfasst, wird durch Erinnerungen anderer Offiziere wie Dr. Korfes, Oberst Steidle oder Heinrich Graf von Einsiedel bestätigt. Siehe u.a.: Wilhelm Adam: Der schwere Entschluß. Berlin: Verlag der Nation 1965, S. 353 ff.; Luitpold Steidle: Entscheidung an der Wolga. Berlin: Union Verlag 1969, S. 315 ff.; Heinrich Graf von Einsiedel: Tagebuch der Versuchung. 1942–1950. Frankfurt a./M. 1985, S. 87 ff.; Sigrid Wegner-Korfes: Weimar – Stalingrad – Berlin. Das Leben des deutschen Generals Otto Korfes. Berlin: Verlag der Nation 1994, S. 120 ff.

399 Otfried Preußler: Unterwegs in die Tatarei. In: Verlorene Jahre?, a.a.O., S. 8.

400 Heinrich Gerlach: Odyssee in Rot, a.a.O., S. 200. Siehe dazu ausführlich Carsten Gansel: Nach 70 Jahren aus der Kriegsgefangenschaft zurück, a.a.O., S. 519–693. Die nachfolgende Darstellung nimmt auf diese Edition Bezug.

401 Luitpold Steidle: Entscheidung an der Wolga. Berlin: Union Verlag 1969, S. 325. Siehe auch Sigrid Wegner-Korfes: Weimar – Stalingrad – Berlin. Das Leben des deutschen Generals Otto Korfes. Berlin: Verlag der Nation 1994, S. 121. Interessant ist, dass auch in Dieter Lattmans Roman »Die

Brüder« im Umfeld der Gründung des Bundes Deutscher Offiziere auf die Geschichte und Tauroggen verwiesen wird. Der Erzähler notiert mit deutlicher Sympathielenkung ganz in diesem Sinne: »Hitler hatte sie verraten. Jetzt nannten die einen Yorck, Clausewitz und den Freiherrn von Stein als Kronzeugen. Die anderen, die Ewiggestrigen, beschworen eine neue Dolchstoßlegende, die den Abtrünnigen schon jetzt die Schuld zuschanzte, sofern der Krieg verlorenging.« (Dieter Lattmann: Die Brüder. Frankfurt/M.: S. Fischer 1985, S. 125; Dieter Lattmann ist der Neffe des Generals Martin Lattmann).

402 Walther von Seydlitz: Stalingrad. Konflikt und Konsequenz. Erinnerungen. Oldenburg und Hamburg: Stalling 1977, S. 282.

403 Heinrich Gerlach: Odyssee in Rot, a. a. O., S. 209. Vgl. Carsten Gansel: Nach 70 Jahren aus der Kriegsgefangenschaft zurück, a. a. O., S. 519–693.

404 Heinrich Gerlach: ebd., S. 231.

405 Es kann hier nicht darum gehen, die Frage zu beantworten, wie die Gefangenenpolitik der Sowjetunion aussah. Andreas Hilger nennt Gründe, warum die Sowjetunion das Kriegsgefangenenwesen intern und ohne formale Bindung an völkerrechtliche Vorschriften regelte, und er kommt zu dem Ergebnis: »Bei alledem war der explizit formulierte Leitgedanke, daß die Behandlung der Gefangenen in der UdSSR nicht schlechter sein solle, als es das Genfer Abkommen von 1929 vorschreibe, ein Ziel, das später auch in den Neufassungen von 1939 und 1941 angestrebt und erreicht wurde.« (Andreas Hilger: Deutsche Kriegsgefangene, a. a. O., S. 52).

406 Otfried Preußler: Kamapromenade. In: Verlorene Jahre?, a. a. O., S. 2.

407 Bodo Scheurig: Verräter oder Patrioten. Das Nationalkomitee »Freies Deutschland« und der Bund Deutscher Offiziere in der Sowjetunion 1943–1945. Berlin, Frankfurt/M.: Propyläen 1993 (überarbeitete und ergänzte Neuausgabe der 1960 unter dem Titel »Freies Deutschland« erschienenen Erstausgabe). Zu den Auseinandersetzungen siehe u. a.: Peter Steinbach: Widerstand im Widerstreit. Der Widerstand gegen den Nationalsozialismus in der Erinnerung der Deutschen. Paderborn: Schöningh 2001; Gerd R. Ueberschär: Für ein anderes Deutschland. Der deutsche Widerstand gegen den NS-Staat 1933–1945. Frankfurt/M.: Fischer 2006, Ders.: »Stachel im Fleisch der deutschen Nachkriegsgesellschaft«. Die Deutschen und der Widerstand. In: Aus Politik und Zeitgeschichte B 28/1994, S. 3–14. Siehe später die instruktive Arbeit von Julia Warth: Verräter oder Widerstandskämpfer? Wehrmachtsgeneral Walther von Seydlitz-Kurzbach. München: R. Oldenbourg Verlag 2006.

408 Bodo Scheurig: Einleitung. In: Walter von Seydlitz: Stalingrad. Konflikt

und Konsequenz. Erinnerungen. Einleitung Bodo Scheurig. Oldenburg und Hamburg: Verlag Gerhard Stalling 1977, S. 7.

409 Otfried Preußler: Im sowjetischen Lazarett. In: Ders.: Gustav Leutelt habe ich noch gekannt. Heimatliche Texte von Otfried Preußler, a. a. O., S. 114.

410 Otfried Preußler: Im sowjetischen Lazarett. In: Ebd. Eine vergleichbare Darstellung findet sich auch in »Gefangen in Jelabuga« in dem Band: Otfried Preußler: Ich bin ein Geschichtenerzähler, a. a. O., S. 52–60.

411 Ebd., S. 115.

412 Otfried Preußler: Im sowjetischen Lazarett, a. a. O., S. 116.

413 Ebd., S. 116 f.

414 Ebd., S. 118

415 Ebd. – Im Brief an Bartsch notiert Otfried Preußler: »Ich erkrankte an Ruhr, hatte vorübergehend ein Lebendgewicht von 46 Pfund (sic), kam aber doch wieder auf die Beine und verbrachte die längste Zeit in einem Lager bei Kasan im Arbeitseinsatz.« (6. Juni 1951)

416 Ebd.,S. 119.

417 Ebd., S. 120.

418 Otfried Preußler: Wanderungen im Geiste, Gedichte und Anderweitiges. In: Verlorene Jahre? a. a. O., S. 1.

419 Albrecht Lehmann: Erzählen im Gefangenenlager. Über Formen und Funktionen des Erzählens in einer extremen Lebenssituation. In: FABULA, 25/1984, S. 1–17, hier: S. 6.

420 Otfried Preußler: Im sowjetischen Lazarett, a. a. O., S. 121.

421 Otfried Preußler: Eine Sache der Ehre. In: Verlorene Jahre?, a. a. O., S. 1.

422 BA Berlin – SAPMO, NY/4065, Blatt 1–43, hier: Blatt 1. Das Dokument befindet sich im Nachlass von Wilhelm Pieck.

423 Wilhelm Pieck: Notizen über den Besuch des Offiziers-Kriegsgefangenenlagers in Susdal vom 18.–28. 6.1943. In: SAPMO-BArch NY 4036/498, Bl. 72–82 sowie Wilhelm Pieck an Manuilskij vom 21.6.1943. In: ebd. NY 4036/571, Bl. 110.

424 Ebd.

425 Albrecht Mertz von Quirnheim gehörte zum engsten Kreis um Claus Graf Schenk von Stauffenberg und wurde gemeinsam mit ihm, General Olbricht und Werner von Haeften in der Nacht des 20. Juli 1944 im Hof des Bendlerblocks standrechtlich erschossen. Siehe zum »Brief an Ali«

auch Sigrid Wegner-Korfes: Weimar – Stalingrad – Berlin. Das Leben des deutschen Generals Otto Korfes. Berlin: Verlag der Nation 1994, S. 137–144. Die Darstellung zu Korfes betont, dass dieser eine »gewisse Euphorie« erkennen ließ und er den Brief in dieser Form »aus freien Stücken« formuliert habe (S. 141 f.).

426 Otto Korfes: Brief an einen Freund. Herrn Dr. Alexander K., Professor der neueren Geschichte. In: Freies Deutschland, Nr. 2, 9. Januar 1944, S. 4.

427 Heinrich Gerlach: Odyssee in Rot, a. a. O., S. 327.

428 Ebd., S. 331.

429 Im Mai 1991 auf dem ersten gesamtdeutschen Schriftstellerkongress in Lübeck/Travemünde war im Verband deutscher Schriftsteller (VS) eine Geschichtskommission gegründet worden, deren Aufgabe darin bestand, die Historie beider Verbände in Zeiten der deutschen Teilung zu untersuchen. Ich wurde in die Kommission gewählt, und etwas später kam Heinrich Graf von Einsiedel hinzu. Über Stalingrad, das Nationalkomitee »Freies Deutschland« und den Bund Deutscher Offiziere haben wir uns mehrfach ausgetauscht.

430 Otfried Preußler: Kamapromenade. In: Verlorene Jahre?, a. a. O., S. 2.

431 Heinrich Gerlach an Bodo Scheurig, 21. Juli 1956.

432 Ebd.

433 Siehe Andreas Hilger: Deutsche Kriegsgefangene in der Sowjetunion, 1941–1956. Kriegsgefangenenpolitik, Lageralltag und Erinnerung. Essen: Klartext Verlag 2000, S. 52. Zu Fragen der deutschen Kriegsgefangenen in der Sowjetunion siehe u. a. die profunden Arbeiten von Albrecht Lehmann: Gefangenschaft und Heimkehr. Deutsche Kriegsgefangene in der Sowjetunion. München: C. H. Beck Verlag 1986; Ders.: In sowjetischer Gefangenschaft. In: Wolfram Wette (Hg.): Der Krieg des kleinen Mannes. Eine Militärgeschichte von unten. München: Piper 1992, S. 295–312; Ders.: Hungerkultur. Zur Erfahrung des Nahrungsmangels in der totalen Institution sowjetischer Kriegsgefangenenlager des Zweiten Weltkriegs. In: U. Spiekermann/G. U. Schönberger (Hg.): Ernährung in Grenzsituationen. Berlin u. a.: Springer 2002, S. 107–119.

434 Siehe u. a. Günther Wagenlehner: Urteil: »25 Jahre Arbeitslager«. Die Prozesse gegen deutsche Kriegsgefangene in der Sowjetunion. In: Haus der Geschichte der Bundesrepublik Deutschland (Hrsg.): Kriegsgefangene – Военнопленные. Sowjetische Kriegsgefangene in Deutschland. Deutsche Kriegsgefangene in der Sowjetunion. Düsseldorf: Droste Verlag 1995.

435 Die verurteilten deutschen Kriegsgefangenen werden zumeist in Speziallager überstellt Zu diesen Speziallagern gehören u. a. die Lager 270 in Nowgorod, Nr. 362 in Stalingrad, Nr. 144 im Gebiet Woroschilowgrad (heute Lugansk), Nr. 82 im Gebiet Woronesh sowie das Lager Nr. 159 im Gebiet Odessa. Siehe die frühe Darstellung: Zur Geschichte der Deutschen Kriegsgefangenen des Zweiten Weltkrieges. Bd. VII: Kurt W. Böhme: Die Deutschen Kriegsgefangenen in sowjetischer Hand. Eine Bilanz. München: Verlag Ernst und Werner Gieseking 1966.

436 Heinrich Gerlach: Odyssee in Rot, a. a. O., S. 635.

437 Ebd., S. 638.

438 Otfried Preußler: Der Sprung ins kalte Wasser. In: Verlorene Jahre?, a. a. O., S. 6.

439 Johannes Bobrowski: Bericht über die ersten Jahre der Gefangenschaft. In: Ders.: Gesammelte Werke in sechs Bänden. Band 4: Die Erzählungen, Vermischte Prosa und Selbstzeugnisse. Berlin: Union Verlag 1987, S. 264–317, hier: S. 271.

440 Siehe dazu auch die Erfahrungen von Heinrich Gerlach: Odyssee in Rot, a. a. O., S. 673.

441 Abriß der Geschichte des Lagers Nr. 97. In: RGVA, Bestand 1p, Fond 35a, Akte 18.

442 Ebd.

443 »Der ›Politruck von Jelabuga‹ vor Gericht. Arbeiten – verrecken – verscharrt werden«. In: Stern, Heft 48, 26. November 1950. Die 6 Fotos im Stern-Bericht stammen vom »Königsberger«.

444 Klaus Sasse: Bilder aus russischer Kriegsgefangenschaft. Erinnerungen und Fotos aus Jelabuga und anderen sowjetischen Lagern 1945–1949. Münster/New York/München: Waxmann 1999. Das Exemplar, das über verschiedene Wege zu mir gelangt ist, stammt von Friedrich Korte, durch dessen Engagement die Publikation überhaupt erst zustande gekommen ist. In dem Band fand sich zudem ein Brief von Friedrich Korte vom 5. Juli 2002, in dem er zum Projekt sowie zu einer Anfrage Stellung nimmt, die Ausstellung auch in Klaus Sasses Heimatstadt Hamburg zu zeigen.

445 Otfried Preußler: Der Sprung ins kalte Wasser. In: Verlorene Jahre?, a. a. O.

446 Otfried Preußler: Fotos aus Jelabuga, o. J. In: PAOP.

447 Siehe dazu Jörg Morré: Das Institut 99, a. a. O., S. 181–186.

448 Siehe dazu den »Vorschlag zur Anordnung der Moskauer Führung für

die Selbstauflösung von NKFD und BDO«. In: Das Nationalkomitee »Freies Deutschland« und Bund Deutscher Offiziere. Hrsg. von Gerd R. Ueberschär. Frankfurt/M.: Fischer TB 1995, S. 286; Günter Benser: Zur Auflösung des NKFD 1945. In: Zeitschrift für Geschichtswissenschaft, 1990, Heft 38, S. 907–914.

449 Beschluss des Nationalkomitees Freies Deutschland. In: Freies Deutschland, 3.11.1945.

450 Albrecht Lehmann: In sowjetischer Gefangenschaft. In: Wolfram Wette (Hg.): Der Krieg des kleinen Mannes. Eine Militärgeschichte von unten. München: Piper 1992, S. 295–312, hier: S. 296; siehe grundlegend auch Ders.: Gefangenschaft und Heimkehr: Deutsche Kriegsgefangene in der Sowjetunion. München: C.H. Beck Verlag 1986, S. 4.

451 Der Hinweis kommt von Albrecht Lehmann: Die Kriegsgefangenen. In: Aus Politik und Zeitgeschichte, B 7–8/95 (10. Februar 1995), S. 13–19, hier: 16. Siehe Erving Goffman: Asyle. Über die soziale Situation psychiatrischer Patienten und anderer Insassen. Frankfurt/M.: Suhrkamp 1973. Siehe auch Ders.: Albrecht Lehmann: Hungerkultur. Zur Erfahrung des Nahrungsmangels in der totalen Institution sowjetischer Kriegsgefangenenlager des Zweiten Weltkriegs. In: U. Spiekermann/G.U. Schönberger (Hg.): Ernährung in Grenzsituationen. Berlin u.a.: Springer 2002, S. 107–119.

452 Otfried Preußler: Verlorene Jahre? In: Ich bin ein Geschichtenerzähler, a.a.O., S. 63–70, hier: S. 65, 66.

453 Otfried Preußler: Verlorene Jahre? In: PAOP.

454 Siehe die Beispiele in der von mir verantworteten Ausstellung »Gefangen im Krieg. Deutsche Kriegsgefangene in der Sowjetunion (1941–1956) in der Regionalbibliothek Neubrandenburg, a.a.O.

455 Nachdem Kriegsgefangene kurz nach 1945 vor allem im Bausektor eingesetzt werden, verlagert sich das Schwergewicht in den späteren Jahren auf die Energiewirtschaft. Dies hat zur Folge, dass die Kriegsgefangenen in Bergwerken und anderen Betrieben der Kohleindustrie und der Energiewirtschaft eingesetzt werden.

456 Formular des Lagers 119. In: RGVA, Bestand 1p, Fond 15a, Akte 120.

457 Albrecht Lehmann: Erzählen im Gefangenenlager, a.a.O., S. 5.

458 Otfried Preußler: Eine Sache der Ehre, des Ruhmes, des Heldentums. In: Verlorene Jahre?, a.a.O., S. 6–7.

459 Otfried Preußler: Verlorene Jahre?, a.a.O

460 Egon Erwin Kisch: Ein Reporter wird Soldat. In: Ders.: Schreib das auf, Kisch! Berlin: Aufbau Verlag 2014, S. 307–318, hier: S. 311.

461 Otfried Preußler: Gruß vom Wege. In: Ders.: Gruß vom Wege. In: PAOP.

462 Siehe Norman Ächtler: »Der Zauberer der Verse, im Hunger vergessen« – Lagerlyrik von Günter Eich und Johannes Bobrowski. In: Michael Henke/ Wolfgang Riedel (Hrsg.): Felder der Ehre? Krieg und Nachkrieg in der Literatur des 20. Jahrhunderts. Würzburg: Königshausen & Neumann 2015, S. 131–156, hier: S. 142.

463 Otfried Preußler an Kingstonne, 09.10.1949. In: PAOP.

464 Hans Werner Richter (Hrsg.): Almanach der Gruppe 47 1947–1962. Reinbek: Rowohlt 1962, S. 9.

465 Otfried Preußler an Kingstonne, 09.10.1949. In: PAOP. Der Stolpichfall liegt in der Nähe von Haindorf (Hejnice) im Isergebirge und in der Region Reichenberg.

466 Otfried Preußler: Verlorene Jahre?, a. a. O.

467 Johann Wolfgang von Goethe: Wilhelm Meisters Lehrjahre. 4. Buch, 11. Kapitel.

468 Otfried Preußler an Kingstonne, 09.10.1949. In: PAOP.

469 Ebd.

470 Otfried Preußler: Verlorene Jahre?, a. a. O.

471 Zum Autor-Typus des »naiven Kinderdichters«, der später auch im kinderliterarischen Werk von Otfried Preußler eine gewichtige Rolle spielt, siehe Carsten Gansel: Moderne Kinder- und Jugendliteratur. Berlin: Cornelsen 2021 (10. Auflage), S. 38.

472 Vgl. dazu die profunde Darstellung von Norman Ächtler: »Der Zauberer der Verse, im Hunger vergessen«, a. a. O., S. 152.

473 Kriegsgefangenenakte Johannes Bobrowski. In: RGVA, Akte Nr. 01828943.

474 Otfried Preußler: Verlorene Jahre?, a. a. O.

475 Norman Ächtler: »Der Zauberer der Verse, im Hunger vergessen«, a. a. O., S. 155.

476 Ebd.

477 Günter Eich: Inventur. In: Hans Werner Richter (Hg.): Deine Söhne, Europa. Gedichte deutscher Kriegsgefangener. München: Nymphenburger 1947, S. 17.

478 Otfried Preußler: Wanderungen im Geiste. In: Verlorene Jahre?, a. a. O., S. 1.

479 Vgl. Jörg Morré: Hinter den Kulissen des Nationalkomitees. Das Institut 99

in Moskau und die Deutschlandpolitik der UdSSR 1943–1946. München: R. Oldenbourg Verlag 2001, S. 55 ff.

480 Vgl. ebd., S. 120 ff.

481 Siehe dazu die von Otto Rühle angefertigten Mitschriften und Konspekte aus dem Antifa-Lager. Die Aufzeichnungen geben ein umfassendes Bild von dem, was in den Lehrgängen vermittelt wurde. In: Archiv Hellmut Rühle.

482 Siehe auch Jan Foitzik: Sowjetische Militäradministration in Deutschland (SAD) 1945–1949. Struktur und Funktion. Berlin: Akademie Verlag 1999, S. 195–197.

483 Otfried Preußler: Künstlerkommando. In: Verlorene Jahre?, a. a. O.

484 Reinhart Koselleck: Erinnerungsschleusen und Erfahrungsschichten, a. a. O., S. 265.

485 Ebd., S. 266.

486 Vgl. Ebd., S. 267.

487 Kriegsgefangenenakte Franz Fühmann, RGVA, Akte Nr. 018319890.

488 Hans Zinsmeister: Tonbandprotokoll des Gesprächs vom 29. November 1965 für die Wissenschaftliche Kommission für deutsche Kriegsgefangenengeschichte, WKS-1061. In: Ders.: Materialien zur sowjetischen Kriegsgefangenschaft 1941–1949. O. J., S. 2. Diese Kommission unter der Leitung des Historikers Prof. Dr. Erich Maschke legte 22 Bände zur Geschichte der deutschen Kriegsgefangenen des Zweiten Weltkrieges vor. Das Vorhaben selbst kam erst 1974 zum Abschluss. Siehe u. a.: Zur Geschichte der Deutschen Kriegsgefangenen des Zweiten Weltkrieges. Bd. VII: Kurt W. Böhme: Die Deutschen Kriegsgefangenen in sowjetischer Hand. Eine Bilanz. Bielefeld: Gieseking Verlag 1966. Zur Arbeit der Kommission siehe u. a. die Einleitung von Wolfgang Benz. In: Ders./Angelika Schardt (Hg.): Kriegsgefangenschaft. Berichte über das Leben in den Gefangenenlagern der Alliierten von Otto Engelbert, Kurt Glaser, Hans Jonitz und Heinz Pust. München: R. Oldenbourg 1991, S. 7–16. Benz verweist darauf, dass die Bände aus diplomatischen Gründen nicht für die breite Öffentlichkeit zugänglich waren und bis Anfang der 1970er Jahre »Nur für den Dienstgebrauch« freigegeben wurden (ebd., S. 10).

489 Siehe Hans Zinsmeister: Griechische Grammatik. Teil 1: Griechische Laut- und Formlehre. Universitätsverlag Winter: Heidelberg 2019. Am 7. Mai 2010 erscheint in der Süddeutschen Zeitung ein Beitrag mit dem Titel »102-jähriger Münchener: Ein ordnungsgemäßes Lotterleben«, in

dem die Geschichte von Hans Zinsmeister erzählt wird. Der Lehrer und Freund von Otfried Preußler verstirbt im Juni 2011 im 104. Lebensjahr.

490 Hans Zinsmeister: Bestätigung, München, 10.6.1951. In: Ders.: Materialien zur sowjetischen Kriegsgefangenschaft. 1941–1949. O.J.

491 Ebd.

492 Sammlung von Dokumenten über das Leben der deutschen Kriegsgefangenen in den Lagern der T.A.S.S.R. In: RGVA, Fond 45, Verzeichnis 21-H.

493 Dem Leiter der antifaschistischen Schule Oberst Gladkow. Dank des deutschen Sektors. RGVA, Fond 4, Verzeichnis 22, Blatt 7 (Übersetzung aus dem Russischen).

494 Da Willi Niggeling zunehmend in Widerspruch zur Kulturpolitik der SED gerät, siedelt er 1957 in die Bundesrepublik über, wo er bis zu seinem Ruhestand an den Musikhochschulen in Hannover und Frankfurt/M. tätig ist.

495 Franz Fühmann: Schwaben-Song. In: Dem Leiter der antifaschistischen Schule Oberst Gladkow. Dank des deutschen Sektors, a.a.O., Blatt 29. Der Plan einer sogenannten abendländischen Konförderation geht auf Bernhard Dietrich, den Oberbürgermeister von Singen, zurück. Das Vorhaben wurde allerdings von den Siegermächten des Zweiten Weltkrieges nicht gestützt. Gleichwohl kam es am 17./18. August 1946 zur Gründung des »Schwäbisch-alemannischen Heimatbundes«. Letztlich erzielte die Bewegung aber keine Breitenwirkung. Siehe dazu Jürgen Klöckler: »Das Land der Alemannen…« Pläne für einen Heimatstaat im Bodenseeraum nach 1945. Konstanz: Universitätsverlag 2000.

496 Ebd., Blatt 30.

497 Friedrich Wolf: Kunst ist Waffe! (1928). In: Ders.: Kunst ist Waffe! Leipzig: Reclam, S. 5–25, hier: S. 19.

498 Ebd.

499 Siehe auch die Autobiografie von Mischket Liebermann: Aus dem Ghetto in die Welt. Berlin: Verlag der Nation 1977.

500 Dem Leiter der antifaschistischen Schule Oberst Gladkow. Dank des deutschen Sektors, a.a.O., Blatt 26, 28.

501 Georgi Dimitroff: Die Offensive des Faschismus und die Aufgaben der Kommunistischen Internationale im Kampf für die Einheit der Arbeiterklasse gegen den Faschismus. Bericht auf dem VII. Weltkongreß der Kommunistischen Internationale. In: Ders. (Hg.): Ausgewählte Schriften Bd. 2. Berlin 1958, S. 523–625, hier: S. 525. Georgi Dimitroff (1882–1949) war ein führender Politiker der bulgarischen Kommunistischen Partei.

Weltbekannt wurde er als Angeklagter im Reichstagsbrandprozess 1933, für den die Nationalsozialisten die Kommunisten verantwortlich machten. Dimitroff, der sich illegal in Deutschland aufhielt, wurde im März verhaftet und vor Gericht gestellt. Der Reichstagsbrandprozess entwickelte sich nicht zuletzt durch Dimitroff, der sich selbst verteidigte, zu einem Fiasko. Dimitroff ging ins Exil und war von 1935 bis 1943 Generalsekretär der KOMINTERN, der Kommunistischen Internationale in Moskau. Die Rolle Dimitroffs während des »Großen Terrors« unter Stalin ist umstritten. Den »Säuberungen« fielen im Exil in der Sowjetunion zahlreiche kommunistische Funktionäre zum Opfer. Von 1946 bis 1949 war Dimitroff bulgarischer Ministerpräsident. Aufschluss über seine politischen Auffassungen, seine Rolle während des Reichstagsbrandprozesses sowie im Exil in der Sowjetunion unter Stalin geben seine Tagebücher. Siehe die gründliche Edition: Georgi Dimitroff: Tagebücher 1933–1943. Band 1: Tagebücher. Band 2: Kommentare und Materialien. Hrsg. von Bernhard Bayerlein. Berlin: Aufbau Verlag.

502 Siehe dazu Otto Rühle: Mitschriften aus der Antifaschule in Jelabuga. unv. (Nachlass Otto Rühle).

503 Butzbacher Interview. Franz Fühmanns Interview mit Hans-Joachim Müller sowie seinen Schülern Michael Engelhardt, Britta Wannie. 16. Mai 1984, Butzbach. In: Franz Fühmann. Briefe 1950–1984 Hrsg. von Hans-Jürgen Schmitt. Rostock: Hinstorff Verlag 1994, S. 572–595, hier: S. 572 f.

504 Ebd., S. 574.

505 Otfried Preußler: Weihnachten hinter Stacheldraht. In: Ders.: Verlorene Jahre?, a. a. O., S. 3.

506 Ebd., S. 4

507 Heinrich Gerlach: Odyssee in Rot, a. a. O., S. 331.

508 Ebd.

509 Hans Zinsmeister: Tonbandprotokoll des Gesprächs vom 29. November 1965 für die Wissenschaftliche Kommission für deutsche Kriegsgefangenengeschichte, WKS-1061S. In: Ders.: Materialien zur sowjetschen Kriegsgefangenschaft, a. a. O., S. 50.

510 Siehe dazu Carsten Gansel: Parlament des Geistes. Literatur zwischen Hoffnung und Repression. 1945–1961. Berlin: BasisDruck 1996, S. 22, 206, 385. Als ich die Monografie zu Entwicklungen in der DDR-Literatur und im Schriftstellerverband bis 1961 schrieb, hatte ich keine Hinweise zur Biografie von Otto Braun, der zeitweise auch der Lebensgefährte von Olga Benario war, die im KZ Ravensbrück in der Gaskammer ermordet

wurde. Ihre Mutter starb im KZ Theresienstadt, und ihr Bruder wurde in Auschwitz ermordet. Stephan Hermlin hat Olga Benario in seinen Band »Die erste Reihe« aufgenommen, in dem bereits 1951 der Opfer des Nationalsozialismus gedacht wird. »Das deutsche Volk, das an der Machtergreifung Hitlers und an seinen Massakern beteiligt war, war auch an dem unaufhörlichen, offenen und verborgenen, leidvollen und stilerweckenden Kampf gegen Hitler und jene, die ihn gerufen hatten, und ihren schändlichen Krieg beteiligt. Allzu wenig ist bisher über diesen Kampf gesprochen worden«, schreibt er im Vorwort (ebd., S. 7). In dem Band geht es neben Olga Benario u.a. auch um Lilo Hermann, Hanno Günther, Werner Seelenbinder, Käthe Niederkirchner, Arthur Becker und Die Weiße Rose.

511 Siehe Carsten Gansel: »Blinde Flecke«, nachholende Bekentnisse und Archivfunde als Aufstörung – Erwin Strittmatter und das Gedächtnis. In: Carsten Gansel/Matthias Braun (Hg.): Es geht um Erwin Strittmatter oder Vom Streit um die Erinnerung. Göttingen: Vandenhoeck & Ruprecht 2012, S. 17–38.

512 Hans Zinsmeister: Tonbandprotokoll des Gesprächs vom 29. November 1965 für die Wissenschaftliche Kommission für deutsche Kriegsgefangenengeschichte, WKS-1061S, a.a.O., S. 54 f.

513 Ebd., S. 50.

514 Hans Zinsmeister: Bestätigung, München, 10.6.1951. In: PAOP.

515 Otfried Preußler an Hans Wulle-Wahlberg, 19. August 1958. In: PAOP.

516 Ebd.

517 Hans W. Wahlberg: Das Lächeln der Klio. Feuilletons der Weltgeschichte. Berlin: Haude & Spenersche Verlagsbuchhandlung 1968, S. 193–200.

518 Friedrich Sengle: Arbeiten zur deutschen Literatur 1750–1850. Stuttgart: J.B. Metzlersche Verlagsbuchhandlung 1965, S. 140.

519 Otfried Preußler: Mein geliebtes Porzellan. RGVA Fond 4, Verzeichnis 22-H.

520 Ebd.

521 Hans Zinsmeister an Josef Preußler, 28.07.1947. In: PAOP.

522 Siehe dazu meine zahlreichen Beiträge zur Adoleszenz, darunter Carsten Gansel: Zwischenzeit, Grenzüberschreitung, Störung – Adoleszenz und Literatur. In: Ders./Pawel Zimniak (Hg.): Zwischenzeit, Grenzüberschreitung, Aufstörung: Bilder von Adoleszenz in der deutschsprachigen Literatur. Heidelberg: Winter 2011, S. 15–48; Ders.: Adoleszenzkrisen und Aspekte von Störung – in der deutschen Literatur um 1900 und um

2000. In: Ebd., S. 261–288, Ders.: Entdramatisierung der Generationenkonflikte. Zwischen Gleichheit und Depression in All-Age- und Adoleszenzromanen. In: Sprache und Generation. Eine soziolinguistische Perspektive auf den Sprachgebrauch. Hrsg. von Eva Neuland: Sprache der Generationen, Thema: Deutsch, Bd. 12, Dudenverlag Mannheim 2012, S. 354–371.

523 Ebd.

524 Hans Zinsmeister an Josef Preußler, 28.07.1947. In: PAOP.

525 Katrin Anja Kilian: Das Medium der Feldpost als Gegenstand interdisziplinärer Forschung. Archivlage, Forschungsstand und Aufbereitung der Quelle aus dem Zweiten Weltkrieg. Dissertation. Berlin 2001, S. 52 ff.

526 Heinrich Gerlach: Durchbruch bei Stalingrad, a. a. O., S. 514.

527 Heinrich Gerlach: Odyssee in Rot, a. a. O., S. 337.

528 Ebd., S. 483.

529 Otfried Preußler: Kriegsgefangenenpost. In: Verlorene Jahre?, a. a. O.

530 Vgl. Pavla Tišerová: Tschechien. In: Handbuch der deutschen Sprachminderheiten in Mittel- und Osteuropa. Hrsg. von Ludwig M. Eichinger, Albrecht Plewina und Claudia Maria Riehl. Tübingen: Gunter Narr Verlag 2008, S. 171 – 242, hier: S. 182. Pavla Tišerová bezieht sich auf folgendes Dokument: Češi a sudetoněmeckă otazka. 1939–1945. Dokumenty. Praha: UMV 1994.

531 Ebd., S. 185.

532 Vgl. dazu Wolfgang Schwarz: Minderheiten in Tschechien von 1918 bis heute, a. a. O.

533 Durs Grünbein: Das erste Jahr. Berliner Aufzeichnungen. Frankfurt/M.: Suhrkamp 2003 (2001), S. 78. Am Ende des Eintrags notiert Grünbein: »Langsam schwant mir, warum meine Großmutter in ihren letzten Jahren so oft geweint hat.« (79) Siehe Carsten Gansel: Formen der Erinnerung in der deutschsprachigen Gegenwartsliteratur nach 1989. In: Ders./ Pawel Zimniak (Hrsg.): »Das Prinzip Erinnerung« in der deutschsprachigen Gegenwartsliteratur nach 1989. Göttingen 2010: Vandenhoeck & Ruprecht, S. 17–34.

534 Günter Grass: Im Krebsgang. Göttingen: Steidl 2002. Zitiert wird nach der Taschenbuchausgabe München 2004, S. 7.

535 W.G. Sebald: Luftkrieg und Literatur. Mit einem Essay zu Alfred Andersch. Frankfurt/M. 2002 (1999), S. 7.

536 Reinhard Jirgl: Die Unvollendeten. München: Carl Hanser Verlag 2003,

S. 5. (Layout, besondere Schreibweise und Hervorhebungen entsprechen dem Original). Zur Poetologie von Reinhard Jirgl siehe u. a. Carsten Gansel/Reinhard Jirgl: »Kritik findet sich in der verwendeten Form, nicht im Inhalt des Geschriebenen« – Ein Gespräch. In: Gießener Universitätsblätter. Jahrgang 46/2013 (Sonderdruck), S. 9–17 sowie der ergänzte Wiederabdruck in: Carsten Gansel: Literatur im Dialog, a. a. O., S. 663–666.

537 Tina Kilian: Großmutter hat keine Uhr. In: PAOP.

538 Ebd.

539 Otfried Preußler: Kriegsgefangenenpost. In: Verlorene Jahre?, a. a. O.

540 Dieter Kind: Tagebuchnotizen. In: PAOP.

541 Ebd. Bei der ASW handelt es sich um die damalige Aktiengesellschaft Sächsische Werke. Dazu gehört das Braunkohlen- und Großkraftwerk Espenhain.

542 Einen Monat später, am 23. Juni 1949, lässt sich dann auch Otfried Preußler nach fünf Jahren Kriegsgefangenschaft nach Stephanskirchen entlassen.

543 Seznam-Verzeichnis. Stand 15.7.1945. Cp. NC. 305. In: PAOP.

544 Ernestine Preußler an Annelies Kind. Mai 1946. In: PAOP.

545 Annelies Kind: Schreiben an das Internationale Komitee vom »Roten Kreuz«. Zentralstelle für Kriegsgefangene. Genf-Schweiz, 31. Mai 1946. In: PAOP.

546 Ernestine Preußler: An den Sanitätshilfsdienst Koblenz. o. J. In: PAOP.

547 Das erste Lebenszeichen von Otfried aus der Kriegsgefangenschaft. Auszug aus einem Brief von Dieter Kind, 5.12.1946. In: PAOP.

548 Ebd.

549 Otfried Preußler an Ernestine Preußler, 20.11.1946. In: PAOP.

550 Otfried Preußler an Ernestine Preußler, 21. Dezember 1946. In: PAOP.

551 Otfried Preußler: Mutters Hände. In: Ebd.

552 Bei Tucholsky heißt es in der ersten Strophe von »Mutterns Hände« im Berliner Dialekt: »Hast uns Stulln jeschnitten/ und Kaffe jekocht/ und de Töppe rübajeschohm-/ und jewischt und jenäht/ und jemacht und jedreht/ alles mit deine Hände.« (Kurt Tucholsky: Deutschland, Deutschland über alles. Berlin: Neuer Deutscher Verlag 1929, S. 171)

553 Siegfried Kracauer: Über die Freundschaft. Frankfurt/M.: Suhrkamp 1990.

554 Hans Zinsmeister an Josef Preußler, 28.7.1949. In: PAOP.

555 Ebd.

556 Otfried Preußler: Verlorene Jahre?, a. a. O.

557 Otfried Preußler an Ernestine Preußler, Weihnachten 1948. In: PAOP.

558 Ebd.

559 Ebd.

560 Otfried Preußler an Ernestine Preußler, 20.11.1946, a. a. O.

561 Sammlung von Dokumenten über das Leben der deutschen Kriegsgefangenen in den Lagern der TASSR, a. a. O., S. 1.

562 Ebd., S. 52.

563 Ebd., S. 84.

564 Ebd., S. 85.

565 Sammlung von Dokumenten über das Leben der deutschen Kriegsgefangenen in den Lagern der TASSR, a. a. O., S. 46 (kursive Hervorhebung – C. G.)

566 Hans Zinsmeister: Materialien zur sowjetischen Kriegsgefangenschaft 1941–1949. O. J., a. a. O.

567 Ernst Hadermann war dann Gründungsmitglied des Bundes Deutscher Offiziere, der am 11./12. September 1943 im Kriegsgefangenenlager Lunjowo bei Moskau gegründet wurde. Von 1948 bis 1955 war Hadermann Direktor des Instituts für Germanistik der Pädagogischen Hochschule Potsdam. Zu seiner Rolle in der SBZ/DDR siehe Dieter Kirchhöfer/Christa Uhlig: Ernst Hadermann. Bildungsdenken zwischen Tradition und Neubeginn. Konzepte zur Umgestaltung des Bildungswesens im Nachkriegsdeutschland. Frankfurt/M.: Peter Lang 2008. Siehe auch Daniel Niemetz: Das feldgraue Erbe: Die Wehrmachtseinflüsse im Militär der SBZ/DDR (1948/49–1989). Berlin: Christoph Links Verlag 2006.

568 Hans Zinsmeister: Bestätigung, München, 10.6.1951. In: Ders.: Materialien zur sowjetischen Kriegsgefangenschaft. 1941–1949. O. J.

569 Otfried Preußler an Hans Wulle-Wahlberg, 19. August 1958. In: PAOP.

570 Kurt Elfering: Kulturleben in russischer Gefangenschaft. In: https://www.hdg.de/lemo/zeitzeugen/kurt-elfering-kulturleben-in-russischer-kriegsgefangenschaft.html (letzter Zugriff: 10.10.2021)

571 Otfried Preußler an Hans Wulle-Wahlberg, a. a. O.

572 Das Stück von Konstantin Simonow erschien unmittelbar nach der Fertigstellung in der Sowjetischen Besatzungszone (SBZ) im Verlag »Tägliche Rundschau«.

573 Zum Ersten Deutschen Schriftstellerkongress, seiner Vorbereitung und Durchführung siehe ausführlich Carsten Gansel: Parlament des Geistes, a. a. O., S. 41–92.

574 Otfried Preußler an Hans Wulle-Wahlberg, a. a. O.

575 Paul Bauer: Kampf um den Himalaja. Das Ringen der Deutschen um den Kantsch, den zweithöchsten Berg der Erde. München: Verlag Knorr & Hirth 1934, S. 8.

576 Ebd., S. 108. Ein weiterer Band, der im Auftrag der Geographischen Gesellschaft Hannover entsteht und die deutsche Himalja-Expedition von 1934 zum Gegenstand hat, erscheint 1935. Siehe Richard Finsterwalder, Walter Raechl/Peter Misch/Fritz Bechtold: Forschung am Nanga Parbat. Die deutsche Himalaja-Expedition von 1934. Hannover: Helwingsche Verlagsbuchhandlung 1935.

577 Otfried Preußler: Kang-Chen-Dzönga. Schauspiel in III Akten (1949). In: PAOP.

578 Reinhart Koselleck: Erinnerungsschleusen und Erfahrungsschichten, a. a. O., S. 267.

579 Otfried Preußler: Kang-Chen-Dzönga, a. a. O.

580 Ebd.

581 Otfried Preußler an Robert Hohlbaum, 12. November 1949. In: PAOP.

582 Hans Zinsmeister an Josef Preußler, 28.07.1949. In: PAOP.

583 Alfred Andersch: Das junge Europa formt sein Gesicht. In: Der Ruf. Nr. 1, 1.Jg. 15. August 1946.

584 N. N. Junge Menschen über ihre Not: Briefe an die »Neue Zeitung« erörtern das Generationenproblem. In: Die Neue Zeitung (01.04.1946).

585 Vgl. Norman Ächtler: Generation in Kesseln, a. a. O. In Wolfgang Borcherts »Draußen vor der Tür« heißt es: »Sie haben uns verraten. So furchtbar verraten. Wie wir noch ganz klein waren, da haben sie Krieg gemacht. Und als wir größer waren, da haben sie vom Krieg erzählt. Begeistert. Immer waren sie begeistert. Und als wir dann noch größer waren, da haben sie sich auch für uns einen Krieg ausgedacht. Und da haben sie uns dann hingeschickt. Und sie waren begeistert. Und keiner hat uns gesagt, wo wir hingingen. Keiner hat uns gesagt, ihr geht in die Hölle. O nein keiner [...]. So haben sie uns verraten. So furchtbar verraten.« (Wolfgang

Borchert: Draußen vor der Tür (1946). In: Wolfgang Borchert. Das Gesamtwerk. Hamburg: Rowohlt Verlag 2007, S. 115–192, hier: S. 184)

586 Vgl. hierzu Ralf Trinks: Zwischen Ende und Anfang: Die Heimkehrerdramatik der ersten Nachkriegsjahre (1945 – 1949). Würzburg: Königshausen & Neumann 2002.

587 Otfried Preußler an Hans Wulle-Wahlberg, 19. August 1958. In: PAOP.

588 Im Brief notiert Otfried Preußler: »Der Zufall wollte es, daß gerade mit diesem Stück die Geschichte unserer Lagerbühne abgeschlossen wurde, denn bald danach schlug auch für den Rest unserer Belegschaft und für mich die Stunde der Rückkehr nach Deutschland. Das war im Juni 1949.« (Ebd.)

589 Otfried Preußler an Ernestine Preußler, 6. März 1949. In: PAOP.

590 Otfried Preußler an Herrn Pöndl, 9. November 1950. In: Ebd.

591 Otfried Preußler: Nach Rosenheim also! In: Ders.: Otfried Preußler: Ich bin ein Geschichtenerzähler, a. a. O., S. 71–76, hier: S. 74.

592 Spruchkammerbescheid der Hauptkammer München, Außenstelle Rosenheim für Otfried Preußler, Staatsarchiv München, RA 110784.

593 Das Gesetz Nr. 104 zur Befreiung von Nationalsozialismus und Militarismus wurde auf einer Sondersitzung der Ministerpräsidenten der Länder der amerikanisch besetzten Zone am 5. März 1946 im Münchner Rathaus als deutsches Gesetz unterzeichnet. In dem Gesetz war vorgegeben, dass eine Registrierung aller früheren Mitglieder der NSDAP und deren Nebengliederungen mithilfe von Meldebögen zu realisieren war. Das Gesetz listete sodann auf, »welche Ränge in welchen Gliederungen und Organisationen welcher Kategorie zuzuordnen und welche Sühnemaßnahmen zu verhängen waren«. Für diejenigen, die den Gruppen I bis III zuzuordnen waren, kamen »Einweisung in Arbeitslager, Einziehung des Vermögens, Pensionsverlust, Gehaltskürzungen, Arbeitsbeschränkungen und Verlust der bürgerlichen Ehrenrechte in Frage, für die Mitläufer Geldbußen«. Die Fälle »der Belasteten der Gruppen I und II wurden mündlich und öffentlich, die der anderen schriftlich verhandelt.« (Siehe dazu: https://www.historisches-lexikon-bayerns.de/Lexikon/Entnazifizierung (letzter Zugriff: 30.10.2021)

594 Otfried Preußler an Willi Koch, 21. August 1949. In: PAOP.

595 Otfried Preußler an Robert Hohlbaum, 12. November 1949. In: PAOP.

596 Ebd.

597 Ebd.

598 Ebd.

599 Ebd.

600 Otfried Preußler: Notiz, Jelabuga, A-Lager. In: PAOP.

601 Vgl. dazu Sina Kühnel/ Hans Markowitsch: Falsche Erinnerungen, a. a. O., S. 54. Siehe auch Joachim Hoffmann: Die Welt der Begriffe. Psychologische Untersuchungen zur Organisation des menschlichen Wissens. Berlin 1986 sowie Friedhart Klix: Über Prozeß- und Strukturkomponenten der Wissensrepräsentation beim Menschen. In: Zeitschrift für Psychologie, 1/ 1987.

602 Otfried Preußler: Notiz, Vor dem Anschluß, CPO. In: PAOP.

603 Hans Zinsmeister an Josef Preußler, 28.07.1949. In: PAOP.

604 Josef Preußler an Otfried Preußler, 18.12. 1949. In: PAOP.

605 Gotthold Ephraim Lessing, Brief an den Vater, 13.6.1764. In: B 11/1, S. 409. Zitiert bei Monika Fick (Hg.) Lessing-Handbuch. Leben-Werk-Wirkung. Stuttgart; J. B. Metzler 2010, S. 45 (3. Auflage).

606 Josef Preußler an Otfried Preußler, 18.12. 1949. In: PAOP.

607 Ebd.

608 Otfried Preußler: Lebenslauf, 3. Juni 1950. In: PAOP.

609 Otfried Preußler: Weberlegende (1945/1950). In: PAOP.

610 Otfried Preußler an Robert Hohlbaum, 22. Dezember 1950. In: PAOP.

611 Otfried Preußler an Robert Hohlbaum, 1. Februar 1951. In: PAOP.

612 Otfried Preußler an Dr. Pleyer, 22. Dezember 1950. In: PAOP.

613 Sudetendeutsche Landsmannschaft, Kreisgruppe Rosenheim an Otfried Preußler, 13.10.1961. In: PAOP.

614 Otfried Preußler an Herrn Studienprofessor Hable, 21.10.1961

615 Otfried Preußler an Robert Hohlbaum, 12. November 1949. In: PAOP.

616 Vgl. ebd.

617 Otfried Preußler an Willi Koch, 21. August 1949. In: Ebd., S. 2. In: PAOP.

618 Ebd.

619 Ebd.

620 Ebd., S. 3

621 Otfried Preußler an Robert Hohlbaum, 14. September 1950. In: PAOP.

622 Otfried Preußler an Heinz Große, 8. Dezember 1953. In: PAOP.

623 Ebd.

624 Walter Benjamin: Über den Begriff der Geschichte. In: Ders.: Allego-

rien kultureller Erfahrung. Ausgewählte Schriften 1920–1940. Hrsg. von Kleinschmidt, Sebastian. Leipzig: Reclam Verlag 1984, S. 164.

625 Maurice Halbwachs: Das kollektive Gedächtnis. Frankfurt a. M.: Fischer 1985, S. 55. Siehe dazu Carsten Gansel (Hg.): Gedächtnis und Literatur in den ›geschlossenen Gesellschaften‹ des Real-Sozialismus zwischen 1945 und 1989. Göttingen: Vandenhoeck & Ruprecht 2007. Vgl. auch die Ergebnisse des Gießener Sonderforschungsbereiches 434 »Erinnerungskulturen« in der von Jürgen Reulecke und Birgit Neumann herausgegebenen Reihe ›Formen der Erinnerung‹. Siehe in diesem Rahmen u. a. auch: Astrid Erll/Ansgar Nünning (Hrsg.): Medien des kollektiven Gedächtnisses. Konstruktivität, Historizität, Kulturspezifität. Berlin, New York: de Gruyter 2004.

626 Martin Sabrow: Den Zweiten Weltkrieg erinnern. In: Aus Politik und Zeitgeschichte. 36–37/2009, S. 14–21, hier: S. 15/16.

627 Jörg Echternkamp: Soldaten im Nachkrieg. Historische Deutungskonflikte und westdeutsche Demokratisierung 1945–1955. Oldenbourg: de Gruyter 2014.

628 Siehe VdA (Hrsg.): Kriegsgefangenschaft als Erlebnis und Aufgabe. Göppingen 1953.

629 26. Oktober 1950: Erklärung des Bundeskanzlers Adenauer in der 94. Sitzung des Deutschen Bundestages zum Gedenktag für die deutschen Kriegsgefangenen. In: Stenogr. Berichte 1. Deutscher Bundestag. Bd. 5, S. 3495 f. (http://www.konrad-adenauer.de/dokumente/erklarungen/kriegsgefangene, letzter Zugriff: 03. September 2016)

630 Ebd.

631 Ebd.

632 Otfried Preußler an Heinz Große, a. a. O.

633 Ebd.

634 Ebd.

635 Otfried Preußler: Heimkehrer können nicht heimkehren. In: Der Neubürger (Passau), 3. März 1950.

636 Hans Fallada: Auch eine Kriegsgeschichte. In: Ders.: Warnung vor Büchern. Erzählungen und Berichte. Hrsg. von Carsten Gansel. Ditzingen: Philipp Reclam jun. 2021, S 107–109, hier: S. 109.

637 Wolfgang Borchert: Draußen vor der Tür, a. a. O., S. 8. Vgl. dazu Ralf Trinks: Zwischen Ende und Anfang, a. a. O., S. 108.

638 Ebd.

639 Otfried Preußler an Robert Hohlbaum, 14. September 1950. In: PAOP.

640 Ebd.

641 Josef Preußler an Otfried Preußler, Valčice, 18.12.1949. In: PAOP.

642 Siehe dazu die Darstellung von Ullrich Junker, der Angaben zur Biographie von Adalbert Pohl zusammengetragen und eine seiner Arbeiten zu volkstümlichen Ortsbezeichnungen im Isergebirge zugänglich gemacht hat. Siehe Adalbert Pohl: Volkstümliche Ortsbezeichnungen im Isergebirge. In: Jahrbuch des Deutschen Gebirgsvereins für das Jeschken- und Iser-Gebirge. 3. Jahrgang 1893 (http://jbc.jelenia-gora.pl/Content/26993/JEL_28825_2017_Volkstumliche-Ortsbe_28825-Karlsthal-Adalbert-Pohl.pdf)

643 Adalbert Pohl (Wurzelsdorf): Die Sagen von den Tappern. In: Jahrbuch des Deutschen Gebirgsvereins für das Jeschken- und Iser-Gebirge. 5. Jahrgang 1985.

644 Ebd.

645 Josef Syrowatka: Nacht auf dem Wolfsnest. In: Ebd., Heft 10/1933, S. 166–169, hier: S. 168.

646 Josef Syrowatka: Geschichten um den Großen Junker. Ein Beitrag zur Geschichte des Wildschützentums in den Iserwäldern. In: Der Wanderer auf dem Riesengebirge. Heft 12/1933, S. 199–201.

647 Josef Syrowatka: Allerseelen an der Iser. In: Der Wanderer im Riesengebirge. Zeitschrift des Riesen- und Iser-Gebirgs-Vereins. Heft 11/1934, S. 173–176.

648 Ebd., S. 174.

649 Ebd., S. 175.

650 Otfried Preußler an Robert Hohlbaum, 14. September 1950. In: PAOP.

651 Otfried Preußler an Robert Hohlbaum, 22. Dezember 1950. In: PAOP.

652 Dr. Johann Dittrich: Bescheinigung. Langenholzen, 10.9.1951. In: PAOP.

653 Otfried Preußler: Mensch Nr. 2301. Schauspiel in III Akten und einem Vorspiel (1949/1950). In: PAOP.

654 Ebd.

655 Ebd., S. 2.

656 Siehe u.a. Michael Bryant/Albrecht Kirschner: Politik und Militärjustiz. In: Ulrich Baumann/Magnus Koch (Hg.): »Was damals Recht war …« – Soldaten und Zivilisten vor Gerichten der Wehrmacht. Berlin-Brandenburg: Bebra Verlag 2008.

657 Otfried Preußler: Mensch Nr. 2301, a.a.O., S. 10.

658 Ebd., S. 26.

659 Ebd., S. 48.

660 Otfried Preußler an Kingstonne, 09.10.1949. In: PAOP.

661 Ebd.

662 Carl Zuckmeyer: Des Teufels General. Frankfurt/M.: Fischer TB 2004, S. 98.

663 Ralf Schnell: Die Literatur der Bundesrepublik. Autoren, Geschichte, Literaturbetrieb. Stuttgart: J.B. Metzlersche Verlagsbuchhandlung 1986, S. 101.

664 Alfred Andersch: Gruppe 47: Fazit eines Experiments neuer Schriftsteller, Sendemanuskript Abendstudio/Radio Frankfurt (1949). Ders. Gesammelte Werke Bd. 8: Essayistische Schriften I. Zürich: Diogenes, 2004, S. 227–252. Vgl. Norman Ächtler: Generation in Kesseln, a.a.O.; siehe auch meine Beiträge zu Günter Grass und Erwin Strittmatter. Carsten Gansel: Zwischen Störung und Affirmation? Zur Rhetorik der Erinnerung im Werk von Günter Grass. In: Zeitschrift für Deutsche Philologie, Sonderheft 2012, Berlin: Erich Schmidt Verlag, S. 173–198 sowie Ders.: »Blinde Flecke«, nachholende Bekenntnisse und Archivfunde als Aufstörung – Erwin Strittmatter und das Gedächtnis. In: Carsten Gansel/Matthias Braun (Hrsg.): Es geht um Erwin Strittmatter oder Vom Streit um die Erinnerung. Göttingen 2012: Vandenhoeck und Ruprecht, S. 17–38.

665 Vgl. Hans Werner Richter: Warum schweigt die junge Generation? In: Der Ruf, 1/2, 1946, S 47.

666 Siehe Konrad H. Jarausch/Martin Sabrow: »Meistererzählung« – Zur Karriere eines Begriffs. In: Dies. (Hg.): Die historische Meistererzählung: Deutungslinien der deutschen Nationalgeschichte nach 1945. Göttingen: Vandenhoeck & Ruprecht 2002, S. 9–31.

667 Otfried Preußler an Josef Preußler, 14. April 1950. In: PAOP.

668 Otfried Preußler an Helmut Kügler, 18. Januar 1951. In: PAOP.

669 Siehe Wolfgang Schulz: Das Würzburger Theater. In: Ulrich Wagner

(Hrsg.): Geschichte der Stadt Würzburg. 4 Bände, Band III/1 und III/2. Stuttgart: Theiss 2001–2007.

670 Edgar Groß an Otfried Preußler, 26.1.1951. In: PAOP.

671 Otfried Preußler an Dr. Groß, 28. Januar 1951. In: PAOP.

672 Otfried Preußler an Dr. Groß, 17. April 1951. In: PAOP.

673 Uraufführung. Mensch Nr. 2301. Schauspiel in vier Bildern von Otfried Preußler. Inszenierung und Bühnenbild Walter Falk. o. J., S. 17.

674 Ebd.

675 Josef Preußler an Otfried Preußler, 18.12.1949. In: PAOP.

676 Wilfried Barner u. a.: Lessing. Epoche–Werk–Wirkung. München 1998: C. H. Beck 1998, S. 72–77.

677 Uraufführung. Mensch Nr. 2301, a. a. O.

678 N. N. Gespräch mit einem jungen Dichter, Jahrgang 1926. In: Uraufführung. Mensch Nr. 2301. Schauspiel in vier Bildern von Otfried Preußler. Inszenierung und Bühnenbild Walter Falk. o. J., S. 18.

679 Peter Bamm: Die unsichtbare Flagge. Roman (1952). München: Kösel Verlag 1989, S. 5.

680 Peter Bamm: Ebd.

681 Walter Falk. In: Uraufführung. Mensch Nr. 2301. Schauspiel in vier Bildern von Otfried Preußler. Inszenierung und Bühnenbild Walter Falk. o. J., S. 22.

682 Ebd.

683 Otfried Preußler an Kingstonne, 09.10.1949. In: PAOP.

684 Walter Falk. In: Uraufführung. Mensch Nr. 2301, a. a. O., S. 23.

685 Ebd., S. 24.

686 Ebd.

687 Die nachfolgenden Überlegungen gehen auf meinen Beitrag zu Hans Werner Richter zurück, sie sind für die nachfolgende Darstellung grundlegend. Siehe: Carsten Gansel: »Krieg im Rückblick des Realisten« – Hans Werner Richters »Die Geschlagenen«. In: Carsten Gansel/Werner Nell (Hrsg.): »Es sind alles Geschichten aus meinem Leben.« Hans Werner Richter als Erzähler und Zeitzeuge, Netzwerker und Autor. Berlin 2011: Erich Schmidt, S. 10–28.

688 Mit dem Terminus »Ausnahmezustand« ist im Sinne von Giorgio Agamben eine Störung der Normalität bzw. eine extreme Abweichung von einer Normalsituation gemeint. Siehe Ders.: Ausnahmezustand. Homo Sacer II. 1. Frankfurt/M.: Suhrkamp 2004.

689 Hans Werner Richter: Die Geschlagenen. Roman (1949). München: Deutscher Taschenbuchverlag 1985, S. 119.

690 Alfred Andersch: Die Kriegsgefangenen – Licht und Schatten. In: Der Ruf, 1/5, 1946, S. 6–8, hier: S. 8.

691 Siehe Norman Ächtler: Das Lager als Paradigma der Moderne. Der Kriegsgefangenendiskurs in der westdeutschen Nachkriegsliteratur. In: Deutsche Vierteljahresschrift für Literaturwissenschaft und Geistesgeschichte, 87, 2013, S. 264–294.

692 Hans Werner Richter: Lyrik der Kriegsgefangenen. In: Der Ruf. Unabhängige Blätter der jungen Generation. Nr. 3/1946, S. 9.

693 Michel Foucault: Von anderen Räumen (1967). In: Raumtheorie. Grundlagentexte aus Philosophie und Kulturwissenschaften. Hrsg. v. Dünne, Jörg und Günzel, Stephan. Frankfurt a.M.: Suhrkamp 2006, S. 317–329, hier: S. 322. Foucault zählt zu diesen »Abweichungsheterotopien« Sanatorien, psychische Anstalten, Gefängnisse und Altersheime. Auch Lager – Kriegsgefangenenlager wie Varianten des Gulags im Stalinismus oder Bautzen II – gehören zu diesen heterotopen Orten, denn: Auch Lager sind Räume der Isolation und Abschließung. Man kann das Lager nicht einfach betreten, sondern wird dazu gezwungen, in ihm auszuharren. Insofern sind die Menschen im Gefangenenlager einem »absoluten Bruch mit der traditionellen Zeit« ausgesetzt.

694 Man kann das Gefangenenlager daher auch mit Marc Augé als »Nicht-Ort« bezeichnen. Siehe Ders.: Orte und Nicht-Orte. Vorüberlegungen zu einer Ethnologie der Einsamkeit. Frankfurt a.M.: Fischer 1994. Siehe dazu auch Dünne, Jörg: Soziale Räume (Einleitung). In: Dünne/Günzel, Raumtheorie. 2006, S. 289–303, hier: S. 295. Zur Kennzeichnung des Lagers bietet es sich zudem an, auf Victor Turners liminale Räume Bezug zu nehmen, die letztlich eine Art Übergangszustand markieren und aus diesem Grund die dort agierenden Individuen in einen Zustand der Aufstörung, der Angst und Verunsicherung versetzen. Insofern sind diese Räume durch eine Entstrukturierung von Ordnung gekennzeichnet und von Figurationen der Störung bevölkert.

695 Hans Werner Richter: Warum schweigt die junge Generation? In: Der Ruf 2, 1946, S. 1.

696 Hans Werner Richter: Die Geschlagenen, a. a. O., S. 164.

697 Ebd., S. 122.

698 Ebd.

699 Ebd., S. 123. Vgl. Carsten Gansel: »Krieg im Rückblick des Realisten«, a. a. O., S. 23 ff.

700 Hans Jürgen Krüger, 13. Februar 1949. In: Hans Werner Richter: Briefe. Hrsg. v. Sabine Cofalla. München, Wien: Hanser Verlag 1997, S. 83.

701 Johannes Jacobi: Am Rande der Theaterlandschaft. In: Die Zeit, Nr. 44/1953, 29. Oktober 1954.

702 Ebd.

703 Ebd.

704 Karl Jaspers: Geleitwort. In: Die Wandlung 1. Heidelberg: Winter (1945/46), Heft 1, S. 3.

705 Abgedruckt in: Johannes Franz Gottlieb Grosser: Die große Kontroverse: Ein Briefwechsel um Deutschland. Hamburg: Nagel 1963, S. 20. Zum sogenannten Thomas-Mann-Streit, in den auch Erich Kästner involviert war, siehe Carsten Gansel: »Erich Kästner ist radikal, aber er ist nicht revolutionär« – Zu Aspekten der Kästner-Rezeption in der SBZ/DDR. In: »Die Zeit fährt Auto« – Erich Kästner zum 100. Geburtstag. Ausstellungskatalog des Deutschen Historischen Museums Berlin und des Münchener Stadtmuseums. Hrsg. v. Manfred Wegner. Berlin 1999, S. 197–217, 293–297.

706 Johannes R. Becher: Der Aufstand im Menschen. Berlin und Weimar: Aufbau Verlag 1983, S. 17f. Siehe dazu auch Ursula Heukenkamp: Ein Erbe für die Friedenswissenschaft. Das Konzept der kulturellen Erneuerung in der SBZ (1945–1949). In: Dies. (Hrsg.): Unerwünschte Erfahrung. Kriegsliteratur und Zensur in der DDR. Berlin 1990, S. 9–71.

707 Umfragen von OMGUS, zitiert nach: Herf, Jeffrey: Zweierlei Erinnerung. Die NS-Vergangenheit im geteilten Deutschland. Berlin: Propyläen-Verlag 1998, S. 243f. Siehe dazu ausführlich Carsten Gansel: Zur Vorgeschichte, Durchführung und den Folgen der Schriftstellerkongresse (1950 und 1952) in der DDR. In: Ders. (Hrsg.): Erinnerung als Aufgabe? Dokumentation des II. und III. Schriftstellerkongresses in der DDR 1950 und 1952. Göttingen 2008: Vandenhoeck und Ruprecht, S. 1–61.

708 Karl Jaspers: Die Schuldfrage (1946). In: Ders.: Hoffnung und Sorge: Schriften zur deutschen Politik 1945–1965. München: Piper, 1965, S. 65–149, hier: S. 103ff.

709 Ebd.

710 Ähnliche Erklärungen finden sich übrigens auch in den Beiträgen, die Heinrich Gerlach – von dem bereits mehrfach die Rede war – in der Kriegsgefangenenzeitschrift »Freies Deutschland« veröffentlicht. Siehe Ders.: Selbsterkenntnis. In: Freies Deutschland, 16. August 1945, Nr. 33, S. 3.

711 Helmut Gollwitzer: und führen, wohin du nicht willst. Bericht einer Gefangenschaft. München: Christian Kaiser Verlag 1953 (1951).

712 Norman Ächtler: Das Lager als Paradigma der Moderne. Der Kriegsgefangenendiskurs in der westdeutschen Nachkriegsliteratur. In: Deutsche Vierteljahresschrift für Literaturwissenschaft und Geistesgeschichte, 87, 2013, S. 264–294, hier: S. 285.

713 Ebd., S. 294. Bei Gollwitzer heißt es u.a.: »Erst wenn die Eschatologie der Gefangenenexistenz christlich verstanden wurde, wurde der Nebenmann auf der Pritsche wichtig und das Zusammenleben zu einer Aufgabe.« (Helmut Gollwitzer: und führen, wohin du nicht willst, a.a.O., S. 98).

714 Otfried Preußler: Mensch Nr. 2301, a.a.O.

715 Walter Falk. In: Uraufführung. Mensch Nr. 2301. Schauspiel in vier Bildern von Otfried Preußler. Inszenierung und Bühnenbild Walter Falk. O.J., S. 24.

716 Otfried Preußler: Auf der Ewigkeitsstraße. Zum Abschied von unserem Freund Dr. Eugen Kuhn. In: PAOP.

717 Otfried Preußler. Notiz zu den Auszügen aus der Kriegsgefangenenpost. In: PAOP.

718 Otfried Preußler: Auszugsweise Abschrift. Anlage zum Lebenslauf, 18. Oktober 1954. In: PAOP.

719 Otfried Preußler an Pfeiferle, 31. Oktober 1955. In: PAOP.

720 Siehe Otfried Preußler: Veröffentlichungen in Zeitschriften, Tageszeitungen etc., 1950/52. In: PAOP.

721 Siehe u.a. Hockewanzel – Eulenspiel aus Oberpolitz von OP. 18 Seiten. BR-Sendung am 18.05.1956. Regie: Heinz-Günter Stamm; Die böhmische Elbe. 22 Seiten. BR-Sendung am 25.12.1956. Regie: Heinz-Günter Stamm; Nordböhmen – Ein Landschaftsbild aus dem Sudetenland von OP. 21 Seiten. BR (?) Sendezeit: 08.07.1951. Regie: Heinz-Günter Stamm; Sudetendeutsche Krippenkunst – Ein Gang durch die Weihnachtsstuben der deutschen in Böhmen und Mähren von OP. 8 Seiten. SWR/SDR 1955; Eger - Hauptstadt des Egerlandes. 19 Seiten. MW/UKW am 19.12.1953. Regie: Heinz-Günter Stamm; Das Isergebirge – Eine Landschaft diesseits und jenseits der Sudeten. 24 Seiten. MW/UKW am 01.02.1953. Regie: Herbert Kroll; Tief drin im Böhmerwald – Ein Landschaftsbild von OP. 28 Seiten. MW/UKW am 19.07.1953; Sudetendeutsche Krippenkunst – Weihnachtliche Sitte und Musik aus dem Sudetenland. 15 Seiten. MW-Sendung am 25.12.1953: Regie: Herbert Kroll; Die Graslitzer Musik-

instrumentenbauer. 17 Seiten. BR-Sendung am 20.10.1955. Regie: Helmut Brennicke.

722 Mehr als 30 Jahre später, 1986, hat auf Anregung von Otfried Preußler der Thienemann Verlag Adam Olearius' »Moskowitische und Persische Reise – die Holsteinische Gesandtschaft beim Schah« herausgebracht.

723 Das Landesmuseum Schleswig hat 2012 eine Ausstellung zur Persien-Reise von Olearius gezeigt. Siehe dazu Michael Radtke: Das reiche Leben eines Gottdorfer Abenteurers. In: Schlesweiger Nachrichten, 17. März 2012. Siehe auch die anregende Darstellung von Erich Maletzke: Ein turbulentes Leben. Adam Olearius. Gottdorfer Hofgelehrter. Neumünster: Wachholtz 2011.

724 Gustav Leutelt: Der Glaswald – Der Brechschmied – Dr. Kittl. 3 Romane. 2. Band der Gesamtausgabe in zwei Bänden. Augsburg o.J.

725 Robert Eisel: Sagenbuch des Vogtlandes. Gera 1871: Verlag von C.B. Griesbach 1871, Nr. 566, S. 219. Inzwischen gibt es eine Neuauflage des Bandes: Ders.: Sagenbuch des Vogtlandes 1871. 1030 Sagen. Bad Langensalza: Verlag Rockstuhl 2009.

726 Otfried Preußler an Robert Hohlbaum, 22. Dezember 1950. In: PAOP.

727 Ebd.

728 Otfried Preußler: Exposé zum »Schnupftabakmann«. In: PAOP.

729 Otfried Preußler: Der Schnupftabakmann. Erstes Kapitel (Manuskript). In: PAOP.

730 Otfried Preußler an Herrn Bartsch, 6. Juni 1951.

731 Otfried Preußler an Pfeiferle, 31.10.1955. In: PAOP.

732 Otfried Preußler an Ernst. F. Regius, 22. Dezember 1967. In: PAOP.

733 Vgl. Carsten Gansel: Parlament des Geistes, a.a.O., S. 63.

734 Otfried Preußler an Lotte Weitbrecht, 8. Oktober 1959. In: PAOP. Tilman Spreckelsen geht in seinem ausgezeichneten Nachwort zur Neuedition des »Krabat« ebenfalls auf den Briefwechsel zwischen Lotte Weitbrecht und Otfried Preußler ein und benennt Etappen der Entstehung des Textes. Siehe Ders.: Wie man in die Schwarze Mühle gerät und wieder hinausfindet. Ein Nachwort zum 50jährigen Jubiläum. In: Otfried Preußler: Krabat. Stuttgart: Thienemann 2021. Siehe auch Ders.: Neues vom Krabat. Nachrichten vom wendischen Faust. In: FAZ, 04.08.2021.

735 Ebd.

736 Arbeitskreis Jugendliteratur. Deutscher Jugendliteraturpreis. Auswahl-

liste 1961 (https://www.jugendliteratur.org/buch/bei-uns-in-schilda-1031, letzter Zugriff: 03.12.2021)

737 Otfried Preußler an Lotte Weitbrecht, 8. Oktober 1959, a. a. O.

738 Lotte Weitbrecht an Otfried Preußler, 26.10.1959. In: PAOP.

739 Otfried Preußler an Lotte Weitbrecht, 31.10.1959. In: PAOP.

740 Otfried Preußler an Lotte Weitbrecht, 23.11.1959, In: PAOP.

741 Lotte Weitbrecht an Otfried Preußler, 22.12.1959. In: PAOP.

742 Otfried Preußler an Lotte Weitbrecht, 20. Juli 1960. In: PAOP.

743 Ebd.

744 Annelies Preußler an Richard Weitbrecht, 26. Dezember 1960. In: PAOP.

745 Lotte Weitbrecht an Otfried Preußler, 19.5.1961. In: PAOP.

746 Lotte Weitbrecht an Otfried Preußler, 1.8.1962. In: PAOP.

747 Otfried Preußler an Lotte Weitbrecht, 13. Juli 1963. In: PAOP.

748 Tilman Spreckelsen: Wie man in die Schwarze Mühle gerät und wieder hinausfindet, a. a. O.

749 Die Wendische Faust-Sage. Vortrag, gehalten im litterarischen Verein Dresden von Dr. Georg Pilk. Druck von Friedrich Mai in Bischofswerda um 1896 (die genaue Datierung, wann Pilk den Vortrag in Dresden gehalten hat, ist nicht nachweisbar). Siehe die Sammlung des sorbischen Instituts Bautzen.

750 Das Seminar trug folgenden Titel: »Ich bin mit Geschichten aufgewachsen« oder Von ›Wassermännern‹, ›Kleinen Hexen‹ und dem ›Krabat‹ – Otfried Preußlers Werk und Entdeckungen im Archiv (Justus-Liebig-Universität Gießen, Sommersemester 2017).

751 Reinhart Koselleck: Erinnerungsschleusen und Erfahrungsschichten, a. a. O., S. 272.

752 Carsten Gansel/Monika Hernik: »Es gibt nach wie vor Zellen, die der Wärter vorsätzlich verschließt« – Gespräch mit Peter Härtling. In: Carsten Gansel: Literatur im Dialog, a. a. O., S. 344, 345.

753 Ebd., S. 345.

754 Carsten Gansel: »Zum Schreiben haben mich Konflikte getrieben«. Gespräch mit Christa Wolf. In: Ders.: Literatur im Dialog, a. a. O., S. 311–334, hier: S. 329.

755 Im Nachlass von Christa Wolf finden sich Texte, die zeigen, wie sich die Autorin dem Flucht-Trauma genähert hat und wie es sukzessive über verschiedene Stufen bearbeitet wurde. Letztlich führt dies zu

dem postum veröffentlichten Text »Nachruf auf Lebende. Die Flucht« (2014).

756 Andreas Maercker: Symptomatik, Klassifikation, Epidemiologie. In: Ders.: (Hrsg.): Posttraumatische Belastungsstörungen, a.a.O., S. 13–34, hier S. 14, 17.

757 Das Gespräch hat Gerd Rumler vom Thienemann Verlag mit Otfried Preußler für eine japanische Zeitschrift geführt. Was ist ein humoristischer Schriftsteller. Interview mit Otfried Preußler (japanischer Titel: Yüoma-Sakka to wa). In: Kodomo no Yakata (Das Haus der Kinder, Zeitschrift). Übersetzt von Yöchi Matsushiro. Februarheft 1978, S. 42–57, Tokio 1978.

758 Otfried Preußler: Krabat. Roman (1971). München: dtv 2017, S. 136.

759 Ebd., S. 191.

760 Ebd., S. 140.

761 Otfried Preußler: Krabat in der Menterschwaige. In: Ders.: Ich bin ein Geschichtenerzähler, a.a.O., S. 215–217, hier: S. 216 f.

762 Otfried Preußler: Verlorene Jahre?, a.a.O.

763 Ebd.

764 Vergleichbares haben Christa Wolf und ihre Ich-Erzählerin bei ihrem Roman »Kindheitsmuster« (1976) getan, in dem die Erinnerung an das Dritte Reich im Zentrum steht. Auch in ihrem letzten Roman »Stadt der Engel« (2010) muss die Erzählerin sich erinnern. »Ich steig noch mal runter in diesen Schacht«, teilt die Erzählerin mit. Siehe Christa Wolf: Stadt der Engel. Berlin: Suhrkamp 2010, S. 205. Siehe dazu Carsten Gansel: Erinnerung, Aufstörung und »blinde Flecken« im Werk von Christa Wolf. In: Ders. (Hrsg.): Christa Wolf – Im Strom der Erinnerung. Göttingen: Vandenhoeck & Ruprecht 2014, S. 15–42.

765 Frank Neuner u.a.: Narrative Expostion. In: Andreas Maercker (Hg.): Posttraumatische Belastungsstörungen, a.a.O., S. 327–350, hier: S. 329.

766 Ebd., S. 328.

767 Klaus Latzel: Vom Kriegserlebnis zur Kriegserfahrung: Theoretische und methodische Überlegungen zur erfahrungsgeschichtlichen Untersuchung von Feldpostbriefen. In: MGM 56/1997, S. 1–30, hier: S. 14 f. Dies stellt auch Cathy Caruth in kulturwissenschaftlicher Perspektive heraus. Siehe Dies.: Caruth, Cathy: Unclaimed Experiences. Trauma, Narrative and History. Baltimore: Johns Hopkins Univ. Press 1996.

768 Carsten Gansel: »Zum Schreiben haben mich Konflikte getrieben«. Gespräch mit Christa Wolf. In: Ders.: Literatur im Dialog. Gespräche mit

Autorinnen und Autoren 1989–2014. Hrsg. und mit einer Einleitung von Norman Ächtler. Berlin: Okapi 2016, S. 311–335, hier: S. 322.

769 Otfried Preußler: Rückkehr wider Willen. In: Ders.: Verlorene Jahre?, a. a. O.

770 Ebd.

771 Ebd.

772 Ebd.

773 Otfried Preußler: Krieg und Gefangenschaft. In: PAOP.

774 Ebd.

Register der wichtigsten Personen

Ächtler, Norman 20, 275, 375, 442, 490, 491, 509, 510, 518, 522, 526, 532, 542, 548
Ackermann, Anton 277
Adam, Christian 128, 513, 518
Adam, Hans 457–464
Adam, Wilhelm 526
Adenauer, Konrad 407, 545
Andersch, Alfred 11, 374 f., 427, 435, 541, 547, 548
Assmann, Aleida 522
Assmann, Jan 522
Augé, Marc 549

Bamm, Peter 432
Bauer, Paul 362–373
Baumgärtner, Alfred Clemens 17
Becher, Johannes R. 297, 440, 550
Becher, Peter 130–132, 494, 497, 513
Becker (Wehrmachtspfarrer) 304
Behr, Hermann 47
Beneš, Edvard 37, 75, 322 f.
Benjamin, Walter 54 f., 59, 405, 500, 544
Blümcke, Martin 47, 103, 498, 510
Bobrowski, Johannes 11, 240, 274 f., 530, 532 f.
Bode, Sabine 525
Böhm, Hansi 230
Böhme, Kurt 534
Böll, Heinrich 11, 427, 516
Borchert, Wolfgang 375, 414, 425, 542, 545
Boyken, Thomas 500
Bredel, Willi 297, 307, 353
Brentano, Clemens 43
Budeus-Budde, Roswitha 10, 490
Bürger, Gottfried August 43
Buschenhagen, Erich 212

Cervantes, Miguel de 40
Clausewitz, Carl von 221

Darré, Walther 159
Defoe, Daniel 40
Deschner, Karlheinz 17
Dimitroff, Georgi 299, 535 f.
Duncker, Hermann 18
Dürer, Albrecht 45, 61

Echternkamp, Jörg 406, 544
Ehrismann, Otfried 506
Eich, Günter 113, 266, 275, 426, 532
Einsiedel, Heinrich Graf von 233, 235, 526, 529
Eisel, Robert 453, 552
Eisenmeier, Eduard 110 f., 511
Elfering, Kurt 360, 540
Ende, Michael 18 f.
Engelmann, Isa 80, 505
Engels, Friedrich 18, 141, 308, 517
Enzmann, Eduard 25 f., 492 f.
Ewers, Hans-Heino 496 f., 498, 500

Falk, Walter 430, 432 f., 442 f., 547 f., 551
Fallada, Hans 413, 518 f., 545
Fend, Helmut 516
Feyer, Kurt 519
Fick, Monika 543

Fischer, Josef 33
Fischer, Karl 20
Fleckner, Uwe 508
Foitzik, Jan 533
Foucault, Michel 435, 549
Freiligrath, Ferdinand 110
Freud, Sigmund 90, 508
Freyberger, Harald J. 524, 525
Friedrich, Heinz 426
Fries, Fritz Rudolf 17
Fühmann, Franz 11, 16, 49–52, 66 f., 74, 77 f., 104, 130 f., 161, 193, 276 ff., 284, 286 f., 292–305, 306, 373, 499, 502, 504 f., 510, 516, 534 f.
Fühmann, Josef Rudolf 50, 66 f., 74, 77

Gandhi, Mahatma 228
Gerlach, Heinrich 11, 20–23, 91, 152, 154, 157, 160 ff., 190, 220–223, 236–238, 249, 299, 306, 318–321, 340, 378, 407, 426, 430, 491, 508 f., 525–527, 529 f., 536, 538, 550
Gerstenberg, Kurt 161
Geyer, Florian 135, 141 f., 517
Gierach, Erich 33
Ginzel, Jakob 81
Ginzkey, Frank Karl 43
Goethe, Johann Wolfgang 17, 44 f., 110 f., 122 f., 270, 308, 353, 431, 495 f., 498, 512, 533
Grafe, Martin 89
Grass, Günter 11, 324, 526, 538, 547
Grillparzer, Franz 311
Grimm, Hans 159
Grimm, Jacob und Wilhelm 38, 43, 55, 59, 298, 361
Grosser, Johannes Franz Gottlieb 550
Groß, Edgar 428, 547
Grünbein, Durs 324, 538
Grüner, Hans 252, 341, 343, 479 f.
Günther, Hans 297
Günther, Hans F. K. 159

Hacha, Emil 78
Hadermann, Ernst 358, 540
Haefs, Wilhelm 174, 520 f.
Hall, Murray G. 131 f., 141, 497, 512, 516 f.
Hardt, Isabell 505 f.
Härtel, Christian 491
Härtling, Peter 11, 191 f., 197, 472 f., 482, 490, 533
Hašek, Jaroslav 51
Heine, Heinrich 168, 520
Henlein, Konrad 76, 96, 515
Herbig, Hans 191, 521
Hermlin, Stephan 18, 492, 536
Hernik, Monika 490, 500, 522, 533
Herodes 94
Herrnstadt, Rudolf 277
Herzog Carl August von Sachsen-Weimar 123
Heusterberg, Babette 519
Heyse, Walter 335
Hild, Otto 498
Hilger, Andreas 492, 526 f., 529
Hinkel, Hans 511
Hitler, Adolf 104, 159, 161, 218 f., 221, 236, 259, 304, 318, 358, 513
Hödl, Karl 230
Hoffmann, E.T.A. 15, 502
Hoffmann, Joachim 543
Hoffmann, Otto 335
Hohlbaum, Robert 112 f., 115, 120, 126, 129, 132, 327, 381, 399, 401 f., 404, 418, 456, 51 f., 541, 543–546, 552
Holst, Adolf 107
Holzing, Herbert, 20
Hopster, Norbert 128, 130, 513 f.

Jacobi, Johannes 438, 549

Jakob, Heinrich 36
Jaspers, Karl 251, 439, 441, 550
Johnson, Uwe 17 f.
Josting, Petra 128, 130, 513 f.

Kabus, Petra 491
Kahl, Paul 495
Kaufmann, Walter 98, 509
Kauschka, Rudolf 35
Kiesewetter, Wolfgang 358, 536
Kilian, Katrin Anja 538
Kind, Dieter 5 f., 165 f., 334 f., 338, 500, 520, 537, 539
Kind, Gerda 57, 335
Kind, Lore 57, 335
Kingstonne, Herr 269, 271, 424, 433, 520, 532 f., 546, 548
Kisch, Egon Erwin 264, 297, 401, 532
Kleine-Möllendorf, Fritz 89
Klix, Friedhart 543
Koch, Willi 402, 403, 543
Kocová, Katerina 73 f., 503 f.
Kolbenhoff, Walter 426
Korfes, Otto 219, 221 f., 233, 526 f., 529
Korff, Hermann August, 17
Korte, Friedrich 247
Koselleck, Reinhart 193, 208, 284, 367, 472, 522, 524, 534, 541, 553
Kracauer, Siegfried 540
Krappmann, Jörg 494
Kraus, Franz 61, 79
Krause, Toni 141 ff., 146
Krinninger, Franz 346–348
Kroll, Herbert 509
Krüger, Hans Jürgen 437
Kügler, Helmut 547
Kuhn, Eugen 444
Kühnel, Sina 194, 196, 523, 543
Kunicki, Wojciech 79
Kurella, Alfred 297, 307
Kutzer, Ernst 107 f., 194, 510

Lahn, Gustav 35
Langnickel, Robert 507
Lask, Berta 297
Lattmann, Dieter 527
Lattmann, Martin 219, 235, 527
Latzel, Klaus 210, 481, 525, 554
Lehmann, Albrecht 230, 251, 260, 528, 530–532
Lehmann, Emil 497
Lehmann, Wilhelm 113
Leitner, Carola 131
Lejeune, Philippe 521
Lessiak, Primus 33
Lessing, Gotthold Ephraim 17, 47, 309, 385, 510, 543, 547
Leubner, Philipp 81
Leutelt, Gustav 35, 43, 123, 453, 493, 522, 552
Liebermann, Mischket 297
Loest, Erich 11, 17, 150 f., 161–163, 190, 209, 474, 491 f., 518, 525
Lothar, Rudolf 47
Lotmann, Jurij M. 59, 500
Löwit, Herbert 96–102
Lucht, Manfred 442
Ludwig, Otto 47, 311
Lug, Volker 33
Lukacs, Georg 297, 302
Luther, Martin 230

Maercker, Andreas 525, 554
Magnus, Albert (auch Albert von Launingen oder Albert der Große) 451
Mann, Thomas 17, 440, 550
Manzen, Walter 426
Maria und Josef 94

Markowitsch, Hans J. 90, 194 f., 197 f., 507 f., 522 f., 524
Maron, Karl 277
Marx, Karl 18, 517
Masaryk, Tomáš Garrigue 75
Matt, Peter von 501
Mayer, Hans 17f.
Melnikow, Alexander Markowitsch 219
Meyer, Oscar 211-215, 251
Möller, Bruno 34
Mörike, Eduard 110
Mozart, Wolfgang Amadeus 44
Müller-Hennig, Erika 127 f.
Müntzer, Thomas 230
Muschg, Walter 17

Neuhaus, Joachim 128
Neumann, Birgit 525
Neuner, Frank 554
Niggeling, Willi 292, 295 f., 535
Nietzsche, Friedrich 196, 367, 523
Noske, Gustav 299

Olearius, Adam 449 f., 552
Otte, Hans-Jürgen 264
Ottwalt, Ernst 297
Overbeck, Christian Adolf 44 f., 113, 498, 511

Palaczek, Raimund 25, 503
Paul, Jean 498
Paulus, Friedrich 422
Pichler, Hans 499
Pieck, Wilhelm 143, 232 f., 529
Pilk, Georg 471, 553
Piscator, Erwin 297
Pleticha, Heinz 17, 115, 119, 490, 499, 511
Pohl, Alfred 545
Ponto, Erich 230
Preisler, Johann Daniel 29
Preußler, Annelies (geb. Kind) 47, 57, 74, 109, 114, 152, 165, 321, 331, 333, 335 f., 338–343, 345–350, 376, 378, 381, 385, 400 f., 419, 444, 446, 470, 510 f., 520, 539, 553
Preußler, Christoph und Matthias 28
Preußler, Ernestine (auch Syrowatka sowie Tina Kilian), 24 f., 30–34, 44, 57, 65, 74, 76, 101, 108, 114, 146, 325–327, 335–342, 504, 511, 539 f., 542
Preußler, Josef (auch Syrowatka) 24–30, 33–48, 50, 55–60, 61–78, 79–82, 95, 100–104, 113 f., 122 f., 139, 152, 156, 273, 310, 317, 325–330, 336, 345, 384–386, 400–404, 415–418, 431, 448, 453, 493–495, 497–502, 537 f., 539–541, 543, 545, 547
Preußler, Wolfgang 27
Preußler, Wolfhart 24, 29, 38, 52, 156, 333, 341
Prien, Günther 151

Quirnheim, Albrecht Metz von 233

Regentrop, Wolfgang 443
Reich-Ranicki, Marcel 87 f., 507
Reichel, Hans 126
Reißmüller, Johann Georg 88
Ressel, Franz A. 34
Reulecke, Jürgen 516, 544
Richter, Hans 67, 77, 499, 502, 504 f., 510
Richter, Hans Werner 11, 268, 426, 434–437, 532 f., 547 ff.
Rühle, Otto 157
Rumler, Gerd 554
Rumpf, Hermann 352
Runge, Franz 34

Sabrow, Martin 405
Sasse, Klaus 247 f., 531
Sauter, Josef Hermann 499
Schädlich, Hans Joachim 17
Schäfer, Florian 81 f., 95
Scheidemann, Philipp 299
Scheurig, Bodo 213, 223, 526–529, 530
Schiller, Friedrich 68, 110, 230, 308, 353, 431, 495 f., 510
Schirrmacher, Frank 86–89, 478, 484, 507
Schmidt, Egon 16 f., 491
Schmitz, Karl 22, 91, 508
Schneider, Arnold 252
Schneider, Josef 502
Schnell, Ralf 546
Scholz, Wilhelm von 47
Schörken, Rolf 490, 509
Schwab, Gustav 43, 52
Schwarte, Hans Dieter 443
Schwarz, Wolfgang 504
Sebald, W.G. 324
Semon, Richard 508
Sengle, Friedrich 17, 311
Seydlitz, Walther von 218
Simonow, Konstantin 361, 541
Siol, Kurz (auch Syol) 260–262, 353 f.
Siwcyk, Birka 510
Sodenstern, Georg von 318
Sollar, Paul 42, 498
Sommer, Johann Gottfried 34
Spreckelsen, Tilman 10, 14.471, 490f., 501, 552f.
Soukup, Herr 109
Spatzal, Franz 34
Spieß, Christian 39
Spreckelsen, Tilman 10, 14, 471, 490 f., 501, 532 f.
Stade, Wolf 109
Städtke, Klaus 500
Stalin, Josef Wissarionowitsch 23, 217, 219, 236, 239, 250, 254, 278, 280, 289 f., 310, 349, 536
Staniloiu, Angelica 507 f., 523
Steidle, Luitpold 220–222, 526
Stifter, Adalbert 43, 111, 311
Storm, Theodor 41, 43
Stransky, Herr Dr. 34
Strittmatter, Erwin 11, 308, 537, 547
Swift, Jonathan 40
Syrowatka, Dora (auch Großmutter Dora) 46–50, 52–57, 100, 322 ff., 333, 335–338, 341, 377

Thälmann, Ernst 105
Theuer, Jupp 252
Thienemann, Karl 465
Thimm, Katja 523
Tieck, Ludwig 15
Tille, Nicola 518
Tulving, Endel 90, 19 f., 522
Tišerová, Pavla 75, 323, 504 f., 538
Trakl, Georg 67, 125, 286, 502
Trinks, Ralf 542
Tscherwenka, Friedrich 71, 74
Tucholsky, Kurt 344
Ueberschär, Gerd R. 526, 528, 531
Uhland, Ludwig 110
Vischer, Robert 47

Wagenlehner, Günther 530
Braun, Otto (auch Wagner) 234, 306–308, 383, 536
Wagner, Hugo 497
Wallenstein (eigentlich Albrecht Wenzel Eusebius von Waldstein) 68
Weichs, Maximilian Freiherr von 318
Weise, Curt Hermann 79

Weitbrecht, Lotte 466–471, 552–555
Weitbrecht, Richard 466, 470
Wellershoff, Dieter 11
Welzer, Harald 195, 501, 523
Wette, Wolfram 531
Weyrauch, Wolfgang 268, 426
Wolf, Christa 17, 66, 87, 471, 481, 502, 553–555
Wolf, Friedrich 296 f., 535
Wolf, Josef 61, 62
Wolgast, Heinrich 39–43, 496 f.
Wolkowa, Frau Dr. 227, 250
Wulle-Wahlberg, Hans 309 f., 537–541, 543

Zaisser, Wilhelm 286
Zinsmeister, Hans 248, 290–292, 306–311, 317, 344 f., 356–358, 362, 373, 383 f., 404, 447, 483, 534, 536
Zipfel, Frank 521
Zuckmayer, Carl 425

Aus Verantwortung für die Umwelt hat sich der *Verlag Galiani Berlin* zu einer nachhaltigen Buchproduktion verpflichtet. Der bewusste Umgang mit unseren Ressourcen, der Schutz unseres Klimas und der Natur gehören zu unseren obersten Unternehmenszielen.
Gemeinsam mit unseren Partnern und Lieferanten setzen wir uns für eine klimaneutrale Buchproduktion ein, die den Erwerb von Klimazertifikaten zur Kompensation des CO_2-Ausstoßes einschließt.

Weitere Informationen finden Sie unter
www.klimaneutralerverlag.de

FSC
www.fsc.org
MIX
Papier aus verantwortungsvollen Quellen
FSC® C014496

1. Auflage 2022

Verlag Galiani Berlin

Umschlaggestaltung: Manja Hellpap und Lisa Neuhalfen, Berlin
Lektorat: Wolfgang Hörner
Gesetzt aus der Albertina
Satz: Buch-Werkstatt GmbH, Bad Aibling
Druck und Bindung: GGP Media GmbH, Pößneck
ISBN 978-3-86971-250-5

Weitere Informationen zu unserem Programm
finden Sie unter *www.galiani.de*

LENIN
ENGELS
STALIN